# Verkehr in Zahlen
# 1999

28. Jahrgang

**Herausgeber:**

**Die Deutsche Bibliothek – CIP-Einheitsaufnahme**

[Verkehr in Zahlen ... / Elektronische Ausgabe]
Verkehr in Zahlen ... / Hrsg.: Bundesministerium für Verkehr, Bau- und Wohnungswesen, Berlin.
Verantwortl. für den Inhalt: Deutsches Institut für Wirtschaftsforschung (DIW), Berlin. [Elektronische Ausgabe] [Computerdatei]. - 1998 - ... - Hamburg: Dt. Verkehrs-Verl., 1998-... Erscheint jährl. - Titel auf der Beil. - Bibliographische Deskription/nach1999
Gedruckte Ausg. u.d.T.: Verkehr in Zahlen ...
1999.

Bearbeitet von: Sabine Radke
Deutsches Institut für Wirtschaftsforschung

Grafische Darstellung: Karl-Heinz Pieper

Umschlagentwurf: Walter Niemann

Redaktionsschluß: Oktober 1999



ISBN 3-87154-253-9 (Buch)
ISBN 3-87154-254-7 (Buch und CD-ROM)

# Geleitwort

Mobilität ist ein integraler Bestandteil von Gesellschaft und Wirtschaft und eine Grundlage für Wohlstand. Daher muß die Verkehrspolitik vorausschauende Konzepte entwickeln, die die Mobilität und die Leistungsfähigkeit unseres Verkehrssystems unter Berücksichtigung der Umwelt dauerhaft sichern.

Die Bundesregierung setzt sich daher für ein integriertes Verkehrssystem ein, das die verschiedenen Verkehrsträger und -netze miteinander verknüpft, damit die Kapazität des gesamten Verkehrsnetzes besser genutzt werden kann. Schiene, Straße, Wasserwege und Luftverkehr sollen in diesem integrierten Netzwerk ihre spezifischen Vorteile einbringen, so daß jeder nach Möglichkeit die Verkehrsträger frei wählen und kombinieren kann.

Eine solche Vernetzung und Optimierung stellt politische Entscheidungsträger, Unternehmen, Institute und Verkehrswirtschaft vor große Herausforderungen. Hierfür ist eine verläßliche Datenbasis unverzichtbar. Das Taschenbuch "Verkehr in Zahlen", das nunmehr in der 28. Auflage vorliegt, bietet hier eine zuverlässige Informationsquelle.

Neben dieser gedruckten Form liegt das Taschenbuch auch wieder als CD-ROM-vor, so daß Sie die Tabellen direkt oder als Grafiken weiterverarbeiten können.

Ich wünsche dieser traditionsreichen Veröffentlichung auch in diesem Jahr eine weite Verbreitung und intensive Nutzung.

Berlin, im Oktober 1999

Der Bundesminister für Verkehr, Bau- und Wohnungswesen

Reinhard Klimmt

Reinhard Klimmt

**Bearbeitung und verantwortlich für den Inhalt:**

DIW Deutsches Institut für Wirtschaftsforschung

Sabine Radke
Deutsches Institut für Wirtschaftsforschung (DIW)
14195 Berlin, Königin-Luise-Straße 5
Telefon: 030/8 97 89-318
Telefax: 030/8 97 89-103
Internet: http://www.diw.de/
e-mail: sradke@diw.de

**Gesamtproduktion:**

SOFTWARE LOKALISIERUNG ANIMATION

*SLA* Frank Lemke
Vaihinger Straße 24
71063 Sindelfingen
Telefon: 07031/9 57 5-0
Telefax: 07031/9 57 5-30
Internet: http://www.sla-software.com
e-mail: info@sla-software.com

**Verlag:**

**Deutscher Verkehrs-Verlag**

Deutscher Verkehrs-Verlag GmbH,
20097 Hamburg Nordkanalstraße 36
20010 Hamburg, Postfach 1016 09
Telefon: 040/2 37 14-101
Telefax: 040/237 14-233
Internet: http://www.dvz.de
e-mail: redaktion@dvz.de

# Vorbemerkungen

In der Ausgabe 1999 des Taschenbuchs *Verkehr in Zahlen* - dem 28. Jahrgang dieses statistischen Kompendiums - wird das Verkehrsgeschehen im vereinten Deutschland und in der Europäischen Gemeinschaft dargestellt.

*Verkehr in Zahlen* informiert durch die Ergänzung der amtlichen verkehrsstatistischen Informationen - sie umfassen weniger als die Hälfte des gesamten Datenkomplexes - über nahezu alle Aspekte des Verkehrs einschließlich seiner Stellung in der Volkswirtschaft. Durch das breite Spektrum der Daten und die Zeitreihendarstellung über ca. 20 Jahre lassen sich für die Verkehrsmärkte Strukturveränderungen erkennen, Entwicklungen verfolgen und Zusammenhänge aufzeigen.

Wichtigstes Ziel bei der Datenaufbereitung ist die Übereinstimmung mit den Definitionen und Abgrenzungen der Veröffentlichungen des Statistischen Bundesamtes, des Kraftfahrt-Bundesamtes und des Bundesamtes für Güterverkehr. Dadurch wird auch eine volle Vergleichbarkeit mit den von diesen Institutionen veröffentlichten disaggregierten Angaben gewährleistetet.

In *Verkehr in Zahlen* wird versucht, in klarer Unterscheidung zwischen institutionellem und funktionalem Gliederungsprinzip Daten zur Verkehrsentwicklung in der Bundesrepublik Deutschland zur Verfügung zu stellen. Bestehende Lücken der amtlichen Statistiken werden durch die Einbeziehung vorhandener Unternehmens- und Verbandsstatistiken sowie eigener und fremder Untersuchungen und Berechnungen soweit wie möglich geschlossen. Der unterschiedliche Aufbau, wechselnde Abgrenzungen und Überschneidungen sowie die Diskontinuität dieser Statistiken lassen eine vergleichende Analyse ohne eine Modifizierung nicht zu. Dies kann einerseits zu Umgestaltungen in der Darstellung führen, wenn Basisdaten entfallen oder nur noch verändert ausgewiesen werden. Andererseits sind Brüche in den Zeitreihen unvermeidlich, wenn Daten nicht angepaßt werden können. Hinzu kommt, daß viele für verkehrswirtschaftliche und verkehrspolitische Aussagen wichtige Daten in den amtlichen Statistiken nicht oder noch nicht für alle Verkehrsbereiche in gleicher Form vorliegen.

Dies gilt vor allem für Investitionen, Anlagevermögen, Erwerbstätige, Einnahmen und die Bruttowertschöpfung sowie für den Energieverbrauch - differenziert nach Energieträgern -, die Entwicklung der Kraftfahrzeug-Fahrleistungen, des Individualverkehrs und der Fahrtzwecke im Personenverkehr. Hier kann auf Untersuchungen aufgebaut werden, die im Deutschen Institut für Wirtschaftsforschung (DIW), Berlin - im Rahmen von Forschungsvorhaben unter anderem im Auftrag des Bundesministers für Verkehr - durchgeführt wurden.

*Verkehr in Zahlen* bezieht sich grundsätzlich auf das Gebiet der Bundesrepublik Deutschland, d.h. ab 1991 einschl. der neuen Bundesländer. Einzelne Übersichten liegen auch für Bundesländer vor. Daten für die Jahre 1991 bis 1994 getrennt für neue und alte Bundesländer wurden in der Ausgabe 1997 (Kapitel C1) veröffentlicht. Revisionen der gesamtdeutschen Daten in der vorliegenden Ausgabe (z.B. Fahrleistungen) müssen dabei allerdings berücksichtigt werden.

Die Datenlage, die nach der deutschen Wiedervereinigung in großen Teilen problematisch war, hat sich inzwischen erheblich verbessert. In einzelnen Bereichen bestehen Probleme allerdings fort. Zum Teil sind nur Eckwerte verfügbar, zum Teil sind (auch aus sachlichen Gründen) Angaben nur für neue und alte Bundesländer getrennt möglich (z.B. für die privaten Haushalte).

Das **institutionelle Gliederungsprinzip (Kapitel A)** stellt das Unternehmen als Darstellungseinheit in den Mittelpunkt. Einbezogen werden alle Unternehmen, deren wirtschaftlicher Schwerpunkt im Verkehr liegt. Innerhalb des Sektors Verkehr erfolgt die Zuordnung der Unternehmen zu den Verkehrsbereichen nach dem Schwerpunkt ihrer verkehrswirtschaftlichen Tätigkeit. Unabhängig von der Verkehrsart werden alle Leistungen des Unternehmens erfaßt. In der Regel werden jedoch nicht die Leistungen der einzelnen Unternehmen ausgewiesen, sondern die Leistungen der übergeordneten Verkehrsbereiche, sofern in einem Verkehrsbereich mehrere Unternehmen vorhanden sind. Ausgewiesen werden Daten, die für alle Verkehrsbereiche verfügbar sind und damit eine vergleichende Übersicht über die Gesamtentwicklung ermöglichen. Der Verkehrssektor ist hier analog zum Aufbau der Volkswirtschaftlichen Gesamtrechnung nach Eisenbahnen, Schiffahrt und übriger Verkehr untergliedert; zusätzlich wird der staatliche Verkehrssektor (Straßen und Wasserstraßen) ausgewiesen. Die weitere Disaggregation nach Verkehrsbereichen orientiert sich daran, ob und inwieweit für diese die gewünschten Informationen in vergleichbarer Form verfügbar sind. Darüber hinaus werden für jeden einzelnen Verkehrsbereich Daten ausgewiesen, die weitergehende Informationen vermitteln.

## Gesamtdeutsche Kennziffern des Verkehrs*

| Jahr | Bevölkerung Mio. | | | | Straßenlänge[1] 1 000 km | | Kfz-Bestand[2] Mio. | |
|---|---|---|---|---|---|---|---|---|
| | insgesamt | unter 18 Jahre | 18-65 Jahre | über 65 Jahre | insgesamt | dar. Autobahnen | insgesamt | dar. Pkw |
| 1950 | 66,1 | 18,2 | 41,7 | 6,2 | 176 | 3,5 | 2,7 | 0,7 |
| 1955 | 68,1 | 18,2 | 42,7 | 7,2 | 178 | 3,5 | 5,8 | 1,8 |
| 1960 | 73,2 | 18,5 | 46,2 | 8,5 | 181 | 3,9 | 9,4 | 8,9 |
| 1965 | 76,3 | 20,5 | 46,2 | 9,6 | 203 | 4,6 | 14,3 | 10,5 |
| 1970 | 77,7 | 21,0 | 46,0 | 10,7 | 210 | 5,9 | 19,8 | 15,1 |
| 1975 | 78,6 | 20,5 | 46,3 | 11,8 | 217 | 7,8 | 24,8 | 19,8 |
| 1980 | 78,3 | 18,5 | 47,6 | 12,2 | 220 | 9,2 | 31,6 | 25,9 |
| 1981 | 78,4 | 18,1 | 48,3 | 12,0 | 220 | 9,5 | 32,4 | 26,5 |
| 1982 | 78,4 | 17,6 | 49,1 | 11,7 | 220 | 9,7 | 33,0 | 27,0 |
| 1983 | 78,1 | 17,0 | 49,7 | 11,4 | 221 | 9,9 | 33,7 | 27,6 |
| 1984 | 77,8 | 16,4 | 50,2 | 11,2 | 220 | 9,9 | 34,6 | 28,4 |
| 1985 | 77,7 | 15,9 | 50,5 | 11,3 | 220 | 10,0 | 35,5 | 29,2 |
| 1986 | 77,7 | 15,5 | 50,7 | 11,5 | 221 | 10,2 | 36,8 | 30,3 |
| 1987 | 77,7 | 15,2 | 51,0 | 11,5 | 221 | 10,3 | 38,1 | 31,5 |
| 1988 | 78,1 | 15,1 | 51,4 | 11,6 | 221 | 10,5 | 39,3 | 32,6 |
| 1989 | 79,1 | 15,1 | 52,2 | 11,8 | 221 | 10,6 | 40,4 | 33,7 |
| 1990 | 79,8 | 15,3 | 52,6 | 11,8 | 221 | 10,7 | 42,5 | 35,5 |

| Jahr | Deutsche Bundesbahn/Deutsche Reichsbahn Streckennetz | | Fahrzeugbestand | | | Wasserstraßen | | Rohrleitungen[7] |
|---|---|---|---|---|---|---|---|---|
| | insgesamt 1 000 km | dar. elektrifiziert | Lokomotiven 1 000 | Personenwagen 1 000 | Güter-wagen 1 000 | Benutzte Länge 1 000 km | Frachtschiffe[6] Bestand 1 000 | Länge 1 000 km |
| 1950 | 46,4 | 2,0 | 19,3 | 30,9 | 364 | 7,1 | 6,3 | - |
| 1955 | 46,6 | 2,6 | 16,6 | 31,6 | 396 | 6,9 | 7,8 | - |
| 1960 | 46,9 | 4,4 | 15,3 | 30,6 | 416 | 7,1 | 8,7 | 0,5 |
| 1965 | 46,3 | 7,5 | 14,4 | 28,6 | 437 | 7,0 | 8,6 | 1,1 |
| 1970 | 44,2 | 10,0 | 11,8 | 26,7 | 424 | 6,9 | 7,6 | 2,7 |
| 1975 | 43,1 | 11,5 | 11,5 | 26,4 | 435 | 6,9 | 6,0 | 3,0 |
| 1980 | 42,7 | 12,9 | 11,0 | 23,4 | 437 | 6,7 | 5,2 | 3,4 |
| 1981 | 42,6 | 13,0 | 11,1 | 23,3 | 440 | 6,7 | 5,0 | 3,4 |
| 1982 | 42,4 | 13,1 | 11,1 | 22,9 | 435 | 6,6 | 4,8 | 3,4 |
| 1983 | 42,2 | 13,3 | 11,1 | 22,8 | 430 | 6,6 | 4,7 | 3,5 |
| 1984 | 42,0 | 13,6 | 11,0 | 22,5 | 427 | 6,7 | 4,6 | 3,5 |
| 1985 | 41,7 | 13,9 | 11,1 | 22,0 | 426 | 6,7 | 4,5 | 3,5 |
| 1986 | 41,5 | 14,2 | 11,1 | 21,6 | 424 | 6,6 | 4,4 | 3,5 |
| 1987 | 41,4 | 14,6 | 10,7 | 20,9 | 411 | 6,7 | 4,3 | 3,5 |
| 1988 | 41,3 | 15,2 | 9,9 | 20,4 | 397 | 6,7 | 4,2 | 3,5 |
| 1989 | 41,0 | 15,5 | 9,9 | 19,9 | 382 | 6,8 | 4,2 | 3,5 |
| 1990 | 40,9 | 15,7 | 9,9 | 19,5 | 365 | 6,7 | 3,9 | 3,5 |

[1] Bundesautobahnen, Bundes-, Landes- und Kreisstraßen (ohne Gemeindestraßen).- [2] Ohne Mopeds, Mofas, Mokicks, Leicht- und Kleinkrafträder.- [3] Ohne Kleinlokomotiven.- [4] Ohne Triebwagen (S-Bahn).- [5] Ohne Dienstgüterwagen.- [6] Motorschiffe, Schlepp- und Schubkähne.- [7] Rohöl- und Mineralölproduktenleitungen vüber 40 km Länge.-
*Nach dem Gebietsstand ab dem 3. 10. 1990, für die Zeit bis 1990. Daten für die folgenden Jahre sind in den jeweiligen Kapiteln ausgewiesen.

**Funktionales Gliederungsprinzip (Kapitel B)** bedeutet im Verkehr die Einteilung der Leistungen nach Verkehrsarten. Unter einer Verkehrsart wird die Gesamtheit der Verkehrstechniken, die sich derselben Verkehrswege bedienen, verstanden. Dabei wird innerhalb einer Verkehrsart nicht nach Zahl und Art der Unternehmen oder Haushalte differenziert, von denen diese Leistungen erbracht werden. Die Erfassung geht über den Rahmen des gewerblichen Verkehrs hinaus und bezieht z.B. die Leistungen im Werkverkehr von Industrie- oder Handelsbetrieben ebenso ein wie die ausländischen Unternehmen im grenzüberschreitenden Verkehr oder die privaten Haushalte. Diese Darstellung ermöglicht vor allem einen Überblick über die Entwicklung des Personen- und Güterverkehrs nach Verkehrsbereichen sowie Fahrtzwecken bzw. Gütergruppen. Außerdem werden hier Angaben über die Verkehrswege, Fahrzeugbestände, Straßenbelastung, Verkehrsunfälle, Verkehrsausgaben, Kosten, Belastung der privaten Haushalte durch das eigene Kraftfahrzeug, den Führerscheinbesitz, die Pkw-Verfügbarkeit, den Energieverbrauch, den Transport von Gefahrgütern, die Umweltbelastung sowie andere wichtige Aspekte des Verkehrsgeschehens zur Verfügung gestellt.

Im dritten Teil **(Kapitel C)** werden internationale Kennziffern vor allem für die Länder der Europäischen Union (EU) dargestellt. Die hier veröffentlichten Daten sind zum überwiegenden Teil leider nur mit großer zeitlicher Verzögerung verfügbar. Die Daten für die Bundesrepublik Deutschland entsprechen aufgrund unterschiedlicher Abgrenzung hier nicht in jedem Fall den in den Kapiteln A und B ausgewiesenen Angaben.

## Inhaltsübersicht

# Inhaltsverzeichnis

Seite

**Der Verkehr in funktionaler Gliederung**

Seite

Seite

**C1** Internationale Kennziffern

## Zeichenerklärung

| | |
|---|---|
| - | = nichts vorhanden |
| 0 | = mehr als nichts, aber weniger als die Hälfte der kleinsten Einheit, die in der Tabelle zur Darstellung gebracht werden kann |
| . | = kein Nachweis vorhanden |
| X | = Aussage nicht sinnvoll |
| ABL | = Alte Bundesländer |
| NBL | = Neue Bundesländer |

Abweichungen in den Summen sind die Folge von Rundungsdifferenzen.

Grundsätzlich beziehen sich die Angaben bis einschließlich 1990 auf den Gebietsstand der Bundesrepublik Deutschland vor dem 3.10.1990 (einzige Ausnahme ist die Übersicht auf Seite 7). Daten für die DDR wurden - soweit verfügbar - in den Ausgaben bis 1994 veröffentlicht.

Die Daten für die Jahre ab 1991 beziehen sich grundsätzlich auf die Bundesrepublik Deutschland mit dem Gebietsstand nach dem 3.10.1990. Ausnahmen sind aus methodischen Gründen oder aufgrund der Datenlage notwendig und betreffen vor allem die Angaben zu den privaten Haushalten und verschiedene Ausgaben. Die Ausnahmen sind entsprechend gekennzeichnet.

Für die Jahre 1991 bis 1994 wurden Daten getrennt für alte und neue Bundesländer in der Ausgabe *Verkehr in Zahlen 1997* veröffentlicht.

# Der institutionell abgegrenzte Wirtschaftsbereich Verkehr

Analog der Volkswirtschaftlichen Gesamtrechnung, ausgehend vom wirtschaftlichen Schwerpunkt des Unternehmens, umfassen die Angaben zu den

- Brutto-Anlageinvestitionen,
- Brutto- und Netto-Anlagevermögen,
- Erwerbstätigen,
- Einnahmen,
- Bruttowertschöpfungen

nur die jeweiligen Werte der dem Verkehr institutionell zugeordneten Unternehmen.

Nicht berücksichtigt sind dabei die entsprechenden Angaben für den

- Individualverkehr = der den privaten Haushalten zugerechnet wird

und für den

- Werkverkehr = der von Unternehmen mit Schwerpunkt außerhalb des Verkehrs durchgeführt wird.

Die volkswirtschaftliche Bedeutung dieser beiden Bereiche hat in den letzten zwei Jahrzehnten stark zugenommen.

# Brutto-Anlageinvestitionen - Anlagevermögen

Brutto-Anlageinvestitionen und Anlagevermögen sind monetäre Wertgrößen für das technische Angebotspotential der Volkswirtschaft. Ihre jährliche nach Wirtschaftsbereichen differenzierte Berechnung ermöglicht einen laufenden zeitlichen und sektoralen Vergleich des unterschiedlichen Kapitaleinsatzes. In Verbindung mit der Zahl der Erwerbstätigen vermitteln diese Daten einen Überblick über die Investitions- und Kapitalintensität je Arbeitsplatz und Wirtschaftsbereich.

## Brutto-Anlageinvestitionen

Zu den Brutto-Anlageinvestitionen gehören sowohl Erweiterungs- und Rationalisierungsinvestitionen als auch Ersatz- bzw. Erhaltungsinvestitionen.

Nach der Abgrenzung der Volkswirtschaftlichen Gesamtrechnung umfassen die Brutto-Anlageinvestitionen - im folgenden wird zur Vereinfachung nur von Anlageinvestitionen gesprochen - die Käufe neuer und gebrauchter Anlagen (abzüglich der Verkäufe) sowie die selbst erstellten Anlagen der Investoren. Nicht berücksichtigt wird der Erwerb von Grundstücken. Als Anlagen gelten dauerhafte Güter, Bauten, Fahrzeuge, Ausrüstungen, die zur Erhaltung, Erweiterung oder Verbesserung des Produktionsapparates eingesetzt werden. Dazu zählen auch die werterhöhenden Großreparaturen und Umbauten, nicht jedoch die Aufwendungen für die laufende Unterhaltung, von der in der Regel keine Wertsteigerung bzw. Erhöhung der Nutzungsdauer ausgeht.

Die Anlageinvestitionen der institutionell abgegrenzten Verkehrsbereiche werden bisher in der amtlichen Statistik nicht nachgewiesen. Aus diesem Grund hat das Deutsche Institut für Wirtschaftsforschung (DIW) mehrere Strukturuntersuchungen auf diesem Gebiet durchgeführt. Grundlagen dieser Berechnungen sind die von den Fachabteilungen des BMV erhobenen Investitionsangaben der Verkehrsunternehmen bzw. Unternehmensgruppen und Verbände. Die für einige Verkehrsbereiche fehlenden oder unvollständigen Daten werden durch eigene Befragungen und Berechnungen ergänzt. Da einige Verkehrsunternehmen, u. a. die Deutsche Bahn AG, einen Teil der Aufwendungen für die Erhaltung der Anlagen und Fahrzeuge nicht zu den Investitionen zählen, müssen diese Angaben entsprechend der Abgrenzung der Volkswirtschaftlichen Gesamtrechnung modifiziert werden.

Für die Berechnung der Anlageinvestitionen zu konstanten Preisen müssen die Investitionsausgaben nach Hochbau und Tiefbau, nach Fahrzeugarten und bereichsspezifischen Ausrüstungsgütern differenziert werden. Die Preisbereinigung dieser disaggregierten Werte erfolgt anhand der für diese Investitionsaggregate aus der amtlichen Statistik zur Verfügung stehenden Preisindizes.

## Anlagevermögen

Das Brutto-Anlagevermögen quantifiziert den Wiederbeschaffungswert, das Netto-Anlagevermögen den Zeitwert der zeitlich verschieden installierten Verkehrsanlagen und Verkehrsmittel auf einheitlicher Preisbasis.

Da das Anlagevermögen der einzelnen Verkehrsbereiche von der amtlichen Statistik bisher nicht explizit berechnet wird, ist im DIW eine Anlagevermögensrechnung entwickelt worden, mit der diese Vermögenswerte jährlich ermittelt werden können. In dieser Modellrechnung wird unter Annahme spezifischer Nutzungszeiten für die einzelnen Investitionsaggregate das Brutto-Anlagevermögen eines Jahres als gewichtete Summe der kumulierten Investitionsjahrgänge - die ihre Nutzungszeit nicht überschritten haben - errechnet. Das Netto-Anlagevermögen ergibt sich durch Abzug der linear über die Nutzungszeit berechneten Abschreibungen. Verkehrsanlagen und Verkehrsmittel, die in größerem Umfang vor dem Ablauf der vorgegebenen Nutzungszeit stillgelegt wurden (Dampflokomotiven, Straßenbahnen, Binnenschiffe), werden als Sonderabgänge berücksichtigt. Nach diesen Berechnungsverfahren können der Brutto- und der Nettowert der Verkehrsanlagen und Verkehrsmittel zu jeder gewünschten Preisbasis bestimmt werden. Der als Modernitätsgrad bezeichnete Quotient aus Netto- und Brutto-Anlagevermögen stellt eine mittelbare Meßgröße für den Altersaufbau des Anlagevermögens dar. Er ist besonders für sektorale Vergleiche von Interesse, da mittels dieser Größe die Altersstruktur von Anlagenbeständen mit unterschiedlicher Nutzungsdauer normiert wird.

Nach der deutschen Vereinigung mußte auch für Ostdeutschland eine Anlagevermögensrechnung für den Verkehrsbereich erstellt werden. Hierzu wurden die im Rahmen einer Strukturuntersuchung des DIW erarbeiteten Anlagevermögenswerte für die Verkehrsinfrastruktur in den neuen Bundesländern („Beiträge zur Strukturforschung", Heft 149/1994) um entsprechende Werte für das nicht in der Infrastruktur gebundene Anlagevermögen im Verkehr ergänzt, mit der Anlagevermögensrechnung für die alten Bundesländer zusammengeführt und mit gesamtdeutschen Investitionen fortgeschrieben. Bei der Erarbeitung gesamtdeutscher Anlageinvestitionen wurden einerseits die Investitionen für die neuen Bundesländer um fehlende Werte ergänzt und andererseits die vorhandenen Investitionswerte für die alten Bundesländer ab 1991 einer kritischen Überprüfung unterzogen. Aufgrund der erforderlichen Revision können die vorliegenden gesamtdeutschen Anlageinvestitionen nicht additiv aus den in vorangegangenen Ausgaben von „Verkehr in Zahlen" enthaltenen Werten für die alten und neuen Bundesländer abgeleitet werden.

Die Anlagevermögensrechnung des DIW ist außerdem die Grundlage bei der Ermittlung des Ersatzinvestitionsbedarfs für die Verkehrswege der Bundesrepublik. Die aktuellsten Untersuchungen für die Vorausschätzung des Ersatzinvestitionsbedarfs der Bundesverkehrswege werden in der DIW-Reihe „Beiträge zur Strukturforschung" Heft 109/1988 (für die kommunalen Verkehrswege) und Heft 134/1992 (für die Bundesverkehrswege) dokumentiert.

## Brutto-Anlageinvestitionen[1] - Insgesamt - Mio. DM zu jeweiligen Preisen

| | 1979 | 1980 | 1981 | 1982 | 1983 | 1984 | 1985 | 1986 | 1987 | 1988 |
|---|---|---|---|---|---|---|---|---|---|---|
| Deutsche Bundesbahn | 4 840 | 5 090 | 4 880 | 4 810 | 4 950 | 5 050 | 5 570 | 6 180 | 6 300 | 5 950 |
| dar. Verkehrsweg | 2 920 | 3 170 | 2 920 | 2 880 | 2 970 | 3 420 | 3 950 | 4 460 | 4 530 | 3 740 |
| Nichtbundeseigene Eisenbahnen[2] | 220 | 230 | 260 | 240 | 200 | 260 | 420 | 480 | 510 | 510 |
| **Eisenbahnen** | 5 060 | 5 320 | 5 140 | 5 050 | 5 150 | 5 310 | 5 990 | 6 660 | 6 810 | 6 460 |
| Binnenschiffahrt[3] | 150 | 150 | 130 | 140 | 220 | 180 | 180 | 130 | 190 | 130 |
| Binnenhäfen[4] | 80 | 100 | 90 | 90 | 130 | 130 | 120 | 140 | 120 | 140 |
| Seeschiffahrt[5] | 1 660 | 1 660 | 2 120 | 1 930 | 3 060 | 2 520 | 2 540 | 2 120 | 1 010 | 380 |
| Seehäfen | 540 | 650 | 690 | 700 | 600 | 580 | 460 | 500 | 430 | 480 |
| **Schiffahrt** | 2 430 | 2 560 | 3 030 | 2 860 | 4 010 | 3 410 | 3 300 | 2 890 | 1 750 | 1 130 |
| Öffentl. Straßenpersonenverkehr[6] | 3 810 | 3 970 | 3 830 | 3 760 | 4 000 | 3 580 | 3 510 | 3 830 | 3 870 | 3 640 |
| Güterkraftverkehr[7] | 2 750 | 2 430 | 1 980 | 1 960 | 2 580 | 2 250 | 2 470 | 2 530 | 2 720 | 2 800 |
| Fluggesellschaften[8] | 1 000 | 750 | 1 460 | 620 | 900 | 1 360 | 2 250 | 2 240 | 2 000 | 2 840 |
| Flughäfen[9] | 540 | 580 | 600 | 420 | 430 | 420 | 590 | 810 | 1 000 | 1 270 |
| Rohrfernleitungen[10] | 80 | 80 | 80 | 230 | 100 | 100 | 120 | 150 | 150 | 180 |
| **Übriger Verkehr** | 8 180 | 7 810 | 7 950 | 6 990 | 8 010 | 7 710 | 8 940 | 9 560 | 9 740 | 10 730 |
| Straßen und Brücken | 16 310 | 17 070 | 15 630 | 14 100 | 13 550 | 13 450 | 13 940 | 14 500 | 14 440 | 14 760 |
| Wasserstraßen[11] | 800 | 760 | 710 | 750 | 790 | 880 | 900 | 960 | 920 | 870 |
| **Staatlicher Verkehrsbereich** | 17 110 | 17 830 | 16 340 | 14 850 | 14 340 | 14 330 | 14 840 | 15 460 | 15 360 | 15 630 |
| **Verkehr insgesamt** | 32 780 | 33 520 | 32 460 | 29 750 | 31 510 | 30 760 | 33 070 | 34 570 | 33 660 | 33 950 |
| **Zum Vergleich:** | | | | | | | | | | |
| **Brutto-Anlageinvestitionen aller Wirtschaftsbereiche** | 304 610 | 335 750 | 336 380 | 328 260 | 345 910 | 356 330 | 362 000 | 380 520 | 393 720 | 418 920 |
| **Anteil des Verkehrs in vH** | 10,8 | 10,0 | 9,6 | 9,1 | 9,1 | 8,6 | 9,1 | 9,1 | 8,5 | 8,1 |

[1] Ohne Grunderwerb.- [2] Eisenbahnen des öffentlichen Verkehrs. 1984 bis 1993 einschl. S-Bahn Berlin (West).- [3] Binnenflotte der Bundesrepublik.- [4] Öffentliche Binnenhäfen.- [5] Handelsflotte der Bundesrepublik.- [6] Stadtschnellbahn- (U-Bahn), Straßenbahn-, Obus- und Kraftomnibusverkehr kommunaler und gemischtwirtschaftlicher sowie privater Unternehmen; einschl. Taxis und Mietwagen.- [7] Gewerblicher Verkehr einschl. Verkehrsnebengewerbe (Spedition, Lagerei und Verkehrsvermittlung).- [8] Unternehmen der Bundesrepublik.- [9] Einschl. Flugsicherung.- [10] Rohöl- und Mineralölproduktenleitungen über 40 km Länge.- [11] Bis zur Seegrenze.- Weitere Anmerkungen siehe folgende Seite.

# Brutto-Anlageinvestitionen[1)] - Insgesamt - Mio. DM zu jeweiligen Preisen

| | 1989 | 1990 | 1991 | 1992 | 1993 | 1994 | 1995 | 1996 | 1997 | 1998 |
|---|---|---|---|---|---|---|---|---|---|---|
| Deutsche Bahn AG* | 5 430 | 5 750 | 11 390 | 11 740 | 12 220 | 12 480 | 12 630 | 11 150 | 10 570 | 9 290 |
| dar. Verkehrsweg | 3 120 | 2 990 | 6 560 | 7 270 | 7 660 | 8 550 | 9 210 | 8 100 | 7 610 | 6 800 |
| Nichtbundeseigene Eisenbahnen[2)] | 600 | 740 | 650 | 690 | 630 | 390 | 360 | 410 | 560 | 740 |
| **Eisenbahnen** | 6 030 | 6 490 | 12 040 | 12 430 | 12 850 | 12 870 | 12 990 | 11 560 | 11 130 | 10 030 |
| Binnenschiffahrt[3)] | 230 | 150 | 140 | 240 | 230 | 200 | 160 | 150 | 160 | 160 |
| Binnenhäfen[4)] | 140 | 250 | 200 | 160 | 170 | 190 | 180 | 180 | 170 | 220 |
| Seeschiffahrt[5)] | 1 250 | 1 720 | 2 050 | 2 210 | 2 600 | 2 800 | 2 810 | 5 070 | 7 290 | 7 100 |
| Seehäfen | 620 | 700 | 850 | 930 | 940 | 820 | 990 | 960 | 1 100 | 880 |
| **Schiffahrt** | 2 240 | 2 820 | 3 240 | 3 540 | 3 940 | 4 010 | 4 140 | 6 360 | 8 720 | 8 360 |
| Öffentl. Straßenpersonenverkehr[6)] | 3 890 | 3 940 | 4 920 | 7 430 | 6 640 | 5 730 | 5 780 | 5 950 | 5 030 | 5 440 |
| Güterkraftverkehr[7)] | 2 910 | 3 220 | 5 440 | 5 290 | 3 470 | 3 230 | 4 270 | 4 170 | 5 310 | 6 620 |
| Fluggesellschaften[8)] | 3 150 | 3 560 | 3 540 | 2 460 | 1 800 | 1 970 | 1 970 | 2 160 | 2 180 | 2 470 |
| Flughäfen[9)] | 1 810 | 2 490 | 3 410 | 3 090 | 2 560 | 1 960 | 2 260 | 1 750 | 1 910 | 2 090 |
| Rohrfernleitungen[10)] | 180 | 200 | 260 | 270 | 320 | 320 | 320 | 320 | 320 | 350 |
| **Übriger Verkehr** | 11 940 | 13 410 | 17 570 | 18 540 | 14 790 | 13 210 | 14 600 | 14 350 | 14 750 | 16 970 |
| Straßen und Brücken[12)] | 15 260 | 15 580 | 21 300 | 25 260 | 20 560 | 20 380 | 19 980 | 21 760 | 18 920 | 19 220 |
| Wasserstraßen[11)] | 880 | 870 | 1 050 | 1 000 | 1 190 | 1 150 | 1 210 | 1 300 | 1 280 | 1 400 |
| **Staatlicher Verkehrsbereich** | 16 140 | 16 450 | 22 350 | 26 260 | 21 750 | 21 530 | 21 190 | 23 060 | 20 200 | 20 620 |
| **Verkehr insgesamt** | 36 350 | 39 170 | 55 200 | 60 770 | 53 330 | 51 620 | 52 920 | 55 330 | 54 800 | 55 980 |
| **Zum Vergleich:** | | | | | | | | | | |
| **Brutto-Anlageinvestitionen aller Wirtschaftsbereiche**** | 459 000 | 518 690 | 708 910 | 773 460 | 781 140 | 800 890 | 806 890 | 797 220 | 804 290 | 817 030 |
| **Anteil des Verkehrs in vH** | 7,9 | 7,6 | 7,8 | 7,9 | 6,8 | 6,4 | 6,6 | 6,9 | 6,8 | 6,9 |

Beginn der Anmerkungen siehe vorige Seite.- [12)] Ab 1991 ohne Verwaltung.- * Bis 1990 Deutsche Bundesbahn, 1991 bis 1993 Deutsche Bundesbahn und Deutsche Reichsbahn. Ab 1994 wurden verschiedene Bereiche aus der Deutschen Bahn AG ausgegliedert. ** Ab 1991 revidierte Zahlen nach Abgrenzung des ESVG 1995.

## Brutto-Anlageinvestitionen[1] - Bauten - Mio. DM zu jeweiligen Preisen

| | 1979 | 1980 | 1981 | 1982 | 1983 | 1984 | 1985 | 1986 | 1987 | 1988 |
|---|---|---|---|---|---|---|---|---|---|---|
| Deutsche Bundesbahn | 3 220 | 3 500 | 3 260 | 3 200 | 3 260 | 3 660 | 4 170 | 4 700 | 4 760 | 3 980 |
| Nichtbundeseigene Eisenbahnen[2] | 120 | 110 | 145 | 105 | 90 | 150 | 240 | 290 | 330 | 310 |
| **Eisenbahnen** | 3 340 | 3 610 | 3 405 | 3 305 | 3 350 | 3 810 | 4 410 | 4 990 | 5 090 | 4 290 |
| Binnenschiffahrt[3] | 25 | 25 | 20 | 20 | 20 | 20 | 20 | 20 | 20 | 20 |
| Binnenhäfen[4] | 60 | 75 | 60 | 65 | 90 | 90 | 90 | 105 | 90 | 110 |
| Seeschiffahrt[5] | 25 | 25 | 25 | 20 | 30 | 25 | 25 | 25 | 25 | 20 |
| Seehäfen | 430 | 520 | 545 | 550 | 475 | 455 | 345 | 380 | 330 | 370 |
| **Schiffahrt** | 540 | 645 | 650 | 655 | 615 | 590 | 480 | 530 | 465 | 520 |
| Öffentl. Straßenpersonenverkehr[6] | 1 890 | 2 150 | 2 160 | 2 040 | 1 940 | 1 760 | 1 680 | 1 790 | 1 750 | 1 650 |
| Güterkraftverkehr[7] | 320 | 280 | 225 | 220 | 290 | 260 | 290 | 300 | 300 | 310 |
| Fluggesellschaften[8] | 100 | 30 | 35 | 15 | 15 | 30 | 30 | 70 | 70 | 80 |
| Flughäfen[9] | 350 | 430 | 480 | 330 | 350 | 320 | 450 | 670 | 850 | 1 110 |
| Rohrfernleitungen[10] | 50 | 50 | 50 | 150 | 70 | 70 | 80 | 100 | 100 | 120 |
| **Übriger Verkehr** | 2 710 | 2 940 | 2 950 | 2 755 | 2 665 | 2 440 | 2 530 | 2 930 | 3 070 | 3 270 |
| Straßen und Brücken | 16 050 | 16 810 | 15 380 | 13 860 | 13 310 | 13 200 | 13 680 | 14 230 | 14 160 | 14 470 |
| Wasserstraßen[11] | 760 | 725 | 675 | 710 | 750 | 840 | 855 | 915 | 875 | 830 |
| **Staatlicher Verkehrsbereich** | 16 810 | 17 535 | 16 055 | 14 570 | 14 060 | 14 040 | 14 535 | 15 145 | 15 035 | 15 300 |
| **Verkehr insgesamt** | 23 400 | 24 730 | 23 060 | 21 285 | 20 690 | 20 880 | 21 955 | 23 595 | 23 660 | 23 380 |

Anmerkungen siehe Seite 22/23.

## Brutto-Anlageinvestitionen[1] - Bauten - Mio. DM zu jeweiligen Preisen

| | 1989 | 1990 | 1991 | 1992 | 1993 | 1994 | 1995 | 1996 | 1997 | 1998 |
|---|---|---|---|---|---|---|---|---|---|---|
| Deutsche Bahn AG* | 3 470 | 3 380 | 7 060 | 7 900 | 8 190 | 9 560 | 10 000 | 9 060 | 8 210 | 7 540 |
| Nichtbundeseigene Eisenbahnen[2] | 330 | 430 | 400 | 510 | 400 | 170 | 200 | 230 | 330 | 340 |
| **Eisenbahnen** | 3 800 | 3 810 | 7 460 | 8 410 | 8 590 | 9 730 | 10 200 | 9 290 | 8 540 | 7 880 |
| Binnenschiffahrt[3] | 20 | 20 | 25 | 25 | 20 | 10 | 10 | 10 | 10 | 10 |
| Binnenhäfen[4] | 110 | 180 | 160 | 130 | 140 | 155 | 145 | 140 | 140 | 185 |
| Seeschiffahrt[5] | 25 | 25 | 25 | 30 | 40 | 40 | 30 | 40 | 50 | 60 |
| Seehäfen | 470 | 530 | 650 | 690 | 720 | 640 | 830 | 720 | 850 | 670 |
| **Schiffahrt** | 625 | 755 | 860 | 875 | 920 | 845 | 1 015 | 910 | 1 050 | 925 |
| Öffentl. Straßenpersonenverkehr[6] | 1 910 | 1 850 | 2 170 | 3 310 | 2 820 | 2 520 | 2 630 | 2 630 | 2 280 | 2 290 |
| Güterkraftverkehr[7] | 330 | 370 | 610 | 620 | 400 | 370 | 440 | 430 | 520 | 650 |
| Fluggesellschaften[8] | 80 | 100 | 200 | 130 | 100 | 110 | 110 | 120 | 120 | 130 |
| Flughäfen[9] | 1 630 | 2 310 | 3 160 | 2 690 | 2 270 | 1 690 | 1 980 | 1 500 | 1 640 | 1 790 |
| Rohrfernleitungen[10] | 120 | 140 | 175 | 185 | 210 | 210 | 210 | 210 | 210 | 230 |
| **Übriger Verkehr** | 4 070 | 4 770 | 6 315 | 6 935 | 5 800 | 4 900 | 5 370 | 4 890 | 4 770 | 5 090 |
| Straßen und Brücken[12] | 14 970 | 15 280 | 20 800 | 24 680 | 20 070 | 19 890 | 19 500 | 21 240 | 18 460 | 18 760 |
| Wasserstraßen[11] | 840 | 830 | 990 | 940 | 1 115 | 1 080 | 1 105 | 1 180 | 1 160 | 1 260 |
| **Staatlicher Verkehrsbereich** | 15 810 | 16 110 | 21 790 | 25 620 | 21 185 | 20 970 | 20 605 | 22 420 | 19 620 | 20 020 |
| **Verkehr insgesamt** | 24 305 | 25 445 | 36 425 | 41 840 | 36 495 | 36 445 | 37 190 | 37 510 | 33 980 | 33 915 |

Anmerkungen siehe Seite 22/23.

## Brutto-Anlageinvestitionen[1] - Fahrzeuge - Mio. DM zu jeweiligen Preisen

| | 1979 | 1980 | 1981 | 1982 | 1983 | 1984 | 1985 | 1986 | 1987 | 1988 |
|---|---|---|---|---|---|---|---|---|---|---|
| Deutsche Bundesbahn | 1 230 | 1 200 | 1 280 | 1 290 | 1 390 | 1 100 | 1 130 | 1 190 | 1 260 | 1 680 |
| Schienenfahrzeuge | 1 080 | 1 040 | 1 180 | 1 150 | 1 210 | 960 | 900 | 970 | 1 140 | 1 510 |
| Straßenfahrzeuge | 150 | 160 | 100 | 140 | 180 | 140 | 230 | 220 | 120 | 170 |
| Nichtbundeseigene Eisenbahnen[2] | 80 | 100 | 95 | 115 | 90 | 90 | 150 | 160 | 150 | 170 |
| Schienenfahrzeuge | 20 | 15 | 30 | 35 | 35 | 30 | 80 | 75 | 110 | 65 |
| Straßenfahrzeuge | 60 | 85 | 65 | 80 | 55 | 60 | 70 | 85 | 40 | 105 |
| **Eisenbahnen** | 1 310 | 1 300 | 1 375 | 1 405 | 1 480 | 1 190 | 1 280 | 1 350 | 1 410 | 1 850 |
| Binnenschiffahrt[3] | 110 | 110 | 100 | 110 | 190 | 150 | 150 | 100 | 160 | 100 |
| Binnenhäfen[4] | - | - | - | - | - | - | - | - | - | - |
| Seeschiffahrt[5] | 1 610 | 1 610 | 2 070 | 1 890 | 3 000 | 2 470 | 2 490 | 2 070 | 960 | 340 |
| Seehäfen | - | - | - | - | - | - | - | - | - | - |
| **Schiffahrt** | 1 720 | 1 720 | 2 170 | 2 000 | 3 190 | 2 620 | 2 640 | 2 170 | 1 120 | 440 |
| Öffentl. Straßenpersonenverkehr[6] | 1 840 | 1 740 | 1 600 | 1 630 | 2 000 | 1 730 | 1 730 | 1 940 | 2 010 | 1 890 |
| Schienenfahrzeuge | 230 | 230 | 220 | 280 | 260 | 320 | 300 | 320 | 210 | 270 |
| Straßenfahrzeuge | 1 610 | 1 510 | 1 380 | 1 350 | 1 740 | 1 410 | 1 430 | 1 620 | 1 800 | 1 620 |
| Güterkraftverkehr[7] | 2 250 | 1 980 | 1 620 | 1 600 | 2 110 | 1 830 | 2 020 | 2 060 | 2 240 | 2 300 |
| Fluggesellschaften[8] | 810 | 630 | 1 310 | 530 | 810 | 1 240 | 2 130 | 1 990 | 1 760 | 2 580 |
| Flughäfen[9] | - | - | - | - | - | - | - | - | - | - |
| Rohrfernleitungen[10] | - | - | - | - | - | - | - | - | - | - |
| **Übriger Verkehr** | 4 900 | 4 350 | 4 530 | 3 760 | 4 920 | 4 800 | 5 880 | 5 990 | 6 010 | 6 770 |
| **Verkehr insgesamt** | 7 930 | 7 370 | 8 075 | 7 165 | 9 590 | 8 610 | 9 800 | 9 510 | 8 540 | 9 060 |
| Schienenfahrzeuge | 1 330 | 1 285 | 1 430 | 1 465 | 1 505 | 1 310 | 1 280 | 1 365 | 1 460 | 1 845 |
| Straßenfahrzeuge | 4 070 | 3 735 | 3 165 | 3 170 | 4 085 | 3 440 | 3 750 | 3 985 | 4 200 | 4 195 |
| Wasserfahrzeuge | 1 720 | 1 720 | 2 170 | 2 000 | 3 190 | 2 620 | 2 640 | 2 170 | 1 120 | 440 |
| Luftfahrzeuge | 810 | 630 | 1 310 | 530 | 810 | 1 240 | 2 130 | 1 990 | 1 760 | 2 580 |

Anmerkungen siehe Seite 22/23.

## Brutto-Anlageinvestitionen[1)] - Fahrzeuge - Mio. DM zu jeweiligen Preisen

| | 1989 | 1990 | 1991 | 1992 | 1993 | 1994 | 1995 | 1996 | 1997 | 1998 |
|---|---|---|---|---|---|---|---|---|---|---|
| Deutsche Bahn AG* | 1 620 | 2 010 | 3 610 | 3 140 | 3 170 | 1 980 | 1 620 | 1 240 | 1 660 | 1 020 |
| Schienenfahrzeuge | 1 540 | 1 910 | 3 430 | 3 000 | 3 030 | 1 960 | 1 610 | 1 230 | 1 650 | 1 010 |
| Straßenfahrzeuge | 80 | 100 | 180 | 140 | 140 | 20 | 10 | 10 | 10 | 10 |
| Nichtbundeseigene Eisenbahnen[2)] | 240 | 270 | 220 | 150 | 200 | 190 | 130 | 150 | 190 | 360 |
| Schienenfahrzeuge | 60 | 120 | 160 | 100 | 110 | 120 | 60 | 100 | 160 | 320 |
| Straßenfahrzeuge | 180 | 150 | 60 | 50 | 90 | 70 | 70 | 50 | 30 | 40 |
| **Eisenbahnen** | 1 860 | 2 280 | 3 830 | 3 290 | 3 370 | 2 170 | 1 750 | 1 390 | 1 850 | 1 380 |
| Binnenschiffahrt[3)] | 200 | 120 | 105 | 205 | 200 | 180 | 140 | 130 | 140 | 140 |
| Binnenhäfen[4)] | - | - | - | - | - | - | - | - | - | - |
| Seeschiffahrt[5)] | 1 200 | 1 670 | 2 000 | 2 150 | 2 530 | 2 730 | 2 750 | 5 000 | 7 200 | 7 000 |
| Seehäfen | - | - | - | - | - | - | - | - | - | - |
| **Schiffahrt** | 1 400 | 1 790 | 2 105 | 2 355 | 2 730 | 2 910 | 2 890 | 5 130 | 7 340 | 7 140 |
| Öffentl. Straßenpersonenverkehr[6)] | 1 860 | 1 980 | 2 560 | 3 880 | 3 650 | 3 030 | 2 920 | 3 080 | 2 470 | 2 860 |
| Schienenfahrzeuge | 340 | 420 | 580 | 1 450 | 1 030 | 1 380 | 1 340 | 1 450 | 1 170 | 1 180 |
| Straßenfahrzeuge | 1 520 | 1 560 | 1 980 | 2 430 | 2 620 | 1 650 | 1 580 | 1 630 | 1 300 | 1 680 |
| Güterkraftverkehr[7)] | 2 380 | 2 630 | 4 500 | 4 300 | 2 850 | 2 660 | 3 560 | 3 470 | 4 460 | 5 570 |
| Fluggesellschaften[8)] | 2 890 | 3 200 | 3 000 | 2 090 | 1 520 | 1 670 | 1 670 | 1 830 | 1 850 | 2 100 |
| Flughäfen[9)] | - | - | - | - | - | - | - | - | - | - |
| Rohrfernleitungen[10)] | - | - | - | - | - | - | - | - | - | - |
| **Übriger Verkehr** | 7 130 | 7 810 | 10 060 | 10 270 | 8 020 | 7 360 | 8 150 | 8 380 | 8 780 | 10 530 |
| **Verkehr insgesamt** | 10 390 | 11 880 | 15 995 | 15 915 | 14 120 | 12 440 | 12 790 | 14 900 | 17 970 | 19 050 |
| Schienenfahrzeuge | 1 940 | 2 450 | 4 170 | 4 550 | 4 170 | 3 460 | 3 010 | 2 780 | 2 980 | 2 510 |
| Straßenfahrzeuge | 4 160 | 4 440 | 6 720 | 6 920 | 5 700 | 4 400 | 5 220 | 5 160 | 5 800 | 7 300 |
| Wasserfahrzeuge | 1 400 | 1 790 | 2 105 | 2 355 | 2 730 | 2 910 | 2 890 | 5 130 | 7 340 | 7 140 |
| Luftfahrzeuge | 2 890 | 3 200 | 3 000 | 2 090 | 1 520 | 1 670 | 1 670 | 1 830 | 1 850 | 2 100 |

Anmerkungen siehe Seite 22/23.

## Brutto-Anlageinvestitionen[1] - Ausrüstungen - Mio. DM zu jeweiligen Preisen

| | 1979 | 1980 | 1981 | 1982 | 1983 | 1984 | 1985 | 1986 | 1987 | 1988 |
|---|---|---|---|---|---|---|---|---|---|---|
| Deutsche Bundesbahn | 390 | 390 | 340 | 320 | 300 | 290 | 270 | 290 | 280 | 290 |
| Nichtbundeseigene Eisenbahnen[2] | 20 | 20 | 20 | 20 | 20 | 20 | 30 | 30 | 30 | 30 |
| **Eisenbahnen** | 410 | 410 | 360 | 340 | 320 | 310 | 300 | 320 | 310 | 320 |
| Binnenschiffahrt[3] | 15 | 15 | 10 | 10 | 10 | 10 | 10 | 10 | 10 | 10 |
| Binnenhäfen[4] | 20 | 25 | 30 | 25 | 40 | 40 | 30 | 35 | 30 | 30 |
| Seeschiffahrt[5] | 25 | 25 | 25 | 20 | 30 | 25 | 25 | 25 | 25 | 20 |
| Seehäfen | 110 | 130 | 145 | 150 | 125 | 125 | 115 | 120 | 100 | 110 |
| **Schiffahrt** | 170 | 195 | 210 | 205 | 205 | 200 | 180 | 190 | 165 | 170 |
| Öffentl. Straßenpersonenverkehr[6] | 80 | 80 | 70 | 90 | 60 | 90 | 100 | 100 | 110 | 100 |
| Güterkraftverkehr[7] | 180 | 170 | 135 | 140 | 180 | 160 | 160 | 170 | 180 | 190 |
| Fluggesellschaften[8] | 90 | 90 | 115 | 75 | 75 | 90 | 90 | 180 | 170 | 180 |
| Flughäfen[9] | 190 | 150 | 120 | 90 | 80 | 100 | 140 | 140 | 150 | 160 |
| Rohrfernleitungen[10] | 30 | 30 | 30 | 80 | 30 | 30 | 40 | 50 | 50 | 60 |
| **Übriger Verkehr** | 570 | 520 | 470 | 475 | 425 | 470 | 530 | 640 | 660 | 690 |
| Straßen und Brücken | 260 | 260 | 250 | 240 | 240 | 250 | 260 | 270 | 280 | 290 |
| Wasserstraßen[11] | 40 | 35 | 35 | 40 | 40 | 40 | 45 | 45 | 45 | 40 |
| **Staatlicher Verkehrsbereich** | 300 | 295 | 285 | 280 | 280 | 290 | 305 | 315 | 325 | 330 |
| **Verkehr insgesamt** | 1 450 | 1 420 | 1 325 | 1 300 | 1 230 | 1 270 | 1 315 | 1 465 | 1 460 | 1 510 |

Anmerkungen siehe Seite 22/23.

## Brutto-Anlageinvestitionen[1)] - Ausrüstungen - Mio. DM zu jeweiligen Preisen

| | 1989 | 1990 | 1991 | 1992 | 1993 | 1994 | 1995 | 1996 | 1997 | 1998 |
|---|---|---|---|---|---|---|---|---|---|---|
| Deutsche Bahn AG* | 340 | 360 | 720 | 700 | 860 | 940 | 1 010 | 850 | 700 | 730 |
| Nichtbundeseigene Eisenbahnen[2)] | 30 | 40 | 30 | 30 | 30 | 30 | 30 | 30 | 40 | 40 |
| **Eisenbahnen** | 370 | 400 | 750 | 730 | 890 | 970 | 1 040 | 880 | 740 | 770 |
| Binnenschiffahrt[3)] | 10 | 10 | 10 | 10 | 10 | 10 | 10 | 10 | 10 | 10 |
| Binnenhäfen[4)] | 30 | 70 | 40 | 30 | 30 | 35 | 35 | 40 | 30 | 35 |
| Seeschiffahrt[5)] | 25 | 25 | 25 | 30 | 30 | 30 | 30 | 30 | 40 | 40 |
| Seehäfen | 150 | 170 | 200 | 240 | 220 | 180 | 160 | 240 | 250 | 210 |
| **Schiffahrt** | 215 | 275 | 275 | 310 | 290 | 255 | 235 | 320 | 330 | 295 |
| Öffentl. Straßenpersonenverkehr[6)] | 120 | 110 | 190 | 240 | 170 | 180 | 230 | 240 | 280 | 290 |
| Güterkraftverkehr[7)] | 200 | 220 | 330 | 370 | 220 | 200 | 270 | 270 | 330 | 400 |
| Fluggesellschaften[8)] | 180 | 260 | 340 | 240 | 180 | 190 | 190 | 210 | 210 | 240 |
| Flughäfen[9)] | 180 | 180 | 250 | 400 | 290 | 270 | 280 | 250 | 270 | 300 |
| Rohrfernleitungen[10)] | 60 | 60 | 85 | 85 | 110 | 110 | 110 | 110 | 110 | 120 |
| **Übriger Verkehr** | 740 | 830 | 1 195 | 1 335 | 970 | 950 | 1 080 | 1 080 | 1 200 | 1 350 |
| Straßen und Brücken[12)] | 290 | 300 | 500 | 580 | 490 | 490 | 480 | 520 | 460 | 460 |
| Wasserstraßen[11)] | 40 | 40 | 60 | 60 | 75 | 70 | 105 | 120 | 120 | 140 |
| **Staatlicher Verkehrsbereich** | 330 | 340 | 560 | 640 | 565 | 560 | 585 | 640 | 580 | 600 |
| **Verkehr insgesamt** | 1 655 | 1 845 | 2 780 | 2 435 | 2 715 | 2 735 | 2 940 | 2 920 | 2 850 | 3 015 |

Anmerkungen siehe Seite 22/23.

## Brutto-Anlageinvestitionen[1] - Insgesamt - Mio. DM zu Preisen von 1995

| | 1979 | 1980 | 1981 | 1982 | 1983 | 1984 | 1985 | 1986 | 1987 | 1988 |
|---|---|---|---|---|---|---|---|---|---|---|
| Deutsche Bundesbahn | 8 333 | 8 239 | 7 766 | 7 694 | 7 843 | 7 929 | 8 644 | 9 296 | 9 364 | 8 706 |
| dar. Verkehrsweg | 5 573 | 5 571 | 5 127 | 5 232 | 5 429 | 5 968 | 6 721 | 7 322 | 7 389 | 6 321 |
| Nichtbundeseigene Eisenbahnen[2] | 334 | 327 | 347 | 303 | 245 | 324 | 516 | 583 | 607 | 594 |
| **Eisenbahnen** | 8 667 | 8 566 | 8 113 | 7 997 | 8 088 | 8 253 | 9 160 | 9 879 | 9 971 | 9 300 |
| Binnenschiffahrt[3] | 289 | 275 | 232 | 229 | 334 | 277 | 269 | 196 | 260 | 190 |
| Binnenhäfen[4] | 128 | 150 | 131 | 131 | 180 | 178 | 164 | 187 | 162 | 185 |
| Seeschiffahrt[5] | 2 965 | 2 839 | 3 387 | 2 829 | 4 185 | 3 384 | 3 371 | 2 692 | 1 329 | 510 |
| Seehäfen | 904 | 1 009 | 1 028 | 1 019 | 861 | 816 | 649 | 701 | 595 | 651 |
| **Schiffahrt** | 4 286 | 4 273 | 4 778 | 4 208 | 5 560 | 4 655 | 4 453 | 3 776 | 2 346 | 1 536 |
| Öffentl. Straßenpersonenverkehr[6] | 6 654 | 6 780 | 6 376 | 6 117 | 6 212 | 5 511 | 5 114 | 5 313 | 5 088 | 4 618 |
| Güterkraftverkehr[7] | 4 786 | 4 080 | 3 302 | 3 154 | 3 844 | 3 337 | 3 414 | 3 306 | 3 321 | 3 204 |
| Fluggesellschaften[8] | 2 226 | 1 579 | 3 049 | 1 219 | 1 744 | 2 367 | 3 033 | 3 588 | 3 194 | 4 736 |
| Flughäfen[9] | 859 | 882 | 880 | 587 | 601 | 587 | 796 | 1 064 | 1 223 | 1 606 |
| Rohrfernleitungen[10] | 195 | 182 | 175 | 343 | 189 | 178 | 200 | 222 | 220 | 244 |
| **Übriger Verkehr** | 14 720 | 13 503 | 13 782 | 11 420 | 12 590 | 11 980 | 12 557 | 13 493 | 13 046 | 14 408 |
| Straßen und Brücken | 27 522 | 25 510 | 22 650 | 20 658 | 19 978 | 19 483 | 19 778 | 20 046 | 19 757 | 20 027 |
| Wasserstraßen[11] | 1 422 | 1 245 | 1 135 | 1 214 | 1 278 | 1 407 | 1 430 | 1 490 | 1 404 | 1 298 |
| **Staatlicher Verkehrsbereich** | 28 944 | 26 755 | 23 785 | 21 872 | 21 256 | 20 890 | 21 208 | 21 536 | 21 161 | 21 325 |
| **Verkehr insgesamt** | 56 617 | 53 097 | 50 458 | 45 497 | 47 494 | 45 778 | 47 378 | 48 684 | 46 524 | 46 569 |
| **Zum Vergleich:** | | | | | | | | | | |
| **Brutto-Anlageinvestitionen aller Wirtschaftsbereiche*** | . | . | . | . | . | . | . | . | . | . |
| **Anteil des Verkehrs in vH** | . | . | . | . | . | . | . | . | . | . |

Anmerkungen siehe Seite 22/23. - * Aufgrund der Umstellung der amtlichen Statistik auf das ESVG 95 liegen derzeit keine Angaben vor.

## Brutto-Anlageinvestitionen[1] - Insgesamt - Mio. DM zu Preisen von 1995

| | 1989 | 1990 | 1991 | 1992 | 1993 | 1994 | 1995 | 1996 | 1997 | 1998 |
|---|---|---|---|---|---|---|---|---|---|---|
| Deutsche Bahn AG** | 7 902 | 7 908 | 11 804 | 11 746 | 11 875 | 12 103 | 12 144 | 12 044 | 8 918 | 9 255 |
| dar. Verkehrsweg | 5 429 | 5 037 | 7 236 | 7 594 | 7 738 | 8 496 | 9 055 | 9 217 | 6 147 | 6 810 |
| Nichtbundeseigene Eisenbahnen[2] | 660 | 784 | 657 | 696 | 605 | 361 | 330 | 378 | 518 | 729 |
| **Eisenbahnen** | 8 562 | 8 692 | 12 461 | 12 442 | 12 480 | 12 464 | 12 474 | 12 422 | 9 436 | 9 984 |
| Binnenschiffahrt[3] | 296 | 198 | 145 | 236 | 225 | 206 | 198 | 155 | 145 | 157 |
| Binnenhäfen[4] | 178 | 288 | 216 | 165 | 170 | 188 | 176 | 161 | 155 | 220 |
| Seeschiffahrt[5] | 1 538 | 1 978 | 2 097 | 2 154 | 2 541 | 2 818 | 2 806 | 4 981 | 7 120 | 7 113 |
| Seehäfen | 814 | 854 | 924 | 955 | 939 | 807 | 972 | 858 | 994 | 878 |
| **Schiffahrt** | 2 826 | 3 318 | 3 382 | 3 510 | 3 875 | 4 019 | 4 152 | 6 155 | 8 414 | 8 368 |
| Öffentl. Straßenpersonenverkehr[6] | 4 781 | 4 680 | 4 850 | 7 283 | 6 339 | 5 489 | 5 503 | 5 689 | 4 854 | 5 344 |
| Güterkraftverkehr[7] | 3 172 | 3 373 | 5 082 | 4 768 | 3 050 | 2 823 | 3 672 | 3 834 | 4 888 | 6 467 |
| Fluggesellschaften[8] | 5 079 | 5 454 | 3 967 | 2 681 | 1 926 | 2 119 | 2 027 | 2 145 | 2 162 | 2 444 |
| Flughäfen[9] | 2 296 | 2 931 | 3 756 | 3 142 | 2 542 | 1 901 | 2 168 | 1 577 | 1 731 | 2 070 |
| Rohrfernleitungen[10] | 234 | 245 | 251 | 254 | 295 | 293 | 291 | 298 | 301 | 343 |
| **Übriger Verkehr** | 15 562 | 16 683 | 17 906 | 18 128 | 14 152 | 12 625 | 13 661 | 13 543 | 13 936 | 16 668 |
| Straßen und Brücken[12] | 20 230 | 19 411 | 23 213 | 26 140 | 20 809 | 20 477 | 19 914 | 19 776 | 17 269 | 19 894 |
| Wasserstraßen[11] | 1 269 | 1 220 | 1 173 | 1 052 | 1 210 | 1 153 | 1 198 | 1 161 | 1 167 | 1 405 |
| **Staatlicher Verkehrsbereich** | 21 499 | 20 631 | 24 386 | 27 192 | 22 019 | 21 630 | 21 112 | 20 937 | 18 436 | 21 299 |
| **Verkehr insgesamt** | 48 449 | 49 324 | 58 135 | 61 272 | 52 526 | 50 738 | 51 399 | 53 057 | 50 222 | 56 319 |
| **Zum Vergleich:** | | | | | | | | | | |
| **Brutto-Anlageinvestitionen aller Wirtschaftsbereiche*** | . | . | . | . | . | . | . | . | . | . |
| **Anteil des Verkehrs in vH** | . | . | . | . | . | . | . | . | . | . |

Anmerkungen siehe Seite 22/23. - * Aufgrund der Umstellung der amtlichen Statistik auf das ESVG 95 liegen derzeit keine Angaben vor. - ** Bis 1990 Deutsche Bundesbahn 1991 bis 1993 Deutsche Bundesbahn und Deutsche Reichsbahn.

# Brutto-Anlageinvestitionen - Verkehrsinfrastruktur[1] - Mio. DM

| | 1979 | 1980 | 1981 | 1982 | 1983 | 1984 | 1985 | 1986 | 1987 | 1988 |
|---|---|---|---|---|---|---|---|---|---|---|
| **Brutto-Anlageinvestitionen [2]** | 23 540 | 25 040 | 23 415 | 21 645 | 20 890 | 21 190 | 22 240 | 23 840 | 23 900 | 23 650 |
| **- zu jeweiligen Preisen -** | | | | | | | | | | |
| Verkehrswege | 21 690 | 22 913 | 21 255 | 19 735 | 19 095 | 19 450 | 20 520 | 21 800 | 21 790 | 21 140 |
| Eisenbahnen, S-Bahn | 2 920 | 3 223 | 3 010 | 2 945 | 3 035 | 3 510 | 4 160 | 4 720 | 4 840 | 3 990 |
| Stadtschnellbahn, Straßenbahn[3] | 1 580 | 1 780 | 1 825 | 1 710 | 1 620 | 1 510 | 1 400 | 1 470 | 1 440 | 1 340 |
| Straßen und Brücken | 16 310 | 17 070 | 15 630 | 14 100 | 13 550 | 13 450 | 13 940 | 14 500 | 14 440 | 14 760 |
| dar. Bundesfernstraßen | 5 790 | 5 430 | 4 910 | 4 530 | 4 550 | 4 370 | 4 450 | 4 580 | 4 610 | 4 660 |
| Wasserstraßen[4] | 800 | 760 | 710 | 750 | 790 | 880 | 900 | 960 | 920 | 870 |
| Rohrfernleitungen[5] | 80 | 80 | 80 | 230 | 100 | 100 | 120 | 150 | 150 | 180 |
| Umschlagplätze | 1 850 | 2 127 | 2 160 | 1 910 | 1 795 | 1 740 | 1 720 | 2 040 | 2 110 | 2 510 |
| Eisenbahnen, S-Bahn[6] | 690 | 797 | 780 | 700 | 635 | 610 | 550 | 590 | 560 | 620 |
| Binnenhäfen[7] | 80 | 100 | 90 | 90 | 130 | 130 | 120 | 140 | 120 | 140 |
| Seehäfen | 540 | 650 | 690 | 700 | 600 | 580 | 460 | 500 | 430 | 480 |
| Flughäfen[8] | 540 | 580 | 600 | 420 | 430 | 420 | 590 | 810 | 1 000 | 1 270 |
| **Brutto-Anlageinvestitionen [2]** | 39 133 | 37 083 | 33 615 | 31 269 | 30 311 | 30 235 | 31 223 | 32 625 | 32 216 | 31 528 |
| **- zu Preisen von 1995 -** | | | | | | | | | | |
| Verkehrswege | 36 064 | 33 897 | 30 521 | 28 617 | 27 868 | 27 897 | 28 944 | 29 974 | 29 581 | 28 381 |
| Eisenbahnen, S-Bahn | 4 509 | 4 469 | 4 070 | 4 045 | 4 195 | 4 802 | 5 688 | 6 317 | 6 373 | 5 147 |
| Stadtschnellbahn, Straßenbahn[3] | 2 416 | 2 491 | 2 491 | 2 357 | 2 228 | 2 027 | 1 848 | 1 899 | 1 827 | 1 665 |
| Straßen und Brücken | 27 522 | 25 510 | 22 650 | 20 658 | 19 978 | 19 483 | 19 778 | 20 046 | 19 757 | 20 027 |
| dar. Bundesfernstraßen | 8 954 | 7 488 | 6 571 | 6 132 | 6 171 | 5 857 | 5 877 | 5 918 | 5 905 | 5 878 |
| Wasserstraßen[4] | 1 422 | 1 245 | 1 135 | 1 214 | 1 278 | 1 407 | 1 430 | 1 490 | 1 404 | 1 298 |
| Rohrfernleitungen[5] | 195 | 182 | 175 | 343 | 189 | 178 | 200 | 222 | 220 | 244 |
| Umschlagplätze | 3 069 | 3 186 | 3 094 | 2 652 | 2 443 | 2 338 | 2 279 | 2 651 | 2 635 | 3 147 |
| Eisenbahnen, S-Bahn[6] | 1 178 | 1 145 | 1 055 | 915 | 801 | 757 | 670 | 699 | 655 | 705 |
| Binnenhäfen[7] | 128 | 150 | 131 | 131 | 180 | 178 | 164 | 187 | 162 | 185 |
| Seehäfen | 904 | 1 009 | 1 028 | 1 019 | 861 | 816 | 649 | 701 | 595 | 651 |
| Flughäfen[8] | 859 | 882 | 880 | 587 | 601 | 587 | 796 | 1 064 | 1 223 | 1 606 |

[1] Die Investitionen in die Verkehrsinfrastrukur sind in den Brutto-Anlageinvestitionen der institutionell abgegrenzten einzelnen Verkehrsbereiche auf den Seiten 22 bis 31 enthalten.
Die Investitionen für die Umschlagplätze beziehen sich auf Infra- und Suprastruktur.- [2] Ohne Grunderwerb.- [3] Fahrweg einschl. zugehöriger Anlagen.- [4] Bis zur Seegrenze.-
[5] Rohöl- und Mineralölproduktenleitungen über 40 km Länge.- [6] Bahnhöfe einschl. sonstiger Bauten und Ausrüstungen.- [7] Öffentliche Binnenhäfen.- [8] Einschl. Flugsicherung.

## Brutto-Anlageinvestitionen - Verkehrsinfrastruktur[1] - Mio. DM

| | 1989 | 1990 | 1991 | 1992 | 1993 | 1994 | 1995 | 1996 | 1997 | 1998 |
|---|---|---|---|---|---|---|---|---|---|---|
| **Brutto-Anlageinvestitionen[2]** | 24 700 | 25 860 | 39 135 | 43 475 | 37 540 | 37 890 | 38 085 | 40 780 | 34 180 | 34 780 |
| **- zu jeweiligen Preisen -** | | | | | | | | | | |
| Verkehrswege | 21 320 | 21 540 | 33 325 | 37 925 | 32 400 | 32 895 | 32 810 | 36 005 | 29 620 | 30 030 |
| Eisenbahnen, S-Bahn | 3 360 | 3 330 | 6 870 | 7 770 | 8 020 | 8 985 | 9 220 | 10 305 | 7 060 | 7 090 |
| Stadtschnellbahn, Straßenbahn[3] | 1 640 | 1 560 | 1 965 | 2 845 | 2 310 | 2 060 | 2 080 | 2 320 | 2 040 | 1 970 |
| Straßen und Brücken[9] | 15 260 | 15 580 | 21 300 | 25 260 | 20 560 | 20 380 | 19 980 | 21 760 | 18 920 | 19 220 |
| dar. Bundesfernstraßen | 4 800 | 5 040 | 7 645 | 9 040 | 8 060 | 8 220 | 8 360 | 7 750 | 7 890 | 8 880 |
| Wasserstraßen[4] | 880 | 870 | 1 050 | 1 000 | 1 190 | 1 150 | 1 210 | 1 300 | 1 280 | 1 400 |
| Rohrfernleitungen[5] | 180 | 200 | 260 | 270 | 320 | 320 | 320 | 320 | 320 | 350 |
| Umschlagplätze | 3 380 | 4 320 | 5 810 | 5 550 | 5 140 | 4 995 | 5 275 | 4 775 | 4 560 | 4 750 |
| Eisenbahnen, S-Bahn[6] | 810 | 880 | 1 350 | 1 370 | 1 470 | 2 025 | 1 845 | 1 885 | 1 380 | 1 560 |
| Binnenhäfen[7] | 140 | 250 | 200 | 160 | 170 | 190 | 180 | 180 | 170 | 220 |
| Seehäfen | 620 | 700 | 850 | 930 | 940 | 820 | 990 | 960 | 1 100 | 880 |
| Flughäfen[8] | 1 810 | 2 490 | 3 410 | 3 090 | 2 560 | 1 960 | 2 260 | 1 750 | 1 910 | 2 090 |
| **Brutto-Anlageinvestitionen[2]** | 32 079 | 32 889 | 40 573 | 44 274 | 37 965 | 37 595 | 37 904 | 37 209 | 31 366 | 35 391 |
| **- zu Preisen von 1995 -** | | | | | | | | | | |
| Verkehrswege | 27 890 | 26 540 | 34 297 | 38 664 | 32 912 | 32 802 | 32 846 | 32 904 | 27 225 | 30 685 |
| Eisenbahnen, S-Bahn | 4 172 | 3 880 | 7 567 | 8 106 | 8 096 | 8 647 | 9 198 | 9 376 | 6 414 | 7 098 |
| Stadtschnellbahn, Straßenbahn[3] | 1 985 | 1 784 | 2 093 | 3 112 | 2 502 | 2 232 | 2 245 | 2 293 | 2 074 | 1 945 |
| Straßen und Brücken[9] | 20 230 | 19 411 | 23 213 | 26 140 | 20 809 | 20 477 | 19 914 | 19 776 | 17 269 | 19 894 |
| dar. Bundesfernstraßen | 5 918 | 5 857 | 8 325 | 9 362 | 8 151 | 8 257 | 8 316 | 7 031 | 7 184 | 8 317 |
| Wasserstraßen[4] | 1 269 | 1 220 | 1 173 | 1 052 | 1 210 | 1 153 | 1 198 | 1 161 | 1 167 | 1 405 |
| Rohrfernleitungen[5] | 234 | 245 | 251 | 254 | 295 | 293 | 291 | 298 | 301 | 343 |
| Umschlagplätze | 4 189 | 6 349 | 6 276 | 5 610 | 5 053 | 4 793 | 5 058 | 4 305 | 4 141 | 4 706 |
| Eisenbahnen, S-Bahn[6] | 901 | 2 276 | 1 380 | 1 348 | 1 402 | 1 897 | 1 742 | 1 709 | 1 261 | 1 538 |
| Binnenhäfen[7] | 178 | 288 | 216 | 165 | 170 | 188 | 176 | 161 | 155 | 220 |
| Seehäfen | 814 | 854 | 924 | 955 | 939 | 807 | 972 | 858 | 994 | 878 |
| Flughäfen[8] | 2 296 | 2 931 | 3 756 | 3 142 | 2 542 | 1 901 | 2 168 | 1 577 | 1 731 | 2 070 |

[1] Die Investitionen in die Verkehrsinfrastrukur sind in den Brutto-Anlageinvestitionen der institutionell abgegrenzten einzelnen Verkehrsbereiche auf den Seiten 22 bis 31 enthalten. Die Investitionen für die Umschlagplätze beziehen sich auf Infra- und Suprastruktur.- [2] Ohne Grunderwerb.- [3] Fahrweg einschl. zugehöriger Anlagen.- [4] Bis zur Seegrenze.- [5] Rohöl- und Mineralölproduktenleitungen über 40 km Länge.- [6] Bahnhöfe einschl. sonstiger Bauten und Ausrüstungen.- [7] Öffentliche Binnenhäfen.- [8] Einschl. Flugsicherung. [9] Ab 1991 ohne Verwaltung.

## Brutto- und Netto-Anlagevermögen - Verkehrsinfrastruktur[1] - Mio. DM zu Preisen von 1995

| | 1979 | 1980 | 1981 | 1982 | 1983 | 1984 | 1985 | 1986 | 1987 | 1988 |
|---|---|---|---|---|---|---|---|---|---|---|
| **Brutto-Anlagevermögen[2]** | 918 482 | 944 086 | 966 041 | 985 362 | 1 003 321 | 1 020 756 | 1 038 817 | 1 057 870 | 1 076 045 | 1 092 924 |
| **Verkehrswege** | 815 757 | 840 327 | 861 430 | 880 423 | 898 333 | 915 898 | 934 184 | 953 118 | 971 209 | 987 513 |
| Eisenbahnen, S-Bahn | 152 493 | 154 274 | 155 586 | 156 803 | 158 103 | 159 944 | 162 607 | 165 835 | 169 059 | 170 999 |
| Stadtschnellbahn, Straßenbahn[3] | 37 642 | 39 840 | 42 033 | 44 085 | 46 003 | 47 713 | 49 237 | 50 806 | 52 293 | 53 609 |
| Straßen und Brücken | 569 585 | 589 479 | 606 504 | 621 426 | 635 452 | 648 712 | 662 039 | 675 350 | 688 002 | 700 399 |
| dar. Bundesfernstraßen | 203 043 | 209 551 | 215 090 | 220 136 | 225 166 | 229 823 | 234 437 | 239 024 | 243 519 | 247 897 |
| Wasserstraßen[4] | 50 113 | 50 836 | 51 452 | 52 126 | 52 843 | 53 662 | 54 490 | 55 358 | 56 140 | 56 827 |
| Rohrfernleitungen[5] | 5 924 | 5 898 | 5 855 | 5 983 | 5 932 | 5 867 | 5 811 | 5 769 | 5 715 | 5 679 |
| **Umschlagplätze** | 102 725 | 103 759 | 104 611 | 104 939 | 104 988 | 104 858 | 104 633 | 104 752 | 104 836 | 105 411 |
| Eisenbahnen, S-Bahn[6] | 48 816 | 49 001 | 49 072 | 48 978 | 48 745 | 48 441 | 48 027 | 47 618 | 47 146 | 46 707 |
| Binnenhäfen[7] | 12 793 | 12 757 | 12 698 | 12 635 | 12 616 | 12 592 | 12 550 | 12 528 | 12 477 | 12 448 |
| Seehäfen | 24 583 | 25 237 | 25 895 | 26 531 | 27 006 | 27 426 | 27 677 | 27 964 | 28 138 | 28 353 |
| Flughäfen[8] | 16 533 | 16 764 | 16 946 | 16 795 | 16 621 | 16 399 | 16 379 | 16 642 | 17 075 | 17 903 |
| **Netto-Anlagevermögen[2]** | 701 761 | 717 400 | 729 188 | 738 227 | 745 823 | 752 839 | 760 451 | 769 109 | 777 010 | 783 803 |
| **Verkehrswege** | 636 175 | 651 717 | 663 519 | 673 016 | 681 261 | 689 019 | 697 390 | 706 400 | 714 655 | 721 303 |
| Eisenbahnen, S-Bahn | 96 018 | 96 665 | 96 879 | 97 055 | 97 377 | 98 313 | 100 145 | 102 631 | 105 193 | 106 556 |
| Stadtschnellbahn, Straßenbahn[3] | 33 111 | 35 157 | 37 186 | 39 064 | 40 796 | 42 310 | 43 628 | 44 976 | 46 226 | 47 286 |
| Straßen und Brücken | 468 994 | 481 623 | 491 071 | 498 158 | 504 123 | 509 100 | 513 956 | 518 693 | 522 778 | 526 710 |
| dar. Bundesfernstraßen | 175 111 | 179 354 | 182 492 | 185 007 | 187 370 | 189 231 | 190 932 | 192 529 | 193 987 | 195 299 |
| Wasserstraßen[4] | 34 689 | 35 048 | 35 297 | 35 604 | 35 950 | 36 397 | 36 853 | 37 351 | 37 765 | 38 086 |
| Rohrfernleitungen[5] | 3 363 | 3 224 | 3 086 | 3 135 | 3 015 | 2 899 | 2 808 | 2 749 | 2 693 | 2 665 |
| **Umschlagplätze** | 65 586 | 65 683 | 65 669 | 65 211 | 64 562 | 63 820 | 63 061 | 62 709 | 62 355 | 62 500 |
| Eisenbahnen, S-Bahn[6] | 29 119 | 28 952 | 28 686 | 28 279 | 27 763 | 27 210 | 26 583 | 25 999 | 25 385 | 24 836 |
| Binnenhäfen[7] | 7 915 | 7 818 | 7 703 | 7 589 | 7 526 | 7 462 | 7 386 | 7 335 | 7 261 | 7 213 |
| Seehäfen | 17 542 | 17 934 | 18 328 | 18 697 | 18 903 | 19 059 | 19 050 | 19 089 | 19 025 | 19 014 |
| Flughäfen[8] | 11 010 | 10 979 | 10 952 | 10 646 | 10 370 | 10 089 | 10 042 | 10 286 | 10 684 | 11 437 |

1)

## Brutto- und Netto-Anlagevermögen - Verkehrsinfrastruktur[1] - Mio. DM zu Preisen von 1995

| | 1989 | 1990 | 1991 | 1992 | 1993 | 1994 | 1995 | 1996 | 1997 | 1998 |
|---|---|---|---|---|---|---|---|---|---|---|
| **Brutto-Anlagevermögen[2]** | 1 109 797 | 1 125 714 | 1 282 910 | 1 307 439 | 1 324 992 | 1 341 529 | 1 357 689 | 1 372 046 | 1 379 733 | 1 390 651 |
| **Verkehrswege** | 1 002 784 | 1 016 258 | 1 159 752 | 1 181 483 | 1 196 820 | 1 211 433 | 1 225 447 | 1 238 454 | 1 245 013 | 1 254 316 |
| Eisenbahnen, S-Bahn | 171 905 | 172 462 | 209 462 | 212 456 | 215 351 | 218 735 | 222 563 | 226 025 | 226 263 | 226 956 |
| Stadtschnellbahn, Straßenbahn[3] | 55 234 | 56 645 | 60 381 | 62 989 | 64 975 | 66 678 | 68 383 | 70 124 | 71 634 | 73 002 |
| Straßen und Brücken[9] | 712 539 | 723 495 | 810 977 | 826 872 | 836 910 | 846 092 | 854 197 | 861 660 | 866 127 | 872 751 |
| dar. Bundesfernstraßen | 252 214 | 256 355 | 293 838 | 300 466 | 305 733 | 310 954 | 316 083 | 319 776 | 323 475 | 328 160 |
| Wasserstraßen[4] | 57 481 | 58 074 | 71 136 | 71 508 | 72 025 | 72 471 | 72 949 | 73 377 | 73 799 | 74 445 |
| Rohrfernleitungen[5] | 5 625 | 5 582 | 7 796 | 7 658 | 7 559 | 7 457 | 7 355 | 7 268 | 7 190 | 7 162 |
| **Umschlagplätze** | 107 013 | 109 456 | 123 158 | 125 956 | 128 172 | 130 096 | 132 242 | 133 592 | 134 720 | 136 335 |
| Eisenbahnen, S-Bahn[6] | 46 449 | 46 223 | 53 293 | 53 244 | 53 244 | 53 735 | 54 069 | 54 372 | 54 229 | 54 364 |
| Binnenhäfen[7] | 12 408 | 12 477 | 13 181 | 13 116 | 13 055 | 13 012 | 12 956 | 12 886 | 12 813 | 12 804 |
| Seehäfen | 28 707 | 29 087 | 31 428 | 31 900 | 32 346 | 32 651 | 33 111 | 33 450 | 33 918 | 34 261 |
| Flughäfen[8] | 19 449 | 21 669 | 25 256 | 27 696 | 29 527 | 30 698 | 32 106 | 32 884 | 33 760 | 34 906 |
| **Netto-Anlagevermögen[2]** | 790 825 | 797 163 | 878 539 | 894 383 | 903 736 | 912 591 | 921 505 | 929 138 | 930 366 | 935 094 |
| **Verkehrswege** | 727 163 | 731 498 | 805 181 | 818 730 | 826 449 | 833 992 | 841 419 | 848 448 | 849 342 | 853 242 |
| Eisenbahnen, S-Bahn | 106 975 | 107 116 | 126 480 | 129 413 | 132 421 | 136 054 | 140 207 | 144 184 | 144 965 | 146 300 |
| Stadtschnellbahn, Straßenbahn[3] | 48 635 | 49 750 | 52 174 | 54 458 | 56 076 | 57 376 | 58 648 | 59 918 | 60 907 | 61 667 |
| Straßen und Brücken[9] | 530 543 | 533 402 | 577 865 | 586 263 | 589 221 | 591 754 | 593 638 | 595 335 | 594 369 | 595 811 |
| dar. Bundesfernstraßen | 196 531 | 197 589 | 217 717 | 221 255 | 223 527 | 225 862 | 228 218 | 229 258 | 230 380 | 232 546 |
| Wasserstraßen[4] | 38 378 | 38 609 | 45 140 | 45 126 | 45 266 | 45 341 | 45 455 | 45 523 | 45 589 | 45 883 |
| Rohrfernleitungen[5] | 2 632 | 2 621 | 3 522 | 3 470 | 3 465 | 3 467 | 3 471 | 3 488 | 3 512 | 3 581 |
| **Umschlagplätze** | 63 662 | 65 665 | 73 358 | 75 653 | 77 287 | 78 599 | 80 086 | 80 690 | 81 024 | 81 852 |
| Eisenbahnen, S-Bahn[6] | 24 502 | 24 226 | 27 204 | 27 170 | 27 202 | 27 735 | 28 106 | 28 435 | 28 308 | 28 458 |
| Binnenhäfen[7] | 7 162 | 7 223 | 7 541 | 7 478 | 7 424 | 7 389 | 7 347 | 7 291 | 7 232 | 7 239 |
| Seehäfen | 19 156 | 19 335 | 20 623 | 20 907 | 21 174 | 21 311 | 21 614 | 21 807 | 22 133 | 22 341 |
| Flughäfen[8] | 12 842 | 14 881 | 17 990 | 20 098 | 21 487 | 22 164 | 23 019 | 23 157 | 23 351 | 23 814 |

[1]

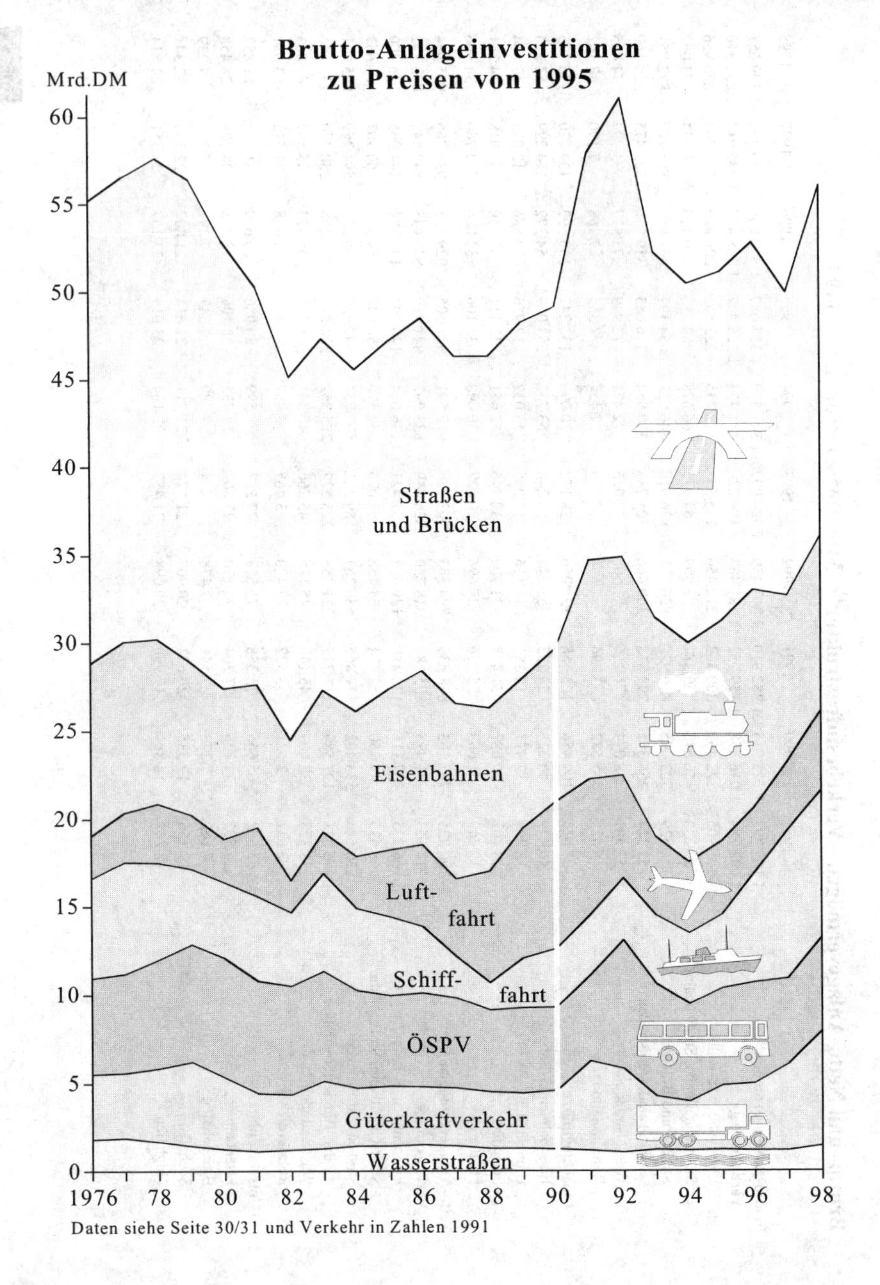


Daten siehe Seite 30/31 und Verkehr in Zahlen 1991

## Altersstruktur des Brutto-Anlagevermögens 1998 - zu Preisen von 1995

| | Brutto-Anlagevermögen[1] in Mio. DM insgesamt | Anteile der Investitionsjahrgänge in Mio. DM | | | | in vH | | | |
|---|---|---|---|---|---|---|---|---|---|
| | | bis 1968 | 1969-1978 | 1979-1988 | 1989-1998 | bis 1968 | 1969-1978 | 1979-1988 | 1989-1998 |
| Deutsche Bahn AG * | 318 249 | 85 891 | 59 764 | 69 046 | 103 548 | 27,0 | 18,8 | 21,7 | 32,5 |
| Nichtbundeseigene Eisenbahnen[2] | 13 380 | 2 781 | 1 951 | 3 159 | 5 488 | 20,8 | 14,6 | 23,6 | 41,0 |
| **Eisenbahnen** | 331 629 | 88 673 | 61 715 | 72 205 | 109 036 | 26,7 | 18,6 | 21,8 | 32,9 |
| dar. Verkehrswege | 226 958 | 62 407 | 38 913 | 51 821 | 73 817 | 27,5 | 17,1 | 22,8 | 32,5 |
| Umschlagplätze | 54 365 | 21 026 | 10 544 | 8 518 | 14 277 | 38,7 | 19,4 | 15,7 | 26,3 |
| Binnenschiffahrt[3] | 10 300 | 3 687 | 2 535 | 2 149 | 1 929 | 35,8 | 24,6 | 20,9 | 18,7 |
| Binnenhäfen[4] | 12 804 | 7 457 | 1 929 | 1 508 | 1 910 | 58,2 | 15,1 | 11,8 | 14,9 |
| Seeschiffahrt[5] | 41 254 | 645 | 607 | 6 576 | 33 425 | 1,6 | 1,5 | 15,9 | 81,0 |
| Seehäfen | 34 261 | 10 067 | 7 588 | 7 640 | 8 967 | 29,4 | 22,1 | 22,3 | 26,2 |
| **Schiffahrt** | 98 620 | 21 857 | 12 659 | 17 874 | 46 230 | 22,2 | 12,8 | 18,1 | 46,9 |
| Öffentl. Straßenpersonenverkehr[6] | 124 139 | 17 552 | 23 848 | 31 622 | 51 117 | 14,1 | 19,2 | 25,5 | 41,2 |
| dar. Verkehrswege | 73 002 | 11 680 | 18 564 | 20 537 | 22 222 | 16,0 | 25,4 | 28,1 | 30,4 |
| Güterkraftverkehr[7] | 57 465 | 8 614 | 5 420 | 7 809 | 35 621 | 15,0 | 9,4 | 13,6 | 62,0 |
| Fluggesellschaften[8] | 29 100 | 125 | 538 | 4 642 | 23 795 | 0,4 | 1,8 | 16,0 | 81,8 |
| Flughäfen[9] | 34 906 | 1 915 | 4 539 | 5 289 | 23 163 | 5,5 | 13,0 | 15,2 | 66,4 |
| Rohrfernleitungen[10] | 7 163 | 1 163 | 1 564 | 1 667 | 2 768 | 16,2 | 21,8 | 23,3 | 38,6 |
| **Übriger Verkehr** | 252 772 | 29 369 | 35 910 | 51 029 | 136 464 | 11,6 | 14,2 | 20,2 | 54,0 |
| Straßen und Brücken[12] | 852 755 | 205 999 | 234 043 | 205 889 | 206 824 | 24,2 | 27,4 | 24,1 | 24,3 |
| dar. Bundesfernstraßen | 328 161 | 91 033 | 90 933 | 68 602 | 77 593 | 27,7 | 27,7 | 20,9 | 23,6 |
| Wasserstraßen[11] | 74 446 | 34 550 | 14 935 | 12 976 | 11 985 | 46,4 | 20,1 | 17,4 | 16,1 |
| **Staatlicher Verkehrsbereich** | 927 200 | 240 549 | 248 978 | 218 865 | 218 809 | 25,9 | 26,9 | 23,6 | 23,6 |
| **Verkehr insgesamt** | 1 610 222 | 380 448 | 359 262 | 359 973 | 510 539 | 23,6 | 22,3 | 22,4 | 31,7 |

[1] Jahresendbestand. Ohne Grundbesitz.- Übrige Anmerkungen siehe folgende Seite.

## Brutto-Anlagevermögen[1] - Insgesamt - Mio. DM zu Preisen von 1995

| | 1979 | 1980 | 1981 | 1982 | 1983 | 1984 | 1985 | 1986 | 1987 | 1988 |
|---|---|---|---|---|---|---|---|---|---|---|
| Deutsche Bundesbahn | 247 896 | 249 615 | 250 693 | 251 451 | 252 181 | 252 911 | 254 198 | 255 987 | 257 664 | 258 493 |
| dar. Verkehrswege | 148 057 | 149 847 | 151 126 | 152 348 | 153 655 | 155 473 | 157 954 | 160 949 | 163 884 | 165 613 |
| Nichtbundeseigene Eisenbahnen[2] | 9 221 | 9 306 | 9 403 | 9 448 | 9 428 | 9 481 | 9 722 | 10 026 | 10 352 | 10 662 |
| **Eisenbahnen** | 405 174 | 408 768 | 411 222 | 413 247 | 415 264 | 417 865 | 421 874 | 426 962 | 431 900 | 434 768 |
| Binnenschiffahrt[3] | 12 547 | 12 487 | 12 405 | 12 302 | 12 256 | 12 123 | 12 052 | 11 921 | 11 842 | 11 679 |
| Binnenhäfen[4] | 12 793 | 12 757 | 12 698 | 12 635 | 12 616 | 12 592 | 12 550 | 12 528 | 12 477 | 12 448 |
| Seeschiffahrt[5] | 45 392 | 44 616 | 44 123 | 42 937 | 42 959 | 42 202 | 41 407 | 40 066 | 37 495 | 34 289 |
| Seehäfen | 24 583 | 25 237 | 25 895 | 26 531 | 27 006 | 27 426 | 27 677 | 27 964 | 28 138 | 28 353 |
| **Schiffahrt** | 95 315 | 95 097 | 95 121 | 94 405 | 94 837 | 94 343 | 93 686 | 92 479 | 89 952 | 86 769 |
| Öffentl. Straßenpersonenverkehr[6] | 69 457 | 73 169 | 76 404 | 79 329 | 82 368 | 84 643 | 86 649 | 88 806 | 90 790 | 92 299 |
| Güterkraftverkehr[7] | 45 294 | 45 785 | 45 498 | 45 042 | 45 277 | 45 049 | 45 023 | 44 987 | 45 020 | 45 039 |
| Fluggesellschaften[8] | 17 979 | 18 043 | 19 519 | 19 103 | 19 153 | 19 757 | 20 961 | 22 676 | 23 948 | 26 698 |
| Flughäfen[9] | 16 533 | 16 764 | 16 946 | 16 795 | 16 621 | 16 399 | 16 379 | 16 642 | 17 075 | 17 903 |
| Rohrfernleitungen[10] | 5 924 | 5 898 | 5 855 | 5 983 | 5 932 | 5 867 | 5 811 | 5 769 | 5 715 | 5 679 |
| **Übriger Verkehr** | 155 187 | 159 659 | 164 222 | 166 252 | 169 351 | 171 715 | 174 823 | 178 880 | 182 548 | 187 618 |
| Straßen und Brücken | 569 585 | 589 479 | 606 504 | 621 426 | 635 452 | 648 712 | 662 039 | 675 350 | 688 002 | 700 399 |
| Wasserstraßen[11] | 50 113 | 50 836 | 51 452 | 52 126 | 52 843 | 53 662 | 54 490 | 55 358 | 56 140 | 56 827 |
| **Staatlicher Verkehrsbereich** | 619 698 | 640 315 | 657 956 | 673 552 | 688 295 | 702 374 | 716 529 | 730 708 | 744 142 | 757 226 |
| **Verkehr insgesamt** | 1 275 374 | 1 303 839 | 1 328 521 | 1 347 456 | 1 367 747 | 1 386 297 | 1 406 912 | 1 429 029 | 1 448 542 | 1 466 381 |
| **Zum Vergleich:** | | | | | | | | | | |
| **Brutto-Sachanlagevermögen** | | | | | | | | | | |
| **aller Wirtschaftsbereiche*** | . | . | . | . | . | . | . | . | . | . |
| **Anteil des Verkehrs in vH** | . | . | . | . | . | . | . | . | . | . |

[1] Jahresendbestand. Ohne Grundbesitz. - [2] Eisenbahnen des öffentlichen Verkehrs. 1985 bis 1993 einschl. S-Bahn Berlin (West). - [3] Binnenflotte der Bundesrepublik. - [4] Öffentliche Binnenhäfen. - [5] Handelsflotte der Bundesrepublik. Einschl. Schiffe der Bundesrepublik unter fremder Flagge (Bareboat-verchartert) gem. § 7 FLRG. - [6] Stadtschnellbahn- (U-Bahn), Straßenbahn-, Obus- und Kraftomnibusverkehr kommunaler und gemischtwirtschaftlicher sowie privater Unternehmen; einschl. Taxis und Mietwagen. Ab 1989 einschl des ausgegliederten Kraftomnibusverkehrs der Deutschen Bahn. - [7] Gewerblicher Verkehr einschl. Verkehrsnebengewerbe (Spedition, Lagerei und Verkehrsvermittlung). - [8] Unternehmen der Bundesrepublik. - Weitere Anmerkungen siehe folgende Seite.

## Brutto-Anlagevermögen[1] - Insgesamt - Mio. DM zu Preisen von 1995

| | 1989 | 1990 | 1991 | 1992 | 1993 | 1994 | 1995 | 1996 | 1997 | 1998 |
|---|---|---|---|---|---|---|---|---|---|---|
| Deutsche Bahn AG** | 258 338 | 258 080 | 303 042 | 306 301 | 309 592 | 313 053 | 316 459 | 319 241 | 318 667 | 318 247 |
| dar. Verkehrswege | 166 339 | 166 619 | 203 396 | 205 988 | 208 637 | 211 984 | 215 784 | 219 204 | 219 293 | 219 818 |
| Nichtbundeseigene Eisenbahnen[2] | 11 036 | 11 532 | 11 899 | 12 301 | 12 609 | 12 668 | 12 693 | 12 762 | 12 968 | 13 380 |
| **Eisenbahnen** | 435 713 | 436 231 | 518 337 | 524 590 | 530 838 | 537 705 | 544 936 | 551 207 | 550 928 | 551 445 |
| Binnenschiffahrt[3] | 11 609 | 11 264 | 12 402 | 12 080 | 11 838 | 11 572 | 11 291 | 10 964 | 10 626 | 10 300 |
| Binnenhäfen[4] | 12 408 | 12 477 | 13 181 | 13 116 | 13 055 | 13 012 | 12 956 | 12 886 | 12 813 | 12 804 |
| Seeschiffahrt[5] | 32 151 | 30 614 | 32 517 | 31 208 | 30 453 | 30 156 | 30 002 | 32 192 | 36 676 | 41 254 |
| Seehäfen | 28 707 | 29 087 | 31 428 | 31 900 | 32 346 | 32 651 | 33 111 | 33 450 | 33 918 | 34 261 |
| **Schiffahrt** | 84 875 | 83 442 | 89 528 | 88 304 | 87 692 | 87 391 | 87 360 | 89 492 | 94 033 | 98 619 |
| Öffentl. Straßenpersonenverkehr[6] | 93 895 | 95 286 | 108 015 | 111 667 | 114 443 | 116 433 | 118 477 | 120 732 | 122 175 | 124 138 |
| Güterkraftverkehr[7] | 45 036 | 45 236 | 50 662 | 52 054 | 51 835 | 51 473 | 51 981 | 52 625 | 54 281 | 57 464 |
| Fluggesellschaften[8] | 29 711 | 32 990 | 34 654 | 34 871 | 34 159 | 33 449 | 32 442 | 31 359 | 30 157 | 29 099 |
| Flughäfen[9] | 19 449 | 21 669 | 25 256 | 27 696 | 29 527 | 30 698 | 32 106 | 32 884 | 33 760 | 34 906 |
| Rohrfernleitungen[10] | 5 625 | 5 582 | 7 796 | 7 658 | 7 559 | 7 457 | 7 355 | 7 268 | 7 190 | 7 162 |
| **Übriger Verkehr** | 193 716 | 200 763 | 226 383 | 233 946 | 237 523 | 239 510 | 242 361 | 244 868 | 247 563 | 252 769 |
| Straßen und Brücken[12] | 712 539 | 723 495 | 810 977 | 826 872 | 836 910 | 846 092 | 854 197 | 861 660 | 866 127 | 872 751 |
| Wasserstraßen[11] | 57 481 | 58 074 | 71 136 | 71 508 | 72 025 | 72 471 | 72 949 | 73 377 | 73 799 | 74 445 |
| **Staatlicher Verkehrsbereich** | 770 020 | 781 569 | 882 113 | 898 380 | 908 935 | 918 563 | 927 146 | 935 037 | 939 926 | 947 196 |
| **Verkehr insgesamt** | 1 484 324 | 1 502 005 | 1 716 361 | 1 745 220 | 1 764 988 | 1 783 169 | 1 801 803 | 1 820 604 | 1 832 450 | 1 850 029 |
| **Zum Vergleich:** | | | | | | | | | | |
| **Brutto-Sachanlagevermögen** | | | | | | | | | | |
| **aller Wirtschaftsbereiche*** | . | . | 15 174 260 | 16 187 210 | 16 641 410 | 17 105 360 | 17 540 660 | 17 961 400 | 18 377 890 | 18 788 920 |
| **Anteil des Verkehrs in vH** | . | . | 11,3 | 11,5 | 10,9 | 10,7 | 10,3 | 10,1 | 10,0 | 9,8 |

Beginn der Anmerkungen siehe vorige Seite. - [9] Einschl. Flugsicherung. - [10] Rohöl- und Mineralölproduktenleitungen über 40 km Länge. - [11] Bis zur Seegrenze. - [12] Ab 1991 ohne Verwaltung. -
* Nach neuer Abgrenzung ESVG 1995. Werte vor 1991 liegen noch nicht vor. - ** Bis 1990 Deutsche Bundesbahn, 1991 bis 1993 Deutsche Bundesbahn und Deutsche Reichsbahn.
Ab 1994 wurden verschiedene Bereiche aus der Deutschen Bahn AG ausgegliedert.

## Netto-Anlagevermögen[1] - Insgesamt - Mio. DM zu Preisen von 1995

| | 1979 | 1980 | 1981 | 1982 | 1983 | 1984 | 1985 | 1986 | 1987 | 1988 |
|---|---|---|---|---|---|---|---|---|---|---|
| Deutsche Bundesbahn | 151 891 | 151 668 | 150 933 | 150 048 | 149 317 | 148 773 | 148 970 | 149 856 | 150 804 | 151 107 |
| dar. Verkehrsweg | 93 194 | 93 882 | 94 094 | 94 305 | 94 662 | 95 601 | 97 275 | 99 547 | 101 839 | 103 007 |
| Nichtbundeseigene Eisenbahnen[2] | 5 866 | 5 883 | 5 912 | 5 892 | 5 810 | 5 810 | 6 003 | 6 264 | 6 547 | 6 823 |
| **Eisenbahnen** | 250 951 | 251 433 | 250 939 | 250 245 | 249 789 | 250 184 | 252 248 | 255 667 | 259 190 | 260 937 |
| Binnenschiffahrt[3] | 7 380 | 7 171 | 6 942 | 6 714 | 6 571 | 6 371 | 6 214 | 6 008 | 5 866 | 5 659 |
| Binnenhäfen[4] | 7 915 | 7 818 | 7 703 | 7 589 | 7 526 | 7 462 | 7 386 | 7 335 | 7 261 | 7 213 |
| Seeschiffahrt[5] | 24 749 | 23 466 | 22 789 | 21 681 | 22 047 | 21 714 | 21 433 | 20 638 | 18 645 | 16 162 |
| Seehäfen | 17 542 | 17 934 | 18 328 | 18 697 | 18 903 | 19 059 | 19 050 | 19 089 | 19 025 | 19 014 |
| **Schiffahrt** | 57 586 | 56 389 | 55 762 | 54 681 | 55 047 | 54 606 | 54 083 | 53 070 | 50 797 | 48 048 |
| Öffentl. Straßenpersonenverkehr[6] | 53 500 | 56 488 | 58 954 | 61 118 | 63 418 | 64 930 | 66 223 | 67 731 | 69 115 | 70 072 |
| Güterkraftverkehr[7] | 27 462 | 27 682 | 27 110 | 26 450 | 26 538 | 26 121 | 25 918 | 25 721 | 25 658 | 25 627 |
| Fluggesellschaften[8] | 10 943 | 10 687 | 11 909 | 11 132 | 10 945 | 11 385 | 12 423 | 13 874 | 14 734 | 16 998 |
| Flughäfen[9] | 11 010 | 10 979 | 10 952 | 10 646 | 10 370 | 10 089 | 10 042 | 10 286 | 10 684 | 11 437 |
| Rohrfernleitungen[10] | 3 363 | 3 224 | 3 086 | 3 135 | 3 015 | 2 899 | 2 808 | 2 749 | 2 693 | 2 665 |
| **Übriger Verkehr** | 106 278 | 109 060 | 112 011 | 112 481 | 114 286 | 115 424 | 117 414 | 120 361 | 122 884 | 126 799 |
| Straßen und Brücken | 468 994 | 481 623 | 491 071 | 498 158 | 504 123 | 509 100 | 513 956 | 518 693 | 522 778 | 526 710 |
| Wasserstraßen[11] | 34 689 | 35 048 | 35 297 | 35 604 | 35 950 | 36 397 | 36 853 | 37 351 | 37 765 | 38 086 |
| **Staatlicher Verkehrsbereich** | 503 683 | 516 671 | 526 368 | 533 762 | 540 073 | 545 497 | 550 809 | 556 044 | 560 543 | 564 796 |
| **Verkehr insgesamt** | 918 498 | 933 553 | 945 080 | 951 169 | 959 195 | 965 711 | 974 554 | 985 142 | 993 414 | 1 000 580 |
| **Zum Vergleich:** | | | | | | | | | | |
| **Netto-Sachanlagevermögen aller Wirtschaftsbereiche*** | . | . | . | . | . | . | . | . | . | . |
| **Anteil des Verkehrs in vH** | . | . | . | . | . | . | . | . | . | . |

Anmerkungen siehe Seite 38/39.

## Netto-Anlagevermögen[1] - Insgesamt - Mio. DM zu Preisen von 1995

| | 1989 | 1990 | 1991 | 1992 | 1993 | 1994 | 1995 | 1996 | 1997 | 1998 |
|---|---|---|---|---|---|---|---|---|---|---|
| Deutsche Bahn AG** | 150 627 | 150 239 | 173 864 | 177 513 | 181 414 | 185 638 | 189 823 | 193 529 | 193 848 | 194 397 |
| dar. Verkehrsweg | 103 259 | 103 136 | 122 297 | 124 854 | 127 646 | 131 272 | 135 430 | 139 401 | 140 072 | 141 280 |
| Nichtbundeseigene Eisenbahnen[2] | 7 160 | 7 602 | 7 896 | 8 223 | 8 459 | 8 445 | 8 396 | 8 392 | 8 527 | 8 874 |
| **Eisenbahnen** | 261 046 | 260 977 | 304 057 | 310 590 | 317 519 | 325 355 | 333 649 | 341 322 | 342 447 | 344 551 |
| Binnenschiffahrt[3] | 5 562 | 5 301 | 5 632 | 5 437 | 5 284 | 5 127 | 4 976 | 4 791 | 4 605 | 4 441 |
| Binnenhäfen[4] | 7 162 | 7 223 | 7 541 | 7 478 | 7 424 | 7 389 | 7 347 | 7 291 | 7 232 | 7 239 |
| Seeschiffahrt[5] | 14 910 | 14 285 | 15 254 | 14 933 | 15 099 | 15 586 | 16 062 | 18 700 | 23 236 | 27 305 |
| Seehäfen | 19 156 | 19 335 | 20 623 | 20 907 | 21 174 | 21 311 | 21 614 | 21 807 | 22 133 | 22 341 |
| **Schiffahrt** | 46 790 | 46 144 | 49 050 | 48 755 | 48 981 | 49 413 | 49 999 | 52 589 | 57 206 | 61 326 |
| Öffentl. Straßenpersonenverkehr[6] | 71 190 | 72 172 | 78 999 | 82 416 | 84 799 | 86 251 | 87 723 | 89 383 | 90 155 | 91 369 |
| Güterkraftverkehr[7] | 25 617 | 25 819 | 29 372 | 30 655 | 30 100 | 29 374 | 29 566 | 29 887 | 31 192 | 33 885 |
| Fluggesellschaften[8] | 19 287 | 21 607 | 22 070 | 21 109 | 19 431 | 18 096 | 16 812 | 15 812 | 14 980 | 14 581 |
| Flughäfen[9] | 12 842 | 14 881 | 17 990 | 20 098 | 21 487 | 22 164 | 23 019 | 23 157 | 23 351 | 23 814 |
| Rohrfernleitungen[10] | 2 632 | 2 621 | 3 522 | 3 470 | 3 465 | 3 467 | 3 471 | 3 488 | 3 512 | 3 581 |
| **Übriger Verkehr** | 131 568 | 137 100 | 151 953 | 157 748 | 159 282 | 159 352 | 160 591 | 161 727 | 163 190 | 167 230 |
| Straßen und Brücken[12] | 530 543 | 533 402 | 577 865 | 586 263 | 589 221 | 591 754 | 593 638 | 595 335 | 594 369 | 595 811 |
| Wasserstraßen[11] | 38 378 | 38 609 | 45 140 | 45 126 | 45 266 | 45 341 | 45 455 | 45 523 | 45 589 | 45 883 |
| **Staatlicher Verkehrsbereich** | 568 921 | 572 011 | 623 005 | 631 389 | 634 487 | 637 095 | 639 093 | 640 858 | 639 958 | 641 694 |
| **Verkehr insgesamt** | 1 008 325 | 1 016 232 | 1 128 065 | 1 148 482 | 1 160 269 | 1 171 215 | 1 183 332 | 1 196 496 | 1 202 801 | 1 214 801 |
| **Zum Vergleich:** | | | | | | | | | | |
| **Netto-Sachanlagevermögen** | | | | | | | | | | |
| **aller Wirtschaftsbereiche*** | . | . | 9 166 010 | 9 787 620 | 10 363 770 | 10 813 790 | 11 152 690 | 11 322 100 | 11 549 440 | 11 787 400 |
| **Anteil des Verkehrs in vH** | . | . | 12,3 | 11,7 | 11,2 | 10,8 | 10,6 | 10,6 | 10,4 | 10,3 |

Anmerkungen siehe Seite 38/39.

## Modernitätsgrad - Netto-Anlagevermögen[1)] in vH des Brutto-Anlagevermögens[1)]

| | 1979 | 1980 | 1981 | 1982 | 1983 | 1984 | 1985 | 1986 | 1987 | 1988 |
|---|---|---|---|---|---|---|---|---|---|---|
| Deutsche Bundesbahn | 61 | 61 | 60 | 60 | 59 | 59 | 59 | 59 | 59 | 58 |
| dar. Verkehrsweg | 63 | 63 | 62 | 62 | 62 | 61 | 62 | 62 | 62 | 62 |
| Nichtbundeseigene Eisenbahnen[2)] | 64 | 63 | 63 | 62 | 62 | 61 | 62 | 62 | 63 | 64 |
| **Eisenbahnen** | 62 | 62 | 61 | 61 | 60 | 60 | 60 | 60 | 60 | 60 |
| Binnenschiffahrt[3)] | 59 | 57 | 56 | 55 | 54 | 53 | 52 | 50 | 50 | 48 |
| Binnenhäfen[4)] | 62 | 61 | 61 | 60 | 60 | 59 | 59 | 59 | 58 | 58 |
| Seeschiffahrt[5)] | 55 | 53 | 52 | 50 | 51 | 51 | 52 | 52 | 50 | 47 |
| Seehäfen | 71 | 71 | 71 | 70 | 70 | 69 | 69 | 68 | 68 | 67 |
| **Schiffahrt** | 60 | 59 | 59 | 58 | 58 | 58 | 58 | 57 | 56 | 55 |
| Öffentl. Straßenpersonenverkehr[6)] | 77 | 77 | 77 | 77 | 77 | 77 | 76 | 76 | 76 | 76 |
| Güterkraftverkehr[7)] | 61 | 60 | 60 | 59 | 59 | 58 | 58 | 57 | 57 | 57 |
| Fluggesellschaften[8)] | 61 | 59 | 61 | 58 | 57 | 58 | 59 | 61 | 62 | 64 |
| Flughäfen[9)] | 67 | 65 | 65 | 63 | 62 | 62 | 61 | 62 | 63 | 64 |
| Rohrfernleitungen[10)] | 57 | 55 | 53 | 52 | 51 | 49 | 48 | 48 | 47 | 47 |
| **Übriger Verkehr** | 68 | 68 | 68 | 68 | 67 | 67 | 67 | 67 | 67 | 68 |
| Straßen und Brücken | 82 | 82 | 81 | 80 | 79 | 78 | 78 | 77 | 76 | 75 |
| Wasserstraßen[11)] | 69 | 69 | 69 | 68 | 68 | 68 | 68 | 67 | 67 | 67 |
| **Staatlicher Verkehrsbereich** | 81 | 81 | 80 | 79 | 78 | 78 | 77 | 76 | 75 | 75 |
| **Verkehr insgesamt** | 72 | 72 | 71 | 71 | 70 | 70 | 69 | 69 | 69 | 68 |

Anmerkungen siehe Seite 38/39.

## Modernitätsgrad - Netto-Anlagevermögen[1)] in vH des Brutto-Anlagevermögens[1)]

| | 1989 | 1990 | 1991 | 1992 | 1993 | 1994 | 1995 | 1996 | 1997 | 1998 |
|---|---|---|---|---|---|---|---|---|---|---|
| Deutsche Bahn AG** | 58 | 58 | 57 | 58 | 59 | 59 | 60 | 61 | 61 | 61 |
| dar. Verkehrsweg | 62 | 62 | 60 | 61 | 61 | 62 | 63 | 64 | 64 | 64 |
| Nichtbundeseigene Eisenbahnen[2)] | 65 | 66 | 66 | 67 | 67 | 67 | 66 | 66 | 66 | 66 |
| **Eisenbahnen** | 60 | 60 | 59 | 59 | 60 | 61 | 61 | 62 | 62 | 62 |
| Binnenschiffahrt[3)] | 48 | 47 | 45 | 45 | 45 | 44 | 44 | 44 | 43 | 43 |
| Binnenhäfen[4)] | 58 | 58 | 57 | 57 | 57 | 57 | 57 | 57 | 56 | 57 |
| Seeschiffahrt[5)] | 46 | 47 | 47 | 48 | 50 | 52 | 54 | 58 | 63 | 66 |
| Seehäfen | 67 | 66 | 66 | 66 | 65 | 65 | 65 | 65 | 65 | 65 |
| **Schiffahrt** | 55 | 55 | 55 | 55 | 56 | 57 | 57 | 59 | 61 | 62 |
| Öffentl. Straßenpersonenverkehr[6)] | 76 | 76 | 73 | 74 | 74 | 74 | 74 | 74 | 74 | 74 |
| Güterkraftverkehr[7)] | 57 | 57 | 58 | 59 | 58 | 57 | 57 | 57 | 57 | 59 |
| Fluggesellschaften[8)] | 65 | 65 | 64 | 61 | 57 | 54 | 52 | 50 | 50 | 50 |
| Flughäfen[9)] | 66 | 69 | 71 | 73 | 73 | 72 | 72 | 70 | 69 | 68 |
| Rohrfernleitungen[10)] | 47 | 47 | 45 | 45 | 46 | 46 | 47 | 48 | 49 | 50 |
| **Übriger Verkehr** | 68 | 68 | 67 | 67 | 67 | 67 | 66 | 66 | 66 | 66 |
| Straßen und Brücken[12)] | 74 | 74 | 71 | 71 | 70 | 70 | 69 | 69 | 69 | 68 |
| Wasserstraßen[11)] | 67 | 66 | 63 | 63 | 63 | 63 | 62 | 62 | 62 | 62 |
| **Staatlicher Verkehrsbereich** | 74 | 73 | 71 | 70 | 70 | 69 | 69 | 69 | 68 | 68 |
| **Verkehr insgesamt** | 68 | 68 | 66 | 66 | 66 | 66 | 66 | 66 | 66 | 66 |

Anmerkungen siehe Seite 38/39.

## Erwerbstätige[1] - in 1 000

| | 1979 | 1980 | 1981 | 1982 | 1983 | 1984 | 1985 | 1986 | 1987 | 1988 |
|---|---|---|---|---|---|---|---|---|---|---|
| Deutsche Bundesbahn[2] | 349 | 343 | 342 | 335 | 323 | 310 | 297 | 288 | 279 | 268 |
| Nichtbundeseigene Eisenbahnen[3] | 11 | 11 | 11 | 11 | 10 | 10 | 12 | 13 | 14 | 14 |
| **Eisenbahnen** | 360 | 354 | 353 | 346 | 333 | 320 | 309 | 301 | 293 | 282 |
| Binnenschiffahrt[4] | 12 | 12 | 12 | 11 | 11 | 11 | 11 | 11 | 10 | 10 |
| Binnenhäfen[5] | 14 | 14 | 14 | 14 | 14 | 14 | 14 | 14 | 14 | 14 |
| Seeschiffahrt[6] | 30 | 28 | 26 | 25 | 24 | 23 | 23 | 22 | 19 | 16 |
| Seehäfen | 25 | 25 | 25 | 25 | 24 | 24 | 24 | 24 | 23 | 23 |
| **Schiffahrt** | 81 | 79 | 77 | 75 | 73 | 72 | 72 | 71 | 66 | 63 |
| Öffentl. Straßenpersonenverkehr[7] | 171 | 175 | 178 | 179 | 178 | 177 | 178 | 183 | 187 | 190 |
| Güterkraftverkehr[8] | 342 | 350 | 346 | 340 | 335 | 342 | 352 | 366 | 387 | 405 |
| Fluggesellschaften[9] | 34 | 35 | 35 | 35 | 35 | 36 | 38 | 42 | 45 | 46 |
| Flughäfen | 13 | 14 | 14 | 14 | 14 | 14 | 15 | 16 | 17 | 19 |
| Rohrfernleitungen[10] | 1 | 1 | 1 | 1 | 1 | 1 | 1 | 1 | 1 | 1 |
| **Übriger Verkehr** | 561 | 575 | 574 | 569 | 563 | 570 | 584 | 608 | 637 | 661 |
| **Verkehr insgesamt** | 1 002 | 1 008 | 1 004 | 990 | 969 | 962 | 965 | 980 | 996 | 1 006 |
| **Zum Vergleich:** | | | | | | | | | | |
| **Erwerbstätige aller Wirtschaftsbereiche[11]** | 26 568 | 26 980 | 26 951 | 26 630 | 26 251 | 26 293 | 26 489 | 26 856 | 27 050 | 27 261 |
| **Anteil des Verkehrs in vH** | 3,8 | 3,7 | 3,7 | 3,7 | 3,7 | 3,7 | 3,6 | 3,6 | 3,7 | 3,7 |

[1] Jahresdurchschnitt.- [2] Einschl. Nachwuchskräfte.- [3] Eisenbahnen des öffentlichen Verkehrs. Ab 1985 einschl. S-Bahn Berlin (West).- [4] Binnenflotte der Bundesrepublik.- [5] Öffentliche Binnenhäfen.- [6] Handelsflotte der Bundesrepublik.- [7] Stadtschnellbahn- (U-Bahn), Straßenbahn-, Obus- und Kraftomnibusverkehr kommunaler und gemischtwirtschaftlicher sowie privater Unternehmen; Taxis und Mietwagen.- [8] Gewerblicher Verkehr, einschl. Verkehrsnebengewerbe (Spedition, Lagerei und Verkehrsvermittlung).- [9] Unternehmen der Bundesrepublik.- [10] Rohöl- und Mineralölproduktenleitungen über 40 km Länge.- [11] Erwerbstätige im Inland.

## Erwerbstätige[1] - in 1 000

| | 1989 | 1990 | 1991 | 1992 | 1993 | 1994 | 1995 | 1996 | 1997 | 1998* |
|---|---|---|---|---|---|---|---|---|---|---|
| Deutsche Bahn AG[2] | 257 | 249 | 451 | 422 | 365 | 321 | 312 | 272 | 247 | 223 |
| Nichtbundeseigene Eisenbahnen[3] | 14 | 14 | 15 | 15 | 14 | 16 | 16 | 15 | 15 | 14 |
| **Eisenbahnen** | 271 | 263 | 466 | 437 | 379 | 337 | 328 | 287 | 262 | 237 |
| Binnenschiffahrt[4] | 9 | 9 | . | 11 | 10 | 9 | 9 | 9 | 8 | 8 |
| Binnenhäfen[5] | 14 | 14 | . | 15 | 14 | 13 | 12 | 12 | 11 | 11 |
| Seeschiffahrt[6] | 15 | 16 | 21 | 19 | 18 | 16 | 15 | 14 | 14 | 14 |
| Seehäfen | 23 | 24 | 31 | 29 | 28 | 26 | 25 | 24 | 23 | 23 |
| **Schiffahrt** | 61 | 63 | 87 | 74 | 70 | 64 | 61 | 59 | 56 | 57 |
| Öffentl. Straßenpersonenverkehr[7] | 197 | 204 | 257 | 256 | 250 | 240 | 237 | 184 | 165 | 163 |
| Güterkraftverkehr[8] | 424 | 462 | . | 594 | 587 | 557 | 524 | 519 | 511 | 516 |
| Fluggesellschaften[9] | 49 | 53 | . | 61 | 56 | 55 | 45 | 47 | 47 | 46 |
| Flughäfen | 20 | 22 | 25 | 26 | 26 | 25 | 24 | 21 | 20 | 19 |
| Rohrfernleitungen[10] | 1 | 1 | 1 | 1 | 1 | 1 | 1 | 1 | 1 | 1 |
| **Übriger Verkehr** | 691 | 742 | . | 938 | 920 | 878 | 831 | 773 | 744 | 745 |
| **Verkehr insgesamt** | 1 023 | 1 068 | . | 1 449 | 1 369 | 1 279 | 1 220 | 1 119 | 1 063 | 1 038 |
| **Zum Vergleich:** | | | | | | | | | | |
| **Erwerbstätige aller Wirtschaftsbereiche[11]** | 27 658 | 28 479 | 37 759 | 37 155 | 36 586 | 36 485 | 36 428 | 36 151 | 35 864 | 35 999 |
| **Anteil des Verkehrs in vH** | 3,7 | 3,8 | . | 3,9 | 3,7 | 3,5 | 3,3 | 3,1 | 3,0 | 2,9 |

[1] Jahresdurchschnitt.- [2] Einschl. Nachwuchskräfte. 1991 bis 1993 Deutsche Bundesbahn und Deutsche Reichsbahn. Ab 1994 wurden verschiedene Bereiche aus der Deutschen Bahn AG ausgegliedert.- [3] Eisenbahnen des öffentlichen Verkehrs. Ab 1985 einschl. S-Bahn Berlin (West), ab 1994 einschl. S-Bahn Berlin (Ost).- [4] Binnenflotte der Bundesrepublik.- [5] Öffentliche Binnenhäfen.- [6] Handelsflotte der Bundesrepublik.- [7] Stadtschnellbahn- (U-Bahn), Straßenbahn-, Obus- und Kraftomnibusverkehr kommunaler und gemischtwirtschaftlicher sowie privater Unternehmen; bis 1995 einschl. Taxis und Mietwagen. - [8] Gewerblicher Verkehr, einschl. Verkehrsnebengewerbe (Spedition, Lagerei und Verkehrsvermittlung).- [9] Unternehmen der Bundesrepublik.- [10] Rohöl- und Mineralölproduktenleitungen über 40 km Länge.- [11] Erwerbstätige im Inland.- * Vorläufige Werte.

## Einnahmen[1] - in Mio. DM

| | 1979 | 1980 | 1981 | 1982 | 1983 | 1984 | 1985 | 1986 | 1987 | 1988 |
|---|---|---|---|---|---|---|---|---|---|---|
| Deutsche Bundesbahn | 20 650 | 21 920 | 22 660 | 22 550 | 22 590 | 23 200 | 23 450 | 22 850 | 22 640 | 22 460 |
| Nichtbundeseigene Eisenbahnen[2] | 780 | 810 | 840 | 830 | 860 | 900 | 930 | 900 | 910 | 950 |
| **Eisenbahnen** | 21 430 | 22 730 | 23 500 | 23 380 | 23 450 | 24 100 | 24 380 | 23 750 | 23 550 | 23 410 |
| Binnenschiffahrt[3] | 3 000 | 2 950 | 3 460 | 3 530 | 3 020 | 3 260 | 3 200 | 2 820 | 2 560 | 2 700 |
| dar. aus Beförderungsleistungen[4] | 1 350 | 1 480 | 1 500 | 1 470 | 1 450 | 1 510 | 1 520 | 1 300 | 1 300 | 1 320 |
| Binnenhäfen | 210 | 220 | 230 | 240 | 260 | 270 | 280 | 290 | 290 | 300 |
| Seeschiffahrt[5] | 7 240 | 8 280 | 9 910 | 9 680 | 8 500 | 8 800 | 9 250 | 6 860 | 6 090 | 6 720 |
| Seehäfen | 2 250 | 2 400 | 2 250 | 2 500 | 2 240 | 2 370 | 2 530 | 2 590 | 2 560 | 2 650 |
| **Schiffahrt** | 12 700 | 13 850 | 15 850 | 15 950 | 14 020 | 14 700 | 15 260 | 12 560 | 11 500 | 12 370 |
| Öffentl. Straßenpersonenverkehr[6] | 9 570 | 10 350 | 11 160 | 11 470 | 11 610 | 11 950 | 12 430 | 12 530 | 13 080 | 13 570 |
| Güterkraftverkehr und Verkehrsnebengewerbe | 45 200 | 50 500 | 50 840 | 51 790 | 54 840 | 57 940 | 61 570 | 63 090 | 66 100 | 69 820 |
| Güterkraftverkehr[7] | 27 400 | 31 800 | 30 360 | 31 280 | 32 800 | 33 780 | 34 890 | 35 520 | 37 830 | 40 560 |
| Verkehrsnebengewerbe[8] | 17 800 | 18 700 | 20 480 | 20 510 | 22 040 | 24 160 | 26 680 | 27 570 | 28 270 | 29 260 |
| Fluggesellschaften[9] | 6 700 | 8 200 | 9 740 | 10 400 | 11 300 | 12 850 | 13 660 | 13 060 | 13 980 | 15 000 |
| Flughäfen | 1 590 | 1 600 | 1 750 | 1 860 | 1 990 | 2 130 | 2 380 | 2 580 | 2 780 | 3 050 |
| Rohrfernleitungen | 700 | 600 | 620 | 610 | 600 | 620 | 640 | 610 | 590 | 590 |
| **Übriger Verkehr** | 63 760 | 71 250 | 74 110 | 76 130 | 80 340 | 85 490 | 90 680 | 91 870 | 96 530 | 102 030 |
| **Verkehr insgesamt** | 97 890 | 107 830 | 113 460 | 115 460 | 117 810 | 124 290 | 130 320 | 128 180 | 131 580 | 137 810 |

[1] Einschl. Beförderungs- und Umsatzsteuer bzw. Mehrwertsteuer.- [2] Eisenbahnen des öffentlichen Verkehrs. Ab 1985 einschl. S-Bahnverkehr in Berlin (West).-
[3] Binnenflotte der Bundesrepublik.- [4] Ohne Doppelzählungen (Fremdfrachten) innerhalb des Verkehrsbereichs.- [5] Handelsflotte der Bundesrepublik.-
[6] Stadtschnellbahn- (U-Bahn), Straßenbahn-, Obus- und Kraftomnibusverkehr kommunaler und gemischtwirtschaftlicher sowie privater Unternehmen, Taxis und Mietwagen.-
[7] Gewerblicher Verkehr. Frachteinnahmen einschl. sonstiger Betriebserträge.- [8] Spedition, Lagerei und Verkehrsvermittlung. Ohne Doppelzählungen (Fremdfrachten) innerhalb des Verkehrsbereichs.- [9] Unternehmen der Bundesrepublik.

## Einnahmen[1] - in Mio. DM

| | 1989 | 1990 | 1991 | 1992 | 1993 | 1994 | 1995 | 1996 | 1997 | 1998* |
|---|---|---|---|---|---|---|---|---|---|---|
| Deutsche Bahn AG[10] | 22 560 | 22 960 | 34 940 | 34 220 | 32 660 | 28 740 | 29 530 | 31 180 | 33 900 | 35 600 |
| Nichtbundeseigene Eisenbahnen[2] | 1 000 | 1 030 | 1 090 | 1 080 | 1 110 | 1 570 | 1 800 | 2 020 | 1 980 | 1 960 |
| **Eisenbahnen** | 23 560 | 23 990 | 36 030 | 35 300 | 33 770 | 30 310 | 31 330 | 33 200 | 35 880 | 37 560 |
| Binnenschiffahrt[3] | 2 860 | 2 710 | 3 070 | 2 920 | 2 860 | 2 780 | 2 720 | 2 890 | 2 900 | 2 980 |
| dar. aus Beförderungsleistungen[4] | 1 310 | 1 340 | 1 500 | 1 500 | 1 440 | 1 290 | 1 350 | 1 310 | 1 420 | 1 480 |
| Binnenhäfen | 330 | 340 | . | 360 | 380 | 370 | 370 | 380 | 390 | 400 |
| Seeschiffahrt[5] | 7 850 | 7 820 | 8 110 | 8 120 | 9 020 | 9 850 | 10 250 | 11 070 | 12 430 | 12 174 |
| Seehäfen | 2 660 | 2 680 | . | 3 020 | 3 035 | 3 200 | 3 500 | 3 800 | 3 900 | 4 100 |
| **Schiffahrt** | 13 700 | 13 550 | . | 14 420 | 15 295 | 16 200 | 16 840 | 18 140 | 19 620 | 19 654 |
| Öffentl. Straßenpersonenverkehr[6] | 14 750 | 16 210 | 19 530 | 21 110 | 21 700 | 22 270 | 23 330 | 17 580 | 18 545 | 19 100 |
| Güterkraftverkehr und Verkehrsnebengewerbe | 76 660 | 87 450 | . | 116 300 | 110 680 | 114 730 | 116 940 | 112 271 | 115 032 | 116 500 |
| Güterkraftverkehr[7] | 44 620 | 51 490 | . | 56 000 | 49 500 | 49 970 | 48 300 | 41 270 | 42 100 | 43 000 |
| Verkehrsnebengewerbe[8] | 32 040 | 35 960 | . | 60 300 | 61 180 | 64 759 | 68 641 | 71 001 | 72 933 | 73 500 |
| Fluggesellschaften[9] | 16 560 | 17 960 | 20 530 | 22 300 | 23 370 | 26 560 | 26 590 | 27 490 | 28 037 | 28 200 |
| Flughäfen | 3 400 | 3 920 | . | 4 190 | 4 790 | 5 340 | 5 500 | 5 800 | 6 000 | 6 300 |
| Rohrfernleitungen | 590 | 590 | . | 700 | 720 | 790 | 800 | 810 | 810 | 830 |
| **Übriger Verkehr** | 111 960 | 126 130 | . | 164 599 | 161 260 | 169 690 | 173 160 | 163 950 | 168 424 | 170 930 |
| **Verkehr insgesamt** | 149 220 | 163 670 | | 214 319 | 210 325 | 216 200 | 221 330 | 215 290 | 223 925 | 228 144 |

[1] Einschl. Beförderungs- und Umsatzsteuer bzw. Mehrwertsteuer.- [2] Eisenbahnen des öffentlichen Verkehrs. Ab 1985 einschl. S-Bahnverkehr in Berlin (West).- [3] Binnenflotte der Bundesrepublik.- [4] Ohne Doppelzählungen (Fremdfrachten) innerhalb des Verkehrsbereichs.- [5] Handelsflotte der Bundesrepublik. Ab 1998 ohne Passagierfahrt.- [6] Stadtschnellbahn- (U-Bahn), Straßenbahn-, Obus- und Kraftomnibusverkehr kommunaler und gemischtwirtschaftlicher sowie privater Unternehmen, bis 1995 einschl. Taxis und Mietwagen.- [7] Gewerblicher Verkehr. Frachteinnahmen einschl. sonstiger Betriebserträge.- [8] Spedition, Lagerei und Verkehrsvermittlung. Ohne Doppelzählungen (Fremdfrachten) innerhalb des Verkehrsbereichs.- [9] Unternehmen der Bundesrepublik.- [10] Bis 1990 Deutsche Bundesbahn. 1991 bis 1993 Deutsche Bundesbahn und Deutsche Reichsbahn. Ab 1994 wurden verschieden Bereiche aus der Deutschen Bahn AG ausgegliedert.- * Vorläufige Werte.

## Bruttowertschöpfung der Verkehrsbereiche- Mio. DM zu jeweiligen Preisen

| | 1979 | 1980 | 1981 | 1982 | 1983 | 1984 | 1985 | 1986 | 1987 | 1988 |
|---|---|---|---|---|---|---|---|---|---|---|
| Deutsche Bundesbahn | 12 050 | 12 380 | 12 900 | 12 860 | 13 070 | 13 210 | 13 670 | 13 190 | 12 930 | 12 450 |
| Nichtbundeseigene Eisenbahnen[1)] | 420 | 440 | 460 | 460 | 490 | 490 | 510 | 490 | 510 | 530 |
| **Eisenbahnen** | 12 470 | 12 820 | 13 360 | 13 320 | 13 560 | 13 700 | 14 180 | 13 680 | 13 440 | 12 980 |
| Binnenschiffahrt[2)] | 1 090 | 1 060 | 1 190 | 1 220 | 1 050 | 1 110 | 1 110 | 960 | 780 | 940 |
| Binnenhäfen | 130 | 140 | 140 | 150 | 160 | 160 | 170 | 170 | 170 | 180 |
| Seeschiffahrt[3)] | 2 350 | 2 610 | 2 970 | 2 750 | 2 240 | 2 570 | 2 950 | 2 650 | 2 420 | 2 480 |
| Seehäfen | 1 330 | 1 430 | 1 340 | 1 450 | 1 260 | 1 300 | 1 410 | 1 400 | 1 380 | 1 430 |
| **Schiffahrt** | 4 900 | 5 240 | 5 640 | 5 570 | 4 710 | 5 140 | 5 640 | 5 180 | 4 750 | 5 030 |
| Öffentl. Straßenpersonenverkehr[4)] | 7 130 | 7 620 | 8 130 | 8 430 | 8 530 | 8 860 | 9 130 | 9 490 | 9 970 | 10 360 |
| Güterkraftverkehr[5)] | 19 280 | 20 930 | 21 020 | 21 930 | 22 820 | 25 090 | 26 010 | 27 360 | 28 980 | 31 340 |
| Fluggesellschaften[6)] | 3 660 | 4 420 | 5 050 | 5 320 | 5 760 | 6 170 | 6 550 | 6 080 | 6 590 | 7 150 |
| Flughäfen | 1 010 | 1 000 | 1 090 | 1 170 | 1 280 | 1 370 | 1 530 | 1 730 | 1 820 | 2 050 |
| Rohrfernleitungen[7)] | 460 | 390 | 400 | 390 | 390 | 410 | 420 | 420 | 400 | 410 |
| **Übriger Verkehr** | 31 540 | 34 360 | 35 690 | 37 240 | 38 780 | 41 900 | 43 640 | 45 080 | 47 760 | 51 310 |
| **Verkehr insgesamt** | 48 910 | 52 420 | 54 690 | 56 130 | 57 050 | 60 740 | 63 460 | 63 940 | 65 950 | 69 320 |
| **Zum Vergleich:** | | | | | | | | | | |
| **Bruttowertschöpfung aller Wirtschaftsbereiche- unbereinigt** | 1 337 920 | 1 415 930 | 1 483 440 | 1 545 730 | 1 624 810 | 1 702 580 | 1 774 340 | 1 874 080 | 1 928 490 | 2 031 500 |
| **Anteil des Verkehrs in vH** | 3,7 | 3,7 | 3,7 | 3,6 | 3,5 | 3,6 | 3,6 | 3,4 | 3,4 | 3,4 |
| **Bruttowertschöpfung aller Wirtschaftsbereiche- bereinigt[8)]** | 1 288 720 | 1 361 990 | 1 420 160 | 1 472 110 | 1 543 100 | 1 618 510 | 1 690 080 | 1 790 390 | 1 846 220 | 1 946 350 |
| **Bruttoinlandsprodukt** | 1 388 440 | 1 472 040 | 1 534 970 | 1 588 090 | 1 668 540 | 1 750 890 | 1 823 180 | 1 925 290 | 1 990 480 | 2 095 980 |

[1)] Eisenbahnen des öffentlichen Verkehrs. Ab 1985 einschl. S-Bahnverkehr in Berlin (West), ab 1994 einschl. S-Bahn Berlin (Ost).- [2)] Binnenflotte der Bundesrepublik.- [3)] Handelsflotte der Bundesrepublik.- [4)] Stadtschnellbahn- (U-Bahn), Straßenbahn-, Obus- und Kraftomnibusverkehr kommunaler und gemischtwirtschaftlicher sowie privater Unternehmen, Taxis und Mietwagen.- Weitere Anmerkungen siehe folgende Seite.

## Bruttowertschöpfung der Verkehrsbereiche - Mio. DM zu jeweiligen Preisen

| | 1989 | 1990 | 1991* | 1992* | 1993* | 1994* | 1995* | 1996* | 1997* | 1998* |
|---|---|---|---|---|---|---|---|---|---|---|
| Deutsche Bundesbahn[9] | 12 630 | 12 580 | . | . | . | . | . | . | . | . |
| Nichtbundeseigene Eisenbahnen[1] | 560 | 570 | . | . | . | . | . | . | . | . |
| **Eisenbahnen** | 13 190 | 13 150 | 15 370 | . | 13 600 | 13 450 | 13 550 | 13 300 | 13 600 | 13 800 |
| Binnenschiffahrt[2] | 1 010 | 990 | . | . | . | . | . | . | . | . |
| Binnenhäfen | 190 | 180 | . | . | . | . | . | . | . | . |
| Seeschiffahrt[3] | 2 830 | 2 800 | . | . | . | . | . | . | . | . |
| Seehäfen | 1 420 | 1 450 | . | . | . | . | . | . | . | . |
| **Schiffahrt** | 5 450 | 5 420 | 6 140 | . | 6 190 | 6 620 | 6 700 | 6 900 | 7 300 | 7 600 |
| Öffentl. Straßenpersonenverkehr[4] | 11 100 | 11 660 | . | . | . | . | . | . | . | . |
| Güterkraftverkehr[5] | 34 420 | 39 060 | . | . | . | . | . | . | . | . |
| Fluggesellschaften[6] | 7 970 | 8 840 | . | . | . | . | . | . | . | . |
| Flughäfen | 2 280 | 2 600 | . | . | . | . | . | . | . | . |
| Rohrfernleitungen[7] | 410 | 410 | . | . | . | . | . | . | . | . |
| **Übriger Verkehr** | 56 180 | 62 570 | 74 220 | . | 79 430 | 81 630 | 87 510 | 86 800 | 91 570 | 97 600 |
| **Verkehr insgesamt** | 74 820 | 81 140 | 95 730 | 99 050 | 99 220 | 101 700 | 107 760 | 107 000 | 112 470 | 119 000 |
| **Zum Vergleich:** | | | | | | | | | | |
| **Bruttowertschöpfung aller Wirtschaftsbereiche- unbereinigt** | 2 151 940 | 2 342 330 | 2 776 000 | 2 982 390 | 3 053 540 | 3 188 030 | 3 313 700 | 3 374 220 | 3 449 900 | 3 553 670 |
| **Anteil des Verkehrs in vH** | 3,5 | 3,5 | 3,4 | 3,3 | 3,2 | 3,2 | 3,3 | 3,2 | 3,3 | 3,3 |
| **Bruttowertschöpfung aller Wirtschaftsbereiche- bereinigt**[8] | 2 063 530 | 2 246 050 | 2 658 900 | 2 853 100 | 2 917 990 | 3 048 350 | 3 176 560 | 3 237 310 | 3 312 790 | 3 416 120 |
| **Bruttoinlandsprodukt** | 2 224 440 | 2 426 000 | 2 938 000 | 3 155 200 | 3 235 400 | 3 394 400 | 3 523 000 | 3 586 000 | 3 686 600 | 3 784 200 |

Beginn der Anmerkungen siehe vorige Seite.- [5] Gewerblicher Verkehr einschl. Verkehrsnebengewerbe (Spedition, Lagerei und Verkehrsvermittlung).- [6] Unternehmen der Bundesrepublik.- [7] Rohöl- und Mineralölproduktenleitungen über 40 km Länge.- [8] Vermindert um unterstellte Bankdienstleistungen.- [9] Bis 1990 Deutsche Bundesbahn. 1991 bis 1993 Deutsche Bundesbahn und Deutsche Reichsbahn.

*** 1999 ist die Volkswirtschaftliche Gesamtrechnung für die Zeit ab 1991 vom Statistischen Bundesamt grundlegend revidiert worden. Aus terminlichen Gründen konnten diese Revisionen nur teilweise verarbeitet werden. Daher sind alle Werte ab 1991 als vorläufig anzusehen.**

## Bruttowertschöpfung der Verkehrsbereiche - Mio. DM zu Preisen von 1991*

| | 1979 | 1980 | 1981 | 1982 | 1983 | 1984 | 1985 | 1986 | 1987 | 1988 |
|---|---|---|---|---|---|---|---|---|---|---|
| Deutsche Bundesbahn | 14 000 | 13 480 | 13 380 | 12 650 | 12 700 | 12 760 | 13 710 | 12 900 | 12 380 | 12 480 |
| Nichtbundeseigene Eisenbahnen[1)] | 490 | 480 | 470 | 460 | 480 | 480 | 510 | 480 | 490 | 520 |
| **Eisenbahnen** | 14 490 | 13 960 | 13 850 | 13 110 | 13 180 | 13 240 | 14 220 | 13 380 | 12 870 | 13 000 |
| Binnenschiffahrt[2)] | 930 | 1 100 | 1 710 | 1 720 | 1 500 | 1 560 | 1 400 | 1 200 | 930 | 1 100 |
| Binnenhäfen | 210 | 210 | 200 | 230 | 240 | 230 | 210 | 210 | 210 | 210 |
| Seeschiffahrt[3)] | 3 580 | 2 680 | 3 670 | 4 430 | 4 640 | 3 130 | 3 710 | 3 870 | 3 580 | 2 680 |
| Seehäfen | 1 710 | 1 760 | 1 950 | 2 050 | 1 810 | 1 820 | 1 770 | 1 750 | 1 710 | 1 760 |
| **Schiffahrt** | 6 430 | 5 750 | 7 530 | 8 431 | 8 190 | 6 740 | 7 090 | 7 030 | 6 430 | 5 750 |
| Öffentl. Straßenpersonenverkehr[4)] | 9 100 | 9 180 | 9 280 | 9 120 | 9 050 | 9 370 | 9 480 | 9 390 | 10 030 | 10 770 |
| Güterkraftverkehr[5)] | 24 600 | 25 160 | 23 840 | 23 810 | 24 520 | 26 680 | 27 060 | 26 660 | 29 000 | 32 500 |
| Fluggesellschaften[6)] | 4 730 | 5 350 | 5 750 | 5 780 | 6 090 | 6 500 | 6 600 | 6 200 | 6 700 | 7 500 |
| Flughäfen | 1 300 | 1 210 | 1 250 | 1 270 | 1 350 | 1 460 | 1 590 | 1 680 | 1 840 | 2 130 |
| Rohrfernleitungen[7)] | 590 | 470 | 460 | 430 | 430 | 440 | 440 | 420 | 410 | 410 |
| **Übriger Verkehr** | 40 320 | 41 370 | 40 580 | 40 410 | 41 440 | 44 450 | 45 170 | 44 350 | 47 980 | 53 310 |
| **Verkehr insgesamt** | 61 640 | 62 240 | 61 950 | 61 930 | 62 800 | 64 420 | 66 479 | 64 750 | 67 280 | 72 060 |
| **Zum Vergleich:** | | | | | | | | | | |
| **Bruttowertschöpfung aller Wirtschaftsbereiche- unbereinigt** | 1 916 800 | 1 934 290 | 1 940 530 | 1 927 330 | 1 960 710 | 2 018 120 | 2 067 130 | 2 119 850 | 2 146 540 | 2 228 830 |
| **Anteil des Verkehrs in vH** | 3,2 | 3,2 | 3,2 | 3,2 | 3,2 | 3,2 | 3,2 | 3,1 | 3,1 | 3,2 |
| **Bruttowertschöpfung aller Wirtschaftsbereiche- bereinigt[8)]** | 1 847 920 | 1 864 010 | 1 868 340 | 1 852 990 | 1 883 980 | 1 939 710 | 1 985 090 | 2 032 930 | 2 054 970 | 2 133 350 |
| **Bruttoinlandsprodukt** | 1 999 690 | 2 021 150 | 2 024 670 | 2 005 510 | 2 036 810 | 2 093 500 | 2 136 000 | 2 186 100 | 2 218 400 | 2 301 000 |

Anmerkungen siehe Seite 48/49.

*** 1999 ist die Volkswirtschaftliche Gesamtrechnung für die Zeit ab 1991 vom Statistischen Bundesamt grundlegend revidiert worden. Aus terminlichen Gründen konnten diese Revisionen nur teilweise verarbeitet werden. Daher war auch eine Umbasierung auf Preisbasis 1995 für diese Ausgabe von "Verkehr in Zahlen" nicht möglich.**

## Bruttowertschöpfung der Verkehrsbereiche - Mio. DM zu Preisen von 1991*

| | 1989 | 1990 | 1991* | 1992* | 1993* | 1994* | 1995* | 1996* | 1997* | 1998* |
|---|---|---|---|---|---|---|---|---|---|---|
| Deutsche Bundesbahn[9)] | 12 730 | 12 640 | . | . | . | . | . | . | . | . |
| Nichtbundeseigene Eisenbahnen[1)] | 560 | 580 | . | . | . | . | . | . | . | . |
| **Eisenbahnen** | 13 290 | 13 220 | 15 370 | . | 12 630 | 12 250 | 12 130 | 12 300 | 12 700 | 12 500 |
| Binnenschiffahrt[2)] | 1 040 | 1 030 | . | . | . | . | . | . | . | . |
| Binnenhäfen | 220 | 200 | . | . | . | . | . | . | . | . |
| Seeschiffahrt[3)] | 2 850 | 2 860 | . | . | . | . | . | . | . | . |
| Seehäfen | 1 380 | 1 400 | . | . | . | . | . | . | . | . |
| **Schiffahrt** | 5 490 | 5 490 | 6 140 | . | 5 860 | 6 130 | 6 100 | 5 930 | 6 200 | 6 300 |
| Öffentl. Straßenpersonenverkehr[4)] | 11 280 | 11 710 | . | . | . | . | . | . | . | . |
| Güterkraftverkehr[5)] | 34 040 | 39 520 | . | . | . | . | . | . | . | . |
| Fluggesellschaften[6)] | 8 100 | 8 840 | . | . | . | . | . | . | . | . |
| Flughäfen | 2 250 | 2 530 | . | . | . | . | . | . | . | . |
| Rohrfernleitungen[7)] | 420 | 410 | . | . | . | . | . | . | . | . |
| **Übriger Verkehr** | 56 090 | 63 010 | 74 220 | . | 72 780 | 73 309 | 77 260 | 82 550 | 88 590 | 92 200 |
| **Verkehr insgesamt** | 74 870 | 81 720 | 95 730 | 95 390 | 91 270 | 91 690 | 95 490 | 100 780 | 107 490 | 111 000 |
| **Zum Vergleich:** | | | | | | | | | | |
| **Bruttowertschöpfung aller Wirtschaftsbereiche- unbereinigt** | 2 310 370 | 2 438 280 | 2 776 000 | 2 819 560 | 2 788 360 | 2 848 810 | 2 903 590 | 2 934 520 | 2 992 720 | 3 080 000 |
| **Anteil des Verkehrs in vH** | 3,2 | 3,4 | 3,4 | 3,4 | 3,3 | 3,2 | 3,3 | 3,4 | 3,6 | 3,6 |
| **Bruttowertschöpfung aller Wirtschaftsbereiche- bereinigt[8)]** | 2 211 500 | 2 332 880 | 2 658 900 | 2 699 820 | 2 663 650 | 2 717 430 | 2 767 720 | 2 789 810 | 2 837 710 | 2 937 700 |
| **Bruttoinlandsprodukt** | 2 384 400 | 2 520 400 | 2 938 000 | 2 988 960 | 2 947 210 | 3 019 080 | 3 051 100 | 3 072 730 | 3 139 550 | 3 240 000 |

Anmerkungen siehe Seite 48/49.- * Vorläufige Werte.

*** 1999 ist die Volkswirtschaftliche Gesamtrechnung für die Zeit ab 1991 vom Statistischen Bundesamt grundlegend revidiert worden. Aus terminlichen Gründen konnten diese Revisionen nur teilweise verarbeitet werden. Daher war auch eine Umbasierung auf Preisbasis 1995 für diese Ausgabe von "Verkehr in Zahlen" nicht möglich. Alle Werte ab 1991 sind deshalb als vorläufig anzusehen.**

## Deutsche Bundesbahn[1] - Streckenlänge, Fahrzeugbestand, Kapazitäten

| | | 1979 | 1980 | 1981 | 1982 | 1983 | 1984 | 1985 | 1986 | 1987 | 1988 |
|---|---|---|---|---|---|---|---|---|---|---|---|
| **Streckenlänge**[2] | | | | | | | | | | | |
| Schienenverkehr[3] | 1 000 km | 28,6 | 28,5 | 28,4 | 28,2 | 28,0 | 27,8 | 27,6 | 27,5 | 27,4 | 27,3 |
| dar. Hauptstrecken | 1 000 km | 18,4 | 18,4 | 18,4 | 18,4 | 18,3 | 18,2 | 18,1 | 18,0 | 18,0 | 18,2 |
| mehrgleisige Strecken | 1 000 km | 12,2 | 12,2 | 12,2 | 12,2 | 12,2 | 12,2 | 12,2 | 12,1 | 12,2 | 12,4 |
| elektrifizierte Strecken | 1 000 km | 10,9 | 11,2 | 11,2 | 11,2 | 11,2 | 11,3 | 11,4 | 11,4 | 11,5 | 11,7 |
| mit S-Bahnbetrieb | 1 000 km | 1,0 | 1,0 | 1,1 | 1,1 | 1,2 | 1,2 | 1,2 | 1,2 | 1,2 | 1,3 |
| mit Personenverkehr | 1 000 km | 0,6 | 0,6 | 0,6 | 0,6 | 0,6 | 0,6 | 0,6 | 0,6 | 0,6 | 0,7 |
| mit Güterverkehr | 1 000 km | 5,0 | 5,3 | 5,7 | 5,7 | 5,9 | 6,2 | 6,3 | 6,5 | 6,6 | 6,3 |
| mit Personen- und Güterverkehr | 1 000 km | 23,0 | 22,6 | 22,1 | 21,9 | 21,5 | 21,0 | 20,7 | 20,4 | 20,2 | 20,3 |
| Kraftomnibusverkehr[4] | 1 000 km | 90,1 | 89,1 | 87,2 | 93,5 | 110,0 | 120,0 | 118,3 | 119,3 | 118,6 | 119,8 |
| **Fahrzeugbestand** | | | | | | | | | | | |
| Schienenverkehr[3] | | | | | | | | | | | |
| Lokomotiven[5] | Anzahl | 5 817 | 5 807 | 5 805 | 5 785 | 5 720 | 5 585 | 5 552 | 5 475 | 4 503 | 4 381 |
| Dampf- | Anzahl | - | - | - | - | - | - | - | - | - | - |
| Diesel- | Anzahl | 3 118 | 3 095 | 3 084 | 3 073 | 3 060 | 2 963 | 2 940 | 2 880 | 1 941 | 1 838 |
| Elektro- | Anzahl | 2 699 | 2 712 | 2 721 | 2 712 | 2 660 | 2 622 | 2 612 | 2 595 | 2 562 | 2 543 |
| Kleinloks (Diesel und Akku)[5] | Anzahl | 1 399 | 1 287 | 1 286 | 1 234 | 1 133 | 1 093 | 1 050 | 1 006 | 1 723 | 1 640 |
| Triebwagen[5][6] | Anzahl | 2 399 | 2 404 | 2 427 | 2 376 | 2 355 | 2 231 | 2 177 | 2 153 | 2 177 | 2 143 |
| Triebwagenanhänger[5][7] | Anzahl | 1 316 | 1 222 | 1 201 | 1 088 | 967 | 783 | 695 | 685 | 685 | 643 |
| Personenwagen[5][8] | Anzahl | 14 910 | 14 731 | 14 505 | 14 212 | 14 176 | 13 919 | 13 531 | 13 119 | 12 686 | 12 185 |
| Sitzplatzkapazität | 1 000 | 1 057 | 1 044 | 1 034 | 1 017 | 1 018 | 1 004 | 977 | 950 | 920 | 887 |
| Gepäckwagen[5] | Anzahl | 1 289 | 1 281 | 1 249 | 1 171 | 1 108 | 1 004 | 1 000 | 946 | 908 | 875 |
| Güterwagen[5][9] | 1 000 | 279,4 | 282,1 | 282,4 | 275,3 | 264,3 | 259,5 | 254,5 | 247,9 | 233,2 | 220,9 |
| Ladekapazität[10] | Mio. t | 8,8 | 9,0 | 9,2 | 9,1 | 9,0 | 8,9 | 8,8 | 8,6 | 8,2 | 7,7 |
| Private Güterwagen[11] | 1 000 | 49,2 | 50,1 | 50,8 | 50,8 | 50,4 | 49,9 | 50,2 | 50,1 | 50,6 | 50,9 |
| Ladekapazität[10] | Mio. t | 2,0 | 2,1 | 2,1 | 2,2 | 2,2 | 2,2 | 2,2 | 2,2 | 2,3 | 2,3 |
| **Kraftomnibusverkehr**[4] | | | | | | | | | | | |
| Kraftomnibusse[12] | Anzahl | 6 465 | 6 646 | 6 928 | 7 518 | 9 900 | 11 069 | 10 885 | 10 859 | 10 907 | 10 489 |
| Platzkapazität | 1 000 | 572 | 596 | 630 | 680 | 914 | 1 009 | 1 000 | 994 | 994 | 950 |
| Wagenkilometer | Mio. | 272 | 279 | 299 | 321 | 394 | 476 | 478 | 473 | 472 | 440 |

[1] Ohne S-Bahn Berlin, 1991 bis 1993 einschl. S-Bahn Berlin (Ost).- [2] Betriebslänge.- [3] Stand 31. 12.- [4] Stand 30. 9. (Streckenlänge = Linienlänge). Bis 1989, anschl. eigene handelsrechtliche Gesellschaften.- [5] Eigentumsbestand.- [6] Einschl. ICE-Triebköpfe (1998: 166).- [7] Zur Personenbeförderung.- [8] Einschl. Sonder-, Speise-, Gesellschafts- und Schlafwagen (1997:467).- Weitere Anmerkungen siehe folgende Seite.

## Deutsche Bahn AG[1)13)] - Streckenlänge, Fahrzeugbestand, Kapazitäten

(bis 1990 Deutsche Bundesbahn)

| | | 1989 | 1990 | 1991 | 1992 | 1993 | 1994 | 1995 | 1996 | 1997 | 1998* |
|---|---|---|---|---|---|---|---|---|---|---|---|
| **Streckenlänge**[2)] | | | | | | | | | | | |
| Schienenverkehr[3)] | 1 000 km | 27,0 | 26,9 | 41,1 | 40,8 | 40,4 | 41,3 | 41,7 | 40,8 | 38,4 | 38,1 |
| dar. Hauptstrecken | 1 000 km | 18,2 | 18,2 | 26,0 | 26,1 | 26,0 | 26,5 | 27,0 | 27,0 | 26,5 | . |
| mehrgleisige Strecken | 1 000 km | 12,3 | 12,3 | 16,9 | 16,9 | 17,0 | 17,2 | 17,6 | 17,6 | 17,3 | . |
| elektrifizierte Strecken | 1 000 km | 11,7 | 11,7 | 16,2 | 16,5 | 16,4 | 17,7 | 18,2 | 18,5 | 18,7 | 18,9 |
| mit S-Bahnbetrieb | 1 000 km | 1,3 | 1,3 | 1,8 | 1,9 | 1,9 | . | . | . | . | . |
| mit Personenverkehr | 1 000 km | 0,7 | 0,7 | 1,1 | 1,2 | 1,0 | 1,0 | 0,9 | 1,8 | 1,7 | . |
| mit Güterverkehr | 1 000 km | 6,2 | 6,1 | 7,5 | 7,2 | 6,7 | 7,5 | 6,9 | 7,1 | 5,6 | . |
| mit Personen- und Güterverkehr | 1 000 km | 20,2 | 20,1 | 32,5 | 32,4 | 32,6 | 32,9 | 33,9 | 31,8 | 31,1 | . |
| Kraftomnibusverkehr[4)] | 1 000 km | 62,5 | - | - | - | - | - | - | - | - | - |
| **Fahrzeugbestand** | | | | | | | | | | | |
| Schienenverkehr[3)] | | | | | | | | | | | |
| Lokomotiven[5)] | Anzahl | 4 368 | 4 367 | 8 060 | 8 074 | 7 573 | 7 067 | 6 612 | 6 430 | 6 397 | 6 090 |
| Dampf- | Anzahl | - | - | 170 | 196 | 101 | 74 | 66 | 31 | 22 | 16 |
| Diesel- | Anzahl | 1 834 | 1 834 | 4 005 | 3 972 | 3 741 | 3 397 | 2 984 | 2 864 | 2 796 | 2 466 |
| Elektro- | Anzahl | 2 534 | 2 533 | 3 885 | 3 906 | 3 731 | 3 596 | 3 562 | 3 535 | 3 579 | 3 608 |
| Kleinloks (Diesel und Akku)[5)] | Anzahl | 1 637 | 1 587 | 3 438 | 3 424 | 3 183 | 2 915 | 2 373 | 2 244 | 2 024 | 1 621 |
| Triebwagen[5)6)] | Anzahl | 2 118 | 2 170 | 3 004 | 3 121 | 3 252 | 2 751 | 2 836 | 2 828 | 3 101 | 3 226 |
| Triebwagenanhänger[5)7)] | Anzahl | 574 | 568 | 1 812 | 1 975 | 2 112 | 1 538 | 1 512 } | . | . | . |
| Personenwagen[5)8)] | Anzahl | 11 830 | 11 717 | 19 168 | 17 226 | 16 069 | 15 333 | 14 565 } | 17 497 | 17 633 | 17 961 |
| Sitzplatzkapazität | 1 000 | 862 | 850 | 1 376 | 1 314 | 1 150 | 1 099 | 1 008 | . | 1 366 | 1 360 |
| Gepäckwagen[5)] | Anzahl | 861 | 832 | 1 305 | 1 121 | 938 | 455 | 373 | 109,0 | 254,0 | . |
| Güterwagen[5)9)] | 1 000 | 209,4 | 203,6 | 314,4 | 277,1 | 232,8 | 195,9 | 175,1 | 163,8 | 147,2 | 141,8 |
| Ladekapazität[10)] | Mio. t | 7,4 | 7,2 | 11,2 | 10,2 | 8,8 | 7,6 | 7,0 | 6,7 | 6,3 | 6,0 |
| Private Güterwagen[11)] | 1 000 | 51,5 | 52,1 | 63,6 | 66,2 | 81,7 | 83,2 | 77,5 | 71,2 | 65,8 | 61,1 |
| Ladekapazität[10)] | Mio. t | 2,3 | 2,4 | 2,7 | 3,1 | 3,2 | . | . | . | . | . |
| **Kraftomnibusverkehr**[4)] | | | | | | | | | | | |
| Kraftomnibusse[12)] | Anzahl | 5 590 | - | - | - | - | - | - | - | - | - |
| Platzkapazität | 1 000 | 508 | - | - | - | - | - | - | - | - | - |
| Wagenkilometer | Mio. | 244 | - | - | - | - | - | - | - | - | - |

Beginn der Anmerkungen siehe vorige Seite.- [9)] Einschl. angemieteter Wagen (1997: 1 178).- [10)] Lastgrenze "C". Ohne Schmalspurwagen.- [11)] Bei der Bahn eingestellte Güterwagen.- [12)] Ohne vermietete, einschl. angemietete Fahrzeuge.- [13)] 1991 bis 1993 Deutsche Bundesbahn und Deutsche Reichsbahn.-
*Vorläufige Werte.

## Deutsche Bundesbahn[1] - Betriebsleistungen, Energieverbrauch

| | | 1979 | 1980 | 1981 | 1982 | 1983 | 1984 | 1985 | 1986 | 1987 | 1988 |
|---|---|---|---|---|---|---|---|---|---|---|---|
| **Triebfahrzeugkilometer[2]** | Mio. | 851 | 867 | 863 | 835 | 809 | 813 | 822 | 823 | 813 | 811 |
| nach Fahrzeugarten | | | | | | | | | | | |
| Dampflokomotiven | Mio. | - | - | - | - | - | - | - | - | - | - |
| Diesellokomotiven | Mio. | 195 | 193 | 184 | 177 | 174 | 176 | 175 | 172 | 162 | 139 |
| Elektrische Lokomotiven | Mio. | 413 | 421 | 421 | 409 | 407 | 420 | 434 | 435 | 429 | 432 |
| Kleinlokomotiven | Mio. | 15 | 15 | 14 | 13 | 12 | 12 | 12 | 11 | 15 | 26 |
| Elektrische Triebwagen[3] | Mio. | 157 | 171 | 182 | 178 | 163 | 156 | 155 | 160 | 162 | 165 |
| Akkumulatortriebwagen | Mio. | 16 | 16 | 15 | 13 | 12 | 11 | 10 | 8 | 7 | 5 |
| Dieseltriebwagen | Mio. | 31 | 30 | 29 | 29 | 29 | 28 | 27 | 27 | 29 | 36 |
| Schienenomnibusse | Mio. | 25 | 22 | 18 | 15 | 13 | 11 | 9 | 9 | 9 | 8 |
| nach Antriebsarten | | | | | | | | | | | |
| Dampfbetrieb | vH | - | - | - | - | - | - | - | - | - | - |
| Dieselbetrieb | vH | 32 | 30 | 28 | 28 | 28 | 28 | 27 | 27 | 26 | 26 |
| Elektrischer Betrieb | vH | 68 | 70 | 72 | 72 | 72 | 72 | 73 | 73 | 74 | 74 |
| **Zahl der Züge an einem Stichtag** | | | | | | | | | | | |
| Reisezüge | Anzahl | 21 172 | 21 645 | 21 380 | 20 690 | 20 517 | 20 440 | 20 583 | 20 639 | 21 068 | 21 273 |
| Schnellzüge[4] | Anzahl | 589 | 585 | 581 | 609 | 768 | 832 | 967 | 980 | 906 | 959 |
| Eilzüge | Anzahl | 3 509 | 3 538 | 3 738 | 3 756 | 3 644 | 3 643 | 3 888 | 4 164 | 4 287 | 4 713 |
| Nahverkehrszüge | Anzahl | 13 035 | 13 320 | 12 757 | 12 043 | 11 801 | 11 444 | 11 092 | 10 865 | 10 929 | 10 882 |
| S-Bahnzüge | Anzahl | 3 765 | 3 950 | 4 034 | 3 990 | 4 002 | 4 191 | 4 311 | 4 322 | 4 692 | 4 476 |
| sonstige Züge | Anzahl | 274 | 252 | 270 | 292 | 302 | 330 | 325 | 308 | 254 | 243 |
| Güterzüge | Anzahl | 11 166 | 11 242 | 10 818 | 10 030 | 9 888 | 10 077 | 9 978 | 9 455 | 9 466 | 8 719 |
| **Güterwagenumlaufzeit** | Tage | 6,0 | 5,9 | 5,9 | 6,1 | 6,1 | 6,2 | 6,2 | 6,3 | 6,3 | 6,2 |
| **Bruttotonnenkilometer[5]** | Mrd. | 266,0 | 267,0 | 259,0 | 247,0 | 245,0 | 252,0 | 261,0 | 256,0 | 250,0 | 252,0 |
| im Dampfbetrieb | vH | - | - | - | - | - | - | - | - | - | - |
| im Dieselbetrieb | vH | 17,0 | 16,3 | 15,0 | 15,0 | 15,1 | 14,8 | 14,1 | 13,8 | 13,5 | 13,2 |
| im elektrischen Betrieb | vH | 83,0 | 83,7 | 85,0 | 85,0 | 84,9 | 85,2 | 85,9 | 86,2 | 86,5 | 86,8 |
| **Energieverbrauch[6]** | Petajoule | 46,9 | 47,3 | 45,4 | 43,8 | 42,6 | 42,9 | 43,9 | 42,9 | 42,1 | 41,9 |

[1] Ohne S-Bahn Berlin/West.- [2] Streckenleistungen einschl. Vorspann- und Schiebedienst sowie Rangierdienst.- [3] Mit Stromzuführung.- [4] ICE-, IC-, EC, IR- und D-Züge.- [5] Ohne Dienstzüge.- [6] End-Energieverbrauch der Schienentriebfahrzeuge (1 Mio. t SKE = 29,308 Petajoule).

# Deutsche Bahn AG[1)7)] - Betriebsleistungen, Energieverbrauch

(bis 1990 Deutsche Bundesbahn)

| | | 1989 | 1990 | 1991 | 1992 | 1993 | 1994 | 1995 | 1996 | 1997 | 1998* |
|---|---|---|---|---|---|---|---|---|---|---|---|
| **Triebfahrzeugkilometer**[2)] | Mio. | 810 | 821 | 1 191 | 1 219 | 1 237 | 1 190 | 1 191 | 1 065 | 1 104 | . |
| nach Fahrzeugarten | | | | | | | | | | | |
| Dampflokomotiven | Mio. | - | - | 2 | 1 | 1 | 1 | 1 | 1 | 0 | . |
| Diesellokomotiven | Mio. | 133 | 132 | 288 | 248 | 242 | 225 | 202 | 172 | 153 | . |
| Elektrische Lokomotiven | Mio. | 436 | 442 | 564 | 563 | 555 | 546 | 549 | 529 | 490 | . |
| Kleinlokomotiven | Mio. | 25 | 24 | 25 | 45 | 40 | 36 | 31 | 7 | 4 | . |
| Elektrische Triebwagen[3)] | Mio. | 161 | 168 | 247 | 292 | 320 | 289 | 296 | 244 | 336 | . |
| Akkumulatortriebwagen | Mio. | 3 | 2 | 2 | 2 | 2 | 1 | 1 | 1 | 0 | . |
| Dieseltriebwagen | Mio. | 44 | 47 | 48 | 53 | 63 | 79 | 99 | 102 | 97 | . |
| Schienenomnibusse | Mio. | 7 | 7 | 15 | 15 | 13 | 11 | 11 | 11 | 23 | . |
| nach Antriebsarten | | | | | | | | | | | |
| Dampfbetrieb | vH | - | - | 0 | 0 | 0 | 0 | 0 | 0 | 0 | . |
| Dieselbetrieb | vH | 26 | 26 | 32 | 30 | 29 | 30 | 29 | 27 | 25 | . |
| Elektrischer Betrieb | vH | 74 | 74 | 68 | 70 | 71 | 70 | 71 | 73 | 75 | . |
| **Zahl der Züge an einem Stichtag** | | | | | | | | | | | |
| Reisezüge | Anzahl | 21 601 | 21 827 | 32 699 | 32 739 | 31 989 | . | 27 819 | 28 000 | 31 500 | 32 000 |
| Schnellzüge[4)] | Anzahl | 948 | 986 | 1 681 | 1 510 | 1 368 | 1 119 | 926 } | | | |
| Eilzüge | Anzahl | 4 778 | 4 550 | 5 441 | 5 169 | 5 577 | 5 430 | 0 } | 1 000 | 1 000 | 1 000 |
| Nahverkehrszüge | Anzahl | 11 008 | 11 444 | 18 576 | 19 137 | 18 920 | . | 21 618 } | | | |
| S-Bahnzüge | Anzahl | 4 622 | 4 644 | 6 684 | 6 750 | 5 973 | . | 5 269 } | 27 000 | 30 500 | 31 000 |
| sonstige Züge | Anzahl | 245 | 203 | 317 | 173 | 151 | 119 | 6 } | | | |
| Güterzüge | Anzahl | 8 575 | 8 084 | 9 475 | 8 085 | 9 103 | 7 253 | 6 970 } | 7 000 | 7 300 | 7 000 |
| **Güterwagenumlaufzeit** | Tage | 6,0 | 6,3 | . | . | . | 7,8 | 7,3 | 7,6 | 7,3 | . |
| **Bruttotonnenkilometer**[5)] | Mrd. | 258,0 | 260,0 | 356,0 | 340,0 | 320,0 | 328 | 327 | 314 | 320 | . |
| im Dampfbetrieb | vH | - | - | 0,0 | 0,0 | 0,0 | 0,0 | 0,0 | 0,0 | 0,0 | . |
| im Dieselbetrieb | vH | 13,0 | 12,8 | 19,7 | 18,9 | 18,0 | 16,8 | 15,9 | 16,5 | 15,0 | . |
| im elektrischen Betrieb | vH | 87,0 | 87,2 | 80,3 | 81,1 | 81,9 | 83,2 | 84,1 | 83,4 | 85,0 | . |
| **Energieverbrauch**[6)] | Petajoule | 42,0 | 42,5 | 65,4 | 65,0 | 68,8 | 60,8 | 60,1 | 59,8 | . | . |

[1)] Ohne S-Bahn Berlin/West. 1991 bis 1993 einschl. S-Bahn Berlin (Ost).- [2)] Streckenleistungen einschl. Vorspann- und Schiebedienst sowie Rangierdienst.- [3)] Mit Stromzuführung. - [4)] ICE-, IC-, EC-, IR- und D-Züge. - [5)] Ohne Dienstzüge. - [6)] End-Energieverbrauch der Schienentriebfahrzeuge (1 Mio. t SKE = 29,308 Petajoule). Seit 1994 nur Verbrauch für Zugförderung und -heizung. - [7)] 1991 bis 1993 Deutsche Bundesbahn und Deutsche Reichsbahn.- * Vorläufige Werte.

## Deutsche Bundesbahn[1] - Personenverkehr, Gepäckverkehr, Autoreisezugverkehr

| | | 1979 | 1980 | 1981 | 1982 | 1983 | 1984 | 1985 | 1986 | 1987 | 1988 |
|---|---|---|---|---|---|---|---|---|---|---|---|
| **Personenverkehr** | | | | | | | | | | | |
| Beförderte Personen | Mio. | 1 566 | 1 673 | 1 701 | 1 667 | 1 775 | 1 810 | 1 793 | 1 746 | 1 615 | 1 594 |
| Schienenverkehr | Mio. | 1 027 | 1 107 | 1 111 | 1 069 | 1 066 | 1 048 | 1 048 | 1 023 | 994 | 1 026 |
| dar. Berufs- und Schülerverkehr[2] | Mio. | 560 | 593 | 602 | 589 | 579 | 549 | 529 | 519 | 480 | 500 |
| Fernverkehr[3] | Mio. | 141 | 152 | 152 | 141 | 133 | 131 | 140 | 134 | 129 | 127 |
| Nahverkehr | Mio. | 886 | 955 | 959 | 928 | 933 | 917 | 908 | 889 | 865 | 899 |
| dar. S-Bahnverkehr | Mio. | 427 | 545 | 562 | 555 | 567 | 611 | 611 | 607 | 617 | 646 |
| Kraftomnibusverkehr[4] | Mio. | 532 | 560 | 583 | 590 | 701 | 754 | 736 | 714 | 612 | 558 |
| Schiffsverkehr | Mio. | 7 | 6 | 7 | 7 | 8 | 8 | 9 | 9 | 9 | 10 |
| Personenkilometer | Mio. Pkm | 46 536 | 47 690 | 48 998 | 47 173 | 47 201 | 48 398 | 51 729 | 50 252 | 47 014 | 48 515 |
| Schienenverkehr | Mio. Pkm | 39 431 | 40 499 | 41 795 | 40 030 | 38 755 | 39 075 | 42 707 | 41 397 | 39 174 | 40 959 |
| dar. Berufs- und Schülerverkehr[2] | Mio. Pkm | 9 319 | 9 452 | 10 180 | 10 117 | 9 732 | 9 048 | 8 997 | 8 715 | 7 995 | 8 452 |
| Fernverkehr[3] | Mio. Pkm | 24 831 | 26 373 | 26 840 | 24 881 | 23 707 | 24 229 | 27 733 | 26 790 | 25 243 | 25 674 |
| Nahverkehr | Mio. Pkm | 14 600 | 14 126 | 14 955 | 15 149 | 15 048 | 14 846 | 14 974 | 14 607 | 13 931 | 15 285 |
| dar. S-Bahnverkehr | Mio. Pkm | 5 261 | 6 735 | 6 991 | 7 434 | 7 542 | 8 611 | 8 910 | 8 586 | 8 810 | 9 772 |
| Kraftomnibusverkehr[4] | Mio. Pkm | 6 851 | 6 941 | 6 927 | 6 848 | 8 137 | 8 988 | 8 669 | 8 467 | 7 448 | 7 140 |
| Schiffsverkehr | Mio. Pkm | 254 | 250 | 276 | 295 | 309 | 335 | 353 | 388 | 392 | 416 |
| **Gepäckverkehr[5]** | | | | | | | | | | | |
| Beförderte Tonnen | 1 000 t | 107 | 111 | 122 | 100 | 87 | 84 | 89 | 83 | 76 | 84 |
| Tariftonnenkilometer | Mio. tkm | 43 | 44 | 50 | 40 | 35 | 34 | 35 | 34 | 31 | 34 |
| **Autoreisezugverkehr[6]** | | | | | | | | | | | |
| Beförderte Personenkraftwagen | 1 000 | 151 | 160 | 150 | 128 | 123 | 112 | 122 | 141 | 152 | 146 |
| Beförderte Tonnen | 1 000 t | 187 | 198 | 187 | 162 | 155 | 141 | 153 | 175 | 190 | 183 |
| Tariftonnenkilometer | Mio. tkm | 121 | 130 | 122 | 108 | 100 | 91 | 101 | 118 | 127 | 122 |

[1] Ohne S-Bahn Berlin/West.- [2] Zu ermäßigten Tarifen. - [3] Verkehr im Regeltarif über 50 km Reiseweite und zu Sondertarifen des Militärverkehrs.- [4] 1982 bis 1985 wurde der Kraftomnibusverkehr der Bundespost auf die DB übertragen.- [5] Auf Gepäckkarte, Gepäckschein und auf Fahrradkarten.- [6] Ohne Niebüll-Westerland.

## Deutsche Bahn AG [1) 8)] - Personenverkehr, Gepäckverkehr, Autoreisezugverkehr

(bis 1990 Deutsche Bundesbahn)

| | | 1989 | 1990 | 1991 | 1992 | 1993 | 1994 | 1995 | 1996 | 1997 | 1998* |
|---|---|---|---|---|---|---|---|---|---|---|---|
| **Personenverkehr** | | | | | | | | | | | |
| Beförderte Personen | Mio. | 1 334 | 1 072 | 1 399 | 1 427 | 1 429 | 1 313 | 1 348 | 1 400 | 1 400 | 1 337 |
| Schienenverkehr | Mio. | 1 027 | 1 043 | 1 387 | 1 416 | 1 426 | 1 310 | 1 344 | 1 399 | 1 398 | 1 335 |
| dar. Berufs- und Schülerverkehr[2)] | Mio. | 499 | 493 | 599 | 628 | 684 | 693 | 708 | 724 | 697 | . |
| Fernverkehr[3)] | Mio. | 113 | 114 | 137 | 130 | 138 | 139 | 149 | 151 | 152 | 149 |
| Nahverkehr | Mio. | 914 | 929 | 1 249 | 1 286 | 1 288 | 1 171 | 1 195 | 1 248 | 1 246 | 1 186 |
| dar. S-Bahnverkehr[4)] | Mio. | 677 | 678 | 901 | 958 | 1 012 | 814 | 891 | . | . | . |
| Kraftomnibusverkehr[5)] | Mio. | 297 | 18 | - | - | - | - | - | - | - | - |
| Schiffsverkehr | Mio. | 10 | 11 | 12 | 11 | 4 | 3 | 4 | 1 | 2 | 2 |
| Personenkilometer | Mio. Pkm | 45 255 | 44 215 | 56 419 | 56 711 | 57 673 | 63 003 | 65 968 | 66 525 | 64 624 | 63 064 |
| Schienenverkehr | Mio. Pkm | 41 144 | 43 560 | 55 936 | 56 239 | 57 540 | 62 918 | 65 847 | 66 501 | 64 624 | 63 064 |
| dar. Berufs- und Schülerverkehr[2)] | Mio. Pkm | 8 055 | 8 880 | 11 088 | 11 921 | 13 714 | 14 728 | 14 082 | 15 165 | 14 939 | . |
| Fernverkehr[3)] | Mio. Pkm | 26 273 | 27 405 | 33 689 | 32 587 | 33 671 | 34 845 | 36 277 | 35 620 | 34 854 | 34 275 |
| Nahverkehr | Mio. Pkm | 14 871 | 16 155 | 22 247 | 23 652 | 23 868 | 28 073 | 29 570 | 30 881 | 29 770 | 28 789 |
| dar. S-Bahnverkehr[4)] | Mio. Pkm | 10 092 | 9 936 | 13 725 | 14 653 | 15 268 | 11 817 | 13 353 | . | . | . |
| Kraftomnibusverkehr[5)] | Mio. Pkm | 3 701 | 220 | - | - | - | - | - | - | - | - |
| Schiffsverkehr | Mio. Pkm | 410 | 435 | 474 | 472 | 133 | 85 | 121 | 24 | 27 | 28 |
| **Gepäckverkehr[6)]** | | | | | | | | | | | |
| Beförderte Tonnen | 1 000 t | 84 | 72 | 80 | 71 | 68 | 73 | 27 | 21 | . | . |
| Tariftonnenkilometer | Mio. tkm | 33 | 28 | . | . | 21 | 23 | 3 | 4 | . | . |
| **Autoreisezugverkehr[7)]** | | | | | | | | | | | |
| Beförderte Personenkraftwagen | 1 000 | 147 | 162 | 172 | 162 | 175 | 139 | 132 | . | . | . |
| Beförderte Tonnen | 1 000 t | 183 | 202 | 211 | 199 | 214 | 180 | 160 | . | . | . |
| Tariftonnenkilometer | Mio. tkm | 122 | 125 | . | . | . | 110 | 94 | . | . | . |

[1)] Ohne S-Bahn Berlin/West. 1991 bis 1993 einschl. S-Bahn Berlin (Ost).- [2)] Zu ermäßigten Tarifen. - [3)] Verkehr zu Sondertarifen des Militärverkehrs und (bis 1993) im Regeltarif über 50 km Reiseweite.- [4)] 1989/1990 wurde der Kraftomnibusverkehr der DB in handelsrechtliche Gesellschaften übertragen.- [5)] Einschl. Verkehr in Verkehrsverbünden.- [6)] Auf Gepäckkarte, Gepäckschein und auf Fahrradkarten.- [7)] Ohne Niebüll-Westerland: 1996 = 449 Tsd. Kfz.- [8)] 1991 bis 1993 Deutsche Bundesbahn und Deutsche Reichsbahn. Ohne Doppelzählungen im Wechselverkehr. Ab 1994 wurden verschiedene Bereiche aus der Deutschen Bahn AG ausgegliedert.- * Vorläufige Werte.

## Deutsche Bundesbahn - Güterverkehr, Kfz-Übersetzverkehr

| | | 1979 | 1980 | 1981 | 1982 | 1983 | 1984 | 1985 | 1986 | 1987 | 1988 |
|---|---|---|---|---|---|---|---|---|---|---|---|
| **Güterverkehr**[1] | | | | | | | | | | | |
| Beförderte Tonnen | Mio. t | 353,8 | 347,9 | 329,6 | 303,4 | 295,6 | 316,5 | 325,7 | 312,3 | 301,9 | 305,4 |
| Schienenverkehr | Mio. t | 338,1 | 332,5 | 314,7 | 289,0 | 281,0 | 299,7 | 304,1 | 287,7 | 277,9 | 282,2 |
| Frachtpflichtiger Verkehr | Mio. t | 324,2 | 318,0 | 303,4 | 278,5 | 270,4 | 288,7 | 293,5 | 277,3 | 269,3 | 273,9 |
| Wagenladungsverkehr | Mio. t | 320,3 | 314,1 | 299,8 | 275,2 | 267,3 | 285,6 | 290,4 | 274,1 | 266,2 | 270,8 |
| dar. Ganzzüge | Mio. t | 163,7 | 160,8 | 159,0 | 150,7 | 153,7 | 169,4 | 172,5 | 165,3 | 163,0 | 166,7 |
| Stückgutverkehr | Mio. t | 3,3 | 3,4 | 3,1 | 2,8 | 2,7 | 2,7 | 2,7 | 2,8 | 2,8 | 2,8 |
| Expreßgutverkehr | Mio. t | 0,6 | 0,5 | 0,5 | 0,5 | 0,4 | 0,4 | 0,4 | 0,4 | 0,3 | 0,3 |
| Dienstgutverkehr | Mio. t | 13,9 | 14,5 | 11,3 | 10,5 | 10,6 | 11,0 | 10,6 | 10,4 | 8,6 | 8,3 |
| Güterkraftverkehr[2] | Mio. t | 15,7 | 15,4 | 14,9 | 14,4 | 14,6 | 16,8 | 21,6 | 24,6 | 24,0 | 23,2 |
| Tariftonnenkilometer | Mio. tkm | 71 401 | 70 068 | 66 641 | 61 809 | 60 373 | 64 333 | 68 427 | 65 163 | 63 259 | 64 274 |
| Schienenverkehr | Mio. tkm | 67 249 | 65 919 | 62 701 | 58 067 | 56 593 | 60 566 | 64 531 | 61 229 | 59 384 | 60 287 |
| Frachtpflichtiger Verkehr | Mio. tkm | 65 258 | 63 804 | 61 074 | 56 551 | 55 101 | 58 930 | 62 961 | 59 630 | 58 101 | 59 028 |
| Wagenladungsverkehr | Mio. tkm | 64 031 | 62 553 | 59 933 | 55 519 | 54 124 | 57 960 | 61 985 | 58 638 | 57 122 | 57 957 |
| Stückgutverkehr | Mio. tkm | 1 059 | 1 078 | 978 | 886 | 844 | 846 | 857 | 890 | 883 | 982 |
| Expreßgutverkehr | Mio. tkm | 168 | 173 | 163 | 146 | 133 | 124 | 119 | 102 | 96 | 89 |
| Dienstgutverkehr | Mio. tkm | 1 991 | 2 115 | 1 627 | 1 516 | 1 492 | 1 635 | 1 570 | 1 599 | 1 283 | 1 259 |
| Güterkraftverkehr | Mio. tkm | 4 152 | 4 149 | 3 940 | 3 742 | 3 780 | 3 768 | 3 896 | 3 934 | 3 875 | 3 987 |
| **Kfz-Übersetzverkehr**[3] | | | | | | | | | | | |
| Beförderte Kraftfahrzeuge | 1 000 | 787 | 845 | 779 | 938 | 984 | 1 009 | 1 097 | 1 223 | 1 229 | 1 117 |
| Beförderte Tonnen | 1 000 t | 3 157 | 3 353 | 3 224 | 3 558 | 3 449 | 3 608 | 3 916 | 4 478 | 4 353 | 4 464 |
| Tariftonnenkilometer | Mio. tkm | 84 | 90 | 85 | 97 | 97 | 102 | 111 | 126 | 124 | 121 |

[1] Einschl. kombinierter Ladungsverkehr (Container- und Huckepackverkehr) und Gleisanschlußverkehr, jedoch ohne Kfz-Übersetzverkehr, Autoreisezugverkehr und Gepäckverkehr.- [2] Darunter Güterfernverkehr: 1985 = 12,3 Mio. t.- [3] Schiffsverkehr und Fährverkehr.

## Deutsche Bahn AG[3] - Güterverkehr, Kfz-Übersetzverkehr

(bis 1990 Deutsche Bundesbahn)

| | | 1989 | 1990 | 1991 | 1992 | 1993 | 1994 | 1995 | 1996 | 1997 | 1998* |
|---|---|---|---|---|---|---|---|---|---|---|---|
| **Güterverkehr[1]** | | | | | | | | | | | |
| Beförderte Tonnen | Mio. t | 306,2 | 299,5 | 404,5 | 364,1 | 313,9 | 321,9 | 315,4 | 299,5 | 300,4 | 291,6 |
| Schienenverkehr | Mio. t | 287,5 | 282,1 | 386,9 | 350,0 | 305,1 | 321,9 | 315,4 | 299,5 | 300,4 | 291,6 |
| Frachtpflichtiger Verkehr | Mio. t | 278,7 | 275,1 | 373,9 | 333,0 | 292,2 | 309,1 | 302,4 | 289,4 | 295,5 | 288,7 |
| Wagenladungsverkehr | Mio. t | 275,6 | 272,1 | 371,0 | 330,5 | 290,0 | 306,9 | 300,4 | 287,9 | 294,9 | 288,7 |
| dar. Ganzzüge | Mio. t | 170,3 | 166,8 | . | . | . | . | . | . | . | . |
| Stückgutverkehr | Mio. t | 2,8 | 2,8 | 2,8 | 2,4 | 2,1 | 2,1 | 2,0 | 1,5 | 0,6 | 0,0 |
| Expreßgutverkehr | Mio. t | 0,3 | 0,2 | 0,2 | 0,1 | 0,1 | 0,1 | 0,0 | 0,0 | 0,0 | 0,0 |
| Dienstgutverkehr | Mio. t | 8,8 | 7,0 | 13,0 | 17,0 | 12,9 | 12,8 | 13,0 | 10,1 | 4,9 | 2,9 |
| Güterkraftverkehr | Mio. t | 18,7 | 17,4 | 17,6 | 14,1 | 8,8 | - | - | - | - | - |
| Tariftonnenkilometer | Mio. tkm | 66 648 | 66 788 | 86 255 | 75 712 | 68 820 | 71 428 | 69 685 | 74 858 | 73 673 | 73 764 |
| Schienenverkehr | Mio. tkm | 62 540 | 62 581 | 81 790 | 71 978 | 66 295 | 71 428 | 69 685 | 74 858 | 73 673 | 73 764 |
| Frachtpflichtiger Verkehr | Mio. tkm | 61 168 | 61 418 | 79 792 | 69 400 | 64 515 | 69 488 | 67 609 | 72 886 | 72 613 | 73 273 |
| Wagenladungsverkehr | Mio. tkm | 60 097 | 60 384 | 78 763 | 68 566 | 63 751 | 68 692 | 66 867 | 72 373 | 72 389 | 73 273 |
| Stückgutverkehr | Mio. tkm | 992 | 968 | 975 | 797 | 740 | 779 | 732 | 506 | 220 | 0 |
| Expreßgutverkehr | Mio. tkm | 79 | 66 | 54 | 37 | 24 | 17 | 10 | 7 | 4 | 0 |
| Dienstgutverkehr | Mio. tkm | 1 372 | 1 163 | 1 998 | 2 578 | 1 780 | 1 940 | 2 076 | 1 972 | 1 060 | 491 |
| Güterkraftverkehr | Mio. tkm | 4 108 | 4 207 | 4 465 | 3 734 | 2 525 | - | - | - | - | - |
| **Kfz-Übersetzverkehr[2]** | | | | | | | | | | | |
| Beförderte Kraftfahrzeuge | 1 000 | 1 356 | 1 409 | . | . | . | . | . | . | - | - |
| Beförderte Tonnen | 1 000 t | 4 894 | 5 579 | 7 006 | 9 745 | 5 491 | 97 | 69 | - | - | - |
| Tariftonnenkilometer | Mio. tkm | 138 | 153 | 203 | 192 | 41 | 1 | 1 | - | - | - |

[1] Einschl. kombinierter Ladungsverkehr (Container- und Huckepackverkehr) und Gleisanschlußverkehr, jedoch ohne Kfz-Übersetzverkehr, Autoreisezugverkehr und Gepäckverkehr.- [2] Schiffsverkehr und Fährverkehr. Die Strecke Puttgarden - Rodby wurde im April 1993, der Bodenseeverkehr 1996 ausgegliedert.- [3] 1991 bis 1993 Deutsche Bundesbahn und Deutsche Reichsbahn. Ohne Doppelzählungen im Wechselverkehr.- * Vorläufige Werte.

## Deutsche Bundesbahn - Kombinierter Ladungsverkehr, Gleisanschlußverkehr

| | | 1979 | 1980 | 1981 | 1982 | 1983 | 1984 | 1985 | 1986 | 1987 | 1988 |
|---|---|---|---|---|---|---|---|---|---|---|---|
| **Kombinierter Ladungsverkehr**[1] | | | | | | | | | | | |
| Beförderte Tonnen | 1 000 | . | . | . | . | . | 1 705 | 1 887 | 26 309 | . | 20 446 |
| Tonnenkilometer | Mio. tkm | . | . | . | . | . | 9 713 | 11 098 | 12 136 | . | 9 713 |
| Anzahl der Ladeeinheiten | 1 000 | 970 | 1 079 | 1 159 | 1 159 | 1 196 | 1 317 | 1 412 | 1 483 | 1 560 | 1 705 |
| **Privatgleisanschlußverkehr** | | | | | | | | | | | |
| Gleisanschlüsse | Anzahl | . | . | 11 122 | 11 019 | 10 857 | 10 697 | 10 586 | 10 402 | 10 291 | 10 052 |
| Beförderte Güterwagen | 1 000 | . | . | 8 068 | 7 204 | 6 828 | 7 082 | 7 040 | 6 477 | 6 098 | 5 984 |
| Beförderte Güter | Mio. t | . | . | 259,1 | 236,1 | 228,1 | 242,7 | 244,7 | 229,6 | 220,4 | 221,4 |
| 2-seitig[2] | Mio. t | . | . | 162,5 | 148,4 | 144,2 | 153,2 | 149,1 | 139,7 | 131,0 | 131,5 |
| 1-seitig[3] | Mio. t | . | . | 96,6 | 87,7 | 83,9 | 89,5 | 95,6 | 89,9 | 89,4 | 89,9 |
| Tariftonnenkilometer (Güter) | Mrd. tkm | . | . | 47,7 | 43,4 | 41,6 | 43,8 | 46,2 | 43,1 | 41,0 | 41,0 |

[1] Huckepack- und Großcontainerverkehr (Container mit mehr als 2 cbm Inhalt bzw. ab 6 m Länge (20 Fuß und darüber). - [2] 2-seitig = Gleisanschluß im Versand und Empfang. - [3] 1-seitig = Gleisanschluß im Versand oder Empfang. - Daten in vergleichbarer Abgrenzung für Aufkommen und Leistung im Kombinierten Ladungsverkehr liegen erst ab 1984, Daten für den Gleisanschlußverkehr ab 1981 vor.

## Deutsche Bahn AG[4] - Kombinierter Ladungsverkehr, Gleisanschlußverkehr

(bis 1990 Deutsche Bundesbahn)

| | | 1989 | 1990 | 1991 | 1992 | 1993 | 1994 | 1995 | 1996 | 1997 | 1998* |
|---|---|---|---|---|---|---|---|---|---|---|---|
| **Kombinierter Ladungsverkehr[1]** | | | | | | | | | | | |
| Beförderte Tonnen | 1 000 | 23 348 | 26 012 | 27 814 | 27 335 | 26 796 | 31 928 | 30 007 | 30 787 | 33 700 | . |
| Tonnenkilometer | Mio. tkm | 11 098 | 12 136 | . | 11 772 | 12 390 | 14 491 | 13 489 | 13 190 | 14 400 | . |
| Anzahl der Ladeeinheiten | 1 000 | 1 887 | 2 087 | . | 2 450 | 2 376 | 2 840 | 2 848 | 2 841 | 3 028 | . |
| **Privatgleisanschlußverkehr** | | | | | | | | | | | |
| Gleisanschlüsse | Anzahl | 9 884 | 9 668 | . | 13 629 | 13 026 | 11 913 | 11 111 | 9 264 | 7 524 | 7 024 |
| Beförderte Güterwagen | 1 000 | 5 911 | 5 722 | . | . | 4 449 | 4 693 | 4 562 | . | . | . |
| Beförderte Güter | Mio. t | 222,0 | 215,3 | . | . | 182,2 | 193,2 | 189,6 | . | . | . |
| 2-seitig[2] | Mio. t | 128,3 | 121,1 | . | . | 95,2 | 94,4 | 92,0 | . | . | . |
| 1-seitig[3] | Mio. t | 93,7 | 94,2 | . | . | 87,0 | 98,8 | 97,6 | . | . | . |
| Tariftonnenkilometer (Güter) | Mrd. tkm | 40,5 | 39,8 | . | . | 34,2 | 36,4 | 36,2 | . | . | . |

[1] Huckepack- und Großcontainerverkehr (Container mit mehr als 2 cbm Inhalt bzw. ab 6 m Länge (20 Fuß und darüber). - [2] 2-seitig = Gleisanschluß im Versand und Empfang. - [3] 1-seitig = Gleisanschluß im Versand oder Empfang.- [4] 1991 bis 1993 Deutsche Bundesbahn und Deutsche Reichsbahn. Ohne Doppelzählungen im Wechselverkehr.- * Vorläufige Werte.

## Deutsche Bahn AG*
### Erwerbstätige, Einnahmen

| Jahr | Erwerbstätige[1] | Einnahmen[2] | darunter Personenverkehr[3] insgesamt | Schienenverkehr[4] | darunter Ausgleichszahlungen des Bundes[5] | Kraftomnibusverkehr[6] | Güterverkehr[7] |
|---|---|---|---|---|---|---|---|
| | in 1 000 | in Mio. DM | | | | | |
| 1980 | 343 | 21 920 | 8 514 | 7 783 | 3 044 | 731 | 10 820 |
| 1981 | 342 | 22 660 | 9 319 | 8 503 | 3 351 | 816 | 10 600 |
| 1982 | 335 | 22 550 | 9 495 | 8 598 | 3 338 | 897 | 10 340 |
| 1983 | 323 | 22 590 | 9 785 | 8 628 | 3 392 | 1 157 | 10 290 |
| 1984 | 310 | 23 200 | 10 021 | 8 655 | 3 445 | 1 366 | 10 610 |
| 1985 | 297 | 23 450 | 10 085 | 8 725 | 3 256 | 1 360 | 10 880 |
| 1986 | 288 | 22 850 | 10 087 | 8 789 | 3 308 | 1 298 | 10 370 |
| 1987 | 279 | 22 640 | 10 118 | 8 757 | 3 226 | 1 361 | 9 890 |
| 1988 | 268 | 22 460 | 10 207 | 8 941 | 3 402 | 1 266 | 9 610 |
| 1989 | 257 | 22 560 | 10 040 | 9 316 | 3 602 | 724 | 9 650 |
| 1990 | 249 | 22 960 | 10 038 | 9 995 | 3 668 | 43 | 9 670 |
| 1991 | 451 | 34 940 | 13 945 | 13 945 | 6 117 | - | 12 895 |
| 1992 | 422 | 34 220 | 14 798 | 14 798 | 6 394 | - | 11 120 |
| 1993 | 365 | 32 660 | 15 895 | 15 895 | 7 145 | - | 9 610 |
| 1994 | 321 | 28 740 | 16 025 | 16 025 | 7 454 | - | 9 260 |
| 1995 | 312 | 29 530 | 16 776 | 16 776 | 7 282 | - | 8 730 |
| 1996 | 272 | 31 180 | 17 217 | 17 217 | 7 462 | - | 8 260 |
| 1997 | 247 | 33 900 | 19 845 | 19 845 | 7 800 | - | 7 700 |
| 1998** | 223 | 35 600 | 19 742 | 19 742 | 8 300 | - | 7 670 |

[1] Jahresdurchschnitt, einschl. Nachwuchskräfte.- [2] Betriebserträge (einschl. Mehrwertsteuer) und Ausgleichszahlungen des Bundes für Belastungen im Schienen-Personennah- und -fernverkehr für die Erstattung von Fahrgeldausfällen nach dem Schwerbehindertengesetz, für Fahrgeldausfälle und Saldenausgleich im DB/DR-Verkehr (bis 1990), für die Aufrechterhaltung von Strecken, für den kombinierten Verkehr und den Betrieb und die Unterhaltung höhengleicher Kreuzungen mit Straßen aller Baulastträger.- [3] einschl. Gepäckverkehr.- [4] Einschl. Schiffs- und Gepäckverkehr.- [5] Für den Schienenpersonennah- und -fernverkehr.- [6] Einschl. tarifliche Abgeltungszahlungen und Einnahmen aus dem freigestellten Schülerverkehr.- [7] Schienenverkehr (Wagenladungs-, Stückgut- und Expreßgutverkehr), Güterkraftverkehr und Schiffsverkehr.- * Bis 1990 Deutsche Bundesbahn, 1991 - 1993 Deutsche Bundesbahn und Deutsche Reichsbahn. Ohne S-Bahn Berlin, 1991 bis 1993 einschl. S-Bahn Berlin (Ost). Ab 1994 wurden verschiedene Bereiche aus der Deutschen Bahn AG ausgegliedert.- **Vorläufige Werte.

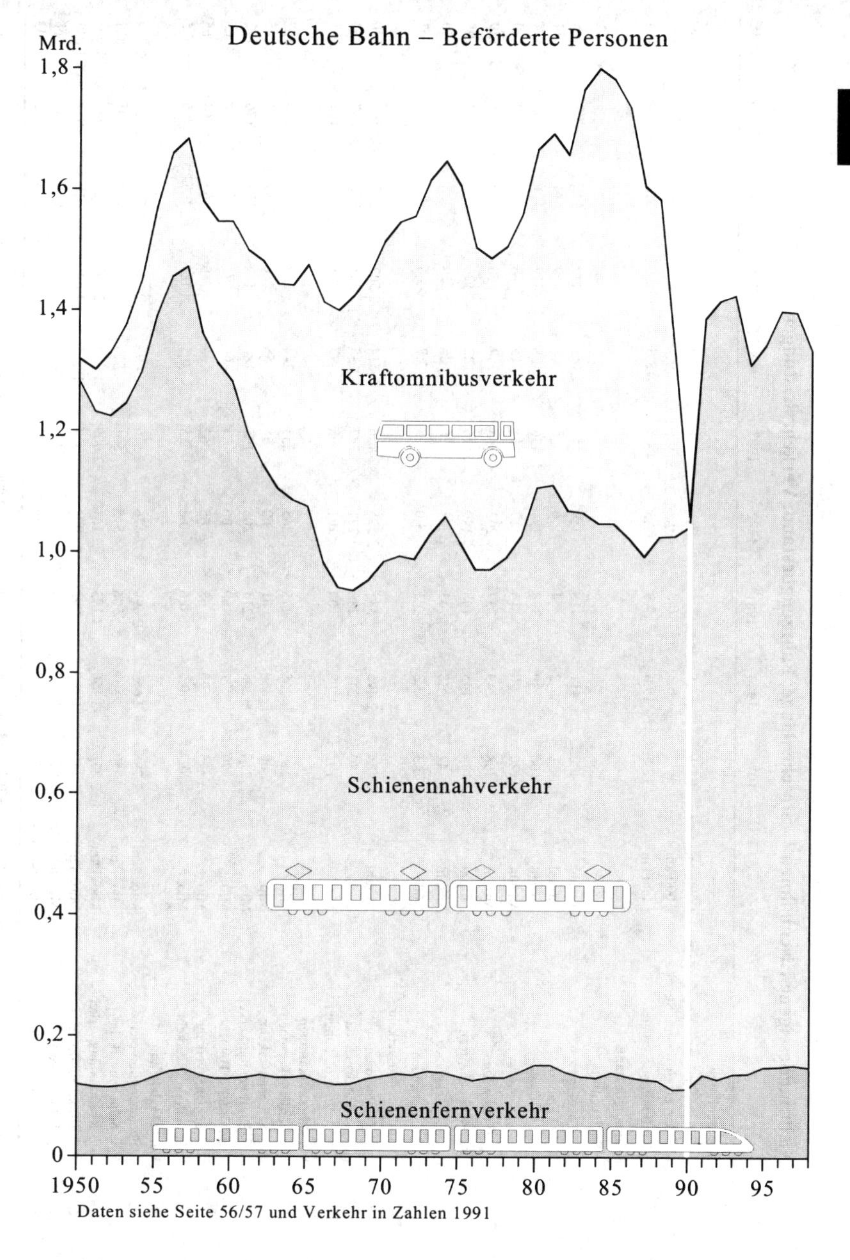

Daten siehe Seite 56/57 und Verkehr in Zahlen 1991

A 2

## Nichtbundeseigene Eisenbahnen[1] - Streckenlänge, Fahrzeugbestand, Verkehrsleistungen

| | | 1979 | 1980 | 1981 | 1982 | 1983 | 1984 | 1985 | 1986 | 1987 | 1988 |
|---|---|---|---|---|---|---|---|---|---|---|---|
| **Streckenlänge**[2] | | | | | | | | | | | |
| Schienenverkehr[3] | 1 000 km | 3,1 | 3,1 | 3,1 | 3,1 | 3,1 | 3,0 | 3,1 | 3,1 | 3,1 | 3,0 |
| dar. elektrifizierte Strecken | 1 000 km | 0,3 | 0,3 | 0,3 | 0,3 | 0,3 | 0,3 | 0,4 | 0,4 | 0,4 | 0,4 |
| Kraftomnibusverkehr[4] | 1 000 km | 18,7 | 19,0 | 17,8 | 17,6 | 18,3 | 18,6 | 19,5 | 19,7 | 20,3 | 20,6 |
| **Fahrzeugbestand** | | | | | | | | | | | |
| Schienenverkehr[3] | | | | | | | | | | | |
| Lokomotiven[5] | Anzahl | 422 | 411 | 418 | 414 | 457 | 451 | 446 | 448 | 437 | 428 |
| Dampf- | Anzahl | 2 | 2 | 4 | 6 | 6 | 8 | 9 | 14 | 15 | 14 |
| Diesel- | Anzahl | 400 | 389 | 398 | 391 | 436 | 428 | 419 | 411 | 402 | 394 |
| Elektro- | Anzahl | 20 | 20 | 16 | 17 | 15 | 15 | 18 | 23 | 20 | 20 |
| Triebwagen[5][6] | Anzahl | 268 | 249 | 237 | 243 | 263 | 257 | 350 | 309 | 331 | 329 |
| Personenwagen[7][8] | Anzahl | 144 | 145 | 148 | 140 | 116 | 122 | 126 | 116 | 94 | 98 |
| Gepäckwagen[8] | Anzahl | 43 | 38 | 43 | 37 | 28 | 25 | 29 | 28 | 32 | 30 |
| Güterwagen[8] | 1 000 | 3,3 | 3,3 | 3,1 | 3,0 | 3,8 | 3,7 | 3,6 | 3,4 | 3,5 | 3,2 |
| Kraftomnibusverkehr[4] | | | | | | | | | | | |
| Kraftomnibusse[9] | Anzahl | 2 485 | 2 495 | 2 535 | 2 525 | 2 466 | 2 514 | 2 562 | 2 547 | 2 569 | 2 530 |
| Platzkapazität | 1 000 | 230 | 231 | 230 | 231 | 227 | 235 | 235 | 238 | 237 | 234 |
| Wagenkilometer | Mio. | 102 | 98 | 100 | 101 | 98 | 97 | 98 | 99 | 102 | 101 |
| **Verkehrsaufkommen** | | | | | | | | | | | |
| Beförderte Personen | Mio. | 278 | 268 | 275 | 265 | 253 | 244 | 268 | 260 | 270 | 267 |
| Schienenverkehr | Mio. | 60 | 60 | 61 | 60 | 58 | 58 | 86 | 85 | 94 | 95 |
| Kraftomnibusverkehr | Mio. | 218 | 208 | 214 | 205 | 195 | 186 | 182 | 175 | 176 | 172 |
| Beförderte Tonnen | Mio. t | 76 | 71 | 69 | 66 | 63 | 69 | 71 | 66 | 65 | 66 |
| Schienenverkehr[10] | Mio. t | 75 | 70 | 68 | 65 | 62 | 68 | 70 | 65 | 64 | 65 |
| Güterkraftverkehr | Mio. t | 0,7 | 0,7 | 0,6 | 0,6 | 0,5 | 0,5 | 0,5 | 0,5 | 0,5 | 0,5 |
| **Verkehrsleistung** | | | | | | | | | | | |
| Personenkilometer | Mio. Pkm | 2 785 | 2 659 | 2 699 | 2 676 | 2 570 | 2 497 | 2 747 | 2 658 | 2 716 | 2 704 |
| Schienenverkehr | Mio. Pkm | 550 | 509 | 506 | 515 | 501 | 500 | 744 | 732 | 791 | 801 |
| Kraftomnibusverkehr | Mio. Pkm | 2 235 | 2 150 | 2 193 | 2 161 | 2 069 | 1 997 | 2 003 | 1 926 | 1 925 | 1 903 |
| Tariftonnenkilometer | Mio. tkm | 1 119 | 1 107 | 995 | 907 | 914 | 1 071 | 1 086 | 1 010 | 981 | 1 011 |
| Schienenverkehr | Mio. tkm | 1 069 | 1 057 | 945 | 857 | 874 | 1 030 | 1 040 | 966 | 938 | 968 |
| Güterkraftverkehr | Mio. tkm | 50 | 50 | 50 | 50 | 40 | 41 | 46 | 44 | 43 | 43 |

[1] Eisenbahnen des öffentlichen Verkehrs. Ab 1985 einschl. S-Bahn in Berlin (West), ab 1994 einschl. S-Bahn Berlin (Ost).- [2] Betriebslänge.- [3] Stand 31.12.-
[4] Stand 30. 9. (Streckenlänge = Linienlänge). - [5] Einsatzbestand.- [6] Triebköpfe.- Weitere Anmerkungen siehe folgende Seite.

## Nichtbundeseigene Eisenbahnen[1] - Streckenlänge, Fahrzeugbestand, Verkehrsleistungen

| | | 1989 | 1990 | 1991 | 1992 | 1993 | 1994 | 1995 | 1996 | 1997 | 1998* |
|---|---|---|---|---|---|---|---|---|---|---|---|
| **Streckenlänge[2]** | | | | | | | | | | | |
| Schienenverkehr[3] | 1 000 km | 3,0 | 3,0 | 3,0 | 3,2 | 3,5 | 3,3 | 3,4 | 3,7 | 3,8 | . |
| dar. elektrifizierte Strecken | 1 000 km | 0,4 | 0,4 | 0,4 | 0,4 | 0,4 | 0,4 | 0,4 | 0,4 | 0,4 | . |
| Kraftomnibusverkehr[4] | 1 000 km | 20,4 | 21,0 | 21,5 | 21,5 | 21,8 | 21,9 | 21,7 | 21,1 | 22,2 | . |
| **Fahrzeugbestand** | | | | | | | | | | | |
| Schienenverkehr[3] | | | | | | | | | | | |
| Lokomotiven[5] | Anzahl | 426 | 420 | 429 | 424 | 465 | 464 | 474 | . | . | . |
| Dampf- | Anzahl | 13 | 9 | 14 | 11 | 26 | 33 | 40 | . | . | . |
| Diesel- | Anzahl | 392 | 390 | 392 | 391 | 416 | 410 | 413 | . | . | . |
| Elektro- | Anzahl | 21 | 21 | 23 | 22 | 23 | 21 | 21 | . | . | . |
| Triebwagen[5][6] | Anzahl | 322 | 332 | 301 | 326 | 497 | 1 198 | 1 137 | 1 013 | . | . |
| Personenwagen[7][8] | Anzahl | 102 | 103 | 101 | 104 | 110 | 171 | 226 | . | . | . |
| Gepäckwagen[8] | Anzahl | 32 | 30 | 30 | 31 | 31 | 37 | 46 | . | . | . |
| Güterwagen[8] | 1 000 | 3,2 | 3,3 | 3 | 3 | 3 | 3 | 3 | . | . | . |
| Kraftomnibusverkehr[4] | | | | | | | | | | | |
| Kraftomnibusse[9] | Anzahl | 2 561 | 2 506 | 2 504 | 2 522 | 2 592 | 2 571 | 2 560 | 2 498 | 2 504 | 2 643 |
| Platzkapazität | 1 000 | 235 | 231 | 228 | 225 | 238 | 231 | 234 | 229 | 234 | 239 |
| Wagenkilometer | Mio. | 102 | 102 | 104 | 104 | 105 | 106 | 105 | 105 | 105 | 110 |
| **Verkehrsaufkommen** | | | | | | | | | | | |
| Beförderte Personen | Mio. | 273 | 295 | 302 | 309 | 335 | 472 | 508 | 527 | 647 | 658 |
| Schienenverkehr | Mio. | 107 | 129 | 132 | 135 | 153 | 286 | 322 | 341 | 464 | 470 |
| Kraftomnibusverkehr | Mio. | 166 | 166 | 170 | 174 | 182 | 186 | 186 | 185 | 184 | 189 |
| Beförderte Tonnen | Mio. t | 64 | 64 | 59 | 57 | 55 | 57 | 50 | 52 | 51 | 48 |
| Schienenverkehr[10] | Mio. t | 63 | 63 | 58 | 56 | 54 | 47 | 49 | 51 | 51 | 48 |
| Güterkraftverkehr | Mio. t | 0,5 | 0,5 | 1 | 1 | 0 | 0 | 0 | 0 | 0 | 0 |
| **Verkehrsleistung** | | | | | | | | | | | |
| Personenkilometer | Mio. Pkm | 2 705 | 2 898 | 2 942 | 2 859 | 3 068 | 5 370 | 5 007 | 4 543 | 5 103 | 5 319 |
| Schienenverkehr | Mio. Pkm | 879 | 1 028 | 1 072 | 982 | 1 166 | 3 457 | 3 110 | 2 654 | 3 269 | 3 429 |
| Kraftomnibusverkehr | Mio. Pkm | 1 826 | 1 870 | 1 870 | 1 877 | 1 902 | 1 913 | 1 897 | 1 889 | 1 834 | 1 890 |
| Tariftonnenkilometer | Mio. tkm | 1 009 | 459 | 463 | 454 | 427 | 426 | 401 | 372 | 355 | 329 |
| Schienenverkehr | Mio. tkm | 964 | 415 | 419 | 410 | 387 | 386 | 360 | 330 | 314 | 287 |
| Güterkraftverkehr | Mio. tkm | 44 | 44 | 44 | 44 | 40 | 40 | 41 | 42 | 41 | 42 |

Beginn der Anmerkungen siehe vorige Seite.- [7] Ohne Triebwagenanhänger zur Personenbeförderung (1990 = 175). - [8] Eigentumsbestand. - [9] Ohne vermietete, einschl. angemietete Fahrzeuge. - [10] Einschl. Wechselverkehr mit der Deutschen Bundesbahn (1997 = 30 Mio. t). - *Zum Teil vorläufige Werte.

## Nichtbundeseigene Eisenbahnen[1)]

### Erwerbstätige, Einnahmen

| Jahr | Erwerbstätige[2)] | Einnahmen[3)] | davon Personenverkehr insgesamt | Schienenverkehr[4)] | Kraftomnibusverkehr[5)] | Güterverkehr |
|---|---|---|---|---|---|---|
| | in 1 000 | in Mio. DM | | | | |
| 1975 | 12 | 610 | 240 | 66 | 174 | 370 |
| 1976 | 12 | 640 | 256 | 65 | 191 | 384 |
| 1977 | 11 | 660 | 273 | 69 | 204 | 387 |
| 1978 | 11 | 710 | 303 | 77 | 226 | 407 |
| 1979 | 11 | 780 | 338 | 96 | 242 | 442 |
| 1980 | 11 | 810 | 360 | 98 | 262 | 450 |
| 1981 | 11 | 840 | 388 | 103 | 285 | 452 |
| 1982 | 11 | 830 | 397 | 106 | 291 | 433 |
| 1983 | 10 | 860 | 402 | 108 | 294 | 458 |
| 1984 | 10 | 900 | 423 | 111 | 312 | 477 |
| 1985 | 12 | 930 | 442 | 138 | 304 | 488 |
| 1986 | 13 | 900 | 438 | 136 | 302 | 462 |
| 1987 | 14 | 910 | 455 | 145 | 310 | 455 |
| 1988 | 14 | 950 | 490 | 170 | 320 | 460 |
| 1989 | 14 | 1 000 | 520 | 205 | 315 | 470 |
| 1990 | 14 | 1 030 | 530 | 210 | 320 | 480 |
| 1991 | 15 | 1 095 | 565 | 220 | 345 | 500 |
| 1992 | 15 | 1 080 | 605 | 240 | 365 | 445 |
| 1993 | 14 | 1 110 | 665 | 280 | 385 | 410 |
| 1994 | 16 | 1 570 | 1 085 | 700 | 385 | 440 |
| 1995 | 16 | 1 800 | 1300 | 900 | 400 | 450 |
| 1996 | 15 | 2 020 | 1 510 | 1 100 | 410 | 460 |
| 1997 | 15 | 1 930 | 1 460 | 1 040 | 420 | 465 |
| 1998* | 14 | 1 960 | 1 490 | 1 055 | 435 | 470 |

1) Eisenbahnen des öffentlichen Verkehrs. Ab 1985 einschl. S-Bahn in Berlin (West), ab 1994 einschl. S-Bahn Berlin (Ost).- 2) Jahresdurchschnitt.- 3) Betriebserträge einschl. Beförderungs- und Umsatz- bzw. Mehrwertsteuer.- 4) Einschl. Ausgleichszahlungen des Bundes für Belastungen im sozialbegünstigten Personennahverkehr.- 5) Einschl. tarifliche Abgeltungszahlungen und Einnahmen aus dem freigestellten Schülerverkehr.- * Vorläufige Werte.

## Binnenschiffahrt[1)]
### Verkehrsleistungen, Erwerbstätige, Einnahmen



| Jahr | Beförderte Tonnen[2)] | Tonnenkilometer[3)] | | Erwerbs-tätige[4)] | Einnahmen[5)] | |
|---|---|---|---|---|---|---|
| | | | dar. außerhalb der BRD | | | dar. aus Beförderungs-leistungen[6)] |
| | in Mio. | in Mrd. | | in 1 000 | in Mio. DM | |
| 1975 | 122,4 | 34,2 | 7,7 | 15 | 2 340 | 1 060 |
| 1976 | 123,8 | 33,0 | 7,5 | 14 | 2 790 | 1 200 |
| 1977 | 123,7 | 34,9 | 8,2 | 13 | 2 720 | 1 120 |
| 1978 | 130,4 | 36,6 | 8,7 | 12 | 2 970 | 1 220 |
| 1979 | 130,8 | 35,7 | 8,2 | 12 | 3 000 | 1 350 |
| 1980 | 126,4 | 35,7 | 8,0 | 12 | 2 950 | 1 480 |
| 1981 | 119,4 | 34,4 | 7,6 | 12 | 3 460 | 1 500 |
| 1982 | 112,5 | 33,2 | 7,4 | 11 | 3 530 | 1 470 |
| 1983 | 109,6 | 31,7 | 7,0 | 11 | 3 020 | 1 450 |
| 1984 | 113,8 | 33,5 | 7,8 | 11 | 3 260 | 1 510 |
| 1985 | 105,3 | 30,9 | 7,4 | 11 | 3 200 | 1 520 |
| 1986 | 108,5 | 32,8 | 7,8 | 11 | 2 820 | 1 500 |
| 1987 | 104,4 | 31,3 | 7,6 | 10 | 2 300 | 1 300 |
| 1988 | 107,6 | 32,7 | 7,9 | 10 | 2 790 | 1 320 |
| 1989 | 105,3 | 33,1 | 7,8 | 9 | 2 860 | 1 310 |
| 1990 | 102,7 | 31,9 | 7,2 | 9 | 2 710 | 1 340 |
| 1991 | 104,5 | 31,4 | 6,5 | . | 3 070 | 1 500 |
| 1992 | 102,9 | 31,1 | 6,4 | 11 | 2 920 | 1 500 |
| 1993 | 96,3 | 29,7 | 6,0 | 10 | 2 860 | 1 440 |
| 1994 | 101,6 | 31,7 | 6,9 | 9 | 2 780 | 1 290 |
| 1995 | 99,9 | 31,6 | 6,4 | 9 | 2 720 | 1 350 |
| 1996 | 92,7 | 29,3 | 6,1 | 9 | 2 890 | 1 310 |
| 1997 | 94,1 | 29,7 | 6,5 | 8 | 2 900 | 1 420 |
| 1998* | 95,7 | 30,9 | 6,9 | 8 | 2 980 | 1 480 |

1) Binnenflotte der Bundesrepublik.- 2) Einschl. Seeverkehr der Binnenhäfen mit Häfen außerhalb des Bundesgebietes (1990 = 2,5 Mio. t).- 3) Einschl. der Leistungen der Binnenflotte im Ausland, jedoch ohne Verkehr zwischen ausländischen Häfen, der nicht das Bundesgebiet berührt hat.- 4) Jahresdurchschnitt.- 5) Einschl. Beförderungs- und Umsatzsteuer bzw. Mehrwertsteuer.- 6) Güter- und Tankschiffahrt 1997 = 960 Mio. DM, Personenschiffahrt 1997 = 350 Mio. DM. Ohne Doppelzählungen (Fremdfrachten) innerhalb des Verkehrsbereichs. - *Vorläufige Werte.

## Binnenschiffahrt[1] - Fahrzeugbestand, Kapazitäten

| | | 1979 | 1980 | 1981 | 1982 | 1983 | 1984 | 1985 | 1986 | 1987 | 1988 |
|---|---|---|---|---|---|---|---|---|---|---|---|
| **Frachtschiffe**[2] | Anzahl | 4 078 | 3 812 | 3 609 | 3 496 | 3 411 | 3 222 | 3 143 | 3 103 | 3 063 | 2 989 |
| dar. Tanker | Anzahl | 660 | 625 | 580 | 535 | 506 | 502 | 496 | 498 | 512 | 503 |
| Tragfähigkeit | 1 000 t | 3 791 | 3 672 | 3 548 | 3 459 | 3 422 | 3 295 | 3 277 | 3 265 | 3 250 | 3 194 |
| dar. Tanker | 1 000 t | 771 | 745 | 687 | 631 | 605 | 609 | 609 | 623 | 649 | 647 |
| Motorschiffe[3] | Anzahl | 3 367 | 3 190 | 3 032 | 2 928 | 2 839 | 2 697 | 2 616 | 2 583 | 2 542 | 2 468 |
| dar. Tanker | Anzahl | 553 | 534 | 499 | 461 | 437 | 437 | 430 | 429 | 441 | 438 |
| Tragfähigkeit | 1 000 t | 2 890 | 2 825 | 2 743 | 2 672 | 2 636 | 2 580 | 2 554 | 2 552 | 2 553 | 2 503 |
| dar. Tanker | 1 000 t | 663 | 649 | 609 | 561 | 541 | 547 | 546 | 552 | 576 | 580 |
| Maschinenleistung | 1 000 kW | 1 236 | 1 211 | 1 178 | 1 148 | 1 132 | 1 107 | 1 094 | 1 091 | 1 091 | 1 065 |
| dar. Tanker | 1 000 kW | 292 | 285 | 270 | 247 | 237 | 239 | 238 | 239 | 249 | 249 |
| Schleppkähne[4] | Anzahl | 296 | 213 | 169 | 161 | 156 | 135 | 128 | 119 | 114 | 109 |
| dar. Tanker | Anzahl | 48 | 36 | 34 | 32 | 31 | 29 | 29 | 27 | 28 | 25 |
| Tragfähigkeit | 1 000 t | 214 | 154 | 125 | 120 | 115 | 95 | 90 | 85 | 78 | 76 |
| dar. Tanker | 1 000 t | 21 | 15 | 15 | 15 | 14 | 12 | 12 | 11 | 10 | 9 |
| Schubkähne-Schubleichter[5] | Anzahl | 415 | 409 | 408 | 407 | 416 | 390 | 399 | 401 | 407 | 412 |
| dar. Tanker | Anzahl | 59 | 55 | 47 | 42 | 38 | 36 | 37 | 42 | 43 | 40 |
| Tragfähigkeit | 1 000 t | 687 | 693 | 680 | 667 | 672 | 621 | 633 | 628 | 619 | 616 |
| dar. Tanker | 1 000 t | 87 | 81 | 63 | 55 | 51 | 50 | 51 | 61 | 63 | 58 |
| **Schlepper**[6] | Anzahl | 271 | 245 | 212 | 209 | 203 | 193 | 178 | 176 | 177 | 180 |
| Maschinenleistung | 1 000 kW | 65 | 56 | 46 | 47 | 45 | 43 | 40 | 39 | 39 | 40 |
| **Schubboote, Schub-Schleppboote** | Anzahl | 94 | 96 | 99 | 101 | 107 | 101 | 107 | 107 | 107 | 104 |
| Maschinenleistung | 1 000 kW | 75 | 75 | 75 | 72 | 80 | 76 | 75 | 76 | 75 | 72 |
| **Schuten und Leichter** | Anzahl | 2 026 | 1 851 | 1 671 | 1 647 | 1 564 | 1 364 | 1 201 | 1 129 | 1 047 | 1 038 |
| Tragfähigkeit | 1 000 t | 405 | 386 | 363 | 362 | 345 | 305 | 270 | 242 | 223 | 223 |
| **Fahrgastschiffe**[7] | Anzahl | 498 | 470 | 444 | 440 | 432 | 432 | 435 | 451 | 459 | 466 |
| Personenkapazität | 1 000 | 145 | 138 | 137 | 133 | 132 | 132 | 132 | 136 | 138 | 139 |

[1] Binnenflotte der Bundesrepublik: Stand 31. 12.- [2] Ohne Frachtschiffe mit einer Tragfähigkeit unter 20 t.- [3] Ohne Tanker-Bunkerboote.- [4] Ohne Tanker-Bunkerboote.- [5] Ohne Trägerschiffsleichter.- [6] Ohne Hafenschlepper.- [7] Ohne Fahrgastkabinenschiffe sowie ohne Schiffe auf geschlossenen Gewässern.

## Binnenschiffahrt[1] - Fahrzeugbestand, Kapazitäten

| | | 1989 | 1990 | 1991 | 1992 | 1993 | 1994 | 1995 | 1996 | 1997 | 1998 |
|---|---|---|---|---|---|---|---|---|---|---|---|
| **Frachtschiffe[2]** | Anzahl | 2 990 | 2 723 | . | 3 282 | 3 355 | 3 285 | 3 123 | 3 033 | 2 926 | 2 804 |
| dar. Tanker | Anzahl | 514 | 468 | . | 455 | 452 | 441 | 412 | 410 | 397 | 388 |
| Tragfähigkeit | 1 000 t | 3 268 | 3 056 | . | 3 329 | 3 328 | 3 242 | 3 081 | 3 019 | 2 952 | 2 852 |
| dar. Tanker | 1 000 t | 683 | 634 | . | 616 | 599 | 591 | 557 | 563 | 554 | 540 |
| Motorschiffe[3] | Anzahl | 2 439 | 2 207 | . | 2 094 | 2 064 | 1 972 | 1 833 | 1 756 | 1 653 | 1 574 |
| dar. Tanker | Anzahl | 444 | 409 | . | 395 | 387 | 383 | 355 | 354 | 342 | 332 |
| Tragfähigkeit | 1 000 t | 2 519 | 2 337 | . | 2 257 | 2 211 | 2 132 | 2 008 | 1 955 | 1 878 | 1 796 |
| dar. Tanker | 1 000 t | 598 | 557 | . | 546 | 528 | 526 | 496 | 501 | 492 | 476 |
| Maschinenleistung | 1 000 kW | 1 072 | 997 | . | 957 | 937 | 903 | 856 | 734 | 807 | 779 |
| dar. Tanker | 1 000 kW | 259 | 244 | . | 239 | 234 | 244 | 220 | 224 | 222 | 218 |
| Schleppkähne[4] | Anzahl | 108 | 98 | . | 95 | 115 | 108 | 97 | 90 | 87 | 84 |
| dar. Tanker | Anzahl | 24 | 22 | . | 21 | 18 | 17 | 17 | 15 | 14 | 14 |
| Tragfähigkeit | 1 000 t | 74 | 65 | . | 62 | 70 | 65 | 57 | 54 | 53 | 52 |
| dar. Tanker | 1 000 t | 8 | 8 | . | 8 | 7 | 6 | 6 | 5 | 5 | 5 |
| Schubkähne-Schubleichter[5] | Anzahl | 443 | 418 | . | 1 093 | 1 176 | 1 205 | 1 193 | 1 187 | 1 186 | 1 146 |
| dar. Tanker | Anzahl | 46 | 37 | . | 39 | 47 | 41 | 40 | 41 | 41 | 42 |
| Tragfähigkeit | 1 000 t | 676 | 654 | . | 1 010 | 1 047 | 1 045 | 1 016 | 1 010 | 1 021 | 1 004 |
| dar. Tanker | 1 000 t | 77 | 69 | . | 62 | 65 | 59 | 56 | 57 | 57 | 60 |
| **Schlepper[6]** | Anzahl | 174 | 165 | . | 156 | 162 | 157 | 153 | 145 | 129 | 130 |
| Maschinenleistung | 1 000 kW | 40 | 37 | . | 34 | 35 | 34 | 32 | 30 | 26 | 27 |
| **Schubboote, Schub-Schleppboote** | Anzahl | 107 | 102 | . | 263 | 310 | 298 | 303 | 306 | 315 | 314 |
| Maschinenleistung | 1 000 kW | 72 | 67 | . | 109 | 121 | 110 | 111 | 111 | 118 | 117 |
| **Schuten und Leichter** | Anzahl | 999 | 943 | . | 868 | 857 | 846 | 825 | 784 | 594 | 523 |
| Tragfähigkeit | 1 000 t | 211 | 200 | . | 184 | 178 | 174 | 166 | 157 | 116 | 101 |
| **Fahrgastschiffe[7]** | Anzahl | 479 | 471 | . | 578 | 644 | 671 | 674 | 686 | 698 | 703 |
| Personenkapazität | 1 000 | 144 | 138 | . | 139 | 177 | 179 | 180 | 179 | 182 | 182 |

[1] Binnenflotte der Bundesrepublik: Stand 31. 12.- [2] Ohne Frachtschiffe mit einer Tragfähigkeit unter 20 t.- [3] Ohne Tanker-Bunkerboote (1998: 103 = 14 651 t Tragfähigkeit).- [4] Ohne Tanker-Bunkerboote (1998 : 2 = 166 t Tragfähigkeit).- [5] Ohne Trägerschiffsleichter (1998: 106 = 82 166 t Tragfähigkeit).- [6] Ohne Hafenschlepper (1998 : 46 = 8 638 kW Maschinenleistung).- [7] Ohne Fahrgastkabinenschiffe (1998 : 16 = 1 905 Bettenkapazität) sowie ohne Schiffe auf geschlossenen Gewässern (1998 : 158 = 38 627 Personenkapazität).

## Binnenschiffahrt[1] - Abwrackungen von Binnenschiffen[2]

| | 1979 | 1980 | 1981 | 1982 | 1983 | 1984 | 1985 | 1986 | 1987 | 1988 |
|---|---|---|---|---|---|---|---|---|---|---|
| | | | | | **Anzahl** | | | | | |
| **Frachtschiffe** | 158 | 164 | 108 | 90 | 122 | 187 | 89 | 36 | 39 | 42 |
| Trockengüterschiffe | 137 | 146 | 100 | 61 | 91 | 183 | 85 | 34 | 37 | 38 |
| Tanker | 21 | 18 | 8 | 29 | 31 | 4 | 4 | 2 | 2 | 4 |
| Motorgüterschiffe | 127 | 105 | 81 | 77 | 110 | 156 | 81 | 29 | 32 | 34 |
| Trockengüterschiffe | 112 | 96 | 75 | 53 | 83 | 154 | 78 | 28 | 31 | 33 |
| Tanker | 15 | 9 | 6 | 24 | 27 | 2 | 3 | 1 | 1 | 1 |
| Schleppkähne | 29 | 50 | 22 | 8 | 4 | 23 | 7 | 7 | 6 | 4 |
| Trockengüterschiffe | 23 | 42 | 21 | 5 | 3 | 21 | 6 | 6 | 5 | 1 |
| Tanker | 6 | 8 | 1 | 3 | 1 | 2 | 1 | 1 | 1 | 3 |
| Schubkähne-Schubleichter[3] | 2 | 9 | 5 | 5 | 8 | 8 | 1 | - | 1 | 4 |
| Trockengüterschiffe | 2 | 8 | 4 | 3 | 5 | 8 | 1 | - | 1 | 4 |
| Tanker | - | 1 | 1 | 2 | 3 | - | - | - | - | - |
| **Schlepper[4]** | 14 | 18 | 17 | 7 | 7 | 17 | 14 | 2 | 3 | 5 |
| **Schubboote, Schub-Schleppboote** | - | 1 | 1 | - | 2 | 3 | 1 | 1 | - | 1 |
| | | | | | **Tragfähigkeit - in 1 000 t** | | | | | |
| **Frachtschiffe** | 97,2 | 84,3 | 62,0 | 63,7 | 88,9 | 113,6 | 46,2 | 21,4 | 21,4 | 24,9 |
| Trockengüterschiffe | 79,2 | 71,3 | 55,1 | 36,1 | 56,2 | 110,8 | 43,9 | 20,2 | 19,3 | 23,1 |
| Tanker | 18,0 | 13,0 | 6,9 | 27,6 | 32,7 | 2,8 | 2,3 | 1,2 | 2,1 | 1,8 |
| Motorgüterschiffe | 70,4 | 47,8 | 38,5 | 53,0 | 75,5 | 85,5 | 41,6 | 17,9 | 15,1 | 20,3 |
| Trockengüterschiffe | 56,4 | 39,3 | 32,7 | 28,6 | 46,6 | 84,4 | 39,6 | 16,8 | 14,0 | 19,9 |
| Tanker | 14,0 | 8,5 | 5,8 | 24,4 | 28,9 | 1,1 | 2,0 | 1,1 | 1,1 | 0,4 |
| Schleppkähne | 24,4 | 28,5 | 16,8 | 6,4 | 4,1 | 18,3 | 3,7 | 3,5 | 5,9 | 2,5 |
| Trockengüterschiffe | 20,4 | 25,0 | 16,6 | 5,6 | 3,1 | 16,6 | 3,4 | 3,4 | 4,9 | 1,1 |
| Tanker | 4,0 | 3,5 | 0,2 | 0,8 | 1,0 | 1,7 | 0,3 | 0,1 | 1,0 | 1,4 |
| Schubkähne-Schubleichter[3] | 2,4 | 8,0 | 6,7 | 4,3 | 9,3 | 9,8 | 0,9 | - | 0,4 | 2,1 |
| Trockengüterschiffe | 2,4 | 7,0 | 5,8 | 1,9 | 6,5 | 9,8 | 0,9 | - | 0,4 | 2,1 |
| Tanker | - | 1,0 | 0,9 | 2,4 | 2,8 | - | - | - | - | - |
| **Schlepper[4]** | 4,3 | 5,4 | 3,7 | 1,6 | 1,0 | 3,5 | 2,4 | 0,4 | 0,4 | 1,0 |
| **Schubboote,Schub-Schleppboote** | - | 0,1 | 0,2 | - | 2,9 | 2,6 | 2,5 | 0,2 | - | 0,4 |

[1] Binnenflotte der Bundesrepublik.- [2] Gemäß der Verordnung über die Gewährung von Abwrackprämien in der Binnenschiffahrt (seit 1. 1. 1969).-
[3] Ohne Trägerschiffsleichter.- [4] Schlepper, Schubboote, Schub-Schleppboote: Maschinenleistung in 1 000 kW

## Binnenschiffahrt[1] - Abwrackungen von Binnenschiffen[2]

| | 1989 | 1990 | 1991 | 1992 | 1993 | 1994 | 1995 | 1996 | 1997 | 1998 | 1979-1999 |
|---|---|---|---|---|---|---|---|---|---|---|---|
| | | | | | | Anzahl | | | | | |
| **Frachtschiffe** | 24 | 221 | . | 50 | 26 | 40 | 92 | 26 | 78 | 173 | 1 923 |
| Trockengüterschiffe | 21 | 183 | . | 42 | 19 | 36 | 77 | 19 | 63 | 153 | 1 667 |
| Tanker | 3 | 38 | . | 8 | 7 | 4 | 15 | 7 | 15 | 20 | 256 |
| Motorgüterschiffe | 18 | 202 | . | 35 | 22 | 31 | 87 | 22 | 60 | 103 | 1 560 |
| Trockengüterschiffe | 16 | 171 | . | 28 | 16 | 27 | 72 | 16 | 46 | 84 | 1 351 |
| Tanker | 2 | 31 | . | 7 | 6 | 4 | 15 | 6 | 14 | 19 | 209 |
| Schleppkähne | 2 | 8 | . | 2 | 2 | 5 | 3 | 2 | 2 | 3 | 194 |
| Trockengüterschiffe | 2 | 7 | . | 1 | 1 | 5 | 3 | 1 | 1 | 3 | 162 |
| Tanker | - | 1 | . | 1 | 1 | - | - | 1 | 1 | - | 32 |
| Schubkähne-Schubleichter[3] | 4 | 11 | . | 13 | 2 | 4 | 2 | 2 | 16 | 67 | 169 |
| Trockengüterschiffe | 3 | 5 | . | 13 | 2 | 4 | 2 | 2 | 16 | 66 | 154 |
| Tanker | 1 | 6 | . | - | - | - | - | - | - | 1 | 15 |
| **Schlepper[4]** | 3 | 3 | . | 4 | 2 | 4 | 3 | 2 | 5 | 8 | 140 |
| **Schubboote, Schub-Schleppboote** | - | 2 | . | 1 | - | - | 3 | - | 2 | 33 | 53 |
| | | | | | | Tragfähigkeit - in 1000 t | | | | | |
| **Frachtschiffe** | 14,7 | 167,4 | . | 39,4 | 17,5 | 28,0 | 71,1 | 17,5 | 56,6 | 161,7 | 1 890,6 |
| Trockengüterschiffe | 12,3 | 128,8 | . | 32,7 | 10,2 | 23,2 | 56,1 | 10,2 | 40,5 | 131,5 | 1 623,4 |
| Tanker | 2,4 | 38,5 | . | 6,7 | 7,2 | 4,8 | 15,1 | 7,2 | 16,1 | 30,2 | 273,7 |
| Motorgüterschiffe | 10,0 | 150,7 | . | 27,1 | 16,3 | 22,3 | 64,5 | 16,3 | 48,1 | 113,0 | 1 568,4 |
| Trockengüterschiffe | 8,0 | 115,0 | . | 20,6 | 9,2 | 17,5 | 49,5 | 9,2 | 32,6 | 83,3 | 1 339,8 |
| Tanker | 2,0 | 35,7 | . | 6,5 | 7,1 | 4,8 | 15,1 | 7,1 | 15,5 | 29,7 | 228,6 |
| Schleppkähne | 1,9 | 7,6 | . | 1,1 | 0,4 | 2,6 | 2,3 | 0,4 | 0,7 | 0,9 | 185,8 |
| Trockengüterschiffe | 1,9 | 7,4 | . | 0,9 | 0,2 | 2,6 | 2,3 | 0,2 | 0,1 | 0,9 | 155,3 |
| Tanker | - | 0,2 | . | 0,2 | 0,2 | - | - | 0,2 | 0,6 | - | 30,6 |
| Schubkähne-Schubleichter[3] | 2,8 | 9,1 | . | 11,2 | 0,8 | 3,1 | 4,4 | 0,8 | 7,8 | 47,8 | 142,8 |
| Trockengüterschiffe | 2,4 | 6,5 | . | 11,2 | 0,8 | 3,1 | 4,4 | 0,8 | 7,8 | 47,4 | 128,3 |
| Tanker | 0,4 | 2,6 | . | - | - | - | - | - | - | 0,4 | 14,4 |
| **Schlepper[4]** | 0,4 | 0,9 | . | 0,8 | 0,2 | 0,2 | 0,4 | 0,2 | 0,4 | 1,1 | 115,8 |
| **Schubboote,Schub-Schleppboote** | - | 0,6 | . | 0,3 | - | - | 1,4 | - | 1,5 | 0,9 | 17,1 |

[1] Binnenflotte der Bundesrepublik.- [2] Gemäß der Verordnung über die Gewährung von Abwrackprämien in der Binnenschiffahrt (seit 1. 1. 1969).- [3] Ohne Trägerschiffsleichter.- [4] Schlepper, Schubboote, Schub-Schleppboote: Maschinenleistung in 1 000 kW.- Bis 1991 alte Bundesländer.

## Binnenschiffahrt - Güterbeförderung nach Bundesländern

| Jahr | Baden-Württemberg | Bayern | Berlin | Branden-burg | Bremen | Hamburg | Hessen | Mecklenb.-Vorpommern | Nieder-sachsen |
|---|---|---|---|---|---|---|---|---|---|
| | | | | **Insgesamt - in Mio. t** | | | | | |
| 1991 | 42,5 | 12,5 | 8,1 | 4,8 | 5,7 | 8,6 | 16,2 | 0,2 | 23,0 |
| 1992 | 43,3 | 14,0 | 8,0 | 4,7 | 5,8 | 8,6 | 16,1 | 0,2 | 23,1 |
| 1993 | 41,2 | 13,7 | 9,0 | 5,4 | 5,4 | 7,8 | 15,6 | 0,1 | 22,0 |
| 1994 | 40,7 | 14,1 | 8,8 | 5,0 | 5,6 | 9,4 | 16,3 | 0,2 | 23,4 |
| 1995 | 40,4 | 14,8 | 8,9 | 5,9 | 6,3 | 10,2 | 16,1 | 0,1 | 23,8 |
| 1996 | 40,4 | 12,4 | 7,5 | 5,5 | 5,7 | 9,2 | 16,3 | 0,2 | 19,6 |
| 1997 | 37,5 | 11,8 | 8,5 | 5,6 | 5,2 | 8,6 | 15,5 | 0,2 | 22,5 |
| 1998 | 36,6 | 13,1 | 6,2 | 4,5 | 5,1 | 9,6 | 14,9 | 0,2 | 23,7 |
| | | | | **- in vH -** | | | | | |
| 1991 | 14,9 | 4,4 | 2,9 | 1,7 | 2,0 | 3,0 | 5,7 | 0,1 | 8,1 |
| 1992 | 15,2 | 4,9 | 2,8 | 1,7 | 2,0 | 3,0 | 5,7 | 0,1 | 8,1 |
| 1993 | 15,3 | 5,1 | 3,4 | 2,0 | 2,0 | 2,9 | 5,8 | 0,0 | 8,2 |
| 1994 | 14,1 | 4,9 | 3,0 | 1,7 | 1,9 | 3,2 | 5,6 | 0,1 | 8,1 |
| 1995 | 13,9 | 5,1 | 3,1 | 2,0 | 2,2 | 3,5 | 5,5 | 0,0 | 8,2 |
| 1996 | 14,8 | 4,5 | 2,7 | 2,0 | 2,1 | 3,3 | 5,9 | 0,1 | 7,1 |
| 1997 | 13,4 | 4,2 | 3,1 | 2,0 | 1,9 | 3,1 | 5,5 | 0,1 | 8,1 |
| 1998 | 13,1 | 4,7 | 2,2 | 1,6 | 1,8 | 3,4 | 5,3 | 0,1 | 8,5 |
| | | | | **darunter: Einladungen - in Mio. t** | | | | | |
| 1991 | 19,5 | 5,0 | 2,3 | 2,8 | 2,2 | 4,0 | 2,9 | 0,1 | 9,6 |
| 1992 | 20,1 | 5,7 | 2,4 | 2,5 | 2,1 | 4,1 | 2,7 | 0,0 | 9,5 |
| 1993 | 19,5 | 5,4 | 2,9 | 2,4 | 2,0 | 3,9 | 2,6 | 0,0 | 9,2 |
| 1994 | 19,2 | 5,6 | 2,0 | 2,4 | 2,0 | 4,7 | 2,9 | 0,0 | 9,3 |
| 1995 | 18,4 | 5,5 | 2,3 | 2,7 | 2,4 | 5,6 | 3,0 | 0,0 | 9,3 |
| 1996 | 18,2 | 4,2 | 2,0 | 1,8 | 2,1 | 5,2 | 3,1 | 0,0 | 7,4 |
| 1997 | 16,3 | 4,1 | 2,7 | 2,3 | 2,1 | 5,5 | 2,7 | 0,0 | 9,4 |
| 1998 | 15,2 | 4,7 | 1,4 | 2,2 | 1,8 | 5,5 | 2,4 | 0,1 | 9,8 |

## Binnenschiffahrt - Güterbeförderung nach Bundesländern

| Jahr | Nordrhein-Westfalen | Rheinland-Pfalz | Saarland | Sachsen | Sachsen-Anhalt | Schleswig-Holstein | Thüringen | Deutschland insgesamt |
|---|---|---|---|---|---|---|---|---|
| | | | | **Insgesamt - in Mio. t** | | | | |
| 1991 | 124,1 | 28,5 | 3,9 | 0,2 | 3,0 | 3,6 | - | 284,8 |
| 1992 | 121,0 | 29,0 | 4,0 | 0,1 | 3,5 | 3,6 | - | 285,0 |
| 1993 | 111,0 | 26,4 | 4,1 | 0,2 | 3,3 | 4,0 | - | 269,1 |
| 1994 | 122,0 | 30,0 | 4,1 | 0,3 | 5,3 | 4,6 | - | 289,9 |
| 1995 | 121,1 | 28,1 | 3,7 | 0,6 | 6,6 | 4,5 | - | 291,1 |
| 1996 | 116,9 | 25,5 | 3,8 | 0,6 | 6,5 | 4,0 | - | 274,1 |
| 1997 | 123,5 | 25,9 | 3,4 | 0,5 | 6,8 | 3,6 | - | 279,2 |
| 1998 | 125,3 | 25,0 | 3,5 | 0,5 | 6,9 | 4,2 | - | 279,3 |
| | | | | **- in vH -** | | | | |
| 1991 | 43,6 | 10,0 | 1,4 | 0,1 | 1,1 | 1,3 | - | 100 |
| 1992 | 42,4 | 10,2 | 1,4 | 0,0 | 1,2 | 1,3 | - | 100 |
| 1993 | 41,3 | 9,8 | 1,5 | 0,1 | 1,2 | 1,5 | - | 100 |
| 1994 | 42,1 | 10,3 | 1,4 | 0,1 | 1,8 | 1,6 | - | 100 |
| 1995 | 41,6 | 9,6 | 1,3 | 0,2 | 2,3 | 1,5 | - | 100 |
| 1996 | 42,6 | 9,3 | 1,4 | 0,2 | 2,4 | 1,5 | - | 100 |
| 1997 | 44,3 | 9,3 | 1,2 | 0,2 | 2,4 | 1,3 | - | 100 |
| 1998 | 44,9 | 9,0 | 1,3 | 0,2 | 2,5 | 1,5 | - | 100 |
| | | | | **darunter: Einladungen - in Mio. t** | | | | |
| 1991 | 52,7 | 10,8 | 0,7 | 0,1 | 2,3 | 1,9 | - | 117,0 |
| 1992 | 51,1 | 11,9 | 0,8 | 0,1 | 2,5 | 1,9 | - | 117,5 |
| 1993 | 63,2 | 15,8 | 3,1 | 0,1 | 1,0 | 1,9 | - | 133,3 |
| 1994 | 47,8 | 10,6 | 0,9 | 0,1 | 2,2 | 2,1 | - | 111,9 |
| 1995 | 49,5 | 11,1 | 0,6 | 0,2 | 4,4 | 2,3 | - | 117,3 |
| 1996 | 48,1 | 9,5 | 0,9 | 0,1 | 4,3 | 2,2 | - | 109,1 |
| 1997 | 48,4 | 9,5 | 0,7 | 0,1 | 4,1 | 1,7 | - | 109,7 |
| 1998 | 46,7 | 8,9 | 0,7 | 0,2 | 4,6 | 2,4 | - | 106,6 |

## Binnenhäfen

| | | 1979 | 1980 | 1981 | 1982 | 1983 | 1984 | 1985 | 1986 | 1987 | 1988 |
|---|---|---|---|---|---|---|---|---|---|---|---|
| **Öffentliche Binnenhäfen** | | | | | | | | | | | |
| **Güterumschlag** | Mio. t | 152,2 | 146,7 | 140,7 | 138,1 | 140,6 | 142,7 | 134,6 | 138,3 | 133,8 | 138,6 |
| **Erwerbstätige**[1] | 1 000 | 14 | 14 | 14 | 14 | 14 | 14 | 14 | 14 | 14 | 14 |
| **Einnahmen**[2] | Mio. DM | 210 | 220 | 230 | 240 | 260 | 270 | 280 | 290 | 290 | 300 |
| **Binnenhäfen insgesamt** | | | | | | | | | | | |
| **Güterumschlag**[3] | Mio. t | 315,0 | 310,6 | 295,8 | 281,7 | 282,7 | 294,4 | 274,2 | 279,7 | 268,4 | 280,6 |
| dar. Einladungen | Mio. t | 135,7 | 135,6 | 128,3 | 119,8 | 119,2 | 124,4 | 111,6 | 113,9 | 111,5 | 117,0 |
| nach Wasserstraßengebieten | | | | | | | | | | | |
| Rheingebiet | Mio. t | 222,4 | 215,9 | 203,9 | 195,4 | 194,0 | 204,2 | 190,4 | 195,1 | 188,9 | 201,7 |
| dar. Einladungen | Mio. t | 89,1 | 88,8 | 83,2 | 78,4 | 78,0 | 83,3 | 73,3 | 75,6 | 75,4 | 80,8 |
| Westdeutsches Kanalgebiet | Mio. t | 39,8 | 39,2 | 38,2 | 35,8 | 37,7 | 37,9 | 35,3 | 35,6 | 33,5 | 32,6 |
| dar. Einladungen | Mio. t | 20,0 | 19,2 | 19,0 | 17,3 | 17,1 | 16,8 | 15,3 | 15,4 | 14,6 | 15,2 |
| Elbegebiet | Mio. t | 17,0 | 17,6 | 16,9 | 14,1 | 14,0 | 15,2 | 14,1 | 14,7 | 13,2 | 14,5 |
| dar. Einladungen | Mio. t | 9,4 | 9,7 | 9,0 | 7,1 | 7,1 | 7,6 | 7,4 | 7,7 | 7,1 | 7,5 |
| Mittellandkanalgebiet | Mio. t | 10,8 | 11,9 | 11,9 | 12,1 | 12,8 | 12,9 | 12,1 | 12,2 | 11,3 | 12,4 |
| dar. Einladungen | Mio. t | 5,3 | 5,4 | 5,3 | 5,4 | 5,8 | 5,6 | 5,1 | 5,0 | 4,6 | 4,9 |
| Wesergebiet | Mio. t | 14,3 | 14,7 | 13,5 | 13,1 | 13,0 | 12,3 | 11,9 | 12,0 | 11,3 | 8,8 |
| dar. Einladungen | Mio. t | 6,9 | 7,1 | 6,3 | 6,3 | 6,4 | 6,0 | 5,7 | 6,0 | 5,4 | 4,1 |
| Gebiet Berlin | Mio. t | 6,9 | 7,9 | 7,9 | 7,7 | 8,0 | 7,9 | 7,0 | 7,4 | 7,4 | 7,6 |
| dar. Einladungen | Mio. t | 2,8 | 3,4 | 3,3 | 3,2 | 3,2 | 3,1 | 3,1 | 3,2 | 3,1 | 3,2 |
| Donaugebiet | Mio. t | 3,8 | 3,4 | 3,5 | 3,6 | 3,3 | 3,9 | 3,3 | 2,7 | 2,8 | 3,0 |
| dar. Einladungen | Mio. t | 2,2 | 2,0 | 2,2 | 2,1 | 1,6 | 2,0 | 1,7 | 1,1 | 1,3 | 1,4 |
| Gebiet Brandenburg/Binnengebiet Mecklenburg-Vorp. | Mio. t | - | - | - | - | - | - | - | - | - | - |
| dar. Einladungen | Mio. t | - | - | - | - | - | - | - | - | - | - |
| Küstengebiet Mecklenburg-Vorpommern | Mio. t | - | - | - | - | - | - | - | - | - | - |
| dar. Einladungen | Mio. t | - | - | - | - | - | - | - | - | - | - |

[1] Jahresdurchschnitt.- [2] Lt. Umsatzsteuerstatistik; einschl. Mehrwertsteuer.- [3] Ohne Ortsverkehr.

# Binnenhäfen

| | | 1989 | 1990 | 1991 | 1992 | 1993 | 1994 | 1995 | 1996 | 1997 | 1998 |
|---|---|---|---|---|---|---|---|---|---|---|---|
| **Öffentliche Binnenhäfen** | | | | | | | | | | | |
| **Güterumschlag** | Mio. t | 139,4 | 140,3 | 140,0 | 142,1 | 136,9 | 143,7 | 143,3 | 137,3 | 137,2 | 135,5 |
| **Erwerbstätige**[1] | 1 000 | 14 | 14 | . | 15 | 14 | 13 | 12 | 12 | 11 | 11 |
| **Einnahmen**[2] | Mio. DM | 330 | 340 | . | 360 | 360 | 370 | 370 | 380 | 390 | 400 |
| **Binnenhäfen insgesamt** | | | | | | | | | | | |
| **Güterumschlag**[3] | Mio. t | 278,3 | 275,8 | 283,3 | 283,4 | 270,5 | 290,6 | 290,0 | 274,1 | 279,0 | 280,5 |
| dar. Einladungen | Mio. t | 117,2 | 114,5 | 115,4 | 115,9 | 113,1 | 120,4 | 116,2 | 109,1 | 109,6 | 107,8 |
| nach Wasserstraßengebieten | | | | | | | | | | | |
| Rheingebiet | Mio. t | 200,4 | 198,3 | 193,3 | 191,7 | 176,3 | 188,7 | 183,6 | 176,5 | 178,6 | 177,2 |
| dar. Einladungen | Mio. t | 81,2 | 80,4 | 76,2 | 76,3 | 72,0 | 77,0 | 71,6 | 68,1 | 66,3 | 63,4 |
| Westdeutsches Kanalgebiet | Mio. t | 33,7 | 34,4 | 33,9 | 36,4 | 34,1 | 36,6 | 36,2 | 35,7 | 36,9 | 39,3 |
| dar. Einladungen | Mio. t | 15,4 | 14,5 | 13,9 | 14,8 | 14,4 | 15,0 | 14,1 | 14,4 | 14,5 | 15,0 |
| Elbegebiet | Mio. t | 13,0 | 13,9 | 17,2 | 17,8 | 18,3 | 21,4 | 23,4 | 21,2 | 21,2 | 21,7 |
| dar. Einladungen | Mio. t | 6,6 | 7,0 | 8,3 | 8,6 | 8,9 | 11,3 | 12,1 | 11,3 | 11,9 | 12,6 |
| Mittellandkanalgebiet | Mio. t | 12,3 | 12,7 | 14,6 | 13,8 | 13,3 | 14,5 | 15,2 | 12,7 | 13,5 | 14,0 |
| dar. Einladungen | Mio. t | 5,3 | 5,4 | 6,7 | 6,0 | 5,6 | 5,9 | 6,3 | 5,3 | 5,2 | 5,3 |
| Wesergebiet | Mio. t | 8,8 | 9,0 | 11,0 | 11,3 | 10,9 | 11,0 | 11,9 | 10,4 | 10,8 | 11,2 |
| dar. Einladungen | Mio. t | 4,2 | 4,4 | 5,1 | 5,4 | 5,3 | 4,9 | 5,4 | 4,6 | 5,3 | 5,4 |
| Gebiet Berlin[4] | Mio. t | 7,1 | 4,3 | 7,8 | 7,5 | 9,0 | 8,6 | 8,7 | 7,5 | 7,8 | 5,9 |
| dar. Einladungen | Mio. t | 3,2 | 1,4 | 2,0 | 1,9 | 2,8 | 1,8 | 2,1 | 2,0 | 2,0 | 1,1 |
| Donaugebiet | Mio. t | 3,0 | 3,2 | 2,8 | 2,5 | 6,0 | 6,7 | 7,2 | 6,4 | 6,1 | 7,2 |
| dar. Einladungen | Mio. t | 1,3 | 1,4 | 1,2 | 1,2 | 2,3 | 2,5 | 2,4 | 2,1 | 2,2 | 2,7 |
| Gebiet Brandenburg/Binnengebiet Mecklenburg-Vorp. | Mio. t | - | - | 2,6 | 2,2 | 2,4 | 2,9 | 3,6 | 3,5 | 4,0 | 3,7 |
| dar. Einladungen | Mio. t | - | - | 2,1 | 1,6 | 1,7 | 1,8 | 2,1 | 1,3 | 2,1 | 2,3 |
| Küstengebiet Mecklenburg-Vorpommern | Mio. t | - | - | 0,1 | 0,1 | 0,2 | 0,1 | 0,1 | 0,2 | 0,2 | 0,2 |
| dar. Einladungen | Mio. t | - | - | 0,0 | 0,0 | 0,0 | 0,0 | 0,0 | 0,0 | 0,0 | 0,1 |

[1] Jahresdurchschnitt.- [2] Lt. Umsatzsteuerstatistik; einschl. Mehrwertsteuer.- [3] Ohne Ortsverkehr.- [4] Bis 1990 Berlin (West).

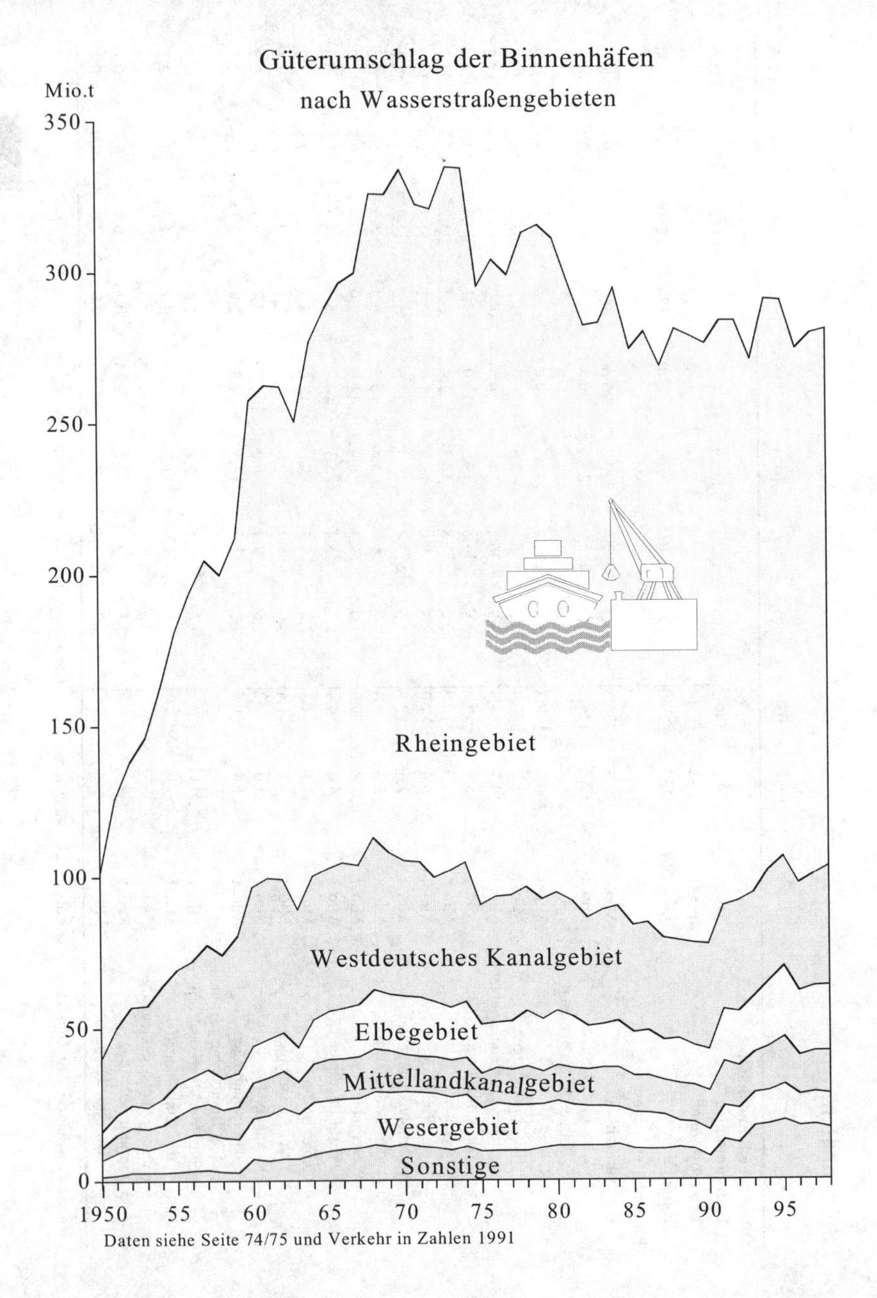
Güterumschlag der Binnenhäfen
nach Wasserstraßengebieten
Mio.t
350
300
250
200
150
100
50
0
Rheingebiet
Westdeutsches Kanalgebiet
Elbegebiet
Mittellandkanalgebiet
Wesergebiet
Sonstige
1950
55
60
65
70
75
80
85
90
95
Daten siehe Seite 74/75 und Verkehr in Zahlen 1991

## Schiffs- und Güterverkehr auf dem Nord-Ostsee-Kanal[1)]



| Jahr | Schiffsverkehr | | | | | Güterverkehr | | |
|---|---|---|---|---|---|---|---|---|
| | | | | dar. Handelsschiffe | | insgesamt | Richtung | |
| | in 1 000 | dar. Transit | in Mio. BRT/ BRZ[2)] | in 1 000 | in Mio. BRT/ BRZ[2)] | in Mio. t | West-Ost in Mio. t | Ost-West in Mio. t |
| 1980 | 56,7 | . | 93,1 | 51,7 | 90,6 | 62,1 | 27,2 | 34,9 |
| 1981 | 52,6 | . | 93,4 | 48,4 | 91,4 | 60,5 | 27,8 | 32,6 |
| 1982 | 49,1 | . | 92,2 | 44,7 | 89,9 | 57,1 | 25,5 | 31,6 |
| 1983 | 49,3 | . | 88,9 | 44,8 | 87,0 | 58,6 | 23,9 | 34,7 |
| 1984 | 50,9 | . | 92,8 | 45,9 | 90,6 | 63,7 | 24,4 | 39,4 |
| 1985 | 48,4 | 36,1 | 94,0 | 44,0 | 92,0 | 65,7 | 26,1 | 39,7 |
| 1986 | 46,5 | 34,0 | 84,0 | 42,5 | 82,1 | 59,3 | 22,4 | 36,9 |
| 1987 | 45,3 | 33,2 | 79,9 | 41,1 | 77,9 | 58,4 | 22,7 | 35,7 |
| 1988 | 46,8 | 32,3 | 77,9 | 42,9 | 76,0 | 59,8 | 22,8 | 37,0 |
| 1989 | 46,6 | 32,0 | 80,4 | 42,4 | 78,5 | 61,5 | 23,8 | 37,7 |
| 1990 | 47,8 | 32,8 | 82,1 | 43,5 | 80,0 | 61,7 | 20,8 | 40,9 |
| 1991 | 45,0 | 31,9 | 76,6 | 41,2 | 74,8 | 59,2 | 19,7 | 39,5 |
| 1992 | 42,8 | 31,0 | 71,7 | 39,0 | 70,0 | 58,5 | 21,1 | 37,4 |
| 1993 | 43,3 | 30,9 | 70,3 | 39,4 | 68,7 | 57,7 | 20,6 | 37,2 |
| 1994 | 43,7 | 31,4 | 72,4 | 39,7 | 70,5 | 57,2 | 19,0 | 38,1 |
| 1995 | 43,4 | 30,4 | 69,5 | 39,4 | 67,7 | 55,2 | 19,0 | 36,2 |
| 1996 | 37,1 | 24,8 | 68,5 | 33,4 | 66,7 | 47,9 | 17,4 | 30,5 |
| 1997 | 36,9 | 24,8 | 86,6 | 33,3 | 84,6 | 49,3 | 18,4 | 30,8 |
| 1998 | 37,6 | 24,6 | 84,3 | 34,4 | 82,5 | 48,6 | 18,7 | 29,9 |

[1)] Abgabepflichtige Schiffe der Tarifgruppen A und B ohne Sport- und Kleinfahrzeuge (1998: 16 902 Fahrzeuge).-
[2)] Ab 1996 Bruttoraumzahl (BRZ). Für viele Schiffe ergibt sich durch die BRZ-Vermessung ein höheres Ergebnis als bei der BRT (Bruttoregistertonnen)-Zahl.

## Seeschiffahrt - Handelsflotte

| | | 1979 | 1980 | 1981 | 1982 | 1983 | 1984 | 1985 | 1986 | 1987 | 1988 |
|---|---|---|---|---|---|---|---|---|---|---|---|
| **Bestand an Handelsschiffen**[1)2)] | Anzahl | 1 521 | 1 477 | 1 395 | 1 371 | 1 369 | 1 366 | 1 383 | 1 214 | 1 003 | 931 |
| Tonnage | 1 000 BRT | 7 862 | 7 604 | 7 399 | 6 666 | 6 304 | 5 928 | 5 286 | 4 230 | 3 765 | 3 725 |
| Trockenfrachter | Anzahl | 1 263 | 1 211 | 1 115 | 1 090 | 1 093 | 1 093 | 1 125 | 982 | 797 | 737 |
| Tonnage | 1 000 BRT | 5 082 | 4 747 | 4 469 | 4 063 | 4 075 | 4 177 | 4 189 | 3 631 | 3 219 | 3 194 |
| Tonnage | 1 000 tdw | 7 582 | 7 103 | 6 726 | 5 916 | 5 961 | 5 973 | 5 802 | 4 755 | 4 153 | 4 059 |
| Tanker[2)] | Anzahl | 115 | 120 | 129 | 132 | 129 | 127 | 115 | 95 | 80 | 73 |
| Tonnage | 1 000 BRT | 2 679 | 2 763 | 2 803 | 2 477 | 2 102 | 1 646 | 995 | 497 | 443 | 430 |
| Tonnage | 1 000 tdw | 5 254 | 5 402 | 5 437 | 4 766 | 3 991 | 3 061 | 1 723 | 824 | 725 | 703 |
| Schiffe für Personenbeförderung | Anzahl | 143 | 146 | 151 | 149 | 147 | 146 | 143 | 137 | 126 | 121 |
| Tonnage | 1 000 BRT | 101 | 94 | 127 | 126 | 126 | 105 | 101 | 102 | 102 | 101 |
| **Verkehrsaufkommen**[3)] | | | | | | | | | | | |
| Beförderte Tonnen | Mio. t | 50,3 | 57,7 | 49,5 | 45,1 | 55,6 | 53,4 | 41,3 | 48,1 | 38,5 | . |
| zwischen Häfen der Bundesrepublik | Mio. t | 4,2 | 4,4 | 3,9 | 4,3 | 3,7 | 3,2 | 2,3 | 2,0 | 1,6 | 2,5 |
| von und nach fremden Häfen | Mio. t | 24,5 | 23,8 | 21,8 | 20,1 | 19,6 | 19,9 | 20,9 | 22,0 | 20,4 | 21,2 |
| zwischen fremden Häfen - Crosstrade | Mio. t | 21,6 | 29,5 | 23,8 | 20,7 | 32,3 | 30,3 | 18,2 | 24,0 | 16,5 | . |
| Anteile der Einsatzbereiche[4)] | | | | | | | | | | | |
| Linienfahrt | vH | 27 | 24 | 28 | 26 | 24 | 26 | 32 | 28 | 34 | 43 |
| Trampfahrt | vH | 49 | 41 | 38 | 45 | 37 | 38 | 39 | 32 | 38 | 16 |
| Tankfahrt | vH | 24 | 35 | 34 | 29 | 39 | 36 | 29 | 40 | 28 | 18 |
| **Verkehrsleistung**[5)] | | | | | | | | | | | |
| Tonnenkilometer | Mrd. tkm | 101 | 95 | 84 | 70 | 55 | 57 | 55 | 58 | 55 | 50 |
| **Erwerbstätige**[6)] | 1 000 | 30 | 28 | 26 | 25 | 24 | 23 | 23 | 22 | 19 | 16 |
| **Einnahmen**[7)] | Mio. DM | 7 242 | 8 276 | 9 905 | 9 676 | 8 499 | 8 801 | 9 254 | 6 857 | 6 089 | 6 721 |
| Passagierfahrt | Mio. DM | 155 | 151 | 173 | 248 | 204 | 222 | 159 | 142 | 188 | 202 |
| Frachtfahrt | Mio. DM | 7 087 | 8 125 | 9 732 | 9 428 | 8 295 | 8 579 | 9 095 | 6 715 | 5 901 | 6 519 |
| Linienfahrt | Mio. DM | 3 558 | 3 929 | 4 463 | 4 929 | 4 408 | 4 318 | 4 747 | 3 672 | 3 203 | 3 594 |
| Tramp- und Tankfahrt | Mio. DM | 3 529 | 4 196 | 5 268 | 4 499 | 3 887 | 4 261 | 4 348 | 3 043 | 2 698 | 2 925 |

[1)] Schiffe ab 100 BRT/BRZ; Stand 31. 12. Schiffe unter der Flagge der Bundesrepublik, jedoch ohne die Schiffe der Bundesrepublik unter fremder Flagge (1998: 939 = 9 947 Tsd. BRZ.- [2)] Ohne Tanker-Bunkerboote (1998: 17 = 3 Tsd. BRT).- [3)] Einschl. Fährverkehr. Ohne die Güterbeförderung der auf Zeit ins Ausland vercharterten Handelsschiffe unter der Flagge der Bundesrepublik im Verkehr zwischen fremden Häfen. Ohne Eigengewichte der Reise- und Transportfahrzeuge, Container, Trailer, Trägerschiffsleichter.- Weitere Anmerkungen siehe folgende Seite.

## Seeschiffahrt - Handelsflotte

| | | 1989 | 1990 | 1991 | 1992 | 1993 | 1994 | 1995 | 1996 | 1997 | 1998* |
|---|---|---|---|---|---|---|---|---|---|---|---|
| **Bestand an Handelsschiffen**[1)2)] | Anzahl | 903 | 907 | 1 035 | 927 | 854 | 807 | 757 | 733 | 752 | 831 |
| Tonnage | 1 000 BRT/BRZ[8)] | 4 002 | 4 360 | 5 619 | 5 097 | 4 915 | 5 370 | 5 279 | 5 595 | 6 542 | 8 011 |
| Trockenfrachter | Anzahl | 721 | 732 | 841 | 739 | 660 | 617 | 570 | 552 | 588 | 671 |
| Tonnage | 1 000 BRT/BRZ | 3 490 | 3 841 | 5 065 | 4 641 | 4 453 | 4 919 | 4 894 | 5 331 | 6 347 | 7 827 |
| Tonnage | 1 000 tdw | 4 412 | 4 790 | 6 354 | 5 676 | 5 558 | . | 5 828 | 6 326 | . | . |
| Tanker[2)] | Anzahl | 69 | 67 | 74 | 59 | 62 | 55 | 51 | 45 | 32 | 31 |
| Tonnage | 1 000 BRT/BRZ | 413 | 422 | 434 | 336 | 342 | 331 | 264 | 264 | 195 | 184 |
| Tonnage | 1 000 tdw | 671 | 668 | 685 | . | . | . | . | . | . | |
| Schiffe für Personenbeförderung | Anzahl | 113 | 108 | 120 | 129 | 132 | 135 | 136 | 136 | 132 | 129 |
| Tonnage | 1 000 BRT/BRZ | 99 | 97 | 120 | 121 | 121 | 120 | 121 | 159 | 101 | 85 |
| **Verkehrsaufkommen**[3)] | | | | | | | | | | | |
| zwischen Häfen der Bundesrepublik | Mio. t | 1,5 | 1,6 | 2,4 | 4,4 | 3,3 | 3,2 | 3,4 | 3,5 | 3,8 | 3,7 |
| von und nach fremden Häfen | Mio. t | 18,7 | 20,7 | 24,3 | 23,8 | 24,7 | 27,1 | 27,2 | 25,5 | 25,8 | 24,9 |
| Anteile der Einsatzbereiche[4)] | | | | | | | | | | | |
| Linienfahrt | vH | 23 | 23 | 27 | 27 | 25 | . | . | . | . | . |
| Trampfahrt | vH | 42 | 42 | 40 | 43 | 49 | . | . | . | . | . |
| Massengutfahrt | vH | 16 | 13 | 14 | 11 | 10 | . | . | . | . | . |
| Tankfahrt | vH | 19 | 22 | 19 | 18 | 17 | . | . | . | . | . |
| **Verkehrsleistung**[5)] | | | | | | | | | | | |
| Tonnenkilometer | Mrd. tkm | 50 | 50 | . | . | . | . | . | . | . | . |
| **Erwerbstätige**[6)] | 1 000 | 15 | 16 | 21 | 19 | 18 | 16 | 15 | 14 | 15 | 14 |
| **Einnahmen**[7)] | Mio. DM | 7 845 | 7 819 | 8 109 | 8 121 | 9 024 | 9 849 | 10 248 | 11 072 | 12 431 | 12 174 |
| Passagierfahrt | Mio. DM | 208 | 258 | 252 | 272 | 480 | 528 | 697 | 689 | 607 | . |
| Frachtfahrt | Mio. DM | 7 637 | 7 561 | 7 857 | 7 849 | 8 544 | 9 321 | 9 551 | 10 383 | 11 824 | 12 174 |
| Linienfahrt | Mio. DM | 4 185 | 4 270 | 4 417 | 4 639 | 4 930 | 5 422 | 5 250 | 5 619 | 6 298 | 6 224 |
| Tramp- und Tankfahrt | Mio. DM | 3 452 | 3 291 | 3 440 | 3 210 | 3 614 | 3 899 | 4 301 | 4 764 | 5 526 | 5 950 |

Beginn der Anmerkungen siehe vorige Seite.- [4)] Ohne Küstenschiffe. Bis 1981 Handelsschiffe, eingetragen in deutschen Seeschiffsregistern bzw. eingesetzt unter deutscher Flagge. Ab 1982 Seeschiffe deutscher Reedereien, einschl. der Schiffe unter ausländischer Flagge.- [5)] Nur Verkehr zwischen den Häfen der Bundesrepublik sowie von und nach fremden Häfen. Einschl. Fährverkehr.- [6)] Bordpersonal. Jahresdurchschnitt.- [7)] Einschl. Mehrwertsteuer.- [8)] Bis 1993 Bruttoregistertonnen (BRT), ab 1994 Bruttoraumzahl (BRZ).- * Zum Teil vorläufige Werte.

## Seehäfen - Güterumschlag, Erwerbstätige, Einnahmen

| | | 1979 | 1980 | 1981 | 1982 | 1983 | 1984 | 1985 | 1986 | 1987 | 1988 |
|---|---|---|---|---|---|---|---|---|---|---|---|
| **Güterumschlag insgesamt**[1] | Mio. t | 166,5 | 159,0 | 146,9 | 141,7 | 130,3 | 135,8 | 141,4 | 138,4 | 136,2 | 143,0 |
| Massengut | Mio. t | 124,3 | 116,1 | 102,2 | 97,9 | 85,5 | 85,8 | 90,1 | 86,3 | 78,4 | 83,4 |
| Stückgut | Mio. t | 42,2 | 42,9 | 44,7 | 43,8 | 44,9 | 50,0 | 51,3 | 52,1 | 57,8 | 59,7 |
| **Nordseehäfen** | Mio. t | 153,5 | 146,6 | 135,1 | 129,0 | 116,3 | 120,3 | 124,4 | 120,9 | 117,5 | 123,4 |
| dar. Hamburg | Mio. t | 61,2 | 60,7 | 59,0 | 59,7 | 48,5 | 51,1 | 56,9 | 51,9 | 53,4 | 55,9 |
| dar. Sack- und Stückgut | Mio. t | 15,9 | 16,4 | 17,8 | 16,5 | 17,2 | 18,8 | 18,8 | 19,3 | 22,2 | 22,1 |
| Bremen-Bremerhaven | Mio. t | 26,6 | 25,4 | 24,0 | 24,4 | 24,8 | 26,5 | 27,7 | 27,4 | 27,8 | 28,8 |
| dar. Sack- und Stückgut | Mio. t | 15,0 | 15,0 | 15,4 | 14,6 | 14,8 | 16,3 | 16,3 | 16,0 | 16,7 | 17,2 |
| Bremen Stadt | Mio. t | 16,0 | 15,0 | 13,7 | 14,0 | 14,1 | 14,4 | 15,3 | 14,8 | 14,8 | 15,8 |
| Bremerhaven | Mio. t | 10,7 | 10,4 | 10,2 | 10,5 | 10,7 | 12,1 | 12,4 | 12,6 | 13,0 | 13,0 |
| Wilhelmshaven | Mio. t | 34,7 | 32,0 | 25,1 | 20,0 | 21,7 | 21,3 | 17,1 | 18,4 | 14,5 | 14,8 |
| Emden | Mio. t | 9,3 | 7,1 | 5,3 | 4,9 | 3,0 | 3,5 | 3,6 | 3,4 | 2,2 | 2,6 |
| Brunsbüttel | Mio. t | 5,6 | 5,5 | 6,8 | 5,1 | 5,1 | 4,9 | 5,4 | 5,9 | 5,9 | 6,7 |
| Nordenham | Mio. t | 5,3 | 5,1 | 4,7 | 4,2 | 3,5 | 2,4 | 2,8 | 2,5 | 2,8 | 3,2 |
| Brake | Mio. t | 3,9 | 4,2 | 3,9 | 4,2 | 3,3 | 3,7 | 4,0 | 4,9 | 4,9 | 4,7 |
| Cuxhaven | Mio. t | 0,4 | 0,4 | 0,5 | 0,2 | 0,3 | 0,4 | 0,4 | 0,5 | 0,5 | 19,6 |
| **Ostseehäfen** | Mio. t | 12,9 | 12,4 | 11,8 | 12,7 | 14,0 | 15,5 | 17,0 | 17,5 | 18,7 | - |
| dar. Lübeck | Mio. t | 6,9 | 6,4 | 6,2 | 6,5 | 7,7 | 8,8 | 9,9 | 10,1 | 10,7 | 11,3 |
| Puttgarden | Mio. t | 2,6 | 2,9 | 2,8 | 3,1 | 3,0 | 3,3 | 3,6 | 3,8 | 4,0 | 4,0 |
| Kiel | Mio. t | 1,5 | 1,3 | 1,3 | 1,4 | 1,6 | 1,7 | 1,7 | 1,8 | 2,0 | 2,2 |
| Flensburg | Mio. t | 0,8 | 0,7 | 0,7 | 0,7 | 0,7 | 0,8 | 0,8 | 0,7 | 0,8 | - |
| Rendsburg | Mio. t | 0,6 | 0,5 | 0,4 | 0,4 | 0,5 | 0,5 | 0,5 | 0,6 | 0,7 | - |
| **Außerdem Eigengewichte der Reise- und Transportfahrzeuge**[2] | Mio. t | 11,8 | 12,5 | 13,0 | 13,5 | 14,3 | 15,7 | 16,5 | 17,2 | 18,4 | 19,7 |
| **Erwerbstätige**[3] | 1 000 | 25 | 25 | 25 | 25 | 24 | 24 | 24 | 24 | 23 | 23 |
| **Einnahmen**[4] | Mio. DM | 2 250 | 2 400 | 2 250 | 2 500 | 2 240 | 2 370 | 2 530 | 2 590 | 2 560 | 2 650 |

[1] Ohne Eigengewichte der Reise- und Transportfahrzeuge, Container, Trailer, Lash-Leichter.- [2] Sowie Container, Trailer, Trägerschiffsleichter.-
[3] Jahresdurchschnitt.- [4] Lt. Umsatzsteuerstatistik; einschl. Mehrwertsteuer.

## Seehäfen - Güterumschlag, Erwerbstätige, Einnahmen

| | | 1989 | 1990 | 1991 | 1992 | 1993 | 1994 | 1995 | 1996 | 1997 | 1998* |
|---|---|---|---|---|---|---|---|---|---|---|---|
| **Güterumschlag insgesamt**[1] | Mio. t | 142,6 | 145,6 | 163,9 | 182,8 | 184,0 | 196,5 | 204,3 | 206,0 | 213,3 | 217,4 |
| Massengut[6] | Mio. t | 80,8 | 82,0 | 95,8 | 112,1 | 107,8 | 114,1 | 115,8 | 116,8 | 119,9 | . |
| Stückgut | Mio. t | 61,8 | 63,6 | 68,1 | 70,7 | 76,2 | 82,3 | 88,5 | 89,2 | 93,4 | . |
| **Nordseehäfen** | Mio. t | 121,4 | 123,6 | 129,5 | 143,0 | 141,8 | 149,1 | 152,1 | 153,3 | 162,0 | 169,4 |
| dar. Hamburg | Mio. t | 53,9 | 56,8 | 60,3 | 59,9 | 60,3 | 62,5 | 66,0 | 64,5 | 69,6 | 66,9 |
| dar. Sack- und Stückgut | Mio. t | 22,5 | 24,6 | 25,4 | 28,2 | 29,8 | 32,2 | . | . | . | . |
| Bremen-Bremerhaven | Mio. t | 29,9 | 27,7 | 28,1 | 27,3 | 25,6 | 27,9 | 28,5 | 28,4 | 30,6 | 30,9 |
| dar. Sack- und Stückgut | Mio. t | 17,9 | 16,9 | 17,6 | 16,8 | 16,6 | 17,6 | . | . | . | . |
| Bremen Stadt | Mio. t | 14,8 | 13,4 | 14,1 | 13,6 | 13,4 | 14,6 | 14,2 | 13,8 | 14,0 | 13,7 |
| Bremerhaven | Mio. t | 15,1 | 14,3 | 14,0 | 13,6 | 12,2 | 13,3 | 14,3 | 14,6 | 16,6 | 17,1 |
| Wilhelmshaven | Mio. t | 14,5 | 15,9 | 17,8 | 31,6 | 32,7 | 34,5 | 33,1 | 36,1 | 36,4 | 44,0 |
| Emden | Mio. t | 3,0 | 1,8 | 2,0 | 1,7 | 1,6 | 2,0 | 2,2 | 2,4 | 2,6 | 2,9 |
| Brunsbüttel | Mio. t | 6,3 | 7,3 | 7,4 | 7,8 | 7,9 | 7,3 | 7,5 | 7,7 | 7,4 | 7,8 |
| Nordenham | Mio. t | 2,2 | 2,3 | 2,6 | 3,3 | 2,2 | 2,3 | 2,3 | 1,8 | 2,5 | 2,0 |
| Brake | Mio. t | 4,6 | 4,5 | 4,3 | 4,6 | 4,2 | 4,3 | 4,1 | 4,3 | 4,3 | 4,7 |
| **Ostseehäfen** | Mio. t | 21,2 | 22,0 | 34,4 | 39,8 | 42,2 | 47,3 | 52,2 | 52,7 | 51,3 | 47,9 |
| dar. Rostocker Häfen[2] | Mio. t | - | - | 9,7 | 10,0 | 11,7 | 14,3 | 16,2 | 16,7 | 16,8 | 15,4 |
| Lübeck | Mio. t | 11,7 | 12,3 | 11,3 | 12,3 | 12,5 | 13,9 | 15,0 | 15,0 | 16,8 | 17,4 |
| Puttgarden | Mio. t | 4,3 | 5,0 | 5,5 | 5,4 | 6,5 | 7,0 | 9,7 | 8,9 | 5,8 | 3,9 |
| Kiel | Mio. t | 3,2 | 2,9 | 3,4 | 2,6 | 2,5 | 2,6 | 3,3 | 3,7 | 3,6 | 2,9 |
| Saßnitz | Mio. t | - | - | . | 2,5 | 2,9 | 3,1 | 2,5 | 2,4 | 2,6 | 2,9 |
| Wismar | Mio. t | - | - | 2,1 | 2,0 | 1,8 | 1,8 | 1,9 | 2,0 | 2,0 | 1,8 |
| **Außerdem Eigengewichte der Reise- und Transportfahrzeuge**[3] | Mio. t | 21,1 | 21,5 | 25,6 | 28,6 | 28,6 | 29,9 | 31,5 | 32,3 | 32,8 | 32,5 |
| **Erwerbstätige**[4] | 1 000 | 23 | 24 | 31 | 29 | 28 | 26 | 25 | 24 | 23 | 23 |
| **Einnahmen**[5] | Mio. DM | 2 660 | 2 680 | . | 3 020 | 3 035 | 3 200 | 3 500 | 3 800 | 3 900 | 4100 |

[1] Ohne Eigengewichte der Reise- und Transportfahrzeuge, Container, Trailer, Trägerschiffsleichter.- [2] Rostock, Warnemünde, Petersdorf.- [3] Sowie Container, Trailer, Trägerschiffsleichter.- [4] Jahresdurchschnitt.- [5] Lt. Umsatzsteuerstatistik; einschl. Mehrwertsteuer.- [6] Nur unverpacktes Massengut.- *Zum Teil vorläufige Werte.

## Seehäfen - Güterversand und Güterempfang

| | | 1979 | 1980 | 1981 | 1982 | 1983 | 1984 | 1985 | 1986 | 1987 | 1988 |
|---|---|---|---|---|---|---|---|---|---|---|---|
| **Güterversand**[1] | Mio. t | 40,5 | 40,0 | 45,3 | 47,7 | 45,0 | 47,2 | 46,9 | 42,3 | 44,5 | 46,7 |
| ausgewählter Häfen | | | | | | | | | | | |
| Hamburg | Mio. t | 15,2 | 16,7 | 19,9 | 22,2 | 19,7 | 19,4 | 19,9 | 16,8 | 18,0 | 18,4 |
| Bremen-Bremerhaven | Mio. t | 10,3 | 9,3 | 10,3 | 10,0 | 10,5 | 11,6 | 11,6 | 10,7 | 10,8 | 11,1 |
| Emden | Mio. t | 3,3 | 1,4 | 1,3 | 1,8 | 1,4 | 1,7 | 1,3 | 1,1 | 1,0 | 1,3 |
| nach Häfen außerhalb der BRD | Mio. t | 35,5 | 38,5 | 40,4 | 43,0 | 40,8 | 43,6 | 44,5 | 40,0 | 42,6 | 44,1 |
| dar. unter Flagge der BRD | vH | 25,0 | 24,0 | 22,0 | 20,0 | 21,0 | 20,0 | 20,0 | 23,0 | 19,0 | 18 |
| europäische Häfen | Mio. t | 18,9 | 23,4 | 21,5 | 25,0 | 23,2 | 23,1 | 25,0 | 21,2 | 23,4 | 24,2 |
| außereuropäische Häfen[2] | Mio. t | 16,6 | 15,1 | 18,9 | 18,0 | 17,6 | 20,5 | 19,5 | 18,8 | 19,2 | 19,9 |
| Anteile der Einsatzarten | | | | | | | | | | | |
| Linienfahrt | vH | 46 | 48 | 48 | 42 | 47 | 51 | 50 | 55 | 55 | 57 |
| Trampfahrt | vH | 43 | 36 | 37 | 39 | 35 | 35 | 38 | 34 | 36 | 32 |
| Tankfahrt | vH | 11 | 16 | 15 | 19 | 18 | 14 | 12 | 11 | 9 | 11 |
| **Güterempfang**[1] | Mio. t | 126,0 | 119,0 | 101,6 | 94,0 | 85,4 | 88,7 | 94,5 | 96,1 | 91,7 | 96,3 |
| dar. Erdöl | Mio. t | 42,8 | 39,2 | 31,2 | 25,3 | 22,4 | 22,4 | 20,5 | 23,1 | 18,9 | 23,5 |
| ausgewählter Häfen | | | | | | | | | | | |
| Hamburg | Mio. t | 46,0 | 44,0 | 39,1 | 37,5 | 28,8 | 31,7 | 37,0 | 35,2 | 35,4 | 37,4 |
| Bremen-Bremerhaven | Mio. t | 16,3 | 16,1 | 13,7 | 14,5 | 14,4 | 14,9 | 16,1 | 16,7 | 17,1 | 17,7 |
| Wilhelmshaven | Mio. t | 31,9 | 28,2 | 21,2 | 16,0 | 18,0 | 18,5 | 15,8 | 17,9 | 14,0 | 13,8 |
| Emden | Mio. t | 6,0 | 5,7 | 4,0 | 3,1 | 1,6 | 1,7 | 2,3 | 2,3 | 1,2 | 1,3 |
| von Häfen außerhalb der BRD | Mio. t | 121,0 | 114,0 | 96,7 | 88,9 | 81,2 | 85,0 | 91,9 | 93,5 | 89,7 | 93,4 |
| dar. unter Flagge der BRD | vH | 13,0 | 13,0 | 13,0 | 13,0 | 13,0 | 13,0 | 13,0 | 14,0 | 13,0 | 12 |
| europäische Häfen | Mio. t | 56,4 | 51,3 | 43,5 | 41,8 | 42,9 | 48,0 | 52,0 | 56,6 | 58,0 | 58,6 |
| außereuropäische Häfen[2] | Mio. t | 64,6 | 62,7 | 53,2 | 47,1 | 38,3 | 36,9 | 39,9 | 36,9 | 31,7 | 34,8 |
| Anteile der Einsatzarten | | | | | | | | | | | |
| Linienfahrt | vH | 12 | 13 | 15 | 15 | 18 | 18 | 17 | 18 | 21 | 23 |
| Trampfahrt | vH | 42 | 44 | 45 | 47 | 44 | 43 | 47 | 41 | 40 | 38 |
| Tankfahrt | vH | 46 | 43 | 40 | 38 | 38 | 39 | 36 | 41 | 39 | 39 |

[1] Ohne Eigengewichte der Reise- und Transportfahrzeuge, Container, Trailer, Lash-Leichter.- [2] Einschl. nichtermittelte Länder.

## Seehäfen - Güterversand und Güterempfang

| | | 1989 | 1990 | 1991 | 1992 | 1993 | 1994 | 1995 | 1996 | 1997 | 1998* |
|---|---|---|---|---|---|---|---|---|---|---|---|
| **Güterversand**[1] | Mio. t | 48,4 | 46,1 | 51,0 | 60,2 | 61,0 | 68,1 | 71,3 | 72,7 | 72,9 | 72,5 |
| ausgewählter Häfen | | | | | | | | | | | |
| Hamburg | Mio. t | 19,2 | 19,7 | 20,6 | 21,0 | 21,3 | 23,8 | 24,8 | 24,0 | 25,0 | 25,4 |
| Bremen-Bremerhaven | Mio. t | 11,3 | 10,0 | 10,1 | 9,7 | 9,7 | 10,8 | 10,9 | 10,8 | 11,4 | 11,6 |
| Emden | Mio. t | - | - | 3,2 | 3,2 | 4,9 | 6,5 | 7,2 | 8,3 | 7,8 | 5,9 |
| nach Häfen außerhalb der BRD | Mio. t | 46,7 | 46,7 | 48,5 | 55,5 | 57,5 | 65,0 | 68,4 | 69,1 | 69,1 | 69,0 |
| dar. unter Flagge der BRD | vH | 19 | 20 | . | 18 | 18 | 19 | 17 | 16 | 17 | 17 |
| europäische Häfen | Mio. t | 26,2 | 26,5 | 26,6 | 33,3 | 32,7 | 36,5 | 39,8 | 40,4 | 41,3 | 41,0 |
| außereuropäische Häfen[2] | Mio. t | 20,5 | 20,2 | 21,9 | 22,2 | 24,8 | 28,5 | 28,6 | 28,7 | 27,7 | 28,0 |
| Anteile der Einsatzarten | | | | | | | | | | | |
| Linienfahrt | vH | 55 | 60 | . | . | . | . | . | . | . | . |
| Trampfahrt | vH | 32 | 28 | . | . | . | . | . | . | . | . |
| Tankfahrt | vH | 13 | 12 | . | . | . | . | . | . | . | . |
| **Güterempfang**[1] | Mio. t | 94,2 | 99,5 | 112,8 | 122,6 | 123,0 | 128,3 | 133,0 | 133,3 | 140,5 | 144,9 |
| dar. Erdöl | Mio. t | 20,4 | 21,6 | . | 31,9 | 32,8 | 33,9 | 32,5 | 35,3 | 35,0 | 41,9 |
| ausgewählter Häfen | | | | | | | | | | | |
| Hamburg | Mio. t | 34,7 | 37,0 | 39,7 | 38,9 | 39,1 | 38,7 | 41,2 | 40,5 | 44,6 | 43,5 |
| Bremen-Bremerhaven | Mio. t | 18,6 | 17,7 | 18,0 | 17,6 | 15,8 | 17,0 | 17,6 | 17,7 | 19,2 | 19,3 |
| Wilhelmshaven | Mio. t | 14,2 | 15,5 | 17,1 | 24,9 | 26,0 | 27,6 | 25,7 | 28,6 | 28,3 | 35,0 |
| Emden | Mio. t | - | - | 6,8 | 6,8 | 6,9 | 7,8 | 9,0 | 8,3 | 9,0 | 9,5 |
| von Häfen außerhalb der BRD | Mio. t | 92,4 | 97,5 | 109,7 | 117,9 | 119,3 | 124,8 | 128,9 | 129,5 | 136,2 | 140,7 |
| dar. unter Flagge der BRD | vH | 12 | 12 | . | 12 | 12 | 12 | 11 | 11 | 10 | 9 |
| europäische Häfen | Mio. t | 57,4 | 61,4 | 70,4 | 78,9 | 84,3 | 89,6 | 91,7 | 92,8 | 94,8 | 97,5 |
| außereuropäische Häfen[2] | Mio. t | 35,0 | 36,1 | 39,3 | 39,0 | 35,0 | 35,2 | 37,1 | 36,7 | 41,4 | 43,2 |
| Anteile der Einsatzarten | | | | | | | | | | | |
| Linienfahrt | vH | 24 | 26 | . | . | . | . | . | . | . | . |
| Trampfahrt | vH | 41 | 39 | . | . | . | . | . | . | . | . |
| Tankfahrt | vH | 35 | 36 | . | . | . | . | . | . | . | . |

[1] Ohne Eigengewichte der Reise- und Transportfahrzeuge, Container, Trailer, Lash-Leichter.- [2] Einschl. nichtermittelte Länder.- * Zum Teil vorläufige Werte.

## Seehäfen - Containerverkehr

| | 1979 | 1980 | 1981 | 1982 | 1983 | 1984 | 1985 | 1986 | 1987 | 1988 |
|---|---|---|---|---|---|---|---|---|---|---|
| | **Beladene und leere Container - in 1 000** | | | | | | | | | |
| **Containerumschlag**[1] | 978,6 | 1 112,3 | 1 279,1 | 1 261,3 | 1 326,6 | 1 561,0 | 1 635,2 | 1 716,7 | 1 927,6 | 2 120,1 |
| dar. Bremen-Bremerhaven | 439,5 | 451,8 | 525,4 | 518,2 | 535,4 | 630,9 | 644,7 | 647,8 | 684,1 | 738,1 |
| Hamburg | 504,8 | 616,7 | 715,1 | 698,2 | 735,0 | 851,0 | 914,3 | 975,3 | 1 120,4 | 1 241,8 |
| Versand | 491,8 | 559,0 | 647,3 | 630,0 | 669,2 | 792,3 | 822,2 | 862,7 | 980,1 | 1 054,9 |
| dar. Bremen-Bremerhaven | 232,0 | 236,9 | 282,9 | 275,0 | 290,4 | 340,9 | 345,7 | 348,4 | 377,9 | 399,2 |
| Hamburg | 241,5 | 299,5 | 344,9 | 331,9 | 348,7 | 409,7 | 439,1 | 472,0 | 540,6 | 598,0 |
| Empfang | 486,8 | 553,3 | 631,8 | 631,3 | 657,3 | 768,7 | 813,0 | 854,0 | 947,5 | 1 065,2 |
| dar. Bremen-Bremerhaven | 207,5 | 214,9 | 242,5 | 243,2 | 245,0 | 290,1 | 298,9 | 299,4 | 306,3 | 338,8 |
| Hamburg | 263,3 | 317,2 | 370,2 | 366,3 | 386,3 | 441,2 | 475,1 | 503,3 | 579,8 | 643,8 |
| | **Beladene Container - Gewicht der Ladung in 1 000 t** | | | | | | | | | |
| **Containerumschlag**[1] | 9 659 | 10 502 | 12 157 | 11 817 | 13 128 | 15 314 | 16 220 | 17 932 | 20 563 | 22 535 |
| dar. Bremen-Bremerhaven | 4 693 | 4 596 | 5 276 | 5 195 | 5 708 | 6 638 | 6 600 | 7 064 | 7 615 | 8 047 |
| Hamburg | 4 676 | 5 559 | 6 570 | 6 264 | 6 972 | 8 137 | 8 924 | 10 064 | 12 004 | 13 516 |
| Versand | 5 070 | 5 399 | 6 809 | 6 682 | 7 410 | 8 836 | 9 458 | 10 085 | 11 364 | 12 603 |
| dar. Bremen-Bremerhaven | 2 568 | 2 471 | 3 147 | 3 038 | 3 402 | 4 119 | 4 204 | 4 292 | 4 609 | 4 834 |
| Hamburg | 2 340 | 2 728 | 3 474 | 3 427 | 3 749 | 4 413 | 4 904 | 5 372 | 6 286 | 7 303 |
| Empfang | 4 589 | 5 103 | 5 348 | 5 135 | 5 718 | 6 478 | 6 762 | 7 846 | 9 198 | 9 932 |
| dar. Bremen-Bremerhaven | 2 125 | 2 125 | 2 129 | 2 157 | 2 306 | 2 519 | 2 456 | 2 772 | 3 006 | 3 213 |
| Hamburg | 2 336 | 2 831 | 3 096 | 2 837 | 3 223 | 3 724 | 4 020 | 4 692 | 5 718 | 6 213 |

[1] Container (ohne Trailer) von 20 Fuß und darüber. Ohne Verkehr zwischen Häfen der Bundesrepublik sowie ohne Container auf Lastkraftwagen oder Eisenbahnwagen im Fährverkehr.

## Seehäfen - Containerverkehr

| | 1989 | 1990 | 1991 | 1992 | 1993 | 1994 | 1995 | 1996 | 1997 | 1998 |
|---|---|---|---|---|---|---|---|---|---|---|
| | | | Beladene und leere Container - in 1000 TEU[2] | | | | | | | |
| **Containerumschlag**[1] | 3 202 | 3 413 | 3 731 | 3 835 | 4 114 | 4 559 | 4 553 | 4 948 | 5 305 | 5 402 |
| dar. Bremen-Bremerhaven | 1 217 | 1 197 | 1 277 | 1 315 | 1 352 | 1 503 | 1 445 | 1 532 | 1 705 | 1 738 |
| Hamburg | 1 720 | 1 955 | 2 175 | 2 247 | 2 467 | 2 721 | 2 872 | 3 042 | 3 337 | 3 467 |
| Versand | 1 605 | 1 677 | 1 863 | 1 897 | 2 059 | 2 255 | 2 235 | 2 447 | 2 651 | 2 674 |
| dar. Bremen-Bremerhaven | 654 | 633 | 672 | 683 | 705 | 786 | 750 | 799 | 898 | 913 |
| Hamburg | 832 | 923 | 1 068 | 1 088 | 1 216 | 1 314 | 1 380 | 1 475 | 1 621 | 1 667 |
| Empfang | 1 597 | 1 736 | 1 868 | 1 937 | 2 055 | 2 305 | 2 319 | 2 500 | 2 654 | 2 728 |
| dar. Bremen-Bremerhaven | 563 | 564 | 605 | 633 | 647 | 717 | 695 | 733 | 807 | 825 |
| Hamburg | 888 | 1 032 | 1 107 | 1 159 | 1 251 | 1 407 | 1 493 | 1 567 | 1 716 | 1 800 |
| | | | Beladene Container - Gewicht der Ladung in 1 000 t | | | | | | | |
| **Containerumschlag**[1)3)] | 24 467 | 26 332 | 28 407 | 29 706 | 34 123 | 38 228 | 40 114 | 41 419 | 43 812 | 43 865 |
| dar. Bremen-Bremerhaven | 9 065 | 8 918 | 9 474 | 9 877 | 10 388 | 11 830 | 12 736 | 12 583 | 13 586 | 13 865 |
| Hamburg | 14 072 | 16 160 | 17 677 | 18 594 | 21 028 | 23 345 | 24 357 | 25 824 | 28 054 | 28 434 |
| Versand | 13 694 | 14 180 | 15 081 | 15 697 | 18 280 | 20 331 | 21 184 | 21 707 | 23 401 | 22 764 |
| dar. Bremen-Bremerhaven | 5 394 | 5 090 | 5 264 | 5 398 | 5 909 | 6 728 | 7 213 | 6 942 | 7 675 | 7 810 |
| Hamburg | 7 708 | 8 493 | 9 193 | 9 725 | 11 132 | 12 191 | 12 613 | 13 286 | 14 589 | 14 082 |
| Empfang | 10 772 | 12 152 | 13 326 | 14 009 | 15 843 | 17 897 | 18 930 | 19 713 | 20 410 | 21 101 |
| dar. Bremen-Bremerhaven | 3 672 | 3 828 | 4 211 | 4 479 | 4 479 | 5 102 | 5 523 | 5 641 | 5 912 | 6 055 |
| Hamburg | 6 364 | 7 667 | 8 484 | 8 869 | 9 896 | 11 154 | 11 744 | 12 538 | 13 465 | 14 352 |

1) Container (ohne Trailer) von 20 Fuß und darüber.- 2) Twenty-Feet-Equivalent-Unit.- 3) Ohne Verkehr zwischen Häfen der Bundesrepublik sowie ohne Container auf Lastkraftwagen oder Eisenbahnwagen im Fährverkehr.

## Öffentlicher Straßenpersonenverkehr[1] - Streckenlänge, Fahrzeugbestand, Kapazitäten

| | | 1979 | 1980 | 1981 | 1982 | 1983 | 1984 | 1985 | 1986 | 1987 | 1988 |
|---|---|---|---|---|---|---|---|---|---|---|---|
| **Streckenlänge[2]** | | | | | | | | | | | |
| Stadtschnellbahnen[3] | km | 283 | 325 | 390 | 381 | 396 | 415 | 425 | 458 | 477 | 539 |
| Straßenbahnen[4] | km | 1 667 | 1 603 | 1 543 | 1 562 | 1 514 | 1 520 | 1 477 | 1 438 | 1 389 | 1 331 |
| Obusverkehr | km | 58 | 58 | 59 | 60 | 59 | 40 | 40 | 40 | 40 | 40 |
| Kraftomnibusverkehr[5] | | | | | | | | | | | |
| Kommunale Unternehmen[6] | 1 000 km | 73,6 | 76,9 | 79,8 | 86,2 | 93,6 | 99,8 | 99,8 | 102,4 | 102,7 | 103,5 |
| Private Unternehmen | 1 000 km | 352,7 | 336,2 | 323,9 | 316,6 | 308,7 | 310,6 | 294,1 | 272,5 | 273,9 | 269,7 |
| **Fahrzeugbestand** | | | | | | | | | | | |
| Stadtschnellbahnwagen[2] | Anzahl | 2 226 | 2 445 | 2 705 | 2 610 | 2 794 | 2 872 | 3 009 | 3 099 | 3 197 | 3 311 |
| Straßenbahnwagen[2] | Anzahl | 4 617 | 4 355 | 4 051 | 4 027 | 3 760 | 3 630 | 3 469 | 3 316 | 3 217 | 3 070 |
| Triebwagen | Anzahl | 3 477 | 3 252 | 3 006 | 3 087 | 2 898 | 2 833 | 2 723 | 2 591 | 2 525 | 2 403 |
| Anhänger | Anzahl | 1 140 | 1 103 | 1 045 | 940 | 862 | 797 | 746 | 725 | 692 | 667 |
| Obusse[2] | Anzahl | 109 | 106 | 104 | 105 | 110 | 112 | 101 | 83 | 90 | 83 |
| Kraftomnibusse[2][7] | | | | | | | | | | | |
| Kommunale Unternehmen[6] | 1 000 | 18,1 | 19,2 | 19,0 | 19,5 | 19,5 | 19,2 | 19,1 | 19,3 | 19,2 | 19,3 |
| Private Unternehmen | 1 000 | 32,0 | 31,5 | 31,8 | 31,1 | 31,9 | 33,5 | 33,5 | 33,2 | 33,8 | 34,0 |
| Taxis und Mietwagen[8] | 1 000 | 54,9 | 57,0 | 57,5 | 58,0 | 57,6 | 58,0 | 58,7 | 59,6 | 61,0 | 63,0 |
| **Platzkapazität[2]** | | | | | | | | | | | |
| Stadtschnellbahnen | 1 000 | 374 | 421 | 463 | 460 | 504 | 525 | 555 | 575 | 598 | 621 |
| Straßenbahnen | 1 000 | 759 | 742 | 705 | 694 | 651 | 635 | 601 | 586 | 578 | 546 |
| Obusverkehr | 1 000 | 16 | 15 | 15 | 15 | 16 | 16 | 15 | 12 | 11 | 10 |
| Kraftomnibusverkehr | | | | | | | | | | | |
| Kommunale Unternehmen[6] | 1 000 | 1 838 | 1 906 | 1 918 | 1 979 | 1 987 | 1 972 | 1 955 | 1 989 | 1 975 | 1 986 |
| Private Unternehmen | 1 000 | 2 129 | 2 071 | 2 066 | 2 021 | 2 047 | 2 166 | 2 158 | 2 096 | 2 156 | 2 127 |

[1] Kommunale und gemischtwirtschaftliche sowie private Unternehmen; einschl. Taxis und Mietwagen. Ohne Kraftomnibusverkehr der Eisenbahnen und der Deutschen Bundespost.- [2] Stand: 30. 9.- [3] U-Bahnen, Hoch- und Schwebebahnen sowie Straßenbahnen mit überwiegend vom Individualverkehr unabhängiger Gleisführung und mit Einrichtungen zur automatischen Zugbeeinflussung.- [4] Seit 1980 ohne Straßenbahnen mit überwiegend vom Individualverkehr unabhängiger Gleisführung und mit Einrichtungen zur autom. Zugbeeinflussung.- [5] Linienlänge.- [6] Einschl. gemischtwirtschaftl. Unternehmen; seit 1989 einschl. des ausgegliederten Omnibusverkehrs der Deutschen Bundesbahn.- [7] Ohne vermietete, einschl. angemietete Fahrzeuge.- [8] Stand 1. 3.

# Öffentlicher Straßenpersonenverkehr[1] - Streckenlänge, Fahrzeugbestand, Kapazitäten

| | | 1989 | 1990 | 1991 | 1992 | 1993 | 1994 | 1995 | 1996 | 1997 | 1998* |
|---|---|---|---|---|---|---|---|---|---|---|---|
| **Streckenlänge**[2] | | | | | | | | | | | |
| Stadtschnellbahnen[3] | km | 562 | 588 | 679 | 766 | 777 | 828 | 854 | 881 | 909 | 942 |
| Straßenbahnen[4] | km | 1 316 | 1 309 | 2 267 | 2 153 | 2 106 | 2 067 | 2 077 | 2 086 | 2 057 | 2 119 |
| Obusverkehr | km | 40 | 40 | 68 | 69 | 92 | 112 | 97 | 97 | 97 | 98 |
| Kraftomnibusverkehr[5] | | | | | | | | | | | |
| Kommunale Unternehmen[6] | 1 000 km | 149,6 | 226,2 | 453,0 | 375,5 | 386,8 | 385,5 | 360,5 | 348,5 | 350,2 | 352,4 |
| Private Unternehmen | 1 000 km | 273,6 | 277,4 | 326,3 | 338,1 | 348,1 | 391,7 | 357,0 | 350,3 | 450,9 | 397,8 |
| **Fahrzeugbestand** | | | | | | | | | | | |
| Stadtschnellbahnwagen[2] | Anzahl | 3 330 | 3 477 | 3 897 | 3 933 | 4 048 | 3 912 | 4 079 | 4 302 | 4 289 | 4 308 |
| Straßenbahnwagen[2] | Anzahl | 2 953 | 2 854 | 7 373 | 7 706 | 6 729 | 6 417 | 6 186 | 6 063 | 5 676 | 5 335 |
| Triebwagen | Anzahl | 2 336 | 2 285 | 5 500 | 5 967 | 5 177 | 5 059 | 4 957 | 4 995 | . | 4 570 |
| Anhänger | Anzahl | 617 | 569 | 1 873 | 1 739 | 1 552 | 1 358 | 1 229 | 1 068 | . | 765 |
| Obusse[2] | Anzahl | 78 | 78 | 132 | 139 | 129 | 122 | 97 | 100 | 93 | 90 |
| Kraftomnibusse[2][7] | | | | | | | | | | | |
| Kommunale Unternehmen[6] | 1 000 | 23,7 | 30,7 | 42,1 | 41,3 | 41,2 | 41,4 | 41,1 | 41,7 | 42,0 | 41 |
| Private Unternehmen | 1 000 | 34,0 | 34,1 | 36,3 | 36,8 | 37,2 | 38,4 | 38,4 | 38,0 | 38,7 | 39,3 |
| Taxis und Mietwagen[8] | 1 000 | 64,0 | 65,0 | 74,0 | 75,0 | 75,0 | 75,0 | 75,5 | . | . | . |
| **Platzkapazität**[2] | | | | | | | | | | | |
| Stadtschnellbahnen | 1 000 | 643 | 666 | 679 | 649 | 660 | 585 | 613 | 548 | 545 | 553 |
| Straßenbahnen | 1 000 | 530 | 519 | 914 | 862 | 756 | 729 | 716 | 673 | 660 | 640 |
| Obusverkehr | 1 000 | 9 | 9 | 18 | 16 | 16 | 14 | 12 | 13 | 12 | 11 |
| Kraftomnibusverkehr | | | | | | | | | | | |
| Kommunale Unternehmen[6] | 1 000 | 2 384 | 3 036 | 3 953 | 3 791 | 3 771 | 3 827 | 3 787 | 3 508 | 3 838 | 3 810 |
| Private Unternehmen | 1 000 | 2 127 | 2 121 | 2 279 | 2 302 | 2 343 | 2 446 | 2 444 | 2 442 | 2 492 | 2 051 |

[1] Kommunale und gemischtwirtschaftliche sowie private Unternehmen; bis 1995 einschl. Taxis und Mietwagen. Ohne Kraftomnibusverkehr der Eisenbahnen und der Deutschen Bundespost.- [2] Stand: 30. 9.- [3] U-Bahnen, Hoch- und Schwebebahnen sowie Straßenbahnen mit überwiegend vom Individualverkehr unabhängiger Gleisführung und mit Einrichtungen zur automatischen Zugbeeinflussung.- [4] Ohne Straßenbahnen mit überwiegend vom Individualverkehr unab hängiger Gleisführung und mit Einrichtungen zur autom. Zugbeeinflussung.- [5] Linienlänge.- [6] Einschl. gemischtwirtschaftl. Unternehmen; seit 1989 einschl. des ausgegliederten Omnibusverkehrs der Deutschen Bundesbahn.- [7] Ohne vermietete, einschl. angemietete Fahrzeuge.- [8] Stand 1. 3.- *Vorläufige Werte.

## Öffentlicher Straßenpersonenverkehr[1)2)] - Betriebs- und Verkehrsleistungen, Erwerbstätige, Einnahmen

| | | 1979 | 1980 | 1981 | 1982 | 1983 | 1984 | 1985 | 1986 | 1987 | 1988 |
|---|---|---|---|---|---|---|---|---|---|---|---|
| **Betriebsleistung - Wagenkilometer[3)]** | | | | | | | | | | | |
| Kommunale Unternehmen[4)] | Mio. | 1 212 | 1 246 | 1 270 | 1 294 | 1 283 | 1 266 | 1 270 | 1 273 | 1 291 | 1 316 |
| Stadtschnellbahnen[5)] | Mio. | 147 | 160 | 179 | 180 | 182 | 185 | 192 | 198 | 206 | 208 |
| Straßenbahnen[6)] | Mio. | 220 | 211 | 206 | 201 | 190 | 180 | 178 | 168 | 163 | 160 |
| Obusse | Mio. | 4 | 4 | 4 | 4 | 4 | 4 | 4 | 3 | 3 | 3 |
| Kraftomnibusse | Mio. | 841 | 871 | 881 | 909 | 907 | 897 | 897 | 903 | 919 | 945 |
| Private Unternehmen[7)] | Mio. | 1 317 | 1 371 | 1 368 | 1 368 | 1 396 | 1 350 | 1 063 | 1 048 | 1 075 | 1 098 |
| **Verkehrsaufkommen - Beförderte Personen** | | | | | | | | | | | |
| Kommunale Unternehmen[4) 8)] | Mio. | 4 623 | 4 760 | 4 790 | 4 638 | 4 485 | 4 244 | 4 280 | 4 235 | 4 292 | 4 286 |
| Private Unternehmen[7)] | Mio. | 886 | 892 | 887 | 834 | 799 | 758 | 607 | 569 | 569 | 555 |
| Taxi- und Mietwagenverkehr | Mio. | 360 | 365 | 355 | 320 | 320 | 330 | 335 | 340 | 345 | 355 |
| **Verkehrsleistung - Personenkilometer[3)]** | | | | | | | | | | | |
| Kommunale Unternehmen[4)] | Mio. Pkm | 25 637 | 26 550 | 27 009 | 26 680 | 25 697 | 24 440 | 24 551 | 24 402 | 24 777 | 24 913 |
| Private Unternehmen[7)] | Mio. Pkm | 33 362 | 34 289 | 35 549 | 35 316 | 35 476 | 34 460 | 27 087 | 26 920 | 27 133 | 27 507 |
| Taxi- und Mietwagenverkehr | Mio. Pkm | 2 170 | 2 200 | 2 160 | 1 940 | 1 940 | 2 000 | 2 040 | 2 100 | 2 140 | 2 210 |
| **Erwerbstätige[9)]** | 1 000 | 171 | 175 | 178 | 179 | 178 | 177 | 178 | 183 | 187 | 190 |
| **Einnahmen[10)]** | | | | | | | | | | | |
| Kommunale Unternehmen[11)] | Mio. DM | 4 083 | 4 224 | 4 675 | 4 840 | 4 949 | 5 026 | 5 220 | 5 189 | 5 414 | 5 603 |
| Private Unternehmen[11)] | Mio. DM | 3 184 | 3 501 | 3 731 | 3 946 | 4 082 | 4 165 | 4 279 | 4 324 | 4 517 | 6 456 |
| Taxi- und Mietwagenverkehr | Mio. DM | 2 300 | 2 620 | 2 750 | 2 680 | 2 580 | 2 760 | 2 930 | 3 020 | 3 150 | 3 300 |

[1)] Kommunale und gemischtwirtschaftliche sowie private Unternehmen; einschl. Taxis und Mietwagen. Ohne Kraftomnibusverkehr der Eisenbahnen und der Deutschen Bundespost.- [2)] Einschl. des freigestellten Schülerverkehrs.- [3)] Im Bundesgebiet sowie (bis 1990) von und nach Berlin-W.- [4)] Stadtschnellbahn-, Straßenbahn-, Obus- und Kraftomnibusve rkehr kommunaler und gemischtwirtschaftlicher Unternehmen. Ab 1989 einschl. des ausgegliederten Omnibusverkehrs der Deutschen Bundesbahn.-
[5)] U-Bahnen, Hoch- und Schwebebahnen sowie Straßenbahnen mit überwiegend vom Individualverkehr unabhängiger Gleisführung und mit Einrichtungen zur automatischen Zugbeeinflussung.- Weitere Anmerkungen siehe folgende Seite.

## Öffentlicher Straßenpersonenverkehr[1)2)] - Betriebs- und Verkehrsleistungen, Erwerbstätige, Einnahmen

| | | 1989 | 1990 | 1991 | 1992 | 1993 | 1994 | 1995 | 1996 | 1997 | 1998* |
|---|---|---|---|---|---|---|---|---|---|---|---|
| **Betriebsleistung - Wagenkilometer[3)]** | | | | | | | | | | | |
| Kommunale Unternehmen[4)] | Mio. | 1 571 | 1 775 | 2 575 | 2 529 | 2 532 | 2 522 | 2 503 | 2 558 | 2 611 | 2 604 |
| Stadtschnellbahnen[5)] | Mio. | 220 | 231 | 268 | 272 | 289 | 302 | 310 | 323 | 332 | 334 |
| Straßenbahnen[6)] | Mio. | 156 | 154 | 358 | 346 | 336 | 316 | 305 | 296 | 288 | 282 |
| Obusse | Mio. | 3 | 3 | 6 | 6 | 6 | 6 | 5 | 5 | 5 | 4 |
| Kraftomnibusse | Mio. | 1 192 | 1 387 | 1 943 | 1 906 | 1 901 | 1 898 | 1 884 | 1 935 | 1 987 | 1 983 |
| Private Unternehmen[7)] | Mio. | 1 109 | 1 185 | 1 239 | 1 291 | 1 265 | 1 221 | 1 213 | 1 219 | 1 227 | 1 223 |
| **Verkehrsaufkommen - Beförderte Personen** | | | | | | | | | | | |
| Kommunale Unternehmen[4) 8)] | Mio. | 4 695 | 5 167 | 7 121 | 7 094 | 7 151 | 7 157 | 7 102 | 7 058 | 7 087 | 7 000 |
| Private Unternehmen[7)] | Mio. | 541 | 545 | 570 | 579 | 586 | 585 | 594 | 591 | 577 | 609 |
| Taxi- und Mietwagenverkehr | Mio. | 365 | 380 | 435 | 445 | 445 | 445 | 440 | . | . | . |
| **Verkehrsleistung - Personenkilometer[3)]** | | | | | | | | | | | |
| Kommunale Unternehmen[4)] | Mio. Pkm | 29 031 | 33 191 | 49 586 | 46 116 | 45 401 | 44 540 | 43 918 | 43 614 | 44 085 | 43 962 |
| Private Unternehmen[7)] | Mio. Pkm | 27 896 | 29 898 | 32 002 | 32 431 | 32 331 | 31 036 | 31 135 | 31 152 | 30 287 | 30 052 |
| Taxi- und Mietwagenverkehr | Mio. Pkm | 2 300 | 2 460 | 2 840 | 2 900 | 2 940 | 2 950 | 2 900 | . | . | . |
| **Erwerbstätige[9)]** | 1 000 | 197 | 204 | 257 | 256 | 250 | 240 | 237 | 184 | 165 | 163 |
| **Einnahmen[10)]** | | | | | | | | | | | |
| Kommunale Unternehmen[11)] | Mio. DM | 6 263 | 7 089 | 8 260 | 9 015 | 9 179 | 9 551 | 10 444 | 10 647 | 11 307 | 11 650 |
| Private Unternehmen[11)] | Mio. DM | 6 430 | 5 172 | 5 670 | 6 050 | 6 456 | 6 618 | 6 731 | 6 934 | 7 238 | 7 450 |
| Taxi- und Mietwagenverkehr | Mio. DM | 3 660 | 3 950 | 5 600 | 6 050 | 6 080 | 6 100 | 6 150 | . | . | . |

Beginn der Anmerkungen siehe vorige Seite.- [6)] Ohne Straßenbahnen mit überwiegend vom Individualverkehr unabhängiger Gleisführung und mit Einrichtungen zur automatischen Zugbeeinflussung.- [7)] Kraftomnibusverkehr. Seit 1985 ohne Verkehr der Kleinunternehmen mit weniger als 6 Kraftomnibussen.- [8)] Ohne Mehrfachzählungen durch Wechsel der Transportmittel.- [9)] Jahresdurchschnitt. Ab 1996 ohne Taxi- und Mietwagenverkehr.- [10)] Betriebserträge einschl. Mehrwertsteuer.- [11)] Einschl. tarifliche Abgeltungszahlungen und Einnahmen aus dem freigestellten Schülerverkehr. - *Vorläufige Werte.

## Verkehrsverbünde für den öffentlichen Personennahverkehr[1] - Verkehrsleistungen, Einnahmen

| Verkehrsverbund | 1977 | 1978 | 1979 | 1980 | 1981 | 1982 | 1983 | 1984 | 1985 | 1986 | 1987 |
|---|---|---|---|---|---|---|---|---|---|---|---|
| **Beförderte Personen[2] - in Mio.** | | | | | | | | | | | |
| Hamburg | 420 | 426 | 434 | 436 | 450 | 449 | 445 | 430 | 417 | 412 | 419 |
| München | 417 | 432 | 449 | 451 | 463 | 464 | 474 | 479 | 485 | 482 | 487 |
| Frankfurt | 200 | 198 | 206 | 212 | 215 | 215 | 209 | 206 | 207 | 209 | 210 |
| Stuttgart | - | . | 172 | 182 | 190 | 191 | 188 | 181 | 190 | 192 | 197 |
| Rhein-Ruhr | - | - | - | 901 | 915 | 887 | 841 | 776 | 817 | 794 | 777 |
| Rhein-Sieg | - | - | - | - | - | - | - | - | - | - | . |
| Hannover | 143 | 145 | 156 | 158 | 172 | 168 | 162 | 158 | 158 | 156 | 159 |
| Berlin-West | 547 | 539 | 553 | 572 | 567 | 547 | 536 | 524 | 519 | 506 | 510 |
| **Personenkilometer - in Mio.** | | | | | | | | | | | |
| Hamburg | 3 504 | 3 554 | 3 632 | 3 664 | 3 797 | 3 793 | 3 790 | 3 701 | 3 660 | 3 607 | 3 628 |
| München | 3 226 | 3 364 | 3 540 | 3 701 | 3 857 | 3 875 | 4 351 | 4 425 | 4 399 | 4 327 | 4 405 |
| Frankfurt | 1 660 | 1 647 | 1 718 | 1 772 | 2 094 | 2 171 | 2 126 | 1 904 | 1 946 | 1 988 | 1 864 |
| Stuttgart | - | . | . | . | 1 480 | 1 488 | 1 464 | 1 415 | 1 480 | 1 502 | 1 525 |
| Rhein-Ruhr | - | - | - | . | . | . | . | . | . | . | 5 503 |
| Rhein-Sieg | - | - | - | - | - | - | - | - | - | - | . |
| Hannover | 1 203 | 1 203 | 1 281 | 1 292 | 1 407 | 1 374 | 1 325 | 1 295 | 1 314 | 1 277 | 1 302 |
| Berlin-West | 3 673 | 3 697 | 3 805 | 3 957 | 3 983 | 3 860 | 3 786 | 3 764 | 3 870 | 3 839 | 3 818 |
| **Einnahmen[3] - in Mio. DM** | | | | | | | | | | | |
| Hamburg | 367 | 385 | 414 | 428 | 472 | 481 | 504 | 529 | 539 | 542 | 561 |
| München | 312 | 319 | 336 | 425 | 444 | 445 | 460 | 475 | 501 | 509 | 517 |
| Frankfurt | 186 | 211 | 230 | 246 | 271 | 279 | 292 | 297 | 319 | 317 | 328 |
| Stuttgart | - | . | 176 | 188 | 211 | 235 | 244 | 255 | 268 | 272 | 278 |
| Rhein-Ruhr | - | - | - | 870 | 949 | 980 | 1 033 | 1 033 | 1 033 | 1 074 | 1 107 |
| Rhein-Sieg | - | - | - | - | - | - | - | - | - | - | . |
| Hannover | 103 | 109 | 118 | 124 | 144 | 152 | 155 | 154 | 169 | 166 | 169 |
| Berlin-West | 331 | 365 | 403 | 426 | 458 | 478 | 503 | 541 | 576 | 593 | 637 |

[1] Die Angaben der einzelnen Verkehrsverbünde sind nur bedingt miteinander vergleichbar.- [2] Ohne Mehrfachzählungen durch Wechsel der Transportmittel.-
[3] Tarifeinnahmen einschl. Mehrwertsteuer sowie Ausgleichszahlungen nach dem Schwerbehindertengesetz, jedoch ohne Finanzierungsbeiträge nach § 45 a PBefG und § 6 a Allg. Eisenbahngesetz.- Weitere Anmerkungen siehe folgende Seite.

## Verkehrsverbünde für den öffentlichen Personennahverkehr[1] - Verkehrsleistungen, Einnahmen

| Verkehrsverbund | 1988 | 1989 | 1990 | 1991 | 1992 | 1993 | 1994 | 1995 | 1996 | 1997 | 1998 |
|---|---|---|---|---|---|---|---|---|---|---|---|
| **Beförderte Personen[2] - in Mio.** | | | | | | | | | | | |
| Hamburg | 416 | 423 | 436 | 451 | 458 | 470 | 476 | 481 | 478 | 477 | 482 |
| München | 489 | 500 | 507 | 521 | 535 | 538 | 529 | 529 | 533 | . | 540 |
| Frankfurt[4] | 213 | 218 | 226 | 238 | 238 | 244 | 224 | . | . | . | 560 |
| Stuttgart | 199 | 198 | 208 | 222 | 230 | 240 | 280 | 261 | 277 | 273 | 282 |
| Rhein-Ruhr | 764 | 764 | 849 | 981 | 1 003 | 1 064 | 1 081 | 1 077 | 1 072 | 1 056 | 1 068 |
| Rhein-Sieg | 316 | 317 | 328 | 337 | 339 | 356 | 382 | 384 | 379 | 383 | 391 |
| Hannover | 156 | 157 | 163 | 171 | 170 | 174 | 174 | 174 | 167 | . | 186 |
| Berlin[5] | 508 | 578 | 705 | 982 | 1 002 | 1 017 | 923 | 872 | . | . | . |
| **Personenkilometer - in Mio.** | | | | | | | | | | | |
| Hamburg | 3 564 | 3 636 | 3 396 | 3 510 | 3 570 | 3 658 | 3 701 | 3 738 | 3 717 | 3 708 | 3 685 |
| München | 4 507 | 4 713 | 4 846 | 4 987 | 5 135 | 5 043 | 4 991 | 4 978 | 5 038 | . | 5 042 |
| Frankfurt[4] | 1 889 | 1 936 | 1 977 | 2 025 | 2 005 | 2 032 | 1 903 | . | . | . | 5 800 |
| Stuttgart | 1 546 | 1 555 | 1 617 | 1 720 | 1 794 | . | 2 141 | 2 131 | 2 387 | 2 352 | 2 900 |
| Rhein-Ruhr | 5 410 | 5 418 | 5 580 | 6 379 | 6 573 | 6 919 | 7 026 | 8 998 | 6 967 | 6 863 | 6 940 |
| Rhein-Sieg | . | . | . | . | . | . | . | 3 114 | . | . | . |
| Hannover | 1 275 | 1 288 | 1 335 | 1 404 | 1 393 | 1 427 | 1 430 | 1 428 | 1 373 | . | 1 520 |
| Berlin[4] | 3 870 | 4 422 | 5 527 | 7 704 | 6 573 | 6 663 | 4 825 | 4 216 | . | . | . |
| **Einnahmen[3] - in Mio. DM** | | | | | | | | | | | |
| Hamburg | 548 | 554 | 547 | 606 | 622 | 611 | 637 | 658 | 665 | 664 | 675 |
| München | 544 | 553 | 554 | 634 | 679 | 742 | 770 | 793 | 739 | . | 771,193 |
| Frankfurt[4] | 343 | 357 | 365 | 372 | 377 | 393 | 396 | . | . | . | 940 |
| Stuttgart | 286 | 291 | 305 | 328 | 352 | . | 467 | 481 | 485 | 489 | 474 |
| Rhein-Ruhr | 1 136 | 1 052 | 1 073 | 1 024 | 1 031 | 1 083 | 1 147 | 1 211 | 1 123 | 1 155 | 1 204 |
| Rhein-Sieg | 429 | 453 | 409 | 433 | 449 | 475 | 491 | 509 | 532 | 541 | 555 |
| Hannover | 169 | 170 | 213 | 221 | 223 | 239 | 250 | 258 | 222 | . | 233,15 |
| Berlin[4] | 630 | 658 | 722 | 881 | 907 | 1 003 | 953 | 917 | . | . | . |

Beginn der Anmerkungen siehe vorige Seite.- [4] Ab 1998 Rhein-Main-Verkehrsverbund.- [5] Bis 1990 Berlin (West) - BVG. 1990 Berlin (Ost): 376 Mill. beförderte Personen; 2016 Mio. Pkm. Bis 1996 Verkehrsgemeinschaft Berlin-Brandenburg.

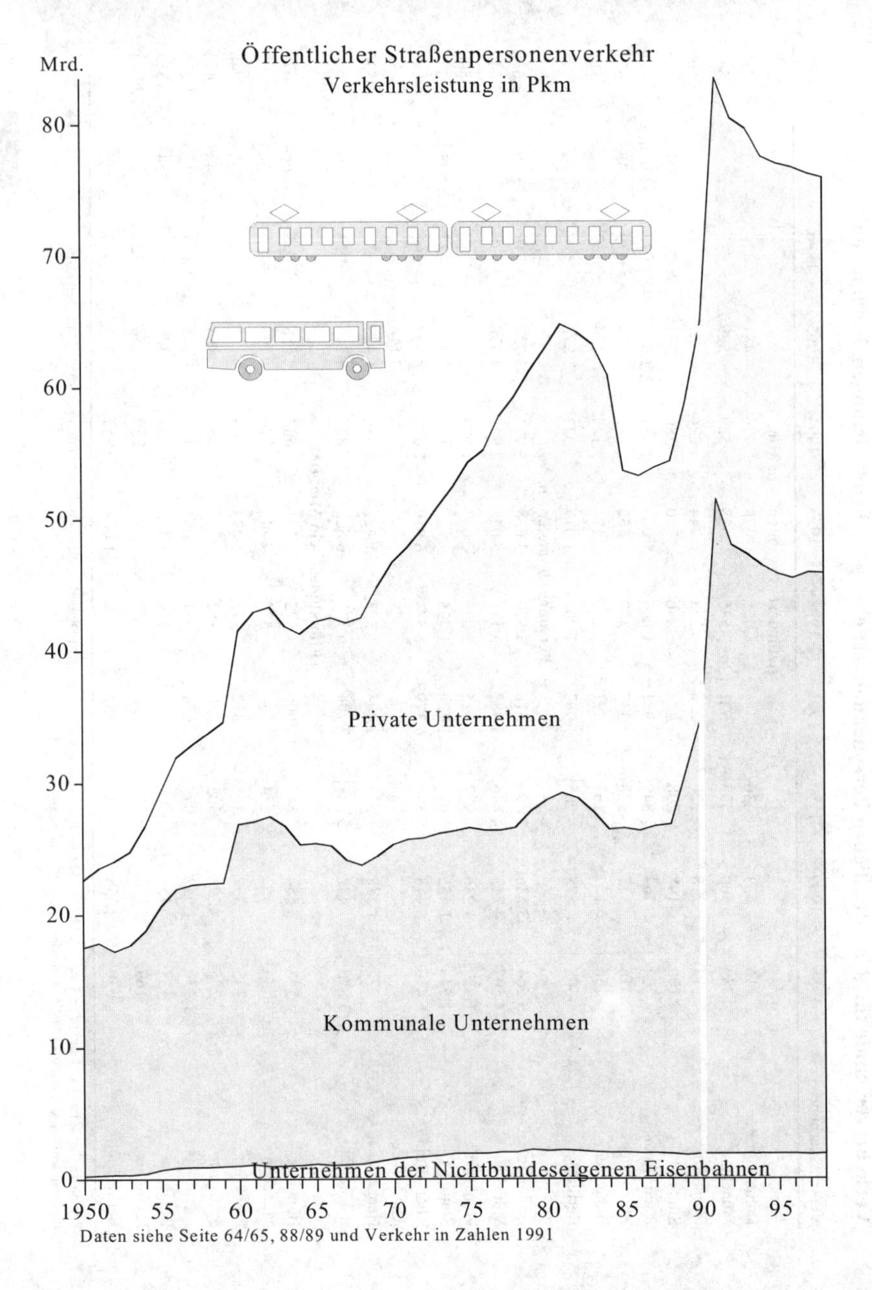

Daten siehe Seite 64/65, 88/89 und Verkehr in Zahlen 1991

## Gewerblicher Güterkraftverkehr

| | | 1994 | 1995 | 1996 | 1997* | 1998* |
|---|---|---|---|---|---|---|
| **Fahrzeugbestand**[1)2)] | | | | | | |
| Lastkraftwagen | 1 000 | 151,6 | . | 130,6 | 130,3 | . |
| mit Spezialaufbau | 1 000 | 40,9 | . | 34,0 | 36,8 | . |
| Lastkraftfahrzeuganhänger | 1 000 | 138,1 | . | 125,2 | 134,4 | . |
| Sattelanhänger | 1 000 | 55,1 | . | 57,1 | 65,9 | . |
| Lastkraftwagen nach Nutzlastklassen | | | | | | |
| bis 3,5 t | 1 000 | 46,4 | . | 41,7 | . | . |
| über 3,5 bis 7,5 t | 1 000 | 32,7 | . | 20,0 | 21,8 | . |
| über 7,5 bis 9 t | 1 000 | 23,5 | . | 18,0 | 16,3 | . |
| über 9 bis 14 t | 1 000 | 33,3 | . | 33,2 | 31,4 | . |
| über 14 t | 1 000 | 15,8 | . | 17,6 | . | . |
| **Ladekapazität**[1)2)] | 1000 t | 3 462 | . | 3 360 | 3 918 | . |
| Lastkraftwagen | 1000 t | 1 101 | . | 1 047 | 1 376 | . |
| Lastkraftfahrzeuganhänger | 1000 t | 2 361 | . | 2 313 | 2 542 | . |
| **Verkehrsaufkommen**[3)] | Mio. t | 1 604 | 1 646 | 1 595 | 1 541 | 1 506 |
| **Verkehrsleistung**[3)] | Mrd. tkm | 137,7 | 145,1 | 146,0 | 151,3 | 160,2 |
| **Erwerbstätige**[1)4)] | 1 000 | 309 | 294 | 251 | 266 | 270 |
| **Einnahmen**[1)5)] | Mio. DM | 49 970 | 48 300 | 41 270 | 42 100 | 43 000 |

[1)] Unternehmen mit wirtschaftlichem Schwerpunkt im Straßengüternah- und -fernverkehr und Umzugsverkehr.- [2)] Eingesetzte Fahrzeuge. Ohne Zugmaschinen. Stand Ende Oktober.- [3)] Ohne Transporte mit Lastkraftfahrzeugen bis 6 t zulässiges Gesamtgewicht oder 3,5 t Nutzlast.- [4)] Jahresdurchschnitt.- [5)] Frachteinnahmen einschl. sonstiger Betriebseinnahmen. Einschl. Mehrwersteuer.- * Zum Teil vorläufige Werte.

## Fluggesellschaften[1]

| | | 1979 | 1980 | 1981 | 1982 | 1983 | 1984 | 1985 | 1986 | 1987 | 1988 |
|---|---|---|---|---|---|---|---|---|---|---|---|
| **Luftfahrzeugbestand**[2] | Anzahl | 611 | 621 | 653 | 646 | 616 | 660 | 710 | 701 | 777 | 791 |
| Flugzeuge[3] | Anzahl | 519 | 505 | 538 | 521 | 503 | 536 | 547 | 546 | 596 | 627 |
| Startgewicht | | | | | | | | | | | |
| bis 20 t | Anzahl | 378 | 357 | 376 | 356 | 342 | 372 | 372 | 367 | 407 | 420 |
| über 20 t bis 75 t | Anzahl | 35 | 35 | 54 | 61 | 59 | 58 | 66 | 64 | 73 | 85 |
| über 75 t bis 175 t | Anzahl | 79 | 84 | 76 | 65 | 65 | 69 | 70 | 73 | 65 | 74 |
| über 175 t | Anzahl | 27 | 29 | 32 | 39 | 37 | 37 | 39 | 42 | 51 | 48 |
| Hubschrauber[4] | Anzahl | 92 | 116 | 115 | 125 | 113 | 124 | 163 | 155 | 181 | 164 |
| **Verkehrsaufkommen** | | | | | | | | | | | |
| Beförderte Personen | 1 000 | 19 873 | 19 540 | 19 994 | 20 239 | 21 201 | 22 812 | 24 267 | 25 279 | 28 333 | 29 940 |
| Inlandsverkehr | 1 000 | 5 710 | 5 673 | 5 626 | 5 376 | 5 594 | 6 026 | 6 449 | 6 384 | 6 755 | 7 109 |
| Auslandsverkehr | 1 000 | 14 163 | 13 867 | 14 368 | 14 863 | 15 607 | 16 786 | 17 818 | 18 895 | 21 578 | 22 831 |
| Beförderte Güter[5] | 1 000 t | 471 | 479 | 480 | 485 | 550 | 625 | 653 | 747 | 857 | 921 |
| Inlandsverkehr | 1 000 t | 124 | 132 | 128 | 121 | 136 | 154 | 161 | 180 | 193 | 206 |
| Auslandsverkehr | 1 000 t | 347 | 347 | 352 | 364 | 414 | 471 | 492 | 567 | 664 | 715 |
| **Verkehrsleistung** | | | | | | | | | | | |
| Personenkilometer | Mio. Pkm | 35 430 | 35 750 | 37 270 | 38 070 | 40 590 | 43 600 | 45 800 | 48 890 | 57 200 | 60 990 |
| Tonnenkilometer[5] | Mio. tkm | 1 700 | 1 730 | 1 750 | 1 860 | 2 210 | 2 620 | 2 740 | 3 190 | 3 685 | 3 895 |
| **Erwerbstätige**[6] | 1 000 | 34 | 35 | 35 | 35 | 35 | 36 | 38 | 42 | 45 | 46 |
| **Einnahmen**[7] | Mio. DM | 6 700 | 8 200 | 9 740 | 10 400 | 11 300 | 12 850 | 13 660 | 13 060 | 13 980 | 15 000 |
| dar. aus Beförderungsleistungen[8] | Mio. DM | 6 013 | 7 038 | 8 236 | 8 932 | 9 671 | 10 952 | 11 747 | 11 274 | 12 054 | 13 133 |
| Personenverkehr[8] | Mio. DM | 4 867 | 5 797 | 6 775 | 7 433 | 7 981 | 8 851 | 9 180 | 8 765 | 9 637 | 10 382 |
| Güterverkehr[8] | Mio. DM | 1 000 | 1 241 | 1 461 | 1 499 | 1 690 | 2 102 | 2 567 | 2 508 | 2 417 | 2 751 |

[1] Unternehmen der Bundesrepublik; ohne Berlin (West).- [2] Stand 1. 7. Ohne vermietete, einschl. angemietete Luftfahrzeuge.- [3] Die Flugzeuge mit einem Startgewicht über 20 t sind bis 1986 ausschließlich mit Strahlturbinenantrieb ausgerüstet.- [4] Einschl. sonstiger Luftfahrzeuge.- [5] Fracht einschl. Post.- [6] Jahresdurchschnitt.- [7] Einschl. Mehrwertsteuer.- [8] Ohne Mehrwertsteuer.

# Fluggesellschaften[1)]

| | | 1989 | 1990 | 1991 | 1992 | 1993 | 1994 | 1995 | 1996 | 1997 | 1998 |
|---|---|---|---|---|---|---|---|---|---|---|---|
| **Luftfahrzeugbestand**[2)] | Anzahl | 820 | 851 | 1 030 | 1 281 | 1 045 | 1 277 | 1 454 | 1 724 | 1 665 | . |
| Flugzeuge[3)] | Anzahl | 664 | 707 | 863 | 1 035 | 856 | 954 | 1 080 | 1 142 | 1 088 | . |
| Startgewicht | | | | | | | | | | | |
| bis 20 t | Anzahl | 443 | 439 | 556 | 633 | 490 | 518 | 657 | 690 | 714 | . |
| über 20 t bis 75 t | Anzahl | 98 | 111 | 156 | 208 | 227 | 243 | 227 | 253 | 230 | . |
| über 75 t bis 175 t | Anzahl | 74 | 107 | 88 | 112 | 75 | 121 | 134 | 148 | 109 | . |
| über 175 t | Anzahl | 49 | 50 | 63 | 82 | 64 | 72 | 62 | 51 | 35 | . |
| Hubschrauber[4)] | Anzahl | 156 | 144 | 167 | 246 | 189 | 323 | 374 | 582 | 577 | . |
| **Verkehrsaufkommen** | | | | | | | | | | | |
| Beförderte Personen | 1 000 | 32 016 | 34 782 | . | 45 110 | 48 190 | 54 404 | 59 272 | 60 982 | 59 087 | 57 950 |
| Inlandsverkehr | 1 000 | 8 066 | 9 309 | . | . | 15 750 | 15 645 | 16 750 | 17 060 | 16 630 | 17 540 |
| Auslandsverkehr | 1 000 | 23 950 | 25 473 | . | . | 32 440 | 38 758 | 42 522 | 43 922 | 42 456 | 40 410 |
| Beförderte Güter[5)] | 1 000 t | 1 021 | 1 080 | . | 1 230 | 1 300 | 1 470 | 1 655 | 1 725 | 1 745 | 1 745 |
| Inlandsverkehr | 1 000 t | 242 | 266 | . | 315 | 305 | 510 | 655 | 685 | 690 | 690 |
| Auslandsverkehr | 1 000 t | 779 | 814 | . | 915 | 995 | 960 | 1 000 | 1 040 | 1 055 | 1 055 |
| **Verkehrsleistung** | | | | | | | | | | | |
| Personenkilometer | Mio. Pkm | 65 600 | 73 180 | . | 89 720 | 98 780 | 108 800 | 118 665 | 121 430 | 125 560 | 122 474 |
| Tonnenkilometer[5)] | Mio. tkm | 4 310 | 4 545 | . | 4 970 | 5 250 | 5 690 | 6 235 | 6 450 | 6 550 | 6 696 |
| **Erwerbstätige**[6)] | 1 000 | 49 | 53 | . | 61 | 56 | 55 | 45 | 47 | 47 | 46 |
| **Einnahmen**[7)] | Mio. DM | 16 560 | 17 960 | 20 530 | 22 296 | 23 366 | 26 557 | 26 590 | 27 486 | 28 037 | 28 200 |
| dar. aus Beförderungsleistungen[8)] | Mio. DM | 14 435 | 15 714 | 17 984 | 20 474 | 21 197 | 24 095 | 24 777 | 26 353 | 27 567 | 27 700 |
| Personenverkehr[8)] | Mio. DM | 11 417 | 12 731 | 14 396 | 17 392 | 18 421 | 21 016 | 21 581 | 22 864 | 23 744 | 23 800 |
| Güterverkehr[8)] | Mio. DM | 3 018 | 2 983 | 3 588 | 3 082 | 2 776 | 3 079 | 3 195 | 3 489 | 3 823 | 3 900 |

[1)] Unternehmen der Bundesrepublik; ohne Berlin (West).- [2)] Stand 1. 7. Ohne vermietete, einschl. angemietete Luftfahrzeuge.- [3)] Die Flugzeuge mit einem Startgewicht über 20 t sind bis 1986 ausschließlich mit Strahlturbinenantrieb ausgerüstet.- [4)] Einschl. sonstiger Luftfahrzeuge.- [5)] Fracht einschl. Post.- [6)] Jahresdurchschnitt.- [7)] Einschl. Mehrwertsteuer.- [8)] Ohne Mehrwertsteuer.

## Flughäfen[1] - Gestartete und gelandete Luftfahrzeuge, Fluggäste - in 1 000

| | 1979 | 1980 | 1981 | 1982 | 1983 | 1984 | 1985 | 1986 | 1987 | 1988 |
|---|---|---|---|---|---|---|---|---|---|---|
| **Gestartete und gelandete Luftfahrzeuge[2]** | 830 | 822 | 1 479 | 1 313 | 1 272 | 1 337 | 1 545 | 1 479 | 1 744 | 1 898 |
| dar. Berlin-West | 56 | 56 | 53 | 50 | 50 | 54 | 57 | 57 | 66 | 81 |
| Bremen | 15 | 15 | 27 | 23 | 23 | 22 | 34 | 28 | 43 | 44 |
| Düsseldorf | 85 | 88 | 87 | 83 | 84 | 86 | 99 | 91 | 112 | 124 |
| Frankfurt-Main | 212 | 212 | 210 | 204 | 207 | 212 | 223 | 235 | 262 | 282 |
| Hamburg | 65 | 65 | 66 | 64 | 62 | 69 | 78 | 74 | 84 | 92 |
| Hannover | 34 | 32 | 48 | 38 | 38 | 40 | 46 | 45 | 54 | 63 |
| Köln-Bonn | 36 | 34 | 45 | 39 | 40 | 44 | 60 | 50 | 67 | 73 |
| München | 85 | 86 | 92 | 93 | 96 | 101 | 124 | 115 | 138 | 148 |
| Nürnberg | 14 | 16 | 19 | 17 | 18 | 19 | 28 | 24 | 32 | 36 |
| Stuttgart | 52 | 50 | 54 | 50 | 49 | 53 | 64 | 60 | 72 | 80 |
| **Fluggäste** | 49 230 | 49 003 | 48 634 | 47 077 | 48 206 | 51 696 | 55 580 | 57 059 | 64 546 | 68 834 |
| Einsteiger | 23 497 | 23 456 | 23 367 | 22 617 | 23 201 | 24 944 | 26 788 | 27 567 | 31 181 | 33 300 |
| Aussteiger | 23 759 | 23 683 | 23 538 | 22 724 | 23 264 | 24 953 | 26 897 | 27 628 | 31 262 | 33 487 |
| Durchreisende | 1 974 | 1 864 | 1 729 | 1 736 | 1 741 | 1 799 | 1 895 | 1 864 | 2 103 | 2 047 |
| dar. Berlin-West | 4 519 | 4 480 | 4 414 | 4 063 | 4 135 | 4 289 | 4 553 | 4 580 | 5252 | 5 589 |
| Bremen | 716 | 675 | 665 | 643 | 672 | 692 | 749 | 784 | 864 | 950 |
| Düsseldorf | 6 955 | 7 226 | 7 399 | 7 367 | 7 404 | 7 781 | 8 227 | 8 879 | 9 913 | 10 403 |
| Frankfurt-Main | 17 450 | 17 605 | 17 651 | 17 234 | 17 727 | 18 978 | 20 225 | 20 420 | 23 255 | 25 115 |
| Hamburg | 4 515 | 4 554 | 4 525 | 4 328 | 4 295 | 4 571 | 4 854 | 4 907 | 5 403 | 5 951 |
| Hannover | 2 248 | 2 066 | 2 005 | 1 805 | 1 801 | 1 864 | 2 040 | 2 002 | 2 276 | 2 344 |
| Köln-Bonn | 2 221 | 2 009 | 1 845 | 1 744 | 1 743 | 1 933 | 2 042 | 2 042 | 2 231 | 2 351 |
| München | 6 044 | 6 037 | 5 901 | 5 912 | 6 363 | 7 218 | 8 049 | 8 399 | 9 579 | 9 919 |
| Nürnberg | 835 | 806 | 806 | 753 | 762 | 833 | 928 | 1 005 | 1 174 | 1 250 |
| Stuttgart | 2 856 | 2 767 | 2 642 | 2 537 | 2 614 | 2 792 | 3 042 | 3 094 | 3 494 | 3 684 |

[1] Verkehrsflughäfen einschl. sonstiger Flugplätze.- [2] Passagier- und Nichtpassagierflüge. Bis 1980 ohne gewerbliche Schulflüge.

## Flughäfen[1] - Gestartete und gelandete Luftfahrzeuge, Fluggäste - in 1 000

| | 1989 | 1990 | 1991 | 1992 | 1993 | 1994 | 1995 | 1996 | 1997 | 1998 |
|---|---|---|---|---|---|---|---|---|---|---|
| **Gestartete und gelandete Luftfahrzeuge[2]** | 2 118 | 2 173 | 2 300 | 2 441 | 2 473 | 2 548 | 2 610 | 2 633 | 2 742 | 2 766 |
| dar. Berlin-Tegel/Tempelhof [3] | 96 | 101 | 126 | 147 | 140 | 137 | 144 | 153 | 160 | 157 |
| Berlin-Schönefeld | - | - | 26 | 29 | 29 | 36 | 31 | 32 | 30 | 31 |
| Bremen | 42 | 38 | 37 | 40 | 40 | 38 | 37 | 39 | 35 | 37 |
| Dresden | - | - | 19 | 28 | 31 | 34 | 37 | 35 | 35 | 34 |
| Düsseldorf | 135 | 137 | 138 | 147 | 153 | 162 | 170 | 166 | 173 | 173 |
| Frankfurt-Main | 301 | 311 | 304 | 328 | 336 | 353 | 370 | 377 | 386 | 406 |
| Hamburg | 108 | 113 | 109 | 111 | 116 | 114 | 120 | 122 | 127 | 126 |
| Hannover | 65 | 66 | 67 | 69 | 73 | 75 | 71 | 73 | 77 | 71 |
| Köln-Bonn | 85 | 97 | 101 | 108 | 106 | 106 | 118 | 126 | 136 | 122 |
| Leipzig | - | - | 21 | 30 | 36 | 41 | 44 | 42 | 41 | 37 |
| München | 158 | 163 | 156 | 175 | 180 | 187 | 199 | 218 | 254 | 260 |
| Nürnberg | 36 | 41 | 44 | 46 | 50 | 50 | 56 | 57 | 62 | 61 |
| Stuttgart | 88 | 89 | 92 | 98 | 99 | 99 | 97 | 109 | 110 | 115 |
| **Fluggäste** | 73 002 | 80 647 | 79 750 | 89 240 | 96 050 | 103 044 | 111 766 | 115 013 | 121 009 | 128 986 |
| Einsteiger | 35 394 | 39 369 | 39 070 | 43 711 | 47 079 | 50 530 | 54 892 | 56 546 | 59 502 | 63 647 |
| Aussteiger | 35 640 | 39 530 | 39 298 | 43 989 | 47 402 | 50 883 | 55 234 | 56 893 | 59 874 | 63 523 |
| Durchreisende | 1 968 | 1 749 | 1 382 | 1 540 | 1 569 | 1 631 | 1 640 | 1 575 | 1 633 | 1 817 |
| dar. Berlin-Tegel/Tempelhof [3] | 5 939 | 6 710 | 6 777 | 7 614 | 8 155 | 8 361 | 9 139 | 9 038 | 9 578 | 9 706 |
| Berlin-Schönefeld | - | - | 892 | 1 414 | 1 589 | 1 870 | 1 925 | 1 815 | 1 929 | 1 829 |
| Bremen | 1 067 | 1 105 | 1 023 | 1 155 | 1 272 | 1 332 | 1 494 | 1 563 | 1 592 | 1 688 |
| Dresden | - | - | . | . | 1 209 | 1 464 | 1 648 | 1 641 | 1 657 | 1 616 |
| Düsseldorf | 10 783 | 11 912 | 11 291 | 12 202 | 13 001 | 13 923 | 15 210 | 14 288 | 15 437 | 15 609 |
| Frankfurt-Main | 26 568 | 29 368 | 27 872 | 30 634 | 32 328 | 34 978 | 38 413 | 38 621 | 40 142 | 40 063 |
| Hamburg | 6 305 | 6 843 | 6 454 | 6 907 | 7 330 | 7 656 | 8 272 | 8 138 | 8 601 | 8 944 |
| Hannover | 2 615 | 2 781 | 2 822 | 3 049 | 3 370 | 3 849 | 4 270 | 4 362 | 4 747 | 4 718 |
| Köln-Bonn | 2 691 | 3 078 | 3 032 | 3 491 | 3 836 | 3 920 | 4 803 | 5 160 | 5 318 | 5 305 |
| Leipzig | - | - | . | . | 1 381 | 1 858 | 2 036 | 2 116 | 2 200 | 1 973 |
| München | 10 410 | 11 364 | 10 763 | 11 988 | 12 692 | 13 422 | 14 952 | 15 547 | 17 803 | 19 043 |
| Nürnberg | 1 304 | 1 477 | 1 426 | 1 668 | 1 819 | 1 853 | 2 265 | 2 185 | 2 384 | 2 435 |
| Stuttgart | 3 919 | 4 402 | 4 228 | 4 757 | 5 119 | 5 523 | 5 194 | 6 440 | 6 857 | 7 070 |

[1] Verkehrsflughäfen einschl. sonstiger Flugplätze.- [2] Passagier- und Nichtpassagierflüge.- [3] Dar. Berlin-Tempelhof 1998: 42 Tsd. Flugbewegungen und 941 Tsd. Fluggäste.

## Flughäfen[1] - Fracht und Post, Erwerbstätige, Einnahmen

| | | 1979 | 1980 | 1981 | 1982 | 1983 | 1984 | 1985 | 1986 | 1987 | 1988 |
|---|---|---|---|---|---|---|---|---|---|---|---|
| **Fracht und Post** | 1 000 t | 1 030 | 1 011 | 1 004 | 978 | 1 031 | 1 125 | 1 251 | 1 353 | 1 496 | 1 631 |
| dar. Berlin-West | 1 000 t | 22,3 | 22,5 | 21,7 | 20,0 | 18,7 | 20,0 | 23,0 | 27,4 | 28,3 | 27,7 |
| Bremen | 1 000 t | 6,2 | 6,4 | 6,6 | 6,1 | 6,5 | 6,8 | 6,9 | 8,1 | 8,8 | 8,1 |
| Düsseldorf | 1 000 t | 45,4 | 43,3 | 41,8 | 40,0 | 46,2 | 54,2 | 57,1 | 57,5 | 57,2 | 60,6 |
| Frankfurt-Main | 1 000 t | 719,4 | 721,8 | 720,7 | 717,7 | 759,8 | 830,5 | 917,1 | 979,1 | 1 083,8 | 1 191,5 |
| Hamburg | 1 000 t | 53,9 | 52,8 | 52,6 | 45,4 | 44,7 | 46,8 | 48,5 | 47,3 | 49,9 | 57,8 |
| Hannover | 1 000 t | 14,7 | 16,0 | 15,1 | 12,9 | 13,6 | 15,2 | 15,9 | 16,1 | 18,8 | 18,6 |
| Köln-Bonn | 1 000 t | 82,2 | 60,0 | 64,3 | 58,6 | 64,1 | 64,2 | 91,9 | 113,9 | 128,8 | 133,6 |
| München | 1 000 t | 49,6 | 50,6 | 47,7 | 48,2 | 49,3 | 56,5 | 56,0 | 66,0 | 74,4 | 77,4 |
| Nürnberg | 1 000 t | 9,8 | 9,8 | 8,7 | 7,8 | 7,7 | 9,6 | 12,0 | 12,9 | 16,8 | 24,6 |
| Stuttgart | 1 000 t | 26,7 | 27,5 | 24,5 | 21,1 | 20,3 | 21,0 | 22,0 | 24,7 | 27,5 | 30,2 |
| **Fracht** | 1 000 t | 888 | 854 | 837 | 816 | 866 | 946 | 1 059 | 1 146 | 1 264 | 1 378 |
| Versand | 1 000 t | 397 | 389 | 411 | 409 | 448 | 506 | 570 | 576 | 602 | 653 |
| Empfang | 1 000 t | 413 | 400 | 365 | 349 | 359 | 372 | 419 | 497 | 582 | 645 |
| Durchgang | 1 000 t | 78 | 65 | 61 | 58 | 59 | 68 | 70 | 73 | 79 | 80 |
| **Post** | 1 000 t | 142 | 157 | 167 | 162 | 165 | 179 | 192 | 207 | 232 | 252 |
| Versand | 1 000 t | 70 | 77 | 84 | 81 | 81 | 88 | 94 | 102 | 112 | 123 |
| Empfang | 1 000 t | 67 | 75 | 78 | 76 | 77 | 83 | 89 | 96 | 110 | 119 |
| Durchgang | 1 000 t | 5 | 5 | 5 | 4 | 7 | 8 | 9 | 9 | 10 | 11 |
| **Erwerbstätige**[2] | 1 000 | 13 | 14 | 14 | 14 | 14 | 14 | 15 | 16 | 17 | 19 |
| **Einnahmen**[3] | Mio. DM | 1 590 | 1 600 | 1 750 | 1 860 | 1 990 | 2 130 | 2 380 | 2 580 | 2 780 | 3 050 |

[1] Verkehrsflughäfen.- [2] Jahresdurchschnitt.- [3] Einschl. Mehrwertsteuer.

# Flughäfen[1] - Fracht und Post, Erwerbstätige, Einnahmen

| | | 1989 | 1990 | 1991 | 1992 | 1993 | 1994 | 1995 | 1996 | 1997 | 1998 |
|---|---|---|---|---|---|---|---|---|---|---|---|
| **Fracht und Post** | 1 000 t | 1 726 | 1 777 | 1 745 | 1 815 | 1 897 | 2 097 | 2 232 | 2 312 | 2 404 | 2 297 |
| dar. Berlin-Tegel/Tempelhof[2] | 1 000 t | 27,8 | 29,9 | 29,4 | 37,5 | 35,9 | 35,7 | 35,0 | 36,4 | 37,3 | 32,1 |
| Berlin-Schönefeld | 1 000 t | - | - | 5,5 | 6,8 | 11,2 | 9,6 | 16,6 | 16,2 | 17,4 | 16,0 |
| Bremen | 1 000 t | 6,4 | 6,6 | 7,0 | 7,6 | 8,0 | 7,6 | 9,1 | 8,2 | 7,7 | 7,2 |
| Dresden | 1 000 t | - | - | . | . | . | 6,9 | 7,0 | 7,9 | 7,3 | 7,4 |
| Düsseldorf | 1 000 t | 61,7 | 58,6 | 52,3 | 58,2 | 54,7 | 55,4 | 62,6 | 62,5 | 71,2 | 67,6 |
| Frankfurt-Main | 1 000 t | 1 245,5 | 1 274,4 | 1 221,3 | 1 250,0 | 1 299,3 | 1 427,5 | 1 489,3 | 1 518,1 | 1 537,0 | 1 485,4 |
| Hamburg | 1 000 t | 58,5 | 61,3 | 55,3 | 59,1 | 57,5 | 58,3 | 59,1 | 57,2 | 53,8 | 51,7 |
| Hannover | 1 000 t | 22,0 | 22,8 | 25,2 | 26,1 | 22,4 | 23,0 | 24,5 | 22,4 | 19,7 | 19,5 |
| Köln-Bonn | 1 000 t | 170,4 | 183,6 | 206,9 | 210,5 | 220,4 | 263,2 | 308,4 | 345,8 | 403,4 | 374,6 |
| Leipzig | 1 000 t | - | - | . | . | . | 22,0 | 24,1 | 20,5 | 15,7 | 11,5 |
| München | 1 000 t | 81,2 | 82,1 | 77,7 | 82,8 | 94,7 | 100,5 | 103,7 | 115,0 | 129,6 | 127,3 |
| Nürnberg | 1 000 t | 18,7 | 21,0 | 22,8 | 24,9 | 32,3 | 40,9 | 51,2 | 53,5 | 60,0 | 43,6 |
| Stuttgart | 1 000 t | 30,7 | 31,2 | 29,1 | 31,7 | 31,5 | 33,9 | 31,7 | 37,5 | 36,2 | 35,6 |
| **Fracht** | 1 000 t | 1 473 | 1 515 | 1 449 | 1 492 | 1 552 | 1 742 | 1 859 | 1 958 | 2 101 | 2 023 |
| Versand | 1 000 t | 715 | 718 | 685 | 718 | 757 | 884 | 942 | 1 000 | 1 086 | 1 026 |
| Empfang | 1 000 t | 679 | 729 | 711 | 723 | 746 | 805 | 870 | 913 | 970 | 944 |
| Durchgang | 1 000 t | 80 | 68 | 52 | 50 | 49 | 54 | 47 | 45 | 45 | 53 |
| **Post** | 1 000 t | 253 | 262 | 297 | 324 | 346 | 354 | 373 | 353 | 303 | 274 |
| Versand | 1 000 t | 123 | 127 | 149 | 160 | 171 | 174 | 183 | 172 | 148 | 133 |
| Empfang | 1 000 t | 120 | 125 | 142 | 155 | 167 | 172 | 183 | 173 | 145 | 130 |
| Durchgang | 1 000 t | 10 | 9 | 6 | 8 | 8 | 8 | 7 | 8 | 9 | 11 |
| **Erwerbstätige[3]** | 1 000 | 20 | 22 | 25 | 26 | 26 | 25 | 24 | 21 | 20 | 19 |
| **Einnahmen[4]** | Mio. DM | 3 400 | 3 920 | . | 4 190 | 4 790 | 5 340 | 5 500 | 5 800 | 6 000 | 6 300 |

[1] Verkehrsflughäfen.- [2] Dar. Berlin-Tempelhof (1998: 301 t Fracht und 0 t Post).- [3] Jahresdurchschnitt.- [4] Einschl. Mehrwertsteuer.





A 2

## Rohrfernleitungen[1)]

| | | 1979 | 1980 | 1981 | 1982 | 1983 | 1984 | 1985 | 1986 | 1987 | 1988 |
|---|---|---|---|---|---|---|---|---|---|---|---|
| **Länge der Rohrfernleitungen**[2)3)] | km | 2 086 | 2 086 | 2 086 | 2 086 | 2 222 | 2 222 | 2 222 | 2 222 | 2 222 | 2 222 |
| Rohölleitungen | km | 1 579 | 1 579 | 1 579 | 1 579 | 1 715 | 1 715 | 1 715 | 1 715 | 1 715 | 1 715 |
| Mineralölproduktenleitungen | km | 507 | 507 | 507 | 507 | 507 | 507 | 507 | 507 | 507 | 507 |
| **Verkehrsaufkommen** | | | | | | | | | | | |
| Beförderte Tonnen | Mio. t | 96,2 | 84,0 | 71,1 | 66,7 | 67,1 | 68,3 | 69,2 | 70,5 | 67,5 | 68,8 |
| dar. im grenzüberschreitenden Verkehr | Mio. t | 71,5 | 65,0 | 55,4 | 55,1 | 53,3 | 53,5 | 55,2 | 54,2 | 54,0 | 55,9 |
| Rohöl | Mio. t | 87,6 | 76,1 | 62,7 | 57,0 | 55,2 | 57,8 | 56,8 | 59,1 | 57,1 | 60,3 |
| Mineralölerzeugnisse | Mio. t | 8,6 | 7,9 | 8,4 | 9,7 | 11,9 | 10,5 | 12,4 | 11,4 | 10,4 | 8,5 |
| **Verkehrsleistung**[4)] | | | | | | | | | | | |
| Tonnenkilometer | Mrd. tkm | 17,4 | 14,3 | 12,6 | 10,5 | 10,6 | 9,8 | 10,5 | 9,7 | 10,2 | 9,0 |
| Rohöl | Mrd. tkm | 16,0 | 13,1 | 11,2 | 9,1 | 8,8 | 8,4 | 8,7 | 8,2 | 8,8 | 7,9 |
| Mineralölerzeugnisse | Mrd. tkm | 1,4 | 1,2 | 1,4 | 1,4 | 1,8 | 1,4 | 1,8 | 1,5 | 1,4 | 1,1 |
| **Erwerbstätige**[5)] | 1 000 | 1 | 1 | 1 | 1 | 1 | 1 | 1 | 1 | 1 | 1 |
| **Einnahmen**[6)] | Mio. DM | 700 | 600 | 620 | 610 | 600 | 620 | 640 | 610 | 590 | 590 |

1) Rohöl- und Mineralölproduktenleitungen über 40 km Länge.- 2) Stand 31. 12.- 3) Einschl. der 244 km des seit Mitte 1982 vorübergehend stilliegenden zweiten Rohrstranges der Nord-West-Ölleitung Wilhelmshaven-Hünxe.- 4) Im Bundesgebiet.- 5) Jahresdurchschnitt.- 6) Lt. Umsatzsteuerstatistik; einschl. Mehrwertsteuer.

## Rohrfernleitungen[1]

| | | 1989 | 1990 | 1991 | 1992 | 1993 | 1994 | 1995 | 1996 | 1997 | 1998 |
|---|---|---|---|---|---|---|---|---|---|---|---|
| **Länge der Rohrfernleitungen**[2][3] | km | 2 222 | 2 222 | 3 289 | 3 289 | 3 289 | 3 289 | 3 300 | 3 300 | 3 300 | 3 300 |
| Rohölleitungen | km | 1 715 | 1 715 | 2 704 | 2 704 | 2 704 | 2 704 | 2 704 | 2 704 | 2 704 | 2 704 |
| Mineralölproduktenleitungen | km | 507 | 507 | 585 | 585 | 585 | 585 | 596 | 596 | 596 | 596 |
| **Verkehrsaufkommen**[4] | | | | | | | | | | | |
| Beförderte Tonnen | Mio. t | 67,8 | 74,1 | 90,7 | 92,6 | 94,7 | 98,7 | 98,4 | . | . | . |
| dar. im grenzüberschreitenden Verkehr[5] | Mio. t | 53,5 | 59,5 | 73,9 | 76,0 | 77,2 | 80,7 | 77,1 | . | . | . |
| Rohöl | Mio. t | 58,8 | 64,4 | 79,3 | 81,5 | 83,4 | 87,4 | 87,2 | 89,4 | 87,4 | 90,7 |
| dar. im grenzüberschreitenden Verkehr[5] | Mio. t | 46,0 | 50,8 | 64,8 | 66,9 | 68,0 | 71,5 | 68,1 | 68,6 | 66,6 | 68,7 |
| Mineralölerzeugnisse | Mio. t | 9,0 | 9,7 | 11,4 | 11,1 | 11,3 | 11,3 | 11,2 | . | . | . |
| **Verkehrsleistung**[4][6] | | | | | | | | | | | |
| Tonnenkilometer | Mrd. tkm | 11,2 | 13,3 | 15,7 | 15,7 | 16,1 | 16,8 | 16,6 | . | . | . |
| Rohöl | Mrd. tkm | 9,8 | 11,7 | 14,0 | 13,9 | 14,3 | 15,1 | 14,8 | 14,5 | 13,2 | 14,8 |
| dar. im grenzüberschreitenden Verkehr[5] | Mrd. tkm | . | . | 10,8 | 10,5 | 10,6 | 11,2 | 11,0 | 10,2 | 8,8 | 10,4 |
| Mineralölerzeugnisse | Mrd. tkm | 1,4 | 1,6 | 1,7 | 1,8 | 1,8 | 1,7 | 1,8 | . | . | . |
| **Erwerbstätige**[7] | 1 000 | 1 | 1 | 1 | 1 | 1 | 1 | 1 | 1 | 1 | 1 |
| **Einnahmen**[8] | Mio. DM | 590 | 590 | . | 700 | 720 | 790 | 800 | 810 | 810 | 830 |

[1] Rohöl- und Mineralölproduktenleitungen über 40 km Länge.- [2] Stand 31. 12.- [3] Einschl. der 244 km des seit Mitte 1982 vorübergehend stilliegenden zweiten Rohrstranges der Nord-West-Ölleitung Wilhelmshaven-Hünxe.- [4] Ab 1996 nur Rohöl.- [5] Ab 1996 einschl. Transit (1997 = 2 Mio. t, 0,4 Mrd. tkm).- [6] Im Bundesgebiet.- [7] Jahresdurchschnitt.- [8] Lt. Umsatzsteuerstatistik, einschl. Mehrwertsteuer.

## Rohrfernleitungen[1)]

### Versand und Empfang von rohem Erdöl nach Verkehrsregionen 1997 und 1998 - in 1 000 t

| Versand-verkehrsregion / Empfangsregionen | Binnen-verkehr | Rotterdam | Marseille | Genua | Triest | Russische Föderation | Grenzüber-schreitender Empfang | Empfang insgesamt[5)] |
|---|---|---|---|---|---|---|---|---|
| **1997** | | | | | | | | |
| Nord[2)] | 20.772 | 16.618 | - | - | - | - | 16.618 | 37.389 |
| Süd[3)] | - | - | 9.169 | 457 | 24.643 | - | 34.268 | 34.268 |
| Ost[4)5)] | - | - | - | - | - | 13.787 | 13.787 | 15.728 |
| **Versand insgesamt[5)]** | 20.772 | 16.618 | 9.169 | 457 | 24.643 | 13.787 | 64.672 | 87.386 |
| **1998** | | | | | | | | |
| Nord[2)] | 22.041 | 16.107 | - | - | - | - | 16.107 | 38.148 |
| Süd[3)] | - | - | 7.580 | - | 25.962 | - | 33.542 | 33.542 |
| Ost[4)] | - | - | - | - | - | 18.529 | 18.529 | 19.028 |
| **Versand insgesamt** | 22.041 | 16.107 | 7.580 | - | 25.962 | 18.529 | 68.177 | 90.717 |
| **Veränderung 1998/1997 in vH** | 6,1 | -3,1 | -17,3 | x | 5,4 | 34,4 | 5,4 | 3,8 |

1) Rohrfernleitungen über 40 km Länge.- 2) Hamburg, Emsland, Duisburg, Essen, Köln.- 3) Kaiserslautern, Mannheim, Karlsruhe, Regensburg, Ingolstadt, Rosenheim.- 4) Rostock, Frankfurt/Oder, Halle, Naumburg.- 5) Gesamtsumme einschl. Durchgangsverkehr aus der Russischen Föderation.

## Bevölkerung, Erwerbstätige, Schüler und Studenten,
### Private Haushalte



| Jahr | Bevölkerung[1] insgesamt | davon im Alter von ... bis unter ... Jahren | | | Erwerbstätige[2] | Schüler[3] und Studenten[4] | Private Haushalte[5] |
|---|---|---|---|---|---|---|---|
| | in 1 000 | unter 18 | 18-65 | über 65 | in 1 000 | in 1 000 | in Mio. |
| 1970 | 60 651 | 16 451 | 36 209 | 7 991 | 26 668 | 11 537 | 22,2 |
| 1971 | 61 302 | 16 569 | 36 512 | 8 221 | 26 772 | 11 966 | 22,5 |
| 1972 | 61 672 | 16 569 | 36 695 | 8 408 | 26 875 | 12 390 | 22,8 |
| 1973 | 61 976 | 16 485 | 36 895 | 8 596 | 27 160 | 12 724 | 22,9 |
| 1974 | 62 054 | 16 326 | 36 951 | 8 777 | 26 829 | 12 989 | 23,3 |
| 1975 | 61 829 | 16 067 | 36 825 | 8 937 | 26 110 | 13 158 | 23,6 |
| 1976 | 61 531 | 15 737 | 36 727 | 9 067 | 25 974 | 13 173 | 23,7 |
| 1977 | 61 400 | 15 398 | 36 782 | 9 220 | 26 008 | 13 145 | 23,9 |
| 1978 | 61 327 | 15 033 | 36 921 | 9 373 | 26 219 | 13 090 | 24,1 |
| 1979 | 61 359 | 14 679 | 37 181 | 9 499 | 26 652 | 12 983 | 24,3 |
| 1980 | 61 566 | 14 368 | 37 647 | 9 551 | 27 059 | 12 829 | 24,6 |
| 1981 | 61 682 | 14 015 | 38 215 | 9 452 | 27 033 | 12 625 | 24,9 |
| 1982 | 61 638 | 13 569 | 38 796 | 9 273 | 26 725 | 12 316 | 25,1 |
| 1983 | 61 423 | 13 054 | 39 292 | 9 077 | 26 347 | 11 976 | 25,5 |
| 1984 | 61 175 | 12 519 | 39 676 | 8 980 | 26 393 | 11 612 | 25,7 |
| 1985 | 61 024 | 12 036 | 39 936 | 9 052 | 26 593 | 11 271 | 25,9 |
| 1986 | 61 066 | 11 676 | 40 192 | 9 198 | 26 960 | 11 033 | 26,2 |
| 1987 | 61 077 | 11 316 | 40 413 | 9 348 | 27 157 | 10 805 | 26,4 |
| 1988 | 61 450 | 11 229 | 40 760 | 9 461 | 27 366 | 10 681 | 26,8 |
| 1989 | 62 679 | 11 411 | 41 654 | 9 614 | 27 761 | 10 606 | 27,2 |
| 1990 | 63 726 | 11 693 | 42 289 | 9 744 | 28 495 | 10 763 | 27,8 |
| 1991 | 80 275 | 15 522 | 52 720 | 12 033 | 36 564 | 13 520 | 35,3 |
| 1992 | 80 975 | 15 713 | 53 085 | 12 176 | 35 854 | 13 763 | 35,7 |
| 1993 | 81 338 | 15 840 | 53 137 | 12 360 | 35 186 | 13 875 | 36,2 |
| 1994 | 81 539 | 15 872 | 53 125 | 12 542 | 34 881 | 14 056 | 36,7 |
| 1995 | 81 818 | 15 903 | 53 183 | 12 732 | 34 817 | 14 226 | 36,9 |
| 1996 | 82 012 | 15 921 | 53 234 | 12 857 | 36 089 | 14 387 | 37,3 |
| 1997 | 82 057 | 15 887 | 53 204 | 12 966 | 35 797 | 14 450 | 37,6 |
| 1998* | 82 037 | . | . | . | 35 935 | . | 37,9 |

[1] Wohnbevölkerung außer 1987 (25. Mai) am Jahresende. 1987 Ergebnisse der Volkszählung.- [2] Erwerbstätige Inländer, außer 1987 (25. Mai) Jahresdurchschnitt (Erwerbstätige im Inland siehe Seite 44 und 45)- [3] Schulen der allgemeinen Ausbildung, der allgemeinen Fortbildung, der beruflichen Aus- und Fortbildung. Schuljahr (Beginn: Herbst).- [4] Universitäten, Kunst- und Fachhochschulen (jeweils zum Wintersemester).- [5] Ergebnisse des Mikrozensus.- * Vorläufige Zahlen.

## Erwerbstätige, Schüler und Studierende - nach Pendlereigenschaft - 1994 und 1996

| | Erwerbstätige[1] | | | | Schüler und Studenten[1] | | | | Erwerbstätige, Schüler und Studenten[1] | | | |
|---|---|---|---|---|---|---|---|---|---|---|---|---|
| | 1994 | | 1996 | | 1994 | | 1996 | | 1994 | | 1996 | |
| | in 1 000 | in vH | in 1 000 | in vH | in 1 000 | in vH | in 1 000 | in vH | in 1 000 | in vH | in 1 000 | in vH |
| **männlich** | | | | | | | | | | | | |
| Innergemeindliche Pendler | 8 993 | 51,0 | 10 484 | 56,2 | 3 835 | 76,0 | 4 735 | 72,9 | 12 828 | 56,6 | 15 219 | 60,5 |
| Pendler zwischen Gemeinden des Landes | 7 760 | 44,0 | 7 180 | 38,5 | 1 145 | 22,7 | 1 634 | 25,2 | 8 905 | 39,3 | 8 814 | 35,0 |
| Pendler über die Landesgrenze | 866 | 4,9 | 1 000 | 5,4 | 64 | 1,3 | 126 | 1,9 | 930 | 4,1 | 1 126 | 4,5 |
| **insgesamt** | 17 619 | 100 | 18 664 | 100 | 5 044 | 100 | 6 495 | 100 | 22 663 | 100 | 25 159 | 100 |
| **weiblich** | | | | | | | | | | | | |
| Innergemeindliche Pendler | 7 899 | 63,1 | 9 267 | 66,8 | 3 537 | 76,5 | 4 449 | 74,0 | 11 436 | 66,8 | 13 716 | 68,9 |
| Pendler zwischen Gemeinden des Landes | 4 273 | 34,2 | 4 196 | 30,2 | 1 040 | 22,5 | 1 452 | 24,1 | 5 313 | 31,0 | 5 648 | 28,4 |
| Pendler über die Landesgrenze | 337 | 2,7 | 418 | 3,0 | 45 | 1,0 | 114 | 1,9 | 382 | 2,2 | 532 | 2,7 |
| **insgesamt** | 12 509 | 100 | 13 881 | 100 | 4 622 | 100 | 6 015 | 100 | 17 131 | 100 | 19 896 | 100 |
| **Pendler insgesamt** | | | | | | | | | | | | |
| Innergemeindliche Pendler | 16 891 | 56,1 | 19 751 | 60,7 | 7 372 | 76,3 | 9 184 | 73,4 | 24 263 | 61,0 | 28 935 | 64,2 |
| Pendler zwischen Gemeinden des Landes | 12 033 | 39,9 | 11 376 | 35,0 | 2 185 | 22,6 | 3 086 | 24,7 | 14 218 | 35,7 | 14 462 | 32,1 |
| Pendler über die Landesgrenze | 1 202 | 4,0 | 1 418 | 4,4 | 109 | 1,1 | 240 | 1,9 | 1 311 | 3,3 | 1 658 | 3,7 |
| **insgesamt** | 30 128 | 100 | 32 545 | 100 | 9 666 | 100 | 12 510 | 100 | 39 792 | 100 | 45 055 | 100 |

[1] Ohne Personen, die keine Angaben zum Pendlerverhalten gemacht haben (1994: 1 366, 1996: 4 638) und ohne Personen, die nicht pendeln (gleiches Grundstück).
Quelle: Mikrozensus, Statistisches Bundesamt.

## Erwerbstätige, Schüler und Studierende
### nach Zeitaufwand für den Weg zur Arbeits- bzw. Ausbildungsstätte - 1994 und 1996

| | Erwerbstätige[1] | | | | | | Schüler und Studierende[1] | | | | | |
|---|---|---|---|---|---|---|---|---|---|---|---|---|
| | Insgesamt | | männlich | | weiblich | | Insgesamt | | männlich | | weiblich | |
| | 1 000 | in vH | 1 000 | in vH | 1 000 | in vH | 1 000 | in vH | 1 000 | in vH | 1 000 | in vH |
| **Zeitaufwand für den Hinweg** von ... bis unter ... Minuten | | | | | | | | | | | | |
| **1994** | | | | | | | | | | | | |
| unter 10 | 7 736 | 24,8 | 4 080 | 22,4 | 3 656 | 28,0 | 3 733 | 38,9 | 1 956 | 39,0 | 1 777 | 38,7 |
| 10-30 | 14 544 | 46,6 | 8 289 | 45,6 | 6 255 | 47,9 | 4 641 | 48,3 | 2 395 | 47,8 | 2 246 | 48,9 |
| 30-60 | 5 399 | 17,3 | 3 385 | 18,6 | 2 014 | 15,4 | 993 | 10,3 | 527 | 10,5 | 466 | 10,1 |
| 60 und mehr | 1 257 | 4,0 | 890 | 4,9 | 367 | 2,8 | 202 | 2,1 | 114 | 2,3 | 88 | 1,9 |
| Ohne oder wechselnder Weg | 2 306 | 7,4 | 1 550 | 8,5 | 756 | 5,8 | 35 | 0,4 | 18 | 0,4 | 18 | 0,4 |
| **Insgesamt** | 31 242 | 100 | 18 194 | 100 | 13 048 | 100 | 9 604 | 100 | 5 010 | 100 | 4 595 | 100 |
| **1996** | | | | | | | | | | | | |
| unter 10 | 8 442 | 26,7 | 4 417 | 24,4 | 4 025 | 29,7 | 4 119 | 33,2 | 2 149 | 33,4 | 1 971 | 33,1 |
| 10-30 | 15 250 | 48,2 | 8 658 | 47,8 | 6 592 | 48,7 | 6 226 | 50,2 | 3 219 | 50,0 | 3 007 | 50,5 |
| 30-60 | 5 242 | 16,6 | 3 283 | 18,1 | 1 959 | 14,5 | 1 614 | 13,0 | 833 | 12,9 | 782 | 13,1 |
| 60 und mehr | 1 438 | 4,5 | 1 064 | 5,9 | 374 | 2,8 | 404 | 3,3 | 217 | 3,4 | 186 | 3,1 |
| Ohne oder wechselnder Weg | 1 270 | 4,0 | 689 | 3,8 | 581 | 4,3 | 31 | 0,3 | 17 | 0,3 | 14 | 0,2 |
| **Insgesamt** | 31 642 | 100 | 18 111 | 100 | 13 531 | 100 | 12 394 | 100 | 6 434 | 100 | 5 959 | 100 |

[1] Ohne Personen, die keine Angaben zum Pendlerverhalten oder zum Zeitaufwand gemacht haben (1994: 7 097, 1996: 6 341).

Quelle: Mikrozensus, Statistisches Bundesamt.

**Erwerbstätige, Schüler und Studierende**
**nach Entfernung für den Weg zur Arbeits- bzw. Ausbildungsstätte - 1994 und 1996**

| | Erwerbstätige[1] | | | | | | Schüler und Studierende[1] | | | | | |
|---|---|---|---|---|---|---|---|---|---|---|---|---|
| | Insgesamt | | männlich | | weiblich | | Insgesamt | | männlich | | weiblich | |
| | 1 000 | in vH | 1 000 | in vH | 1 000 | in vH | 1 000 | in vH | 1 000 | in vH | 1 000 | in vH |
| **Entfernung für den Hinweg** von ... bis unter ... km | | | | | | | | | | | | |
| **1994** | | | | | | | | | | | | |
| unter 10 | 16 446 | 52,6 | 8 556 | 47,0 | 7 890 | 60,4 | 7 847 | 81,5 | 4 071 | 81,1 | 3 776 | 82,0 |
| 10-25 | 8 775 | 28,1 | 5 399 | 29,6 | 3 376 | 25,9 | 1 326 | 13,8 | 686 | 13,7 | 640 | 13,9 |
| 25-50 | 2 760 | 8,8 | 1 924 | 10,6 | 836 | 6,4 | 290 | 3,0 | 167 | 3,3 | 123 | 2,7 |
| 50 und mehr | 983 | 3,1 | 782 | 4,3 | 201 | 1,5 | 125 | 1,3 | 78 | 1,6 | 47 | 1,0 |
| Ohne oder wechselnder Weg | 2 306 | 7,4 | 1 550 | 8,5 | 756 | 5,8 | 36 | 0,4 | 18 | 0,4 | 18 | 0,4 |
| **Insgesamt** | 31 270 | 100 | 18 211 | 100 | 13 059 | 100 | 9 624 | 100 | 5 020 | 100 | 4 604 | 100 |
| **1996** | | | | | | | | | | | | |
| unter 10 | 17 026 | 53,7 | 8 800 | 48,5 | 8 226 | 60,7 | 9 536 | 76,9 | 4 903 | 76,1 | 4 633 | 77,7 |
| 10-25 | 9 144 | 28,8 | 5 564 | 30,6 | 3 580 | 26,4 | 2 036 | 16,4 | 1 070 | 16,6 | 966 | 16,2 |
| 25-50 | 3 030 | 9,6 | 2 101 | 11,6 | 929 | 6,9 | 542 | 4,4 | 297 | 4,6 | 245 | 4,1 |
| 50 und mehr | 1 249 | 3,9 | 1 006 | 5,5 | 243 | 1,8 | 259 | 2,1 | 152 | 2,4 | 107 | 1,8 |
| Ohne oder wechselnder Weg | 1 270 | 4,0 | 689 | 3,8 | 581 | 4,3 | 31 | 0,2 | 17 | 0,3 | 14 | 0,2 |
| **Insgesamt** | 31 719 | 100 | 18 160 | 100 | 13 559 | 100 | 12 404 | 100 | 6 439 | 100 | 5 965 | 100 |

[1] Ohne Personen, die keine Angaben zum Pendlerverhalten oder zur Entfernung gemacht haben (1994: 7 049, 1996: 6 254).
Quelle: Mikrozensus, Statistisches Bundesamt.

## Erwerbstätige - nach der Art der benutzten Verkehrsmittel[1)] und der Stellung im Beruf - 1996*

| Verkehrsmittel | Insgesamt | | nach der Stellung im Beruf | | | | | | | | | |
|---|---|---|---|---|---|---|---|---|---|---|---|---|
| | | | Arbeiter | | Angestellte | | Beamte | | Selbständige | | mithelf. Angeh.[2)] | |
| | 1 000 | in vH | 1 000 | in vH | 1 000 | in vH | 1 000 | in vH | 1 000 | in vH | 1 000 | in vH |
| Eisenbahn | 483 | 1,5 | 120 | 1,0 | 276 | 1,8 | 76 | 3,6 | 10 | 0,4 | 1 | 0,6 |
| U-Bahn, S-Bahn, Straßenbahn | 1 970 | 6,3 | 567 | 4,8 | 1 220 | 8,2 | 135 | 6,4 | 46 | 2,0 | 2 | 1,2 |
| Kraftomnibus | 1 770 | 5,7 | 816 | 6,9 | 862 | 5,8 | 62 | 2,9 | 27 | 1,2 | 3 | 1,7 |
| Öffentliche Verkehrsmittel | 4 223 | 13,5 | 1 503 | 12,8 | 2 358 | 15,8 | 273 | 13,0 | 83 | 3,6 | 6 | 3,5 |
| Selbstfahrer | 18 261 | 58,4 | 6 579 | 55,9 | 8 868 | 59,3 | 1 418 | 67,5 | 1 354 | 58,9 | 41 | 23,8 |
| Mitfahrer | 1 308 | 4,2 | 704 | 6,0 | 504 | 3,4 | 53 | 2,5 | 33 | 1,4 | 14 | 8,1 |
| Personenkraftwagen | 19 569 | 62,6 | 7 283 | 61,9 | 9 372 | 62,7 | 1 471 | 70,0 | 1 387 | 60,4 | 55 | 32,0 |
| Kraftrad, Moped, Mofa | 368 | 1,2 | 253 | 2,2 | 92 | 0,6 | 16 | 0,8 | 6 | 0,3 | 1 | 0,6 |
| Fahrrad | 2 416 | 7,7 | 1 072 | 9,1 | 1 123 | 7,5 | 147 | 7,0 | 67 | 2,9 | 8 | 4,7 |
| Sonstige Verkehrsmittel | 208 | 0,7 | 92 | 0,8 | 60 | 0,4 | 6 | 0,3 | 44 | 1,9 | 6 | 3,5 |
| Fußgänger | 3 452 | 11,0 | 1 246 | 10,6 | 1 472 | 9,9 | 121 | 5,8 | 535 | 23,3 | 78 | 45,3 |
| Ohne Angabe[3)] | 1 038 | 3,3 | 311 | 2,6 | 467 | 3,1 | 67 | 3,2 | 175 | 7,6 | 17 | 9,9 |
| **Insgesamt** | 31 274 | 100 | 11 759 | 100 | 14 944 | 100 | 2 102 | 100 | 2 297 | 100 | 172 | 100 |
| | | | | | | | | | | | | |
| Eisenbahn | 483 | 100 | 120 | 24,8 | 276 | 57,1 | 76 | 15,7 | 10 | 2,1 | 1 | 0,2 |
| U-Bahn, S-Bahn, Straßenbahn | 1 970 | 100 | 567 | 28,8 | 1 220 | 61,9 | 135 | 6,9 | 46 | 2,3 | 2 | 0,1 |
| Kraftomnibus | 1 770 | 100 | 816 | 46,1 | 862 | 48,7 | 62 | 3,5 | 27 | 1,5 | 3 | 0,2 |
| Öffentliche Verkehrsmittel | 4 223 | 100 | 1 503 | 35,6 | 2 358 | 55,8 | 273 | 6,5 | 83 | 2,0 | 6 | 0,1 |
| Selbstfahrer | 18 261 | 100 | 6 579 | 36,0 | 8 868 | 48,6 | 1 418 | 7,8 | 1 354 | 7,4 | 41 | 0,2 |
| Mitfahrer | 1 308 | 100 | 704 | 53,8 | 504 | 38,5 | 53 | 4,1 | 33 | 2,5 | 14 | 1,1 |
| Personenkraftwagen | 19 569 | 100 | 7 283 | 37,2 | 9 372 | 47,9 | 1 471 | 7,5 | 1 387 | 7,1 | 55 | 0,3 |
| Kraftrad, Moped, Mofa | 368 | 100 | 253 | 68,8 | 92 | 25,0 | 16 | 4,3 | 6 | 1,6 | 1 | 0,3 |
| Fahrrad | 2 416 | 100 | 1 072 | 44,4 | 1 123 | 46,5 | 147 | 6,1 | 67 | 2,8 | 8 | 0,3 |
| Sonstige Verkehrsmittel | 208 | 100 | 92 | 44,2 | 60 | 28,8 | 6 | 2,9 | 44 | 21,2 | 6 | 2,9 |
| Fußgänger | 3 452 | 100 | 1 246 | 36,1 | 1 472 | 42,6 | 121 | 3,5 | 535 | 15,5 | 78 | 2,3 |
| Ohne Angabe[3)] | 1 038 | 100 | 311 | 30,0 | 467 | 45,0 | 67 | 6,5 | 175 | 16,9 | 17 | 1,6 |
| **Insgesamt** | 31 274 | 100 | 11 759 | 37,6 | 14 944 | 47,8 | 2 102 | 6,7 | 2 297 | 7,3 | 172 | 0,5 |

[1)] Für die längste Wegstrecke zwischen Wohnung und Arbeitsstätte bzw. Ausbildungsstätte benutztes Verkehrsmittel.- [2)] Mithelfende Familienangehörige.- [3)] Einschl. gleiches Grundstück (ohne Weg) oder wechselnder Arbeitsplatz.- * Angaben für 1980, 1985, 1988, 1991 und 1994 siehe Verkehr in Zahlen 1983, 1988, 1992, 1996 bzw. 1998.
Quelle: Mikrozensus, Statistisches Bundesamt.

## Urlaubsreisen in ausgewählte Länder - nach benutzten Verkehrsmitteln - 1992

| Zielland | Anteil an den Urlaubsreisen | Benutztes Verkehrsmittel | | | | | | |
|---|---|---|---|---|---|---|---|---|
| | | Pkw | Wohnmobil/ Wohnwagen | Eisenbahn | Omnibus | Flugzeug | Sonstige | Insgesamt |
| | in vH | Anteile in vH | | | | | | |
| Deutschland | 44,1 | 74,7 | 3,9 | 9,4 | 9,8 | 0,8 | 1,3 | 100 |
| Österreich | 10,9 | 76,7 | 1,6 | 5,5 | 15,6 | 0,2 | 0,3 | 100 |
| Spanien | 7,0 | 8,7 | 1,7 | 0,4 | 14,6 | 73,8 | 0,7 | 100 |
| Italien | 6,9 | 61,3 | 5,1 | 4,4 | 23,2 | 5,2 | 0,8 | 100 |
| Frankreich | 4,6 | 57,4 | 12,1 | 5,1 | 19,9 | 4,0 | 1,4 | 100 |
| Niederlande | 4,0 | 76,7 | 4,3 | 5,9 | 10,2 | 0,1 | 2,3 | 100 |
| Schweiz | 2,6 | 60,4 | 3,5 | 7,8 | 27,2 | 0,1 | 1,0 | 100 |
| Dänemark | 2,5 | 78,3 | 9,4 | 4,7 | 3,1 | 1,0 | 3,5 | 100 |
| Griechenland | 2,1 | 5,5 | - | 0,7 | 3,8 | 88,6 | 1,4 | 100 |
| Ehem. CSFR | 1,9 | 69,1 | 6,6 | 5,1 | 14,4 | 0,8 | 4,0 | 100 |
| Türkei | 1,6 | 2,8 | - | 1,3 | 0,2 | 95,7 | - | 100 |
| Ungarn | 1,4 | 66,2 | 4,3 | 5,4 | 22,2 | 0,2 | 1,6 | 100 |
| Skandinavien[1] | 1,0 | 44,4 | 10,6 | 1,4 | 23,0 | 6,0 | 14,6 | 100 |
| Großbritannien[2] | 0,9 | 18,9 | 7,2 | 1,3 | 15,7 | 47,8 | 9,2 | 100 |
| Polen | 0,8 | 79,8 | 2,1 | 6,8 | 11,4 | - | - | 100 |
| Belgien/Luxemburg | 0,8 | 78,4 | 6,4 | 9,7 | 5,5 | - | - | 100 |
| USA | 1,4 | - | - | - | - | 98,3 | 1,7 | 100 |
| Tunesien | 0,7 | - | - | - | - | 100,0 | - | 100 |
| **Insgesamt** | 100,0 | 62,7 | 4,0 | 6,5 | 12,5 | 12,7 | 1,4 | 100 |

[1] Finnland, Norwegen, Schweden.- [2] Einschl. Nord-Irland.- Quelle: Tourismusstichprobe, Statistisches Bundesamt.

## Länge der öffentlichen Straßen[1] - in 1 000 km

| Jahr | Straßen des überörtlichen Verkehrs[2] | | | | | Gemeindestraßen[3] | | |
|---|---|---|---|---|---|---|---|---|
| | insgesamt | Bundesautobahnen | Bundesstraßen | Landesstraßen | Kreisstraßen | insgesamt | innerorts | außerorts |
| 1975 | 169,1 | 6,213 | 32,5 | 65,5 | 65,0 | 297 | 176,6 | 120,1 |
| 1976 | 169,6 | 6,435 | 32,5 | 65,4 | 65,2 | 299 | 178,5 | 120,5 |
| 1977 | 170,1 | 6,711 | 32,3 | 65,3 | 65,7 | 302 | 181,1 | 120,9 |
| 1978 | 170,7 | 7,029 | 32,3 | 65,4 | 66,0 | 305 | 183,7 | 121,3 |
| 1979 | 171,5 | 7,292 | 32,3 | 65,5 | 66,4 | 308 | 186,3 | 121,7 |
| 1980 | 172,4 | 7,538 | 32,6 | 65,6 | 66,7 | 310 | 187,9 | 122,1 |
| 1981 | 172,5 | 7,784 | 32,4 | 65,6 | 66,7 | 312 | 189,5 | 122,5 |
| 1982 | 173,0 | 7,919 | 32,2 | 65,8 | 67,0 | 314 | 191,2 | 122,8 |
| 1983* | 173,3 | 8,080 | 32,1 | 65,8 | 67,3 | 316 | 192,8 | 123,2 |
| 1983* | 172,6 | 8,080 | 31,6 | 65,7 | 67,3 | 316 | 192,8 | 123,2 |
| 1984 | 173,0 | 8,198 | 31,5 | 63,3 | 70,1 | 317 | 193,4 | 123,6 |
| 1985 | 173,2 | 8,350 | 31,4 | 63,3 | 70,2 | 318 | 194,0 | 124,0 |
| 1986 | 173,5 | 8,437 | 31,4 | 63,4 | 70,3 | 319 | 194,6 | 124,4 |
| 1987 | 173,6 | 8,618 | 31,2 | 63,4 | 70,4 | 321 | 195,8 | 125,2 |
| 1988 | 173,7 | 8,721 | 31,1 | 63,4 | 70,4 | 323 | 197,0 | 126,0 |
| 1989 | 173,9 | 8,822 | 31,1 | 63,3 | 70,7 | 325 | 198,2 | 126,8 |
| 1990 | 174,0 | 8,959 | 30,9 | 63,2 | 71,0 | 327 | 199,4 | 127,6 |
| 1991 | 226,3 | 10,955 | 42,1 | 84,9 | 88,3 | 410 | . | . |
| 1992 | 226,8 | 11,013 | 42,2 | 85,2 | 88,4 | 413 | . | . |
| 1993 | 227,2 | 11,080 | 42,0 | 88,1 | 86,1 | . | . | . |
| 1994 | 228,6 | 11,143 | 41,8 | 86,5 | 89,2 | . | . | . |
| 1995 | 228,9 | 11,190 | 41,7 | 86,7 | 89,3 | . | . | . |
| 1996 | 231,1 | 11,246 | 41,5 | 86,8 | 91,6[4] | . | . | . |
| 1997 | 231,1 | 11,309 | 41,4 | 86,8 | 91,5 | | | |
| 1998 | 230,7 | 11,427 | 41,4 | 86,8 | 91,1 | . | . | . |

[1] Stand 31. 12. Ohne Privatstraßen des öffentlichen Verkehrs (31. 12. 1975: 3 131 km).- [2] Einschl. Ortsdurchfahrten (1970: 32,7 Tsd. km, 1975: 33,9 Tsd. km, 1980: 34,2 Tsd. km, 1985: 35,3 Tsd. km, 1990: 35,7 Tsd. km).- [3] Mit Ausnahme der Jahre 1970 und 1975 Schätzungen. Ohne Ortsdurchfahrten der Straßen des überörtlichen Verkehrs (1971: 32,7 Tsd. km, 1975: 33,9 Tsd. km, 1980: 34,2 Tsd. km, 1985: 35,3 Tsd. km, 1990: 35,7 Tsd. km).- [4] Kreisstraßen in Thüringen wurden 1996 erstmalig erfaßt. - * Entsprechend der jeweiligen Erfassungssystematik enthalten die Angaben bis 1983 Streckenlängen einiger Fahrbahnäste (1983: Straßen des überörtlichen Verkehrs insgesamt: 646 km, davon Bundesstraßen: 543 km, Landesstraßen: 84 km, Kreisstraßen: 19 km).
Ab 1984 entfallen diese, das Jahr 1983 ist entsprechend mit beiden Werten ausgewiesen.

## Länge der Straßen des überörtlichen Verkehrs[1] - nach Bundesländern - in 1 000 km

| | Insgesamt | | Bundesautobahnen | | Bundesstraßen | | Landesstraßen | | Kreisstraßen | |
|---|---|---|---|---|---|---|---|---|---|---|
| | 1993[2] | 1998 | 1993 | 1998 | 1993 | 1998 | 1993 | 1998 | 1993[2] | 1998 |
| Baden-Württemberg | 27,46 | 27,47 | 1,019 | 1,021 | 4,55 | 4,45 | 9,88 | 9,95 | 12,02 | 12,05 |
| Bayern | 41,56 | 41,69 | 2,138 | 2,217 | 7,03 | 6,85 | 13,82 | 13,96 | 18,57 | 18,66 |
| Berlin | 0,25 | 0,25 | 0,061 | 0,059 | 0,19 | 0,19 | - | - | - | - |
| Brandenburg | 11,57 | 12,52 | 0,766 | 0,766 | 2,74 | 2,78 | 6,28 | 5,80 | 1,78 | 3,18 |
| Bremen | 0,11 | 0,11 | 0,046 | 0,048 | 0,06 | 0,06 | - | - | - | - |
| Hamburg | 0,23 | 0,23 | 0,081 | 0,081 | 0,15 | 0,15 | - | - | - | - |
| Hessen | 16,34 | 15,94 | 0,931 | 0,956 | 3,20 | 3,12 | 7,16 | 7,19 | 5,05 | 4,67 |
| Mecklenburg-Vorpommern | 9,90 | 9,70 | 0,237 | 0,262 | 2,08 | 2,07 | 4,20 | 3,23 | 3,39 | 4,14 |
| Niedersachsen | 28,22 | 28,22 | 1,271 | 1,347 | 4,86 | 4,83 | 8,35 | 8,33 | 13,74 | 13,71 |
| Nordrhein-Westfalen | 29,86 | 29,59 | 2,149 | 2,165 | 5,13 | 5,09 | 12,62 | 12,59 | 9,96 | 9,75 |
| Rheinland-Pfalz | 18,40 | 18,41 | 0,816 | 0,829 | 3,08 | 3,04 | 7,12 | 7,14 | 7,39 | 7,40 |
| Saarland | 2,05 | 2,03 | 0,226 | 0,236 | 0,35 | 0,36 | 0,83 | 0,82 | 0,64 | 0,62 |
| Sachsen | 12,69 | 13,53 | 0,421 | 0,436 | 2,45 | 2,43 | 3,85 | 4,72 | 5,98 | 5,95 |
| Sachsen-Anhalt | 10,84 | 10,80 | 0,220 | 0,241 | 2,31 | 2,32 | 4,78 | 3,83 | 3,53 | 4,40 |
| Schleswig-Holstein | 9,90 | 9,89 | 0,447 | 0,481 | 1,89 | 1,71 | 3,53 | 3,60 | 4,02 | 4,09 |
| Thüringen[2] | - | 10,30 | 0,251 | 0,282 | 1,93 | 1,94 | 5,65 | 5,65 | - | 2,43 |
| Deutschland insgesamt | 227,20 | 230,67 | 11,080 | 11,427 | 42,00 | 41,39 | 88,05 | 86,80 | 86,07 | 91,05 |

[1] Stand 31.12.; einschl. Ortsdurchfahrten, ohne Fahrbahnäste.- [2] Kreisstraßen werden in Thüringen erst ab 1996 erfaßt.

## Länge der öffentlichen Straßen nach Fahrbahnbreiten - km

| Fahrbahnbreite von ... bis unter ... m | Bundes-autobahnen | Bundesstraßen | Landesstraßen | Kreisstraßen | Gemeindestraßen innerorts | Gemeindestraßen außerorts |
|---|---|---|---|---|---|---|
| **31.12.1975** | | | | | | |
| unter 4 | - | 15 | 716 | 4 594 | 33 479 | 68 838 |
| 4 - 5 | - | 138 | 8 143 | 16 989 | 45 001 | 34 499 |
| 5 - 6 | - | 1 644 | 24 237 | 25 316 | 50 163 | 12 422 |
| 6 - 7 | - | 9 237 | 20 620 | 14 557 | 27 594 | 3 043 |
| 7 - 9 | 80* | 15 772 | 9 048 | 2 675 | 20 389 (7 - 12 und mehr) | 1 310 (7 - 12 und mehr) |
| 9 - 12 | - | 3 020 | 1 823 | 532 | | |
| 12 und mehr | 6 127 | 2 656 | 867 | 300 | | |
| **insgesamt**[1] | 6 213 | 32 490 | 65 484 | 64 959 | 176 625 | 120 112 |
| **31.12.1980** | | | | | | |
| unter 4 | - | 105 | 526 | 3 575 | . | . |
| 4 - 5 | - | 104 | 5 914 | 14 204 | . | . |
| 5 - 6 | - | 1 116 | 21 869 | 26 173 | . | . |
| 6 - 7 | - | 7 447 | 22 343 | 18 248 | . | . |
| 7 - 9 | 136* | 17 161 | 11 575 | 3 455 | . | . |
| 9 - 12 | - | 3 436 | 2 284 | 662 | . | . |
| 12 und mehr | 7 402 | 3 189 | 1 126 | 342 | . | . |
| **insgesamt** | 7 538 | 32 558 | 65 637 | 66 659 | 188 000** | 122 000** |
| **31. 12. 1985** | | | | | | |
| unter 5 | - | 55 | 4 378 | 15 814 | . | . |
| 5 - 6 | - | 749 | 19 145 | 27 684 | . | . |
| 6 - 7 | - | 6 229 | 23 098 | 21 032 | . | . |
| 7 - 9 | 94* | 16 882 | 12 630 | 4 145 | . | . |
| 9 - 12 | - | 3 665 | 2 519 | 862 | . | . |
| 12 und mehr | 8 256 | 3 596 | 1 207 | 421 | . | . |
| **insgesamt**[2] | 8 350 | 31 372 | 63 296 | 70 222 | 194 000** | 124 000** |
| **31. 12. 1995*** | | | | | | |
| unter 5 | 229 (unter 5 - 11) | 503 | . | . | . | . |
| 5 - 7 | | 10 335 | . | . | . | . |
| 7 - 11[3] | | 25 463 | . | . | . | . |
| 11[3] - 20 | 1 851 | 4 106 | . | . | . | . |
| 20 und mehr | 9 132 | - | . | . | . | . |
| **insgesamt** | 11 212 | 40 407 | 86 717 | 89 253 | . | . |

[1] Durch Runden der Meßergebnisse für die einzelnen Teilstücke gleicher Deckenart weichen die nach Fahrbahnbreiten differenzierten Werte in der Summe geringfügig ab. - [2] In der jeweiligen Summe enthalten, aber nicht nach Fahrbahnbreiten nachgewiesen sind: 196 km Bundesstraßen, 319 km Landesstraßen, 264 km Kreisstraßen. - [3] Bei Bundesstraßen 12 m. - * Einbahnige Strecken. - ** Schätzung. - *** Die Werte weichen geringfügig von denen auf den Seiten 109/110 ausgewiesenen Werten ab, da nicht in allen Bundesländern 100 vH der Straßen erfaßt wurden.

## Länge der mit Radwegen[1)] versehenen Straßen des überörtlichen Verkehrs[2)] nach Bundesländern - in km

| | 1993 | | | | 1998 | | | |
|---|---|---|---|---|---|---|---|---|
| | Insgesamt | | darunter: Ortsdurchfahrten | | Insgesamt | | darunter: Ortsdurchfahrten | |
| | Radwege | Fuß- und Radwege[3)] | Radwege | Fuß- und Radwege[3)] | Radwege | Fuß- und Radwege[3)] | Radwege | Fuß- und Radwege[3)] |
| Baden-Württemberg | . | . | . | . | . | . | . | . |
| Bayern | 381 | 2 975 | 325 | 740 | 311 | 3866 | 273 | 812 |
| Berlin | 100 | 13 | 89 | 3 | 107 | 19 | 97 | 6 |
| Brandenburg[4)] | 153 | 72 | 73 | 36 | 520 | 392 | 284 | 213 |
| Bremen | 27 | 2 | 24 | 1 | 13 | 2 | 10 | 1 |
| Hamburg | 120 | 15 | 117 | 11 | 124 | 21 | 119 | 19 |
| Hessen | 191 | 821 | 142 | 108 | 202 | 903 | 155 | 114 |
| Mecklenburg-Vorpommern | 113 | 35 | 77 | 12 | 324 | 498 | 96 | 237 |
| Niedersachsen | 943 | 9 971 | 697 | 1 660 | 1015 | 11067 | 742 | 2029 |
| Nordrhein-Westfalen | 1 312 | 5 870 | 1 168 | 1 087 | 901 | 5682 | 760 | 926 |
| Rheinland-Pfalz | 57 | 810 | 45 | 137 | 124 | 933 | 107 | 151 |
| Saarland | 45 | 228 | 37 | 37 | 29 | 254 | 17 | 63 |
| Sachsen | 90 | 45 | 35 | 42 | 226 | 243 | 84 | 128 |
| Sachsen-Anhalt | 194 | 63 | 91 | 19 | 330 | 320 | 150 | 93 |
| Schleswig-Holstein | 631 | 3 014 | 450 | 662 | 2080 | 2165 | 668 | 541 |
| Thüringen[5)] | 25 | 73 | 13 | 33 | 45 | 171 | 22 | 86 |
| **Deutschland insgesamt** | . | . | . | . | . | . | . | . |

[1)] Ein- und beidseitige Wege.- [2)] Stand 31. 12.; Bundesstraßen, Landesstraßen, Kreisstraßen.- [3)] Ohne Mehrzweckstreifen, die auch von Radfahrern mitbenutzt werden.- [4)] Angaben 1993 für Kreisstraßen Stand 1992.- [5)] 1993 ohne Kreisstraßen.

## Anteil der mit Radwegen[1] versehenen Straßen an den Straßen des überörtlichen Verkehrs[2] nach Bundesländern - in vH

| | 1993 | | | 1998 | | |
|---|---|---|---|---|---|---|
| | Insgesamt | darunter: Radwege | darunter: Fuß- und Radwege[3] | Insgesamt | darunter: Radwege | darunter: Fuß- und Radwege[3] |
| Baden-Württemberg | . | . | . | . | . | . |
| Bayern | 8,1 | 0,9 | 7,2 | 10,0 | 0,7 | 9,3 |
| Berlin | 45,4 | 40,2 | 5,2 | 50,6 | 43,0 | 7,6 |
| Brandenburg [4] | 1,9 | 1,3 | 0,6 | 7,3 | 4,2 | 3,1 |
| Bremen | 26,4 | 24,5 | 1,8 | 13,4 | 11,6 | 1,8 |
| Hamburg | 58,4 | 51,9 | 6,5 | 63,0 | 53,9 | 9,1 |
| Hessen | 6,2 | 1,2 | 5,0 | 6,9 | 1,3 | 5,7 |
| Mecklenburg-Vorpommern | 1,5 | 1,1 | 0,4 | 8,5 | 3,3 | 5,1 |
| Niedersachsen | 38,7 | 3,3 | 35,3 | 42,8 | 3,6 | 39,2 |
| Nordrhein-Westfalen | 24,1 | 4,4 | 19,7 | 22,2 | 3,0 | 19,2 |
| Rheinland-Pfalz | 4,7 | 0,3 | 4,4 | 5,7 | 0,7 | 5,1 |
| Saarland | 13,3 | 2,2 | 11,1 | 13,9 | 1,4 | 12,5 |
| Sachsen | 1,1 | 0,7 | 0,4 | 3,5 | 1,7 | 1,8 |
| Sachsen-Anhalt | 2,4 | 1,8 | 0,6 | 6,0 | 3,1 | 3,0 |
| Schleswig-Holstein | 36,8 | 6,4 | 30,5 | 42,9 | 21,0 | 21,9 |
| Thüringen | . | . | . | 2,1 | 0,4 | 1,7 |
| **Deutschland insgesamt** | . | . | . | . | . | . |

[1] Ein- und beidseitige Wege.- [2] Stand 31. 12.; Bundesstraßen, Landesstraßen, Kreisstraßen.- [3] Ohne Mehrzweckstreifen, die auch von Radfahrern mitbenutzt werden.- [4] Angaben 1993 für Kreisstraßen Stand 1992.

## Befestigte Flächen der öffentlichen Straßen - (Fahrbahnen ohne Mittelstreifen, Bankette, Böschungen usw.)

| Straßenklassen | Straßenfläche in $km^2$ | | | | Anteile der Straßenarten an der Straßenfläche insgesamt in vH | | | | Anteile der Straßenflächen an der Fläche des Bundesgebietes[1] in vH | | | |
|---|---|---|---|---|---|---|---|---|---|---|---|---|
| | 1971 | 1981 | 1986 | 1996 | 1971 | 1981 | 1986 | 1996 | 1971 | 1981 | 1986 | 1996 |
| **Bundesautobahnen** | 108,5 | 200,5 | 223,2 | 243,0 | 4,3 | 6,8 | 7,3 | . | 0,04 | 0,08 | 0,09 | 0,07 |
| **Bundesstraßen** | 252,0 | 271,8 | 273,7 | 364,4 | 9,9 | 9,2 | 8,9 | . | 0,10 | 0,11 | 0,11 | 0,10 |
| außerorts[2] | 196,2 | 212,5 | 213,9 | . | 7,7 | 7,2 | 7,0 | . | 0,08 | 0,09 | 0,09 | . |
| innerorts[3] | 55,8 | 59,3 | 59,8 | . | 2,2 | 2,0 | 1,9 | . | 0,02 | 0,02 | 0,02 | . |
| **Landesstraßen** | 390,3 | 425,8 | 420,6 | . | 15,4 | 14,4 | 13,7 | . | 0,16 | 0,17 | 0,17 | . |
| außerorts[2] | 308,6 | 334,9 | 328,2 | . | 12,2 | 11,3 | 10,7 | . | 0,13 | 0,13 | 0,13 | . |
| innerorts[3] | 81,7 | 90,9 | 92,4 | . | 3,2 | 3,1 | 3,0 | . | 0,03 | 0,04 | 0,04 | . |
| **Kreisstraßen** | 327,4 | 380,0 | 409,4 | . | 12,9 | 12,8 | 13,4 | . | 0,13 | 0,15 | 0,16 | . |
| außerorts[2] | 265,2 | 305,2 | 324,6 | . | 10,4 | 10,3 | 10,6 | . | 0,11 | 0,12 | 0,13 | . |
| innerorts[3] | 62,2 | 74,8 | 84,8 | . | 2,5 | 2,5 | 2,8 | . | 0,02 | 0,03 | 0,03 | . |
| **Gemeindestraßen** | 1 436,2 | 1 666,9 | 1 720,0 | . | 56,6 | 56,3 | 56,2 | . | 0,58 | 0,67 | 0,69 | . |
| **Privatstraßen des öffentlichen Verkehrs** | 23,6 | 16,4 | 15,0 | . | 0,9 | 0,5 | 0,5 | . | 0,01 | 0,01 | 0,01 | . |
| **Öffentliche Straßen insgesamt** | 2 538,0 | 2 961,4 | 3 061,9 | . | 100 | 100 | 100 | . | 1,02 | 1,19 | 1,23 | . |

[1] Fläche des Bundesgebietes bis 1990 249 469 $km^2$, ab 1991 356 959 $km^2$.- [2] Freie Strecken.- [3] Ortsdurchfahrten in der Baulast des Bundes, der Länder, der Kreise und der Gemeinden.- Quelle: Berechnungen des Bundesministers für Verkehr und des Deutschen Instituts für Wirtschaftsforschung.

## Straßenbelastung - Zählabschnittslänge der freien Strecken überörtlicher Straßen nach der Verkehrsstärke - 1995*

| DTV-Klasse[1] | Bundesautobahnen | | | Bundesstraßen | | | Landesstraßen | | | Kreisstraßen[2] | | | Straßen insgesamt | | |
|---|---|---|---|---|---|---|---|---|---|---|---|---|---|---|---|
| Kfz/24 h | km | Anteil in vH | | km | Anteil in vH | | km | Anteil in vH | | km | Anteil in vH | | km | Anteil in vH | |
| | 1995 | 1995 | 1990 | 1995 | 1995 | 1990 | 1995 | 1995 | 1990 | 1995 | 1995 | 1990 | 1995 | 1995 | 1990 |
| bis unter 1 000 | - | - | - | 72 | 0,2 | 0,2 | 6 700 | 9,8 | 12,4 | . | . | 45,9 | . | . | 21,0 |
| 1 000 bis unter 2 000 | - | - | 0,1 | 848 | 2,4 | 2,4 | 15 563 | 22,8 | 24,8 | . | . | 28,1 | . | . | 20,1 |
| 2 000 bis unter 3 000 | 1 | 0,0 | 0,1 | 2 066 | 5,9 | 5,7 | 13 368 | 19,6 | 19,6 | . | . | 12,3 | . | . | 13,3 |
| 3 000 bis unter 4 000 | 29 | 0,3 | 0,1 | 2 627 | 7,5 | 8,1 | 9 837 | 14,4 | 13,9 | . | . | 5,6 | . | . | 9,1 |
| 4 000 bis unter 5 000 | 9 | 0,1 | 0,3 | 3 293 | 9,4 | 10,1 | 6 650 | 9,7 | 8,4 | . | . | 2,9 | . | . | 6,3 |
| 5 000 bis unter 6 000 | 24 | 0,2 | 0,6 | 3 740 | 10,6 | 10,6 | 4 267 | 6,2 | 6,1 | . | . | 2,1 | . | . | 5,2 |
| 6 000 bis unter 8 000 | 122 | 1,1 | 1,3 | 6 474 | 18,4 | 17,5 | 5 669 | 8,3 | 7,2 | . | . | 1,7 | . | . | 6,9 |
| 8 000 bis unter 1 0000 | 101 | 0,9 | 1,2 | 5 059 | 14,4 | 14,3 | 2 905 | 4,2 | 3,4 | . | . | 0,7 | . | . | 4,4 |
| 10 000 bis unter 12 000 | 139 | 1,3 | 1,7 | 3 545 | 10,1 | 10,0 | 1 530 | 2,2 | 1,9 | . | . | 0,3 | . | . | 2,9 |
| 12 000 bis unter 14 000 | 174 | 1,6 | 2,2 | 2 381 | 6,8 | 6,4 | 744 | 1,1 | 1,0 | . | . | 0,2 | . | . | 1,8 |
| 14 000 bis unter 16 000 | 320 | 2,9 | 2,6 | 1 427 | 4,1 | 4,6 | 452 | 0,7 | 0,5 | . | . | 0,1 | . | . | 1,2 |
| 16 000 bis unter 18 000 | 287 | 2,6 | 2,5 | 1 146 | 3,3 | 3,0 | 285 | 0,4 | 0,3 | . | . | 0,1 | . | . | 0,9 |
| 18 000 bis unter 2 0000 | 347 | 3,1 | 4,2 | 716 | 2,0 | 1,9 | 146 | 0,2 | 0,3 | . | . | 0,0 | . | . | 0,7 |
| 20 000 bis unter 25 000 | 846 | 7,7 | 9,3 | 836 | 2,4 | 2,5 | 166 | 0,2 | 0,2 | . | . | 0,0 | . | . | 1,1 |
| 25 000 bis unter 30 000 | 1 001 | 9,1 | 8,2 | 337 | 1,0 | 1,0 | 36 | 0,1 | 0,0 | . | . | 0,0 | . | . | 0,7 |
| 30 000 bis unter 35 000 | 828 | 7,5 | 7,6 | 208 | 0,6 | 0,6 | 16 | 0,0 | 0,0 | . | . | 0,0 | . | . | 0,6 |
| 35 000 bis unter 40 000 | 1 147 | 10,4 | 7,1 | 155 | 0,4 | 0,4 | 11 | 0,0 | 0,0 | . | . | 0,0 | . | . | 0,5 |
| 40 000 bis unter 45 000 | 883 | 8,0 | 9,4 | 95 | 0,3 | 0,2 | 8 | 0,0 | 0,0 | . | . | - | . | . | 0,6 |
| 45 000 bis unter 50 000 | 710 | 6,4 | 7,3 | 59 | 0,2 | 0,1 | 3 | 0,0 | 0,0 | . | . | - | . | . | 0,5 |
| 50 000 bis unter 60 000 | 1 668 | 15,1 | 15,3 | 71 | 0,2 | 0,3 | 8 | 0,0 | 0,0 | . | . | - | . | . | 1,0 |
| 60 000 bis unter 70 000 | 981 | 8,9 | 9,0 | 49 | 0,1 | 0,1 | 2 | 0,0 | 0,0 | . | . | - | . | . | 0,6 |
| 70 000 bis unter 80 000 | 631 | 5,7 | 4,5 | 4 | 0,0 | 0,0 | - | - | - | . | . | - | . | . | 0,3 |
| 80 000 bis unter 90 000 | 360 | 3,3 | 3 | 1 | 0,0 | 0,0 | - | - | - | . | . | - | . | . | 0,1 |
| 90 000 und mehr | 417 | 3,8 | 3 | - | - | - | - | - | - | . | . | - | . | . | 0,1 |
| insgesamt | 11 023 | 100 | 100 | 35 208 | 100 | 100 | 68 367 | 100 | 100 | . | . | 100 | . | . | 100 |

[1] Durchschnittliche tägliche Verkehrsstärke aller Tage des Jahres für den Kraftfahrzeugverkehr in beiden Richtungen.- [2] Keine Angaben wegen zu geringer Anzahl der Zählstellen in den neuen Bundesländern.- * Vergleichszahlen für 1990: alte Bundesländer. Angaben für 1973 siehe Verkehr in Zahlen 1975, für 1975 Verkehr in Zahlen 1979, für 1980 Verkehr in Zahlen 1981, für 1985 Verkehr in Zahlen 1991, für 1990 Verkehr in Zahlen 1996.
Quelle: Bundesanstalt für Straßenwesen.

## Straßenbelastung - Kraftfahrzeugverkehr auf den freien Strecken der überörtlichen Straßen

### Durchschnittliche tägliche Verkehrsstärke (DTV) in Kfz je 24 Stunden[1)]

| Jahr | Bundesautobahnen | | | Bundesstraßen | | | Landesstraßen | | | Kreisstraßen | | |
|---|---|---|---|---|---|---|---|---|---|---|---|---|
| | DTV | Personenverkehr | Güterverkehr | DTV | Personenverkehr | Güterverkehr | DTV | Personenverkehr | Güterverkehr | DTV | Personenverkehr | Güterverkehr |
| | in Kfz/24 h | in vH | in vH | Kfz/24 h | in vH | in vH | Kfz/24 h | in vH | in vH | Kfz/24 h | in vH | in vH |
| 1953 | 4 578 | . | . | 1 640 | 73,1 | 26,9 | 567[2)] | 75,3 | 24,7 | . | . | . |
| 1958 | 9 291 | . | . | 3 047 | . | . | . | . | . | . | . | . |
| 1960 | 10 710 | 75,5 | 24,5 | 3 548 | 75,6 | 24,4 | 1 262[2)] | 74,1 | 25,9 | 453[4)] | . | . |
| 1963 | 13 626 | 75,5 | 24,5 | 4 099 | 77,0 | 23,0 | . | . | . | . | . | . |
| 1965 | 16 568 | 75,3 | 24,7 | 4 551 | 79,7 | 20,3 | 1 524[3)] | 76,2 | 23,8 | 663[4)] | . | . |
| 1968 | 18 234 | 77,0 | 23,0 | 4 784 | 79,5 | 20,5 | 1 633[3)] | 80,0 | 20,0 | 880[5)] | 80,5 | 19,5 |
| 1970 | 22 385 | 80,8 | 19,2 | 5 660 | 84,6 | 15,4 | 1 885[3)] | 85,9 | 14,1 | 964[6)] | 85,9 | 14,1 |
| 1973 | 23 531 | 80,3 | 19,7 | 6 016 | 85,2 | 14,8 | 2 153[3)] | 87,8 | 12,2 | 1 079[6)] | 87,8 | 12,2 |
| 1975 | 25 687 | 85,3 | 14,7 | 6 108 | 88,9 | 11,1 | 2 166[3)] | 90,3 | 9,7 | 1 132[7)] | 89,6 | 10,4 |
| 1978 | 29 120 | 84,4 | 15,6 | 6 601 | 89,3 | 10,7 | . | . | . | . | . | . |
| 1980 | 29 917 | 84,3 | 15,7 | 6 785 | 88,9 | 11,1 | 2 566 | 90,3 | 9,7 | 1 325[7)] | 90,1 | 9,9 |
| 1985 | 31 385 | 84,6 | 15,4 | 7 238 | 90,1 | 9,9 | 2 837 | 91,4 | 8,6 | 1 415[7)] | 91,0 | 9,0 |
| 1990 | 41 967 | 85,4 | 14,6 | 9 005 | 90,7 | 9,3 | 3 527 | 92,1 | 7,9 | 1 655[7)] | 91,7 | 8,3 |
| 1995 | 43 940 | 83,9 | 16,1 | 9 135 | 89,6 | 10,4 | 3 789 | 91,2 | 8,8 | .[8)] | .[8)] | .[8)] |

[1)] Bezogen auf die Straßenlängen zum 1. 1. des jeweiligen Jahres.- [2)] Landesstraßen soweit von der Zählung erfaßt.- [3)] Erfaßt wurden rund 90 vH der Landesstraßen.- [4)] Erfaßt wurden nur einzelne Abschnitte des Kreisstraßennetzes in einem Teil der Bundesrepublik.- [5)] Erfaßt wurden rund ein Sechstel der Kreisstraßen.- [6)] Erfaßt wurden rund die Hälfte der Kreisstraßen.- [7)] Erfaßt wurden rund zwei Drittel der Kreisstraßen.- [8)] Keine Angabe wegen zu geringer Anzahl der Zählstellen in den neuen Bundesländern.- Quelle: Bundesanstalt für Straßenwesen.

## Straßenbelastung - Kraftfahrzeugverkehr auf Bundesautobahnen und Bundesstraßen

**Durchschnittliche tägliche Verkehrsstärke (DTV) in Kfz je 24 Stunden nach Zeitbereichen und Fahrzeugarten[1)]**

| Kraftfahrzeugart<br>Straßenart | Zeit-<br>bereiche[2)] | 1987 | 1988 | 1989 | 1990 | 1991* | 1992* | 1993* | 1994* | 1995* | 1996* | 1997* | 1998* |
|---|---|---|---|---|---|---|---|---|---|---|---|---|---|
| **Kraftfahrzeuge insgesamt** | | | | | | | | | | | | | |
| Bundesautobahnen | AT | 35 400 | 37 800 | 39 800 | 41 800 | 42 800 | 44 000 | 45 300 | 45 900 | 46 500 | 46 800 | 48 200 | 49 400 |
| | WT | 34 700 | 37 500 | 40 000 | 42 200 | 43 200 | 44 700 | 46 000 | 47 000 | 47 600 | 47 900 | 49 400 | 50 600 |
| | FT | 38 500 | 40 600 | 42 400 | 44 200 | 45 200 | 46 500 | 47 800 | 48 000 | 49 000 | 49 100 | 50 900 | 53 000 |
| | SF | 31 900 | 33 900 | 34 800 | 36 400 | 37 300 | 38 200 | 38 800 | 38 700 | 39 000 | 39 500 | 40 200 | 41 000 |
| Bundesstraßen - außerörtlich | AT | 8 030 | 8 420 | 8 730 | 9 010 | 9 120 | 9 250 | 9 380 | 9 670 | 9 850 | 9 930 | 10 090 | 10 230 |
| | WT | 8 160 | 8 640 | 9 060 | 9 390 | 9 510 | 9 680 | 9 800 | 10 170 | 10 370 | 10 470 | 10 630 | 10 750 |
| | FT | 8 500 | 8 770 | 9 120 | 9 410 | 9 510 | 9 640 | 9 790 | 10 050 | 10 230 | 10 320 | 10 500 | 10 770 |
| | SF | 6 760 | 6 990 | 7 080 | 7 190 | 7 230 | 7 260 | 7 330 | 7 410 | 7 570 | 7 540 | 7 640 | 7 660 |
| **Personenkraftwagen[3)]** | | | | | | | | | | | | | |
| Bundesautobahnen | AT | 30 900 | 33 100 | 34 900 | 36 500 | 37 300 | 38 400 | 39 500 | 39 900 | 40 300 | 40 500 | 41 600 | 42 500 |
| | WT | 29 400 | 32 000 | 34 300 | 36 100 | 36 800 | 38 000 | 39 200 | 39 900 | 40 300 | 40 500 | 41 700 | 42 600 |
| | FT | 33 500 | 35 400 | 36 900 | 38 300 | 39 000 | 40 000 | 41 400 | 41 300 | 42 100 | 42 200 | 43 600 | 45 200 |
| | SF | 31 900 | 33 900 | 34 800 | 36 400 | 37 300 | 38 200 | 38 800 | 38 700 | 39 000 | 39 500 | 40 200 | 41 000 |
| Bundesstraßen - außerörtlich | AT | 7 430 | 7 800 | 8 100 | 8 350 | 8 430 | 8 560 | 8 700 | 8 930 | 9 100 | 9 170 | 9 310 | 9 420 |
| | WT | 7 450 | 7 930 | 8 320 | 8 610 | 8 700 | 8 860 | 9 000 | 9 310 | 9 490 | 9 580 | 9 720 | 9 810 |
| | FT | 7 810 | 8 060 | 8 390 | 8 670 | 8 710 | 8 820 | 9 010 | 9 210 | 9 370 | 9 460 | 9 610 | 9 840 |
| | SF | 6 760 | 6 990 | 7 080 | 7 190 | 7 230 | 7 260 | 7 330 | 7 410 | 7 570 | 7 540 | 7 640 | 7 660 |
| **Lastkraftfahrzeuge, Omnibusse[4)]** | | | | | | | | | | | | | |
| Bundesautobahnen | AT | 4 420 | 4 660 | 4 880 | 5 260 | 5 550 | 5 740 | 5 780 | 6 000 | 6 200 | 6 300 | 6 600 | 6 900 |
| | WT | 5 230 | 5 460 | 5 710 | 6 110 | 6 530 | 6 670 | 6 760 | 7 100 | 7 300 | 7 400 | 7 700 | 8 000 |
| | FT | 5 040 | 5 250 | 5 540 | 5 920 | 6 120 | 6 450 | 6 360 | 6 700 | 6 900 | 6 900 | 7 300 | 7 700 |
| Bundesstraßen - außerörtlich | AT | 600 | 610 | 640 | 660 | 680 | 690 | 690 | 740 | 750 | 760 | 780 | 810 |
| | WT | 710 | 710 | 740 | 770 | 790 | 800 | 800 | 860 | 880 | 890 | 910 | 940 |
| | FT | 690 | 700 | 730 | 740 | 780 | 820 | 780 | 840 | 860 | 860 | 890 | 930 |

[1)] Bezogen auf die Straßenlängen zum 1. 7. des jeweiligen Jahres.- [2)] AT = alle Tage, WT = Werktage (Mo-Sa) außerhalb der Ferienzeit, FT = Werktage (Mo-Sa) innerhalb der Ferienzeit, SF = Sonn- und Feiertage.- [3)] "Pkw-ähnliche" Kfz.- [4)] "Lkw-ähnliche" Kfz.- * Alte Bundesländer. Für die neuen Bundesländer liegen nur Werte für Kraftfahrzeuge insgesamt vor. Autobahnen: 1993 30 100, 1994 30 400, 1995 31 200, 1996 32 300, 1997 33 300, 1998 34 200. Außerörtliche Bundesstraßen: 1993 6 670, 1994 6 870, 1995 6 990, 1996 7 120, 1997 7 330, 1998 7 430.- Quelle: Bundesanstalt für Straßenwesen.

## Länge der Binnenwasserstraßen des Bundes[1] - in km

| | Insgesamt | Fluß-/Kanalstrecken | | | klassifizierte Wasserstraßen | | sonstige Wasser-straßen[4] |
|---|---|---|---|---|---|---|---|
| | | freie/ geregelte | stauge-regelte | Kanal-strecken | nationaler Bedeutung[2] | internationaler Bedeutung[3] | |
| 1976 | 4 283 | . | . | . | . | . | . |
| 1977 | 4 456 | . | . | . | . | . | . |
| 1978 | 4 456 | . | . | . | . | . | . |
| 1979 | 4 456 | . | . | . | . | . | . |
| 1980 | 4 395 | . | . | . | . | . | . |
| 1981 | 4 378 | . | . | . | . | . | . |
| 1982 | 4 322 | . | . | . | . | . | . |
| 1983 | 4 302 | . | . | . | . | . | . |
| 1984 | 4 354 | . | . | . | . | . | . |
| 1985 | 4 336 | . | . | . | . | . | . |
| 1986 | 4 319 | . | . | . | . | . | . |
| 1987 | 4 365 | . | . | . | . | . | . |
| 1988 | 4 398 | . | . | . | . | . | . |
| 1989 | 4 447 | . | . | . | . | . | . |
| 1990 | 4 350 | . | . | . | . | . | . |
| 1991 | 7 341 | 2 869 | 2 742 | 1 730 | 1 473 | 4 733 | 1 135 |
| 1992 | 7 341 | 2 869 | 2 742 | 1 730 | 1 473 | 4 733 | 1 135 |
| 1993 | 7 681 | 2 960 | 2 942 | 1 779 | 1 613 | 4 778 | 1 290 |
| 1994 | 7 681 | 2 960 | 2 942 | 1 779 | 1 613 | 4 778 | 1 290 |
| 1995 | 7 343 | 2 870 | 2 740 | 1 733 | 1 575 | 4 787 | 981 |
| 1996 | 7 339 | 2 829 | 2 781 | 1 729 | 1 378 | 4 983 | 978 |
| 1997 | 7 339 | 2 829 | 2 781 | 1 729 | 1 378 | 4 983 | 978 |
| 1998 | 7 300 | 2 533 | 3 032 | 1 735 | 1 252 | 5 068 | 980 |

[1] Stand 31.12. Ohne Delgationsstrecke Hamburg.-[2] Wasserstraßen nationaler Bedeutung = Wasserstraßenklassen I bis III.- [3] Wasserstraßen internationaler Bedeutung = Wasserstraßenklassen IV bis VIc.-[4] Nicht klassifizierte Binnenwasserstraßen und solche, die nicht dem allgemeinen Verkehr dienen.

## Transportbilanz / Leistungsbilanz der Bundesrepublik - in Mio. DM

| (Mit dem Ausland) | 1989 | 1990** | 1991 | 1992 | 1993 | 1994 | 1995 | 1996* | 1997* | 1998* |
|---|---|---|---|---|---|---|---|---|---|---|
| **Transport insgesamt** | | | | | | | | | | |
| Einnahmen | 24 777 | 26 543 | 28 741 | 28 783 | 28 823 | 29 727 | 30 989 | 32 718 | 36 583 | 38 901 |
| Ausgaben | 17 734 | 20 517 | 22 474 | 24 061 | 23 918 | 24 764 | 25 926 | 27 878 | 30 372 | 32 993 |
| Saldo | 7 043 | 6 026 | 6 267 | 4 723 | 4 905 | 4 963 | 5 064 | 4 840 | 6 211 | 5 908 |
| Frachten | 9 104 | 8 429 | 8 707 | 7 746 | 8 145 | 8 435 | 8 958 | 9 143 | 9 710 | 9 346 |
| Personenbeförderung | -175 | -267 | -574 | -755 | -729 | -768 | -1 009 | 552 | 2 053 | 2 938 |
| Sonstige Transportleistungen | -1 887 | -2 137 | -1 866 | -2 269 | -2 511 | -2 703 | -2 886 | -4 855 | -5 551 | -6 376 |
| dar. Seehäfendienste | -1 264 | -999 | -1 318 | -1 626 | -1 553 | -2 112 | -2 275 | -3 193 | -3 435 | -4 039 |
| dar. Flughäfendienste | 332 | -218 | 166 | 80 | 300 | 411 | 539 | -293 | -600 | -415 |
| **Zum Vergleich:** | | | | | | | | | | |
| **Saldo der Leistungsbilanz der Bundesrepublik**[1] | 109 234 | 81 428 | -28 374 | -21 064 | -14 887 | -36 532 | -27 159 | -8 447 | -2 434 | -7 408 |
| Warenhandel | 130 469 | 101 549 | 19 095 | 32 230 | 57 266 | 70 658 | 80 581 | 94 329 | 110 318 | 123 762 |
| Dienstleistungen[2] | -13 323 | -17 711 | -22 800 | -36 035 | -43 812 | -52 102 | -52 361 | -53 145 | -59 328 | -61 796 |
| Reiseverkehr | -29 847 | -31 484 | -34 409 | -39 458 | -42 981 | -49 310 | -49 046 | -50 527 | -51 723 | -53 666 |
| Transport(-bilanz) | 7 043 | 6 026 | 6 267 | 4 723 | 4 905 | 4 963 | 5 064 | 4 840 | 6 211 | 5 908 |
| Versicherungen[3] | -424 | -917 | -1 255 | -962 | -625 | 26 | 8 | 920 | 261 | -1 419 |
| Sonstige Dienstleistungen[4] | 9 905 | 8 664 | 6 597 | -338 | -5 111 | -7 781 | -8 387 | -8 378 | -14 077 | -12 619 |
| Übertragungen[5] | -7 912 | -2 410 | -24 669 | -17 259 | -28 341 | -55 088 | -55 379 | -49 631 | -53 424 | -69 374 |

[1] Erfassung Warenhandel und Dienstleistungen auf Basis Ausfuhr (fob) / Einfuhr (cif), d.h. einschl. Fracht- und Versicherungskosten der Einfuhr.- [2] Ohne die im cif-Wert der Einfuhr enthaltenen Fracht- und Versicherungskosten.- [3] In den Prämienzahlungen enthaltene Dienstleistungskomponenten.- [4] Transithandelserträge, Finanzdienstleistungen und sonstige Dienstleistungen.- [5] Erwerbs- und Vermögenseinkommen, Versicherungsleistungen (ohne Dienstleistungskomponenten), laufende öffentliche und private Übertragungen.- * Vorläufige Werte.- ** Ab Juli 1990 einschl. Transaktionen der neuen Bundesländer mit dem Ausland.

## Verkehrsausgaben

**Nettoausgaben des Bundes, der Länder und der Gemeinden für das Straßenwesen[1] - in Mio. DM**

| Jahr | Insgesamt | Bundes-autobahnen | Bundes- und Landes-straßen | Kreis-straßen | Gemeinde-straßen | Verwaltung und Sonstiges |
|---|---|---|---|---|---|---|
| 1970 | 14 892 | 2 528 | 4 409 | 912 | 6 290 | 753 |
| 1971 | 16 348 | 3 959 | 3 411 | 977 | 7 099 | 902 |
| 1972 | 16 624 | 4 081 | 3 596 | 867 | 7 104 | 976 |
| 1973 | 17 324 | 4 067 | 3 715 | 853 | 7 588 | 1 102 |
| 1974[2] | 18 741 | 3 927 | 4 369 | 1 048 | 8 134 | 1 264 |
| 1974[2] | 17 691 | 3 927 | 4 353 | 1 040 | 7 652 | 719 |
| 1975 | 17 563 | 3 915 | 4 544 | 1 101 | 7 218 | 785 |
| 1976 | 17 153 | 3 556 | 4 718 | 885 | 7 166 | 828 |
| 1977 | 18 042 | 3 525 | 5 232 | 963 | 7 540 | 782 |
| 1978 | 20 053 | 3 678 | 5 804 | 1 196 | 8 477 | 898 |
| 1979 | 22 311 | 3 949 | 6 344 | 1 639 | 9 314 | 1 066 |
| 1980 | 23 086 | 3 736 | 6 268 | 1 756 | 10 194 | 1 133 |
| 1981 | 22 136 | 3 176 | 6 208 | 1 623 | 9 945 | 1 184 |
| 1982 | 20 560 | 2 926 | 6 155 | 1 403 | 9 015 | 1 062 |
| 1983 | 19 667 | 3 034 | 5 948 | 1 315 | 8 326 | 1 044 |
| 1984 | 19 752 | 3 056 | 5 888 | 1 359 | 8 400 | 1 050 |
| 1985 | 20 367 | 3 239 | 5 755 | 1 498 | 8 738 | 1 137 |
| 1986 | 21 128 | 3 219 | 5 963 | 1 519 | 9 214 | 1 213 |
| 1987 | 21 290 | 3 264 | 5 991 | 1 539 | 9 042 | 1 454 |
| 1988 | 21 455 | 3 298 | 5 933 | 1 559 | 9 371 | 1 294 |
| 1989 | 21 863 | 3 248 | 6 084 | 1 603 | 9 536 | 1 392 |
| 1990 | 22 656 | 3 487 | 6 387 | 1 625 | 9 717 | 1 440 |
| 1991* | 26 709 | 4 354 | 7 234 | 1 706 | 11 444 | 1 971 |
| 1992** | 34 945 | 5 284 | 9 204 | 1 539 | 15 157 | 3 761 |
| 1993 | 32 147 | 5 567 | 9 187 | 1 418 | 13 572 | 2 403 |
| 1994 | 32 586 | 5 504 | 9 434 | 1 553 | 13 618 | 2 477 |
| 1995 | 32 069 | 5 883 | 9 284 | 1 603 | 12 902 | 2 397 |
| 1996 | 31 668 | 6 039 | 8 270 | 1 606 | 13 059 | 2 694 |
| 1997 | . | . | . | . | . | . |
| 1998 | . | . | . | . | . | . |

[1] Einschl. der durch die "Deutsche Gesellschaft für öffentliche Arbeiten" (Öffa) über den Kreditmarkt finanzierten Ausgaben.- [2] Da die Ergebnisse ab 1974 infolge der Erweiterung des finanzstatistischen Berichtskreis sowie der Neufassung der kommunalen Haushaltssystematik mit denen früherer Rechnungsjahre nicht voll vergleichbar sind, wurden die Daten für das Jahr 1974 sowohl nach alter, mit den Vorjahren vergleichbarer als auch nach neuer Abgrenzung und Methode dargestellt. In den Angaben nach der neuen Abgrenzung und Methode fehlen u.a. die Ausgaben für die Tiefbauverwaltungen und die Bauhöfe der Gemeinden.- * Alte Bundesländer.- ** 1992 wurden 1487 Mio. DM aus Mitteln des "Aufschwungs Ost" für Bundesstraßen verwendet, die in den oben angegebenen Zahlen nicht enthalten sind.

## Verkehrsausgaben - Ist-Ausgaben des Bundes für den Verkehr - in Mio. DM

| Jahr | Verkehr insgesamt | dar. Investitionen in vH | davon: Bundesfernstraßen | Verbesserung der Verkehrsverhältnisse der Gemeinden[1] | Bundeswasserstraßen | Eisenbahnen | Luftfahrt[2] | Übrige Verkehrsausgaben | Zum Vergleich: Ausgaben des Bundes[3] insgesamt | dar. Investitionen in vH | Anteil des Verkehrs an den Ausgaben des Bundes in vH | Anteil des Verkehrs an den Investitionen des Bundes in vH |
|---|---|---|---|---|---|---|---|---|---|---|---|---|
| 1980 | 24 283 | 49 | 6 830 | 2 421 | 1 620 | 11 397 | 553 | 1 462 | 217 085 | 15 | 11 | 38 |
| 1981 | 24 366 | 47 | 6 411 | 2 429 | 1 610 | 11 893 | 448 | 1 575 | 234 474 | 13 | 10 | 37 |
| 1982 | 25 058 | 48 | 6 167 | 2 549 | 1 630 | 13 005 | 474 | 1 234 | 246 110 | 13 | 10 | 37 |
| 1983 | 24 843 | 47 | 6 215 | 2 448 | 1 694 | 12 968 | 458 | 1 060 | 248 334 | 13 | 10 | 37 |
| 1984 | 24 874 | 47 | 6 149 | 2 504 | 1 800 | 12 898 | 583 | 940 | 253 441 | 13 | 10 | 35 |
| 1985 | 25 269 | 49 | 6 158 | 2 628 | 1 832 | 13 100 | 452 | 1 100 | 258 745 | 13 | 10 | 37 |
| 1086 | 25 390 | 51 | 6 197 | 2 612 | 1 847 | 13 155 | 514 | 1 065 | 263 199 | 13 | 10 | 39 |
| 1987 | 25 750 | 51 | 6 251 | 2 838 | 1 846 | 13 161 | 558 | 1 097 | 270 864 | 13 | 10 | 38 |
| 1988 | 25 852 | 50 | 6 233 | 2 669 | 1 803 | 13 289 | 641 | 1 217 | 278 686 | 13 | 9 | 35 |
| 1989 | 24 961 | 51 | 6 290 | 2 661 | 1 836 | 12 334 | 755 | 1 086 | 294 018 | 13 | 9 | 32 |
| 1990 | 25 959 | 50 | 6 724 | 2 630 | 1 943 | 12 393 | 964 | 1 305 | 317 343 | 13 | 8 | 30 |
| 1991 | 35 399 | 48 | 8 366 | 3 290 | 2 332 | 19 471 | 980 | 960 | 401 770 | 15 | 9 | 28 |
| 1992 | 39 949 | 56 | 9 859 | 4 769 | 2 445 | 20 607 | 1 222 | 1 047 | 427 169 | 15 | 9 | 34 |
| 1993 | 43 856 | 57 | 10 428 | 6 171 | 2 702 | 22 732 | 684 | 1 139 | 457 461 | 15 | 10 | 38 |
| 1994 | 52 741 | 45 | 10 700 | 6 140 | 2 669 | 31 284 | 702 | 1 246 | 471 769 | 13 | 11 | 43 |
| 1995 | 52 570 | 47 | 10 658 | 6 023 | 2 896 | 30 798 | 942 | 1 253 | 465 033 | 14 | 11 | 37 |
| 1996 | 49 726 | 46 | 10 170 | 6 004 | 3 002 | 28 651 | 831 | 1 068 | 455 550 | 13 | 11 | 37 |
| 1997 | 42 843 | 43 | 10 164 | 3 289 | 2 980 | 24 489 | 865 | 1 056 | 441 919 | 13 | 10 | 33 |
| 1998 | 43 019 | 43 | 10 351 | 3 227 | 3 118 | 24 396 | 955 | 972 | 457 223 | 12 | 9 | 34 |

[1] In 1997 Wegfall von 3 Mrd. DM, die im Rahmen des GVFG bereitgestellt wurden. Stattdessen standen den Länder 1997 ca. 12 Mrd. DM gem. Regionalisierungsgesetz für den ÖPNV zur Verfügung.- [2] Einschl. Luftfahrt-Bundesamt; bis 1994 einschl. Flugsicherung, ab 1995 einschl. Deutscher Wetterdienst.- [3] Einschl. Ergänzungzuweisungen an finanzschwache Länder im Rahmen des Finanzausgleichs.

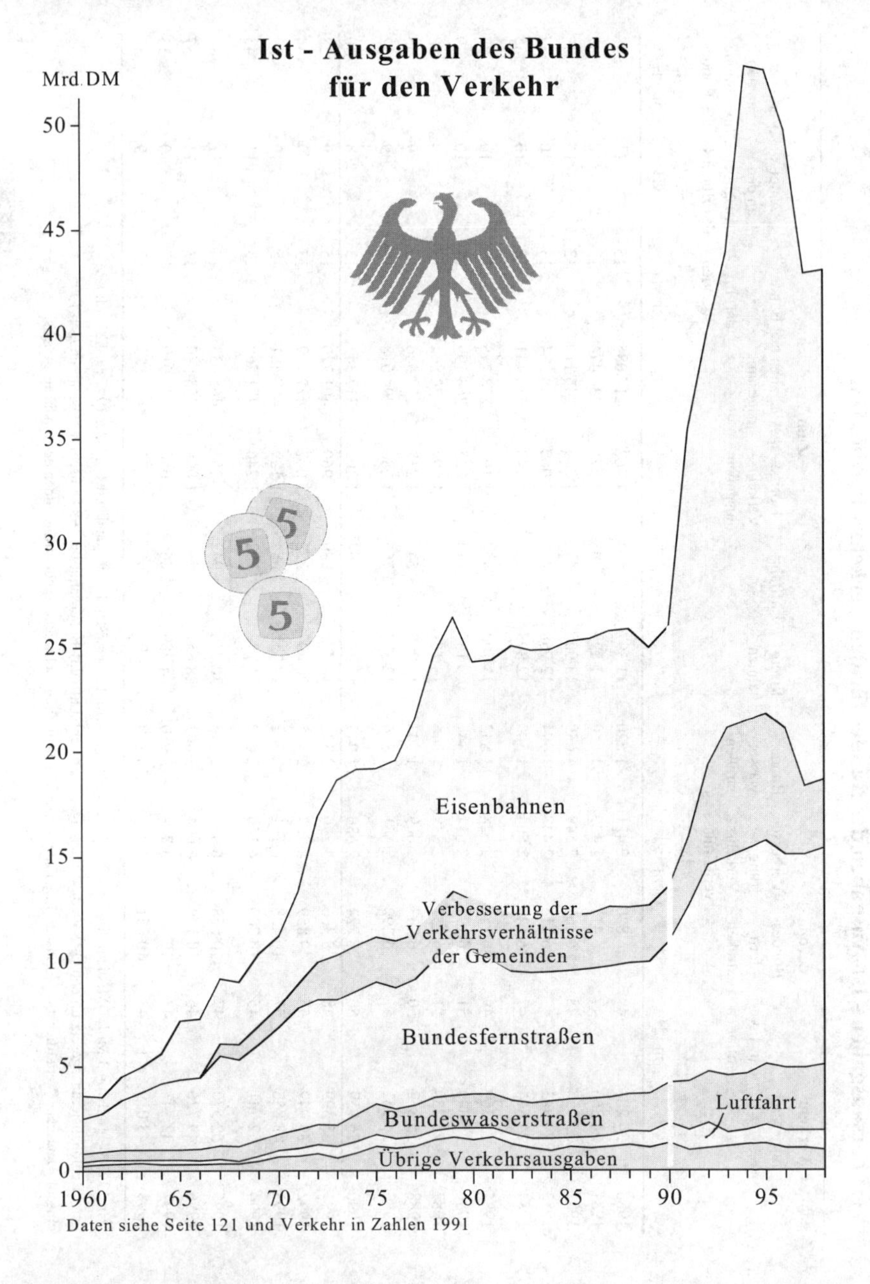

Daten siehe Seite 121 und Verkehr in Zahlen 1991

## Luftfahrt - Bestand an Luftfahrzeugen[1)]

| Jahr | Insgesamt[2)] | Flugzeuge | mit einem Startgewicht bis 2 t | über 2 t bis 20 t | über 20 t | Hubschrauber | nachrichtl.: Segelflugzeuge[3)] |
|---|---|---|---|---|---|---|---|
| 1975 | 5 998 | 5 754 | 5 165 | 449 | 140 | 244 | . |
| 1976 | 6 218 | 5 952 | 5 294 | 513 | 145 | 266 | . |
| 1977 | 6 563 | 6 268 | 5 586 | 534 | 148 | 295 | . |
| 1978 | 6 984 | 6 659 | 5 898 | 614 | 147 | 325 | . |
| 1979 | 7 340 | 6 989 | 6 197 | 645 | 147 | 351 | . |
| 1980 | 7 769 | 7 403 | 6 565 | 685 | 153 | 366 | . |
| 1981 | 7 899 | 7 527 | 6 736 | 622 | 169 | 372 | . |
| 1982 | 7 923 | 7 552 | 6 776 | 610 | 166 | 371 | 6 194 |
| 1983 | 7 929 | 7 542 | 6 774 | 601 | 167 | 387 | 6 270 |
| 1984 | 7 966 | 7 565 | 6 829 | 566 | 170 | 401 | 6 396 |
| 1985 | 7 958 | 7 544 | 6 823 | 543 | 178 | 414 | 6 536 |
| 1986 | 8 112 | 7 676 | 6 909 | 576 | 191 | 436 | 6 656 |
| 1987 | 8 314 | 7 868 | 7 039 | 630 | 199 | 446 | 6 745 |
| 1988 | 8 590 | 8 145 | 7 274 | 657 | 214 | 445 | 6 843 |
| 1989 | 8 811 | 8 362 | 7 474 | 646 | 242 | 449 | 6 924 |
| 1990 | 9 158 | 8 690 | 7 702 | 682 | 306 | 468 | 6 961 |
| 1991 | 9 929 | 9 398 | 8 228 | 815 | 355 | 531 | 7 465 |
| 1992 | 10 691 | 10 069 | 8 791 | 884 | 394 | 622 | 7 608 |
| 1993 | 11 124 | 10 460 | 9 046 | 983 | 431 | 664 | 7 724 |
| 1994 | 11 435 | 10 748 | 9 333 | 980 | 435 | 687 | 7 767 |
| 1995 | 11 631 | 10 927 | 9 508 | 979 | 440 | 704 | 7 777 |
| 1996 | 11 718 | 11 011 | 9 612 | 939 | 460 | 707 | 7 845 |
| 1997 | 11 638 | 10 958 | 9 696 | 796 | 466 | 680 | 7 862 |
| 1998 | 11 664 | 10 992 | 9 706 | 793 | 493 | 672 | 7 808 |

[1)] Im Bundesgebiet (bis 1990 ohne Berlin-West). Stand 31. 12.- [2)] Ohne Segelflugzeuge; einschl. Motorsegler (1998 = 2 323).- [3)] Klasse S.

## Allgemeine Fahrerlaubnisse[1] - in 1 000

| Jahr | Erteilungen[2] insgesamt | Klasse 1/1 a[3] | 1 b | 2 | 3 | 4 | 5 | Entziehungen[4] insgesamt | dar. infolge Trunkenheit |
|---|---|---|---|---|---|---|---|---|---|
| 1975 | 1 701 | 226 | - | 117 | 1 187 | 163 | 8 | 179,6 | 156,2 |
| 1976 | 1 857 | 267 | - | 122 | 1 277 | 182 | 9 | 183,2 | 157,2 |
| 1977 | 1 866 | 289 | - | 121 | 1 267 | 179 | 10 | 196,4 | 168,1 |
| 1978 | 1 964 | 316 | - | 125 | 1 313 | 198 | 12 | 203,5 | 173,7 |
| 1979 | 2 073 | 358 | - | 133 | 1 342 | 229 | 12 | 198,9 | 169,4 |
| 1980 | 2 110 | 380 | 115 | 143 | 1 343 | 122 | 7 | 204,0 | 174,4 |
| 1981 | 1 950 | 393 | 128 | 134 | 1 272 | 11 | 13 | 201,3 | 171,5 |
| 1982 | 1 975 | 404 | 156 | 132 | 1 260 | 8 | 14 | 198,8 | 168,7 |
| 1983 | 1 930 | 359 | 153 | 124 | 1 272 | 7 | 15 | 200,6 | 170,7 |
| 1984 | 1 894 | 332 | 144 | 128 | 1 269 | 6 | 16 | 188,6 | 160,7 |
| 1985 | 1 788 | 294 | 110 | 132 | 1 230 | 5 | 16 | 176,2 | 150,0 |
| 1986 | 1 740 | 253 | 88 | 133 | 1 237 | 10 | 18 | 172,3 | 146,0 |
| 1987 | 1 560 | 180 | 58 | 133 | 1 157 | 15 | 17 | 168,1 | 140,6 |
| 1988 | 1 444 | 158 | 51 | 139 | 1 068 | 14 | 15 | 174,2 | 143,5 |
| 1989 | 1 561 | 219 | 47 | 143 | 1 124 | 15 | 13 | 176,0 | 142,6 |
| 1990 | 1 724 | 298 | 49 | 180 | 1 170 | 16 | 12 | 182,2 | 146,7 |
| 1991* | 2 223 | 254 | 61 | 139 | 1 636 | 20 | 13 | 198,3 | 160,7 |
| 1992* | 1 927 | 262 | 86 | 137 | 1 412 | 19 | 11 | 214,7 | 172,1 |
| 1993 | 1 977 | 415 | 95 | 126 | 1 314 | 18 | 9 | 227,2 | 178,3 |
| 1994 | 1 887 | 362 | 105 | 113 | 1 277 | 21 | 9 | 245,4 | 193,3 |
| 1995 | 1 869 | 362 | 106 | 118 | 1 253 | 22 | 8 | 239,8 | 186,0 |
| 1996 | 1 842 | 349 | 118 | 117 | 1 223 | 27 | 8 | 234,5 | 179,9 |
| 1997 | 1 778 | 357 | 102 | 104 | 1 172 | 35 | 7 | 231,5 | 177,0 |
| 1998 | 1 760 | 334 | 97 | 112 | 1 170 | 41 | 7 | 217,2 | 162,6 |

[1] Ohne Erteilungen und Entziehungen von Bundeswehr, Bundesbahn, Bundespost, Bundesgrenzschutz und Polizei.- [2] Abgrenzung der Fahrerlaubnisklassen nach der jeweiligen Rechtslage.- [3] Seit 1986 unterteilt in Klasse 1 und Klasse 1 a.

| Klasse 1: | | Klasse 1 a | |
|---|---|---|---|
| 1986 = 197 Tsd. | | 1986 = 56 Tsd. | |
| 1987 = 102 Tsd. | | 1987 = 78 Tsd. | |
| 1988 = 71 Tsd. | | 1988 = 88 Tsd. | |
| 1989 = 107 Tsd. | | 1989 = 112 Tsd. | |
| 1990 = 160 Tsd. | | 1990 = 139 Tsd. | |
| 1991 = 93 Tsd. | | 1991 = 161 Tsd. | |
| 1992 = 90 Tsd. | | 1992 = 172 Tsd. | |
| 1993 = 210 Tsd. | | 1993 = 204 Tsd. | |
| 1994 = 149 Tsd. | | 1994 = 213 Tsd. | |
| 1995 = 154 Tsd. | | 1995 = 207 Tsd. | |
| 1996 = 150 Tsd. | | 1996 = 199 Tsd. | |
| 1997 = 161 Tsd. | | 1997 = 196 Tsd. | |
| 1998 = 149 Tsd. | | 1998 = 185 Tsd. | |

[4] Einschl. isolierte Sperren nach § 69 b StGB sowie Aberkennung nach § 69 b Abs. 1 StGB und § 11 Abs. 2 IntKfzVo.- * Ohne Umschreibungen von Fahrerlaubnissen aus der ehemaligen DDR (1991: 158 Tsd., 1992: 171 Tsd.).

## Allgemeine Fahrerlaubnisse - Besitz von Pkw-Fahrerlaubnissen[1] nach Altersgruppen - 1991

| Einwohner im Alter von ... bis ... Jahren | Einwohner ab 18 Jahre insgesamt | davon | | | | | |
|---|---|---|---|---|---|---|---|
| | | mit Pkw-Fahrerlaubnisbesitz | | ohne Pkw-Fahrerlaubnisbesitz | | keine Angabe[2] | |
| | in 1 000 | in 1 000 | in vH | in 1 000 | in vH | in 1 000 | in vH |
| **Männer** | 28 187 | 23 710 | 84,1 | 3 849 | 13,7 | 628 | 2,2 |
| 18 - 25 | 4 356 | 3 737 | 85,8 | 567 | 13,0 | 52 | 1,2 |
| 26 - 30 | 3 538 | 3 183 | 90,0 | 271 | 7,7 | 84 | 2,4 |
| 31 - 40 | 5 225 | 4 653 | 89,1 | 471 | 9,0 | 101 | 1,9 |
| 41 - 60 | 9 403 | 8 358 | 88,9 | 911 | 9,7 | 134 | 1,4 |
| über 60 | 5 665 | 3 779 | 66,7 | 1 629 | 28,8 | 257 | 4,5 |
| **Frauen** | 32 247 | 17 918 | 55,6 | 13 131 | 40,7 | 1 198 | 3,7 |
| 18 - 25 | 4 079 | 3 033 | 74,4 | 1 013 | 24,8 | 33 | 0,8 |
| 26 - 30 | 3 170 | 2 587 | 81,6 | 515 | 16,2 | 68 | 2,1 |
| 31 - 40 | 5 364 | 4 369 | 81,5 | 891 | 16,6 | 104 | 1,9 |
| 41 - 60 | 9 732 | 5 886 | 60,5 | 3 566 | 36,6 | 280 | 2,9 |
| über 60 | 9 902 | 2 043 | 20,6 | 7 146 | 72,2 | 713 | 7,2 |

[1] Fahrerlaubnisse der Klassen 2 oder 3. Ohne Ausländer. Abweichungen der Summen zur Tabelle auf S. 128 ergeben sich aus der Hochrechnung.-
[2] Zum Fahrerlaubnisbesitz. Quellen: Sozio-Ökonomisches Panel, Berechnungen des DIW.

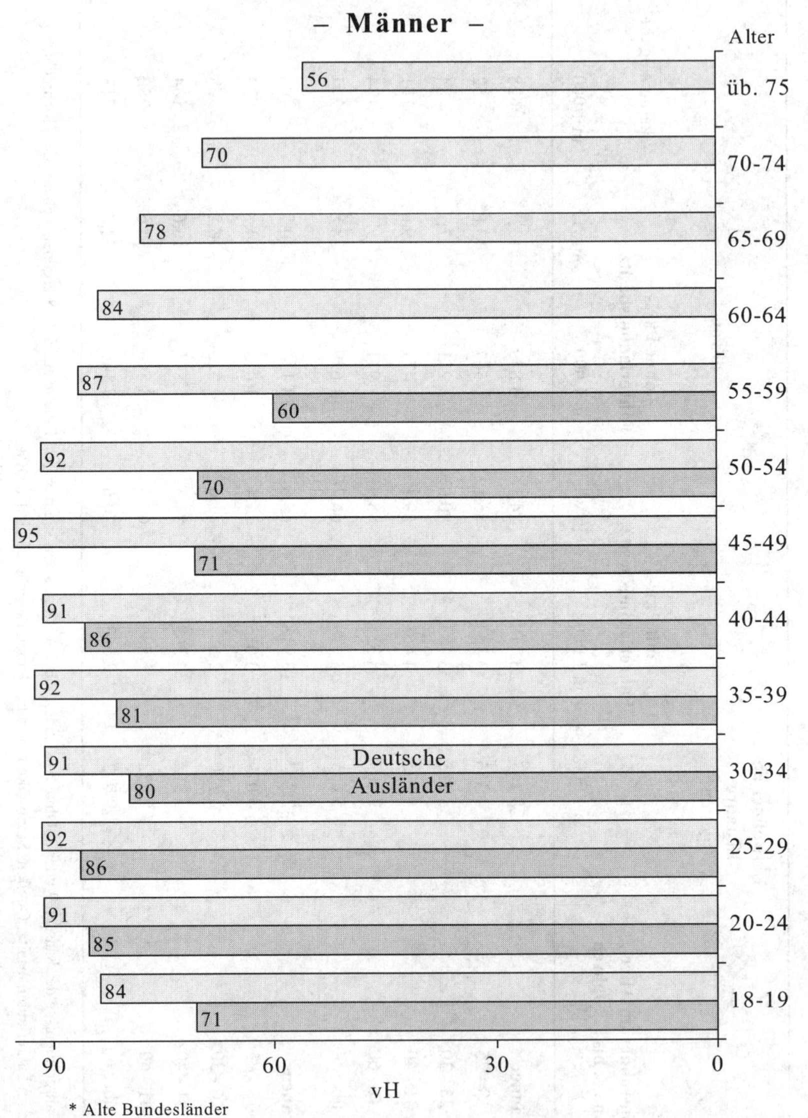

* Alte Bundesländer
Quelle : Sozio-ökonomisches Panel, Berechnungen des DIW.

## PKW-Fahrerlaubnis 1991* nach Nationalität und Altersklassen – Frauen –

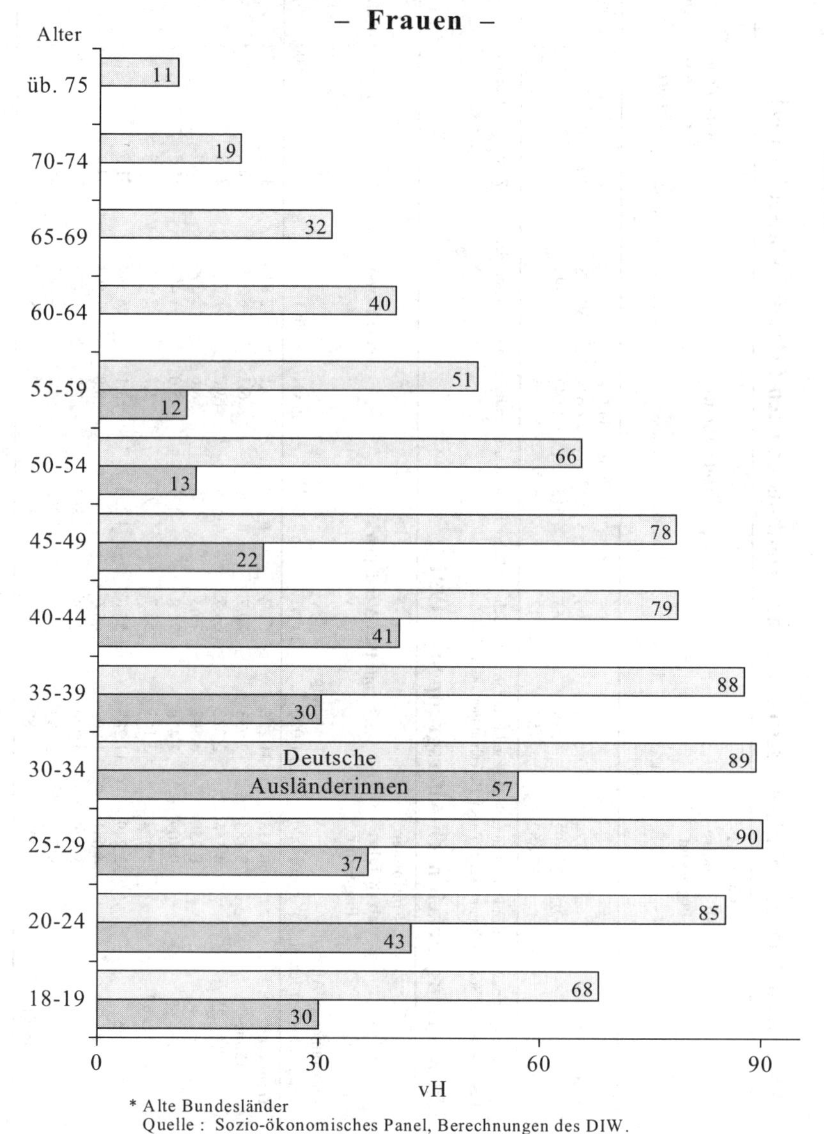


* Alte Bundesländer
Quelle : Sozio-ökonomisches Panel, Berechnungen des DIW.

B 2

## Allgemeine Fahrerlaubnisse - Besitz von Fahrerlaubnissen nach Erlaubnisklassen[1] - 1991

| | Einwohner ab 16 Jahre insgesamt | mit Fahrerlaubnisbesitz | | | | | | ohne Fahrerlaubnisbesitz | keine Angabe[2] |
|---|---|---|---|---|---|---|---|---|---|
| | | Klasse 1/1a | Klasse 1+2 | Klasse 1+3 | Klasse 2 | Klasse 3 | Klasse 4/1b | | |
| | in 1 000 | | | | | | | | |
| **Insgesamt** | 61 774 | 295 | 3 205 | 5 581 | 2 632 | 30 288 | 875 | 17 016 | 1 882 |
| Männer | 28 892 | 238 | 3 163 | 4 615 | 2 547 | 13 440 | 486 | 3 742 | 661 |
| Frauen | 32 882 | 57 | 42 | 966 | 85 | 16 848 | 389 | 13 274 | 1 221 |

[1] Personen mit mehrfachem Fahrerlaubnisbesitz sind in der jeweils höchsten Fahrerlaubnisklasse enthalten. Ohne Ausländer. - [2] Zum Fahrerlaubnisbesitz.- Quelle: Sozio-Ökonomisches Panel, Berechnungen des DIW.

## Pkw-Verfügbarkeit nach Altersgruppen[1] - 1991

| | Einwohner ab 18 Jahre insgesamt | mit Pkw-Verfügbarkeit | | | | keine Pkw-Verfügbarkeit | | keine Angabe[2] | |
|---|---|---|---|---|---|---|---|---|---|
| | | ständig | | zeitweise | | | | | |
| Einwohner im Alter von . . . bis . . . Jahren | in 1 000 | in 1 000 | in vH | in 1 000 | in vH | in 1 000 | in vH | in 1 000 | in vH |
| **Insgesamt** | 60 433 | 31 216 | 51,7 | 6 132 | 10,1 | 22 833 | 37,8 | 252 | 0,4 |
| **Männer** | 28 184 | 19 933 | 70,7 | 1 893 | 6,7 | 6 239 | 22,1 | 119 | 0,4 |
| 18 - 25 | 4 355 | 2 772 | 63,7 | 568 | 13,0 | 1 011 | 23,2 | 4 | 0,1 |
| 26 - 40 | 8 758 | 6 592 | 75,3 | 756 | 8,6 | 1 395 | 15,9 | 15 | 0,2 |
| 41 - 60 | 9 409 | 7 418 | 78,8 | 471 | 5,0 | 1 463 | 15,5 | 57 | 0,6 |
| über 60 | 5 662 | 3 151 | 55,7 | 98 | 1,7 | 2 370 | 41,9 | 43 | 0,8 |
| **Frauen** | 32 249 | 11 283 | 35,0 | 4 239 | 13,1 | 16 594 | 51,5 | 133 | 0,4 |
| 18 - 25 | 4 081 | 1 903 | 46,6 | 769 | 18,8 | 1 403 | 34,4 | 6 | 0,1 |
| 26 - 40 | 8 529 | 4 299 | 50,4 | 1 895 | 22,2 | 2 274 | 26,7 | 61 | 0,7 |
| 41 - 60 | 9 734 | 3 793 | 39,0 | 1 405 | 14,4 | 4 480 | 46,0 | 56 | 0,6 |
| über 60 | 9 905 | 1 288 | 13,0 | 170 | 1,7 | 8 437 | 85,2 | 10 | 0,1 |

[1] Ohne Ausländer. Abweichungen in den Summen zur Tabelle auf S. 125 ergeben sich aus der Hochrechnung. - [2] Zur Pkw-Verfügbarkeit. - Quelle: Sozio-Ökonomisches Panel, Berechnungen des DIW.

## Personen mit Fahrerlaubnis auf Probe

| | 1991 | 1992 | 1993 | 1994 | 1995 | 1996 | 1997 | 1998 |
|---|---|---|---|---|---|---|---|---|
| **Personen mit Fahrerlaubnis auf Probe**[1] | 1 795 179 | 2 077 450 | 1 944 137 | 1 862 178 | 1 803 074 | 1 793 033 | 1 782 432 | 1 755 267 |
| ohne Eintragungen im VZR[2] | 1 735 279 | 2 011 152 | 1 876 469 | 1 788 705 | 1 728 602 | 1 716 085 | 1 703 216 | 1 676 691 |
| mit Eintragungen im VZR[2] | 59 900 | 66 298 | 67 668 | 73 473 | 74 472 | 76 948 | 79 216 | 78 576 |
| dar. Kategorie A (schwere Verstöße) | 50 265 | 55 111 | 55 006 | 58 822 | 59 591 | 62 845 | 64 892 | 64 413 |
| dar. mit 2 und mehr Eintragungen | 4 032 | 4 149 | 4 216 | 4 794 | 4 977 | 5 601 | 5 800 | 5 790 |
| dar. Kategorie B (leichte Verstöße) | 7 675 | 9 022 | 10 259 | 12 011 | 12 043 | 11 375 | 11 525 | 11 597 |
| dar. mit 2 und mehr Eintragungen | 216 | 243 | 292 | 365 | 363 | 332 | 343 | 329 |
| dar. Kategorie A + B | 1 960 | 2 165 | 2 403 | 2 640 | 2 838 | 2 728 | 2 799 | 2 566 |
| dar. mit 2 und mehr Eintragungen | 549 | 640 | 694 | 786 | 827 | 841 | 839 | 733 |
| **nach Fahrerlaubnisklassen** | | | | | | | | |
| Klasse 1 | 239 | 138 | 49 | - | - | - | - | - |
| 1a | 5 601 | 5 942 | 5 808 | 5 569 | 5 167 | 4 483 | 3 993 | 3 503 |
| 1b | 86 532 | 119 349 | 156 139 | 176 339 | 186 036 | 192 442 | 195 992 | 179 877 |
| 2 | 3 249 | 3 647 | 2 421 | 1 503 | 1 325 | 1 358 | 1 181 | 1 004 |
| 3 | 1 648 457 | 1 895 141 | 1 728 525 | 1 626 343 | 1 564 271 | 1 556 114 | 1 546 083 | 1 535 635 |
| 1 und 2 | 277 | 321 | 240 | 40 | - | - | - | - |
| 1 und 3 | 1 538 | 1 034 | 734 | 200 | - | - | - | - |
| 1a und 2 | 89 | 142 | 112 | 28 | 47 | 42 | 32 | 45 |
| 1a und 3 | 30 968 | 31 964 | 34 545 | 32 881 | 28 895 | 24 945 | 21 609 | 19 684 |
| 1b und 2 | 6 | 47 | 33 | 8 | 12 | 1 | 5 | 8 |
| 1b und 3 | 1 189 | 1 737 | 1 149 | 727 | 574 | 484 | 416 | 357 |
| sonstige | 17 034 | 17 988 | 14 382 | 18 540 | 16 747 | 13 164 | 13 121 | 15 154 |
| **nach dem Alter der Personen** | | | | | | | | |
| unter 18 | 75 838 | 106 570 | 138 173 | 154 934 | 160 400 | 169 372 | 168 546 | 156 339 |
| 18 | 297 132 | 326 787 | 359 142 | 365 698 | 377 733 | 385 057 | 394 978 | 417 162 |
| 19 | 479 207 | 461 018 | 485 202 | 504 337 | 515 759 | 527 786 | 533 640 | 540 052 |
| 20 bis unter 22 | 302 392 | 320 548 | 272 320 | 259 236 | 246 163 | 248 191 | 249 459 | 239 651 |
| 22 bis unter 26 | 228 869 | 279 624 | 217 844 | 183 053 | 157 407 | 143 706 | 133 385 | 124 052 |
| 26 bis unter 30 | 174 523 | 232 713 | 180 141 | 150 299 | 131 084 | 120 358 | 111 738 | 101 302 |
| 30 bis unter 40 | 170 285 | 249 902 | 201 119 | 166 965 | 146 805 | 138 674 | 133 872 | 123 479 |
| 40 bis unter 50 | 25 764 | 50 094 | 54 067 | 51 837 | 49 822 | 48 268 | 49 634 | 49 932 |
| 50 und mehr | 41 169 | 50 194 | 36 129 | 25 819 | 17 901 | 11 621 | 7 180 | 3 298 |

[1] Stand 31.12.- [2] VZR = Verkehrszentralregister.

## Im Verkehrszentralregister erfaßte Personen und Eintragungen - in 1 000

| | 1979 | 1980 | 1981 | 1982 | 1983 | 1984 | 1985 | 1986 | 1987 | 1988 |
|---|---|---|---|---|---|---|---|---|---|---|
| **Im Verkehrszentralregister erfaßte Personen** | | | | | | | | | | |
| Stand 1. 1. | 4 892 | 4 609 | 4 711 | 4 850 | 4 928 | 3 863 | 3 920 | 3 933 | 3 905 | 4 018 |
| Zugang | 1 714 | 1 701 | 1 690 | 1 733 | 1 385 | 1 357 | 1 330 | 1 361 | 1 459 | 1 740 |
| Namenslöschungen | 1 997 | 1 599 | 1 551 | 1 654 | 2 450 | 1 300 | 1 318 | 1 388 | 1 346 | 1 379 |
| Stand 31. 12. | 4 609 | 4 711 | 4 850 | 4 928 | 3 863 | 3 920 | 3 933 | 3 905 | 4 018 | 4 380 |
| **Eintragungen im Verkehrszentralregister** | | | | | | | | | | |
| **Mitteilungen von:** | | | | | | | | | | |
| Gerichten | 632 | 645 | 639 | 624 | 550 | 496 | 474 | 461 | 448 | 465 |
| Verurteilungen[1] | 388 | 390 | 384 | 377 | 378 | 355 | 335 | 325 | 313 | 321 |
| Bußgeldentscheidungen | 83 | 82 | 77 | 70 | 55 | 48 | 46 | 46 | 43 | 49 |
| nach § 153 a StPO[2] | 60 | 66 | 75 | 78 | 16 | - | - | - | - | - |
| Vorläufige Entziehungen[3] | 101 | 107 | 102 | 99 | 101 | 94 | 93 | 91 | 92 | 94 |
| Bußgeldbehörden[4] | 1 879 | 1 989 | 2 020 | 2 096 | 1 564 | 1 448 | 1 440 | 1 475 | 1 601 | 1 936 |
| anderen Behörden[5] | 184 | 184 | 182 | 171 | 167 | 165 | 164 | 165 | 170 | 159 |
| Mitteilungen insgesamt | 2 695 | 2 817 | 2 840 | 2 891 | 2 282 | 2 108 | 2 078 | 2 101 | 2 219 | 2 560 |
| dar. Bußgeldentscheidungen[6] | 1 962 | 2 071 | 2 098 | 2 166 | 1 620 | 1 495 | 1 486 | 1 521 | 1 644 | 1 985 |

[1] Einschl. ergänzender Mitteilungen (z.B. über Gnadenentscheidungen, Gestattungen, vorzeitig eine neue Fahrerlaubnis zu erteilen, Wiederaufnahmeverfahren in geringer Anzahl). - [2] Einstellung des Verfahrens bei Erfüllung von Auflagen und Weisungen; auch von Staatsanwaltschaften (werden aufgrund der aufgrund der VZR-Reform ab 1. 6. 1983 nicht mehr erfaßt). - [3] Der Fahrerlaubnis nach § 111 a StPO. - [4] Bußgeldentscheidungen. - [5] Versagung, Entziehung, Aberkennung, Widerruf/Rücknahme (Fahrlehrerlaubnis), Wiedererteilung, Verzicht und Aufhebung oder Änderung einer Maßnahme. - [6] Eintragungsgrenze: bis 31. 5. 1983 = 40,- DM, seit 1. 6. 1983 = 80,- DM.

## Im Verkehrszentralregister erfaßte Personen und Eintragungen - in 1 000

| | 1989 | 1990 | 1991 | 1992 | 1993 | 1994 | 1995 | 1996 | 1997 | 1998 |
|---|---|---|---|---|---|---|---|---|---|---|
| **Im Verkehrszentralregister erfaßte Personen** | | | | | | | | | | |
| Stand 1. 1. | 4.380 | 4.601 | 4.739 | 4.971 | 5.208 | 5.460 | 5.848 | 6.210 | 6.444 | 6.666 |
| Zugang | 1.701 | 1.812 | 1.969 | 2.059 | 2.231 | 2.351 | 2.414 | 2.465 | 2.572 | 2.756 |
| Namenslöschungen | 1.479 | 1.674 | 1.737 | 1.822 | 1.980 | 1.962 | 2.053 | 2.231 | 2.350 | 2.487 |
| Stand 31. 12. | 4.601 | 4.739 | 4.971 | 5.208 | 5.460 | 5.848 | 6.210 | 6.444 | 6.666 | 6.934 |
| **Eintragungen im Verkehrszentralregister Mitteilungen von:** | | | | | | | | | | |
| Gerichten | 456 | 461 | 473 | 516 | 525 | 578 | 568 | 551 | 566 | 543 |
| Verurteilungen[1] | 314 | 320 | 331 | 368 | 378 | 423 | 417 | 411 | 424 | 408 |
| Bußgeldentscheidungen | 46 | 43 | 43 | 43 | 47 | 54 | 55 | 47 | 50 | 52 |
| Einstellungen nach § 153 a StPO[2] | - | - | - | - | - | - | - | - | - | - |
| Vorläufige Entziehungen[3] und Aufhebungen | 96 | 99 | 99 | 104 | 100 | 101 | 97 | 93 | 92 | 82 |
| Bußgeldbehörden[4] | 1.980 | 2.113 | 2.237 | 2.356 | 2.462 | 2.733 | 2.943 | 3.071 | 3.315 | 3.397 |
| anderen Behörden[5] | 157 | 157 | 171 | 189 | 187 | 195 | 198 | 201 | 208 | 206 |
| Mitteilungen insgesamt | 2.593 | 2.731 | 2.881 | 3.060 | 3.173 | 3.506 | 3.708 | 3.822 | 4.088 | 4.146 |
| dar. Bußgeldentscheidungen[6] | 2.026 | 2.156 | 2.280 | 2.399 | 2.509 | 2.788 | 2.997 | 3.119 | 3.364 | 3.449 |

[1] Einschl. ergänzender Mitteilungen (z.B. über Gnadenentscheidungen, Gestattungen, vorzeitig eine neue Fahrerlaubnis zu erteilen, Wiederaufnahmeverfahren in geringer Anzahl).- [2] Einstellung des Verfahrens bei Erfüllung von Auflagen und Weisungen; auch von Staatsanwaltschaften (werden aufgrund der VZR-Reform ab 1. 6. 1983 nicht mehr erfaßt).- [3] Der Fahrerlaubnis nach § 111 a StPO.- [4] Bußgeldentscheidungen.- [5] Versagung, Entziehung, Aberkennung, Widerruf/Rücknahme (Fahrlehrerlaubnis), Wiedererteilung, Verzicht und Aufhebung oder Änderung einer Maßnahme.- [6] Eintragungsgrenze: bis 31. 5. 1983 = 40,- DM, seit 1. 6. 1983 = 80,- DM.

## Ergebnisse der Hauptuntersuchungen von Straßenfahrzeugen[1] - nach Schwere der Mängel

| Jahr | Geprüfte Fahrzeuge in 1 000 | davon ohne Mängel | mit Mängeln[2] geringe | erhebliche | verkehrsunsicher[3] |
|---|---|---|---|---|---|
| | | | **Kraftfahrzeuge und Kfz-Anhänger insgesamt** | | |
| 1985 | 11 964 | 5 377 | 4 124 | 2 440 | 23,3 |
| 1986 | 13 460 | 6 159 | 4 578 | 2 704 | 19,7 |
| 1987 | 12 825 | 5 652 | 4 486 | 2 666 | 20,8 |
| 1988 | 14 081 | 6 397 | 4 938 | 2 725 | 20,9 |
| 1989 | 13 757 | 6 418 | 4 817 | 2 504 | 18,3 |
| 1990 | 15 014 | 7 072 | 5 204 | 2 719 | 19,6 |
| 1991 | 16 903 | 7 620 | 5 858 | 3 399 | 26,2 |
| 1992 | 17 858 | 8 202 | 6 241 | 3 393 | 21,5 |
| 1993 | 18 727 | 9 053 | 6 427 | 3 230 | 16,8 |
| 1994 | 19 025 | 9 702 | 6 267 | 3 042 | 14,2 |
| 1995 | 19 797 | 9 913 | 6 778 | 3 091 | 14,6 |
| 1996 | 20 011 | 9 811 | 6 968 | 3 218 | 13,4 |
| 1997 | 20 599 | 10 067 | 7 144 | 3 374 | 14,4 |
| 1998 | 20 718 | 10 162 | 7 147 | 3 395 | 13,8 |
| | | | **Personen- und Kombinationskraftwagen[4]** | | |
| 1985 | 9 093 | 3 911 | 3 067 | 2 095 | 19,8 |
| 1986 | 10 427 | 4 622 | 3 464 | 2 324 | 17,5 |
| 1987 | 9 742 | 4 129 | 3 318 | 2 277 | 18,7 |
| 1988 | 10 905 | 4 794 | 3 745 | 2 347 | 18,7 |
| 1989 | 10 549 | 4 800 | 3 592 | 2 140 | 16,3 |
| 1990 | 11 779 | 5 450 | 3 999 | 2 313 | 17,5 |
| 1991 | 13 043 | 5 707 | 4 446 | 2 867 | 23,5 |
| 1992 | 13 682 | 6 104 | 4 741 | 2 818 | 18,6 |
| 1993 | 14 456 | 6 866 | 4 906 | 2 670 | 14,3 |
| 1994 | 14 440 | 7 238 | 4 712 | 2 478 | 11,9 |
| 1995 | 15 129 | 7 480 | 5 119 | 2 518 | 12,0 |
| 1996 | 15 039 | 7 255 | 5 192 | 2 582 | 10,5 |
| 1997 | 15 432 | 7 401 | 5 314 | 2 706 | 11,0 |
| 1998 | 15 541 | 7 460 | 5 363 | 2 708 | 9,9 |
| | | | **Omnibusse, Lastkraftwagen, Zugmaschinen und sonstige Kfz[5]** | | |
| 1985 | 1 694 | 814 | 675 | 203 | 1,8 |
| 1986 | 1 766 | 837 | 703 | 225 | 1,1 |
| 1987 | 1 771 | 819 | 723 | 228 | 1,0 |
| 1988 | 1 805 | 848 | 735 | 221 | 1,1 |
| 1989 | 1 812 | 846 | 755 | 210 | 1,0 |
| 1990 | 1 805 | 834 | 734 | 236 | 1,1 |
| 1991 | 2 018 | 894 | 816 | 307 | 1,3 |
| 1992 | 2 105 | 948 | 830 | 325 | 1,6 |
| 1993 | 2 154 | 999 | 837 | 317 | 1,3 |
| 1994 | 2 234 | 1 089 | 830 | 314 | 1,2 |
| 1995 | 2 253 | 1 047 | 882 | 323 | 1,4 |
| 1996 | 2 364 | 1 070 | 935 | 358 | 1,4 |
| 1997 | 2 385 | 1 072 | 935 | 376 | 1,7 |
| 1998 | 2 366 | 1 057 | 919 | 388 | 2,0 |

[1] Prüfungen der Technischen Prüf- oder Überwachungsstellen nach §§ 17, 29 und Anlage VIII StVZO sowie§41 BOKraft.- Geringe Mängel sind solche, die keinen nennenswerten Einfluß auf die Verkehrssicherheit haben.- [3] Verkehrsunsicher sind Fahrzeuge mit Mängeln, die zu einer unmittelbaren Verkehrsgefährdung führen.- [4] Ab 1995 einschl. M1-Fahrzeuge.- [5] Ohne Krafträder und Kraftfahrzeuganhänger.

## Ergebnisse der Hauptuntersuchungen von Straßenfahrzeugen[1] - nach Art der Mängel[2]

| Jahr | Festgestellte Mängel in 1 000 | darunter Beleuchtung | Lenkung | Bremsen | Bereifung | Fahrgestell und Aufbau | Geräusch- u. Abgasverhalten[3] |
|---|---|---|---|---|---|---|---|
| | | | | **Kraftfahrzeuge und Kfz-Anhänger insgesamt** | | | |
| 1985 | 13 136 | 2 586 | 860 | 2 582 | 594 | 3 903 | 1 022 |
| 1986 | 14 142 | 2 866 | 977 | 2 833 | 755 | 4 285 | 1 046 |
| 1987 | 14 229 | 2 930 | 972 | 2 920 | 743 | 4 419 | 878 |
| 1988 | 15 171 | 3 146 | 980 | 3 160 | 814 | 4 675 | 920 |
| 1989 | 14 427 | 2 958 | 884 | 2 913 | 788 | 4 583 | 861 |
| 1990 | 15 905 | 3 214 | 920 | 3 156 | 940 | 5 066 | 1 155 |
| 1991 | 19 128 | 3 922 | 1 097 | 3 729 | 1 149 | 5 579 | 1 517 |
| 1992 | 19 514 | 3 975 | 1 026 | 3 878 | 1 313 | 5 709 | 1 480 |
| 1993 | 18 862 | 3 803 | 971 | 3 766 | 1 348 | 5 615 | 1 432 |
| 1994 | 17 656 | 3 522 | 885 | 3 534 | 1 316 | 5 168 | 1 620 |
| 1995 | 18 396 | 3 674 | 924 | 3 722 | 1 420 | 5 402 | 1 606 |
| 1996 | 19 322 | 3 869 | 974 | 3 915 | 1 511 | 5 752 | 1 583 |
| 1997 | 19 604 | 3 995 | 978 | 3 973 | 1 503 | 5 915 | 1 568 |
| 1998 | 20 617 | 4 201 | 995 | 4 087 | 1 583 | 6 338 | 1 619 |
| | | | | **Personen- und Kombinationskraftwagen[4]** | | | |
| 1985 | 10 505 | 2 019 | 703 | 2 115 | 431 | 3 172 | 929 |
| 1986 | 11 437 | 2 243 | 809 | 2 360 | 566 | 3 529 | 951 |
| 1987 | 11 370 | 2 249 | 799 | 2 415 | 556 | 3 610 | 784 |
| 1988 | 12 256 | 2 442 | 809 | 2 639 | 624 | 3 861 | 826 |
| 1989 | 11 483 | 2 241 | 717 | 2 396 | 598 | 3 762 | 768 |
| 1990 | 12 918 | 2 489 | 753 | 2 628 | 743 | 4 225 | 1 057 |
| 1991 | 15 461 | 2 986 | 905 | 3 088 | 908 | 4 586 | 1 402 |
| 1992 | 15 722 | 2 978 | 838 | 3 235 | 1 077 | 4 692 | 1 370 |
| 1993 | 15 088 | 2 802 | 785 | 3 132 | 1 084 | 4 570 | 1 319 |
| 1994 | 13 885 | 2 503 | 689 | 2 914 | 1 028 | 4 133 | 1 469 |
| 1995 | 14 451 | 2 596 | 719 | 3 077 | 1 114 | 4 306 | 1 459 |
| 1996 | 14 964 | 2 667 | 748 | 3 191 | 1 167 | 4 541 | 1 435 |
| 1997 | 14 964 | 2 748 | 745 | 3 243 | 1 153 | 4 667 | 1 415 |
| 1998 | 15 983 | 2 897 | 752 | 3 327 | 1 215 | 5 035 | 1 463 |
| | | | | **Omnibusse, Lastkraftwagen, Zugmaschinen und sonstige Kfz[5]** | | | |
| 1985 | 1 761 | 384 | 115 | 287 | 95 | 490 | 75 |
| 1986 | 1 794 | 410 | 120 | 303 | 112 | 505 | 76 |
| 1987 | 1 873 | 448 | 125 | 323 | 106 | 520 | 74 |
| 1988 | 1 906 | 457 | 127 | 331 | 108 | 528 | 73 |
| 1989 | 1 908 | 459 | 124 | 323 | 106 | 531 | 70 |
| 1990 | 1 953 | 466 | 126 | 334 | 111 | 554 | 74 |
| 1991 | 2 357 | 571 | 149 | 405 | 133 | 630 | 90 |
| 1992 | 2 372 | 422 | 151 | 397 | 145 | 634 | 88 |
| 1993 | 2 354 | 572 | 149 | 385 | 141 | 661 | 91 |
| 1994 | 2 278 | 559 | 159 | 354 | 147 | 634 | 129 |
| 1995 | 2 390 | 590 | 168 | 375 | 156 | 673 | 125 |
| 1996 | 2 618 | 653 | 187 | 415 | 173 | 745 | 124 |
| 1997 | 2 667 | 670 | 195 | 423 | 175 | 766 | 128 |
| 1998 | 2 767 | 700 | 203 | 433 | 181 | 805 | 131 |

[1] Prüfungen der Technischen Prüf- oder Überwachungsstellen nach §§ 17, 29 und Anlage VIII StVZO sowie § 41 StVZO sowie § 41 BOKraft.- [2] Fahrzeuge mit Mängeln verschiedener Art sind unter jeder der in Frage kommenden Art erfaßt.- [3] Bei Kraftfahrzeuganhängern nur Geräuschentwicklung. - [4] Ab 1995 einschl. M1-Fahrzeuge. - [5] Ohne Krafträder und Kraftfahrzeuganhänger.

## Fahrräder[1] - Produktion und Bestand

| Jahr | Produktion[2)5)] | Einfuhr[2)] | Ausfuhr[2)] | Inlandsanlieferungen[3)5)] insgesamt | Inlandsanlieferungen dar. Klappräder | Bestand[4)] insgesamt | Bestand dar. Klappräder |
|---|---|---|---|---|---|---|---|
| | in 1 000 | in 1 000 | in 1 000 | in 1 000 | in vH | in Mio. | in vH |
| 1970 | 2 351 | 460 | 554 | 2 257 | 48,0 | 22,1 | 10,0 |
| 1971 | 2 856 | 566 | 486 | 2 936 | 48,0 | 23,4 | 14,6 |
| 1972 | 3 302 | 653 | 892 | 3 063 | 38,0 | 25,0 | 18,4 |
| 1973 | 3 247 | 641 | 840 | 3 048 | 35,0 | 26,6 | 20,8 |
| 1974 | 3 081 | 585 | 642 | 3 024 | 42,0 | 28,1 | 24,1 |
| 1975 | 3 071 | 536 | 634 | 2 973 | 35,0 | 29,3 | 24,1 |
| 1976 | 3 541 | 662 | 907 | 3 296 | 21,2 | 30,5 | 23,9 |
| 1977 | 3 873 | 805 | 852 | 3 826 | 15,0 | 31,9 | 22,2 |
| 1978 | 3 721 | 741 | 734 | 3 728 | 11,1 | 33,3 | 19,7 |
| 1979 | 3 847 | 844 | 848 | 3 843 | 7,5 | 34,7 | 16,9 |
| 1980 | 4 497 | 1 122 | 879 | 4 740 | 7,1 | 36,5 | 13,8 |
| 1981 | 4 124 | 1 093 | 860 | 4 357 | 7,0 | 38,5 | 11,2 |
| 1982 | 3 746 | 887 | 842 | 3 792 | 6,4 | 40,2 | 9,0 |
| 1983 | 3 922 | 1 104 | 909 | 4 117 | 2,0 | 41,8 | 7,1 |
| 1984 | 3 554 | 896 | 1 059 | 3 391 | 1,0 | 43,2 | 5,3 |
| 1985 | 3 427 | 767 | 1 130 | 3 064 | 2,0 | 44,2 | 4,0 |
| 1986 | 3 695 | 898 | 972 | 3 621 | 2,0 | 45,2 | 3,0 |
| 1987 | 3 322 | 1 058 | 787 | 3 593 | 1,1 | 46,6 | 2,3 |
| 1988 | 3 403 | 1 305 | 788 | 3 760 | 1,1 | 47,8 | 1,7 |
| 1989 | 4 093 | 1 900 | 796 | 4 600 | 0,9 | 49,5 | 1,3 |
| 1990 | 4 452 | 2 816 | 835 | 5 783 | 0,7 | 51,9 | 0,9 |
| 1991 | 4 347 | 3 785 | 651 | 6 753 | 0,5 | 64,2 | 0,6 |
| 1992 | 4 271 | 3 590 | 563 | 6 256 | 0,5 | 67,3 | 0,5 |
| 1993 | 3 943 | 3 969 | 487 | 6 273 | 0,5 | 70,0 | 0,4 |
| 1994 | 3 477 | 3 648 | 391 | 5 574 | 0,5 | 72,3 | 0,3 |
| 1995 | 2 489 | 3 373 | 348 | 4 570 | 0,3 | 73,5 | 0,3 |
| 1996 | 2 291 | 3 256 | 365 | 4 180 | 0,4 | 73,9 | 0,2 |
| 1997 | 2 565 | 3 311 | 483 | 4 197 | 0,5 | 74,0 | 0,2 |
| 1998* | 2 624 | 3 854 | 571 | 4 360 | 0,4 | 74,0 | 0,2 |

[1)] Ohne Kinderspielfahrräder. - [2)] Fahrräder einschl. Fahrradrahmen. - [3)] Produktion und Einfuhr, abzüglich Ausfuhr; ab 1987 ohne Doppelzählungen von Fahrradrahmen (1991 = 710 Tsd.).- [4)] 1.7. des jeweiligen Jahres.- [5)] Bei Produktion und Inlandsanlieferungen ab 1995 ohne Fahrräder ohne Kugellager.- * Zum Teil vorläufige Werte.

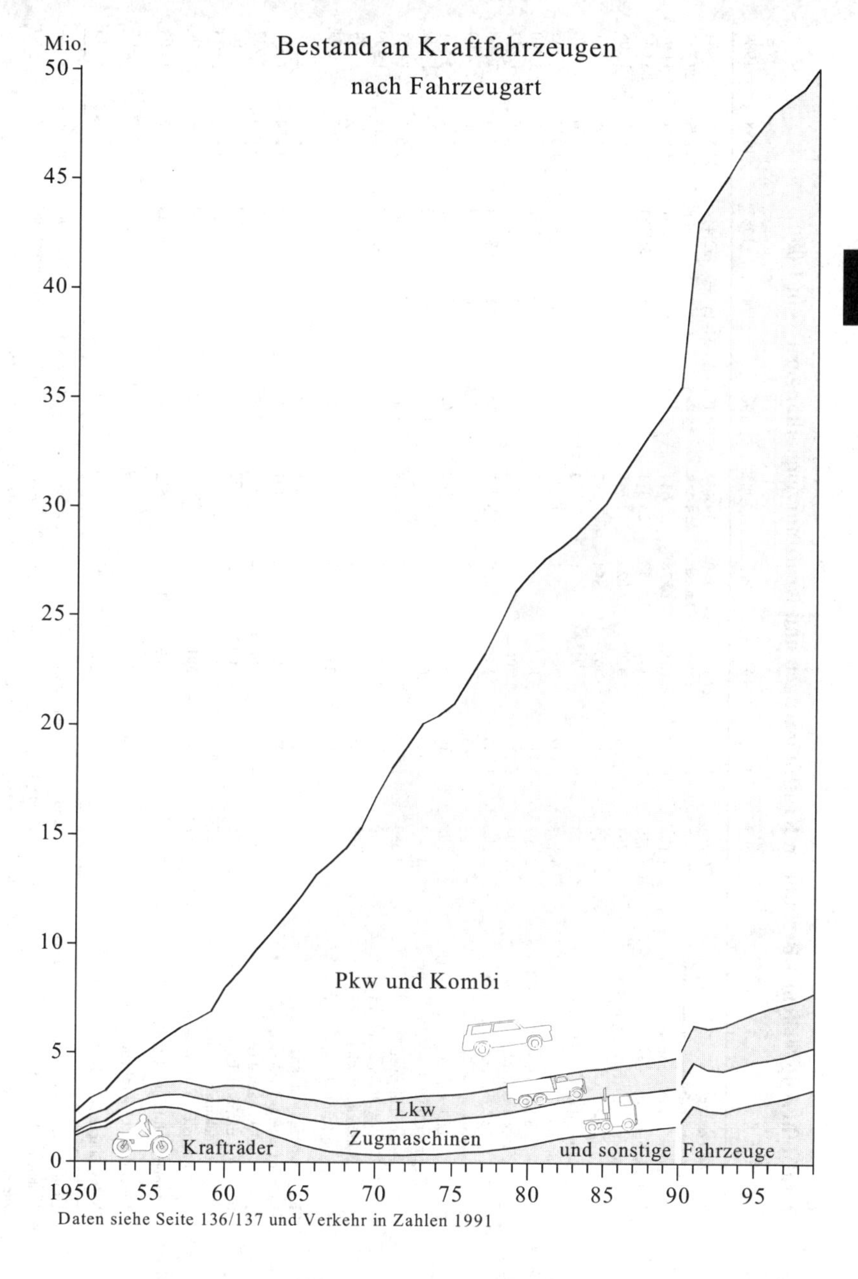

Daten siehe Seite 136/137 und Verkehr in Zahlen 1991

## Kraftfahrzeugverkehr - Bestand an Kraftfahrzeugen und Kraftfahrzeuganhängern[1] - in 1 000

| | 1980 | 1981 | 1982 | 1983 | 1984 | 1985 | 1986 | 1987 | 1988 | 1989 |
|---|---|---|---|---|---|---|---|---|---|---|
| **Kraftfahrzeuge[2]** | 26 938 | 27 655 | 28 158 | 28 750 | 29 484 | 30 191 | 31 367 | 32 444 | 33 505 | 34 484 |
| Personenkraftwagen und Kombi | 23 192 | 23 730 | 24 105 | 24 580 | 25 218 | 25 845 | 26 917 | 27 908 | 28 878 | 29 755 |
| dar. mit Dieselmotor | 1 138 | 1 317 | 1 618 | 1 838 | 2 034 | 2 341 | 2 967 | 3 501 | 3 851 | 4 003 |
| Personenkraftwagen | 21 430 | 21 892 | 22 177 | 22 558 | 23 073 | 23 583 | 24 471 | 25 264 | 26 031 | 26 647 |
| Kombinationskraftwagen | 1 762 | 1 838 | 1 928 | 2 023 | 2 145 | 2 262 | 2 447 | 2 644 | 2 847 | 3 108 |
| Krafträder[3] | 572 | 690 | 797 | 884 | 947 | 993 | 1 043 | 1 085 | 1 125 | 1 171 |
| Kraftomnibusse und Obusse | 70 | 71 | 71 | 71 | 70 | 69 | 69 | 70 | 70 | 70 |
| Lastkraftwagen | 1 277 | 1 307 | 1 291 | 1 277 | 1 278 | 1 281 | 1 295 | 1 305 | 1 322 | 1 345 |
| Ladekapazität (in 1 000 t) | 3 897 | 3 925 | 3 817 | 3 748 | 3 730 | 3 715 | 3 739 | 3 852 | 3 921 | 3 990 |
| mit Normalaufbau | 1 194 | 1 221 | 1 206 | 1 193 | 1 192 | 1 193 | 1 205 | 1 213 | 1 226 | 1 247 |
| Ladekapazität (in 1 000 t) | 3 292 | 3 300 | 3 198 | 3 125 | 3 091 | 3 058 | 3 058 | 3 114 | 3 144 | 3 168 |
| mit Spezialaufbau | 83 | 85 | 84 | 85 | 86 | 88 | 90 | 93 | 96 | 99 |
| Ladekapazität (in 1 000 t) | 605 | 626 | 619 | 623 | 640 | 657 | 681 | 738 | 777 | 821 |
| Zugmaschinen | 1 640 | 1 648 | 1 660 | 1 680 | 1 692 | 1 705 | 1 721 | 1 732 | 1 742 | 1 749 |
| Ackerschlepper[4] | 1 580 | 1 587 | 1 600 | 1 619 | 1 629 | 1 641 | 1 655 | 1 662 | 1 671 | 1 675 |
| dar. in der Landwirtschaft | 1 469 | 1 468 | 1 472 | 1 483 | 1 483 | 1 484 | 1 479 | 1 460 | 1 438 | 1 409 |
| Sattelzugmaschinen | 60 | 61 | 61 | 61 | 62 | 64 | 66 | 69 | 72 | 74 |
| Übrige Kraftfahrzeuge[5] | 186 | 210 | 234 | 257 | 279 | 298 | 321 | 343 | 367 | 393 |
| **Kraftfahrzeuganhänger[2]** | 1 329 | 1 422 | 1 506 | 1 592 | 1 678 | 1 763 | 1 855 | 1 941 | 2 039 | 2 139 |
| zur Lastenbeförderung | 861 | 937 | 1 005 | 1 078 | 1 151 | 1 225 | 1 302 | 1 374 | 1 454 | 1 539 |
| Ladekapazität (in 1 000 t) | 3 433 | 3 593 | 3 668 | 3 752 | 3 912 | 4 060 | 4 229 | 4 468 | 4 694 | 4 932 |
| dar. Sattelanhänger | 65 | 68 | 69 | 70 | 73 | 75 | 79 | 82 | 86 | 91 |
| Ladekapazität (in 1 000 t) | 1 338 | 1 416 | 1 457 | 1 492 | 1 571 | 1 629 | 1 718 | 1 840 | 1 952 | 2 073 |
| zur sonstigen Verwendung | 468 | 485 | 501 | 515 | 526 | 538 | 553 | 567 | 584 | 600 |
| **Mopeds, Mofas und Mokicks[6]** | 2 110 | 1 879 | 1 809 | 1 716 | 1 552 | 1 474 | 1 277 | 1 129 | 1 058 | 1 003 |
| **Leicht- und Kleinkrafträder[7]** | 166 | 190 | 281 | 359 | 409 | 414 | 369 | 306 | 247 | 207 |
| **Selbstfahrende Arbeitsmaschinen[8]** | 12 | 13 | 13 | 13 | 13 | 13 | 13 | 13 | 13 | 13 |

[1] Einschl. der vorübergehend abgemeldeten Fahrzeuge. Stand 1.7. - [2] Zulassungspflichtige Fahrzeuge, einschl. zulassungsfreie Arbeitsmaschinen mit Fahrzeugbrief. - [3] Ohne Leicht- und Kleinkrafträder mit amtlichen Kennzeichen (bis 1980: bis 50 $cm^3$ Hubraum, seit 1981: bis 80 $cm^3$ Hubraum). - [4] Einschl. gewöhnliche Straßenzugmaschinen und Geräteträger. - [5] Krankenkraftwagen, Feuerwehrfahrzeuge, Straßenreinigungs- und Arbeitsmaschinen mit Fahrzeugbrief u. ä.
- Weitere Anmerkungen siehe folgende Seite.

## Kraftfahrzeugverkehr - Bestand an Kraftfahrzeugen und Kraftfahrzeuganhängern[1] - in 1 000

| | 1990 | 1991* | 1992* | 1993* | 1994 | 1995 | 1996 | 1997 | 1998 | 1999 |
|---|---|---|---|---|---|---|---|---|---|---|
| **Kraftfahrzeuge**[2] | 35 554 | 43 070 | 44 114 | 45 173 | 46 339 | 47 267 | 48 100 | 48 680 | 49 169 | 50 124 |
| Personenkraftwagen und Kombi | 30 685 | 36 772 | 37 947 | 38 892 | 39 765 | 40 404 | 40 988 | 41 372 | 41 674 | 42 324 |
| dar. mit Dieselmotor | 4 122 | 4 340 | 4 731 | 5 088 | 5 358 | 5 545 | 5 631 | 5 587 | 5 487 | 5 633 |
| Personenkraftwagen[9] | 27 313 | 32 581 | 33 327 | 33 907 | 34 407 | 34 670 | . | . | . | |
| Kombinationskraftwagen | 3 372 | 4 191 | 4 620 | 4 985 | 5 359 | 5 734 | . | . | . | |
| Krafträder[3] | 1 233 | 1 958 | 1 750 | 1 723 | 1 895 | 2 067 | 2 247 | 2 396 | 2 525 | 2 708 |
| Kraftomnibusse und Obusse | 70 | 90 | 89 | 89 | 88 | 86 | 85 | 84 | 83 | 85 |
| Lastkraftwagen | 1 389 | 1 660 | 1 849 | 2 020 | 2 114 | 2 215 | 2 273 | 2 315 | 2 371 | 2 466 |
| Ladekapazität (in 1 000 t) | 4 118 | . | . | . | 5 913 | 6 020 | 6 087 | 6 047 | 6 068 | . |
| mit Normalaufbau | 1 285 | . | . | 1 876 | 1 970 | 2 069 | 2 124 | 2 166 | 2 221 | 2 313 |
| Ladekapazität (in 1 000 t) | 3 233 | . | . | . | 4 593 | 4 638 | 4 640 | 4 573 | 4 561 | . |
| mit Spezialaufbau | 104 | . | . | 144 | 144 | 147 | 150 | 149 | 150 | 153 |
| Ladekapazität (in 1 000 t) | 885 | . | . | . | 1 320 | 1 382 | 1 448 | 1 474 | 1 507 | . |
| Zugmaschinen | 1 756 | 1 992 | 1 900 | 1 891 | 1 898 | 1 900 | 1 900 | 1 900 | 1 903 | 1 916 |
| Ackerschlepper[4] | 1 678 | 1 892 | 1 788 | 1 770 | 1 778 | 1 776 | 1 769 | 1 765 | 1 762 | 1 763 |
| dar. in der Landwirtschaft | 1 374 | 1 522 | 1 366 | 1 302 | 1 261 | 1 217 | 1 167 | 1 116 | 1 072 | 1 031 |
| Sattelzugmaschinen | 78 | 100 | 113 | 120 | 121 | 124 | 130 | 135 | 141 | 154 |
| Übrige Kraftfahrzeuge[5] | 421 | 599 | 579 | 558 | 578 | 595 | 607 | 612 | 613 | 625 |
| **Kraftfahrzeuganhänger**[2] | 2 246 | . | . | . | 3 875 | 4 101 | 4 263 | 4 405 | 4 521 | 4 656 |
| zur Lastenbeförderung | 1 631 | . | . | . | 2 900 | 3 029 | 3 139 | 3 253 | 3 371 | 3 502 |
| Ladekapazität (in 1 000 t) | 5 200 | . | . | . | 8 291 | 8 579 | 8 879 | . | 9 448 | . |
| dar. Sattelanhänger | 96 | . | . | 151 | 156 | 161 | 167 | 172 | 180 | 194 |
| Ladekapazität (in 1 000 t) | 2 211 | . | . | . | 3 740 | 3 888 | 4 072 | . | 4 435 | . |
| zur sonstigen Verwendung | 615 | . | . | . | 975 | 1 072 | 1 124 | 1 152 | 1 150 | 1 153 |
| **Mopeds, Mofas und Mokicks**[6] | 954 | 1 612 | 2 051 | 1 963 | 1 691 | 1 667 | 1 728 | 1 667 | 1 634 | 1 747 |
| **Leicht- und Kleinkrafträder**[7] | 181 | 173 | 172 | 179 | 188 | 201 | 223 | 321 | 401 | 469 |
| **Selbstfahrende Arbeitsmaschinen**[8] | 13 | . | . | 17 | 18 | 19 | 19 | 19 | 17 | 16 |

Beginn der Anmerkungen siehe vorige Seite. - [6] Zulassungsfreie Fahrzeuge mit Versicherungskennzeichen. Ab 1992 Bestand am Ende des Versicherungsjahres (28./29. Februar). - [7] Zulassungsfreie Fahrzeuge mit amtlichen Kennzeichen (bis 1980: bis 50 $cm^3$ Hubraum, seit 1981: bis 80 $cm^3$ Hubraum). - [8] Zulassungsfreie selbstfahrende Arbeitsmaschinen ohne Fahrzeugbrief mit amtlichen Kennzeichen. - [9] Ab 1995 geänderte Abgrenzung (einschl. M1-Fahrzeuge). Daher keine getrennte Ausweisung von Pkw und Kombi möglich. - * Bestand für die neuen Bundesländer 1991-1993 Berechnungen des DIW.

# Kraftfahrzeugverkehr

## Zulassungen von fabrikneuen Kraftfahrzeugen und Kraftfahrzeuganhängern - in 1 000

| | 1979 | 1980 | 1981 | 1982 | 1983 | 1984 | 1985 | 1986 | 1987 | 1988 |
|---|---|---|---|---|---|---|---|---|---|---|
| **Kraftfahrzeuge** | 2 950 | 2 772 | 2 658 | 2 452 | 2 745 | 2 663 | 2 632 | 3 087 | 3 189 | 3 085 |
| Personenkraftwagen und Kombi | 2 623 | 2 426 | 2 330 | 2 156 | 2 427 | 2 394 | 2 379 | 2 829 | 2 916 | 2 808 |
| dar. mit Dieselmotor | 197 | 196 | 335 | 326 | 271 | 322 | 531 | 776 | 568 | 382 |
| Personenkraftwagen | 2 400 | 2 205 | 2 089 | 1 930 | 2 166 | 2 139 | 2 111 | 2 489 | 2 543 | 2 435 |
| Kombinationskraftwagen | 223 | 221 | 241 | 226 | 261 | 255 | 269 | 340 | 373 | 373 |
| Krafträder[1] | 101,2 | 125,3 | 138,1 | 131,5 | 129,0 | 104,0 | 84,4 | 81,3 | 86,9 | 85,5 |
| Kraftomnibusse und Obusse | 6,5 | 6,5 | 5,3 | 4,9 | 5,3 | 3,8 | 4,0 | 4,3 | 4,9 | 4,8 |
| Lastkraftwagen | 142,0 | 143,7 | 119,0 | 97,0 | 115,7 | 106,4 | 106,8 | 113,7 | 120,5 | 126,2 |
| mit Normalaufbau | 132,2 | 134,5 | 112,8 | 91,9 | 108,6 | 100,0 | 99,8 | 106,5 | 112,4 | 117,8 |
| mit Spezialaufbau | 9,8 | 9,2 | 6,2 | 5,0 | 7,1 | 6,4 | 7,1 | 7,2 | 8,1 | 8,4 |
| Zugmaschinen | 64,2 | 53,4 | 47,1 | 46,9 | 52,7 | 41,3 | 41,5 | 40,2 | 40,9 | 38,3 |
| Ackerschlepper[2] | 55,6 | 45,5 | 41,1 | 41,4 | 45,6 | 34,8 | 34,8 | 32,9 | 33,1 | 30,5 |
| dar. in der Landwirtschaft | 47,9 | 37,9 | 33,5 | 35,0 | 38,6 | 27,6 | 26,9 | 22,0 | 20,0 | 17,4 |
| Sattelzugmaschinen | 8,6 | 7,9 | 6,0 | 5,6 | 7,1 | 6,5 | 6,8 | 7,3 | 7,8 | 7,8 |
| Übrige Kraftfahrzeuge[3] | 13,2 | 17,4 | 18,3 | 16,1 | 16,0 | 13,8 | 16,2 | 18,1 | 19,8 | 22,0 |
| **Kraftfahrzeuganhänger** | 130,0 | 137,5 | 126,5 | 121,7 | 128,6 | 126,7 | 118,9 | 122,8 | 129,3 | 133,5 |
| zur Lastenbeförderung | 85,3 | 95,5 | 90,4 | 87,8 | 92,9 | 92,8 | 87,3 | 91,6 | 94,4 | 97,3 |
| dar. Sattelanhänger | 6,8 | 6,8 | 4,8 | 4,2 | 4,9 | 4,9 | 4,8 | 5,6 | 6,1 | 6,5 |
| zur sonstigen Verwendung | 44,6 | 42,0 | 36,1 | 33,9 | 35,6 | 33,9 | 31,6 | 31,3 | 34,9 | 36,1 |
| **Zulassungsfreie Kraftfahrzeuge**[4] | 21,8 | 18,2 | 104,7 | 126,1 | 102,4 | 76,0 | 38,7 | 17,9 | 10,7 | 8,6 |
| dar. Leicht- und Kleinkrafträder[5] | 20,0 | 16,7 | 103,7 | 125,2 | 101,5 | 75,3 | 38,0 | 17,1 | 9,8 | 7,6 |

[1] Ohne Leicht- und Kleinkrafträder mit amtlichen Kennzeichen (bis 1980 bis 50 $cm^3$ Hubraum, seit 1981 bis 80 $cm^3$ Hubraum).- [2] Einschl. gewöhnliche Straßenzugmaschinen und Geräteträger.- [3] Krankenkraftwagen, Feuerwehrfahrzeuge, Straßenreinigungs- und Arbeitsmaschinen mit Fahrzeugbrief u. ä.- Weitere Anmerkungen siehe folgende Seite.

# Kraftfahrzeugverkehr

## Zulassungen von fabrikneuen Kraftfahrzeugen und Kraftfahrzeuganhängern - in 1 000

| | 1989 | 1990 | 1991 | 1992 | 1993 | 1994 | 1995 | 1996 | 1997 | 1998 |
|---|---|---|---|---|---|---|---|---|---|---|
| **Kraftfahrzeuge** | 3 125 | 3 377 | 4 656 | 4 457 | 3 670 | 3 685 | 3 796 | 3 980 | 4 020 | 4 245 |
| Personenkraftwagen und Kombi | 2 832 | 3 041 | 4 159 | 3 930 | 3 194 | 3 209 | 3 314 | 3 496 | 3 528 | 3 736 |
| dar. mit Dieselmotor | 294 | 338 | 498 | 589 | 477 | 544 | 484 | 525 | 525 | 657 |
| Personenkraftwagen[6] | 2 395 | 2 587 | 3 510 | 3 280 | 2 631 | 2 567 | 2 655 | . | . | . |
| Kombinationskraftwagen | 437 | 453 | 649 | 650 | 563 | 642 | 659 | . | . | . |
| Krafträder[1] | 89,1 | 102,4 | 133,3 | 159,1 | 185,7 | 187,6 | 194,5 | 206,7 | 202,0 | 185,9 |
| Kraftomnibusse und Obusse | 4,5 | 4,6 | 6,0 | 7,5 | 7,7 | 6,2 | 5,4 | 5,9 | 5,5 | 5,8 |
| Lastkraftwagen | 134,4 | 157,8 | 267,2 | 271,3 | 209,9 | 216,6 | 212,2 | 199,8 | 213,0 | 237,2 |
| mit Normalaufbau | 125,0 | 145,9 | 250,2 | 255,5 | 197,8 | 205,6 | 198,6 | 188,0 | 200,6 | 223,3 |
| mit Spezialaufbau | 9,4 | 11,9 | 17,0 | 15,8 | 12,1 | 11,0 | 13,6 | 11,9 | 12,4 | 13,9 |
| Zugmaschinen | 39,7 | 41,7 | 51,9 | 48,5 | 40,1 | 38,9 | 42,4 | 44,5 | 45,2 | 52,5 |
| Ackerschlepper[2] | 30,8 | 30,0 | 31,8 | 30,9 | 28,7 | 27,4 | 26,5 | 27,4 | 23,9 | 25,5 |
| dar. in der Landwirtschaft | 16,2 | 14,5 | 13,5 | 13,1 | 11,7 | 10,1 | 8,7 | 9,0 | 7,7 | . |
| Sattelzugmaschinen | 8,9 | 11,7 | 20,1 | 17,6 | 11,5 | 11,5 | 15,9 | 17,1 | 19,3 | 25,0 |
| Übrige Kraftfahrzeuge[3] | 25,4 | 29,4 | 39,3 | 40,7 | 31,9 | 26,6 | 27,1 | 26,4 | 26,1 | 27,9 |
| **Kraftfahrzeuganhänger** | 139,4 | 158,7 | 213,0 | 223,1 | 228,3 | 247,8 | 218,7 | 217,4 | 223,5 | 234,2 |
| zur Lastenbeförderung | 102,3 | 119,5 | 164,7 | 168,3 | 157,7 | 161,0 | 164,2 | 162,1 | 171,1 | 181,9 |
| dar. Sattelanhänger | 7,0 | 9,5 | 21,7 | 18,5 | 12,5 | 11,9 | 14,5 | 14,1 | 15,6 | 21,8 |
| zur sonstigen Verwendung | 37,1 | 39,2 | 48,3 | 54,8 | 70,6 | 86,8 | 54,5 | 55,3 | 52,5 | 52,3 |
| **Zulassungsfreie Kraftfahrzeuge[4]** | 7,8 | 9,9 | 12,2 | 18,7 | 20,6 | 26,8 | 24,6 | 66,1 | 112,8 | 105,0 |
| dar. Leicht- und Kleinkrafträder[5] | 6,7 | 8,8 | 10,9 | 16,8 | 18,8 | 25,2 | 23,3 | 65,1 | 111,9 | 104,1 |

Beginn der Anmerkungen siehe vorige Seite. - [4] Leicht- und Kleinkrafträder und Arbeitsmaschinen ohne Fahrzeugbrief mit amtlichen Kennzeichen. Ohne Fahrzeuge mit Versicherungskennzeichen. - [5] Mit amtlichen Kennzeichen (bis 80 $cm^3$ Hubraum). - [6] Ab 1995 geänderte Abgrenzung (einschl. M1-Fahrzeuge). Daher keine getrennte Ausweisung von Pkw und Kombi möglich.

## Kraftfahrzeugverkehr - Personen- und Kombinationskraftwagen[1)]

### Bestand und Neuzulassungen nach Höchstgeschwindigkeitsklassen

| Höchstgeschwindigkeit | 1992 | | 1993* | | 1994 | | 1995 | | 1996 | | 1997 | | 1998 | |
|---|---|---|---|---|---|---|---|---|---|---|---|---|---|---|
| km/h | 1 000 | vH | 1 000 | vH | 1 000 | vH | 1 000 | vH | 1 000 | vH | 1 000 | vH | 1 000 | vH |
| **Bestand[2)]** | | | | | | | | | | | | | | |
| bis 100 | . | . | 981 | 2,5 | 875 | 2,2 | 721 | 1,8 | 585 | 1,4 | 459 | 1,1 | 358 | 0,9 |
| 101 bis 120 | . | . | 743 | 1,9 | 672 | 1,7 | 601 | 1,5 | 533 | 1,3 | 465 | 1,1 | 398 | 1,0 |
| 121 bis 140 | . | . | 4 105 | 10,6 | 3 845 | 9,7 | 3 482 | 8,6 | 3 100 | 7,6 | 2 723 | 6,6 | 2 361 | 5,7 |
| 141 bis 160 | . | . | 12 715 | 32,8 | 12 735 | 32,0 | 12 628 | 31,3 | 12 506 | 30,5 | 12 269 | 29,7 | 11 912 | 28,6 |
| 161 bis 180 | . | . | 11 297 | 29,1 | 11 925 | 30,0 | 12 627 | 31,3 | 13 286 | 32,4 | 13 743 | 33,2 | 14 040 | 33,7 |
| 181 bis 200 | . | . | 6 225 | 16,1 | 6 608 | 16,6 | 6 990 | 17,3 | 7 322 | 17,9 | 7 704 | 18,6 | 8 198 | 19,7 |
| über 200 | . | . | 2 558 | 6,6 | 2 840 | 7,1 | 3 053 | 7,6 | 3 484 | 8,5 | 3 866 | 9,3 | 4 287 | 10,3 |
| ohne Angabe | . | . | 349 | 0,9 | 266 | 0,7 | 211 | 0,5 | 172 | 0,4 | 143 | 0,3 | 121 | 0,3 |
| **insgesamt** | . | . | 38 772 | 100 | 39 765 | 100 | 40 314 | 100 | 40 988 | 100 | 41 372 | 100 | 41 674 | 100 |
| **Neuzulassungen** | | | | | | | | | | | | | | |
| bis 100 | 3 | 0,1 | 2 | 0,1 | 2 | 0,0 | 1 | 0,0 | 1 | 0,0 | 1 | 0,0 | 1 | 0,0 |
| 101 bis 120 | 15 | 0,4 | 6 | 0,2 | 4 | 0,1 | 3 | 0,1 | 2 | 0,1 | 1 | 0,0 | 1 | 0,0 |
| 121 bis 140 | 228 | 5,8 | 169 | 5,3 | 135 | 4,2 | 104 | 3,2 | 84 | 2,4 | 71 | 2,0 | 75 | 2,0 |
| 141 bis 160 | 967 | 24,6 | 752 | 23,5 | 719 | 22,4 | 830 | 25,0 | 856 | 24,5 | 819 | 23,2 | 723 | 19,4 |
| 161 bis 180 | 1 476 | 37,6 | 1 270 | 39,8 | 1 301 | 40,5 | 1 244 | 37,5 | 1 258 | 36,0 | 1 164 | 33,0 | 1 172 | 31,4 |
| 181 bis 200 | 781 | 19,9 | 623 | 19,5 | 648 | 20,2 | 678 | 20,5 | 740 | 21,2 | 856 | 24,3 | 1 071 | 28,7 |
| über 200 | 461 | 11,7 | 372 | 11,7 | 400 | 12,5 | 454 | 13,7 | 554 | 15,9 | 616 | 17,5 | 693 | 18,5 |
| **insgesamt** | 3 930 | 100 | 3 194 | 100 | 3 209 | 100 | 3 314 | 100 | 3 496 | 100 | 3 528 | 100 | 3 736 | 100 |

[1)] Ab 1995 einschl. M1-Fahrzeuge. - [2)] Stand 1.7.; einschl. der vorübergehend abgemeldeten Fahrzeuge. - * Bestand für die neuen Bundesländer: Im Zentralen Fahrzeugregister (ZFR) bereits erfaßte Fahrzeuge (ca. 98 vH des Gesamtbestandes).

# Personen- und Kombinationskraftwagen
# Bestand nach Höchstgeschwindigkeitsklassen

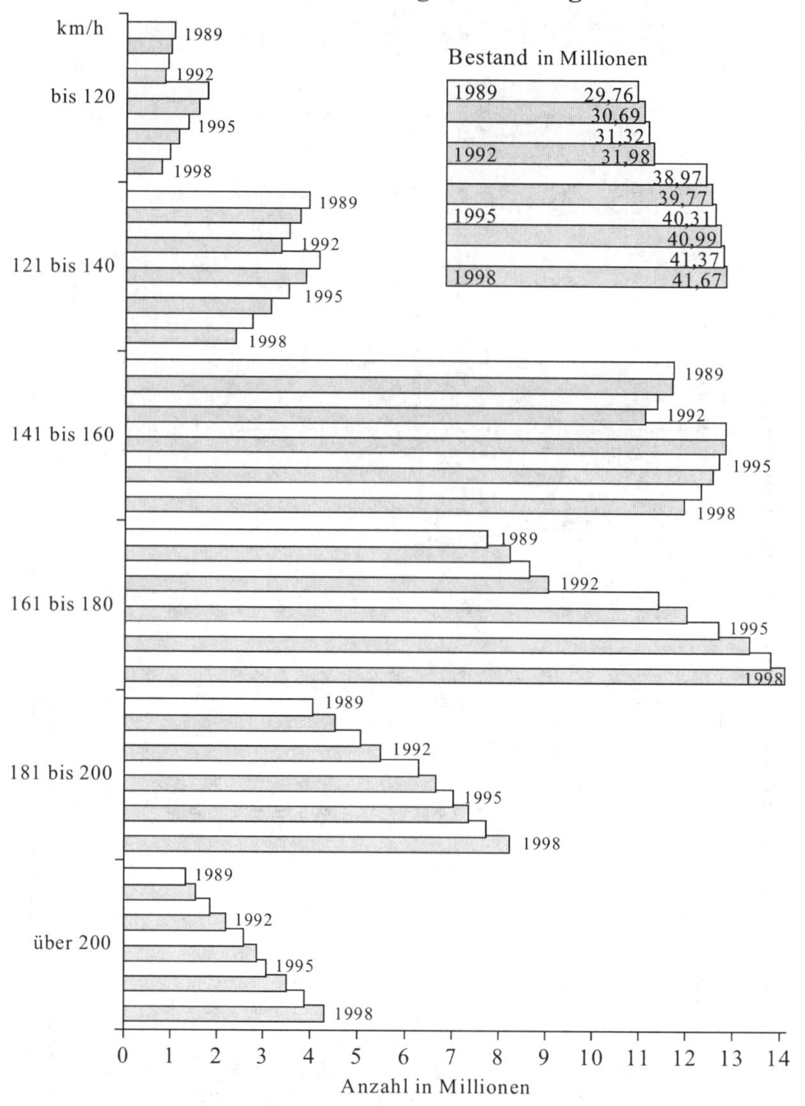


Daten siehe Seite 140, bis 1992 alte Bundesländer

B 2

## Kraftfahrzeugverkehr - Personenkraftwagen[1] - Bestand, Neuzulassungen, Löschungen

| | | 1979 | 1980 | 1981 | 1982 | 1983 | 1984 | 1985 | 1986 | 1987 | 1988 |
|---|---|---|---|---|---|---|---|---|---|---|---|
| | | | | | | **Pkw-Bestand[2]** | | | | | |
| nach Hubraumklassen | | | | | | | | | | | |
| bis 999 $cm^3$ | 1 000 | 1 901 | 1 897 | 1 919 | 1 898 | 1 885 | 1 910 | 1 941 | 2 015 | 2 049 | 2 057 |
| 1000 bis 1499 $cm^3$ | 1 000 | 8 981 | 9 065 | 9 150 | 9 149 | 9 182 | 9 172 | 9 135 | 9 156 | 9 165 | 9 170 |
| 1500 bis 1999 $cm^3$ | 1 000 | 9 193 | 9 493 | 9 724 | 9 967 | 10 294 | 10 783 | 11 302 | 12 065 | 12 812 | 13 552 |
| 2000 $cm^3$ und mehr[3] | 1 000 | 2 461 | 2 737 | 2 937 | 3 091 | 3 220 | 3 353 | 3 466 | 3 682 | 3 883 | 4 099 |
| bis 999 $cm^3$ | vH | 8,4 | 8,2 | 8,1 | 7,9 | 7,7 | 7,6 | 7,5 | 7,5 | 7,4 | 7,1 |
| 1000 bis 1499 $cm^3$ | vH | 39,9 | 39,1 | 38,5 | 38,0 | 37,3 | 36,4 | 35,4 | 34,0 | 32,8 | 31,8 |
| 1500 bis 1999 $cm^3$ | vH | 40,8 | 40,9 | 41,0 | 41,3 | 41,9 | 42,7 | 43,7 | 44,8 | 45,9 | 46,9 |
| 2000 $cm^3$ und mehr[3] | vH | 10,9 | 11,8 | 12,4 | 12,8 | 13,1 | 13,3 | 13,4 | 13,7 | 13,9 | 14,2 |
| nach Haltergruppen | | | | | | | | | | | |
| Unternehmen/Selbständige[4,5] | 1 000 | 3 968 | 4 060 | 4 147 | 4 167 | 4 176 | 4 252 | 4 345 | 4 372 | 4 164 | 4 057 |
| Arbeitnehmer[5,6] | 1 000 | 18 567 | 19 132 | 19 583 | 19 938 | 20 404 | 20 966 | 21 500 | 22 545 | 23 745 | 24 821 |
| **Insgesamt** | 1 000 | 22 535 | 23 192 | 23 730 | 24 105 | 24 580 | 25 218 | 25 845 | 26 917 | 27 908 | 28 878 |
| | | | | | | **Pkw-Neuzulassungen** | | | | | |
| nach Hubraumklassen | | | | | | | | | | | |
| bis 999 $cm^3$ | 1 000 | 172 | 178 | 179 | 129 | 161 | 182 | 172 | 203 | 165 | 144 |
| 1000 bis 1499 $cm^3$ | 1 000 | 897 | 947 | 823 | 755 | 772 | 673 | 604 | 673 | 729 | 677 |
| 1500 bis 1999 $cm^3$ | 1 000 | 1 090 | 925 | 982 | 958 | 1 159 | 1 233 | 1 249 | 1 505 | 1 574 | 1 532 |
| 2000 $cm^3$ und mehr[3] | 1 000 | 464 | 376 | 346 | 313 | 335 | 305 | 354 | 448 | 448 | 455 |
| bis 999 $cm^3$ | vH | 6,6 | 7,3 | 7,7 | 6,0 | 6,6 | 7,6 | 7,2 | 7,2 | 5,7 | 5,1 |
| 1000 bis 1499 $cm^3$ | vH | 34,2 | 39,0 | 35,3 | 35,0 | 31,8 | 28,1 | 25,4 | 23,8 | 25,0 | 24,1 |
| 1500 bis 1999 $cm^3$ | vH | 41,5 | 38,2 | 42,2 | 44,5 | 47,8 | 51,5 | 52,5 | 53,2 | 54,0 | 54,6 |
| 2000 $cm^3$ und mehr[3] | vH | 17,7 | 15,5 | 14,8 | 14,5 | 13,8 | 12,8 | 14,9 | 15,8 | 15,3 | 16,2 |
| nach Haltergruppen | | | | | | | | | | | |
| Unternehmen/Selbständige[4,5] | 1 000 | 783 | 781 | 806 | 750 | 834 | 857 | 888 | 925 | 987 | 1 009 |
| Arbeitnehmer[5,6] | 1 000 | 1 840 | 1 645 | 1 524 | 1 405 | 1 593 | 1 537 | 1 491 | 1 904 | 1 929 | 1 799 |
| **Insgesamt** | 1 000 | 2 623 | 2 426 | 2 330 | 2 156 | 2 427 | 2 394 | 2 379 | 2 829 | 2 916 | 2 808 |
| | | | | | | **Pkw-Löschungen[7]** | | | | | |
| Zahl der Fahrzeuge | 1 000 | 1 691 | 1 939 | 1 996 | 1 934 | 1 894 | 1 817 | 1 776 | 1 822 | 1 988 | 2 130 |
| Durchschnittsalter der Fahrzeuge | Jahre | 9,6 | 9,7 | 9,7 | 9,7 | 9,9 | 9,8 | 9,8 | 10,1 | 10,5 | 10,8 |

[1] Personen- und Kombinationskraftwagen. - [2] Stand 1.7.; einschl. der vorübergehend abgemeldeten Fahrzeuge (1.7.1978 = 2 234 Tsd.). Bestand neue Bundesländer: 1991 und 1992 Schätzungen des DIW, 1993 im Zentralen Verkehrsregister (ZVR) bereits erfaßte Fahrzeuge. - [3] Einschl. Fahrzeuge mit Rotationskolbenmotoren. - [4] Einschl. Gebietskörperschaften, Sozialversicherung, Organisationen ohne Erwerbscharakter. - Weitere Anmerkungen siehe folgende Seite.

# Kraftfahrzeugverkehr - Personenkraftwagen[1] - Bestand, Neuzulassungen, Löschungen

| | | 1989 | 1990 | 1991 | 1992 | 1993* | 1994 | 1995 | 1996 | 1997 | 1998 |
|---|---|---|---|---|---|---|---|---|---|---|---|
| | | | | | | **Pkw-Bestand[2]** | | | | | |
| nach Hubraumklassen | | | | | | | | | | | |
| bis 999 cm³ | 1 000 | 2 051 | 2 033 | . | . | 3 393 | 3 221 | 2 944 | 2 660 | 2 433 | 2 311 |
| 1 000 bis 1 499 cm³ | 1 000 | 9 151 | 9 229 | . | . | 11 254 | 11 385 | 11 453 | 11 588 | 11 655 | 11 655 |
| 1 500 bis 1 999 cm³ | 1 000 | 14 268 | 14 984 | . | . | 18 800 | 19 666 | 20 416 | 21 047 | 21 523 | 21 910 |
| 2 000 cm³ und mehr[3] | 1 000 | 4 285 | 4 439 | . | . | 5 326 | 5 493 | 5 592 | 5 692 | 5 760 | 5 797 |
| bis 999 cm³ | vH | 6,9 | 6,6 | . | . | 8,7 | 8,1 | 7,3 | 6,5 | 5,9 | 5,5 |
| 1 000 bis 1 499 cm³ | vH | 30,7 | 30,1 | . | . | 29,0 | 28,6 | 28,3 | 28,3 | 28,2 | 28,0 |
| 1 500 bis 1 999 cm³ | vH | 48,0 | 48,8 | . | . | 48,5 | 49,5 | 50,5 | 51,4 | 52,0 | 52,6 |
| 2 000 cm³ und mehr[3] | vH | 14,4 | 14,5 | . | . | 13,7 | 13,8 | 13,8 | 13,9 | 13,9 | 13,9 |
| nach Haltergruppen | | | | | | | | | | | |
| Unternehmen/Selbständige[4][5] | 1 000 | 3 965 | 3 907 | . | . | 4 343 | 4 402 | 4 430 | 4 365 | 4 459 | 4 471 |
| Arbeitnehmer[5][6] | 1 000 | 25 790 | 26 778 | . | . | 34 430 | 35 363 | 35 975 | 36 622 | 36 913 | 37 202 |
| **Insgesamt** | 1 000 | 29 755 | 30 685 | . | . | 38 772 | 39 765 | 40 404 | 40 988 | 41 372 | 41 674 |
| | | | | | | **Pkw-Neuzulassungen** | | | | | |
| nach Hubraumklassen | | | | | | | | | | | |
| bis 999 cm³ | 1 000 | 129 | 113 | 153 | 121 | 124 | 103 | 98 | 104 | 165 | 217 |
| 1 000 bis 1 499 cm³ | 1 000 | 685 | 754 | 1 234 | 1 053 | 802 | 795 | 941 | 961 | 865 | 891 |
| 1 500 bis 1 999 cm³ | 1 000 | 1 578 | 1 721 | 2 183 | 2 129 | 1 754 | 1 817 | 1 791 | 1 887 | 1 927 | 2 015 |
| 2 000 cm³ und mehr[3] | 1 000 | 440 | 452 | 589 | 626 | 514 | 495 | 484 | 544 | 571 | 613 |
| bis 999 cm³ | vH | 4,6 | 3,7 | 3,7 | 3,1 | 3,9 | 3,2 | 3,0 | 3,0 | 4,7 | 5,8 |
| 1 000 bis 1 499 cm³ | vH | 24,2 | 24,8 | 29,6 | 26,8 | 25,1 | 24,8 | 28,4 | 27,5 | 24,5 | 23,9 |
| 1 500 bis 1 999 cm³ | vH | 55,7 | 56,6 | 52,5 | 54,2 | 54,9 | 56,6 | 54,0 | 54,0 | 54,6 | 53,9 |
| 2 000 cm³ und mehr[3] | vH | 15,5 | 14,9 | 14,2 | 15,9 | 16,1 | 15,4 | 14,6 | 15,6 | 16,2 | 16,4 |
| nach Haltergruppen | | | | | | | | | | | |
| Unternehmen/Selbständige[4][5] | 1 000 | 1 051 | 1 117 | 1 271 | 1 302 | 1 182 | 1 225 | 1 255 | 1 376 | 1 486 | 1 687 |
| Arbeitnehmer[5][6] | 1 000 | 1 781 | 1 924 | 2 888 | 2 628 | 2 012 | 1 984 | 2 060 | 2 121 | 2 043 | 2 049 |
| **Insgesamt** | 1 000 | 2 832 | 3 041 | 4 159 | 3 930 | 3 194 | 3 209 | 3 314 | 3 496 | 3 528 | 3 736 |
| | | | | | | **Pkw-Löschungen[7]** | | | | | |
| Zahl der Fahrzeuge | 1 000 | 2 032 | 2 633 | . | 1 873 | 2 253 | 2 695 | 2 950 | 3 145 | 3 392 | 3 469 |
| Durchschnittsalter der Fahrzeuge | Jahre | 10,6 | 10,0 | . | 11,3 | 11,6 | 11,8 | 11,8 | 11,6 | 11,5 | 11,8 |

Beginn der Anmerkungen siehe vorige Seite. - [5] Von 1987 bis Anfang Juni 1992 wurden in Berlin (West) keine Haltergruppen ermittelt; die in diesem Zeitraum zugelassenen Fahrzeuge sind insgesamt bei Arbeitnehmern ausgewiesen. - [6] Einschl. Nichterwerbspersonen. - [7] Einschl. Abmeldungen wegen Ausfuhr. - * Bestand für die neuen Bundesländer: Bereits im Verkehrszentralregister (VZR) eingetragene Fahrzeuge (ca. 98 vH des Gesamtbestandes).

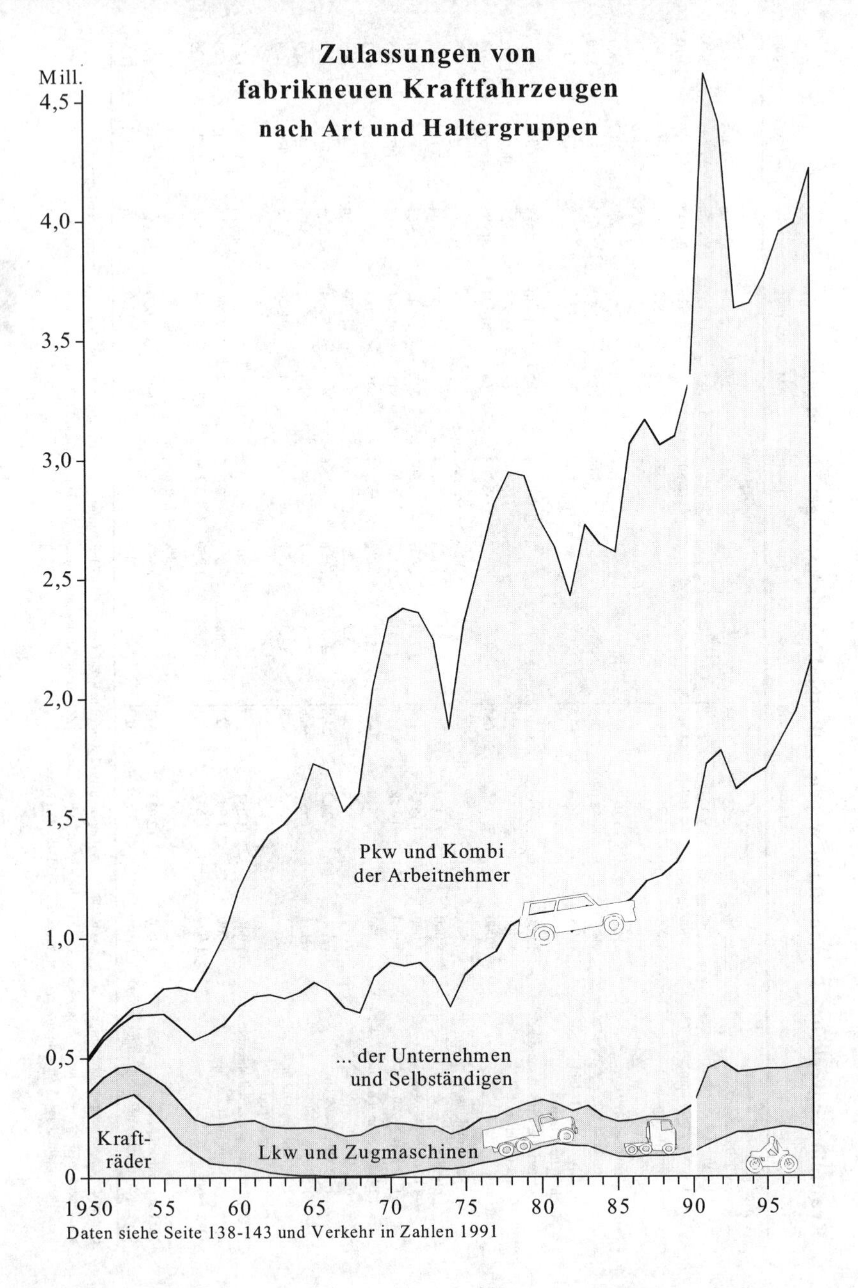

Daten siehe Seite 138-143 und Verkehr in Zahlen 1991

# Kraftfahrzeugverkehr - Neuzulassungen und Bestand schadstoffreduzierter Personen- und Kombinationskraftwagen

| Antriebsart / Schadstoffgruppen | 1990 | 1991 | 1992 | 1993* | 1994 | 1995 | 1996 | 1997 | 1998 | 1999 |
|---|---|---|---|---|---|---|---|---|---|---|
| | | | | | Bestand [5] - in 1 000 | | | | | |
| mit Ottomotor | | | | | | | | | | |
| US-Norm [1] | 4 744 | . | . | 11 724 | 11 596 | 11 400 | 11 132 | 10 820 | 10 570 | 10 145 |
| Europa-Norm [2] | 2 258 | . | . | 3 573 | 3 502 | 3 383 | 3 213 | 2 968 | 2 410 | 1 997 |
| Schadstoffarm E2 [3] | - | . | . | 2 398 | 5 077 | 7 257 | 7 996 | 8 061 | 7 410 | 7 317 |
| insgesamt [4] | 9 981 | . | . | 20 638 | 23 081 | 25 636 | 27 718 | 29 825 | 31 788 | 33 568 |
| mit Dieselmotor | | | | | | | | | | |
| US-Norm [1] | 784 | | | 1 370 | 1 339 | 1 295 | 1 227 | 1 125 | 1 242 | 972 |
| Europa-Norm [2] | 1 670 | . | . | 1 864 | 1 801 | 1 716 | 1 598 | 1 434 | 948 | 481 |
| Schadstoffarm E2 [3] | - | . | . | 284 | 725 | 1 053 | 1 118 | 1 072 | 933 | 701 |
| insgesamt [4] | 3 763 | . | . | 4 623 | 4 941 | 5 162 | 5 301 | 5 203 | 5 220 | 5 424 |
| | | | | | Anteil am Gesamtbestand - in vH | | | | | |
| mit Ottomotor | 37,6 | . | . | 61,3 | 67,1 | 74,0 | 78,0 | 83,3 | 87,8 | 91,5 |
| mit Dieselmotor | 91,3 | . | . | 91,0 | 92,2 | 93,0 | 94,0 | 93,1 | 95,1 | 96,3 |
| | | | | | Neuzulassungen - in 1 000 | | | | | |
| mit Ottomotor | | | | | | | | | | |
| US-Norm [1] | 2 488 | 3 431 | 2 273 | 27 | 4 } | | | | | . |
| Europa-Norm [2] | 76 | 65 | 50 | 3 | 0 } | 2 | 1 | 1 | 1 | . |
| Schadstoffarm E2 [3] | - | - | 885 | 2 656 | 2 616 | 1 543 | 366 | 18 | 640 | . |
| insgesamt [4] | 2 675 | 3 578 | 3 298 | 2 712 | 2 661 | 2 826 | 2 968 | 3 000 | 3 076 | . |
| mit Dieselmotor | | | | | | | | | | |
| US-Norm [1] | 137 | 268 | 319 | 7 | 1 } | | | | | . |
| Europa-Norm [2] | 162 | 144 | 105 | 4 | 0 } | 0 | 1 | 1 | 1 | . |
| Schadstoffarm E2 [3] | - | - | 88 | 374 | 477 | 209 | 413 | 20 | 408 | . |
| insgesamt [4] | 301 | 416 | 523 | 474 | 543 | 483 | 524 | 467 | 657 | . |
| | | | | | Anteil an den Neuzulassungen insgesamt - in vH | | | | | |
| mit Ottomotor | 99,0 | 97,7 | 98,7 | 99,8 | 99,8 | 99,8 | 99,9 | 99,9 | 99,9 | . |
| mit Dieselmotor | 89,2 | 83,5 | 88,9 | 99,4 | 99,9 | 99,9 | 100,0 | 100,0 | 100,0 | . |

[1] Anlage XXIII StVZO. - [2] Anlage XXV StVZO. - [3] Richtlinie 70/220/EWG in der Fassung 91/441/EWG. - [4] Einschl. sonstiger EU-Richtlinien und Ausnahmeregelungen. - [5] Stand 1.7.; einschl. der vorrübergehend abgemeldeten Fahrzeuge. - * Bestand für die neuen Bundesländer: Im Zentralen Fahrzeugregister (ZFR) bereits erfaßte Fahrzeuge (ca. 98 vH des Gesamtbestandes).

## Kraftfahrzeugverkehr - Personen- und Kombinationskraftwagen - Bestand[1] nach kW- und PS-Klassen

| kW- bzw. PS-Klassen | | 1981 | 1982 | 1983 | 1984 | 1985 | 1986 | 1987 | 1988 | 1989 |
|---|---|---|---|---|---|---|---|---|---|---|
| | | | | | | **in 1 000** | | | | |
| bis 25 kW/bis 34 PS | | 1 463 | 1 354 | 1 253 | 1 165 | 1 093 | 1 028 | 952 | 876 | 804 |
| bis 29 kW/bis 40 PS | | 1 098 | 1 046 | 1 029 | 991 | 974 | 927 | 877 | 822 | 766 |
| bis 37 kW/bis 50 PS | | 3 396 | 3 296 | 3 196 | 3 104 | 2 999 | 2 962 | 2 955 | 2 971 | 2 952 |
| bis 44 kW/bis 60 PS | | 5 150 | 5 326 | 5 403 | 5 476 | 5 602 | 5 925 | 6 139 | 6 249 | 6 259 |
| bis 54 kW/bis 74 PS | | 2 450 | 2 564 | 2 670 | 2 749 | 2 853 | 3 032 | 3 285 | 3 549 | 3 737 |
| bis 59 kW/bis 80 PS | | 2 682 | 2 788 | 2 975 | 3 256 | 3 472 | 3 686 | 3 828 | 3 881 | 3 926 |
| bis 74 kW/bis 101 PS | | 3 969 | 3 982 | 4 004 | 4 050 | 4 090 | 4 233 | 4 385 | 4 597 | 4 870 |
| bis 89 kW/bis 121 PS | | 1 769 | 1 844 | 1 965 | 2 128 | 2 289 | 2 482 | 2 678 | 2 909 | 3 166 |
| bis 119 kW/bis 162 PS | | 1 136 | 1 241 | 1 377 | 1 550 | 1 689 | 1 812 | 1 926 | 2 071 | 2 221 |
| ab 120 kW/ab 163 PS | | 617 | 664 | 708 | 749 | 784 | 830 | 883 | 953 | 1 054 |
| **insgesamt** | | 23 730 | 24 105 | 24 580 | 25 218 | 25 845 | 26 917 | 27 908 | 28 878 | 29 755 |
| **Durchschnittliche Motorleistung** | kW | 53 | 54 | 55 | 56 | 57 | 57 | 58 | 58 | 59 |
| | PS | 72 | 73 | 75 | 76 | 78 | 78 | 79 | 79 | 80 |
| | | | | | | **Anteile in vH** | | | | |
| bis 25 kW/bis 34 PS | | 6,2 | 5,6 | 5,1 | 4,6 | 4,2 | 3,8 | 3,4 | 3,0 | 2,7 |
| bis 29 kW/bis 40 PS | | 4,6 | 4,3 | 4,2 | 3,9 | 3,8 | 3,4 | 3,1 | 2,8 | 2,6 |
| bis 37 kW/bis 50 PS | | 14,3 | 13,7 | 13,0 | 12,3 | 11,6 | 11,0 | 10,6 | 10,3 | 9,9 |
| bis 44 kW/bis 60 PS | | 21,7 | 22,2 | 21,9 | 21,8 | 21,8 | 22,1 | 22,0 | 21,7 | 21,0 |
| bis 54 kW/bis 74 PS | | 10,3 | 10,6 | 10,9 | 10,9 | 11,0 | 11,3 | 11,8 | 12,3 | 12,6 |
| bis 59 kW/bis 80 PS | | 11,3 | 11,6 | 12,1 | 12,9 | 13,4 | 13,7 | 13,7 | 13,4 | 13,2 |
| bis 74 kW/bis 101 PS | | 16,7 | 16,5 | 16,3 | 16,1 | 15,8 | 15,7 | 15,7 | 15,9 | 16,4 |
| bis 89 kW/bis 121 PS | | 7,5 | 7,6 | 8,0 | 8,4 | 8,9 | 9,2 | 9,6 | 10,1 | 10,6 |
| bis 119 kW/bis 162 PS | | 4,8 | 5,1 | 5,6 | 6,1 | 6,5 | 6,7 | 6,9 | 7,2 | 7,5 |
| ab 120 kW/ab 163 PS | | 2,6 | 2,8 | 2,9 | 3,0 | 3,0 | 3,1 | 3,2 | 3,3 | 3,5 |
| **insgesamt** | | 100 | 100 | 100 | 100 | 100 | 100 | 100 | 100 | 100 |

[1] Stand 1.7., einschl. der vorübergehend abgemeldeten Fahrzeuge.

## Kraftfahrzeugverkehr - Personen- und Kombinationskraftwagen[2] - Bestand[1] nach kW- und PS-Klassen

| kW- bzw. PS-Klassen | | 1990 | 1991 | 1992 | 1993* | 1994 | 1995 | 1996 | 1997 | 1998 |
|---|---|---|---|---|---|---|---|---|---|---|
| | | | | | **in 1 000** | | | | | |
| bis 25 kW/bis 34 PS | | 761 | . | . | 1 588 | 1 428 | 1 227 | 1 043 | 870 | 721 |
| bis 29 kW/bis 40 PS | | 717 | . | . | 656 | 632 | 586 | 527 | 469 | 412 |
| bis 37 kW/bis 50 PS | | 2 891 | . | . | 3 609 | 3 625 | 3 583 | 3 573 | 3 535 | 3 441 |
| bis 44 kW/bis 60 PS | | 6 325 | . | . | 7 284 | 7 282 | 7 225 | 7 135 | 7 000 | 6 843 |
| bis 54 kW/bis 74 PS | | 3 908 | . | . | 4 629 | 4 683 | 4 673 | 4 529 | 4 227 | 3 897 |
| bis 59 kW/bis 80 PS | | 3 990 | . | . | 5 262 | 5 448 | 5 515 | 5 644 | 5 827 | 5 872 |
| bis 74 kW/bis 101 PS | | 5 104 | . | . | 6 438 | 6 819 | 7 210 | 7 614 | 7 910 | 8 243 |
| bis 89 kW/bis 121 PS | | 3 469 | . | . | 4 716 | 4 946 | 5 123 | 5 272 | 5 449 | 5 653 |
| bis 119 kW/bis 162 PS | | 2 363 | . | . | 3 005 | 3 223 | 3 500 | 3 805 | 4 146 | 4 484 |
| ab 120 kW/ab 163 PS | | 1 157 | . | . | 1 586 | 1 680 | 1 763 | 1 846 | 1 940 | 2 109 |
| **insgesamt** | | 30 685 | . | . | 38 772 | 39 765 | 40 404 | 40 988 | 41 372 | 41 674 |
| **Durchschnittliche Motorleistung** | kW | 60 | . | . | 61 | 62 | 63 | 64 | 65 | 66 |
| | PS | 82 | . | . | 83 | 84 | 85 | 87 | 88 | 89 |
| | | | | | **Anteile in vH** | | | | | |
| bis 25 kW/bis 34 PS | | 2,5 | . | . | 4,1 | 3,6 | 3,0 | 2,5 | 2,1 | 1,7 |
| bis 29 kW/bis 40 PS | | 2,3 | . | . | 1,7 | 1,6 | 1,4 | 1,3 | 1,1 | 1,0 |
| bis 37 kW/bis 50 PS | | 9,4 | . | . | 9,3 | 9,1 | 8,9 | 8,7 | 8,5 | 8,3 |
| bis 44 kW/bis 60 PS | | 20,7 | . | . | 18,8 | 18,3 | 17,9 | 17,4 | 16,9 | 16,4 |
| bis 54 kW/bis 74 PS | | 12,7 | . | . | 11,9 | 11,8 | 11,6 | 11,0 | 10,2 | 9,4 |
| bis 59 kW/bis 80 PS | | 13,0 | . | . | 13,6 | 13,7 | 13,6 | 13,8 | 14,1 | 14,1 |
| bis 74 kW/bis 101 PS | | 16,6 | . | . | 16,6 | 17,1 | 17,8 | 18,6 | 19,1 | 19,8 |
| bis 89 kW/bis 121 PS | | 11,3 | . | . | 12,2 | 12,4 | 12,7 | 12,9 | 13,2 | 13,6 |
| bis 119 kW/bis 162 PS | | 7,7 | . | . | 7,8 | 8,1 | 8,7 | 9,3 | 10,0 | 10,8 |
| ab 120 kW/ab 163 PS | | 3,8 | . | . | 4,1 | 4,2 | 4,4 | 4,5 | 4,7 | 5,1 |
| **insgesamt** | | 100 | 100 | 100 | 100 | 100 | 100 | 100 | 100 | 100 |

[1] Stand 1.7., einschl. der vorübergehend abgemeldeten Fahrzeuge. - [2] Ab 1995 einschl. M1-Fahrzeuge. - * Bestand für die neuen Bundesländer: Im Verkehrszentralregister (VZR) bereits erfaßte Fahrzeuge (ca. 98 vH des Gesamtbestandes).

## Kraftfahrzeugverkehr - Bestand und Neuzulassungen an Kraftfahrzeugen und Kraftfahrzeuganhängern[1] nach Bundesländern[2] - 1998

| | Baden-Württemberg | Bayern | Berlin | Brandenburg | Bremen | Hamburg | Hessen | Mecklenburg-Vorpommern | Niedersachsen |
|---|---|---|---|---|---|---|---|---|---|
| | | | | | **Bestand - in 1 000** | | | | |
| **Kraftfahrzeuge[3]** | 6 654,8 | 8 132,6 | 1 365,0 | 1 505,8 | 325,1 | 808,0 | 3 884,1 | 978,1 | 4 964,4 |
| Personenkraftwagen | 5 546,4 | 6 573,0 | 1 185,4 | 1 294,4 | 284,0 | 708,6 | 3 320,3 | 843,2 | 4 167,2 |
| Krafträder[4] | 403,0 | 497,9 | 66,9 | 46,2 | 15,3 | 34,2 | 207,5 | 26,0 | 263,8 |
| Kraftomnibusse und Obusse | 9,3 | 14,0 | 2,4 | 2,8 | 0,6 | 1,4 | 6,0 | 2,0 | 8,3 |
| Lastkraftwagen | 274,5 | 345,4 | 86,4 | 112,0 | 17,6 | 44,5 | 166,0 | 70,1 | 225,6 |
| mit Spezialaufbau | 20,3 | 26,0 | 3,5 | 5,8 | 1,3 | 2,3 | 9,5 | 3,2 | 15,0 |
| Zugmaschinen | 328,3 | 589,3 | 4,2 | 35,3 | 2,7 | 5,7 | 135,7 | 27,3 | 233,0 |
| Ackerschlepper[5] | 313,8 | 570,0 | 1,7 | 28,1 | 1,2 | 3,1 | 128,2 | 22,3 | 216,4 |
| in der Landwirtschaft | 170,1 | 428,7 | 0,1 | 12,7 | 0,3 | 0,8 | 69,3 | 13,3 | 121,8 |
| Übrige Kraftfahrzeuge[6] | 93,2 | 113,1 | 19,7 | 15,1 | 4,9 | 13,4 | 48,7 | 9,4 | 66,5 |
| **Kraftfahrzeuganhänger** | 635,6 | 754,1 | 79,4 | 211,0 | 28,4 | 54,0 | 276,5 | 127,0 | 546,6 |
| Sattelanhänger | 18,6 | 24,8 | 3,0 | 11,6 | 4,0 | 6,6 | 9,2 | 5,1 | 22,7 |
| | | | | | **Neuzulassungen - in 1 000** | | | | |
| **Kraftfahrzeuge[3]** | . | . | . | . | . | . | . | . | . |
| Personenkraftwagen | 465,5 | 628,8 | 87,3 | 94,7 | 28,0 | 68,8 | 383,7 | 66,9 | 447,0 |
| Krafträder[4] | . | . | . | . | . | . | . | . | . |
| Kraftomnibusse und Obusse | 0,9 | 1,0 | 0,1 | 0,1 | 0,0 | 0,1 | 0,4 | 0,1 | 0,4 |
| Lastkraftwagen | 26,6 | 36,1 | 6,5 | 8,8 | 2,9 | 5,0 | 20,4 | 6,1 | 23,6 |
| mit Spezialaufbau | 1,9 | 2,4 | 0,3 | 0,4 | 0,2 | 0,3 | 0,9 | 0,3 | 1,3 |
| Zugmaschinen | 5,9 | 10,8 | 0,5 | 2,1 | 0,3 | 0,7 | 3,3 | 2,1 | 6,5 |
| Ackerschlepper[5] | 3,4 | 7,4 | 0,0 | 1,0 | 0,0 | 0,1 | 1,8 | 1,2 | 3,8 |
| Übrige Kraftfahrzeuge[6] | 4,1 | 5,0 | 0,6 | 0,7 | 0,3 | 0,5 | 2,1 | 0,5 | 3,3 |
| **Kraftfahrzeuganhänger** | 31,0 | 45,0 | 3,3 | 7,2 | 1,7 | 3,7 | 14,7 | 5,3 | 32,2 |
| Sattelanhänger | 2,1 | 2,9 | 0,3 | 1,7 | 0,3 | 0,6 | 0,8 | 0,8 | 3,4 |

[1] Stand 31.12. - [2] Bundesländer ohne Fahrzeuge mit DB-Kennzeichen. - [3] Zulassungspflichtige Fahrzeuge, einschl. der vorübergehend abgemeldeten und der zulassungsfreien Arbeitsmaschinen mit Fahrzeugbrief. - [4] Ohne Leicht- und Kleinkrafträder mit amtlichen Kennzeichen (bis 50 $cm^3$ Hubraum). - [5] Einschl. gewöhnliche Straßenzugmaschinen und Geräteträger. - [6] Krankenkraftwagen, Feuerwehrfahrzeuge, Straßenreinigungs- und Arbeitsmaschinen mit Fahrzeugbrief u.ä.

## Kraftfahrzeugverkehr - Bestand und Neuzulassungen an Kraftfahrzeugen und Kraftfahrzeuganhängern[1] nach Bundesländern[2] - 1998

| | Nordrhein-Westfalen | Rheinland-Pfalz | Saarland | Sachsen | Sachsen-Anhalt | Schleswig-Holstein | Thüringen | Deutschland insgesamt[7] |
|---|---|---|---|---|---|---|---|---|
| | | | | **Bestand - in 1 000** | | | | |
| **Kraftfahrzeuge[3]** | 10 270,7 | 2 574,9 | 674,7 | 2 459,5 | 1 428,5 | 1 700,0 | 1 379,7 | 48 671,9 |
| Personenkraftwagen | 8 928,1 | 2 154,2 | 587,3 | 2 146,3 | 1 248,0 | 1 431,9 | 1 194,2 | 41 326,9 |
| Krafträder[4] | 547,8 | 138,5 | 36,8 | 65,8 | 34,9 | 85,6 | 38,2 | 2 408,0 |
| Kraftomnibusse und Obusse | 17,2 | 5,4 | 1,4 | 4,4 | 2,7 | 2,9 | 2,9 | 83,7 |
| Lastkraftwagen | 443,5 | 108,3 | 28,1 | 183,0 | 99,1 | 81,7 | 97,9 | 2 344,6 |
| mit Spezialaufbau | 28,5 | 6,7 | 2,0 | 10,4 | 5,9 | 4,7 | 5,7 | 149,6 |
| Zugmaschinen | 212,6 | 137,5 | 14,1 | 41,0 | 31,7 | 69,9 | 34,6 | 1 899,5 |
| Ackerschlepper[5] | 180,8 | 131,5 | 12,4 | 31,9 | 24,5 | 65,0 | 29,7 | 1 762,9 |
| in der Landwirtschaft | 84,2 | 82,3 | 5,0 | 13,8 | 12,9 | 39,6 | 9,5 | 1 096,5 |
| Übrige Kraftfahrzeuge[6] | 121,5 | 31,0 | 7,1 | 19,1 | 12,1 | 27,9 | 12,0 | 609,2 |
| **Kraftfahrzeuganhänger** | 776,2 | 221,1 | 57,0 | 277,5 | 164,8 | 174,6 | 150,4 | 4 449,8 |
| Sattelanhänger | 79,1 | 22,3 | 6,2 | 11,4 | 8,0 | 11,0 | 7,3 | 369,2 |
| | | | | **Neuzulassungen - in 1 000** | | | | |
| **Kraftfahrzeuge[3]** | 826,6 | 183,4 | 54,7 | 198,5 | 118,7 | 129,9 | 110,2 | 4 020,0 |
| Personenkraftwagen | 724,1 | 158,8 | 48,4 | 174,1 | 103,5 | 112,2 | 96,0 | 3 528,2 |
| Krafträder[4] | 47,1 | 11,1 | 3,1 | 6,9 | 4,2 | 6,7 | 4,5 | 202,0 |
| Kraftomnibusse und Obusse | 1,0 | 0,4 | 0,1 | 0,3 | 0,2 | 0,2 | 0,2 | 5,5 |
| Lastkraftwagen | 41,1 | 9,6 | 2,5 | 14,3 | 8,4 | 7,6 | 7,8 | 213,0 |
| mit Spezialaufbau | 2,6 | 0,6 | 0,2 | 0,7 | 0,3 | 0,4 | 0,3 | 12,4 |
| Zugmaschinen | 8,0 | 2,3 | 0,3 | 1,9 | 1,7 | 2,0 | 1,1 | 45,2 |
| Ackerschlepper[5] | 3,6 | 1,4 | 0,1 | 0,8 | 0,9 | 1,3 | 0,5 | 25,9 |
| Übrige Kraftfahrzeuge[6] | 5,3 | 1,2 | 0,2 | 1,0 | 0,7 | 1,2 | 0,6 | 26,1 |
| **Kraftfahrzeuganhänger** | 44,1 | 12,2 | 3,2 | 6,7 | 4,7 | 10,2 | 4,3 | 223,5 |
| Sattelanhänger | 3,3 | 0,6 | 0,2 | 0,8 | 0,6 | 0,6 | 0,6 | 16,0 |

[1] Stand 31.12. - [2] Bundesländer ohne Fahrzeuge mit DB-Kennzeichen. - [3] Zulassungspflichtige Fahrzeuge, einschl. der vorübergehend abgemeldeten und der zulassungsfreien Arbeitsmaschinen mit Fahrzeugbrief. - [4] Ohne Leicht- und Kleinkrafträder mit amtlichen Kennzeichen (bis 50 $cm^3$ Hubraum). - [5] Einschl. gewöhnliche Straßenzugmaschinen und Geräteträger. - [6] Krankenkraftwagen, Feuerwehrfahrzeuge, Straßenreinigungs- und Arbeitsmaschinen mit Fahrzeugbrief u.ä. - [7] Einschl. Fahrzeuge mit DB-Kennzeichen.

# Kraftfahrzeugverkehr

## Lastkraftwagen, Kfz-Anhänger und Sattelzugmaschinen nach Nutzlast- bzw. kW-Klassen - Bestand[1] in 1 000

| Nutzlast- bzw. kW-Klasse | 1979 | 1980 | 1981 | 1982 | 1983 | 1984 | 1985 | 1986 | 1987 | 1988 |
|---|---|---|---|---|---|---|---|---|---|---|
| **Lastkraftwagen** | | | | | | | | | | |
| - mit Normal- und Spezialaufbau - | 1 236 | 1 277 | 1 307 | 1 291 | 1 277 | 1 278 | 1 281 | 1 295 | 1 305 | 1 322 |
| unter 1 t | 296 | 321 | 355 | 375 | 392 | 414 | 435 | 460 | 480 | 502 |
| 1 t bis unter 4 t | 647 | 656 | 653 | 630 | 607 | 588 | 573 | 562 | 549 | 542 |
| 4 t bis unter 7,5 t | 135 | 135 | 134 | 129 | 125 | 123 | 122 | 123 | 114 | 111 |
| 7,5 t bis unter 9 t | 91 | 93 | 91 | 86 | 83 | 81 | 79 | 77 | 79 | 79 |
| 9 t und mehr | 67 | 72 | 74 | 71 | 70 | 72 | 72 | 73 | 83 | 88 |
| **Kraftfahrzeuganhänger** | | | | | | | | | | |
| - zur Lastenbeförderung - | 782 | 861 | 937 | 1 005 | 1 078 | 1 151 | 1 225 | 1 302 | 1 374 | 1 454 |
| Gewöhnliche Anhänger | 721 | 796 | 869 | 936 | 1 007 | 1 078 | 1 150 | 1 224 | 1 292 | 1 368 |
| einachsige | 558 | 629 | 701 | 772 | 845 | 915 | 985 | 1 057 | 1 123 | 1 192 |
| mehrachsige | 163 | 167 | 167 | 164 | 162 | 163 | 165 | 166 | 169 | 177 |
| unter 4 t | 17,8 | 17,1 | 16,4 | 15,5 | 14,8 | 14,2 | 14,1 | 13,8 | 14,3 | 18,5 |
| 4 t bis unter 8 t | 45,5 | 44,7 | 43,7 | 41,9 | 40,2 | 39,0 | 38,3 | 37,5 | 37,0 | 37,2 |
| 8 t bis unter 10 t | 12,5 | 12,6 | 12,5 | 12,1 | 11,9 | 11,8 | 11,9 | 12,0 | 11,9 | 12,1 |
| 10 t bis unter 12 t | 37,4 | 38,8 | 39,2 | 38,7 | 38,5 | 38,9 | 39,4 | 39,9 | 37,7 | 37,1 |
| 12 t bis unter 16 t | 24,2 | 25,7 | 26,5 | 26,7 | 27,5 | 28,2 | 29,5 | 30,6 | 31,6 | 34,2 |
| 16 t bis unter 20 t | 23,8 | 25,6 | 26,6 | 26,9 | 27,5 | 28,5 | 29,4 | 29,9 | 33,6 | 34,8 |
| 20 t und mehr | 2,2 | 2,2 | 2,4 | 2,3 | 2,3 | 2,4 | 2,4 | 2,4 | 2,6 | 2,7 |
| Sattelanhänger | 60,7 | 65,3 | 68,2 | 69,4 | 70,4 | 73,3 | 75,4 | 78,6 | 82,0 | 86,1 |
| unter 12 t | 11,1 | 10,9 | 10,7 | 10,3 | 10,0 | 9,7 | 9,6 | 9,6 | 9,6 | 9,9 |
| 12 t bis unter 18 t | 4,9 | 5,2 | 5,3 | 5,5 | 5,5 | 5,5 | 5,5 | 5,6 | 5,7 | 5,9 |
| 18 t bis unter 20 t | 3,8 | 3,7 | 3,6 | 3,5 | 3,5 | 3,4 | 3,4 | 3,4 | 3,2 | 3,1 |
| 20 t und mehr | 40,9 | 45,5 | 48,5 | 50,2 | 51,6 | 54,7 | 56,9 | 60,0 | 63,4 | 67,2 |
| dar. ab 26 t | 6,0 | 7,5 | 8,6 | 9,3 | 10,0 | 11,2 | 12,2 | 14,7 | 25,7 | 29,9 |
| **Sattelzugmaschinen** | 56,8 | 60,3 | 61,2 | 60,8 | 61,4 | 62,3 | 63,7 | 66,5 | 69,4 | 71,9 |
| bis 147 kW | 13,0 | 12,8 | 12,5 | 11,8 | 11,2 | 10,5 | 9,9 | 9,4 | 8,9 | 8,4 |
| 148 kW und mehr | 43,8 | 47,5 | 48,8 | 48,9 | 50,2 | 51,8 | 53,8 | 57,0 | 60,5 | 63,4 |
| dar. ab 185 kW | 32,1 | 37,5 | 40,5 | 41,9 | 43,8 | 45,7 | 47,7 | 50,6 | 53,8 | 56,3 |

[1] Stand 1.7.; einschl. der vorübergehend abgemeldeten Fahrzeuge.

# Kraftfahrzeugverkehr

## Lastkraftwagen, Kfz-Anhänger und Sattelzugmaschinen nach Nutzlast- bzw. kW-Klassen - Bestand[1)] in 1 000

| Nutzlast- bzw. kW-Klasse | 1989 | 1990 | 1991* | 1992* | 1993* | 1994 | 1995 | 1996 | 1997 | 1998 |
|---|---|---|---|---|---|---|---|---|---|---|
| **Lastkraftwagen** | | | | | | | | | | |
| - mit Normal- und Spezialaufbau - | 1 345 | 1 389 | 1 660 | 1 849 | 2 015 | 2 114 | 2 215 | 2 273 | 2 315 | 2 371 |
| unter 1 t | 529 | 560 | . | . | 851 | 930 | 1 011 | 1 069 | 1 124 | 1 178 |
| 1 t bis unter 4 t | 537 | 544 | . | . | 761 | 787 | 815 | 821 | 821 | 831 |
| 4 t bis unter 7,5 t | 108 | 105 | . | . | 156 | 145 | 135 | 126 | 117 | 111 |
| 7,5 t bis unter 9 t | 78 | 79 | . | . | 86 | 83 | 79 | 76 | 72 | 68 |
| 9 t und mehr | 93 | 101 | . | . | 161 | 169 | 175 | 181 | 181 | 182 |
| **Kraftfahrzeuganhänger** | | | | | | | | | | |
| - zur Lastenbeförderung - | 1 539 | 1 631 | . | . | 2 677 | 2 900 | 3 029 | 3 139 | 3 253 | 3 371 |
| Gewöhnliche Anhänger | 1 448 | 1 535 | . | . | 2 526 | 2 744 | 2 868 | 2 972 | 3 081 | 3 192 |
| einachsige | 1 259 | 1 329 | . | . | 2 134 | 2 322 | 2 415 | 2 491 | 2 573 | 2 650 |
| mehrachsige | 189 | 206 | . | . | 392 | 422 | 452 | 481 | 508 | 542 |
| unter 4 t | 27,3 | 39,6 | . | . | 137,6 | 167,6 | 198,0 | 226,8 | 256,8 | 291,4 |
| 4 t bis unter 8 t | 37,5 | 37,8 | . | . | 68,7 | 66,7 | 63,9 | 61,8 | 59,6 | 57,7 |
| 8 t bis unter 10 t | 12,4 | 12,7 | . | . | 33,3 | 32,7 | 31,1 | 29,5 | 28,1 | 26,8 |
| 10 t bis unter 12 t | 36,6 | 36,3 | . | . | 41,8 | 40,8 | 39,3 | 38,2 | 36,5 | 34,8 |
| 12 t bis unter 16 t | 37,1 | 40,8 | . | . | 65,7 | 70,1 | 76,3 | 81,4 | 85,5 | 90,8 |
| 16 t bis unter 20 t | 35,5 | 35,9 | . | . | 40,9 | 40,3 | 39,8 | 39,1 | 37,6 | 36,2 |
| 20 t und mehr | 2,7 | 2,8 | . | . | 3,9 | 4,0 | 4,0 | 4,1 | 4,1 | 4,1 |
| Sattelanhänger | 90,6 | 95,6 | . | . | 150,6 | 155,8 | 160,8 | 167,2 | 172,1 | 179,8 |
| unter 12 t | 10,1 | 10,3 | . | . | 15,1 | 15,0 | 15,0 | 15,2 | 15,3 | 15,1 |
| 12 t bis unter 18 t | 6,1 | 6,3 | . | . | 8,2 | 8,2 | 8,2 | 8,2 | 8,1 | 7,9 |
| 18 t bis unter 20 t | 3,1 | 3,0 | . | . | 4,2 | 4,0 | 3,9 | 3,8 | 3,7 | 3,7 |
| 20 t und mehr | 71,3 | 76,0 | . | . | 123,1 | 128,5 | 133,7 | 140,1 | 145,0 | 153,1 |
| dar. ab 26 t | 34,1 | 39,0 | . | . | 76,6 | 81,8 | 87,4 | 93,9 | 99,5 | 108,1 |
| **Sattelzugmaschinen** | 74,3 | 78,2 | 99,8 | 112,6 | 120,1 | 120,7 | 124,1 | 130,4 | 134,8 | 140,5 |
| bis 147 kW | 7,9 | 7,3 | . | . | 7,7 | 6,6 | 5,8 | 5,0 | 4,4 | 4,0 |
| 148 kW und mehr | 66,4 | 70,9 | . | . | 112,4 | 114,2 | 118,3 | 125,4 | 130,4 | 136,6 |
| dar. ab 185 kW | 59,1 | 63,4 | . | . | 103,3 | 105,6 | 110,2 | 117,6 | 123,1 | 129,9 |

[1)] Stand 1.7.; einschl. der vorübergehend abgemeldeten Fahrzeuge. - * Für die neuen Bundesländer: 1991 und 1992 Berechnungen des DIW, 1993 im Zentralen Fahrzeugregister bereits erfaßte Fahrzeuge (ca. 98 vH des Gesamtbestandes).

## Fahrleistungen von Kraftfahrzeugen

Die vom DIW jährlich ermittelten Fahrleistungen der Kraftfahrzeuge sind Ergebnisse einer Modellrechnung basierend auf dem Kraftstoffverbrauch und Fahrzeugbestand, differenziert nach Antriebsarten (Otto- und Dieselmotor), Fahrzeugkategorien und Größenklassenmerkmalen. Unverzichtbares Verbindungsglied zwischen Kraftstoffverbrauch und Fahrzeugbestand ist dabei der bei Testfahrten ermittelte modellspezifische Durchschnittsverbrauch je 100 km. Gewichtet nach dem sich jährlich ändernden Anteil am Gesamtbestand je Fahrzeugkategorie - durch die Fahrzeug-Zugänge und -Abgänge - läßt sich so jährlich ein Durchschnittswert für die einzelnen Fahrzeugarten ermitteln, der den laufenden technischen Verbesserungen zur Reduzierung des spezifischen Kraftstoffverbrauchs Rechnung trägt.

Beim Fahrzeugbestand werden, neben den Gesamtzahlen, auch die jeweiligen Daten für die in Betrieb befindlichen Fahrzeuge, d.h. ohne die vorübergehend stilliegenden, betrachtet; die Angaben werden vom Kraftfahrt-Bundesamt veröffentlicht.

Für einige Fahrzeugkategorien, zum Beispiel die Kraftomnibusse und ein Teil der Lastkraftwagen stehen Kennziffern zur Verfügung, mit denen sich die Plausibilität der Modellergebnisse jährlich oder in Abständen von einigen Jahren prüfen läßt.

Da sich die Berechnungen einerseits auf die in der Bundesrepublik zugelassenen Fahrzeuge, andererseits aber auf den in der Bundesrepublik verbrauchten Kraftstoff beziehen, wird unterstellt, daß sich die Fahrleistungen inländischer Fahrzeuge im Ausland und die der ausländischen Fahrzeuge im Inland insgesamt in etwa ausgleichen. Im Detail gilt diese Ausgleichshypothese vor allem nicht für den Straßengüterverkehr; hier übertrifft die Fahrleistung der ausländischen Lastkraftfahrzeuge im Inland die der inländischen im Ausland deutlich. Dies wird durch einen Korrekturposten entsprechend berücksichtigt.

Empirische Erhebungen zur Fahrleistung von Kraftfahrzeugen hat es 1990 für die alten Bundesländer und 1993 für die neuen und alten Bbundesländer gegeben. Die Ergebnisse der Erhebungen wurden in die Modellrechnungen für die jeweiligen Stichjahre eingearbeitet.

Für die Jahre 1994 bis 1996 wurden die Werte aufgrund nachträglich geänderter Kraftstoff-Absatzmengen in der Ausgabe 1997 von „Verkehr in Zahlen“ revidiert.

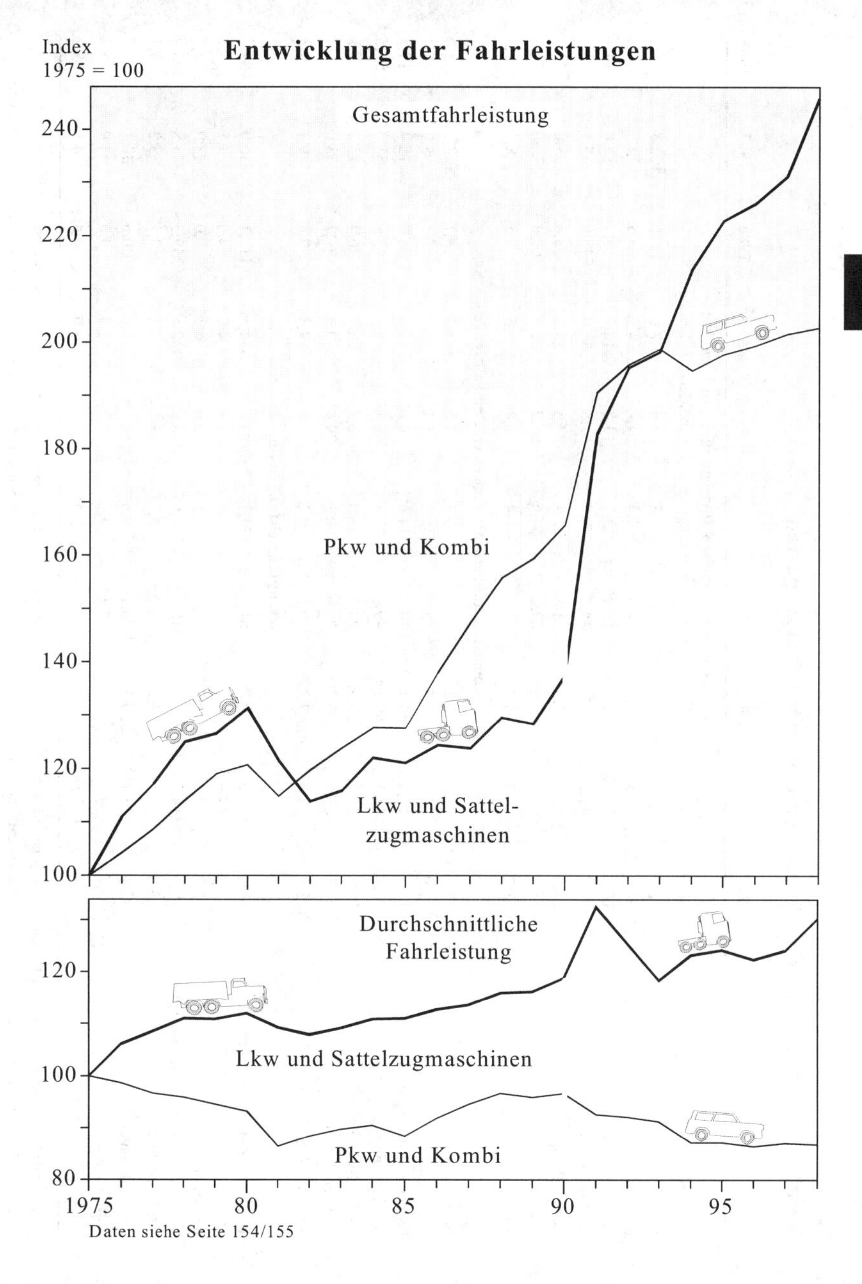
Index
1975 = 100
Entwicklung der Fahrleistungen
Gesamtfahrleistung
240
220
200
180
160
Pkw und Kombi
140
120
Lkw und Sattel-
zugmaschinen
100
Durchschnittliche
Fahrleistung
120
Lkw und Sattelzugmaschinen
100
Pkw und Kombi
80
1975
80
85
90
95
Daten siehe Seite 154/155
B
2

# Kraftfahrzeugverkehr - Fahrleistungen nach Kraftfahrzeugarten[1)]

| | 1979 | 1980 | 1981 | 1982 | 1983 | 1984 | 1985 | 1986 | 1987 | 1988 |
|---|---|---|---|---|---|---|---|---|---|---|
| **Durchschnittliche Fahrleistungen - in 1 000 km** | | | | | | | | | | |
| - einschließlich der vorübergehend abgemeldeten Fahrzeuge - | | | | | | | | | | |
| Mopeds | 2,9 | 2,8 | 2,8 | 2,7 | 2,7 | 2,6 | 2,6 | 2,5 | 2,4 | 2,4 |
| Krafträder | 4,6 | 4,5 | 4,5 | 4,4 | 4,4 | 4,4 | 4,3 | 4,3 | 4,2 | 4,2 |
| Personenkraftwagen und Kombi | 13,8 | 13,6 | 12,6 | 12,9 | 13,1 | 13,2 | 12,9 | 13,4 | 13,8 | 14,1 |
| Kraftomnibusse | 44,2 | 44,3 | 44,3 | 44,7 | 44,8 | 43,5 | 45,0 | 45,0 | 45,1 | 45,3 |
| Lastkraftwagen[2)] | 26,0 | 25,9 | 23,2 | 21,8 | 22,4 | 23,6 | 23,3 | 23,6 | 23,0 | 23,8 |
| Sattelzugmaschinen | 65,4 | 66,5 | 66,9 | 67,2 | 67,6 | 67,9 | 68,3 | 69,4 | 70,6 | 71,8 |
| Sonstige Kraftfahrzeuge[3)] | 8,2 | 8,2 | 8,2 | 8,3 | 8,4 | 8,4 | 8,5 | 8,5 | 8,5 | 8,5 |
| - ohne die vorübergehend abgemeldeten Fahrzeuge - | | | | | | | | | | |
| Mopeds | 3,6 | 3,6 | 3,5 | 3,4 | 3,3 | 3,3 | 3,2 | 3,1 | 3,1 | 3,0 |
| Krafträder | 5,9 | 5,9 | 5,5 | 5,4 | 5,2 | 5,4 | 5,3 | 5,3 | 5,7 | 5,4 |
| Personenkraftwagen und Kombi | 15,3 | 15,1 | 14,1 | 14,5 | 14,6 | 14,8 | 14,4 | 15,0 | 15,4 | 15,8 |
| Kraftomnibusse | 47,8 | 48,1 | 49,1 | 49,6 | 49,7 | 48,1 | 49,7 | 49,7 | 51,3 | 51,5 |
| Lastkraftwagen[2)] | 29,3 | 29,3 | 25,9 | 24,3 | 25,0 | 26,5 | 26,1 | 26,4 | 26,2 | 27,1 |
| Sattelzugmaschinen | 67,8 | 69,0 | 69,7 | 70,0 | 70,1 | 70,4 | 70,6 | 71,7 | 73,0 | 74,4 |
| Sonstige Kraftfahrzeuge[3)] | 8,8 | 8,8 | 9,0 | 9,2 | 9,2 | 9,2 | 9,3 | 9,3 | 9,3 | 9,3 |
| **Gesamtfahrleistungen - in Mrd. km** | | | | | | | | | | |
| **Kraftfahrzeuge insgesamt** | 361,2 | 368,0 | 349,8 | 361,5 | 373,1 | 384,8 | 384,5 | 412,1 | 436,0 | 459,7 |
| Mopeds | 7,3 | 7,6 | 6,5 | 6,2 | 5,7 | 5,1 | 4,7 | 4,0 | 3,5 | 3,2 |
| Krafträder | 3,0 | 3,3 | 3,9 | 4,8 | 5,5 | 5,9 | 6,1 | 6,0 | 5,9 | 5,7 |
| Personenkraftwagen und Kombi | 309,9 | 314,3 | 299,0 | 312,1 | 322,5 | 332,6 | 332,5 | 359,5 | 383,8 | 405,7 |
| Kraftomnibusse | 3,0 | 3,1 | 3,2 | 3,2 | 3,2 | 3,1 | 3,1 | 3,1 | 3,2 | 3,2 |
| Lastkraftwagen[2)] | 32,1 | 33,1 | 30,3 | 28,1 | 28,6 | 30,3 | 29,9 | 30,6 | 30,1 | 31,5 |
| Sattelzugmaschinen | 3,7 | 4,0 | 4,1 | 4,1 | 4,1 | 4,2 | 4,4 | 4,6 | 4,9 | 5,2 |
| Sonstige Kraftfahrzeuge[3)] | 2,3 | 2,5 | 2,8 | 3,1 | 3,4 | 3,7 | 4,0 | 4,4 | 4,8 | 5,2 |

[1)] Nicht enthalten sind die Fahrleistungen der Kraftfahrzeuge der Bundeswehr, des Bundesgrenzschutzes und der ausländischen Streitkräfte. - [2)] Mit Normal- und Spezialaufbau. -
[3)] Sonderkraftfahrzeuge nicht zur Lastenbeförderung (Polizei- und Feuerwehrfahrzeuge, Krankenkraftwagen, Müllfahrzeuge, Wohnmobile) und gewöhnliche Zugmaschinen (außer in der Landwirtschaft).

## Kraftfahrzeugverkehr - Fahrleistungen nach Kraftfahrzeugarten[1)]

| | 1989 | 1990 | 1991 | 1992 | 1993 | 1994 | 1995 | 1996 | 1997* | 1998* |
|---|---|---|---|---|---|---|---|---|---|---|
| **Durchschnittliche Fahrleistungen - in 1 000 km** | | | | | | | | | | |
| - einschließlich der vorübergehend abgemeldeten Fahrzeuge - | | | | | | | | | | |
| Mopeds | 2,3 | 2,3 | 2,4 | 2,3 | 2,3 | 2,3 | 2,3 | 2,3 | 2,3 | 2,3 |
| Krafträder | 4,1 | 4,1 | 4,1 | 4,0 | 3,9 | 3,9 | 3,9 | 3,9 | 3,9 | 3,9 |
| Personenkraftwagen und Kombi[2)] | 14,0 | 14,1 | 13,5 | 13,4 | 13,3 | 12,7 | 12,7 | 12,6 | 12,7 | 12,7 |
| Kraftomnibusse | 46,3 | 46,5 | 44,9 | 43,8 | 42,7 | 42,2 | 43,4 | 43,1 | 44,4 | 44,8 |
| Lastkraftwagen[3)] | 22,9 | 23,8 | 26,1 | 25,1 | 23,3 | 24,1 | 24,0 | 23,7 | 23,6 | 24,4 |
| Sattelzugmaschinen | 73,0 | 74,2 | 83,1 | 77,7 | 74,3 | 77,6 | 78,5 | 77,2 | 78,7 | 83,0 |
| Sonstige Kraftfahrzeuge[4)] | 8,5 | 8,5 | 8,7 | 8,5 | 8,2 | 8,2 | 8,2 | 8,1 | 8,1 | 8,0 |
| - ohne die vorübergehend abgemeldeten Fahrzeuge - | | | | | | | | | | |
| Mopeds | 2,9 | 2,9 | 3,0 | 2,9 | 2,9 | 2,9 | 2,9 | 2,9 | 2,9 | 2,9 |
| Krafträder | 5,2 | 5,0 | 4,9 | 4,8 | 4,3 | 4,4 | 4,3 | 4,3 | 4,3 | 4,3 |
| Personenkraftwagen und Kombi[2)] | 15,7 | 15,6 | 15,2 | 14,9 | 14,8 | 14,2 | 14,2 | 14,1 | 14,2 | 14,1 |
| Kraftomnibusse | 52,6 | 52,9 | 52,1 | 47,7 | 46,5 | 46,8 | 46,9 | 46,4 | 47,4 | 47,7 |
| Lastkraftwagen[3)] | 26,1 | 26,8 | 29,9 | 27,7 | 25,7 | 26,6 | 26,4 | 26,3 | 26,2 | 27,1 |
| Sattelzugmaschinen | 75,6 | 76,8 | 87,5 | 82,2 | 77,2 | 80,9 | 82,0 | 80,7 | 82,4 | 86,6 |
| Sonstige Kraftfahrzeuge[4)] | 9,3 | 9,3 | 10,2 | 9,2 | 8,8 | 8,7 | 8,7 | 8,7 | 8,7 | 8,6 |
| **Gesamtfahrleistungen - in Mrd. km** | | | | | | | | | | |
| **Kraftfahrzeuge insgesamt** | 469,3 | 488,5 | 574,2 | 590,0 | 597,5 | 592,3 | 604,0 | 610,1 | 618,5 | 627,2 |
| Mopeds | 2,9 | 2,7 | 4,9 | 4,6 | 3,9 | 3,8 | 4,0 | 3,8 | 3,8 | 4,0 |
| Krafträder | 5,7 | 5,9 | 8,7 | 7,8 | 7,4 | 8,2 | 8,8 | 9,6 | 10,6 | 11,4 |
| Personenkraftwagen und Kombi | 415,4 | 431,5 | 496,4 | 510,0 | 517,8 | 507,0 | 514,9 | 519,1 | 524,8 | 528,0 |
| Kraftomnibusse | 3,2 | 3,3 | 4,0 | 3,9 | 3,8 | 3,7 | 3,7 | 3,7 | 3,7 | 3,7 |
| Lastkraftwagen[3)] | 30,9 | 33,1 | 43,4 | 46,4 | 47,1 | 51,0 | 53,2 | 53,9 | 54,6 | 57,8 |
| Sattelzugmaschinen | 5,4 | 5,8 | 8,3 | 8,7 | 8,9 | 9,4 | 9,7 | 10,1 | 10,6 | 11,7 |
| Sonstige Kraftfahrzeuge[4)] | 5,7 | 6,3 | 8,6 | 8,6 | 8,6 | 9,1 | 9,6 | 9,9 | 10,3 | 10,6 |

[1)] Nicht enthalten sind die Fahrleistungen der Kraftfahrzeuge der Bundeswehr, des Bundesgrenzschutzes und der ausländischen Streitkräfte.- [2)] Ab 1995 einschl. M1-Fahrzeuge.- [3)] Mit Normal- und Spezialaufbau.- [4)] Sonderkraftfahrzeuge nicht zur Lastenbeförderung (Polizei- und Feuerwehrfahrzeuge, Krankenkraftwagen, Müllfahrzeuge, Wohnmobile) und gewöhnliche Zugmaschinen (außer in der Landwirtschaft).- * Vorläufige Werte.

## Kraftfahrzeugverkehr - Fahrleistungen nach Straßenkategorien[1)]

| | 1979 | 1980 | 1981 | 1982 | 1983 | 1984 | 1985 | 1986 | 1987 | 1988 |
|---|---|---|---|---|---|---|---|---|---|---|
| | | | | | Gesamtfahrleistungen - in Mrd. km | | | | | |
| Bundesautobahnen | 77,0 | 80,7 | 81,7 | 84,8 | 88,7 | 92,6 | 94,5 | 102,9 | 110,2 | 119,9 |
| Bundesstraßen | 80,7 | 83,6 | 81,0 | 82,4 | 84,0 | 84,1 | 84,3 | 89,3 | 93,5 | 97,5 |
| Landesstraßen | 60,3 | 64,3 | 61,8 | 64,0 | 66,4 | 68,2 | 66,2 | 70,6 | 74,0 | 77,5 |
| Kreisstraßen | 31,1 | 34,3 | 33,0 | 33,7 | 34,9 | 37,0 | 37,6 | 39,2 | 41,0 | 42,5 |
| Gemeindestraßen | 112,1 | 105,1 | 92,3 | 96,6 | 99,1 | 102,9 | 101,9 | 110,1 | 117,3 | 122,3 |
| **Straßen insgesamt** | 361,2 | 368,0 | 349,8 | 361,5 | 373,1 | 384,8 | 384,5 | 412,1 | 436,0 | 459,7 |
| Innerorts | 138,4 | 144,7 | 128,4 | 131,4 | 134,1 | 137,9 | 137,3 | 147,7 | 156,5 | 161,9 |
| Außerorts | 222,8 | 223,3 | 221,4 | 230,1 | 239,0 | 246,9 | 247,2 | 264,4 | 279,5 | 297,8 |
| | | | | | Anteile der Straßenkategorien[2)] - in vH | | | | | |
| Bundesautobahnen | 21,3 | 21,9 | 23,4 | 23,5 | 23,8 | 24,1 | 24,6 | 25,0 | 25,3 | 26,1 |
| Bundesstraßen | 22,3 | 22,7 | 23,2 | 22,8 | 22,5 | 21,9 | 21,9 | 21,7 | 21,4 | 21,2 |
| Landesstraßen | 16,7 | 17,5 | 17,7 | 17,7 | 17,8 | 17,7 | 17,2 | 17,1 | 17,0 | 16,9 |
| Kreisstraßen | 8,6 | 9,3 | 9,4 | 9,3 | 9,4 | 9,6 | 9,8 | 9,5 | 9,4 | 9,2 |
| Gemeindestraßen | 31,0 | 28,6 | 26,4 | 26,7 | 26,6 | 26,7 | 26,5 | 26,7 | 26,9 | 26,6 |
| **Straßen insgesamt** | 100 | 100 | 100 | 100 | 100 | 100 | 100 | 100 | 100 | 100 |
| Innerorts | 38,3 | 39,3 | 36,7 | 36,3 | 35,9 | 35,8 | 35,7 | 35,8 | 35,9 | 35,2 |
| Außerorts | 61,7 | 60,7 | 63,3 | 63,7 | 64,1 | 64,2 | 64,3 | 64,2 | 64,1 | 64,8 |

[1)] Nicht enthalten sind die Fahrleistungen der Kraftfahrzeuge der Bundeswehr, des Bundesgrenzschutzes und der ausländischen Streitkräfte.- [2)] Quelle: Bundesanstalt für Straßenwesen.

## Kraftfahrzeugverkehr - Fahrleistungen nach Straßenkategorien[1)]

| | 1989 | 1990 | 1991* | 1992* | 1993* | 1994* | 1995 | 1996 | 1997 | 1998** |
|---|---|---|---|---|---|---|---|---|---|---|
| **Gesamtfahrleistungen - in Mrd. km** | | | | | | | | | | |
| Bundesautobahnen | 127,4 | 135,6 | 140,8 | 146,6 | 151,5 | 154,8 | 179,1 | 182,3 | 187,9 | 194,2 |
| Bundesstraßen | 99,6 | 103,3 | 104,8 | 105,4 | 105,0 | 103,4 | . | . | . | . |
| Landesstraßen | 79,2 | 80,7 | 82,0 | 82,6 | 81,8 | 80,8 | . | . | . | . |
| Kreisstraßen | 43,2 | 44,4 | 45,7 | 45,7 | 45,4 | 44,6 | . | . | . | . |
| Gemeindestraßen | 119,9 | 124,5 | 129,2 | 126,9 | 122,0 | 114,5 | . | . | . | . |
| **Straßen insgesamt** | 469,3 | 488,5 | 502,5 | 507,2 | 505,7 | 498,1 | 604,0 | 610,1 | 618,5 | 627,2 |
| Innerorts | 158,3 | 151,0 | 157,1 | 152,8 | 145,1 | 132,8 | . | . | . | . |
| Außerorts | 311,0 | 337,5 | 345,4 | 354,4 | 360,6 | 365,3 | . | . | . | . |
| **Anteile der Straßenkategorien - in vH** | | | | | | | | | | |
| Bundesautobahnen | 27,1 | 27,8 | 28,0 | 28,9 | 30,0 | 31,1 | 29,7 | 30,1 | 30,4 | 31,0 |
| Bundesstraßen | 21,2 | 21,1 | 20,9 | 20,8 | 20,8 | 20,8 | . | . | . | . |
| Landesstraßen | 16,9 | 16,5 | 16,3 | 16,3 | 16,2 | 16,2 | . | . | . | . |
| Kreisstraßen | 9,2 | 9,1 | 9,1 | 9,0 | 9,0 | 9,0 | . | . | . | . |
| Gemeindestraßen | 25,6 | 25,5 | 25,7 | 25,0 | 24,1 | 23,0 | . | . | . | . |
| **Straßen insgesamt** | 100 | 100 | 100 | 100 | 100 | 100 | 100 | 100 | 100 | 100 |
| Innerorts | 33,7 | 30,9 | 31,3 | 30,1 | 28,7 | 26,7 | . | . | . | . |
| Außerorts | 66,3 | 69,1 | 68,7 | 69,9 | 71,3 | 73,3 | . | . | . | . |

[1)] Nicht enthalten sind die Fahrleistungen der Kraftfahrzeuge der Bundeswehr, des Bundesgrenzschutzes und der ausländischen Streitkräfte.- Quelle: Bundesanstalt für Straßenwesen. - * Alte Bundesländer. Werte für die neuen Bundesländer liegen nur für 1993 und 1994 und nur für Bundesautobahnen und Bundesstraßen vor: 1993 Bundesautobahnen: 20,7; außerörtliche Bundesstraßen: 19,5; 1994 Bundesautobahnen: 20,9; außerörtliche Bundesstraßen 20,1. - ** Vorläufige Werte.

## Kraftfahrzeugverkehr - Gurtanlegequoten[1] von erwachsenen Pkw-Insassen - in vH

| Jahr | Monat | Innerortsstraßen | | | Landstraßen | | | Autobahnen | | | Querschnitt[2] | | |
|---|---|---|---|---|---|---|---|---|---|---|---|---|---|
| | | Fahrer | Beifahrer | Fond | Fahrer | Beifahrer | Fond | Fahrer | Beifahrer | Fond | Fahrer | Beifahrer | Fond |
| 1981 | September | 46 | 51 | . | 64 | 71 | . | 82 | 86 | . | 58 | 65 | . |
| 1982 | September/Oktober | 50 | 50 | . | 68 | 73 | . | 84 | 88 | . | 63 | 65 | . |
| 1983 | September/Oktober | 45 | 47 | . | 65 | 70 | . | 81 | 84 | . | 58 | 62 | . |
| 1984 | September | 88 | 88 | . | 94 | 93 | . | 97 | 97 | . | 92 | 91 | . |
| 1985 | September | 91 | 91 | 10 | 95 | 95 | 23 | 96 | 95 | 18 | 93 | 93 | 17 |
| 1986 | September | 93 | 93 | 31 | 96 | 95 | 48 | 98 | 98 | 53 | 95 | 95 | 41 |
| 1987 | September | 91 | 93 | 31 | 96 | 97 | 50 | 98 | 98 | 49 | 94 | 95 | 42 |
| 1988 | September | 92 | 91 | 39 | 96 | 97 | 49 | 98 | 98 | 44 | 94 | 94 | 44 |
| 1989 | September | 94 | 93 | 47 | 97 | 97 | 56 | 98 | 98 | 62 | 96 | 95 | 53 |
| 1990 | September | 94 | 94 | 39 | 97 | 97 | 52 | 99 | 98 | 57 | 96 | 96 | 47 |
| 1991 | Juni ABL | 92 | 92 | 37 | 96 | 97 | 63 | 99 | 98 | 69 | 96 | 96 | 58 |
| | September NBL | 93 | 93 | 29 | 96 | 97 | 39 | 98 | 98 | 52 | 96 | 97 | 40 |
| 1992 | Juni ABL | 91 | 92 | 45 | 95 | 95 | 63 | 98 | 98 | 73 | 95 | 95 | 61 |
| | September NBL | 91 | 91 | 45 | 96 | 97 | 62 | 97 | 97 | 73 | 96 | 96 | 62 |
| 1993 | Juni ABL | 92 | 91 | 54 | 96 | 97 | 73 | 98 | 97 | 78 | 96 | 95 | 69 |
| | September NBL | 91 | 93 | 58 | 95 | 96 | 71 | 98 | 99 | 89 | 95 | 97 | 77 |
| 1994 | Juni ABL | 93 | 94 | 61 | 97 | 97 | 72 | 99 | 99 | 76 | 97 | 97 | 70 |
| | September NBL | 88 | 89 | 60 | 93 | 94 | 67 | 97 | 96 | 69 | 93 | 94 | 67 |
| 1995 | Juni ABL | 86 | 85 | 52 | 92 | 94 | 70 | 96 | 95 | 80 | 92 | 92 | 68 |
| | September NBL | 85 | 84 | 50 | 94 | 95 | 64 | 97 | 97 | 71 | 93 | 94 | 64 |
| 1996 | Juni ABL | 86 | 87 | 44 | 92 | 94 | 71 | 97 | 97 | 81 | 92 | 93 | 67 |
| | September NBL | 86 | 88 | 55 | 92 | 94 | 65 | 97 | 97 | 65 | 92 | 94 | 64 |
| 1997 | September | 87 | 84 | 65 | 93 | 93 | 78 | 97 | 97 | 81 | 92 | 91 | 74 |
| 1998 | September | 90 | 90 | 76 | 94 | 95 | 85 | 97 | 97 | 86 | 93 | 94 | 82 |

[1] Die Daten wurden durch direkte Beobachtungen von rund 18 800 Fahrzeugen mit rund 27 000 Beifahrern (Innerortsstraßen: 8 400 Pkw mit 11 000 Insassen, ab 1997 10 600 Pkw mit 14 700 Insassen; Landstraßen: 4 800 Pkw 7 000 Insassen, ab 1997 7 000 mit 10 400 Insassen; Autobahnen: 5 600 Pkw mit 9 000 Insassen, ab 1997 7 400 Pkw mit 11 300 Insassen. Ab 1991 Personen ab dem 12. Lebensjahr.- [2] Zur Berechnung der Quoten im Verkehrsquerschnitt aller Straßentypen (gesamter Straßenverkehr) wurden die Werte der einzelnen Straßentypen im Verhältnis der jeweiligen Fahrleistungswerte gewichtet.

# Straßenverkehrsunfälle - Unfälle mit Personen- und Sachschaden

| Jahr | mit Personenschaden insgesamt | mit Getöteten | mit Verletzten | innerhalb[1] von Ortschaften | | außerhalb[2] von Ortschaften | | mit schwerem Sachschaden[3] insgesamt | innerhalb[1] von Ortschaften | | außerhalb[2] von Ortschaften | |
|---|---|---|---|---|---|---|---|---|---|---|---|---|
| | in 1 000 | in 1 000 | in 1 000 | in 1 000 | in vH | in 1 000 | in vH | in 1 000 | in 1 000 | in vH | in 1 000 | in vH |
| 1980 | 379,2 | 11,9 | 367,3 | 261,3 | 68,9 | 117,9 | 31,1 | 462,1 | 337,6 | 73,0 | 124,5 | 27,0 |
| 1981 | 362,6 | 10,6 | 352,0 | 252,4 | 69,6 | 110,2 | 30,4 | 482,3 | 356,7 | 74,0 | 125,6 | 26,0 |
| 1982 | 358,7 | 10,6 | 348,1 | 248,3 | 69,2 | 110,4 | 30,8 | 479,7 | 355,0 | 74,0 | 124,7 | 26,0 |
| 1983 | 374,1 | 10,6 | 363,5 | 258,1 | 69,0 | 116,0 | 31,0 | 232,5 | 155,0 | 66,7 | 77,4 | 33,3 |
| 1984 | 359,5 | 9,3 | 350,2 | 248,6 | 69,2 | 110,9 | 30,8 | 238,2 | 156,8 | 65,8 | 81,4 | 34,2 |
| 1985 | 327,7 | 7,7 | 320,1 | 225,6 | 68,8 | 102,1 | 31,2 | 242,2 | 159,4 | 65,8 | 82,8 | 34,2 |
| 1986 | 341,9 | 8,1 | 333,8 | 232,1 | 67,9 | 109,8 | 32,1 | 258,2 | 167,3 | 64,8 | 90,9 | 35,2 |
| 1987 | 325,5 | 7,3 | 318,3 | 218,2 | 67,0 | 107,3 | 33,0 | 261,3 | 168,8 | 64,6 | 92,5 | 35,4 |
| 1988 | 342,3 | 7,5 | 334,8 | 225,5 | 65,9 | 116,8 | 34,1 | 271,9 | 172,3 | 63,4 | 99,5 | 36,6 |
| 1989 | 343,6 | 7,3 | 336,3 | 224,8 | 65,4 | 118,8 | 34,6 | 271,6 | 171,6 | 63,2 | 100,0 | 36,8 |
| 1990 | 340,0 | 7,1 | 333,0 | 218,2 | 64,2 | 121,9 | 35,8 | 260,5 | 157,8 | 60,6 | 102,8 | 39,4 |
| 1991 | 385,1 | 10,1 | 375,1 | 245,6 | 63,8 | 139,5 | 36,2 | 221,3 | 125,0 | 56,5 | 96,4 | 43,5 |
| 1992 | 395,5 | 9,5 | 385,9 | 385,9 | 64,4 | 140,6 | 35,6 | 248,6 | 143,4 | 57,7 | 105,2 | 42,3 |
| 1993 | 385,4 | 9,0 | 376,4 | 243,0 | 63,0 | 142,4 | 37,0 | 265,6 | 152,5 | 57,5 | 112,7 | 42,5 |
| 1994 | 392,8 | 8,9 | 383,9 | 249,0 | 63,4 | 143,8 | 36,6 | 258,7 | 151,0 | 58,3 | 107,8 | 41,7 |
| 1995 | 388,0 | 8,5 | 379,5 | 246,6 | 63,6 | 141,4 | 36,4 | 163,7 | 100,0 | 61,1 | 63,7 | 38,9 |
| 1996 | 373,1 | 7,9 | 365,2 | 236,0 | 63,3 | 137,1 | 36,7 | 152,5 | 92,7 | 60,8 | 59,7 | 39,2 |
| 1997 | 380,8 | 7,7 | 373,1 | 243,2 | 63,9 | 137,7 | 36,1 | 140,7 | 85,9 | 61,0 | 54,8 | 39,0 |
| 1998 | 377,3 | 7,0 | 370,2 | 240,2 | 63,7 | 137,0 | 36,3 | 136,0 | 80,7 | 59,4 | 55,3 | 40,6 |

[1] Ohne Autobahnen.- [2] Einschl. Autobahnen.- [3] Bis 1994 Unfälle ohne Personenschaden ab einer bestimmten Schadenshöhe (bis 1982 1 000,- DM und mehr, ab 1983 3 000,- DM und mehr, ab 1991 4 000,- DM und mehr bei einem der Geschädigten). Ab 1995 schwerwiegende Unfälle mit Sachschaden: Unfälle ohne Personenschaden, bei denen als Unfallursache eine Straftat oder Ordnungswidrigkeit vorliegt und bei denen ein Kfz aufgrund des Unfallschadens abgeschleppt werden muß sowie sonstige Unfälle unter Alkoholeinfluß.

## Straßenverkehrsunfälle - Getötete und verletzte Verkehrsteilnehmer

| Jahr | Getötete insgesamt | innerhalb[1] von Ortschaften | außerhalb[2] von Ortschaften | Verletzte insgesamt | innerhalb[1] von Ortschaften | außerhalb[2] von Ortschaften | Schwer-verletzte | innerhalb[1] von Ortschaften | außerhalb[2] von Ortschaften | Leicht-verletzte | innerhalb[1] von Ortschaften | außerhalb[2] von Ortschaften |
|---|---|---|---|---|---|---|---|---|---|---|---|---|
| | Anzahl | Anzahl | Anzahl | in 1 000 | in 1 000 | in 1 000 | in 1 000 | in 1 000 | in 1 000 | in 1 000 | in 1 000 | in 1 000 |
| 1980 | 13 041 | 5 132 | 7 909 | 500,5 | 324,2 | 176,3 | 149,0 | 85,0 | 64,0 | 351,5 | 239,2 | 112,3 |
| 1981 | 11 674 | 4 574 | 7 100 | 475,9 | 311,0 | 165,0 | 139,4 | 80,1 | 59,3 | 336,5 | 230,9 | 105,7 |
| 1982 | 11 608 | 4 372 | 7 236 | 467,2 | 304,7 | 162,5 | 138,8 | 79,1 | 59,7 | 328,4 | 225,6 | 102,8 |
| 1983 | 11 732 | 4 277 | 7 455 | 489,2 | 317,7 | 171,5 | 145,1 | 82,1 | 63,0 | 344,1 | 235,6 | 108,5 |
| 1984 | 10 199 | 3 732 | 6 467 | 466,0 | 303,2 | 162,8 | 132,5 | 75,3 | 57,2 | 333,5 | 227,9 | 105,6 |
| 1985 | 8 400 | 2 915 | 5 485 | 422,1 | 272,6 | 149,5 | 115,5 | 64,5 | 51,1 | 306,6 | 208,2 | 98,4 |
| 1986 | 8 948 | 3 107 | 5 841 | 443,2 | 281,3 | 161,9 | 117,9 | 64,2 | 53,7 | 325,4 | 217,2 | 108,2 |
| 1987 | 7 967 | 2 665 | 5 302 | 424,6 | 265,9 | 158,7 | 108,6 | 57,8 | 50,8 | 316,0 | 208,1 | 107,9 |
| 1988 | 8 213 | 2 571 | 5 642 | 448,2 | 274,8 | 173,4 | 111,0 | 57,0 | 54,0 | 337,3 | 217,8 | 119,4 |
| 1989 | 7 995 | 2 442 | 5 553 | 449,4 | 273,3 | 176,1 | 107,8 | 54,3 | 53,5 | 341,5 | 219,0 | 122,6 |
| 1990 | 7 906 | 2 205 | 5 701 | 448,2 | 265,6 | 182,5 | 103,4 | 49,8 | 53,6 | 344,8 | 215,9 | 128,9 |
| 1991 | 11 300 | 3 349 | 7 951 | 505,5 | 298,7 | 206,8 | 131,1 | 64,0 | 67,1 | 374,4 | 234,7 | 139,7 |
| 1992 | 10 631 | 3 109 | 7 522 | 516,8 | 308,7 | 208,1 | 130,4 | 63,6 | 66,8 | 386,4 | 245,1 | 141,3 |
| 1993 | 9 949 | 2 832 | 7 117 | 505,6 | 295,1 | 210,5 | 125,9 | 59,8 | 66,0 | 397,7 | 235,2 | 144,5 |
| 1994 | 9 814 | 2 594 | 7 220 | 516,4 | 303,0 | 213,4 | 126,7 | 60,3 | 66,4 | 389,7 | 242,7 | 147,0 |
| 1995 | 9 454 | 2 435 | 7 019 | 512,1 | 301,5 | 210,6 | 123,0 | 57,7 | 65,2 | 389,2 | 243,8 | 145,4 |
| 1996 | 8 758 | 2 131 | 6 627 | 493,2 | 289,0 | 204,2 | 116,5 | 54,3 | 62,2 | 376,7 | 234,7 | 142,0 |
| 1997 | 8 549 | 2 064 | 6 485 | 501,1 | 297,3 | 203,8 | 115,4 | 54,6 | 60,8 | 385,7 | 242,7 | 142,9 |
| 1998 | 7 792 | 1 098 | 5 884 | 497,3 | 294,4 | 202,9 | 108,9 | 51,0 | 57,9 | 388,4 | 243,4 | 145,0 |

[1] Ohne Autobahnen.- [2] Einschl. Autobahnen.

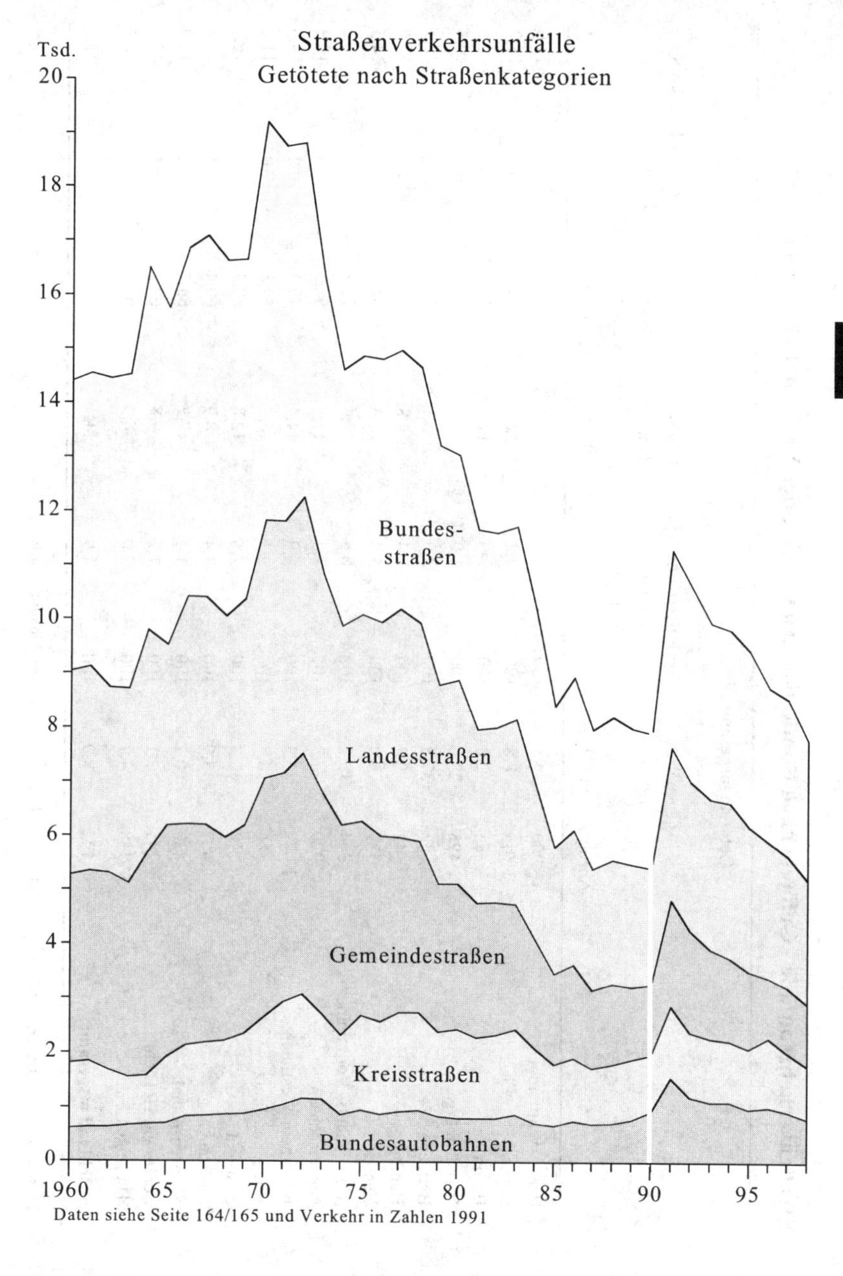

Daten siehe Seite 164/165 und Verkehr in Zahlen 1991

B 3

## Straßenverkehrsunfälle - Getötete nach Bundesländern und Art der Verkehrsbeteiligung - 1998

| | Getötete insgesamt | | darunter: Führer und Mitfahrer von: | | | | | Fußgänger |
|---|---|---|---|---|---|---|---|---|
| | | Veränderung gegenüber 1997 | | Mofas, Mopeds[1] | Krafträdern[2] | Personenkraftwagen[3] | Fahrrädern | |
| | Anzahl | in vH | in vH | in vH | in vH | in vH | in vH | in vH |
| Baden-Württemberg | 900 | - 4,1 | 100 | 1,9 | 12,4 | 58,8 | 9,8 | 13,6 |
| Bayern | 1 345 | - 8,8 | 100 | 2,2 | 12,0 | 63,6 | 7,7 | 11,2 |
| Berlin | 85 | - 2,3 | 100 | - | 11,8 | 22,4 | 21,2 | 40,0 |
| Brandenburg | 495 | - 23,0 | 100 | 1,0 | 7,7 | 68,3 | 9,1 | 9,5 |
| Bremen | 33 | - 37,5 | 100 | 3,0 | 6,1 | 36,4 | 18,2 | 27,3 |
| Hamburg | 42 | - 8,7 | 100 | 2,4 | 4,8 | 26,2 | 14,3 | 47,6 |
| Hessen | 537 | - 9,9 | 100 | 3,0 | 10,6 | 62,8 | 5,4 | 14,5 |
| Mecklenburg-Vorpommern | 364 | - 13,3 | 100 | 0,5 | 7,4 | 72,3 | 4,4 | 10,6 |
| Niedersachsen | 920 | - 7,7 | 100 | 1,4 | 11,1 | 65,2 | 7,6 | 10,3 |
| Nordrhein-Westfalen | 1 077 | - 9,3 | 100 | 1,9 | 14,4 | 49,2 | 10,2 | 19,5 |
| Rheinland-Pfalz | 386 | + 0,5 | 100 | 2,1 | 16,3 | 59,8 | 7,0 | 11,6 |
| Saarland | 78 | - 10,3 | 100 | 2,6 | 12,8 | 60,3 | 6,4 | 16,7 |
| Sachsen | 507 | - 13,9 | 100 | 3,4 | 8,9 | 60,4 | 7,1 | 16,8 |
| Sachsen-Anhalt | 430 | - 0,2 | 100 | 1,2 | 7,2 | 64,7 | 8,8 | 12,3 |
| Schleswig-Holstein | 245 | - 13,1 | 100 | 1,2 | 9,8 | 67,3 | 6,1 | 11,4 |
| Thüringen | 348 | - 4,7 | 100 | 2,0 | 6,9 | 63,2 | 6,9 | 16,1 |
| **Deutschland insgesamt** | 7 792 | - 8,9 | 100 | 1,9 | 11,1 | 60,8 | 8,2 | 13,9 |

[1] Einschl. Kleinkrafträder.- [2] Mit amtlichem Kennzeichen.- [3] Einschl. Kombinationskraftwagen.

## Straßenverkehrsunfälle - Verletzte nach Bundesländern und Art der Verkehrsbeteiligung - 1998

| | Verletzte insgesamt | Veränderung gegenüber 1997 | | darunter: Führer und Mitfahrer von: Mofas, Mopeds[1] | Krafträdern[2] | Personenkraftwagen[3] | Fahrrädern | Fußgänger |
|---|---|---|---|---|---|---|---|---|
| | in 1 000 | in vH | in vH | in vH | in vH | in vH | in vH | in vH |
| Baden-Württemberg | 55,5 | + 3,6 | 100 | 3,0 | 9,5 | 63,3 | 13,0 | 7,0 |
| Bayern | 84,7 | + 2,8 | 100 | 3,2 | 7,7 | 67,0 | 12,0 | 5,6 |
| Berlin | 18,6 | - 8,4 | 100 | 4,1 | 8,2 | 45,8 | 22,2 | 14,8 |
| Brandenburg | 18,4 | - 7,9 | 100 | 3,6 | 6,8 | 61,6 | 17,1 | 6,4 |
| Bremen | 4,1 | - 0,4 | 100 | 4,2 | 5,6 | 48,6 | 25,0 | 11,4 |
| Hamburg | 12,1 | - 0,1 | 100 | 1,2 | 5,8 | 61,2 | 16,3 | 10,7 |
| Hessen | 35,1 | - 0,6 | 100 | 3,1 | 7,8 | 68,8 | 8,9 | 7,1 |
| Mecklenburg-Vorpommern | 13,7 | - 2,8 | 100 | 1,3 | 8,2 | 66,3 | 12,3 | 7,3 |
| Niedersachsen | 52,2 | - 0,9 | 100 | 3,6 | 6,0 | 65,5 | 15,0 | 5,4 |
| Nordrhein-Westfalen | 94,9 | - 1,4 | 100 | 5,0 | 8,8 | 56,3 | 15,6 | 10,3 |
| Rheinland-Pfalz | 23,8 | - 0,5 | 100 | 4,8 | 9,5 | 65,3 | 9,1 | 6,7 |
| Saarland | 6,9 | + 4,2 | 100 | 2,1 | 11,3 | 68,9 | 6,3 | 8,5 |
| Sachsen | 25,0 | - 2,9 | 100 | 6,0 | 6,4 | 60,8 | 12,6 | 9,3 |
| Sachsen-Anhalt | 17,4 | - 5,1 | 100 | 4,3 | 6,5 | 61,0 | 15,0 | 8,1 |
| Schleswig-Holstein | 19,0 | - 0,9 | 100 | 3,3 | 5,9 | 64,3 | 15,9 | 6,3 |
| Thüringen | 15,9 | - 3,0 | 100 | 4,5 | 5,9 | 69,0 | 7,8 | 8,0 |
| **Deutschland insgesamt** | 497,3 | - 0,8 | 100 | 3,8 | 7,8 | 62,6 | 13,6 | 7,8 |

[1] Einschl. Kleinkrafträder.- [2] Mit amtlichem Kennzeichen.- [3] Einschl. Kombinationskraftwagen.

## Straßenverkehrsunfälle - Unfälle, Getötete und Verletzte nach Straßenkategorien

| | 1979 | 1980 | 1981 | 1982 | 1983 | 1984 | 1985 | 1986 | 1987 | 1988 |
|---|---|---|---|---|---|---|---|---|---|---|
| **Unfälle mit Personenschaden** - in 1 000 | 367,5 | 379,2 | 362,6 | 358,7 | 374,1 | 359,5 | 327,7 | 341,9 | 325,5 | 342,3 |
| Bundesautobahnen | 15,9 | 16,2 | 15,1 | 14,8 | 15,8 | 15,7 | 14,5 | 17,2 | 18,0 | 20,5 |
| Bundesstraßen | 86,3 | 87,0 | 82,9 | 80,3 | 82,8 | 80,3 | 73,3 | 77,6 | 74,5 | 78,5 |
| Landesstraßen | 79,0 | 81,8 | 77,8 | 78,2 | 82,1 | 77,2 | 69,3 | 73,6 | 70,2 | 74,6 |
| Kreisstraßen | 33,6 | 35,8 | 34,3 | 35,0 | 36,9 | 36,4 | 33,4 | 34,8 | 33,1 | 35,1 |
| Gemeindestraßen | 152,7 | 158,4 | 152,5 | 150,4 | 156,5 | 150,0 | 137,2 | 138,7 | 129,7 | 133,6 |
| **Getötete** - Anzahl | 13 222 | 13 041 | 11 674 | 11 608 | 11 732 | 10 199 | 8 400 | 8 948 | 7 967 | 8 213 |
| Bundesautobahnen | 835 | 804 | 797 | 803 | 878 | 708 | 669 | 763 | 694 | 714 |
| Bundesstraßen | 4 424 | 4 158 | 3 703 | 3 601 | 3 571 | 3 223 | 2 595 | 2 833 | 2 564 | 2 640 |
| Landesstraßen | 3 679 | 3 755 | 3 201 | 3 229 | 3 413 | 2 872 | 2 340 | 2 484 | 2 242 | 2 296 |
| Kreisstraßen | 1 572 | 1 643 | 1 496 | 1 533 | 1 561 | 1 380 | 1 137 | 1 161 | 1 036 | 1 084 |
| Gemeindestraßen | 2 712 | 2 681 | 2 477 | 2 442 | 2 309 | 2 016 | 1 659 | 1 707 | 1 431 | 1 479 |
| **Schwerverletzte** - in 1 000 | 146,5 | 149,0 | 139,4 | 138,8 | 145,1 | 132,5 | 115,5 | 117,9 | 108,6 | 111,0 |
| Bundesautobahnen | 6,4 | 6,3 | 5,9 | 5,8 | 6,6 | 6,0 | 5,5 | 6,3 | 6,3 | 7,2 |
| Bundesstraßen | 37,2 | 36,9 | 34,7 | 33,6 | 34,3 | 31,8 | 28,0 | 28,9 | 26,9 | 27,3 |
| Landesstraßen | 37,1 | 38,3 | 35,6 | 35,8 | 37,6 | 33,3 | 28,9 | 30,4 | 27,7 | 29,2 |
| Kreisstraßen | 16,3 | 17,2 | 16,1 | 16,6 | 17,6 | 16,4 | 14,5 | 14,5 | 13,7 | 13,8 |
| Gemeindestraßen | 49,5 | 50,3 | 47,1 | 46,9 | 49,0 | 44,9 | 38,7 | 37,8 | 34,0 | 33,4 |
| **Leichtverletzte** - in 1 000 | 339,9 | 351,5 | 336,5 | 328,4 | 344,1 | 333,5 | 306,6 | 325,4 | 316,0 | 337,3 |
| Bundesautobahnen | 18,4 | 18,8 | 17,7 | 16,8 | 18,1 | 18,2 | 16,6 | 20,2 | 21,3 | 24,6 |
| Bundesstraßen | 84,0 | 84,7 | 81,0 | 77,3 | 79,9 | 78,4 | 72,7 | 78,3 | 76,7 | 82,4 |
| Landesstraßen | 71,2 | 74,2 | 70,4 | 69,9 | 73,6 | 70,1 | 63,5 | 68,4 | 66,9 | 71,8 |
| Kreisstraßen | 29,1 | 30,7 | 29,8 | 29,7 | 31,5 | 31,3 | 29,0 | 31,1 | 30,0 | 32,1 |
| Gemeindestraßen | 137,3 | 143,2 | 137,6 | 134,7 | 141,1 | 135,4 | 124,7 | 127,4 | 121,1 | 126,3 |

## Straßenverkehrsunfälle - Unfälle, Getötete und Verletzte nach Straßenkategorien

| | 1989 | 1990 | 1991 | 1992 | 1993 | 1994 | 1995 | 1996 | 1997 | 1998 |
|---|---|---|---|---|---|---|---|---|---|---|
| **Unfälle mit Personenschaden** - in 1 000 | 343,6 | 340,0 | 385,1 | 395,5 | 385,4 | 392,8 | 388,0 | 373,1 | 380,8 | 377,3 |
| Bundesautobahnen | 21,2 | 24,3 | 27,3 | 26,2 | 26,1 | 26,5 | 25,5 | 25,0 | 24,8 | 24,5 |
| Bundesstraßen | 76,6 | 76,8 | 89,3 | 91,9 | 88,8 | 89,7 | 88,3 | 84,6 | 85,5 | 84,9 |
| Landesstraßen | 74,6 | 73,1 | 79,7 | 83,0 | 84,2 | 86,7 | 84,6 | 82,1 | 84,1 | 84,2 |
| Kreisstraßen | 35,6 | 34,4 | 38,3 | 38,1 | 38,4 | 38,1 | 36,8 | 35,5 | 36,7 | 37,0 |
| Gemeindestraßen | 135,6 | 131,4 | 150,5 | 156,2 | 147,9 | 151,7 | 152,7 | 146,0 | 149,7 | 146,6 |
| **Getötete** - Anzahl | 7.995 | 7.906 | 11.300 | 10.631 | 9.949 | 9.814 | 9.454 | 8.758 | 8.549 | 7.792 |
| Bundesautobahnen | 778 | 936 | 1.552 | 1.201 | 1.109 | 1.105 | 978 | 1.020 | 933 | 803 |
| Bundesstraßen | 2.511 | 2.495 | 3.656 | 3.607 | 3.257 | 3.189 | 3.257 | 2.852 | 2.905 | 2.580 |
| Landesstraßen | 2.258 | 2.146 | 2.816 | 2.756 | 2.770 | 2.862 | 2.676 | 2.515 | 2.423 | 2.296 |
| Kreisstraßen | 1.118 | 1.033 | 1.324 | 1.200 | 1.173 | 1.134 | 1.113 | 1.099 | 1.089 | 969 |
| Gemeindestraßen | 1.330 | 1.296 | 1.952 | 1.867 | 1.640 | 1.524 | 1.430 | 1.272 | 1.199 | 1.144 |
| **Schwerverletzte** - in 1 000 | 107,8 | 103,4 | 131,1 | 130,4 | 125,9 | 126,7 | 123,0 | 116,5 | 115,4 | 108,9 |
| Bundesautobahnen | 7,2 | 8,4 | 11,0 | 10,2 | 9,7 | 9,9 | 9,6 | 9,0 | 8,8 | 8,3 |
| Bundesstraßen | 25,9 | 25,2 | 33,7 | 34,4 | 32,5 | 32,5 | 31,6 | 29,6 | 29,2 | 27,1 |
| Landesstraßen | 28,1 | 26,3 | 31,5 | 32,1 | 32,9 | 33,8 | 32,2 | 31,1 | 30,7 | 29,4 |
| Kreisstraßen | 13,7 | 12,8 | 15,5 | 14,5 | 14,4 | 14,0 | 14,0 | 13,4 | 13,5 | 13,1 |
| Gemeindestraßen | 33,0 | 30,7 | 39,4 | 39,1 | 36,3 | 36,5 | 35,6 | 33,3 | 33,2 | 31,0 |
| **Leichtverletzte** - in 1 000 | 341,5 | 344,8 | 374,4 | 386,4 | 379,7 | 389,7 | 389,2 | 376,7 | 385,7 | 388,4 |
| Bundesautobahnen | 26,0 | 30,7 | 32,3 | 31,3 | 31,6 | 32,2 | 31,4 | 30,8 | 30,6 | 30,3 |
| Bundesstraßen | 81,2 | 83,0 | 90,9 | 94,1 | 92,0 | 93,7 | 93,5 | 90,4 | 91,8 | 93,3 |
| Landesstraßen | 72,6 | 72,8 | 76,5 | 79,4 | 81,1 | 83,8 | 82,5 | 80,7 | 83,1 | 84,8 |
| Kreisstraßen | 33,0 | 32,2 | 34,8 | 35,0 | 35,8 | 35,7 | 34,5 | 33,6 | 34,9 | 35,8 |
| Gemeindestraßen | 128,6 | 126,1 | 139,9 | 146,5 | 139,3 | 144,3 | 147,2 | 141,2 | 145,3 | 144,2 |

## Straßenverkehrsunfälle - Unfälle, Getötete und Verletzte bezogen auf die Fahrleistung nach Straßenkategorien

| | 1979 | 1980 | 1981 | 1982 | 1983 | 1984 | 1985 | 1986 | 1987 | 1988 |
|---|---|---|---|---|---|---|---|---|---|---|
| **Unfälle mit Personenschaden je Mrd. Fahrzeugkilometer** | | | | | | | | | | |
| Bundesautobahnen | 206 | 201 | 185 | 175 | 178 | 170 | 153 | 167 | 163 | 171 |
| Bundesstraßen | 1 069 | 1 041 | 1 023 | 975 | 986 | 955 | 870 | 869 | 797 | 805 |
| Landesstraßen | 1 310 | 1 272 | 1 259 | 1 222 | 1 236 | 1 132 | 1 047 | 1 042 | 949 | 963 |
| Kreisstraßen | 1 080 | 1 044 | 1 039 | 1 039 | 1 057 | 984 | 888 | 888 | 807 | 826 |
| Gemeindestraßen | 1 362 | 1 507 | 1 652 | 1 557 | 1 580 | 1 458 | 1 346 | 1 259 | 1 106 | 1 093 |
| **Straßen insgesamt** | 1 017 | 1 030 | 1 036 | 992 | 1 003 | 934 | 852 | 830 | 747 | 745 |
| Innerorts | 1 826 | 1 805 | 1 965 | 1 890 | 1 925 | 1 803 | 1 643 | 1 571 | 1 394 | 1 393 |
| Außerorts | 515 | 528 | 498 | 480 | 485 | 449 | 413 | 415 | 384 | 392 |
| **Getötete je Mrd. Fahrzeugkilometer** | | | | | | | | | | |
| Bundesautobahnen | 11 | 10 | 10 | 9 | 10 | 8 | 7 | 7 | 6 | 6 |
| Bundesstraßen | 55 | 50 | 46 | 44 | 43 | 38 | 31 | 32 | 27 | 27 |
| Landesstraßen | 61 | 58 | 52 | 50 | 51 | 42 | 35 | 35 | 30 | 30 |
| Kreisstraßen | 51 | 48 | 45 | 45 | 45 | 37 | 30 | 30 | 25 | 26 |
| Gemeindestraßen | 24 | 26 | 27 | 25 | 23 | 20 | 16 | 15 | 12 | 12 |
| **Straßen insgesamt** | 37 | 35 | 33 | 22 | 31 | 27 | 22 | 22 | 18 | 18 |
| Innerorts | 37 | 35 | 36 | 33 | 32 | 27 | 21 | 21 | 17 | 16 |
| Außerorts | 36 | 35 | 32 | 31 | 31 | 26 | 22 | 22 | 19 | 19 |
| **Verletzte je Mrd. Fahrzeugkilometer** | | | | | | | | | | |
| Bundesautobahnen | 322 | 311 | 289 | 267 | 278 | 261 | 234 | 258 | 250 | 265 |
| Bundesstraßen | 1 502 | 1 455 | 1 428 | 1 346 | 1 360 | 1 310 | 1 195 | 1 200 | 1 108 | 1 125 |
| Landesstraßen | 1 796 | 1 750 | 1 715 | 1 652 | 1 675 | 1 516 | 1 396 | 1 399 | 1 278 | 1 303 |
| Kreisstraßen | 1 460 | 1 397 | 1 391 | 1 374 | 1 407 | 1 289 | 1 157 | 1 163 | 1 066 | 1 080 |
| Gemeindestraßen | 1 666 | 1 841 | 2 000 | 1 880 | 1 919 | 1 753 | 1 603 | 1 500 | 1 322 | 1 306 |
| **Straßen insgesamt** | 1 346 | 1 360 | 1 360 | 1 292 | 1 311 | 1 211 | 1 098 | 1 076 | 974 | 975 |
| Innerorts | 2 261 | 2 240 | 2 421 | 2 319 | 2 370 | 2 199 | 1 985 | 1 904 | 1 699 | 1 698 |
| Außerorts | 778 | 790 | 745 | 706 | 718 | 659 | 605 | 612 | 568 | 582 |

* Alte Bundesländer. Werte für die neuen Bundesländer und Gesamtdeutschland für "Straßen insgesamt" (1993 und 1994 siehe folgende Seite):
1991 Unfälle mit Personenschaden: NBL 890, Deutschland 671. Getötete: NBL 52, Deutschland 20. Verletzte: NBL 1 166, Deutschland 880.
1992 Unfälle mit Personenschaden: NBL 848, Deutschland 670. Getötete: NBL 40, Deutschland 18. Verletzte: NBL 1 100, Deutschland 876.

## Straßenverkehrsunfälle - Unfälle, Getötete und Verletzte bezogen auf die Fahrleistung nach Straßenkategorien

| | 1989 | 1990 | 1991* | 1992* | 1993* | 1994* | 1995 | 1996 | 1997 | 1998** |
|---|---|---|---|---|---|---|---|---|---|---|
| | | | | Unfälle mit Personenschaden je Mrd. Fahrzeugkilometer | | | | | | |
| Bundesautobahnen | 166 | 179 | 163 | 151 | 146 | 145 | 142 | 137 | 132 | 126 |
| Bundesstraßen | 769 | 743 | 683 | 681 | 647 | 652 | . | . | . | . |
| Landesstraßen | 942 | 906 | 850 | 857 | 852 | 868 | . | . | . | . |
| Kreisstraßen | 824 | 775 | 735 | 737 | 741 | 749 | . | . | . | . |
| Gemeindestraßen | 1 131 | 1 055 | 955 | 999 | 978 | 1 059 | . | . | . | . |
| **Straßen insgesamt** | 732 | 696 | 639 | 641 | 618 | 631 | 642 | 611 | 616 | 602 |
| Innerorts | 1 420 | 1 445 | 1 306 | 1 375 | 1 362 | 1 501 | . | . | . | . |
| Außerorts | 382 | 361 | 336 | 325 | 319 | 315 | . | . | . | . |
| | | | | Getötete je Mrd. Fahrzeugkilometer | | | | | | |
| Bundesautobahnen | 6 | 7 | 7 | 6 | 5 | 6 | 5 | 6 | 5 | 4 |
| Bundesstraßen | 25 | 24 | 22 | 21 | 20 | 18 | . | . | . | . |
| Landesstraßen | 29 | 27 | 25 | 24 | 24 | 25 | . | . | . | . |
| Kreisstraßen | 26 | 23 | 23 | 23 | 22 | 22 | . | . | . | . |
| Gemeindestraßen | 11 | 10 | 10 | 9 | 9 | 9 | . | . | . | . |
| **Straßen insgesamt** | 17 | 16 | 15 | 14 | 14 | 14 | 16 | 14 | 14 | 12 |
| Innerorts | 15 | 15 | 13 | 13 | 13 | 13 | . | . | . | . |
| Außerorts | 18 | 17 | 16 | 15 | 14 | 14 | . | . | . | . |
| | | | | Verletzte je Mrd. Fahrzeugkilometer | | | | | | |
| Bundesautobahnen | 261 | 288 | 258 | 239 | 232 | 230 | 229 | 218 | 209 | 199 |
| Bundesstraßen | 1 075 | 1 047 | 956 | 957 | 913 | 924 | . | . | . | . |
| Landesstraßen | 1 271 | 1 228 | 1 151 | 1 152 | 1 154 | 1 182 | . | . | . | . |
| Kreisstraßen | 1 081 | 1 014 | 969 | 962 | 972 | 982 | . | . | . | . |
| Gemeindestraßen | 1 348 | 1 259 | 1 136 | 1 188 | 1 163 | 1 265 | . | . | . | . |
| **Straßen insgesamt** | 957 | 918 | 840 | 839 | 813 | 834 | 848 | 808 | 810 | 793 |
| Innerorts | 1 726 | 1 759 | 1 589 | 1 669 | 1 659 | 1 834 | . | . | . | . |
| Außerorts | 566 | 541 | 499 | 482 | 473 | 470 | . | . | . | . |

* Alte Bundesländer. Werte für die neuen Bundesländer und Gesamtdeutschland für "Straßen insgesamt" (1991 und 1992 siehe vorige Seite):
1993 Unfälle mit Personenschaden: NBL 793, Deutschland 645. Getötete: NBL 33, Deutschland 17. Verletzte: NBL 1 027, Deutschland 846.
1994 Unfälle mit Personenschaden: NBL 832, Deutschland 665. Getötete: NBL 32, Deutschland 17. Verletzte: NBL 1 074, Deutschland 874.
**Vorläufige Werte.

## Straßenverkehrsunfälle - Getötete und Verletzte nach der Art der Verkehrsbeteiligung

| Jahr | Getötete insgesamt | darunter Führer und Mitfahrer von: | | | | Fußgänger | Verletzte insgesamt | darunter Führer und Mitfahrer von: | | | | Fußgänger |
|---|---|---|---|---|---|---|---|---|---|---|---|---|
| | Anzahl | Mofas, Mopeds | Krafträdern [1] | Personenkraftwagen [2] | Fahrrädern | | in 1 000 | Mofas, Mopeds | Krafträdern [1] | Personenkraftwagen [2] | Fahrrädern | |
| 1980 | 13 041 | 765 | 1 232 | 6 440 | 1 142 | 3 095 | 500,5 | 51,0 | 45,4 | 279,6 | 50,4 | 56,5 |
| 1981 | 11 674 | 599 | 1 319 | 5 778 | 1 069 | 2 620 | 475,9 | 42,2 | 51,1 | 259,3 | 53,2 | 53,1 |
| 1982 | 11 608 | 534 | 1 453 | 5 609 | 1 085 | 2 594 | 467,2 | 34,6 | 63,5 | 246,0 | 57,5 | 50,2 |
| 1983 | 11 732 | 500 | 1 350 | 6 038 | 1 068 | 2 489 | 489,2 | 30,6 | 69,2 | 263,1 | 61,4 | 49,5 |
| 1984 | 10 199 | 342 | 1 206 | 5 129 | 979 | 2 266 | 466,0 | 26,5 | 65,7 | 250,9 | 59,9 | 47,6 |
| 1985 | 8 400 | 325 | 1 070 | 4 182 | 768 | 1 790 | 422,1 | 22,3 | 56,6 | 226,0 | 59,3 | 43,4 |
| 1986 | 8 948 | 259 | 973 | 4 599 | 819 | 2 049 | 443,2 | 18,4 | 50,3 | 253,1 | 61,9 | 44,4 |
| 1987 | 7 967 | 211 | 876 | 4 250 | 730 | 1 686 | 424,6 | 15,6 | 39,0 | 256,9 | 55,9 | 41,7 |
| 1988 | 8 213 | 221 | 793 | 4 513 | 734 | 1 732 | 448,2 | 14,9 | 35,8 | 278,9 | 60,8 | 42,1 |
| 1989 | 7 995 | 210 | 747 | 4 355 | 808 | 1 651 | 449,4 | 13,5 | 33,2 | 280,8 | 66,3 | 39,8 |
| 1990 | 7 906 | 170 | 769 | 4 558 | 711 | 1 459 | 448,2 | 12,4 | 32,4 | 283,3 | 64,1 | 39,2 |
| 1991 | 11 300 | 243 | 992 | 6 801 | 925 | 1 918 | 505,5 | 15,7 | 39,4 | 313,6 | 70,0 | 46,3 |
| 1992 | 10 631 | 251 | 903 | 6 431 | 906 | 1 767 | 516,8 | 16,1 | 36,3 | 320,1 | 77,5 | 46,4 |
| 1993 | 9 949 | 226 | 885 | 6 128 | 821 | 1 580 | 505,6 | 14,8 | 34,3 | 320,9 | 71,2 | 43,8 |
| 1994 | 9 814 | 222 | 934 | 5 966 | 825 | 1 469 | 516,4 | 16,1 | 37,4 | 323,9 | 73,5 | 43,4 |
| 1995 | 9 454 | 183 | 912 | 5 929 | 751 | 1 336 | 512,1 | 15,6 | 37,2 | 322,6 | 71,6 | 42,5 |
| 1996 | 8 758 | 134 | 864 | 5 622 | 594 | 1 178 | 493,2 | 15,4 | 36,0 | 313,8 | 65,4 | 40,7 |
| 1997 | 8 549 | 169 | 974 | 5 249 | 679 | 1 147 | 501,1 | 17,8 | 41,2 | 308,2 | 72,0 | 39,7 |
| 1998 | 7 792 | 148 | 864 | 4 741 | 637 | 1 084 | 497,3 | 18,8 | 38,7 | 311,2 | 67,7 | 38,8 |

[1] Einschl. Kraftrollern.- [2] Einschl. Kombinationskraftwagen.

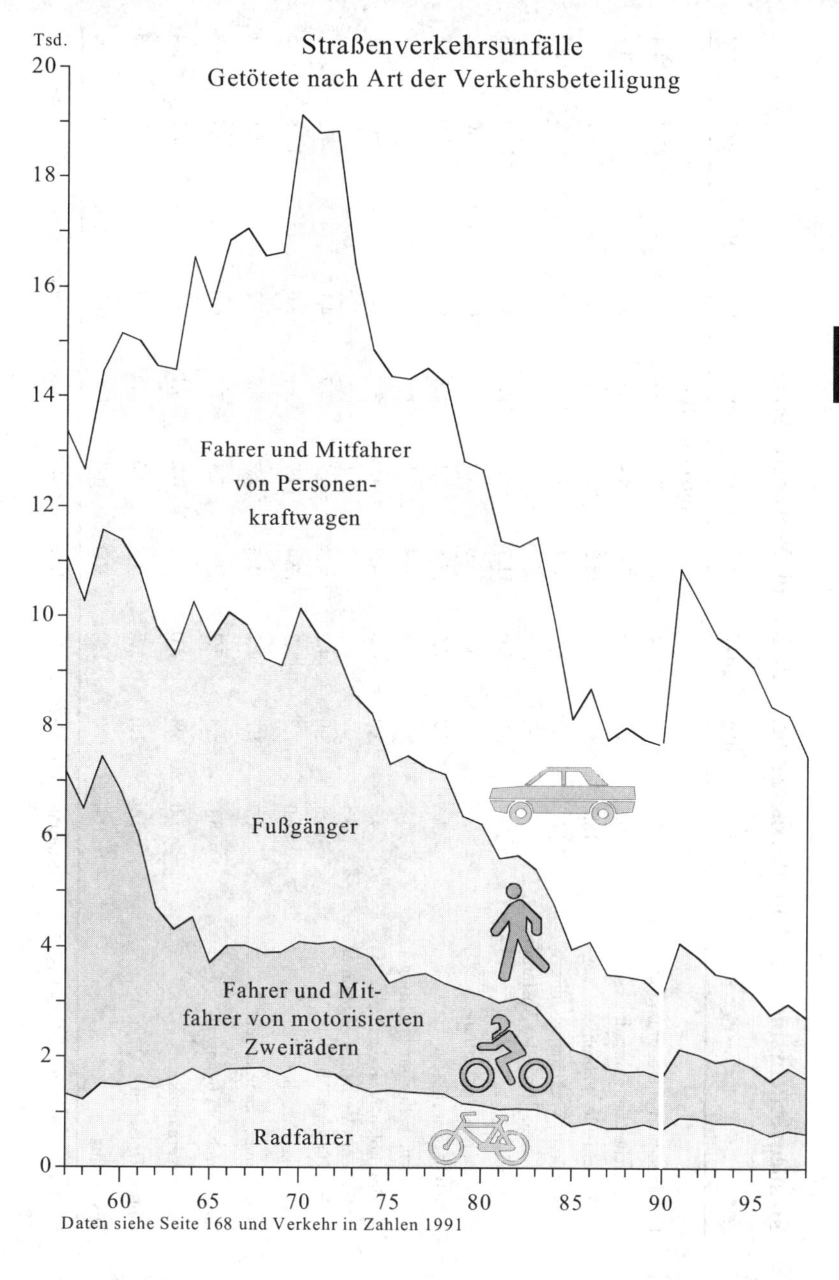

Daten siehe Seite 168 und Verkehr in Zahlen 1991

## Straßenverkehrsunfälle - Unfallursachen bei Unfällen mit Personenschaden[1)]

| | 1979 | 1980 | 1981 | 1982 | 1983 | 1984 | 1985 | 1986 | 1987 | 1988 |
|---|---|---|---|---|---|---|---|---|---|---|
| | - Anteile in vH - | | | | | | | | | |
| Ursachen bei Fahrzeugführern[2)] | 81,0 | 82,1 | 81,4 | 83,4 | 83,8 | 83,9 | 83,4 | 84,0 | 83,4 | 84,4 |
| Ursachen bei Fahrradfahrern | 6,2 | 6,3 | 6,9 | 7,6 | 8,4 | 8,0 | 8,6 | 8,6 | 8,1 | 8,4 |
| Zu schnelles Fahren | 18,2 | 18,4 | 18,5 | 18,2 | 18,3 | 17,7 | 17,8 | 17,8 | 17,9 | 17,6 |
| Vorfahrt, Verkehrsregelung | 12,2 | 12,2 | 12,0 | 12,4 | 12,5 | 12,5 | 12,1 | 12,3 | 12,2 | 12,2 |
| Einbiegen, Ein- oder Ausfahren, Wenden | 10,8 | 10,9 | 11,0 | 11,7 | 11,9 | 12,1 | 11,9 | 12,2 | 11,9 | 11,8 |
| Zu dichtes Auffahren | 5,7 | 5,9 | 5,6 | 5,6 | 5,7 | 6,2 | 6,1 | 7,0 | 7,6 | 8,2 |
| Alkoholeinfluß | 7,6 | 7,7 | 7,5 | 7,5 | 7,1 | 6,7 | 6,4 | 6,1 | 6,0 | 5,8 |
| Falsche Fahrbahnbenutzung | 6,2 | 6,4 | 6,1 | 6,4 | 6,5 | 6,6 | 6,4 | 6,2 | 6,0 | 6,1 |
| Überholen, Vorbeifahren | 4,9 | 5,0 | 4,8 | 4,9 | 4,9 | 4,9 | 5,0 | 5,0 | 4,9 | 4,9 |
| Falsches Verhalten gegenüber Fußgängern | 3,8 | 3,9 | 4,2 | 4,3 | 4,2 | 4,2 | 4,1 | 4,2 | 4,1 | 4,2 |
| Übrige Ursachen | 11,6 | 11,8 | 11,7 | 12,4 | 12,7 | 13,1 | 13,6 | 13,2 | 12,8 | 13,5 |
| Ursachen bei Fahrzeugen[2)3)] | 1,2 | 1,2 | 1,2 | 1,3 | 1,3 | 1,2 | 1,2 | 1,2 | 1,1 | 1,1 |
| Ursachen bei Fußgängern | 8,6 | 8,3 | 7,7 | 7,5 | 7,1 | 7,2 | 6,9 | 6,8 | 6,7 | 6,3 |
| Straßenverhältnisse | 7,6 | 6,8 | 8,0 | 6,0 | 6,2 | 6,1 | 6,8 | 6,3 | 7,1 | 6,4 |
| Übrige Ursachen | 1,6 | 1,6 | 1,7 | 1,8 | 1,6 | 1,6 | 1,7 | 1,7 | 1,7 | 1,8 |
| **Insgesamt** | 100 | 100 | 100 | 100 | 100 | 100 | 100 | 100 | 100 | 100 |

1) Polizeilich festgestellte Unfallursachen.- 2) Kraftfahrzeuge einschl. Krafträder, Mopeds und Mokicks sowie Fahrräder und sonstige Fahrzeuge.- 3) Technische Mängel, Wartungsmängel.

## Straßenverkehrsunfälle - Unfallursachen bei Unfällen mit Personenschaden[1)]

| | 1989 | 1990 | 1991 | 1992 | 1993 | 1994 | 1995 | 1996 | 1997 | 1998 |
|---|---|---|---|---|---|---|---|---|---|---|
| | | | | | - Anteile in vH - | | | | | |
| Ursachen bei Fahrzeugführern[2)] | 85,3 | 85,5 | 85,6 | 86,0 | 85,5 | 86,1 | 85,4 | 84,6 | 85,4 | 86,9 |
| Ursachen bei Fahrradfahrern | 9,1 | 8,9 | 8,6 | 9,4 | 9,5 | 9,1 | 8,9 | 8,5 | 9,4 | 9,1 |
| Zu schnelles Fahren | 17,4 | 17,0 | 17,5 | 16,8 | 17,5 | 16,9 | 17,0 | 17,1 | 16,0 | 16,9 |
| Vorfahrt, Verkehrsregelung | 12,0 | 11,7 | 11,5 | 11,7 | 11,3 | 11,6 | 11,6 | 11,5 | 11,8 | 12,4 |
| Einbiegen, Ein- oder Ausfahren, Wenden | 12,1 | 11,8 | 11,1 | 11,3 | 10,8 | 11,2 | 11,2 | 11,1 | 11,8 | 12,1 |
| Zu dichtes Auffahren | 8,5 | 8,7 | 7,9 | 8,4 | 8,6 | 9,2 | 9,1 | 9,0 | 9,3 | 9,9 |
| Alkoholeinfluß | 6,0 | 5,8 | 6,4 | 6,2 | 6,4 | 6,2 | 5,8 | 5,7 | 5,4 | 4,9 |
| Falsche Fahrbahnbenutzung | 6,2 | 6,1 | 6,1 | 6,0 | 5,9 | 6,1 | 6,2 | 6,0 | 6,1 | 6,1 |
| Überholen, Vorbeifahren | 4,8 | 4,8 | 5,0 | 4,9 | 4,8 | 5,0 | 4,9 | 4,9 | 5,1 | 5,0 |
| Falsches Verhalten gegenüber Fußgängern | 4,0 | 4,0 | 3,7 | 3,9 | 3,9 | 3,9 | 3,8 | 3,8 | 3,7 | 3,6 |
| Übrige Ursachen | 14,3 | 15,5 | 16,3 | 16,8 | 16,5 | 15,9 | 15,7 | 15,5 | 16,3 | 16,0 |
| Ursachen bei Fahrzeugen[2) 3)] | 1,1 | 1,1 | 1,0 | 1,0 | 1,0 | 1,0 | 0,9 | 0,9 | 0,9 | 0,9 |
| Ursachen bei Fußgängern | 6,0 | 5,9 | 6,2 | 6,0 | 5,6 | 5,6 | 5,4 | 5,3 | 5,1 | 5,2 |
| Straßenverhältnisse | 5,6 | 5,5 | 5,2 | 4,9 | 5,8 | 5,1 | 6,1 | 7,1 | 6,4 | 4,9 |
| Übrige Ursachen | 2,0 | 2,0 | 2,1 | 2,1 | 2,1 | 2,2 | 2,1 | 2,1 | 2,1 | 2,1 |
| **Insgesamt** | 100 | 100 | 100 | 100 | 100 | 100 | 100 | 100 | 100 | 100 |

[1)] Polizeilich festgestellte Unfallursachen.- [2)] Kraftfahrzeuge einschl. Krafträder, Mopeds und Mokicks sowie Fahrräder und sonstige Fahrzeuge.-
[3)] Technische Mängel, Wartungsmängel.

## Straßenverkehrsunfälle - Unfallursachen nach Bundesländern bei Unfällen mit Personenschaden[1] - 1998

| Unfallursachen | Baden-Württemberg | Bayern | Berlin | Brandenburg | Bremen | Hamburg | Hessen | Mecklenburg-Vorpommern |
|---|---|---|---|---|---|---|---|---|
| | - Anteile in vH - | | | | | | | |
| Ursachen bei Fahrzeugführern[2] | 88,3 | 88,1 | 84,9 | 87,4 | 82,4 | 89,5 | 87,2 | 83,8 |
| Ursachen bei Fahrradfahrern | . | 8,8 | . | 9,3 | 15,7 | 11,0 | 6,0 | 6,2 |
| Zu schnelles Fahren | 18,7 | 14,6 | 7,6 | 17,1 | 5,7 | 15,0 | 18,6 | 18,6 |
| Vorfahrt, Verkehrsregelung | 13,6 | 12,9 | 11,1 | 10,7 | 13,4 | 10,5 | 12,7 | 10,1 |
| Einbiegen, Ein- oder Ausfahren, Wenden | 10,2 | 11,8 | 20,4 | 10,6 | 16,2 | 17,2 | 10,7 | 7,3 |
| Zu dichtes Auffahren | 7,6 | 8,7 | 18,8 | 9,7 | 14,6 | 15,0 | 12,8 | 8,3 |
| Alkoholeinfluß | 5,8 | 4,6 | 3,7 | 5,5 | 3,9 | 3,5 | 6,1 | 6,5 |
| Falsche Fahrbahnbenutzung | 5,4 | 9,9 | 6,4 | 7,7 | 6,0 | 7,1 | 3,9 | 4,2 |
| Überholen, Vorbeifahren | 5,1 | 5,3 | 4,3 | 6,0 | 4,0 | 4,8 | 5,4 | 5,6 |
| Falsches Verhalten gegenüber Fußgängern | 2,4 | 2,7 | 7,7 | 3,6 | 3,4 | 4,6 | 3,5 | 2,0 |
| Übrige Ursachen | 19,4 | 17,5 | 4,8 | 16,5 | 15,2 | 11,8 | 13,4 | 21,1 |
| Ursachen bei Fahrzeugen[2)3)] | 1,0 | 0,9 | 0,5 | 0,9 | 0,3 | 0,8 | 1,0 | 0,7 |
| Ursachen bei Fußgängern | 4,6 | 3,6 | 11,3 | 4,3 | 9,3 | 7,7 | 5,3 | 4,3 |
| Straßenverhältnisse | 4,3 | 5,0 | 2,6 | 4,6 | 7,1 | 1,3 | 4,8 | 4,9 |
| Übrige Ursachen | 1,7 | 2,3 | 0,6 | 2,9 | 1,0 | 0,6 | 1,7 | 6,3 |
| **Insgesamt** | 100 | 100 | 100 | 100 | 100 | 100 | 100 | 100 |

[1] Polizeilich festgestellte Unfallursachen.- [2] Kraftfahrzeuge einschl. Krafträder, Mopeds und Mokicks sowie Fahrräder und sonstige Fahrzeuge.-
[3] Technische Mängel, Wartungsmängel.

## Straßenverkehrsunfälle - Unfallursachen nach Bundesländern bei Unfällen mit Personenschaden[1] - 1998

| Unfallursachen | Nieder-sachsen | Nordrhein-Westfalen | Rheinland-Pfalz | Saarland | Sachsen | Sachsen-Anhalt | Schleswig-Holstein | Thüringen |
|---|---|---|---|---|---|---|---|---|
| | | | | - Anteile in vH - | | | | |
| Ursachen bei Fahrzeugführern[2] | 88,3 | 84,9 | 87,9 | 88,5 | 87,8 | 84,3 | 88,4 | 87,1 |
| Ursachen bei Fahrradfahrern | 9,5 | 9,9 | . | . | . | 9,0 | 10,3 | 5,4 |
| Zu schnelles Fahren | 16,5 | 15,4 | 21,8 | 18,1 | 19,8 | 17,8 | 20,2 | 25,4 |
| Vorfahrt, Verkehrsregelung | 13,5 | 12,1 | 12,6 | 13,1 | 14,0 | 10,6 | 12,3 | 10,5 |
| Einbiegen, Ein- oder Ausfahren, Wenden | 12,5 | 14,3 | 10,1 | 10,7 | 10,3 | 8,9 | 13,0 | 7,9 |
| Zu dichtes Auffahren | 9,2 | 9,8 | 9,0 | 16,4 | 7,8 | 10,4 | 9,8 | 8,3 |
| Alkoholeinfluß | 4,6 | 3,7 | 5,7 | 6,5 | 5,6 | 5,4 | 5,1 | 5,9 |
| Falsche Fahrbahnbenutzung | 5,1 | 5,0 | 4,5 | 4,5 | 5,2 | 7,7 | 5,1 | 7,3 |
| Überholen, Vorbeifahren | 5,0 | 4,2 | 5,3 | 5,1 | 5,7 | 5,5 | 4,2 | 6,3 |
| Falsches Verhalten gegenüber Fußgängern | 3,5 | 4,5 | 3,6 | 5,1 | 4,3 | 3,1 | 2,2 | 3,7 |
| Übrige Ursachen | 18,3 | 16,0 | 15,4 | 9,0 | 15,1 | 15,0 | 16,5 | 11,9 |
| Ursachen bei Fahrzeugen[2][3] | 0,9 | 0,9 | 1,2 | 0,9 | 0,9 | 0,7 | 0,9 | 0,9 |
| Ursachen bei Fußgängern | 3,9 | 6,3 | 4,5 | 6,3 | 5,8 | 4,6 | 4,4 | 5,1 |
| Straßenverhältnisse | 4,5 | 6,6 | 4,0 | 3,1 | 3,2 | 8,2 | 4,0 | 4,9 |
| Übrige Ursachen | 2,4 | 1,4 | 2,4 | 1,3 | 2,4 | 2,2 | 2,4 | 2,0 |
| **Insgesamt** | 100,0 | 100,0 | 100,0 | 100,0 | 100,0 | 100,0 | 100,0 | 100,0 |

[1] Polizeilich festgestellte Unfallursachen.- [2] Kraftfahrzeuge einschl. Krafträder, Mopeds und Mokicks sowie Fahrräder und sonstige Fahrzeuge.- [3] Technische Mängel, Wartungsmängel.

## Straßenverkehrsunfälle - Getötete und Verletzte nach Altersgruppen

| Jahr | Getöte - Anzahl | | | | | | Verletzte - in 1 000 | | | | | |
|---|---|---|---|---|---|---|---|---|---|---|---|---|
| | Alter von ... bis unter ... Jahren | | | | | | Alter von ... bis unter ... Jahren | | | | | |
| | -6 | 6-15 | 15-25 | 25-65 | 65 und mehr[1)] | insgesamt | -6 | 6-15 | 15-25 | 25-65 | 65 und mehr[1)] | insgesamt |
| 1980 | 314 | 704 | 4 268 | 5 016 | 2 739 | 13 041 | 11,9 | 47,0 | 209,3 | 200,5 | 31,8 | 500,5 |
| 1981 | 225 | 535 | 4 042 | 4 509 | 2 363 | 11 674 | 11,2 | 43,4 | 199,6 | 192,2 | 29,5 | 475,9 |
| 1982 | 232 | 495 | 4 060 | 4 392 | 2 429 | 11 608 | 10,7 | 40,8 | 201,5 | 185,4 | 28,8 | 467,2 |
| 1983 | 211 | 468 | 4 117 | 4 558 | 2 378 | 11 732 | 10,9 | 41,0 | 211,2 | 196,7 | 29,4 | 489,2 |
| 1984 | 187 | 376 | 3 476 | 3 957 | 2 203 | 10 199 | 10,8 | 37,1 | 200,0 | 189,7 | 28,4 | 466,0 |
| 1985 | 151 | 309 | 2 852 | 3 404 | 1 684 | 8 400 | 10,4 | 32,8 | 173,0 | 178,7 | 27,2 | 422,1 |
| 1986 | 147 | 307 | 2 861 | 3 702 | 1 931 | 8 948 | 10,5 | 33,4 | 175,5 | 194,8 | 29,0 | 443,2 |
| 1987 | 124 | 263 | 2 651 | 3 320 | 1 609 | 7 967 | 10,0 | 30,5 | 162,2 | 194,0 | 27,9 | 424,6 |
| 1988 | 114 | 245 | 2 599 | 3 531 | 1 724 | 8 213 | 10,5 | 31,9 | 163,0 | 211,9 | 30,9 | 448,2 |
| 1989 | 152 | 236 | 2 434 | 3 473 | 1 700 | 7 995 | 10,7 | 32,4 | 155,4 | 220,4 | 30,5 | 449,4 |
| 1990 | 155 | 200 | 2 250 | 3 722 | 1 579 | 7 906 | 10,9 | 32,2 | 148,7 | 226,6 | 29,8 | 448,2 |
| 1991 | 201 | 310 | 3 164 | 5 754 | 1 871 | 11 300 | 12,7 | 38,0 | 162,3 | 259,5 | 33,0 | 505,5 |
| 1992 | 161 | 313 | 2 868 | 5 502 | 1 787 | 10 631 | 12,8 | 39,8 | 160,4 | 270,7 | 33,0 | 516,8 |
| 1993 | 152 | 293 | 2 682 | 5 196 | 1 626 | 9 946 | 11,8 | 38,8 | 153,0 | 269,9 | 32,1 | 505,6 |
| 1994 | 130 | 301 | 2 587 | 5 185 | 1 611 | 9 814 | 11,6 | 39,6 | 153,5 | 278,6 | 33,1 | 516,4 |
| 1995 | 129 | 289 | 2 593 | 4 916 | 1 527 | 9 454 | 11,1 | 39,9 | 148,7 | 279,2 | 33,2 | 512,1 |
| 1996 | 107 | 251 | 2 392 | 4 654 | 1 354 | 8 758 | 9,9 | 38,3 | 142,7 | 269,8 | 32,5 | 493,2 |
| 1997 | 115 | 196 | 2 315 | 4 540 | 1 383 | 8 549 | 9,8 | 39,7 | 142,5 | 275,0 | 34,1 | 501,1 |
| 1998 | 91 | 213 | 2 083 | 4 074 | 1 331 | 7 792 | 9,2 | 37,1 | 143,8 | 273,6 | 33,8 | 497,3 |

[1)] Einschließlich ohne Altersangabe.

## Straßenverkehrsunfälle - Beteiligte Personenkraftwagen[1] nach Höchstgeschwindigkeitsklassen - 1998

| Höchst-geschwindigkeit von . . . bis unter . . . km/h | **Bestand an Pkw[2]** in 1 000 | **Unfälle mit Personenschaden[3]** Insgesamt | mit Getöteten | mit Schwer-verletzten | mit Leicht-verletzten | **Verunglückte[3]** Insgesamt | Getötete | Schwer-verletzte | Leicht-verletzte | **Unfälle mit schwerem Sach-schaden[3)4)]** |
|---|---|---|---|---|---|---|---|---|---|---|
| | | | | | **Anzahl - in 1000** | | | | | |
| unter 120 | 755 | 1 865 | 44 | 479 | 1 342 | 2 443 | 48 | 562 | 1 833 | 648 |
| 120 - 140 | 2 361 | 9 243 | 127 | 1 866 | 7 250 | 12 685 | 135 | 2 263 | 10 287 | 2 737 |
| 140 - 160 | 11 912 | 54 696 | 570 | 11 331 | 42 795 | 74 768 | 613 | 13 745 | 60 410 | 17 304 |
| 160 - 180 | 14 040 | 79 971 | 977 | 16 354 | 62 640 | 110 227 | 1 107 | 20 320 | 88 800 | 28 158 |
| 180 - 200 | 8 198 | 45 338 | 689 | 9 096 | 35 553 | 62 462 | 784 | 11 491 | 50 187 | 16 562 |
| 200 - 220 | 2 940 | 17 234 | 290 | 3 437 | 13 507 | 23 564 | 326 | 4 305 | 18 933 | 6 755 |
| 220 - 240 | 1 075 | 6 868 | 185 | 1 417 | 5 266 | 9 457 | 218 | 1 839 | 7 400 | 2 877 |
| 240 und mehr | 271 | 1 865 | 58 | 372 | 1 435 | 2 632 | 70 | 493 | 2 069 | 908 |
| **Insgesamt** | 41 553 | 217 080 | 2 940 | 44 352 | 169 788 | 298 238 | 3 301 | 55 018 | 239 919 | 75 949 |
| | | | | | **Anteile - in vH** | | | | | |
| unter 120 | 1,8 | 0,9 | 1,5 | 1,1 | 0,8 | 0,8 | 1,5 | 1,0 | 0,8 | 0,9 |
| 120 - 140 | 5,7 | 4,3 | 4,3 | 4,2 | 4,3 | 4,3 | 4,1 | 4,1 | 4,3 | 3,6 |
| 140 - 160 | 28,7 | 25,2 | 19,4 | 25,5 | 25,2 | 25,1 | 18,6 | 25,0 | 25,2 | 22,8 |
| 160 - 180 | 33,8 | 36,8 | 33,2 | 36,9 | 36,9 | 37,0 | 33,5 | 36,9 | 37,0 | 37,1 |
| 180 - 200 | 19,7 | 20,9 | 23,4 | 20,5 | 20,9 | 20,9 | 23,8 | 20,9 | 20,9 | 21,8 |
| 200 - 220 | 7,1 | 7,9 | 9,9 | 7,7 | 8,0 | 7,9 | 9,9 | 7,8 | 7,9 | 8,9 |
| 220 - 240 | 2,6 | 3,2 | 6,3 | 3,2 | 3,1 | 3,2 | 6,6 | 3,3 | 3,1 | 3,8 |
| 240 und mehr | 0,7 | 0,9 | 2,0 | 0,8 | 0,8 | 0,9 | 2,1 | 0,9 | 0,9 | 1,2 |
| **Insgesamt** | 100 | 100 | 100 | 100 | 100 | 100 | 100 | 100 | 100 | 100 |

[1] Als Hauptverursacher.- [2] Ohne 121 Tsd. Fahrzeuge mit fehlender Angabe im Fahrzeugbrief.- [3] Ohne Unfälle, bei denen die Höchstgeschwindigkeitsklasse nicht erfaßt wurde.- [4] Unfälle, bei denen als Unfallursache eine Ordnungswidrigkeit oder Straftat vorliegt und wenn gleichzeitig ein Kfz aufgrund des Unfallschadens abgeschleppt werden muß.

## Grenzüberschreitender Kraftfahrzeugverkehr

### Ein- und Durchfahrten[1] nach Fahrzeugarten - in 1 000

| Jahr | Insgesamt | Krafträder | Personenkraftwagen[2] | Kraftomnibusse | dar. ausl. Fahrz. | Lastkraftfahrzeuge[3] | dar. ausl. Fahrz. | dar. Transit |
|---|---|---|---|---|---|---|---|---|
| 1970 | 88 828 | 1 457 | 83 765 | 956 | 476 | 2 650 | 1 710 | 177 |
| 1971 | 96 428 | 1 532 | 90 904 | 1 012 | 499 | 2 980 | 1 948 | 210 |
| 1972 | 104 585 | 1 535 | 98 425 | 1 090 | 534 | 3 535 | 2 309 | 259 |
| 1973 | 111 429 | 1 602 | 104 731 | 1 129 | 553 | 3 966 | 2 619 | 335 |
| 1974 | 111 389 | 1 747 | 104 032 | 1 148 | 557 | 4 461 | 2 933 | 418 |
| 1975 | 119 766 | 1 820 | 112 259 | 1 172 | 560 | 4 515 | 3 025 | 454 |
| 1976 | 124 944 | 1 924 | 116 755 | 1 190 | 562 | 5 075 | 3 339 | 568 |
| 1977 | 130 661 | 2 051 | 122 059 | 1 198 | 559 | 5 353 | 3 496 | 587 |
| 1978 | 132 315 | 2 095 | 123 399 | 1 187 | 554 | 5 634 | 3 677 | 603 |
| 1979 | 131 210 | 2 099 | 121 956 | 1 205 | 570 | 5 951 | 3 871 | 631 |
| 1980 | 134 992 | 2 127 | 125 432 | 1 257 | 603 | 6 176 | 3 988 | 655 |
| 1981 | 131 577 | 2 190 | 121 888 | 1 318 | 625 | 6 180 | 3 943 | 698 |
| 1982 | 132 160 | 2 281 | 122 286 | 1 320 | 601 | 6 272 | 3 937 | 741 |
| 1983 | 133 150 | 2 345 | 122 887 | 1 329 | 604 | 6 589 | 4 184 | 804 |
| 1984 | 133 761 | 2 370 | 123 206 | 1 351 | 608 | 6 833 | 4 305 | 882 |
| 1985 | 133 393 | 2 323 | 122 541 | 1 355 | 620 | 7 175 | 4 509 | 953 |
| 1986 | 144 118 | 2 309 | 132 875 | 1 337 | 610 | 7 596 | 4 787 | 1 033 |
| 1987 | 151 991 | 2 059 | 140 624 | 1 376 | 626 | 7 932 | 5 049 | 1 113 |
| 1988 | 159 294 | 1 995 | 147 164 | 1 387 | 616 | 8 747 | 5 476 | 1 153 |
| 1989 | 168 315 | 2 145 | 155 283 | 1 437 | 650 | 9 450 | 6 111 | 1 288 |
| 1990 | 181 319 | 2 169 | 167 300 | 1 571 | 740 | 10 280 | 6 748 | 1 393 |
| 1991 | 201 138 | 2 392 | 185 980 | 1 612 | 747 | 11 154 | 7 462 | 1 365 |
| 1992 | 219 103 | 2 633 | 202 995 | 1 685 | 761 | 11 791 | 7 892 | 1 412 |
| 1993 | 217 147 | 2 427 | 200 765 | 1 564 | 717 | 12 390 | 8 497 | 1 663 |
| 1994 | 231 079 | 2 589 | 213 360 | 1 591 | 713 | 13 540 | 9 324 | 2 036 |
| 1995 | 234 259 | 2 661 | 215 712 | 1 639 | 732 | 14 247 | 9 823 | 2 181 |
| 1996 | 238 263 | 2 930 | 219 212 | 1 640 | 733 | 14 480 | 10 012 | 2 525 |
| 1997 | 234 133 | 3 028 | 217 367 | 1 574 | 701 | 17 707 | 12 163 | 3 093 |
| 1998 | 248 133 | 3 330 | 229 980 | 1 684 | 757 | 17 095 | 13 139 | 3 243 |

[1] Bis 1990 einschl. kleiner Grenzverkehr.- [2] Einschl. Kombinationskraftwagen.-[3] Bis 1990 einschl. Durchfahrten im Verkehr mit der ehemaligen DDR einschl. Berlin (Ost).

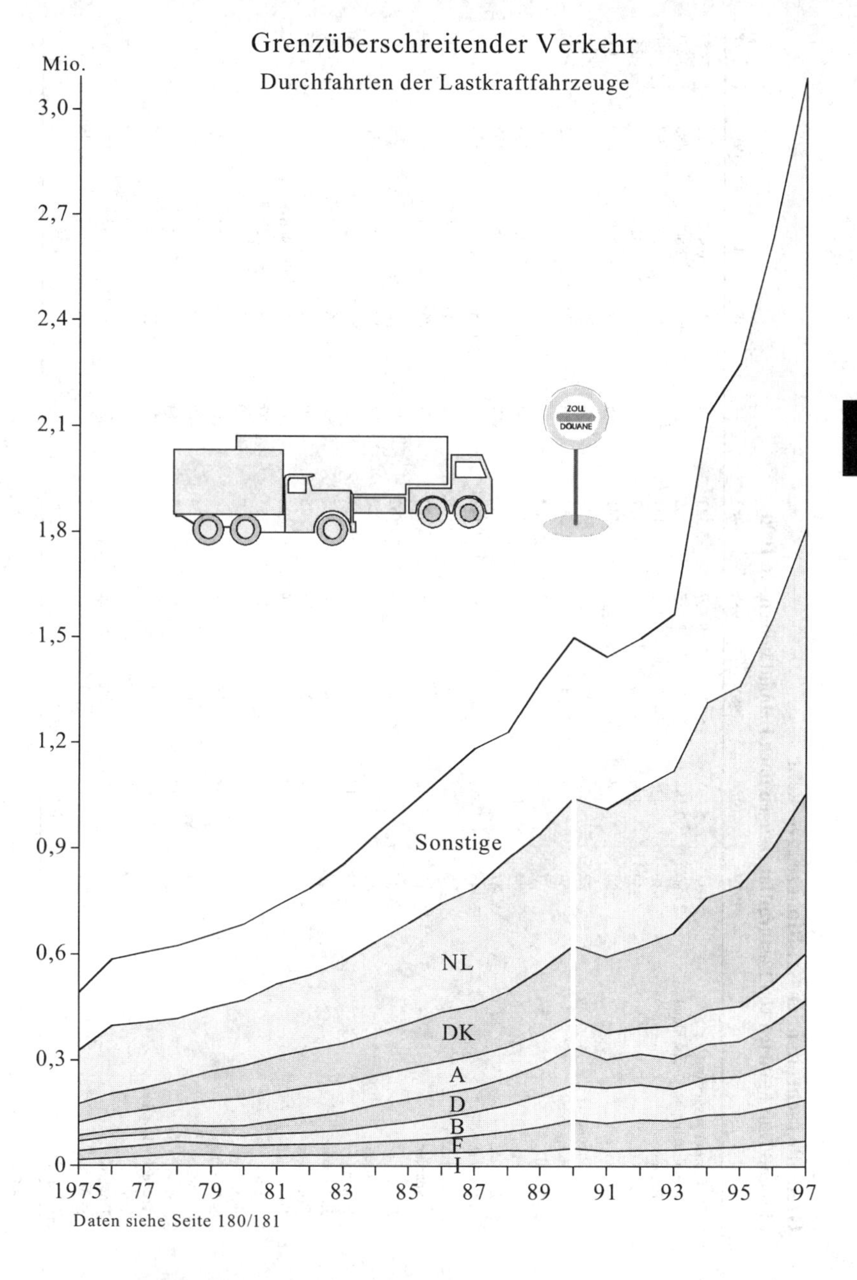

Daten siehe Seite 180/181

B 4

## Grenzüberschreitender Kraftfahrzeugverkehr

### Ein- und Durchfahrten von Lastkraftfahrzeugen nach Heimatländern - in 1000

| | 1979 | 1980 | 1981 | 1982 | 1983 | 1984 | 1985 | 1986 | 1987 | 1988 |
|---|---|---|---|---|---|---|---|---|---|---|
| **EU-Länder insgesamt** | 5 033 | 5 195 | 5 232 | 5 269 | 5 523 | 5 733 | 6 034 | 6 412 | 6 672 | 7 552 |
| Bundesrepublik Deutschland | 2 080 | 2 188 | 2 237 | 2 335 | 2 406 | 2 529 | 2 666 | 2 809 | 2 883 | 3 271 |
| Belgien | 436 | 426 | 413 | 419 | 464 | 496 | 522 | 553 | 597 | 690 |
| Dänemark | 259 | 286 | 299 | 291 | 318 | 313 | 308 | 319 | 320 | 358 |
| Frankreich | 520 | 518 | 484 | 439 | 441 | 468 | 479 | 506 | 549 | 618 |
| Griechenland[1] | 22 | 23 | 26 | 31 | 34 | 36 | 34 | 36 | 39 | 43 |
| Großbritannien | 59 | 65 | 64 | 55 | 54 | 56 | 57 | 62 | 72 | 83 |
| Irland | 3 | 3 | 4 | 3 | 3 | 4 | 4 | 5 | 7 | 8 |
| Italien | 184 | 175 | 181 | 182 | 200 | 200 | 216 | 226 | 236 | 255 |
| Luxemburg | 47 | 50 | 51 | 53 | 61 | 68 | 79 | 82 | 85 | 98 |
| Niederlande | 1 445 | 1 481 | 1 473 | 1 459 | 1 542 | 1 563 | 1 668 | 1 773 | 1 831 | 2 065 |
| Portugal[2] | 2 | 3 | 4 | 4 | 5 | 6 | 7 | 7 | 8 | 10 |
| Spanien[2] | 12 | 12 | 15 | 18 | 22 | 24 | 25 | 34 | 47 | 54 |
| DDR | 37 | 40 | 42 | 54 | 62 | 72 | 85 | 89 | 90 | 83 |
| Bulgarien | 17 | 17 | 20 | 19 | 20 | 19 | 19 | 17 | 18 | 16 |
| Finnland | 17 | 17 | 17 | 18 | 21 | 22 | 21 | 23 | 26 | 20 |
| Jugoslawien | 20 | 20 | 20 | 20 | 25 | 30 | 36 | 40 | 47 | 45 |
| Norwegen | 19 | 21 | 20 | 21 | 25 | 30 | 32 | 36 | 40 | 32 |
| Österreich | 387 | 410 | 405 | 419 | 425 | 424 | 441 | 466 | 470 | 465 |
| Polen | 18 | 21 | 22 | 19 | 23 | 27 | 29 | 33 | 40 | 39 |
| Rumänien | 6 | 5 | 5 | 5 | 7 | 9 | 12 | 6 | 14 | 11 |
| Schweden | 39 | 38 | 35 | 48 | 56 | 57 | 59 | 63 | 70 | 63 |
| Schweiz | 211 | 240 | 229 | 233 | 234 | 226 | 215 | 228 | 243 | 216 |
| Sowjetunion | 15 | 17 | 14 | 15 | 15 | 14 | 17 | 16 | 17 | 18 |
| Tschechoslowakei | 65 | 68 | 69 | 70 | 74 | 75 | 75 | 74 | 78 | 81 |
| Türkei | 9 | 8 | 9 | 14 | 21 | 27 | 30 | 36 | 44 | 41 |
| Ungarn | 20 | 20 | 20 | 22 | 27 | 31 | 35 | 43 | 53 | 58 |
| Sonstige | 1 | 3 | 3 | 1 | 2 | 6 | 3 | 15 | 10 | 75 |
| **Insgesamt** | 5 951 | 6 176 | 6 180 | 6 272 | 6 589 | 6 833 | 7 175 | 7 596 | 7 932 | 8 747 |

[1] EU-Mitgliedschaft ab 1981.- [2] EU-Mitgliedschaft ab 1986.

## Grenzüberschreitender Kraftfahrzeugverkehr

### Ein- und Durchfahrten von Lastkraftfahrzeugen nach Heimatländern - in 1 000

| | 1989 | 1990 | 1991 | 1992 | 1993 | 1994 | 1995 | 1996 | 1997 | 1998 |
|---|---|---|---|---|---|---|---|---|---|---|
| **EU-Länder insgesamt** | 8 111 | 8 845 | 9 390 | 9 739 | 9 777 | 10 333 | 11 750 | 11 749 | 14 446 | 13 477 |
| Bundesrepublik Deutschland | 3 339 | 3 532 | 3 692 | 3 899 | 3 894 | 4 216 | 4 424 | 4 468 | 5 544 | 3 957 |
| Belgien | 782 | 875 | 925 | 880 | 797 | 791 | 800 | 772 | 931 | 980 |
| Dänemark | 402 | 456 | 495 | 535 | 577 | 628 | 649 | 673 | 780 | 788 |
| Finnland[1] | 29 | 28 | 28 | 26 | 44 | 63 | 69 | 78 | 92 | 103 |
| Frankreich | 769 | 876 | 964 | 1 003 | 1 058 | 1 094 | 1 093 | 1 049 | 1 295 | 1 438 |
| Griechenland | 52 | 56 | 53 | 62 | 116 | 133 | 133 | 148 | 161 | 143 |
| Großbritannien | 103 | 125 | 149 | 148 | 135 | 138 | 140 | 145 | 168 | 174 |
| Irland | 9 | 11 | 13 | 13 | 12 | 13 | 13 | 14 | 17 | 18 |
| Italien | 267 | 282 | 296 | 321 | 347 | 376 | 396 | 392 | 469 | 502 |
| Luxemburg | 151 | 168 | 190 | 227 | 198 | 196 | 203 | 199 | 243 | 270 |
| Niederlande | 2 147 | 2 351 | 2 465 | 2 502 | 2 492 | 2 591 | 2 644 | 2 617 | 3 243 | 3 411 |
| Österreich[1] | 491 | 498 | 541 | 555 | 727 | 856 | 889 | 885 | 1 126 | 1 266 |
| Portugal | 14 | 19 | 21 | 21 | 19 | 20 | 20 | 19 | 22 | 23 |
| Schweden[1] | 70 | 73 | 73 | 71 | 101 | 128 | 139 | 155 | 183 | 206 |
| Spanien | 77 | 93 | 126 | 128 | 133 | 138 | 137 | 136 | 171 | 197 |
| DDR | 96 | 92 | - | - | - | - | - | - | - | - |
| Jugoslawien[2] | 54 | 59 | 58 | 54 | 69 | - | - | - | - | - |
| Norwegen | 40 | 45 | 44 | 36 | 39 | 39 | 40 | 44 | 53 | 59 |
| Polen | 56 | 98 | 265 | 374 | 422 | 554 | 678 | 755 | 863 | 971 |
| Schweiz | 222 | 221 | 215 | 215 | 337 | 395 | 438 | 455 | 555 | 554 |
| Slowakische Republik | . | . | . | . | . | 92 | 98 | 100 | 113 | 128 |
| Slowenien | . | . | . | . | . | 52 | 48 | 51 | 74 | 90 |
| Sowjetunion[2] | 20 | 25 | 30 | 40 | 66 | - | - | - | - | - |
| Tschechische Republik | . | . | . | . | . | 620 | 684 | 740 | 807 | 927 |
| Tschechoslowakei[2] | 91 | 118 | 325 | 513 | 601 | - | - | - | - | - |
| Ungarn | 67 | 81 | 87 | 84 | 99 | 117 | 113 | 117 | 148 | 170 |
| Sonstige | 103 | 97 | 100 | 83 | 109 | 1 338 | 398 | 469 | 647 | 721 |
| **Insgesamt** | 9 450 | 10 280 | 11 154 | 11 791 | 12 390 | 13 540 | 14 247 | 14 480 | 17 707 | 17 095 |

[1] EU-Mitgliedschaft ab 1995.- [2] Bzw. Nachfolgestaaten (bis 1993).

## Grenzüberschreitender Kraftfahrzeugverkehr

### Durchfahrten von Lastkraftfahrzeugen nach Heimatländern - in 1 000

| | 1979 | 1980 | 1981 | 1982 | 1983 | 1984 | 1985 | 1986 | 1987 | 1988 |
|---|---|---|---|---|---|---|---|---|---|---|
| **EU-Länder insgesamt** | 389,3 | 413,0 | 464,9 | 487,3 | 527,9 | 583,5 | 634,5 | 699,6 | 748,2 | 845,0 |
| Bundesrepublik Deutschland | 23,8 | 30,3 | 39,2 | 45,8 | 51,3 | 59,2 | 65,2 | 67,9 | 69,1 | 78,2 |
| Belgien | 25,3 | 26,0 | 30,0 | 32,2 | 37,6 | 45,6 | 51,3 | 60,1 | 66,0 | 75,8 |
| Dänemark | 84,5 | 93,7 | 100,7 | 107,1 | 112,4 | 118,7 | 124,4 | 137,4 | 139,7 | 156,2 |
| Frankreich | 32,0 | 31,3 | 31,1 | 30,7 | 32,4 | 36,5 | 37,7 | 40,5 | 47,4 | 53,6 |
| Griechenland[1] | 6,6 | 7,6 | 9,8 | 12,0 | 14,1 | 14,7 | 14,2 | 14,7 | 16,2 | 18,0 |
| Großbritannien | 14,8 | 16,7 | 18,0 | 16,6 | 15,1 | 15,7 | 15,5 | 15,7 | 18,2 | 21,2 |
| Irland | 0,3 | 0,7 | 1,1 | 0,8 | 0,6 | 0,5 | 0,8 | 1,0 | 1,3 | 1,5 |
| Italien | 31,6 | 28,2 | 29,1 | 31,7 | 32,0 | 32,9 | 36,5 | 38,6 | 40,5 | 45,0 |
| Luxemburg | 0,6 | 0,4 | 0,7 | 0,8 | 0,6 | 1,8 | 3,6 | 4,2 | 5,6 | 6,6 |
| Niederlande | 176,4 | 185,7 | 205,3 | 209,5 | 231,9 | 258,0 | 285,3 | 310,7 | 332,9 | 375,7 |
| Portugal[2] | 0,3 | 0,5 | 0,7 | 0,7 | 1,0 | 1,1 | 1,2 | 1,3 | 1,7 | 2,0 |
| Spanien[2] | 1,5 | 1,4 | 1,8 | 2,5 | 3,5 | 4,5 | 4,9 | 7,5 | 9,6 | 10,9 |
| DDR | 34,5 | 37,6 | 40,4 | 50,1 | 57,9 | 66,5 | 77,2 | 80,0 | 79,9 | 72,7 |
| Bulgarien | 6,8 | 6,1 | 5,8 | 5,4 | 4,8 | 4,5 | 3,8 | 5,1 | 7,6 | 72,7 |
| Finnland | 11,1 | 10,6 | 10,6 | 11,2 | 12,9 | 13,4 | 12,2 | 12,5 | 14,8 | 11,9 |
| Jugoslawien | 7,3 | 6,6 | 6,5 | 6,8 | 9,0 | 11,2 | 13,8 | 15,3 | 18,8 | 17,8 |
| Norwegen | 12,2 | 12,6 | 11,6 | 13,5 | 16,4 | 19,5 | 21,8 | 24,0 | 27,1 | 22,2 |
| Österreich | 72,9 | 74,8 | 80,6 | 83,8 | 82,9 | 83,6 | 88,0 | 90,5 | 92,0 | 86,6 |
| Polen | 12,1 | 12,9 | 12,2 | 11,3 | 12,8 | 15,2 | 17,0 | 19,1 | 22,9 | 18,4 |
| Rumänien | 3,1 | 2,7 | 2,6 | 2,4 | 3,7 | 4,5 | 6,5 | 6,7 | 7,5 | 5,0 |
| Schweden | 21,6 | 21,2 | 20,2 | 29,2 | 32,9 | 33,0 | 34,4 | 35,7 | 39,0 | 34,9 |
| Schweiz | 25,4 | 29,4 | 32,3 | 32,4 | 34,0 | 38,1 | 35,4 | 35,1 | 34,3 | 26,7 |
| Sowjetunion | 4,7 | 5,2 | 4,8 | 4,9 | 4,8 | 5,0 | 6,7 | 6,0 | 6,9 | 5,9 |
| Tschechoslowakei | 33,0 | 31,1 | 29,1 | 29,2 | 29,5 | 30,4 | 30,3 | 32,5 | 34,4 | 33,8 |
| Türkei | 4,2 | 3,4 | 3,7 | 6,0 | 8,5 | 12,1 | 14,3 | 18,3 | 22,9 | 19,0 |
| Ungarn | 7,7 | 7,9 | 8,6 | 10,1 | 12,4 | 14,6 | 15,2 | 19,9 | 24,7 | 24,0 |
| Sonstige | 0,4 | 0,7 | 0,6 | 0,3 | 0,3 | 0,4 | 0,6 | 0,7 | 1,1 | 31,0 |
| **Insgesamt** | 654,8 | 685,2 | 737,0 | 787,1 | 855,2 | 941,0 | 1 017,7 | 1 101,0 | 1 182,1 | 1 231,0 |

[1] EU-Mitgliedschaft ab 1981.- [2] EU-Mitgliedschaft ab 1986.

## Grenzüberschreitender Kraftfahrzeugverkehr
### Durchfahrten von Lastkraftfahrzeugen nach Heimatländern - in 1 000

| | 1989 | 1990 | 1991 | 1992 | 1993 | 1994 | 1995 | 1996 | 1997 | 1998 |
|---|---|---|---|---|---|---|---|---|---|---|
| **EU-Länder insgesamt** | 935,3 | 1 059,4 | 1 044,7 | 1 119,2 | 1 154,4 | 1 361,6 | 1 609,7 | 1 845,9 | 2 141,4 | 2 281,0 |
| Bundesrepublik Deutschland | 86,5 | 106,3 | 80,4 | 86,5 | 84,7 | 97,1 | 99,3 | 113,4 | 133,3 | 144,0 |
| Belgien | 88,5 | 98,9 | 100,4 | 99,6 | 91,5 | 103,3 | 105,8 | 120,7 | 146,0 | 155,8 |
| Dänemark | 179,4 | 205,4 | 213,3 | 232,2 | 263,0 | 319,7 | 339,9 | 388,5 | 451,9 | 487,9 |
| Finnland[1] | 16,2 | 16,0 | 16,2 | 14,0 | 27,5 | 39,3 | 40,9 | 47,0 | 54,8 | 59,6 |
| Frankreich | 68,1 | 80,5 | 79,4 | 86,6 | 83,2 | 94,5 | 93,7 | 103,1 | 118,0 | 125,7 |
| Griechenland | 21,7 | 23,5 | 21,9 | 31,3 | 38,4 | 46,3 | 48,8 | 56,2 | 66,6 | 72,0 |
| Großbritannien | 26,2 | 34,0 | 40,4 | 42,7 | 38,7 | 42,8 | 42,8 | 52,8 | 56,2 | 56,0 |
| Irland | 2,1 | 2,6 | 3,0 | 3,0 | 3,3 | 4,1 | 4,2 | 5,3 | 6,1 | 6,7 |
| Italien | 44,3 | 52,2 | 43,7 | 46,5 | 48,0 | 52,9 | 56,9 | 65,3 | 73,6 | 78,8 |
| Luxemburg | 12,6 | 15,9 | 17,5 | 18,6 | 17,2 | 19,4 | 21,2 | 24,3 | 28,7 | 31,4 |
| Niederlande | 389,2 | 418,9 | 419,8 | 445,7 | 461,0 | 553,2 | 568,5 | 652,1 | 752,7 | 788,2 |
| Österreich[1] | 87,0 | 81,5 | 75,9 | 73,6 | 90,6 | 95,7 | 99,1 | 115,3 | 135,0 | 146,6 |
| Portugal | 3,2 | 4,6 | 4,5 | 5,0 | 4,9 | 6,0 | 6,5 | 7,5 | 8,8 | 9,7 |
| Schweden[1] | 35,7 | 35,5 | 30,9 | 25,6 | 47,4 | 61,6 | 59,2 | 67,2 | 78,5 | 85,6 |
| Spanien | 13,6 | 16,4 | 20,4 | 21,5 | 20,1 | 22,3 | 23,1 | 27,3 | 31,4 | 33,2 |
| DDR | 84,9 | 78,6 | - | - | - | - | - | - | - | - |
| Jugoslawien[2] | 20,7 | 19,7 | 15,7 | 12,5 | 19,2 | - | - | - | - | - |
| Norwegen | 27,2 | 31,4 | 29,0 | 21,0 | 24,0 | 25,8 | 26,2 | 29,7 | 33,4 | 36,0 |
| Polen | 22,4 | 30,0 | 65,4 | 77,9 | 114,1 | 173,2 | 227,0 | 271,9 | 321,7 | 380,8 |
| Schweiz | 26,8 | 23,5 | 20,0 | 18,8 | 28,9 | 38,1 | 35,9 | 36,9 | 41,8 | 41,8 |
| Slowakische Republik | . | . | . | . | . | 35,3 | 41,4 | 45,5 | 53,8 | 64,0 |
| Slowenien | . | . | . | . | . | 15,3 | 0,4 | 0,5 | 0,6 | 0,7 |
| Sowjetunion[2] | 7,3 | 8,1 | 8,6 | 10,2 | 24,8 | - | - | - | - | - |
| Tschechische Republik | . | . | . | . | . | 137,9 | 181,9 | 217,6 | 256,4 | 305,6 |
| Tschechoslowakei[2] | 37,8 | 48,4 | 69,5 | 76,2 | 141,4 | - | - | - | - | - |
| Ungarn | 28,0 | 30,0 | 29,3 | 23,0 | 39,2 | 47,2 | 35,2 | 34,0 | 36,7 | 42,7 |
| Sonstige | 44,8 | 36,9 | 40,5 | 26,1 | 36,0 | 101,8 | 122,8 | 156,4 | 207,5 | 234,1 |
| **Insgesamt** | 1 374,2 | 1 498,9 | 1 445,6 | 1 498,0 | 1 747,5 | 2 133,7 | 2 280,5 | 2 638,5 | 3 093,2 | 3 386,8 |

[1] EU-Mitgliedschaft ab 1995.- [2] Bzw. Nachfolgestaaten (bis 1993).

## Grenzüberschreitender Luftverkehr - Reisende nach Endzielländern - in vH

| Endzielländer | 1979 | 1980 | 1981 | 1982 | 1983 | 1984 | 1985 | 1986 | 1987 | 1988 |
|---|---|---|---|---|---|---|---|---|---|---|
| **Europa** | 75,3 | 72,3 | 72,0 | 72,0 | 71,7 | 71,7 | 71,4 | 72,1 | 70,5 | 69,9 |
| **dar. EU-Länder**[1] | 28,0 | 27,6 | 30,9 | 30,8 | 30,9 | 31,1 | 31,1 | 52,3 | 50,0 | 49,3 |
| dar. Frankreich | 5,3 | 5,3 | 5,2 | 5,2 | 5,1 | 4,9 | 4,7 | 4,7 | 4,4 | 4,5 |
| Griechenland | 4,5 | 5,0 | 4,9 | 4,7 | 4,6 | 4,8 | 5,4 | 5,4 | 5,1 | 5,2 |
| Großbritannien | 11,3 | 11,3 | 10,3 | 10,2 | 10,6 | 11,0 | 11,1 | 11,3 | 10,7 | 10,2 |
| Italien | 5,7 | 5,5 | 5,0 | 5,3 | 5,3 | 5,2 | 4,9 | 4,9 | 4,7 | 4,6 |
| Spanien | 20,2 | 18,0 | 18,9 | 20,3 | 20,2 | 20,0 | 19,3 | 19,5 | 19,2 | 18,8 |
| Österreich | 2,8 | 2,8 | 2,9 | 2,8 | 2,8 | 2,8 | 2,8 | 2,7 | 2,5 | 2,4 |
| Schweiz | 4,0 | 4,0 | 4,2 | 4,0 | 4,0 | 3,9 | 3,8 | 3,9 | 3,7 | 3,5 |
| Türkei | 4,5 | 3,7 | 3,6 | 3,5 | 3,6 | 3,7 | 3,6 | 4,1 | 4,6 | 5,3 |
| **Afrika** | 4,9 | 5,9 | 6,2 | 5,9 | 5,5 | 5,2 | 5,4 | 5,2 | 5,8 | 6,0 |
| dar. Ägypten | 0,6 | 0,6 | 0,7 | 0,7 | 0,7 | 0,8 | 0,8 | 0,6 | 0,7 | 0,9 |
| Kenia | 0,5 | 0,6 | 0,6 | 0,6 | 0,5 | 0,5 | 0,5 | 0,5 | 0,6 | 0,6 |
| Marokko | 0,5 | 0,5 | 0,5 | 0,5 | 0,6 | 0,7 | 0,8 | 0,7 | 0,7 | 0,7 |
| Tunesien | 1,9 | 2,3 | 2,4 | 2,2 | 1,9 | 1,6 | 1,8 | 1,9 | 2,4 | 2,4 |
| **Amerika** | 13,4 | 14,7 | 14,5 | 14,5 | 14,8 | 15,0 | 14,8 | 14,3 | 15,8 | 16,0 |
| dar. Brasilien | 0,4 | 0,4 | 0,4 | 0,5 | 0,4 | 0,4 | 0,4 | 0,5 | 0,5 | 0,5 |
| Kanada | 1,5 | 1,5 | 1,6 | 1,6 | 1,6 | 1,6 | 1,6 | 1,5 | 1,4 | 1,4 |
| USA | 10,1 | 11,2 | 11,2 | 11,3 | 11,8 | 12,0 | 11,9 | 11,3 | 12,7 | 12,8 |
| **Asien** | 5,9 | 6,6 | 6,9 | 7,2 | 7,7 | 7,9 | 8,1 | 8,1 | 7,5 | 7,6 |
| dar. Hongkong | 0,2 | 0,2 | 0,2 | 0,2 | 0,2 | 0,3 | 0,4 | 0,4 | 0,4 | 0,5 |
| Indien | 0,5 | 0,6 | 0,6 | 0,7 | 0,9 | 0,8 | 0,9 | 1,0 | 1,0 | 1,0 |
| Israel | 1,1 | 1,3 | 1,3 | 1,2 | 1,4 | 1,3 | 1,3 | 1,2 | 1,3 | 1,1 |
| Japan | 0,8 | 0,8 | 0,9 | 1,0 | 0,9 | 1,0 | 1,0 | 0,9 | 1,0 | 1,1 |
| Thailand | 0,5 | 0,5 | 0,5 | 0,5 | 0,5 | 0,4 | 0,5 | 0,6 | 0,6 | 0,7 |
| **Australien/Ozeanien** | 0,5 | 0,4 | 0,4 | 0,4 | 0,3 | 0,3 | 0,3 | 0,3 | 0,5 | 0,5 |
| **Insgesamt - Mio.** | 13,2 | 13,1 | 13,2 | 13,1 | 13,4 | 14,6 | 15,7 | 16,2 | 18,7 | 20,3 |

[1] Belgien, Luxemburg, Niederlande, Frankreich, Italien, Dänemark, Großbritannien, Irland, Griechenland (seit 1981), Spanien und Portugal (seit 1986).

## Grenzüberschreitender Luftverkehr - Reisende nach Endzielländern - in vH

| Endzielländer | 1989 | 1990 | 1991 | 1992 | 1993 | 1994 | 1995 | 1996 | 1997 | 1998 |
|---|---|---|---|---|---|---|---|---|---|---|
| **Europa**[1] | 70,5 | 73,8 | 71,8 | 70,6 | 71,3 | 72,0 | 72,3 | 72,1 | 72,6 | 72,9 |
| **dar. EU-Länder**[2] | 49,4 | 52,0 | 50,8 | 48,1 | 48,0 | 49,6 | 53,0 | 52,4 | 52,6 | 53,5 |
| dar. Frankreich | 4,8 | 5,2 | 4,7 | 4,5 | 4,3 | 4,3 | 4,2 | 4,3 | 4,6 | 4,7 |
| Griechenland | 5,7 | 5,9 | 6,0 | 6,7 | 6,7 | 7,2 | 6,1 | 5,5 | 5,6 | 5,4 |
| Großbritannien | 10,3 | 11,3 | 9,4 | 8,5 | 8,7 | 8,5 | 8,3 | 8,0 | 7,9 | 7,8 |
| Italien | 4,6 | 5,0 | 4,9 | 4,5 | 4,4 | 4,6 | 4,9 | 5,0 | 5,1 | 5,4 |
| Österreich | 2,5 | 2,7 | 2,6 | 2,6 | 2,4 | 2,4 | 2,3 | 2,3 | 2,3 | 2,4 |
| Spanien | 18,0 | 17,1 | 19,0 | 17,4 | 17,5 | 18,6 | 18,6 | 18,7 | 18,4 | 18,9 |
| Schweiz | 3,6 | 4,2 | 3,4 | 3,1 | 2,9 | 2,6 | 2,6 | 2,4 | 2,4 | 2,6 |
| Türkei | 5,8 | 6,2 | 6,5 | 8,0 | 8,2 | 7,4 | 8,9 | 9,5 | 9,7 | 8,8 |
| **Afrika** | 5,8 | 5,1 | 4,8 | 5,9 | 5,5 | 5,7 | 5,4 | 5,4 | 5,4 | 4,9 |
| dar. Ägypten | 1,0 | 0,9 | 0,8 | 1,3 | 0,9 | 0,8 | 0,8 | 1,1 | 1,1 | 0,8 |
| Kenia | 0,6 | 0,6 | 0,6 | 0,5 | 0,4 | 0,4 | 0,4 | 0,3 | 0,3 | 0,2 |
| Marokko | 0,6 | 0,5 | 0,4 | 0,5 | 0,6 | 0,7 | 0,6 | 0,5 | 0,5 | 0,6 |
| Tunesien | 2,1 | 2,1 | 1,7 | 2,4 | 2,4 | 2,6 | 2,3 | 2,2 | 2,2 | 2,2 |
| **Amerika** | 15,4 | 13,7 | 15,5 | 15,5 | 14,9 | 13,8 | 13,9 | 13,9 | 13,6 | 13,9 |
| dar. Brasilien | 0,5 | 0,4 | 0,4 | 0,4 | 0,4 | 0,4 | 0,4 | 0,4 | 0,5 | 0,6 |
| Kanada | 1,4 | 1,2 | 1,4 | 1,4 | 1,5 | 1,4 | 1,4 | 1,4 | 1,3 | 1,4 |
| USA | 11,9 | 10,7 | 11,6 | 11,6 | 10,6 | 9,5 | 9,6 | 9,6 | 9,4 | 9,4 |
| **Asien**[1] | 7,8 | 7,0 | 7,5 | 7,7 | 7,9 | 8,1 | 8,0 | 8,1 | 8,0 | 8,0 |
| dar. Hongkong | 0,5 | 0,6 | 0,5 | 0,5 | 0,5 | 0,5 | 0,5 | 0,6 | 0,5 | 0,4 |
| Indien | 1,0 | 1,0 | 0,9 | 0,9 | 0,9 | 0,8 | 0,8 | 0,8 | 0,8 | 0,8 |
| Israel | 1,0 | 0,8 | 0,7 | 0,9 | 0,8 | 0,8 | 0,8 | 0,8 | 0,7 | 0,7 |
| Japan | 1,2 | 0,9 | 1,0 | 1,0 | 0,9 | 1,0 | 1,0 | 1,0 | 1,1 | 1,1 |
| Thailand | 0,8 | 0,8 | 1,0 | 0,9 | 1,0 | 1,0 | 1,0 | 1,0 | 1,0 | 1,0 |
| **Australien/Ozeanien** | 0,5 | 0,3 | 0,4 | 0,5 | 0,5 | 0,4 | 0,4 | 0,4 | 0,4 | 0,4 |
| **Insgesamt - Mill.** | 21,6 | 24,4 | 24,2 | 28,2 | 30,6 | 33,5 | 36,4 | 38,0 | 40,7 | 42,7 |

[1] Bis 1991 wurden die Werte der gesamten Sowjetunion Europa zugeordnet, ab 1992 sind die Werte für die asiatischen Nachfolgestaaten (Kasachstan, Kirgisien, Tadschikistan, Turkmenistan, Usbekistan) bei Asien ausgewiesen.- [2] Belgien, Luxemburg, Niederlande, Frankreich, Italien, Dänemark, Großbritannien, Irland, Griechenland, Spanien und Portugal, Finnland, Österreich und Schweden (ab 1995).

# Grenzüberschreitender Luftverkehr
# Reisende nach Zielländern 1998 in vH (42,7 Mio.)

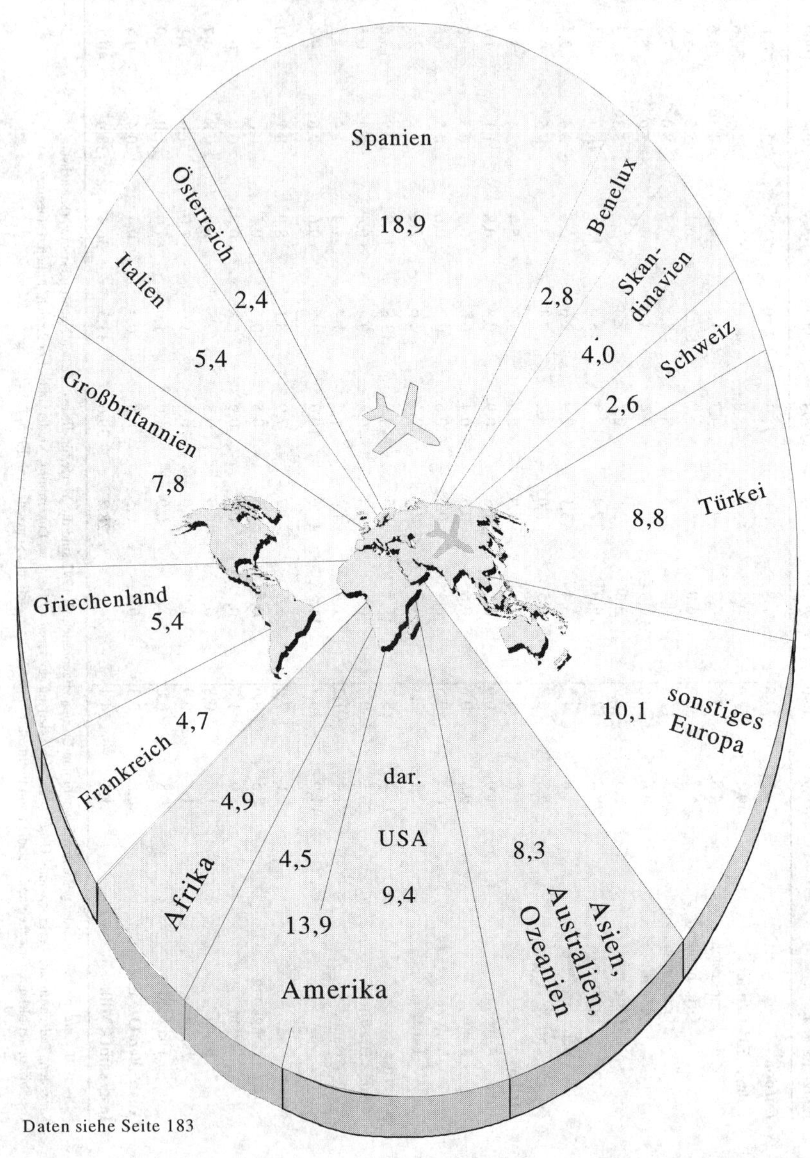


Daten siehe Seite 183

## Grenzüberschreitender Güterverkehr

Das Verkehrsaufkommen im grenzüberschreitenden Verkehr als Teil des gesamten Güterverkehrs umfaßt den Versand der Bundesrepublik Deutschland in das Ausland und den Empfang aus dem Ausland. Der Durchgangsverkehr vom Ausland durch die Bundesrepublik in das Ausland ist in diesen Angaben nicht enthalten, sondern auf Seite 204/205 nachgewiesen.

Die Zuordnung nach Verkehrsbereichen - Eisenbahn-, Straßen-, Binnenschiffs-, See- und Luftverkehr - richtet sich nach der Verkehrsmittelart, mit der das Gut über die Grenze transportiert wurde. Sie sagt nichts darüber aus, in welchem Verkehrsbereich der Transport zum Empfangsort bzw. vom Herkunftsort überwiegend durchgeführt wurde. So wird in der Verkehrsstatistik z. B. ein Exportgut für Asien, das nach einem ausländischen Seehafen mit dem Lastkraftwagen über die Grenze der Bundesrepublik Deutschland transportiert wurde, im grenzüberschreitenden Straßenverkehr nachgewiesen. In der Außenhandelsstatistik dagegen wird, nach Herkunfts- bzw. Empfangsländern differenziert, in diesem Fall der Transport dem Verkehrsbereich Seeschiffahrt zugeordnet.

Den tonnenkilometrischen Leistungen liegt diejenige Wegstrecke zugrunde, die auf dem Gebiet (im Luftverkehr: über dem Gebiet) der Bundesrepublik zurückgelegt wurde. Auslandsstrecken sind nicht berücksichtigt, mit einer Ausnahme: In der Seeschiffahrt sind die durchschnittlichen Versandweiten bis zum Zielhafen Grundlage der Berechnung, die vom DIW als Ergänzung der amtlichen Statistik durchgeführt wurde. Damit ist es nun möglich, auch die Leistungen der Seeschiffahrt im grenzüberschreitenden Verkehr, für Versand und Empfang getrennt, zu publizieren.

## Grenzüberschreitender Straßengüterverkehr

Für *deutsche* Lastkraftfahrzeuge wurden vom DIW im Auftrag des Bundesverkehrsministeriums nur Eckwerte entsprechend der neuen Verkehrsleistungsstatistik von 1991 bis 1993 geschätzt (siehe auch Seite 222). Daher ist die Einzeldarstellung des grenzüberschreitenden Güterverkehrs für diese Jahre nicht möglich.

Für *ausländische* Lastkraftfahrzeuge liegen ab 1995 nur noch Eckwerte vor, so daß hier auf detailliertere Angaben wie Gütergruppen verzichtet werden muß.

## Grenzüberschreitender Verkehr

**Güterverkehr - Versand und Empfang - in Mio. t**

| Jahr | Insgesamt | Eisenbahnen[1] | Straßenverkehr[2] | Binnenschiffahrt | Seeschiffahrt[3] | Rohrfernleitungen[4] | Luftverkehr[5] (in 1 000) |
|---|---|---|---|---|---|---|---|
| 1975 | 449,7 | 56,6 | 70,6 | 132,9 | 129,7 | 59,6 | 275 |
| 1976 | 477,8 | 59,8 | 83,3 | 134,0 | 140,0 | 67,5 | 321 |
| 1977 | 479,2 | 54,4 | 88,6 | 135,5 | 136,5 | 63,7 | 394 |
| 1978 | 505,0 | 56,6 | 95,6 | 149,1 | 139,5 | 63,8 | 435 |
| 1979 | 544,7 | 67,6 | 103,2 | 145,4 | 156,5 | 71,5 | 465 |
| 1980 | 531,0 | 66,4 | 106,7 | 139,9 | 152,5 | 65,0 | 458 |
| 1981 | 498,2 | 61,1 | 107,0 | 137,3 | 137,1 | 55,4 | 454 |
| 1982 | 481,6 | 53,0 | 108,3 | 132,8 | 131,8 | 55,1 | 445 |
| 1983 | 477,1 | 51,4 | 114,6 | 135,2 | 122,0 | 53,3 | 472 |
| 1984 | 505,3 | 55,7 | 118,8 | 147,6 | 128,6 | 53,5 | 521 |
| 1985 | 517,3 | 59,5 | 125,0 | 140,7 | 136,3 | 55,2 | 570 |
| 1986 | 516,4 | 53,4 | 130,4 | 144,3 | 133,5 | 54,2 | 581 |
| 1987 | 516,4 | 52,9 | 136,0 | 140,6 | 132,3 | 54,0 | 615 |
| 1988 | 550,1 | 55,4 | 150,7 | 149,7 | 137,6 | 55,9 | 742 |
| 1989 | 566,3 | 57,0 | 163,4 | 152,5 | 139,1 | 53,5 | 883 |
| 1990 | 588,3 | 60,4 | 176,9 | 148,7 | 142,0 | 59,5 | 914 |
| 1991 | . | 78,8 | . | 145,5 | 158,2 | 73,9 | 887 |
| 1992 | . | 76,2 | . | 144,2 | 173,4 | 76,0 | 930 |
| 1993 | . | 66,3 | . | 135,7 | 176,9 | 77,2 | 1 356 |
| 1994 | 704,2 | 74,8 | 211,0 | 146,4 | 189,8 | 80,7 | 1 547 |
| 1995 | 720,3 | 76,7 | 221,2 | 146,4 | 197,2 | 77,1 | 1 648 |
| 1996 | 697,7 | 75,0 | 211,7 | 142,0 | 198,6 | 68,6 | 1 720 |
| 1997 | 757,8 | 81,1 | 253,8 | 149,1 | 205,3 | 66,6 | 1 868 |
| 1998* | 786,4 | 84,4 | 270,1 | 151,4 | 209,9 | 68,7 | 1 810 |

[1] Ohne Expreßgut und Stückgut.- [2] Bis 1990 ohne tarifliches Stückgut. Ab 1994 ohne Transporte deutscher Lastkraftfahrzeuge bis 6 t zulässiges Gesamtgewicht oder 3,5 t Nutzlast. Siehe Anmerkungen S. 185.- [3] Ohne Eigengewichte der Reise- und Transportfahrzeuge, Container, Trailer, Trägerschiffsleichter. Einschl. Umladungen.- [4] Bis 1995 einschl. Mineralölproduktenleitungen. Ohne Erdgasleitungen. Ab 1996 einschl. Transit (1998 = 0,5 Mio. t).- [5] Ohne Luftpost. Ab 1993 einschl. Umladungen.- * Zum Teil vorläufige Werte.

## Grenzüberschreitender Verkehr

**Güterverkehr - Versand und Empfang - in Mrd. tkm[1]**

| Jahr | Insgesamt | Eisenbahnen[2] | Straßenverkehr[3] | Binnenschiffahrt | Rohrfernleitungen[4] | Luftverkehr[5] (in Mio. tkm) | nachrichtl. Seeschiffahrt[6] |
|---|---|---|---|---|---|---|---|
| 1975 | 60,1 | 12,0 | 14,4 | 25,9 | 7,6 | 125 | 994,4 |
| 1976 | 64,3 | 13,1 | 17,4 | 25,2 | 8,4 | 153 | 1 123,0 |
| 1977 | 65,8 | 12,4 | 18,8 | 26,4 | 8,0 | 179 | 1 055,2 |
| 1978 | 70,1 | 12,8 | 20,4 | 28,7 | 8,0 | 192 | 1 087,3 |
| 1979 | 75,1 | 16,1 | 22,1 | 27,8 | 8,9 | 203 | 1 081,6 |
| 1980 | 74,3 | 15,8 | 23,0 | 27,6 | 7,7 | 190 | 1 065,3 |
| 1981 | 72,6 | 15,0 | 23,2 | 27,4 | 6,8 | 193 | 949,7 |
| 1982 | 71,6 | 13,1 | 24,0 | 28,0 | 6,3 | 193 | 791,8 |
| 1983 | 72,3 | 12,9 | 25,7 | 27,7 | 5,8 | 210 | 737,8 |
| 1984 | 77,2 | 14,6 | 26,8 | 29,9 | 5,7 | 228 | 768,4 |
| 1985 | 78,8 | 16,5 | 28,2 | 28,0 | 5,8 | 249 | 786,3 |
| 1986 | 80,8 | 14,8 | 29,7 | 30,3 | 5,7 | 271 | 753,6 |
| 1987 | 82,5 | 14,8 | 32,8 | 28,9 | 5,6 | 291 | 724,8 |
| 1988 | 88,9 | 16,0 | 35,9 | 30,8 | 5,9 | 305 | 758,1 |
| 1989 | 93,7 | 17,0 | 38,7 | 31,5 | 6,1 | 350 | 766,9 |
| 1990 | 98,2 | 18,3 | 41,1 | 31,3 | 7,1 | 358 | 784,9 |
| 1991 | . | 23,7 | . | 32,1 | 10,5 | 342 | 843,9 |
| 1992 | . | 23,2 | . | 32,7 | 10,8 | 348 | 851,2 |
| 1993 | . | 21,3 | . | 33,0 | 11,3 | 372 | 854,2 |
| 1994 | 131,6 | 24,0 | 60,6 | 34,7 | 11,9 | 417 | 925,8 |
| 1995 | 129,3 | 24,4 | 57,6 | 35,0 | 11,8 | 431 | 956,7 |
| 1996 | 128,2 | 25,1 | 57,9 | 34,5 | 10,2 | 450 | 944,3 |
| 1997 | 144,5 | 28,6 | 70,9 | 35,7 | 8,8 | 477 | 998,8 |
| 1998* | 153,3 | 30,1 | 75,5 | 36,7 | 10,4 | 521 | 1 033,6 |

[1] Verkehrsleistungen (außer in der Seeschiffahrt) im Bundesgebiet.- [2] Ohne Expreßgut und Stückgut.- [3] Ohne tarifliches Stückgut. Ab 1994 ohne Transporte deutscher Lastkraftfahrzeuge bis 6 t zulässiges Gesamtgewicht oder 3,5 t Nutzlast. Siehe Anmerkungen S. 185.- [4] Bis 1995 einschl, Mineralölproduktenleitungen. Ohne Erdgasleitungen. Ab 1996 einschl. Transit (1997 = 0,4 Mrd. tkm).- [5] Ohne Luftpost. Ab 1998 neue Kilometrierung im Luftverkehr.- [6] Ohne Eigengewichte der Reise- und Transportfahrzeuge, Container, Trailer, Trägerschiffsleichter. Einschl. Umladungen.- *Zum Teil vorläufige Werte.

B 4

## Grenzüberschreitender Verkehr
### Güterverkehr - Versand - in Mio. t

| Jahr | Insgesamt | Eisenbahnen[1)] | Straßenverkehr[2)] | Binnenschiffahrt | Seeschiffahrt[3)] | Luftverkehr[4)] (in 1 000) |
|---|---|---|---|---|---|---|
| 1975 | 141,0 | 31,1 | 32,6 | 49,2 | 28,0 | 131 |
| 1976 | 147,7 | 32,2 | 39,8 | 46,5 | 29,0 | 150 |
| 1977 | 155,7 | 29,1 | 43,3 | 50,7 | 32,4 | 193 |
| 1978 | 169,9 | 31,8 | 46,8 | 56,1 | 35,0 | 204 |
| 1979 | 177,6 | 39,7 | 50,9 | 51,3 | 35,5 | 225 |
| 1980 | 177,9 | 37,7 | 52,3 | 49,2 | 38,5 | 225 |
| 1981 | 176,1 | 34,0 | 53,1 | 48,4 | 40,4 | 247 |
| 1982 | 172,3 | 29,5 | 54,3 | 45,2 | 43,0 | 250 |
| 1983 | 170,8 | 27,8 | 56,4 | 45,5 | 40,8 | 272 |
| 1984 | 185,2 | 30,9 | 59,5 | 51,0 | 43,6 | 312 |
| 1985 | 186,6 | 33,4 | 64,0 | 44,5 | 44,5 | 348 |
| 1986 | 180,6 | 28,3 | 65,8 | 46,1 | 40,0 | 328 |
| 1987 | 187,1 | 27,8 | 69,1 | 47,3 | 42,6 | 315 |
| 1988 | 201,6 | 29,3 | 76,0 | 51,8 | 44,1 | 389 |
| 1989 | 216,9 | 31,2 | 83,5 | 55,0 | 46,7 | 452 |
| 1990 | 220,0 | 33,1 | 89,6 | 52,5 | 44,5 | 443 |
| 1991 | . | 40,4 | . | 47,3 | 48,5 | 421 |
| 1992 | . | 36,6 | . | 47,1 | 55,5 | 458 |
| 1993 | . | 29,9 | . | 45,2 | 57,5 | 683 |
| 1994 | 242,9 | 31,8 | 97,5 | 47,9 | 65,0 | 813 |
| 1995 | 247,2 | 32,9 | 100,1 | 44,9 | 68,4 | 860 |
| 1996 | 247,1 | 33,8 | 99,5 | 43,8 | 69,1 | 903 |
| 1997 | 271,7 | 38,1 | 118,9 | 44,7 | 69,1 | 992 |
| 1998* | 278,9 | 40,2 | 126,0 | 42,7 | 69,1 | 946 |

[1)] Ohne Expreßgut und Stückgut.- [2)] Bis 1990 ohne tarifliches Stückgut. Ab 1994 ohne Transporte deutscher Lastkraftfahrzeuge bis 6 t zulässiges Gesamtgewicht oder 3,5 t Nutzlast. Siehe Anmerkungen S. 185.- [3)] Ohne Eigengewichte der Reise- und Transportfahrzeuge, Container, Trailer, Trägerschiffsleichter. Einschl. Umladungen.- [4)] Ohne Luftpost. Ab 1993 einschl. Umladungen.- * Zum Teil vorläufige Werte.

## Grenzüberschreitender Verkehr

### Güterverkehr - Versand - in Mrd. tkm[1]

| Jahr | Ins-gesamt | Eisen-bahnen[2] | Straßen-verkehr[3] | Binnen-schiffahrt | Luft-verkehr[4] (in Mio. tkm) | nachrichtl. Seeschiff-fahrt[5] |
|---|---|---|---|---|---|---|
| 1975 | 23,0 | 7,4 | 6,6 | 8,9 | 62 | 169,3 |
| 1976 | 24,6 | 8,1 | 8,3 | 8,1 | 75 | 177,8 |
| 1977 | 25,7 | 7,4 | 9,1 | 9,1 | 91 | 209,9 |
| 1978 | 27,4 | 7,7 | 9,8 | 9,8 | 94 | 254,5 |
| 1979 | 30,7 | 10,5 | 10,6 | 9,5 | 101 | 234,2 |
| 1980 | 30,6 | 10,3 | 11,0 | 9,2 | 95 | 221,7 |
| 1981 | 30,2 | 9,6 | 11,2 | 9,3 | 105 | 271,1 |
| 1982 | 29,3 | 8,5 | 11,7 | 9,0 | 107 | 246,9 |
| 1983 | 29,1 | 8,1 | 12,3 | 8,6 | 117 | 247,9 |
| 1984 | 32,6 | 9,4 | 13,0 | 10,1 | 131 | 274,1 |
| 1985 | 33,3 | 10,5 | 13,9 | 8,7 | 144 | 264,9 |
| 1986 | 33,1 | 9,0 | 14,5 | 9,4 | 147 | 263,9 |
| 1987 | 34,4 | 8,9 | 15,8 | 9,5 | 147 | 282,7 |
| 1988 | 37,4 | 9,6 | 17,1 | 10,5 | 145 | 293,9 |
| 1989 | 40,1 | 10,3 | 18,7 | 10,9 | 179 | 299,8 |
| 1990 | 40,7 | 10,6 | 19,5 | 10,4 | 178 | 295,4 |
| 1991 | . | 12,7 | . | 10,3 | 168 | 322,6 |
| 1992 | . | 12,1 | . | 10,8 | 173 | 327,3 |
| 1993 | . | 10,5 | . | 11,2 | 186 | 364,2 |
| 1994 | 49,7 | 11,2 | 26,3 | 11,9 | 217 | 424,7 |
| 1995 | 47,9 | 11,5 | 24,8 | 11,4 | 224 | 431,6 |
| 1996 | 49,7 | 13,1 | 25,2 | 11,1 | 235 | 428,4 |
| 1997 | 57,6 | 15,0 | 30,9 | 11,4 | 254 | 416,7 |
| 1998* | 59,9 | 15,8 | 32,6 | 11,2 | 298 | 428,4 |

[1] Verkehrsleistungen (außer in der Seeschiffahrt) im Bundesgebiet.- [2] Ohne Expreßgut und Stückgut.- [3] Ohne tarifliches Stückgut. Ab 1994 ohne Transporte deutscher Lastkraftfahrzeuge bis 6 t zulässiges Gesamtgewicht oder 3,5 t Nutzlast. Siehe Anmerkungen S. 185.- [4] Ohne Luftpost. Ab 1998 neue Kilometrierung im Luftverkehr.- [5] Eigengewichte der Reise- und Transportfahrzeuge, Container, Trailer, Trägerschiffsleichter. Einschl. Umladungen.- *Zum Teil vorläufige Werte.

## Grenzüberschreitender Verkehr
### Güterverkehr - Empfang - in Mio. t

| Jahr | Insgesamt | Eisenbahnen[1] | Straßenverkehr[2] | Binnenschiffahrt | Seeschiffahrt[3] | Rohrfernleitungen[4] | Luftverkehr[5] (in 1 000) |
|---|---|---|---|---|---|---|---|
| 1975 | 308,7 | 25,5 | 38,0 | 83,7 | 101,7 | 59,6 | 144 |
| 1976 | 330,1 | 27,6 | 43,4 | 87,5 | 110,9 | 67,5 | 171 |
| 1977 | 323,5 | 25,3 | 45,3 | 84,8 | 104,2 | 63,7 | 201 |
| 1978 | 335,1 | 24,8 | 48,8 | 93,0 | 104,5 | 63,8 | 231 |
| 1979 | 367,1 | 27,9 | 52,3 | 94,1 | 121,0 | 71,5 | 240 |
| 1980 | 353,1 | 28,7 | 54,4 | 90,7 | 114,0 | 65,0 | 234 |
| 1981 | 322,1 | 27,1 | 53,9 | 88,8 | 96,7 | 55,4 | 207 |
| 1982 | 309,3 | 23,5 | 54,0 | 87,7 | 88,9 | 55,1 | 194 |
| 1983 | 306,3 | 23,7 | 58,2 | 89,7 | 81,2 | 53,3 | 200 |
| 1984 | 320,1 | 24,9 | 59,3 | 96,6 | 85,0 | 53,5 | 209 |
| 1985 | 330,7 | 26,1 | 61,0 | 96,2 | 91,9 | 55,2 | 223 |
| 1986 | 335,8 | 25,1 | 64,6 | 98,2 | 93,5 | 54,2 | 253 |
| 1987 | 329,3 | 25,1 | 66,9 | 93,3 | 89,7 | 54,0 | 300 |
| 1988 | 348,4 | 26,1 | 74,7 | 97,9 | 93,4 | 55,9 | 353 |
| 1989 | 349,4 | 25,8 | 79,9 | 97,5 | 92,4 | 53,5 | 431 |
| 1990 | 368,3 | 27,3 | 87,3 | 96,2 | 97,5 | 59,5 | 471 |
| 1991 | . | 38,5 | . | 98,2 | 109,7 | 73,9 | 465 |
| 1992 | . | 39,6 | . | 97,1 | 117,9 | 76,0 | 473 |
| 1993 | . | 36,4 | . | 90,5 | 119,3 | 77,2 | 672 |
| 1994 | 461,2 | 43,0 | 113,5 | 98,5 | 124,8 | 80,7 | 734 |
| 1995 | 473,1 | 43,8 | 121,0 | 101,5 | 128,9 | 77,1 | 788 |
| 1996 | 450,5 | 41,2 | 112,2 | 98,3 | 129,5 | 68,6 | 816 |
| 1997 | 486,1 | 43,0 | 134,9 | 104,4 | 136,2 | 66,6 | 876 |
| 1998* | 507,5 | 44,3 | 144,1 | 108,7 | 140,8 | 68,7 | 864 |

[1] Ohne Expreßgut und Stückgut.- [2] Bis 1990 ohne tarifliches Stückgut. Ab 1994 ohne Transporte deutscher Lastkraftfahrzeuge bis 6 t zulässiges Gesamtgewicht oder 3,5 t Nutzlast. Siehe Anmerkungen S. 185.- [3] Ohne Eigengewichte der Reise- und Transportfahrzeuge, Container, Trailer, Trägerschiffsleichter. Einschl. Umladungen.- [4] Bis 1995 einschl. Mineralölproduktenleitungen. Ohne Erdgasleitungen. Ab 1996 einschl. Transit (1998 = 0,5 Mio. t).- [5] Ohne Luftpost. Ab 1993 einschl. Umladungen.- * Zum Teil vorläufige Werte.

## Grenzüberschreitender Verkehr

### Güterverkehr - Empfang - in Mrd. tkm[1)]

| Jahr | Insgesamt | Eisenbahnen[2)] | Straßenverkehr[3)] | Binnenschiffahrt | Rohrfernleitungen[4)] | Luftverkehr[5)] (in Mio. tkm) | nachrichtl. Seeschiffahrt[6)] |
|---|---|---|---|---|---|---|---|
| 1975 | 37,1 | 4,6 | 7,8 | 17,0 | 7,6 | 63 | 825,1 |
| 1976 | 39,7 | 5,0 | 9,1 | 17,1 | 8,4 | 78 | 945,2 |
| 1977 | 40,1 | 5,0 | 9,7 | 17,3 | 8,0 | 88 | 845,3 |
| 1978 | 42,7 | 5,1 | 10,6 | 18,9 | 8,0 | 98 | 832,8 |
| 1979 | 44,4 | 5,6 | 11,5 | 18,3 | 8,9 | 102 | 847,4 |
| 1980 | 43,7 | 5,5 | 12,0 | 18,4 | 7,7 | 95 | 843,6 |
| 1981 | 42,4 | 5,4 | 12,0 | 18,1 | 6,8 | 88 | 678,6 |
| 1982 | 42,3 | 4,6 | 12,3 | 19,0 | 6,3 | 86 | 544,9 |
| 1983 | 43,2 | 4,8 | 13,4 | 19,1 | 5,8 | 93 | 489,9 |
| 1984 | 44,6 | 5,2 | 13,8 | 19,8 | 5,7 | 97 | 494,3 |
| 1985 | 45,5 | 6,0 | 14,3 | 19,3 | 5,8 | 105 | 521,4 |
| 1986 | 47,7 | 5,8 | 15,2 | 20,9 | 5,7 | 124 | 489,7 |
| 1987 | 48,1 | 5,9 | 17,0 | 19,4 | 5,6 | 144 | 442,1 |
| 1988 | 51,5 | 6,4 | 18,8 | 20,3 | 5,9 | 160 | 464,2 |
| 1989 | 53,6 | 6,7 | 20,0 | 20,6 | 6,1 | 171 | 467,1 |
| 1990 | 57,5 | 7,7 | 21,6 | 20,9 | 7,1 | 180 | 489,5 |
| 1991 | . | 11,0 | . | 21,9 | 10,5 | 174 | 521,2 |
| 1992 | . | 11,1 | . | 21,9 | 10,8 | 175 | 524,0 |
| 1993 | . | 10,8 | . | 21,8 | 11,3 | 186 | 490,0 |
| 1994 | 82,0 | 12,8 | 34,3 | 22,8 | 11,9 | 200 | 501,0 |
| 1995 | 81,4 | 13,0 | 32,8 | 23,7 | 11,8 | 207 | 525,1 |
| 1996 | 78,5 | 12,0 | 32,7 | 23,4 | 10,2 | 215 | 515,9 |
| 1997 | 87,0 | 13,6 | 40,0 | 24,3 | 8,8 | 223 | 582,1 |
| 1998* | 93,4 | 14,3 | 42,9 | 25,5 | 10,4 | 223 | 605,2 |

[1)] Verkehrsleistungen (außer in der Seeschiffahrt) im Bundesgebiet.- [2)] Ohne Expreßgut und Stückgut.- [3)] Ohne tarifliches Stückgut. Ab 1994 ohne Transporte deutscher Lastkraftfahrzeuge bis 6 t zulässiges Gesamtgewicht oder 3,5 t Nutzlast. Siehe Anmerkungen S. 185.- [4)] Bis 1995 einschl. Mineralölproduktenleitungen. Ohne Erdgasleitungen. Ab 1996 einschl. Transit (1997 = 0,4 Mrd. tkm).- [5)] Ohne Luftpost. Ab 1998 neue Kilometrierung im Luftverkehr.- [6)] Ohne Eigengewichte der Reise- und Transportfahrzeuge, Container, Trailer, Trägerschiffsleichter. Einschl. Umladungen.- *Zum Teil vorläufige Werte.

## Grenzüberschreitender Verkehr - Güterverkehr nach Hauptgütergruppen - Versand

### Eisenbahnen[1)]

| | 1988 | 1989 | 1990 | 1991 | 1992 | 1993 | 1994 | 1995 | 1996 | 1997 | 1998 |
|---|---|---|---|---|---|---|---|---|---|---|---|
| | | | | | | in Mio. t | | | | | |
| Land- und forstwirtschaftliche Erzeugnisse | 1,8 | 2,2 | 2,6 | 3,6 | 2,7 | 3,1 | 2,7 | 3,3 | 3,3 | 3,3 | 3,2 |
| Nahrungs- und Futtermittel | 1,5 | 1,6 | 1,6 | 1,4 | 1,5 | 1,3 | 1,2 | 1,4 | 1,3 | 1,4 | 1,3 |
| Kohle | 4,8 | 4,5 | 4,3 | 3,7 | 2,0 | 1,1 | 1,0 | 0,5 | 0,4 | 0,4 | 0,3 |
| Rohes Erdöl | 0,0 | 0,0 | 0,0 | 0,1 | 0,0 | 0,0 | 0,0 | 0,0 | 0,0 | 0,0 | - |
| Mineralölerzeugnisse | 0,9 | 1,0 | 1,4 | 2,8 | 2,2 | 2,1 | 2,3 | 2,0 | 2,2 | 2,2 | 2,7 |
| Erze und Metallabfälle | 2,1 | 2,3 | 2,0 | 2,9 | 3,2 | 2,5 | 2,6 | 2,6 | 2,6 | 3,1 | 3,4 |
| Eisen, Stahl und NE-Metalle | 4,6 | 4,9 | 4,9 | 5,6 | 5,1 | 4,3 | 4,5 | 5,1 | 4,9 | 6,4 | 6,9 |
| Steine und Erden | 2,4 | 2,6 | 3,1 | 3,7 | 3,1 | 2,6 | 2,9 | 2,9 | 2,7 | 2,9 | 3,0 |
| Düngemittel | 0,7 | 0,7 | 0,5 | 1,0 | 1,0 | 0,7 | 0,7 | 0,7 | 0,9 | 1,2 | 1,5 |
| Chemische Erzeugnisse | 3,5 | 3,4 | 3,2 | 3,6 | 3,3 | 2,9 | 3,1 | 3,3 | 3,4 | 3,5 | 3,7 |
| Fahrzeuge, Maschinen, Halb- und Fertigwaren[2)] | 7,1 | 8,1 | 9,5 | 12,1 | 12,5 | 9,5 | 10,8 | 11,0 | 12,1 | 13,6 | 14,2 |
| **Insgesamt** | 29,3 | 31,2 | 33,1 | 40,4 | 36,6 | 29,9 | 31,8 | 32,9 | 33,8 | 38,1 | 40,2 |
| | | | | | | in vH | | | | | |
| Land- und forstwirtschaftliche Erzeugnisse | 6,2 | 7,1 | 7,9 | 8,8 | 7,2 | 10,2 | 8,4 | 10,1 | 9,7 | 8,6 | 7,9 |
| Nahrungs- und Futtermittel | 5,1 | 5,0 | 4,7 | 3,4 | 4,2 | 4,3 | 3,9 | 4,3 | 3,9 | 3,7 | 3,3 |
| Kohle | 16,3 | 14,3 | 12,9 | 9,2 | 5,4 | 3,5 | 3,1 | 1,5 | 1,3 | 1,0 | 0,7 |
| Rohes Erdöl | 0,0 | 0,0 | 0,0 | 0,1 | 0,0 | 0,0 | 0,0 | 0,0 | 0,0 | 0,0 | - |
| Mineralölerzeugnisse | 3,0 | 3,1 | 4,2 | 6,9 | 5,9 | 7,0 | 7,1 | 6,0 | 6,6 | 5,9 | 6,6 |
| Erze und Metallabfälle | 7,3 | 7,5 | 6,2 | 7,1 | 8,8 | 8,2 | 8,3 | 8,0 | 7,6 | 8,2 | 8,5 |
| Eisen, Stahl und NE-Metalle | 15,7 | 15,6 | 14,9 | 14,0 | 13,8 | 14,3 | 14,3 | 15,5 | 14,5 | 16,9 | 17,2 |
| Steine und Erden | 8,0 | 8,5 | 9,4 | 9,1 | 8,5 | 8,8 | 9,1 | 8,7 | 8,1 | 7,7 | 7,5 |
| Düngemittel | 2,4 | 2,1 | 1,6 | 2,4 | 2,8 | 2,2 | 2,1 | 2,1 | 2,8 | 3,3 | 3,8 |
| Chemische Erzeugnisse | 11,9 | 11,0 | 9,6 | 9,0 | 9,0 | 9,6 | 9,8 | 10,1 | 9,9 | 9,2 | 9,1 |
| Fahrzeuge, Maschinen, Halb- und Fertigwaren[2)] | 24,1 | 25,9 | 28,6 | 30,1 | 34,2 | 31,8 | 34,0 | 33,6 | 35,6 | 35,7 | 35,4 |
| **Insgesamt** | 100 | 100 | 100 | 100 | 100 | 100 | 100 | 100 | 100 | 100 | 100 |

[1)] Wagenladungsverkehr.- [2)] Einschl. besondere Transportgüter.

## Grenzüberschreitender Verkehr - Güterverkehr nach Hauptgütergruppen - Empfang

### Eisenbahn [1)]

| | 1988 | 1989 | 1990 | 1991 | 1992 | 1993 | 1994 | 1995 | 1996 | 1997 | 1998 |
|---|---|---|---|---|---|---|---|---|---|---|---|
| | | | | | | in Mio. t | | | | | |
| Land- und forstwirtschaftliche Erzeugnisse | 1,6 | 1,5 | 1,7 | 1,5 | 1,5 | 1,3 | 1,4 | 1,3 | 1,1 | 1,1 | 1,0 |
| Nahrungs- und Futtermittel | 0,7 | 0,7 | 0,6 | 0,9 | 0,7 | 0,5 | 0,8 | 0,8 | 0,6 | 0,6 | 0,6 |
| Kohle | 2,5 | 2,6 | 2,6 | 7,7 | 7,3 | 5,9 | 5,5 | 5,9 | 5,7 | 7,4 | 9,0 |
| Rohes Erdöl | 0,0 | 0,0 | 0,0 | 0,0 | 0,0 | 0,0 | 0,2 | 0,2 | 0,1 | 0,0 | 0,0 |
| Mineralölerzeugnisse | 1,5 | 1,5 | 1,1 | 1,1 | 0,9 | 1,0 | 0,8 | 0,8 | 0,8 | 0,9 | 0,9 |
| Erze und Metallabfälle | 4,0 | 3,2 | 2,2 | 2,8 | 2,4 | 2,4 | 2,5 | 2,6 | 2,9 | 3,4 | 3,8 |
| Eisen, Stahl und NE-Metalle | 4,5 | 4,4 | 5,3 | 5,9 | 5,7 | 5,0 | 6,9 | 7,5 | 6,0 | 6,4 | 6,7 |
| Steine und Erden | 1,3 | 1,3 | 1,3 | 4,0 | 7,2 | 7,9 | 10,1 | 9,6 | 8,6 | 6,8 | 5,6 |
| Düngemittel | 1,0 | 0,7 | 0,8 | 1,0 | 0,9 | 0,6 | 0,6 | 0,5 | 0,4 | 0,4 | 0,3 |
| Chemische Erzeugnisse | 2,8 | 2,9 | 3,1 | 3,4 | 3,2 | 3,0 | 3,3 | 3,3 | 3,2 | 3,5 | 3,4 |
| Fahrzeuge, Maschinen, Halb- und Fertigwaren[2)] | 6,2 | 7,0 | 8,4 | 10,1 | 9,7 | 8,8 | 10,9 | 11,2 | 11,6 | 12,7 | 13,0 |
| **Insgesamt** | 26,1 | 25,8 | 27,3 | 38,5 | 39,6 | 36,4 | 43,0 | 43,8 | 41,2 | 43,0 | 44,3 |
| | | | | | | in vH | | | | | |
| Land- und forstwirtschaftliche Erzeugnisse | 5,9 | 5,9 | 6,4 | 4,0 | 3,7 | 3,5 | 3,2 | 3,0 | 2,7 | 2,5 | 2,3 |
| Nahrungs- und Futtermittel | 2,8 | 2,6 | 2,3 | 2,2 | 1,7 | 1,4 | 1,9 | 1,9 | 1,5 | 1,3 | 1,3 |
| Kohle | 9,7 | 10,1 | 9,7 | 20,1 | 18,4 | 16,2 | 12,9 | 13,5 | 13,9 | 17,1 | 20,3 |
| Rohes Erdöl | 0,0 | 0,0 | 0,0 | 0,0 | 0,0 | 0,1 | 0,5 | 0,5 | 0,2 | 0,1 | 0,1 |
| Mineralölerzeugnisse | 5,9 | 5,7 | 4,0 | 3,0 | 2,3 | 2,7 | 1,8 | 1,9 | 2,1 | 2,0 | 2,1 |
| Erze und Metallabfälle | 15,3 | 12,3 | 8,2 | 7,3 | 6,1 | 6,6 | 5,9 | 6,0 | 7,0 | 7,9 | 8,6 |
| Eisen, Stahl und NE-Metalle | 17,2 | 17,1 | 19,5 | 15,4 | 14,4 | 13,8 | 16,0 | 17,0 | 14,7 | 15,0 | 15,0 |
| Steine und Erden | 4,8 | 4,9 | 4,9 | 10,4 | 18,2 | 21,6 | 23,4 | 21,9 | 20,8 | 15,8 | 12,6 |
| Düngemittel | 3,8 | 2,7 | 2,8 | 2,7 | 2,4 | 1,8 | 1,3 | 1,1 | 1,1 | 0,8 | 0,6 |
| Chemische Erzeugnisse | 10,7 | 11,3 | 11,4 | 8,8 | 8,2 | 8,3 | 7,8 | 7,6 | 7,7 | 8,1 | 7,8 |
| Fahrzeuge, Maschinen, Halb- und Fertigwaren[2)] | 23,9 | 27,2 | 30,7 | 26,2 | 24,6 | 24,1 | 25,3 | 25,5 | 28,3 | 29,5 | 29,3 |
| **Insgesamt** | 100 | 100 | 100 | 100 | 100 | 100 | 100 | 100 | 100 | 100 | 100 |

[1)] Wagenladungsverkehr.- [2)] Einschl. besondere Transportgüter.

## Grenzüberschreitender Verkehr - Güterverkehr nach Hauptgütergruppen

### Straßengüterverkehr deutscher Lastkraftfahrzeuge[1)]

| | Insgesamt | | | | Versand | | | | Empfang | | | |
|---|---|---|---|---|---|---|---|---|---|---|---|---|
| | 1995 | 1996 | 1997 | 1998 | 1995 | 1996 | 1997 | 1998 | 1995 | 1996 | 1997 | 1998 |
| | | | | | | **Mio. t** | | | | | | |
| Land- und forstwirtschaftliche Erzeugnisse | 6,6 | 7,3 | 7,9 | 7,7 | 3,5 | 4,0 | 4,4 | 3,7 | 3,2 | 3,3 | 3,5 | 4,0 |
| Nahrungs- und Futtermittel | 7,9 | 7,7 | 9,2 | 9,2 | 3,7 | 3,6 | 4,5 | 4,6 | 4,2 | 4,0 | 4,7 | 4,5 |
| Kohle | 0,8 | 0,8 | 0,9 | 1,0 | 0,4 | 0,5 | 0,6 | 0,7 | 0,4 | 0,3 | 0,3 | 0,4 |
| Rohes Erdöl | 0,0 | 0,0 | 0,0 | 0,0 | 0,0 | 0,0 | 0,0 | - | 0,0 | 0,0 | 0,0 | 0,0 |
| Mineralölerzeugnisse | 1,7 | 1,7 | 1,9 | 2,1 | 0,6 | 0,8 | 0,9 | 0,8 | 1,1 | 0,9 | 1,0 | 1,3 |
| Erze und Metallabfälle | 1,3 | 1,4 | 1,7 | 1,2 | 1,0 | 1,2 | 1,0 | 0,9 | 0,3 | 0,2 | 0,7 | 0,4 |
| Eisen, Stahl und NE-Metalle | 5,2 | 4,8 | 6,1 | 6,7 | 2,6 | 2,4 | 3,2 | 3,6 | 2,5 | 2,4 | 2,9 | 3,1 |
| Steine und Erden | 12,0 | 12,0 | 12,5 | 13,6 | 5,2 | 5,8 | 5,4 | 6,4 | 6,8 | 6,3 | 7,0 | 7,2 |
| Düngemittel | 0,6 | 0,8 | 1,1 | 1,4 | 0,2 | 0,2 | 0,3 | 0,4 | 0,4 | 0,6 | 0,8 | 1,0 |
| Chemische Erzeugnisse | 11,0 | 10,6 | 10,5 | 12,2 | 7,1 | 6,9 | 6,7 | 7,4 | 3,9 | 3,7 | 3,8 | 4,7 |
| Fahrzeuge, Maschinen, Halb- und Fertigwaren[2)] | 18,9 | 18,9 | 22,2 | 23,5 | 11,0 | 11,2 | 12,6 | 13,7 | 7,9 | 7,8 | 9,6 | 9,8 |
| **Insgesamt** | 66,1 | 66,1 | 74,0 | 78,6 | 35,3 | 36,6 | 39,7 | 42,2 | 30,8 | 29,4 | 34,3 | 36,4 |
| | | | | | | **vH** | | | | | | |
| Land- und forstwirtschaftliche Erzeugnisse | 10,0 | 11,0 | 10,7 | 9,7 | 9,8 | 10,8 | 11,2 | 8,8 | 10,3 | 11,3 | 10,1 | 10,9 |
| Nahrungs- und Futtermittel | 12,0 | 11,6 | 12,5 | 11,6 | 10,5 | 9,9 | 11,4 | 11,0 | 13,7 | 13,7 | 13,7 | 12,4 |
| Kohle | 1,2 | 1,2 | 1,2 | 1,3 | 1,2 | 1,5 | 1,5 | 1,6 | 1,2 | 0,9 | 1,0 | 1,0 |
| Rohes Erdöl | 0,0 | 0,1 | 0,0 | 0,1 | 0,0 | 0,0 | 0,0 | - | 0,0 | 0,1 | 0,1 | 0,1 |
| Mineralölerzeugnisse | 2,6 | 2,6 | 2,5 | 2,7 | 1,7 | 2,2 | 2,2 | 1,9 | 3,6 | 3,0 | 2,9 | 3,6 |
| Erze und Metallabfälle | 2,0 | 2,2 | 2,3 | 1,6 | 2,9 | 3,3 | 2,4 | 2,1 | 1,0 | 0,7 | 2,1 | 1,0 |
| Eisen, Stahl und NE-Metalle | 7,8 | 7,3 | 8,2 | 8,6 | 7,5 | 6,7 | 8,0 | 8,6 | 8,2 | 8,0 | 8,4 | 8,6 |
| Steine und Erden | 18,2 | 18,2 | 16,9 | 17,2 | 14,7 | 15,8 | 13,7 | 15,1 | 22,2 | 21,3 | 20,5 | 19,7 |
| Düngemittel | 0,9 | 1,1 | 1,5 | 1,8 | 0,5 | 0,5 | 0,9 | 1,0 | 1,3 | 1,9 | 2,2 | 2,7 |
| Chemische Erzeugnisse | 16,7 | 16,0 | 14,2 | 15,5 | 20,0 | 18,7 | 17,0 | 17,6 | 12,8 | 12,6 | 11,1 | 13,0 |
| Fahrzeuge, Maschinen, Halb- und Fertigwaren[2)] | 28,6 | 28,7 | 30,0 | 29,9 | 31,1 | 30,5 | 31,8 | 32,4 | 25,7 | 26,3 | 27,9 | 26,9 |
| **Insgesamt** | 100 | 100 | 100 | 100 | 100 | 100 | 100 | 100 | 100 | 100 | 100 | 100 |

[1)] Ohne Lastkraftwagen und Sattelzugmaschinen bis 3,5 t Nutzlast bzw. 6 t zulässiges Gesamtgewicht.- [2)] Einschl. besondere Transportgüter und Leergut.

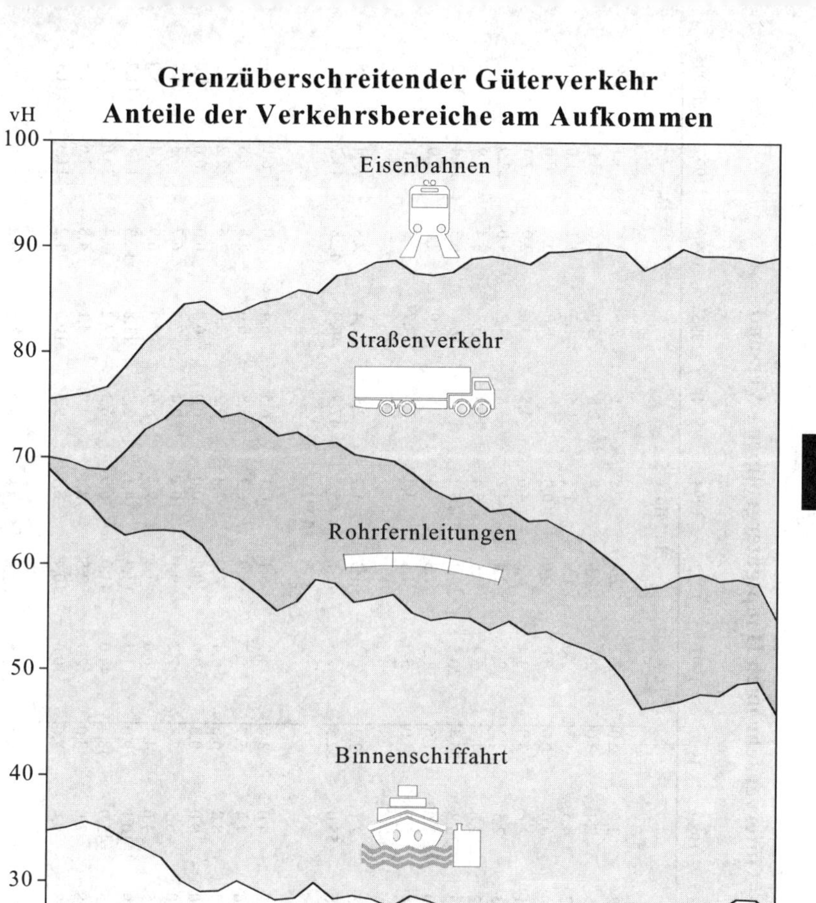


Daten siehe Seite 186 und Verkehr in Zahlen 1991

B 4

# Grenzüberschreitender Verkehr - Güterverkehr nach Hauptgütergruppen - Versand

## Binnenschiffahrt

| | 1988 | 1989 | 1990 | 1991 | 1992 | 1993 | 1994 | 1995 | 1996 | 1997 | 1998 |
|---|---|---|---|---|---|---|---|---|---|---|---|
| | | | | | | in Mio. t | | | | | |
| Land- und forstwirtschaftliche Erzeugnisse | 2,2 | 2,2 | 2,0 | 2,2 | 2,4 | 2,8 | 3,1 | 2,9 | 2,6 | 3,1 | 2,9 |
| Nahrungs- und Futtermittel | 2,5 | 2,4 | 3,0 | 2,7 | 2,8 | 2,8 | 2,8 | 3,0 | 2,6 | 2,6 | 3,1 |
| Kohle | 4,2 | 4,5 | 3,5 | 3,0 | 1,9 | 1,1 | 1,5 | 1,3 | 1,1 | 1,0 | 0,9 |
| Rohes Erdöl | 0,0 | 0,0 | 0,0 | 0,0 | 0,0 | 0,0 | 0,0 | 0,0 | 0,0 | 0,0 | 0,0 |
| Mineralölerzeugnisse | 3,1 | 3,6 | 3,8 | 3,4 | 4,3 | 4,6 | 4,5 | 3,4 | 2,9 | 2,4 | 1,7 |
| Erze und Metallabfälle | 2,3 | 2,5 | 2,3 | 2,8 | 3,4 | 4,1 | 3,8 | 3,3 | 3,0 | 2,9 | 2,5 |
| Eisen, Stahl und NE-Metalle | 6,2 | 5,6 | 4,7 | 5,4 | 5,5 | 6,4 | 5,9 | 5,3 | 5,4 | 5,9 | 4,8 |
| Steine und Erden | 21,5 | 25,3 | 25,4 | 20,8 | 19,3 | 16,7 | 17,4 | 16,7 | 16,3 | 16,4 | 16,2 |
| Düngemittel | 2,0 | 1,6 | 1,6 | 1,3 | 1,3 | 1,4 | 1,9 | 1,9 | 2,1 | 2,0 | 2,0 |
| Chemische Erzeugnisse | 5,6 | 5,2 | 4,0 | 5,0 | 4,9 | 3,7 | 4,6 | 4,7 | 4,9 | 5,0 | 4,7 |
| Fahrzeuge, Maschinen, Halb- und Fertigwaren[1)] | 2,3 | 2,1 | 2,2 | 0,6 | 1,3 | 1,7 | 2,3 | 2,4 | 2,8 | 3,4 | 3,8 |
| **Insgesamt** | 51,8 | 55,0 | 52,5 | 47,3 | 47,1 | 45,2 | 47,9 | 44,9 | 43,8 | 44,7 | 42,7 |
| | | | | | | in vH | | | | | |
| Land- und forstwirtschaftliche Erzeugnisse | 4,2 | 4,0 | 3,8 | 4,7 | 5,1 | 6,1 | 6,5 | 6,4 | 6,0 | 6,9 | 6,8 |
| Nahrungs- und Futtermittel | 4,8 | 4,4 | 5,7 | 5,7 | 5,9 | 6,2 | 5,8 | 6,6 | 5,8 | 5,8 | 7,2 |
| Kohle | 8,2 | 8,2 | 6,6 | 6,4 | 4,0 | 2,4 | 3,2 | 3,0 | 2,6 | 2,2 | 2,2 |
| Rohes Erdöl | 0,0 | 0,0 | 0,0 | 0,0 | 0,0 | 0,0 | 0,0 | 0,0 | 0,0 | 0,0 | 0,0 |
| Mineralölerzeugnisse | 6,0 | 6,5 | 7,3 | 7,2 | 9,1 | 10,1 | 9,4 | 7,7 | 6,7 | 5,3 | 3,9 |
| Erze und Metallabfälle | 4,5 | 4,6 | 4,4 | 6,0 | 7,2 | 9,1 | 8,0 | 7,3 | 6,9 | 6,4 | 5,9 |
| Eisen, Stahl und NE-Metalle | 11,9 | 10,1 | 9,0 | 11,4 | 11,7 | 14,1 | 12,3 | 11,8 | 12,3 | 13,1 | 11,2 |
| Steine und Erden | 41,5 | 45,9 | 48,4 | 44,0 | 41,0 | 36,9 | 36,3 | 37,2 | 37,4 | 36,6 | 38,0 |
| Düngemittel | 3,8 | 3,0 | 3,0 | 2,7 | 2,8 | 3,1 | 4,0 | 4,1 | 4,8 | 4,6 | 4,8 |
| Chemische Erzeugnisse | 10,8 | 9,4 | 7,6 | 10,6 | 10,4 | 8,1 | 9,5 | 10,5 | 11,2 | 11,3 | 11,1 |
| Fahrzeuge, Maschinen, Halb- und Fertigwaren[1)] | 4,4 | 3,8 | 4,2 | 1,3 | 2,8 | 3,8 | 4,9 | 5,4 | 6,4 | 7,7 | 8,9 |
| **Insgesamt** | 100 | 100 | 100 | 100 | 100 | 100 | 100 | 100 | 100 | 100 | 100 |

[1)] Einschl. besondere Transportgüter.

## Grenzüberschreitender Verkehr - Güterverkehr nach Hauptgütergruppen - Empfang

### Binnenschiffahrt

| | 1988 | 1989 | 1990 | 1991 | 1992 | 1993 | 1994 | 1995 | 1996 | 1997 | 1998 |
|---|---|---|---|---|---|---|---|---|---|---|---|
| | | | | | | in Mio. t | | | | | |
| Land- und forstwirtschaftliche Erzeugnisse | 2,5 | 2,2 | 2,4 | 2,2 | 3,0 | 2,3 | 2,2 | 2,6 | 2,2 | 1,7 | 1,8 |
| Nahrungs- und Futtermittel | 7,9 | 7,2 | 6,9 | 7,0 | 6,8 | 7,0 | 7,4 | 7,1 | 6,8 | 7,0 | 7,1 |
| Kohle | 4,1 | 3,6 | 6,1 | 7,9 | 8,9 | 7,5 | 8,7 | 8,1 | 10,2 | 11,5 | 16,2 |
| Rohes Erdöl | 0,0 | 0,1 | 0,1 | 0,0 | 0,0 | 0,0 | 0,0 | 0,0 | 0,0 | 0,0 | 0,0 |
| Mineralölerzeugnisse | 22,2 | 21,6 | 20,6 | 21,8 | 21,5 | 20,8 | 19,7 | 21,4 | 22,0 | 23,2 | 21,7 |
| Erze und Metallabfälle | 36,3 | 37,3 | 34,9 | 34,4 | 32,1 | 28,7 | 32,6 | 31,7 | 29,9 | 33,2 | 32,3 |
| Eisen, Stahl und NE-Metalle | 4,1 | 4,5 | 4,6 | 3,8 | 3,7 | 3,1 | 4,0 | 4,8 | 3,6 | 4,0 | 5,0 |
| Steine und Erden | 11,7 | 11,2 | 10,9 | 12,0 | 12,7 | 12,2 | 13,5 | 14,4 | 12,4 | 12,0 | 11,6 |
| Düngemittel | 2,6 | 2,6 | 2,9 | 2,7 | 3,0 | 3,0 | 3,3 | 3,8 | 3,2 | 3,1 | 3,3 |
| Chemische Erzeugnisse | 5,5 | 6,0 | 5,7 | 4,8 | 4,4 | 4,6 | 5,3 | 5,6 | 5,7 | 6,1 | 6,8 |
| Fahrzeuge, Maschinen, Halb- und Fertigwaren[2)] | 1,1 | 1,2 | 1,2 | 1,6 | 1,1 | 1,2 | 1,7 | 2,0 | 2,2 | 2,7 | 2,9 |
| **Insgesamt** | 97,9 | 97,5 | 96,2 | 98,2 | 97,1 | 90,5 | 98,5 | 101,5 | 98,3 | 104,4 | 108,7 |
| | | | | | | in vH | | | | | |
| Land- und forstwirtschaftliche Erzeugnisse | 2,5 | 2,2 | 2,5 | 2,2 | 3,1 | 2,5 | 2,3 | 2,6 | 2,3 | 1,6 | 1,6 |
| Nahrungs- und Futtermittel | 8,1 | 7,4 | 7,2 | 7,2 | 7,0 | 7,7 | 7,5 | 7,0 | 6,9 | 6,7 | 6,5 |
| Kohle | 4,2 | 3,6 | 6,4 | 8,0 | 9,1 | 8,3 | 8,9 | 8,0 | 10,4 | 11,0 | 14,9 |
| Rohes Erdöl | 0,0 | 0,1 | 0,1 | 0,0 | 0,0 | 0,0 | 0,0 | 0,0 | 0,0 | 0,0 | 0,0 |
| Mineralölerzeugnisse | 22,6 | 22,1 | 21,4 | 22,2 | 22,1 | 22,9 | 20,0 | 21,1 | 22,4 | 22,2 | 19,9 |
| Erze und Metallabfälle | 37,0 | 38,3 | 36,3 | 35,0 | 33,0 | 31,8 | 33,1 | 31,2 | 30,4 | 31,8 | 29,7 |
| Eisen, Stahl und NE-Metalle | 4,2 | 4,6 | 4,7 | 3,9 | 3,8 | 3,4 | 4,1 | 4,7 | 3,7 | 3,8 | 4,6 |
| Steine und Erden | 11,9 | 11,5 | 11,3 | 12,2 | 13,1 | 13,5 | 13,7 | 14,2 | 12,6 | 11,5 | 10,7 |
| Düngemittel | 2,6 | 2,7 | 3,0 | 2,8 | 3,0 | 3,3 | 3,4 | 3,8 | 3,3 | 3,0 | 3,1 |
| Chemische Erzeugnisse | 5,7 | 6,1 | 5,9 | 4,9 | 4,5 | 5,1 | 5,4 | 5,5 | 5,8 | 5,8 | 6,2 |
| Fahrzeuge, Maschinen, Halb- und Fertigwaren[2)] | 1,1 | 1,2 | 1,2 | 1,6 | 1,1 | 1,3 | 1,8 | 2,0 | 2,3 | 2,6 | 2,7 |
| **Insgesamt** | 100 | 100 | 100 | 100 | 100 | 100 | 100 | 100 | 100 | 100 | 100 |

[1)] Einschl. besondere Transportgüter.

## Grenzüberschreitender Verkehr - Güterverkehr nach Hauptgütergruppen[1] - Versand

**Seeschiffahrt[1]**

| | 1988 | 1989 | 1990 | 1991 | 1992 | 1993 | 1994 | 1995 | 1996 | 1997 | 1998 |
|---|---|---|---|---|---|---|---|---|---|---|---|
| | | | | | | in Mio. t | | | | | |
| Land- und forstwirtschaftliche Erzeugnisse | . | . | 3,4 | . | 7,6 | 4,9 | 7,4 | 9,8 | 7,6 | 5,4 | 7,0 |
| Nahrungs- und Futtermittel | . | . | 5,7 | . | 6,8 | 6,4 | 6,4 | 6,2 | 5,6 | 6,4 | 6,6 |
| Kohle | . | . | 0,8 | . | 0,3 | 0,2 | 0,2 | 0,2 | 0,2 | 0,3 | 0,1 |
| Rohes Erdöl | . | . | 0,2 | . | 0,4 | 0,1 | 1,1 | 0,9 | 1,9 | 3,5 | 1,5 |
| Mineralölerzeugnisse | . | . | 2,4 | . | 5,5 | 7,1 | 7,6 | 7,7 | 7,8 | 6,5 | 9,1 |
| Erze und Metallabfälle | . | . | 0,7 | . | 1,8 | 2,7 | 3,0 | 2,5 | 2,5 | 2,4 | 1,7 |
| Eisen, Stahl und NE-Metalle | . | . | 5,9 | . | 4,7 | 5,0 | 5,6 | 4,9 | 5,9 | 5,4 | 4,5 |
| Steine und Erden | . | . | 1,6 | . | 1,9 | 1,7 | 1,8 | 1,8 | 1,9 | 2,0 | 2,1 |
| Düngemittel | . | . | 2,5 | . | 4,4 | 4,1 | 4,5 | 4,5 | 4,5 | 4,5 | 4,3 |
| Chemische Erzeugnisse | . | . | 7,7 | . | 7,7 | 7,8 | 8,2 | 8,5 | 8,1 | 8,2 | 8,2 |
| Fahrzeuge, Maschinen, Halb- und Fertigwaren[2] | . | . | 13,6 | . | 14,4 | 17,5 | 19,2 | 21,5 | 23,2 | 24,5 | 23,9 |
| **Insgesamt** | 44,1 | 46,7 | 44,5 | 48,5 | 55,5 | 57,5 | 65,0 | 68,4 | 69,1 | 69,1 | 69,1 |
| | | | | | | in vH | | | | | |
| Land- und forstwirtschaftliche Erzeugnisse | . | . | 7,6 | . | 13,7 | 8,5 | 11,5 | 14,3 | 11,0 | 7,9 | 10,1 |
| Nahrungs- und Futtermittel | . | . | 12,9 | . | 12,2 | 11,0 | 9,9 | 9,0 | 8,0 | 9,3 | 9,5 |
| Kohle | . | . | 1,7 | . | 0,5 | 0,3 | 0,2 | 0,3 | 0,3 | 0,4 | 0,1 |
| Rohes Erdöl | . | . | 0,4 | . | 0,7 | 0,2 | 1,7 | 1,4 | 2,7 | 5,0 | 2,2 |
| Mineralölerzeugnisse | . | . | 5,4 | . | 9,9 | 12,4 | 11,7 | 11,3 | 11,2 | 9,4 | 13,2 |
| Erze und Metallabfälle | . | . | 1,6 | . | 3,3 | 4,7 | 4,6 | 3,6 | 3,6 | 3,4 | 2,4 |
| Eisen, Stahl und NE-Metalle | . | . | 13,2 | . | 8,4 | 8,8 | 8,6 | 7,1 | 8,5 | 7,8 | 6,6 |
| Steine und Erden | . | . | 3,7 | . | 3,4 | 3,0 | 2,8 | 2,6 | 2,8 | 3,0 | 3,1 |
| Düngemittel | . | . | 5,6 | . | 8,0 | 7,2 | 6,9 | 6,6 | 6,6 | 6,5 | 6,2 |
| Chemische Erzeugnisse | . | . | 17,4 | . | 13,9 | 13,6 | 12,6 | 12,4 | 11,8 | 11,9 | 11,9 |
| Fahrzeuge, Maschinen, Halb- und Fertigwaren[2] | . | . | 30,5 | . | 26,0 | 30,4 | 29,6 | 31,4 | 33,5 | 35,4 | 34,6 |
| **Insgesamt** | 100 | 100 | 100 | 100 | 100 | 100 | 100 | 100 | 100 | 100 | 100 |

[1] Ohne Eigengewichte der Container, Trailer, Trägerschiffsleichter.- [2] Einschl. besondere Transportgüter. Stückgut, einschl. in Container verladene Güter, wird vollständig der Gütergruppe 'Fahrzeuge, Maschinen, Halb- und Fertigwaren' zugeordnet.

## Grenzüberschreitender Verkehr - Güterverkehr nach Hauptgütergruppen[1] - Empfang

### Seeschiffahrt

| | 1988 | 1989 | 1990 | 1991 | 1992 | 1993 | 1994 | 1995 | 1996 | 1997 | 1998 |
|---|---|---|---|---|---|---|---|---|---|---|---|
| | | | | | | in Mio. t | | | | | |
| Land- und forstwirtschaftliche Erzeugnisse | . | . | 6,1 | . | 6,1 | 5,7 | 6,1 | 5,7 | 5,6 | 5,7 | 5,7 |
| Nahrungs- und Futtermittel | . | . | 10,4 | . | 10,6 | 10,3 | 9,9 | 9,6 | 9,8 | 10,4 | 10,3 |
| Kohle | . | . | 4,6 | . | 5,0 | 4,9 | 5,9 | 6,3 | 6,7 | 7,4 | 8,1 |
| Rohes Erdöl | . | . | 21,3 | . | 31,4 | 31,8 | 33,0 | 32,2 | 34,2 | 33,7 | 41,0 |
| Mineralölerzeugnisse | . | . | 11,9 | . | 12,9 | 13,2 | 11,2 | 10,4 | 11,6 | 13,0 | 10,6 |
| Erze und Metallabfälle | . | . | 14,3 | . | 12,4 | 12,5 | 14,1 | 16,3 | 14,3 | 16,9 | 16,3 |
| Eisen, Stahl und NE-Metalle | . | . | 2,3 | . | 3,6 | 2,5 | 2,3 | 2,3 | 2,0 | 2,2 | 2,6 |
| Steine und Erden | . | . | 4,6 | . | 9,7 | 9,4 | 11,5 | 11,3 | 10,6 | 11,6 | 10,5 |
| Düngemittel | . | . | 1,6 | . | 1,5 | 1,4 | 1,3 | 1,6 | 1,2 | 1,2 | 1,4 |
| Chemische Erzeugnisse | . | . | 5,6 | . | 6,1 | 5,8 | 6,0 | 5,6 | 5,7 | 6,2 | 6,3 |
| Fahrzeuge, Maschinen, Halb- und Fertigwaren[2] | . | . | 14,6 | . | 18,5 | 21,7 | 23,6 | 27,7 | 27,7 | 28,0 | 28,2 |
| **Insgesamt** | 93,4 | 92,4 | 97,5 | 109,7 | 117,9 | 119,3 | 124,8 | 128,9 | 129,5 | 136,2 | 140,8 |
| | | | | | | in vH | | | | | |
| Land- und forstwirtschaftliche Erzeugnisse | . | . | 6,3 | . | 5,2 | 4,8 | 4,9 | 4,4 | 4,4 | 4,1 | 4,1 |
| Nahrungs- und Futtermittel | . | . | 10,7 | . | 9,0 | 8,7 | 7,9 | 7,4 | 7,6 | 7,6 | 7,3 |
| Kohle | . | . | 4,7 | . | 4,2 | 4,1 | 4,7 | 4,9 | 5,1 | 5,4 | 5,7 |
| Rohes Erdöl | . | . | 21,9 | . | 26,6 | 26,7 | 26,4 | 25,0 | 26,4 | 24,8 | 29,1 |
| Mineralölerzeugnisse | . | . | 12,2 | . | 11,0 | 11,0 | 9,0 | 8,1 | 9,0 | 9,5 | 7,5 |
| Erze und Metallabfälle | . | . | 14,6 | . | 10,5 | 10,5 | 11,3 | 12,7 | 11,1 | 12,4 | 11,6 |
| Eisen, Stahl und NE-Metalle | . | . | 2,4 | . | 3,0 | 2,1 | 1,8 | 1,8 | 1,6 | 1,6 | 1,8 |
| Steine und Erden | . | . | 4,7 | . | 8,3 | 7,9 | 9,2 | 8,7 | 8,2 | 8,5 | 7,5 |
| Düngemittel | . | . | 1,6 | . | 1,3 | 1,2 | 1,1 | 1,2 | 0,9 | 0,9 | 1,0 |
| Chemische Erzeugnisse | . | . | 5,7 | . | 5,2 | 4,9 | 4,8 | 4,4 | 4,4 | 4,6 | 4,5 |
| Fahrzeuge, Maschinen, Halb- und Fertigwaren[2] | . | . | 15,0 | . | 15,7 | 18,2 | 18,9 | 21,5 | 21,4 | 20,6 | 20,0 |
| **Insgesamt** | 100 | 100 | 100 | 100 | 100 | 100 | 100 | 100 | 100 | 100 | 100 |

[1] Ohne Eigengewichte der Container, Trailer, Trägerschiffsleichter.- [2] Einschl. besondere Transportgüter. Stückgut, einschl. in Container verladene Güter, wird vollständig der Gütergruppe 'Fahrzeuge, Maschinen, Halb- und Fertigwaren' zugeordnet.

## Grenzüberschreitender Verkehr
### Seeschiffahrt nach Fahrtgebieten - Versand

| Fahrtgebiete | 1981 | 1982 | 1983 | 1984 | 1985 | 1986 | 1987 | 1988 | 1989 |
|---|---|---|---|---|---|---|---|---|---|
| | | | | | in Mio. t | | | | |
| Europa | 21,5 | 24,7 | 22,9 | 23,1 | 24,8 | 21,1 | 23,3 | 24,1 | 26,1 |
| Nord- und Ostsee | 20,1 | 23,4 | 21,6 | 21,6 | 23,1 | 19,8 | 21,7 | 22,5 | 24,4 |
| Mittelmeer | 1,4 | 1,3 | 1,3 | 1,5 | 1,7 | 1,3 | 1,5 | 1,6 | 1,7 |
| Afrika | 4,4 | 4,1 | 3,5 | 3,8 | 3,3 | 2,9 | 2,6 | 2,9 | 3,0 |
| Mittelmeer | 1,6 | 1,6 | 1,5 | 1,6 | 1,3 | 1,1 | 0,9 | 0,8 | 0,9 |
| West- und Ostafrika | 2,8 | 2,6 | 2,1 | 2,1 | 2,0 | 1,8 | 1,7 | 2,1 | 2,1 |
| Amerika | 6,3 | 5,6 | 5,1 | 7,4 | 7,3 | 7,0 | 6,9 | 6,9 | 7,6 |
| Nordamerika | 4,4 | 4,2 | 3,8 | 5,5 | 5,7 | 5,1 | 5,1 | 5,0 | 5,0 |
| Mittel- und Südamerika | 1,9 | 1,4 | 1,3 | 1,9 | 1,6 | 1,9 | 1,8 | 1,9 | 2,6 |
| Asien | 7,7 | 7,8 | 8,6 | 8,8 | 8,2 | 8,3 | 9,1 | 9,4 | 9,2 |
| Nah- und Mittelost | 6,0 | 5,7 | 5,4 | 5,7 | 5,0 | 4,6 | 4,9 | 5,1 | 4,8 |
| Fernost | 1,7 | 2,2 | 3,2 | 3,1 | 3,2 | 3,7 | 4,2 | 4,3 | 4,4 |
| Australien | 0,4 | 0,4 | 0,4 | 0,5 | 0,5 | 0,5 | 0,6 | 0,6 | 0,6 |
| **Insgesamt**[1] | 40,4 | 42,7 | 40,5 | 43,6 | 44,3 | 39,9 | 42,5 | 44,1 | 46,6 |
| | | | | | in Mrd. tkm[2] | | | | |
| Europa | 27,8 | 29,9 | 28,5 | 29,5 | 32,3 | 26,4 | 29,8 | 30,3 | 32,2 |
| Nord- und Ostsee | 19,6 | 22,2 | 20,8 | 20,6 | 22,4 | 18,5 | 20,7 | 21,3 | 23,0 |
| Mittelmeer | 8,2 | 7,7 | 7,7 | 8,9 | 9,8 | 7,9 | 9,1 | 9,0 | 9,2 |
| Afrika | 36,7 | 34,0 | 27,8 | 29,0 | 26,9 | 24,1 | 21,4 | 25,0 | 25,5 |
| Mittelmeer | 8,4 | 8,7 | 7,8 | 8,5 | 6,7 | 5,5 | 4,5 | 4,0 | 5,0 |
| West- und Ostafrika | 28,3 | 25,3 | 20,0 | 20,5 | 20,2 | 18,6 | 16,9 | 21,0 | 20,4 |
| Amerika | 57,4 | 50,4 | 45,7 | 63,6 | 62,3 | 59,6 | 59,6 | 60,7 | 68,1 |
| Nordamerika | 37,3 | 36,0 | 33,1 | 44,8 | 46,7 | 40,5 | 41,7 | 41,5 | 41,3 |
| Mittel- und Südamerika | 20,1 | 14,5 | 12,7 | 18,7 | 15,6 | 19,1 | 17,9 | 19,2 | 26,9 |
| Asien | 139,9 | 123,7 | 137,5 | 140,5 | 130,6 | 141,4 | 156,5 | 162,6 | 158,4 |
| Nah- und Mittelost | 103,4 | 79,9 | 73,9 | 79,0 | 66,3 | 66,7 | 72,3 | 75,6 | 69,6 |
| Fernost | 36,5 | 43,8 | 63,5 | 61,5 | 64,3 | 74,7 | 84,2 | 87,0 | 88,7 |
| Australien | 9,0 | 8,7 | 8,2 | 11,4 | 12,6 | 12,2 | 15,0 | 14,9 | 15,5 |
| **Insgesamt**[1] | 271,2 | 246,8 | 247,9 | 274,2 | 265,1 | 264,0 | 282,7 | 294,0 | 300,0 |

[1] Einschl. nicht ermittelte Länder.- [2] Leistung vom Versand- bis zum Zielhafen.

## Grenzüberschreitender Verkehr
### Seeschiffahrt nach Fahrtgebieten - Versand

| Fahrtgebiete | 1990 | 1991 | 1992 | 1993 | 1994 | 1995 | 1996 | 1997 | 1998 |
|---|---|---|---|---|---|---|---|---|---|
| | | | | | in Mio. t | | | | |
| Europa | 24,3 | 26,6 | 33,3 | 32,7 | 36,5 | 39,8 | 40,4 | 41,3 | 41,0 |
| Nord- und Ostsee | 22,7 | . | . | . | . | . | . | . | . |
| Mittelmeer | 1,6 | . | . | . | . | . | . | . | . |
| Afrika | 2,7 | 2,8 | 2,6 | 2,3 | 2,4 | 3,0 | 2,9 | 2,4 | 3,6 |
| Mittelmeer | 0,9 | . | . | . | . | . | . | . | . |
| West- und Ostafrika | 1,8 | . | . | . | . | . | . | . | . |
| Amerika | 6,7 | 7,1 | 8,5 | 9,5 | 10,4 | 9,4 | 10,3 | 10,3 | 11,7 |
| Nordamerika | 4,7 | 6,0 | 5,9 | 6,3 | 6,2 | 5,7 | 6,9 | 6,7 | 8,1 |
| Mittel- und Südamerika | 2,0 | 1,1 | 2,5 | 3,2 | 4,1 | 3,8 | 3,3 | 3,6 | 3,7 |
| Asien | 10,2 | 11,5 | 10,7 | 12,6 | 15,2 | 15,7 | 15,1 | 14,5 | 12,2 |
| Nah- und Mittelost | 6,1 | . | . | . | . | . | . | . | . |
| Fernost | 4,1 | . | . | . | . | . | . | . | . |
| Australien | 0,6 | 0,4 | 0,4 | 0,4 | 0,5 | 0,5 | 0,5 | 0,5 | 0,5 |
| **Insgesamt**[1] | 44,5 | 48,5 | 55,5 | 57,5 | 65,0 | 68,4 | 69,1 | 69,1 | 69,1 |
| | | | | | in Mrd. tkm[2] | | | | |
| Europa | 30,0 | 29,8 | 37,2 | 36,6 | 40,8 | 44,6 | 45,2 | 46,3 | 45,9 |
| Nord- und Ostsee | 21,2 | . | . | . | . | . | . | . | . |
| Mittelmeer | 8,8 | . | . | . | . | . | . | . | . |
| Afrika | 23,7 | 23,5 | 21,7 | 19,0 | 20,1 | 25,1 | 24,4 | 20,2 | 29,8 |
| Mittelmeer | 4,7 | . | . | . | . | . | . | . | . |
| West- und Ostafrika | 19,0 | . | . | . | . | . | . | . | . |
| Amerika | 60,3 | 64,6 | 76,9 | 86,7 | 94,2 | 85,7 | 93,3 | 93,6 | 106,6 |
| Nordamerika | 40,2 | 54,4 | 53,7 | 57,0 | 56,4 | 51,2 | 62,6 | 60,7 | 72,9 |
| Mittel- und Südamerika | 20,1 | 10,2 | 23,3 | 29,8 | 37,8 | 34,5 | 30,7 | 32,8 | 33,7 |
| Asien | 167,9 | 194,0 | 180,8 | 211,9 | 257,1 | 264,1 | 254,4 | 245,2 | 206,1 |
| Nah- und Mittelost | 86,0 | . | . | . | . | . | . | . | . |
| Fernost | 82,0 | . | . | . | . | . | . | . | . |
| Australien | 13,4 | 10,6 | 10,5 | 9,9 | 12,5 | 12,3 | 11,0 | 11,5 | 10,8 |
| **Insgesamt**[1] | 295,4 | 322,6 | 327,3 | 364,2 | 424,7 | 431,6 | 428,4 | 416,7 | 400,3 |

[1] Einschl. nicht ermittelte Länder.- [2] Leistung vom Versand- bis zum Zielhafen.

B 4

## Grenzüberschreitender Verkehr
### Seeschiffahrt nach Fahrtgebieten - Empfang

| Fahrtgebiete | 1981 | 1982 | 1983 | 1984 | 1985 | 1986 | 1987 | 1988 | 1989 |
|---|---|---|---|---|---|---|---|---|---|
| | | | | | **in Mio. t** | | | | |
| Europa | 43,4 | 41,3 | 42,2 | 47,5 | 51,2 | 55,4 | 56,7 | 57,2 | 56,3 |
| Nord- und Ostsee | 42,6 | 40,2 | 39,7 | 44,9 | 49,4 | 53,3 | 54,0 | 55,6 | 54,9 |
| Mittelmeer | 0,8 | 1,1 | 2,5 | 2,6 | 1,8 | 2,1 | 2,8 | 1,6 | 1,3 |
| Afrika | 13,4 | 13,3 | 9,0 | 8,8 | 9,5 | 9,4 | 5,5 | 8,7 | 8,5 |
| Mittelmeer | 5,5 | 6,8 | 2,6 | 2,3 | 2,1 | 2,8 | 1,3 | 3,9 | 3,0 |
| West- und Ostafrika | 7,9 | 6,5 | 6,4 | 6,4 | 7,4 | 6,6 | 4,2 | 4,7 | 5,5 |
| Amerika | 24,1 | 22,3 | 18,4 | 17,5 | 20,4 | 17,7 | 17,4 | 17,0 | 17,2 |
| Nordamerika | 15,4 | 14,8 | 10,5 | 8,6 | 9,9 | 8,3 | 8,1 | 7,3 | 7,3 |
| Mittel- und Südamerika | 8,6 | 7,5 | 7,8 | 8,8 | 10,5 | 9,4 | 9,3 | 9,7 | 9,9 |
| Asien | 12,3 | 7,8 | 6,8 | 5,2 | 5,0 | 6,2 | 6,3 | 6,7 | 6,8 |
| Nah- und Mittelost | 9,6 | 5,4 | 4,3 | 2,7 | 2,4 | 3,1 | 2,8 | 2,9 | 3,0 |
| Fernost | 2,8 | 2,3 | 2,5 | 2,5 | 2,6 | 3,1 | 3,5 | 3,8 | 3,8 |
| Australien | 3,2 | 3,6 | 4,1 | 5,4 | 4,8 | 3,4 | 2,3 | 2,4 | 2,4 |
| **Insgesamt[1]** | 96,6 | 88,4 | 80,5 | 84,4 | 91,0 | 92,3 | 88,4 | 92,0 | 91,1 |
| | | | | | **in Mrd. tkm[2]** | | | | |
| Europa | 49,0 | 45,9 | 53,7 | 59,2 | 59,7 | 63,6 | 69,1 | 62,6 | 59,8 |
| Nord- und Ostsee | 44,2 | 39,5 | 39,3 | 43,8 | 49,2 | 51,0 | 52,7 | 53,6 | 52,5 |
| Mittelmeer | 4,8 | 6,4 | 14,5 | 15,4 | 10,5 | 12,6 | 16,4 | 9,0 | 7,3 |
| Afrika | 105,9 | 100,1 | 72,4 | 69,9 | 80,6 | 77,0 | 45,5 | 65,0 | 67,3 |
| Mittelmeer | 29,8 | 38,2 | 14,0 | 12,1 | 10,9 | 14,3 | 6,7 | 20,8 | 15,8 |
| West- und Ostafrika | 76,1 | 61,9 | 58,4 | 57,8 | 69,7 | 62,7 | 38,9 | 44,2 | 51,5 |
| Amerika | 221,6 | 202,4 | 169,9 | 159,2 | 184,8 | 160,2 | 159,5 | 158,2 | 161,5 |
| Nordamerika | 131,8 | 127,0 | 91,1 | 70,6 | 80,4 | 66,1 | 66,9 | 60,3 | 60,1 |
| Mittel- und Südamerika | 89,9 | 75,4 | 78,8 | 88,6 | 104,4 | 94,1 | 92,6 | 97,9 | 101,5 |
| Asien | 228,0 | 120,8 | 106,6 | 87,6 | 83,4 | 107,3 | 112,6 | 120,0 | 120,1 |
| Nah- und Mittelost | 170,0 | 74,0 | 58,2 | 37,8 | 31,8 | 44,3 | 41,1 | 42,6 | 44,2 |
| Fernost | 57,9 | 46,8 | 48,4 | 49,8 | 51,7 | 63,0 | 71,5 | 77,4 | 75,9 |
| Australien | 73,4 | 75,3 | 86,9 | 118,0 | 111,6 | 80,8 | 55,0 | 57,9 | 57,9 |
| **Insgesamt[1]** | 678,5 | 545,0 | 489,9 | 494,2 | 521,3 | 489,6 | 442,1 | 464,1 | 466,9 |

[1] Einschl. nicht ermittelte Länder.- [2] Leistung vom Versand- bis zum Zielhafen.

## Grenzüberschreitender Verkehr
### Seeschiffahrt nach Fahrtgebieten - Empfang

| Fahrtgebiete | 1990 | 1991 | 1992 | 1993 | 1994 | 1995 | 1996 | 1997 | 1998 |
|---|---|---|---|---|---|---|---|---|---|
| | | | | | in Mio. t | | | | |
| Europa | 61,6 | 70,1 | 78,9 | 84,3 | 89,6 | 91,7 | 92,8 | 94,8 | 97,5 |
| Nord- und Ostsee | 59,8 | . | . | . | . | . | . | . | |
| Mittelmeer | 1,8 | . | . | . | . | . | . | . | |
| Afrika | 8,3 | 8,7 | 8,4 | 7,5 | 8,5 | 7,6 | 8,7 | 9,7 | 10,8 |
| Mittelmeer | 2,7 | . | . | . | . | . | . | . | |
| West- und Ostafrika | 5,6 | . | . | . | . | . | . | . | |
| Amerika | 18,9 | 21,4 | 21,1 | 18,1 | 17,1 | 19,5 | 18,2 | 20,1 | 20,2 |
| Nordamerika | 7,3 | 7,3 | 8,7 | 7,4 | 6,7 | 8,5 | 8,1 | 7,8 | 7,8 |
| Mittel- und Südamerika | 11,6 | 14,1 | 12,4 | 10,7 | 10,4 | 11,0 | 10,1 | 12,2 | 12,5 |
| Asien | 6,6 | 7,4 | 7,6 | 8,2 | 8,1 | 8,4 | 8,5 | 9,5 | 10,1 |
| Nah- und Mittelost | 2,7 | . | . | . | . | . | . | . | |
| Fernost | 3,9 | . | . | . | . | . | . | . | |
| Australien | 2,2 | 2,1 | 1,9 | 1,2 | 1,6 | 1,7 | 1,2 | 2,1 | 2,1 |
| **Insgesamt[1]** | 97,7 | 109,7 | 117,9 | 119,3 | 124,8 | 128,9 | 129,5 | 136,2 | 140,8 |
| | | | | | in Mrd. tkm[2] | | | | |
| Europa | 65,7 | 78,5 | 88,3 | 94,4 | 100,3 | 102,6 | 103,8 | 106,1 | 109,2 |
| Nord- und Ostsee | 55,8 | . | . | . | . | . | . | . | |
| Mittelmeer | 9,9 | . | . | . | . | . | . | . | |
| Afrika | 71,6 | 72,7 | 70,5 | 62,6 | 71,0 | 63,7 | 73,1 | 81,5 | 90,3 |
| Mittelmeer | 14,2 | . | . | . | . | . | . | . | |
| West- und Ostafrika | 57,4 | . | . | . | . | . | . | . | |
| Amerika | 179,6 | 196,1 | 192,6 | 165,3 | 156,0 | 178,3 | 166,5 | 183,2 | 184,9 |
| Nordamerika | 61,8 | 66,2 | 78,7 | 66,4 | 60,3 | 77,0 | 73,1 | 70,6 | 70,3 |
| Mittel- und Südamerika | 117,8 | 129,9 | 113,8 | 98,9 | 95,6 | 101,3 | 93,4 | 112,6 | 114,6 |
| Asien | 118,7 | 125,1 | 128,6 | 139,0 | 136,5 | 141,2 | 143,0 | 160,5 | 170,4 |
| Nah- und Mittelost | 40,5 | . | . | . | . | . | . | . | |
| Fernost | 78,2 | . | . | . | . | . | . | . | |
| Australien | 53,8 | 48,9 | 44,0 | 28,7 | 37,3 | 39,3 | 29,5 | 50,8 | 49,5 |
| **Insgesamt[1]** | 489,5 | 521,2 | 524,0 | 490,0 | 501,0 | 525,1 | 515,9 | 582,1 | 605,2 |

[1] Einschl. nicht ermittelte Länder.- [2] Leistung vom Versand- bis zum Zielhafen.

## Durchgangsverkehr[1] - von Ausland zu Ausland
### Güterverkehr - in Mio. t

| Jahr | Insgesamt | Eisenbahnen | Straßenverkehr[2] | Binnenschiffahrt | Luftverkehr[3] (in 1 000 t) |
|---|---|---|---|---|---|
| 1975 | 24,3 | 5,6 | 6,6 | 12,0 | 69 |
| 1976 | 24,6 | 6,4 | 8,1 | 10,0 | 89 |
| 1977 | 28,7 | 6,0 | 8,4 | 14,2 | 94 |
| 1978 | 27,9 | 5,9 | 8,7 | 13,2 | 98 |
| 1979 | 29,5 | 7,1 | 9,2 | 13,0 | 101 |
| 1980 | 31,3 | 7,6 | 9,7 | 14,0 | 92 |
| 1981 | 30,2 | 7,4 | 10,4 | 12,3 | 91 |
| 1982 | 29,9 | 6,9 | 11,2 | 11,7 | 95 |
| 1983 | 30,9 | 6,8 | 12,4 | 11,6 | 100 |
| 1984 | 33,5 | 7,1 | 13,7 | 12,5 | 100 |
| 1985 | 34,9 | 8,0 | 14,7 | 12,0 | 113 |
| 1986 | 38,0 | 7,8 | 15,8 | 14,2 | 138 |
| 1987 | 38,6 | 7,9 | 17,0 | 13,5 | 163 |
| 1988 | 40,5 | 7,6 | 17,9 | 14,8 | 184 |
| 1989 | 44,4 | 9,1 | 19,8 | 15,3 | 164 |
| 1990 | 46,3 | 8,6 | 21,8 | 15,8 | 167 |
| 1991 | . | . | . | 14,8 | 163 |
| 1992 | . | . | . | 15,3 | 162 |
| 1993 | . | . | . | 16,0 | 42 |
| 1994 | 55,3 | 8,1 | 30,3 | 16,9 | 48 |
| 1995 | 60,5 | 8,6 | 32,7 | 19,1 | 43 |
| 1996 | 63,3 | 9,0 | 36,0 | 18,3 | 42 |
| 1997 | 70,8 | 9,2 | 42,2 | 19,3 | 41 |
| 1998 | 77,0 | 9,9 | 46,0 | 21,0 | 36 |

[1] Verkehr durch das Gebiet der Bundesrepublik. Nicht enthalten ist die Seeschiffahrt mit dem Güterverkehr, der den Nord-Ostsee-Kanal passiert, sowie dem Durchgangsverkehr mit Umladung, der im "Grenzüberschreitenden Verkehr" jeweils als Empfang und Versand enthalten ist.-
[2] Ab 1994 ohne Transporte deutscher Lastkraftfahrzeuge bis 6 t zulässiges Gesamtgewicht oder 3,5 t Nutzlast. Anmerkungen zum Straßengüterverkehr siehe S. 185.-
[3] Ohne Luftpost. Ab 1993 ohne Umladungen.

## Durchgangsverkehr - von Ausland zu Ausland

### Güterverkehr - in Mrd. tkm[1)]

| Jahr | Insgesamt | Eisenbahnen | Straßenverkehr insg.[2)] | Straßenverkehr dar.: ausl. Lkw | Binnenschiffahrt |
|---|---|---|---|---|---|
| 1975 | 14,1 | 3,2 | 4,1 | 4,1 | 6,8 |
| 1976 | 14,3 | 3,6 | 5,1 | 5,0 | 5,6 |
| 1977 | 16,7 | 3,5 | 5,3 | 5,2 | 7,9 |
| 1978 | 16,2 | 3,4 | 5,4 | 5,3 | 7,4 |
| 1979 | 17,4 | 4,2 | 5,9 | 5,7 | 7,3 |
| 1980 | 18,2 | 4,4 | 6,0 | 5,8 | 7,8 |
| 1981 | 17,7 | 4,4 | 6,4 | 6,2 | 6,9 |
| 1982 | 17,5 | 4,2 | 6,8 | 6,5 | 6,5 |
| 1983 | 17,9 | 4,1 | 7,3 | 7,1 | 6,5 |
| 1984 | 19,4 | 4,4 | 8,0 | 7,8 | 7,0 |
| 1985 | 20,1 | 4,9 | 8,5 | 8,4 | 6,7 |
| 1986 | 22,0 | 4,9 | 9,1 | 9,0 | 8,0 |
| 1987 | 23,0 | 4,9 | 10,5 | 9,4 | 7,6 |
| 1988 | 23,9 | 4,8 | 11,0 | 9,9 | 8,1 |
| 1989 | 26,4 | 5,9 | 12,1 | 10,8 | 8,4 |
| 1990 | 27,5 | 5,7 | 13,1 | 11,5 | 8,7 |
| 1991 | . | 4,8 | . | . | 8,3 |
| 1992 | . | 4,5 | . | . | 8,5 |
| 1993 | . | 4,2 | . | . | 9,3 |
| 1994 | 36,9 | 5,8 | 21,0 | 20,5 | 10,1 |
| 1995 | 38,9 | 6,0 | 21,1 | 20,5 | 11,8 |
| 1996 | 42,1 | 6,9 | 23,9 | 23,2 | 11,4 |
| 1997 | 46,8 | 7,2 | 27,7 | 27,0 | 11,9 |
| 1998* | 51,1 | 7,7 | 30,3 | 29,6 | 13,1 |

[1)] Verkehrsleistungen im Bundesgebiet. Nicht enthalten ist der Luftverkehr und die Seeschiffahrt mit dem Güterverkehr, der den Nord-Ostsee-Kanal passiert, sowie dem Durchgangsverkehr mit Umladung, der im "Grenzüberschreitenden Verkehr" jeweils als Empfang und Versand enthalten ist.- [2)] Ab 1994 ohne Transporte deutscher Lastkraftfahrzeuge bis 6 t zulässiges Gesamtgewicht oder 3,5 t Nutzlast. Anmerkungen zum Straßengüterverkehr siehe s. 185.- * Zum Teil vorläufige Werte.

## Personenverkehr

Der Personenverkehr wird unterschieden nach nichtmotorisiertem Verkehr (zu Fuß, mit dem Fahrrad) und motorisiertem Verkehr. Dazu gehören der öffentliche Straßenpersonenverkehr (Omnibus, Straßenbahn, U-Bahn), der Eisenbahnverkehr (einschließlich S-Bahn), der Luftverkehr und der motorisierte Individualverkehr (Pkw/ Kombi, motorisierte Zweiräder).

Für den öffentlichen Verkehr (Eisenbahn-, öffentlicher Straßenpersonen- und Luftverkehr) weist die amtliche Statistik jährlich die Zahl der beförderten Personen (Verkehrsaufkommen) und die Personenkilometer (Verkehrsleistung) nach. Entsprechende Angaben für den motorisierten Individualverkehr und den nicht motorisierten Verkehr fehlen dagegen. Für den motorisierten Individualverkehr werden vom DIW jährlich mit Hilfe einer Modellrechnung die Fahrleistungen (s. S. 154 - 157) und, abgeleitet davon, das Verkehrsaufkommen und die Verkehrsleistung im motorisierten Individualverkehr bestimmt.

Verkehrsaufkommen und -leistung im Fußgänger- und Fahrradverkehr sowie die Differenzierung des Personenverkehrs nach Fahrt- bzw. Wegezwecken werden auch vom DIW ermittelt. Diese Daten sind das Ergebnis der Aufbereitung einer Vielzahl von Angaben und Informationen aus.

- der amtlichen Statistik,
- spezifischen Untersuchungen einzelner Verkehrsträger,
- Untersuchungen zu einzelnen Fahrt- bzw. Wegezwecken und Bevölkerungsgruppen,
- dem Mikrozensus (Verkehrsmittelnutzung im Berufs- und Ausbildungsverkehr),
- empirischen Erhebungen (insbesondere KONTIV 1975/ 77, 1982, KONTIV 1989, Kinder-KONTIV und SrV 91)

unter Berücksichtigung der Entwicklung gesamtwirtschaftlicher Leitdaten (z. B. Wohnbevölkerung, Erwerbstätige, Schüler, Arbeitstage, Pkw-Bestand).

Für die Differenzierung nach Fahrt- bzw. Wegezwecken werden folgende sechs Zwecke definiert:

- Der *Berufsverkehr* umfaßt alle Fahrten bzw. Wege zwischen Wohnung und Arbeitsstätte, bei denen Hin- und Rückfahrt oder -weg innerhalb eines Zeitraumes von 24 Stunden liegen, jedoch nicht die von der Arbeitsstätte ausgehenden beruflich bedingten Fahrten oder Wege innerhalb der Arbeitszeit. Fahrten oder Wege von Wochenendpendlern werden dem Freizeitverkehr zugeordnet.
- Im *Ausbildungsverkehr* sind alle Fahrten oder Wege zwischen Wohnung und Schule zusammengefaßt.
- Der *Geschäfts- und Dienstreiseverkehr* enthält alle beruflich bedingten Fahrten oder Wege außer dem oben definierten Berufsverkehr.
- Als *Einkaufsverkehr* gelten alle Fahrten oder Wege, deren Zweck der Einkauf von Gütern oder der Besuch von Ärzten, Behörden, Dienstleistungsbetrieben u. ä. ist.
- Der *Urlaubsverkehr* ist die Summe aller Freizeitfahrten mit fünf und mehr Tagen Dauer.
- Im *Freizeitverkehr* sind alle übrigen Fahrten oder Wege erfaßt, die nicht den anderen definierten fünf Fahrt- bzw. Wegezwecken zuzuordnen sind, also z. B. Wochenenderholungsfahrten, Verwandten- und Bekanntenbesuche, Besuch kultureller Veranstaltungen, Fahrten oder Wege in Ausübung eines Hobbys.

B
5

Kriterium für die Zuordnung einer Fahrt oder eines Weges zu einem Zweck ist die Aktivität am Zielort. Ausgenommen von dieser Regel sind Fahrten oder Wege, deren Ziel die eigene Wohnung ist. Hier ist die Aktivität am Ausgangspunkt der Fahrt oder des Weges entscheidend für die Zuordnung.

Fahrten oder Wege, bei denen mehrere Verkehrsmittel benutzt werden (z. B. Park and Ride), werden jeder Verkehrsart zugerechnet, also mehrfach gezählt, mit einer Ausnahme: Fußwege, die lediglich Zubringerfunktion zu anderen Verkehrsmitteln haben, werden nicht berücksichtigt.

Die Eckgrößen für den Personenverkehr nach Zwecken und Verkehrsarten weichen im ÖSPV, bei den Eisenbahnen und im Luftverkehr, bedingt durch unterschiedliche Abgrenzungen, von den Übersichten auf den Seiten 208 bis 211 ab.

Zusätzlich finden Sie in dieser Ausgabe Ergebnisse des vom Bundesverkehrsministerium seit 1994 durchgeführten Haushaltspanels zum Verkehrsverhalten (S. 218-219). Dabei handelt es sich um eine Wiederholungsbefragung einer repräsentativen Stichprobe deutschsprachiger Haushalte in Westdeutschland. Aufgrund der Unterschiede zwischen dem Verfahren dieser Erhebung und der Ermittlung der Werte des Personenverkehrs durch das DIW ist ein Vergleich dieser Ergebnisse nur eingeschränkt möglich.

## Personenverkehr - Verkehrsaufkommen - Beförderte Personen in Mio.

| | 1979 | 1980 | 1981 | 1982 | 1983 | 1984 | 1985 | 1986 | 1987 | 1988 |
|---|---|---|---|---|---|---|---|---|---|---|
| Eisenbahnen[1] | 1 087 | 1 167 | 1 172 | 1 129 | 1 124 | 1 106 | 1 134 | 1 108 | 1 088 | 1 121 |
| Schienennahverkehr[2] | 946 | 1 016 | 1 020 | 988 | 991 | 975 | 994 | 974 | 959 | 994 |
| dar. Berufsverkehr[3] | 352 | 365 | 375 | 366 | 351 | 348 | 344 | 337 | 329 | 352 |
| Schülerverkehr[3] | 243 | 264 | 262 | 259 | 262 | 234 | 231 | 225 | 199 | 196 |
| Schienenfernverkehr[4] | 141 | 152 | 152 | 141 | 133 | 131 | 140 | 134 | 129 | 127 |
| Öffentl. Straßenpersonenverkehr[5][6] | 6 590 | 6 745 | 6 797 | 6 549 | 6 317 | 5 947 | 5 808 | 5 694 | 5 649 | 5 571 |
| Linienverkehr | 6 484 | 6 636 | 6 691 | 6 445 | 6 211 | 5 844 | 5 731 | 5 620 | 5 574 | 5 497 |
| Gelegenheitsverkehr | 106 | 109 | 105 | 105 | 106 | 103 | 76 | 73 | 75 | 75 |
| Luftverkehr | 36,2 | 35,9 | 35,9 | 35,0 | 35,9 | 38,6 | 41,7 | 42,9 | 48,7 | 52,7 |
| dar. Inlandsverkehr | 8,8 | 8,7 | 8,6 | 8,1 | 8,3 | 8,8 | 9,4 | 9,7 | 10,6 | 11,1 |
| Linienverkehr | 24,5 | 24,8 | 24,9 | 24,2 | 24,8 | 26,9 | 28,9 | 29,8 | 34,5 | 37,2 |
| Gelegenheitsverkehr | 11,8 | 11,1 | 11,0 | 10,9 | 11,0 | 11,8 | 12,8 | 13,0 | 14,3 | 15,4 |
| dar. Pauschalflugreiseverkehr | 9,0 | 8,7 | 8,6 | 8,6 | 8,6 | 9,3 | 10,3 | 10,7 | 12,3 | 13,3 |
| Öffentlicher Verkehr | 7 713 | 7 948 | 8 005 | 7 713 | 7 477 | 7 092 | 6 984 | 6 845 | 6 786 | 6 745 |
| dar. Öffentl. Personennahverkehr[7] | 7 430 | 7 652 | 7 711 | 7 433 | 7 202 | 6 819 | 6 725 | 6 594 | 6 533 | 6 491 |
| Motorisierter Individualverkehr[8] | 33 915 | 34 209 | 34 158 | 34 349 | 34 363 | 34 689 | 35 024 | 35 643 | 36 113 | 36 788 |
| **Verkehr insgesamt** | 41 628 | 42 157 | 42 163 | 42 062 | 41 840 | 41 781 | 42 008 | 42 488 | 42 898 | 43 533 |

[1] Schienenverkehr einschl. S-Bahnverkehr (bis 1984 ohne S-Bahnverkehr in Berlin (West): 1985: 29,5 Mio.).- [2] S-Bahnverkehr, Berufs- und Schülerverkehr sowie Verkehr im Regeltarif bis 50 km Reiseweite.- [3] Zu ermäßigten Tarifen.- [4] Verkehr zu Sondertarifen des Militärverkehrs und im Regeltarif über 50 km Reiseweite.-
[5] Stadtschnellbahn- (U-Bahn-), Straßenbahn- Obus- und Kraftomnibusverkehr kommunaler, gemischtwirtschaftlicher und privater Unternehmen (ohne Verkehr der Kleinunternehmen mit weniger als 6 Kraftomnibussen) sowie Kraftomnibusverkehr der Deutschen Bundesbahn, der Deutschen Bundespost (bis 1985) und der nichtbundeseigenen Eisenbahnen, jedoch ohne Beförderungsleistung (Ein- und Durchfahrten) ausländischer Unternehmen. Ohne Mehrfachzählung durch Wechsel der Transportmittel.-
[6] Einschl. des freigestellten Schülerverkehrs.- [7] Öffentlicher Personennahverkehr (ÖPNV) = Schienennahverkehr der Eisenbahnen und Linienverkehr im Öffentlichen Straßenpersonenverkehr.- [8] Verkehr mit Personen- und Kombinationskraftwagen, einschl. Taxi- und Mietwagenverkehr.

## Personenverkehr - Verkehrsaufkommen - Beförderte Personen in Mio.

| | 1989 | 1990 | 1991 | 1992 | 1993 | 1994 | 1995 | 1996 | 1997 | 1998** |
|---|---|---|---|---|---|---|---|---|---|---|
| Eisenbahnen[1)] | 1 134 | 1 172 | 1 519 | 1 551 | 1 579 | 1 596 | 1 666 | 1 740 | 1 861 | 1 804 |
| Schienennahverkehr[1)2)] | 1 021 | 1 058 | 1 381 | 1 421 | 1 441 | 1 457 | 1 517 | 1 589 | 1 710 | 1 656 |
| dar. Berufsverkehr[3)] | 358 | 344 | 427 | 431 | 480 | . | . | . | . | . |
| Schülerverkehr[3)] | 199 | 205 | 232 | 261 | 266 | . | . | . | . | . |
| Schienenfernverkehr[4)] | 113 | 114 | 137 | 130 | 138 | 139 | 149 | 151 | 152 | 149 |
| Öffentl. Straßenpersonenverkehr[5)6)] | 5 698 | 5 896 | 7 861 | 7 847 | 7 919 | 7 927 | 7 882 | 7 835 | 7 848 | 7 807 |
| Linienverkehr | 5 622 | 5 815 | 7 775 | 7 761 | 7 835 | 7 846 | 7 804 | 7 753 | 7 769 | 7 730 |
| Gelegenheitsverkehr | 76 | 81 | 86 | 86 | 84 | 81 | 79 | 81 | 78 | 78 |
| Luftverkehr | 56,0 | 62,6 | 62,5 | 71,0 | 76,8 | 83,0 | 90,0 | 93,2 | 99,3 | 103,9 |
| dar. Inlandsverkehr | 11,8 | 13,0 | 13,2 | 13,8 | 14,6 | 14,8 | 16,1 | 15,9 | 16,8 | 17,9 |
| Linienverkehr[7)] | 40,2 | 45,4 | 45,3 | 50,1 | 54,3 | 60,7 | 80,6 | 83,3 | 87,6 | 93,6 |
| Gelegenheitsverkehr[7)] | 15,8 | 17,2 | 17,2 | 20,9 | 22,5 | 22,3 | 9,5 | 9,9 | 11,7 | 10,3 |
| dar. Pauschalflugreiseverkehr[7] | 13,8 | 15,5 | 15,6 | 19,3 | 20,7 | 20,7 | 3,6 | 3,9 | 4,6 | 4,2 |
| Öffentlicher Verkehr | 6 889 | 7 131 | 9 442 | 9 469 | 9 574 | 9 606 | 9 638 | 9 668 | 9 808 | 9 715 |
| dar. Öffentl. Personennahverkehr[8)] | 6 643 | 6 873 | 9 156 | 9 183 | 9 276 | 9 303 | 9 321 | 9 343 | 9 479 | 9 386 |
| Motorisierter Individualverkehr[9)]* | 37 603 | 38 600 | 46 774 | 47 572 | 48 338 | 49 182 | 49 640 | 49 756 | 50 108 | 50 876 |
| **Verkehr insgesamt** | 44 491 | 45 730 | 56 216 | 57 042 | 57 912 | 58 788 | 59 278 | 59 424 | 59 916 | 60 592 |

[1)] Schienenverkehr einschl. S-Bahnverkehr. Ab 1994 erfolgt die Aufteilung Nah-/Fernverkehr bei der DB AG nach Zuggattungen, daher Doppelzählungen bei Umsteigern. Ab 1997 erhöhte Zahl an Umsteigern (um rd. 120 Mio.) durch neu- bzw. ausgegründete regionale Eisenbahnunternehmen.- [2)] S-Bahnverkehr, Berufs- und Schülerverkehr sowie (bis 1993) Verkehr im Regeltarif bis 50 km Reiseweite.- [3)] Zu ermäßigten Tarifen.- [4)] Verkehr zu Sondertarifen des Militärverkehrs und (bis 1993) im Regeltarif über 50 km Reiseweite.- [5)] Stadtschnellbahn- (U-Bahn-), Straßenbahn-, Obus- undKraftomnibusverkehr kommunaler, gemischtwirtschaftlicher und privater Unternehmen (ohne Verkehr der Kleinunternehmen mit weniger als 6 Kraftomnibussen) sowie Kraftomnibusverkehr der Deutschen Bundesbahn (bis 1990) und der nichtbundeseigenen Eisenbahnen, jedoch ohne Beförderungsleistung (Ein- und Durchfahrten) ausländischer Unternehmen. Ohne Mehrfachzählung durch Wechsel der Transportmittel.- [6)] Einschl. des freigestellten Schülerverkehrs.- [7)] Ab 1995 Linienflugverkehr einschl. des Pauschalreiseflugverkehr auf dem Gebiet der EU.- [8)] Öffentlicher Personennahverkehr (ÖPNV) = Schienennahverkehr der Eisenbahnen und Linienverkehr im Öffentlichen Straßenpersonenverkehr.- [9)] Verkehr mit Personen- und Kombinationskraftwagen, einschl. Taxi- und Mietwagenverkehr.- * 1994 pauschale Anpassung an die Fahrleistungsrevision.- **Zum Teil vorläufige Werte.

## Personenverkehr - Verkehrsleistung[1] - Personenkilometer in Mrd.

| | 1979 | 1980 | 1981 | 1982 | 1983 | 1984 | 1985 | 1986 | 1987 | 1988 |
|---|---|---|---|---|---|---|---|---|---|---|
| Eisenbahnen[2] | 40,0 | 41,0 | 42,3 | 40,5 | 39,3 | 39,6 | 43,5 | 42,1 | 40,0 | 41,8 |
| Schienennahverkehr[4] | 15,2 | 14,7 | 15,5 | 15,6 | 15,5 | 15,4 | 15,7 | 15,3 | 14,7 | 16,1 |
| dar. Berufsverkehr[5] | 6,0 | 6,0 | 6,5 | 6,4 | 6,0 | 5,7 | 5,8 | 5,7 | 5,5 | 6,0 |
| Schülerverkehr[5] | 3,6 | 3,8 | 4,0 | 4,1 | 4,0 | 3,6 | 3,5 | 3,4 | 2,9 | 2,8 |
| Schienenfernverkehr[6] | 24,8 | 26,4 | 26,8 | 24,9 | 23,7 | 24,2 | 27,7 | 26,8 | 25,2 | 25,7 |
| Öffentl. Straßenpersonenverkehr[7)8] | 72,3 | 74,1 | 75,8 | 74,5 | 70,4 | 70,0 | 62,3 | 61,7 | 61,3 | 61,5 |
| Linienverkehr | 50,8 | 50,9 | 48,9 | 47,2 | 44,3 | 42,1 | 41,2 | 40,5 | 40,2 | 40,2 |
| Gelegenheitsverkehr | 22,4 | 23,3 | 24,9 | 25,6 | 23,2 | 25,7 | 20,3 | 20,5 | 20,8 | 21,3 |
| Luftverkehr | 10,9 | 11,0 | 10,9 | 10,7 | 10,9 | 11,8 | 12,7 | 13,0 | 14,7 | 15,7 |
| dar. Inlandsverkehr | 4,0 | 4,0 | 4,0 | 3,8 | 3,9 | 4,2 | 4,5 | 4,6 | 5,1 | 5,2 |
| Linienverkehr | 7,7 | 7,9 | 7,9 | 7,7 | 7,9 | 8,5 | 9,2 | 9,4 | 10,7 | 11,4 |
| Gelegenheitsverkehr | 3,2 | 3,1 | 3,0 | 3,0 | 3,1 | 3,2 | 3,5 | 3,6 | 4,0 | 4,3 |
| Öffentlicher Verkehr | 123,2 | 126,1 | 129,0 | 125,7 | 120,6 | 121,4 | 118,5 | 116,8 | 116,0 | 119,0 |
| dar. Öffentl. Personennahverkehr[9] | 65,1 | 65,5 | 66,4 | 64,5 | 62,6 | 59,7 | 57,8 | 56,5 | 55,2 | 56,3 |
| Motorisierter Individualverkehr[10] | 471,7 | 477,4 | 460,5 | 479,2 | 487,8 | 496,2 | 495,1 | 521,3 | 543,9 | 568,3 |
| **Verkehr insgesamt** | 594,9 | 603,5 | 589,5 | 604,9 | 608,4 | 617,6 | 613,6 | 638,1 | 659,9 | 687,3 |

[1] Im Bundesgebiet.- [2] Schienenverkehr einschl. S-Bahnverkehr (bis 1984 ohne S-Bahn Berlin (West): 1985 = 246 Mio. Pkm).- [3] Ab 1994 erfolgt die Aufteilung Nah-/Fernverkehr bei der DB AG nach Zuggattungen.- [4] S-Bahnverkehr, Berufs- und Schülerverkehr sowie (bis 1993) Verkehr im 'Regeltarif bis zu 50 km Reiseweite.- [5] Zu ermäßigten Tarifen.- [6] Verkehr zu Sondertarifen des Militärverkehrs und (bis 1993) im Regeltarif über 50 km Reiseweite.-
[7] Stadtschnellbahn- (U-Bahn), Straßenbahn-, Obus- und Kraftomnibusverkehr kommunaler, gemischtwirtschaftlicher und privater Unternehmen (seit 1985 ohne Verkehr der Kleinunternehmen mit weniger als 6 Kraftomnibussen) sowie Kraftomnibusverkehr der Deutschen Bundesbahn (bis 1990), der Deutschen Bundespost (bis 1985) und der nichtbundeseigenen Eisenbahnen, jedoch ohne Beförderungsleistung (Ein- und Durchfahrten ausländischer Unternehmen).-
Weitere Anmerkungen siehe folgende Seite.

## Personenverkehr - Verkehrsleistung[1] - Personenkilometer in Mrd.

| | 1989 | 1990 | 1991 | 1992 | 1993 | 1994 | 1995 | 1996 | 1997 | 1998** |
|---|---|---|---|---|---|---|---|---|---|---|
| Eisenbahnen[2] | 42,0 | 44,6 | 57,0 | 57,2 | 58,7 | 66,4 | 69,0 | 69,2 | 67,9 | 66,5 |
| Schienennahverkehr[3)4)] | 15,8 | 17,2 | 23,3 | 24,6 | 25,0 | 31,5 | 32,7 | 33,5 | 33,0 | 32,2 |
| dar. Berufsverkehr[5] | 6,0 | 6,3 | 7,8 | 8,4 | 9,6 | . | . | . | . | . |
| Schülerverkehr[5] | 2,7 | 2,9 | 3,5 | 3,9 | 4,3 | . | . | . | . | . |
| Schienenfernverkehr[3)6)] | 26,3 | 27,4 | 33,7 | 32,6 | 33,7 | 34,8 | 36,3 | 35,6 | 34,9 | 34,3 |
| Öffentl. Straßenpersonenverkehr[7)8)] | 62,5 | 65,1 | 83,5 | 80,4 | 79,6 | 77,5 | 77,0 | 76,7 | 76,2 | 75,9 |
| Linienverkehr | 40,4 | 41,2 | 55,8 | 53,2 | 53,0 | 52,3 | 52,0 | 51,9 | 52,2 | 51,5 |
| Gelegenheitsverkehr | 22,1 | 24,0 | 27,6 | 27,2 | 26,6 | 25,2 | 25,0 | 24,7 | 24,0 | 24,4 |
| Luftverkehr[11] | 16,6 | 18,4 | 22,6 | 25,6 | 27,7 | 30,0 | 32,5 | 33,6 | 35,8 | 37,5 |
| dar. Inlandsverkehr | 5,6 | 6,0 | 5,8 | 6,2 | 6,6 | 6,7 | 7,3 | 7,2 | 7,8 | 8,5 |
| Linienverkehr[12] | 12,3 | 13,6 | . | . | . | . | . | . | . | . |
| Gelegenheitsverkehr[12] | 4,4 | 4,8 | . | . | . | . | . | . | . | . |
| Öffentlicher Verkehr | 121,1 | 128,2 | 163,0 | 163,3 | 166,1 | 173,8 | 178,4 | 179,4 | 179,9 | 179,9 |
| dar. Öffentl. Personennahverkehr[9] | 56,2 | 58,4 | 79,1 | 77,8 | 78,1 | 83,8 | 84,7 | 85,5 | 85,2 | 83,7 |
| Motorisierter Individualverkehr[10] * | 582,3 | 601,8 | 713,5 | 731,5 | 740,8 | 738,3 | 742,9 | 744,3 | 749,7 | 755,7 |
| **Verkehr insgesamt** | 703,4 | 729,9 | 876,5 | 894,8 | 906,9 | 912,1 | 921,3 | 923,7 | 929,7 | 939,5 |

Beginn der Anmerkungen siehe vorige Seite.- [8] Einschl. des freigestellten Schülerverkehrs.- [9] Öffentlicher Personennahverkehr (ÖPNV) = Schienennahverkehr Eisenbahnen und Linienverkehr im Öffentlichen Straßenpersonenverkehr.- [10] Verkehr mit Personen- und Kombinationskraftwagen, Krafträdern und Mopeds; einschl. Taxi- und Mietwagenverkehr.- [11] Ab 1991 neue Kilometrierung im Luftverkehr (Kilometrierung 1998, vom Statistischen Bundesamt bis 1991 zurückgerechnet.- [12] Ab 1995 Linienverkehr einschl. Pauschalreiseflugverkehr auf dem Gebiet der EU.- * 1994 pauschale Anpassung an die Fahrleistungsrevision.- **Zum Teil vorläufige Werte.

## Personenverkehr - Anteile der Verkehrsbereiche - in vH

| | 1979 | 1980 | 1981 | 1982 | 1983 | 1984 | 1985 | 1986 | 1987 | 1988 |
|---|---|---|---|---|---|---|---|---|---|---|
| **Verkehrsaufkommen**[1)] | | | | | | | | | | |
| Eisenbahnen | 2,6 | 2,8 | 2,8 | 2,7 | 2,7 | 2,6 | 2,7 | 2,6 | 2,5 | 2,6 |
| Öffentl. Straßenpersonenverkehr | 15,8 | 16,0 | 16,1 | 15,6 | 15,1 | 14,2 | 13,8 | 13,4 | 13,2 | 12,8 |
| Luftverkehr | 0,1 | 0,1 | 0,1 | 0,1 | 0,1 | 0,1 | 0,1 | 0,1 | 0,1 | 0,1 |
| Öffentlicher Verkehr | 18,5 | 18,9 | 19,0 | 18,3 | 17,9 | 17,0 | 16,6 | 16,1 | 15,8 | 15,5 |
| dar. Öffentl. Personennahverkehr | 17,8 | 18,2 | 18,3 | 17,7 | 17,2 | 16,3 | 16,0 | 15,5 | 15,2 | 14,9 |
| Motorisierter Individualverkehr | 81,5 | 81,2 | 81,0 | 81,7 | 82,2 | 83,0 | 83,4 | 83,9 | 84,2 | 84,5 |
| Verkehr insgesamt | 100 | 100 | 100 | 100 | 100 | 100 | 100 | 100 | 100 | 100 |
| **Verkehrsleistung**[1)] | | | | | | | | | | |
| Eisenbahnen | 6,7 | 6,8 | 7,2 | 6,7 | 6,5 | 6,4 | 7,1 | 6,6 | 6,1 | 6,1 |
| Öffentl. Straßenpersonenverkehr | 12,2 | 12,3 | 12,9 | 12,3 | 11,6 | 11,3 | 10,2 | 9,7 | 9,3 | 8,9 |
| Luftverkehr | 1,8 | 1,8 | 1,8 | 1,8 | 1,8 | 1,9 | 2,1 | 2,0 | 2,2 | 2,3 |
| Öffentlicher Verkehr | 20,7 | 20,9 | 21,9 | 20,8 | 19,8 | 19,7 | 19,3 | 18,3 | 17,6 | 17,3 |
| dar. Öffentl. Personennahverkehr | 10,9 | 10,9 | 11,3 | 10,7 | 10,3 | 9,7 | 9,4 | 8,9 | 8,4 | 8,2 |
| Motorisierter Individualverkehr | 79,3 | 79,1 | 78,1 | 79,2 | 80,2 | 80,3 | 80,7 | 81,7 | 82,4 | 82,7 |
| Verkehr insgesamt | 100 | 100 | 100 | 100 | 100 | 100 | 100 | 100 | 100 | 100 |

[1)] Anmerkungen siehe Seiten 206/207, 208, 210/211

## Personenverkehr - Anteile der Verkehrsbereiche - in vH

| | 1989 | 1990 | 1991 | 1992 | 1993 | 1994 | 1995 | 1996 | 1997 | 1998* |
|---|---|---|---|---|---|---|---|---|---|---|
| **Verkehrsaufkommen**[1] | | | | | | | | | | |
| Eisenbahnen | 2,5 | 2,6 | 2,7 | 2,7 | 2,7 | 2,7 | 2,8 | 2,9 | 3,1 | 3,0 |
| Öffentl. Straßenpersonenverkehr | 12,8 | 12,9 | 14,0 | 13,8 | 13,7 | 13,5 | 13,3 | 13,2 | 13,1 | 12,9 |
| Luftverkehr | 0,1 | 0,1 | 0,1 | 0,1 | 0,1 | 0,1 | 0,2 | 0,2 | 0,2 | 0,2 |
| Öffentlicher Verkehr | 15,5 | 15,6 | 16,8 | 16,6 | 16,5 | 16,3 | 16,3 | 16,3 | 16,4 | 16,0 |
| dar. Öffentl. Personennahverkehr | 14,9 | 15,0 | 16,3 | 16,1 | 16,0 | 15,8 | 15,7 | 15,7 | 15,8 | 15,5 |
| Motorisierter Individualverkehr | 84,5 | 84,4 | 83,2 | 83,4 | 83,5 | 83,7 | 83,7 | 83,7 | 83,6 | 84,0 |
| Verkehr insgesamt | 100 | 100 | 100 | 100 | 100 | 100 | 100 | 100 | 100 | 100 |
| **Verkehrsleistung**[1] | | | | | | | | | | |
| Eisenbahnen | 6,0 | 6,1 | 6,5 | 6,4 | 6,5 | 7,3 | 7,5 | 7,5 | 7,3 | 7,1 |
| Öffentl. Straßenpersonenverkehr | 8,9 | 8,9 | 9,5 | 9,0 | 8,8 | 8,5 | 8,4 | 8,3 | 8,2 | 8,1 |
| Luftverkehr | 2,4 | 2,5 | 2,6 | 2,9 | 3,1 | 3,3 | 3,5 | 3,6 | 3,9 | 4,0 |
| Öffentlicher Verkehr | 17,2 | 17,6 | 18,6 | 18,2 | 18,3 | 19,1 | 19,4 | 19,4 | 19,4 | 19,1 |
| dar. Öffentl. Personennahverkehr | 8,0 | 8,0 | 9,0 | 8,7 | 8,6 | 9,2 | 9,2 | 9,3 | 9,2 | 8,9 |
| Motorisierter Individualverkehr | 82,8 | 82,4 | 81,4 | 81,8 | 81,7 | 80,9 | 80,6 | 80,6 | 80,6 | 80,9 |
| Verkehr insgesamt | 100 | 100 | 100 | 100 | 100 | 100 | 100 | 100 | 100 | 100 |

[1] Anmerkungen siehe Seiten 206/207, 209-211.

## Personenverkehr - Verkehrsaufkommen - Bef. Personen

### Anteile der Verkehrsbereiche an den Zwecken[1] - in vH

| | 1976 | 1983 | 1989 | 1991 | 1993 | 1995 | 1997 |
|---|---|---|---|---|---|---|---|
| | | | | **Beruf** | | | |
| Fußwege | 18,9 | 14,7 | 12,4 | 12,7 | 11,7 | 11,1 | 11,0 |
| Fahrradverkehr | 7,6 | 9,0 | 9,1 | 10,6 | 9,6 | 9,0 | 8,9 |
| ÖSPV[2] | 13,0 | 11,0 | 9,8 | 10,9 | 10,2 | 9,6 | 9,3 |
| Eisenbahnverkehr | 3,5 | 3,2 | 3,2 | 3,4 | 3,5 | 3,7 | 3,6 |
| MIV[3] | 57,0 | 62,1 | 65,4 | 62,4 | 64,9 | 66,6 | 67,1 |
| Luftverkehr[4] | - | - | - | - | - | - | - |
| | | | | **Ausbildung** | | | |
| Fußwege | 35,4 | 26,6 | 27,5 | 28,1 | 27,4 | 27,2 | 27,0 |
| Fahrradverkehr | 16,5 | 19,7 | 18,5 | 19,5 | 18,9 | 18,6 | 18,5 |
| ÖSPV[2] | 31,1 | 31,1 | 29,8 | 30,1 | 31,3 | 31,6 | 31,6 |
| Eisenbahnverkehr | 3,2 | 4,3 | 4,3 | 4,0 | 4,2 | 4,3 | 4,3 |
| MIV[3] | 13,8 | 18,4 | 19,8 | 18,3 | 18,2 | 18,4 | 18,6 |
| Luftverkehr[4] | - | - | - | - | - | - | - |
| | | | | **Geschäfts- und Dienstreise** | | | |
| Fußwege | 4,9 | 4,3 | 4,1 | 4,1 | 4,0 | 3,9 | 3,8 |
| Fahrradverkehr | 1,4 | 1,9 | 1,6 | 1,7 | 1,7 | 1,7 | 1,7 |
| ÖSPV[2] | 1,4 | 2,4 | 2,3 | 2,4 | 2,4 | 2,4 | 2,4 |
| Eisenbahnverkehr | 0,6 | 0,8 | 1,0 | 1,0 | 1,1 | 1,1 | 1,2 |
| MIV[3] | 91,4 | 90,2 | 90,6 | 90,5 | 90,5 | 90,4 | 90,4 |
| Luftverkehr[4] | 0,3 | 0,3 | 0,4 | 0,3 | 0,4 | 0,4 | 0,5 |
| | | | | **Einkauf** | | | |
| Fußwege | 49,2 | 39,8 | 39,3 | 39,8 | 39,0 | 38,5 | 38,1 |
| Fahrradverkehr | 8,9 | 11,8 | 10,6 | 10,9 | 10,5 | 10,3 | 10,2 |
| ÖSPV[2] | 7,9 | 9,2 | 8,4 | 8,8 | 8,8 | 8,6 | 8,5 |
| Eisenbahnverkehr | 0,6 | 1,0 | 0,9 | 1,0 | 1,0 | 1,0 | 1,0 |
| MIV[3] | 33,4 | 38,2 | 40,9 | 39,5 | 40,7 | 41,7 | 42,1 |
| Luftverkehr[4] | - | - | - | - | - | - | - |
| | | | | **Freizeit** | | | |
| Fußwege | 36,9 | 32,9 | 32,7 | 33,3 | 32,8 | 32,5 | 32,2 |
| Fahrradverkehr | 8,8 | 10,9 | 9,6 | 10,0 | 9,8 | 9,8 | 9,8 |
| ÖSPV[2] | 5,1 | 5,2 | 4,9 | 5,3 | 5,1 | 5,0 | 5,0 |
| Eisenbahnverkehr | 0,9 | 0,9 | 0,9 | 0,9 | 1,0 | 1,0 | 1,1 |
| MIV[3] | 48,3 | 49,9 | 51,9 | 50,5 | 51,2 | 51,7 | 51,9 |
| Luftverkehr[4] | 0,0 | 0,0 | 0,0 | 0,0 | 0,0 | 0,0 | 0,0 |
| | | | | **Urlaub** | | | |
| Fußwege | - | - | - | - | - | - | - |
| Fahrradverkehr | 1,2 | 0,1 | 0,3 | 0,5 | 0,4 | 0,4 | 0,4 |
| ÖSPV[2] | 6,0 | 8,9 | 9,4 | 9,7 | 10,5 | 9,2 | 9,2 |
| Eisenbahnverkehr | 16,0 | 12,8 | 8,8 | 9,7 | 8,6 | 8,4 | 7,4 |
| MIV[3] | 63,7 | 61,0 | 60,3 | 59,1 | 55,7 | 53,9 | 51,0 |
| Luftverkehr[4] | 13,1 | 17,3 | 21,1 | 21,0 | 24,7 | 28,0 | 31,9 |

[1] Berechnungen des DIW. Definitionen der Fahrtzwecke siehe Seiten 206/207.- [2] Öffentlicher Straßenpersonenverkehr einschl. Aufkommen der Kleinunternehmen mit weniger als 6 Bussen und der ausländischen Unternehmen.- [3] Motorisierter Individualverkehr (Pkw und motorisierte Zweiräder).- [4] Ohne Doppelzählungen im innerdeutschen Verkehr.

## Personenverkehr - Verkehrsleistung - Personen-km

### Anteile der Verkehrsbereiche an den Zwecken[1] - in vH

| | 1976 | 1983 | 1989 | 1991 | 1993 | 1995 | 1997 |
|---|---|---|---|---|---|---|---|
| | | | | **Beruf** | | | |
| Fußwege | 2,1 | 1,6 | 1,2 | 1,2 | 1,1 | 1,1 | 1,0 |
| Fahrradverkehr | 2,1 | 2,4 | 2,1 | 2,5 | 2,2 | 2,1 | 2,1 |
| ÖSPV | 15,7 | 14,2 | 11,8 | 12,5 | 11,1 | 10,3 | 10,0 |
| Eisenbahnverkehr | 9,6 | 8,4 | 8,0 | 8,8 | 8,7 | 9,6 | 9,0 |
| MIV[2] | 70,5 | 73,5 | 76,9 | 75,0 | 76,8 | 76,9 | 77,8 |
| Luftverkehr | - | - | - | - | - | - | - |
| | | | | **Ausbildung** | | | |
| Fußwege | 7,0 | 4,1 | 4,1 | 4,5 | 4,4 | 4,5 | 4,4 |
| Fahrradverkehr | 6,8 | 7,2 | 6,5 | 7,2 | 7,2 | 7,1 | 7,1 |
| ÖSPV | 49,9 | 39,7 | 39,0 | 41,2 | 40,9 | 40,1 | 39,9 |
| Eisenbahnverkehr | 11,4 | 14,3 | 14,4 | 13,7 | 14,1 | 14,8 | 14,2 |
| MIV[2] | 24,9 | 34,7 | 36,1 | 33,4 | 33,4 | 33,4 | 34,3 |
| Luftverkehr | - | - | - | - | - | - | - |
| | | | | **Geschäfts- und Dienstreise** | | | |
| Fußwege | 0,3 | 0,3 | 0,2 | 0,2 | 0,2 | 0,2 | 0,2 |
| Fahrradverkehr | 0,2 | 0,3 | 0,2 | 0,2 | 0,2 | 0,2 | 0,2 |
| ÖSPV | 2,0 | 2,6 | 2,2 | 2,3 | 2,2 | 2,2 | 2,0 |
| Eisenbahnverkehr | 2,1 | 3,1 | 3,5 | 3,8 | 4,0 | 4,6 | 4,7 |
| MIV[2] | 88,7 | 87,2 | 86,3 | 87,0 | 86,5 | 85,0 | 84,6 |
| Luftverkehr | 6,7 | 6,5 | 7,6 | 6,5 | 6,9 | 7,8 | 8,3 |
| | | | | **Einkauf** | | | |
| Fußwege | 11,4 | 8,6 | 8,0 | 8,3 | 8,1 | 8,1 | 7,9 |
| Fahrradverkehr | 4,1 | 4,9 | 4,1 | 4,2 | 4,1 | 4,0 | 3,9 |
| ÖSPV | 14,6 | 14,7 | 13,4 | 14,0 | 12,9 | 12,3 | 12,0 |
| Eisenbahnverkehr | 3,2 | 5,0 | 3,9 | 4,2 | 4,2 | 4,3 | 4,4 |
| MIV[2] | 66,8 | 66,8 | 70,6 | 69,3 | 70,7 | 71,2 | 71,7 |
| Luftverkehr | - | - | - | - | - | - | - |
| | | | | **Freizeit** | | | |
| Fußwege | 5,0 | 4,4 | 4,1 | 4,3 | 4,3 | 4,2 | 4,2 |
| Fahrradverkehr | 2,2 | 3,4 | 2,8 | 2,9 | 2,9 | 2,9 | 2,9 |
| ÖSPV | 7,0 | 7,4 | 6,9 | 7,3 | 6,8 | 6,5 | 6,2 |
| Eisenbahnverkehr | 5,3 | 4,4 | 4,3 | 4,9 | 4,9 | 5,3 | 5,6 |
| MIV[2] | 80,3 | 80,3 | 81,7 | 80,4 | 81,0 | 80,8 | 80,9 |
| Luftverkehr | 0,2 | 0,2 | 0,2 | 0,2 | 0,2 | 0,2 | 0,2 |
| | | | | **Urlaub** | | | |
| Fußwege | - | - | - | - | - | - | - |
| Fahrradverkehr | 0,2 | 0,0 | 0,0 | 0,1 | 0,1 | 0,1 | 0,1 |
| ÖSPV | 3,9 | 5,9 | 6,2 | 6,2 | 6,8 | 6,0 | 6,0 |
| Eisenbahnverkehr | 13,9 | 11,3 | 7,9 | 8,5 | 7,6 | 7,5 | 6,7 |
| MIV[2] | 73,6 | 71,7 | 72,2 | 68,8 | 65,2 | 64,2 | 61,5 |
| Luftverkehr | 8,5 | 11,2 | 13,6 | 16,5 | 20,3 | 22,2 | 25,7 |

[1] Berechnungen des DIW. Definitionen der Fahrtzwecke siehe Seiten 206/207.- [2] Motorisierter Individualverkehr (Pkw und motorisierte Zweiräder).

## Personenverkehr - Verkehrsaufkommen - Bef. Personen

### in Mio. - Verkehrsbereiche nach Zwecken [1]

| | 1976 | 1983 | 1989 | 1991 | 1993 | 1995 | 1997 |
|---|---|---|---|---|---|---|---|
| | | | | **Fußwege** | | | |
| Beruf | 2 561 | 1 967 | 1 771 | 2 355 | 2 116 | 1 977 | 1 958 |
| Ausbildung | 2 218 | 1 500 | 1 371 | 1 819 | 1 869 | 1 928 | 1 955 |
| Geschäft[2] | 255 | 242 | 249 | 319 | 315 | 309 | 310 |
| Einkauf | 9 625 | 7 439 | 7 501 | 9 616 | 9 660 | 9 599 | 9 564 |
| Freizeit | 9 471 | 8 441 | 8 758 | 11 415 | 11 585 | 11 810 | 11 676 |
| Urlaub | - | - | - | - | - | - | - |
| | | | | **Fahrradverkehr** | | | |
| Beruf | 1 028 | 1 203 | 1 298 | 1 959 | 1 738 | 1 604 | 1 582 |
| Ausbildung | 1 031 | 1 110 | 923 | 1 262 | 1 289 | 1 317 | 1 339 |
| Geschäft[2] | 74 | 105 | 100 | 129 | 132 | 133 | 136 |
| Einkauf | 1 737 | 2 208 | 2 017 | 2 620 | 2 604 | 2 582 | 2 565 |
| Freizeit | 2 248 | 2 803 | 2 581 | 3 420 | 3 467 | 3 568 | 3 555 |
| Urlaub | 1 | 0 | 0 | 1 | 1 | 1 | 1 |
| | | | | **Öffentlicher Straßenpersonenverkehr[3]** | | | |
| Beruf | 1 768 | 1 471 | 1 401 | 2 020 | 1 847 | 1 700 | 1 652 |
| Ausbildung | 1 946 | 1 752 | 1 487 | 1 949 | 2 139 | 2 243 | 2 289 |
| Geschäft[2] | 76 | 136 | 142 | 185 | 191 | 195 | 194 |
| Einkauf | 1 552 | 1 729 | 1 596 | 2 133 | 2 169 | 2 137 | 2 121 |
| Freizeit | 1 319 | 1 344 | 1 298 | 1 814 | 1 808 | 1 818 | 1 798 |
| Urlaub | 5 | 9 | 12 | 15 | 19 | 17 | 16 |
| | | | | **Eisenbahnverkehr** | | | |
| Beruf | 471 | 431 | 456 | 637 | 627 | 658 | 648 |
| Ausbildung | 201 | 241 | 216 | 256 | 288 | 304 | 312 |
| Geschäft[2] | 33 | 46 | 59 | 79 | 83 | 90 | 100 |
| Einkauf | 121 | 179 | 164 | 232 | 246 | 241 | 258 |
| Freizeit | 225 | 235 | 239 | 326 | 341 | 366 | 404 |
| Urlaub | 14 | 13 | 11 | 15 | 15 | 16 | 13 |
| | | | | **Motorisierter Individualverkehr[4]** | | | |
| Beruf | 7 738 | 8 309 | 9 304 | 11 577 | 11 689 | 11 832 | 11 919 |
| Ausbildung | 864 | 1 037 | 988 | 1 184 | 1 245 | 1 302 | 1 348 |
| Geschäft[2] | 4 801 | 5 019 | 5 561 | 7 070 | 7 160 | 7 207 | 7 354 |
| Einkauf | 6 532 | 7 139 | 7 789 | 9 535 | 10 076 | 10 397 | 10 570 |
| Freizeit | 12 407 | 12 797 | 13 882 | 17 317 | 18 067 | 18 803 | 18 827 |
| Urlaub | 55 | 61 | 78 | 90 | 100 | 100 | 91 |
| | | | | **Luftverkehr[5]** | | | |
| Beruf | - | - | - | - | - | - | - |
| Ausbildung | - | - | - | - | - | - | - |
| Geschäft[2] | 15 | 16 | 25 | 27 | 29 | 34 | 37 |
| Einkauf | - | - | - | - | - | - | - |
| Freizeit | 2 | 1 | 2 | 2 | 2 | 2 | 2 |
| Urlaub | 11 | 17 | 27 | 32 | 44 | 52 | 57 |

[1] Berechnungen des DIW. Definitionen der Fahrtzwecke siehe Seiten 206/207.- [2] Geschäfts- und Dienstreiseverkehr.- [3] Einschl. Aufkommen der Kleinunternehmen mit weniger als 6 Bussen und der ausländischen Unternehmen.- [4] Pkw und motorisierte Zweiräder.- [5] Ohne Doppelzählungen im innerdeutschen Luftverkehr.

## Personenverkehr - Verkehrsleistung - Personen-km

**in Mrd. - Verkehrsbereiche nach Zwecken [1]**

| | 1976 | 1983 | 1989 | 1991 | 1993 | 1995 | 1997 |
|---|---|---|---|---|---|---|---|
| **Fußwege** | | | | | | | |
| Beruf | 2,6 | 2,0 | 1,8 | 2,4 | 2,2 | 2,0 | 2,0 |
| Ausbildung | 2,4 | 1,6 | 1,5 | 1,9 | 2,0 | 2,1 | 2,1 |
| Geschäft[2] | 0,2 | 0,3 | 0,3 | 0,3 | 0,3 | 0,3 | 0,3 |
| Einkauf | 8,0 | 6,9 | 7,0 | 8,9 | 9,0 | 9,0 | 9,0 |
| Freizeit | 12,9 | 11,8 | 12,5 | 16,2 | 16,6 | 17,0 | 16,9 |
| Urlaub | - | - | - | - | - | - | - |
| **Fahrradverkehr** | | | | | | | |
| Beruf | 2,6 | 3,1 | 3,3 | 5,0 | 4,4 | 4,1 | 4,0 |
| Ausbildung | 2,3 | 2,8 | 2,3 | 3,2 | 3,2 | 3,3 | 3,4 |
| Geschäft[2] | 0,2 | 0,2 | 0,2 | 0,3 | 0,3 | 0,3 | 0,3 |
| Einkauf | 2,8 | 3,9 | 3,6 | 4,6 | 4,5 | 4,5 | 4,5 |
| Freizeit | 5,6 | 9,1 | 8,5 | 10,9 | 11,2 | 11,6 | 11,6 |
| Urlaub | 0,1 | 0,0 | 0,0 | 0,0 | 0,0 | 0,0 | 0,0 |
| **Öffentlicher Straßenpersonenverkehr** | | | | | | | |
| Beruf | 19,4 | 18,4 | 18,7 | 24,8 | 21,9 | 19,8 | 19,5 |
| Ausbildung | 16,9 | 15,3 | 14,0 | 17,9 | 18,4 | 18,6 | 18,9 |
| Geschäft[2] | 1,6 | 2,3 | 2,6 | 3,4 | 3,4 | 3,3 | 3,1 |
| Einkauf | 10,2 | 11,8 | 11,7 | 15,1 | 14,4 | 13,8 | 13,6 |
| Freizeit | 18,0 | 20,0 | 21,0 | 27,6 | 26,5 | 25,9 | 24,7 |
| Urlaub | 1,4 | 2,4 | 3,3 | 4,0 | 5,1 | 4,6 | 4,4 |
| **Eisenbahnverkehr** | | | | | | | |
| Beruf | 11,9 | 10,9 | 12,7 | 17,4 | 17,2 | 18,6 | 17,6 |
| Ausbildung | 3,8 | 5,5 | 5,2 | 6,0 | 6,4 | 6,9 | 6,8 |
| Geschäft[2] | 1,7 | 2,7 | 4,0 | 5,6 | 6,1 | 6,9 | 7,3 |
| Einkauf | 2,2 | 4,1 | 3,4 | 4,5 | 4,7 | 4,8 | 5,0 |
| Freizeit | 13,6 | 11,8 | 12,9 | 18,5 | 19,3 | 21,3 | 22,5 |
| Urlaub | 5,1 | 4,7 | 4,2 | 5,5 | 5,7 | 5,7 | 4,9 |
| **Motorisierter Individualverkehr[3]** | | | | | | | |
| Beruf | 87,2 | 95,5 | 121,3 | 149,2 | 151,3 | 148,7 | 151,3 |
| Ausbildung | 8,4 | 13,4 | 13,0 | 14,6 | 15,0 | 15,5 | 16,3 |
| Geschäft[2] | 70,9 | 77,8 | 101,1 | 128,8 | 131,2 | 127,6 | 131,1 |
| Einkauf | 46,7 | 53,7 | 61,7 | 74,8 | 78,9 | 79,5 | 81,5 |
| Freizeit | 205,7 | 217,4 | 247,1 | 301,8 | 315,2 | 322,7 | 324,9 |
| Urlaub | 27,1 | 30,0 | 38,2 | 44,2 | 49,1 | 48,9 | 44,6 |
| **Luftverkehr** | | | | | | | |
| Beruf | - | - | - | - | - | - | - |
| Ausbildung | - | - | - | - | - | - | - |
| Geschäft[2] | 5,4 | 5,8 | 8,9 | 9,6 | 10,4 | 11,7 | 12,8 |
| Einkauf | - | - | - | - | - | - | - |
| Freizeit | 0,5 | 0,5 | 0,6 | 0,6 | 0,7 | 0,8 | 0,9 |
| Urlaub | 3,1 | 4,7 | 7,2 | 10,6 | 15,3 | 16,9 | 18,6 |

[1] Berechnungen des DIW. Definitionen der Fahrtzwecke siehe Seiten 206/207.- [2] Geschäfts- und Dienstreiseverkehr.- [3] Pkw und motorisierte Zweiräder.

## Haushaltspanel zum Verkehrsverhalten[1)]

| | Befragte Personen[2)] - Anzahl | | | | Pkw-Verfügbarkeit[3)4)] - in vH | | | | Verkehrsbeteiligung[3)5)] - in vH | | | |
|---|---|---|---|---|---|---|---|---|---|---|---|---|
| | 1995 | 1996 | 1997 | 1998 | 1995 | 1996 | 1997 | 1998 | 1995 | 1996 | 1997 | 1998 |
| **alle Personen** | 744 | 1 487 | 1 523 | 1 500 | (72,3) | 72,9 | 73,0 | 75,8 | (93,9) | 92,9 | 92,0 | 91,4 |
| **nach Geschlecht** | | | | | | | | | | | | |
| männlich | 361 | 718 | 746 | 726 | (83,6) | 82,4 | 80,1 | 85,1 | (96,1) | 94,0 | 92,6 | 92,5 |
| weiblich | 383 | 769 | 777 | 774 | (62,2) | 64,4 | 66,6 | 67,5 | (91,9) | 91,8 | 91,4 | 90,5 |
| **nach Altersklassen** | | | | | | | | | | | | |
| 10 - 17 | 65 | 158 | 156 | 168 | - | - | - | - | . | 91,1 | 93,1 | 90,8 |
| 18 - 35 | 212 | 430 | 368 | 295 | (85,6) | 80,5 | 78,1 | 83,3 | . | 95,6 | 92,4 | 93,2 |
| 36 - 59 | 273 | 589 | 669 | 663 | (82,0) | 84,8 | 82,2 | 85,8 | . | 94,9 | 93,1 | 93,0 |
| >=60 | 194 | 310 | 330 | 374 | (43,7) | 47,8 | 53,1 | 54,8 | . | 87,6 | 89,3 | 87,7 |
| **nach Berufstätigkeit** | | | | | | | | | | | | |
| voll berufstätig | 281 | 563 | 566 | 488 | . | . | . | . | (97,1) | 95,8 | 94,6 | 94,6 |
| teilweise berufstätig | 104 | 202 | 213 | 179 | . | . | . | . | (93,5) | 93,7 | 92,5 | 92,5 |
| in Ausbildung | 94 | 235 | 225 | 232 | . | . | . | . | (96,2) | 93,6 | 93,2 | 93,2 |
| Hausfrau/-mann, arbeitslos | 95 | 217 | 219 | 247 | . | . | . | . | (90,9) | 91,0 | 87,4 | 87,4 |
| Rentner | 169 | 265 | 291 | 345 | . | . | . | . | (90,0) | 88,6 | 90,3 | 90,3 |
| keine Angabe | - | 5 | 9 | 9 | - | . | . | . | - | . | . | . |

[1)] Laufende Statistik des Haushaltspanels zum Verkehrsverhalten. Institut für Verkehrswesen Universität Karlsruhe im Auftrag des Bundesverkehrsministeriums (seit 1994). Ergebnisse für 1995 wegen geringer Fallzahlen in Klammern.- [2)] Personen ab 10 Jahre.- [3)] Ergebnisse sozio-demographisch gewichtet.-
[4)] Führerscheinbesitz und Pkw im Haushalt. Personen ab 18 Jahre.- [5)] Alle Personen, alle Tage.

## Haushaltspanel zum Verkehrsverhalten[1)]

| | Wege[2)] - Anzahl | | | | Reisezeitdauer[2)] - in Minuten | | | | Wegstrecke[2)] - in km | | | |
|---|---|---|---|---|---|---|---|---|---|---|---|---|
| | 1995 | 1996 | 1997 | 1998 | 1995 | 1996 | 1997 | 1998 | 1995 | 1996 | 1997 | 1998 |
| **alle Personen** | (3,4) | 3,5 | 3,6 | 3,6 | (76,9) | 81,4 | 82,0 | 81,2 | (39,2) | 39,6 | 40,4 | 39,9 |
| **nach Geschlecht** | | | | | | | | | | | | |
| männlich | (3,5) | 3,6 | 3,8 | 3,7 | (86,2) | 89,7 | 91,5 | 88,9 | (50,4) | 47,9 | 47,7 | 50,0 |
| weiblich | (3,3) | 3,3 | 3,5 | 3,5 | (73,6) | 73,8 | 73,3 | 74,2 | (29,0) | 32,0 | 31,8 | 30,6 |
| **nach Altersklassen** | | | | | | | | | | | | |
| 10 - 17 | . | 3,3 | 3,4 | 3,4 | (67,6) | 63,2 | 69,4 | 70,0 | (25,3) | 24,1 | 25,5 | 23,8 |
| 18 - 35 | . | 4,0 | 4,2 | 4,2 | (83,1) | 85,5 | 84,8 | 89,8 | (52,0) | 50,2 | 50,2 | 55,4 |
| 36 - 59 | . | 3,6 | 3,8 | 3,8 | (77,3) | 85,0 | 87,4 | 85,0 | (42,4) | 44,6 | 45,2 | 44,2 |
| >=60 | . | 2,8 | 2,9 | 2,9 | (83,0) | 77,8 | 74,9 | 71,9 | (25,3) | 26,1 | 27,2 | 25,1 |
| **nach Berufstätigkeit** | | | | | | | | | | | | |
| voll berufstätig | (3,5) | 3,8 | 3,9 | 4,0 | (83,0) | 90,2 | 92,0 | 94,2 | (52,2) | 55,6 | 55,6 | 59,7 |
| teilweise berufstätig | (3,8) | 3,9 | 4,0 | 4,0 | (72,9) | 80,0 | 80,1 | 76,7 | (36,8) | 36,0 | 38,7 | 35,0 |
| in Ausbildung | (3,5) | 3,5 | 3,7 | 3,7 | (78,2) | 73,0 | 76,2 | 77,3 | (37,0) | 32,9 | 33,0 | 33,3 |
| Hausfrau/-mann, arbeitslos | (3,5) | 3,3 | 3,5 | 3,5 | (74,5) | 70,9 | 68,5 | 73,7 | (28,6) | 31,7 | 27,7 | 32,4 |
| Rentner | (2,9) | 2,8 | 3,1 | 2,9 | (82,1) | 80,4 | 78,9 | 72,2 | (27,7) | 27,3 | 29,6 | 24,4 |
| keine Angabe | - | . | . | . | - | . | . | . | - | . | . | . |

[1)] Laufende Statistik des Haushaltspanels zum Verkehrsverhalten. Institut für Verkehrswesen Universität Karlsruhe im Auftrag des Bundesverkehrsministeriums (seit 1994). Ergebnisse sozio-demographisch gewichtet, für 1995 wegen geringer Fallzahlen in Klammern.- [2)] Pro Person und Tag.

## Personenverkehr - Öffentlicher Straßenpersonenverkehr[1)] nach Bundesländern

| Jahr | Baden-Württemberg | Bayern | Berlin | Brandenburg | Bremen | Hamburg | Hessen | Mecklenburg-Vorpommern |
|---|---|---|---|---|---|---|---|---|
| | | | **Verkehrsaufkommen - Beförderte Personen - in Mio.** | | | | | |
| 1990 | 760 | 994 | 683 | . | 114 | 341 | 445 | . |
| 1991 | 773 | 1 033 | 947 | 203 | 117 | 368 | 462 | 171 |
| 1992 | 808 | 1 048 | 995 | 183 | 116 | 374 | 468 | 149 |
| 1993 | 828 | 1 088 | 985 | 173 | 114 | 383 | 469 | 157 |
| 1994 | 837 | 1 091 | 933 | 174 | 113 | 390 | 467 | 149 |
| 1995 | 860 | 1 102 | 846 | 174 | 113 | 392 | 458 | 147 |
| 1996 | 881 | 1 113 | 792 | 179 | 110 | 390 | 437 | 149 |
| 1997 | 886 | 1 119 | . | 176 | . | . | 445 | 144 |
| 1998 | 870 | 1 107 | 740 | 177 | 137 | 386 | 461 | 140 |
| | | | **Verkehrsleistung - Personenkilometer - in Mio.** | | | | | |
| 1990 | 9 286 | 14 819 | 5 320 | . | 730 | 2 419 | 4 925 | . |
| 1991 | 9 275 | 16 306 | 7 184 | 2 268 | 725 | 2 465 | 5 140 | 1 690 |
| 1992 | 9 267 | 16 428 | 6 619 | 1 718 | 742 | 2 472 | 5 496 | 1 315 |
| 1993 | 9 095 | 16 491 | 6 570 | 1 678 | 682 | 2 494 | 5 494 | 1 258 |
| 1994 | 9 095 | 15 419 | 6 099 | 1 707 | 682 | 2 458 | 5 380 | 1 248 |
| 1995 | 8 952 | 15 126 | 4 716 | 1 794 | 677 | 2 534 | 6 120 | 1 280 |
| 1996 | 8 973 | 14 755 | 4 506 | 2 128 | 646 | 2 564 | 6 055 | 1 459 |
| 1997 | 8 883 | 14 629 | . | 1 862 | . | . | 6 278 | 1 478 |
| 1998 | 8 617 | 14 271 | 4 343 | 2 162 | 967 | 2 553 | 5 829 | 1 417 |

[1)] Ohne Taxis, Mietwagen und Verkehr der Kleinunternehmen mit weniger als 6 Kraftomnibussen. Ohne den Kraftomnibusverkehr der Deutschen Bundesbahn (bis 1990), der nicht nach Bundesländern aufgeteilt werden kann.

## Personenverkehr - Öffentlicher Straßenpersonenverkehr[1)] nach Bundesländern

| Jahr | Nieder-sachsen | Nordrhein-Westfalen | Rheinland-Pfalz | Saarland | Sachsen | Sachsen-Anhalt | Schleswig-Holstein | Thüringen |
|---|---|---|---|---|---|---|---|---|
| | | | | **Verkehrsaufkommen - Beförderte Personen - in Mio.** | | | | |
| 1990 | 490 | 1 570 | 231 | 75 | . | . | 175 | . |
| 1991 | 505 | 1 679 | 226 | 74 | 616 | 260 | 180 | 247 |
| 1992 | 506 | 1 717 | 233 | 74 | 551 | 232 | 182 | 211 |
| 1993 | 509 | 1 805 | 247 | 76 | 482 | 216 | 185 | 201 |
| 1994 | 522 | 1 830 | 254 | 78 | 487 | 228 | 187 | 208 |
| 1995 | 498 | 1 820 | 251 | 84 | 502 | 225 | 193 | 207 |
| 1996 | 517 | 1 834 | 250 | 83 | 488 | 225 | 182 | 215 |
| 1997 | 533 | 1 856 | 254 | 89 | 480 | 225 | 171 | 203 |
| 1998 | 501 | 1 854 | 266 | 100 | 431 | 219 | 205 | 213 |
| | | | | **Verkehrsleistung - Personenkilometer - in Mio.** | | | | |
| 1990 | 7 464 | 12 604 | 3 439 | 1 282 | . | . | 2 672 | . |
| 1991 | 7 441 | 13 140 | 3 361 | 1 290 | 5 842 | 2 440 | 2 722 | 2 178 |
| 1992 | 7 604 | 13 044 | 3 445 | 1 193 | 4 210 | 2 256 | 2 690 | 1 830 |
| 1993 | 7 073 | 13 008 | 3 564 | 1 122 | 3 489 | 2 076 | 2 695 | 1 671 |
| 1994 | 6 891 | 13 997 | 3 635 | 1 138 | 3 754 | 2 314 | 2 718 | 1 756 |
| 1995 | 7 035 | 13 254 | 3 691 | 1 213 | 3 899 | 2 236 | 2 665 | 1 757 |
| 1996 | 6 800 | 13 459 | 3 649 | 1 179 | 3 636 | 2 266 | 2 734 | 1 752 |
| 1997 | 6 712 | 13 601 | 3 591 | 1 235 | 3 701 | 2 319 | 2 437 | 1 758 |
| 1998 | 6 446 | 13 657 | 3 799 | 1 349 | 3 607 | 2 317 | 2 603 | 1 966 |

[1)] Ohne Taxis, Mietwagen und Verkehr der Kleinunternehmen mit weniger als 6 Kraftomnibussen. Ohne den Kraftomnibusverkehr der Deutschen Bundesbahn (bis 1990), der nicht nach Bundesländern aufgeteilt werden kann.

## Güterverkehr

Das Güterverkehrsaufkommen der Bundesrepublik Deutschland umfaßt

- die Transporte, deren Versand- und Empfangsort in der Bundesrepublik Deutschland liegen,
- die Transporte im grenzüberschreitenden Verkehr, d. h. Transporte, deren Versand- bzw. Empfangsort in der Bundesrepublik Deutschland und deren Empfangs- bzw. Versandort im Ausland liegen,
- die Transporte im Durchgangsverkehr, d. h. Transporte aus dem Ausland durch die Bundesrepublik Deutschland nach dem Ausland
- und bis einschließlich 1990 die Transporte zwischen der Bundesrepublik Deutschland (einschließlich Berlin-West) und der ehemaligen DDR (einschließlich Berlin-Ost).

Dabei handelt es sich sowohl um die Güterbeförderung mit Fahrzeugen, die in der Bundesrepublik Deutschland zugelassen bzw. registriert, als auch um die Güterbeförderung mit Fahrzeugen, die im Ausland zugelassen bzw. registriert sind.

Erfolgt der Transport im Bundesgebiet - infolge von Umladungen - in mehreren Verkehrsbereichen, so wird das Verkehrsaufkommen in jedem Verkehrsbereich, d. h. mehrfach, gezählt. Die Verkehrsleistung enthält dagegen keine Doppelzählungen, sie errechnet sich aus Gewicht und Entfernung für jeden einzelnen Verkehrsbereich.

Die Angaben zur Verkehrsleistung - Tonnenkilometer (tkm) - und zur mittleren Transportweite - km - beziehen sich, außer in der Seeschiffahrt, immer auf die im Bundesgebiet zurückgelegte Entfernung. Die Verkehrsleistungen von der Grenze zum Empfangsort im Ausland bzw. vom Herkunftsort im Ausland bis zur Grenze der Bundesrepublik Deutschland sind hier nicht nachgewiesen.

Zum Binnenländischen Verkehr zusammengefaßt werden alle Transporte, die auf den Verkehrswegen im Bundesgebiet durchgeführt werden. Ausgenommen sind der Dienstgutverkehr der Eisenbahnen, der grenzüberschreitende Straßengüternahverkehr und der Seeverkehr.

## Straßengüterverkehr

1994 ist die Statistik für den Straßengüterverkehr umgestellt worden. Bis 1993 erfolgte hier - nur für den Fernverkehr - eine Auswertung der Frachtbriefe (im gewerblichen Verkehr) bzw. der "Monatsübersichten" (für den Werkverkehr). Der Straßengüternahverkehr wurde bis 1992 vom DIW geschätzt. Ab Mai 1994 wird eine Verkehrsleistungsstatistik der deutschen Lastkraftfahrzeuge durch Stichprobenerhebung erstellt. Hier wird jetzt sowohl der Fern- als auch der Nahverkehr ermittelt.

In einem Gutachten für das Bundesverkehrsministerium hat das DIW die Unterschiede in den Ergebnissen der beiden Statistiken untersucht und ist zu dem Schluß gekommen, daß die ab Mai 1994 erstellte Verkehrsleistungsstatistik deutscher Lastkraftfahrzeuge die Zielgrößen zutreffend erfaßt. Daher wurden für die Jahre 1991 bis 1993 die Eckgrößen für deutsche Lastkraftfahrzeuge in den Abgrenzungen der neuen Statistik (Lkw und Sattelzugmaschinen über 3,5 t Nutzlast bzw. 6 t zulässigem Gesamtgewicht) zurückgeschätzt, die Daten für 1994 basieren auf der Jahreshochrechnung der Ergebnisse Mai bis Dezember durch das ifo-Institut. Anders als in den bisherigen amtlichen Veröffentlichungen zur neuen Statistik werden hier, um mit der Darstellung für die anderen Güterverkehrsträger kompatibel zu sein, nur die auf das Bundesgebiet bezogenen Werte ausgewiesen, d.h. die auf das Ausland entfallenden Anteile sind nicht enthalten. Die Angaben zu den ausländischen Lastkraftfahrzeugen sind der Statistik des grenzüberschreitenden Straßenverkehrs (vom Kraftfahrt-Bundesamt) entnommen; sie schließen den Kabotageverkehr in Deutschland ein. Für diese Angaben liegen nur noch Eckwerte vor.

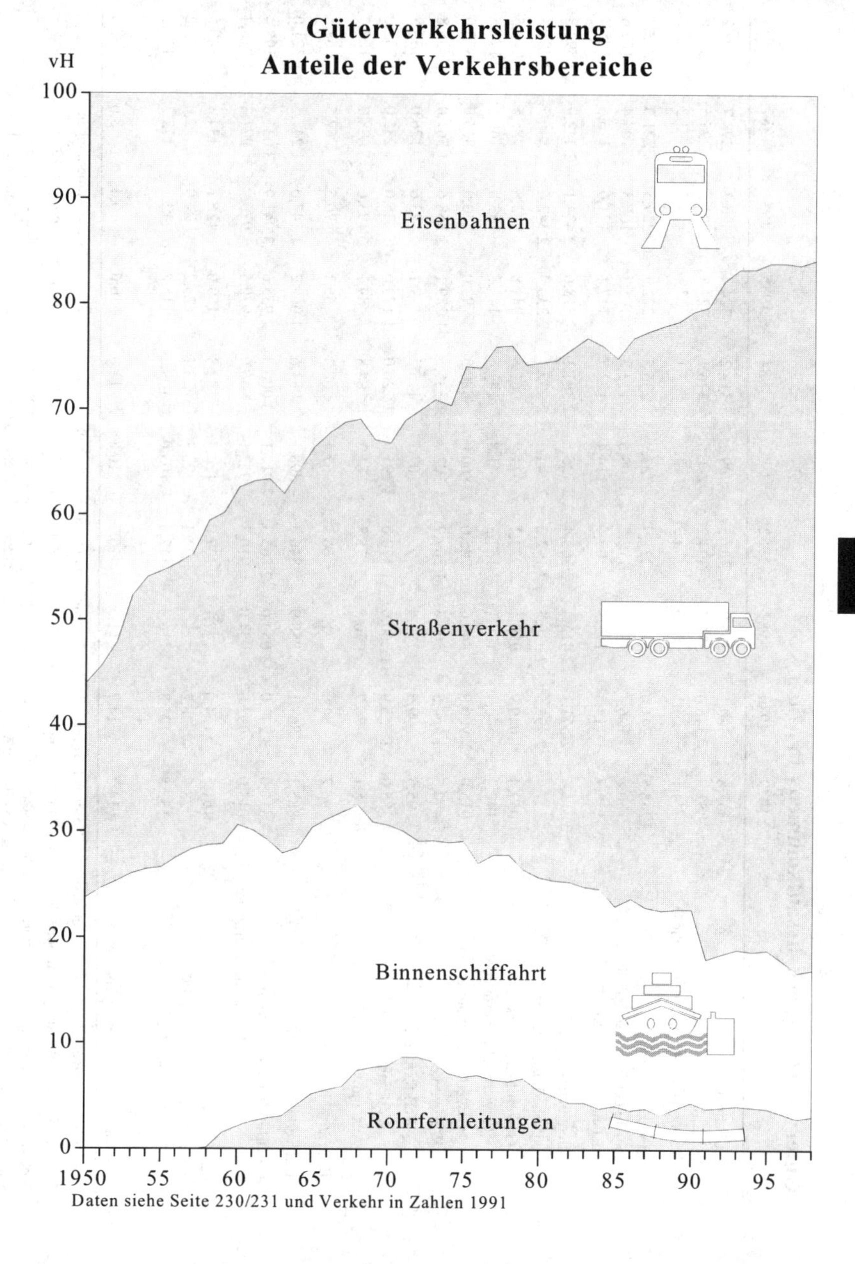
Güterverkehrsleistung
Anteile der Verkehrsbereiche
vH
100
90
80
70
60
50
40
30
20
10
0
Eisenbahnen
Straßenverkehr
Binnenschiffahrt
Rohrfernleitungen
1950
55
60
65
70
75
80
85
90
95
Daten siehe Seite 230/231 und Verkehr in Zahlen 1991

B 6

## Güterverkehr - Verkehrsaufkommen - in Mio. t

| | 1979 | 1980 | 1981 | 1982 | 1983 | 1984 | 1985 | 1986 | 1987 | 1988 |
|---|---|---|---|---|---|---|---|---|---|---|
| Eisenbahnen[1] | 357,8 | 350,1 | 335,0 | 307,5 | 299,7 | 319,2 | 324,4 | 306,7 | 298,7 | 302,2 |
| Wagenladungsverkehr | 353,7 | 346,0 | 331,4 | 304,2 | 296,6 | 316,1 | 321,3 | 303,5 | 295,5 | 299,0 |
| Stückgut- und Expreßgutverkehr | 4,1 | 4,1 | 3,6 | 3,3 | 3,1 | 3,1 | 3,1 | 3,2 | 3,2 | 3,2 |
| Binnenschiffahrt[2] | 246,5 | 241,0 | 231,7 | 221,9 | 223,9 | 236,5 | 222,4 | 229,5 | 221,0 | 233,3 |
| Schiffe der Bundesrepublik | 130,8 | 126,4 | 119,4 | 112,5 | 109,6 | 113,8 | 105,3 | 108,5 | 104,4 | 107,6 |
| Ausländische Schiffe | 115,7 | 114,6 | 112,3 | 109,4 | 114,4 | 122,7 | 117,1 | 121,0 | 116,6 | 125,7 |
| Straßengüterverkehr[3)4)5)6] | 2 611,7 | 2 571,1 | 2 415,4 | 2 268,4 | 2 325,5 | 2 381,1 | 2 318,6 | 2 434,1 | 2 442,9 | 2 592,8 |
| Deutsche Lastkraftfahrzeuge[4)5] | 2 537,9 | 2 495,5 | 2 339,5 | 2 192,2 | 2 244,5 | 2 297,1 | 2 230,9 | 2 342,4 | 2 346,5 | 2 485,3 |
| Gewerblicher Verkehr[5] | 1 057,4 | 1 040,9 | 979,1 | 922,3 | 941,8 | 961,6 | 941,8 | 983,8 | 985,5 | 1 046,5 |
| Gewerblicher Fernverkehr | 142,4 | 140,9 | 139,1 | 137,3 | 141,8 | 141,6 | 146,8 | 153,8 | 160,5 | 171,5 |
| Gewerblicher Nahverkehr[5] | 915,0 | 900,0 | 840,0 | 785,0 | 800,0 | 820,0 | 795,0 | 830,0 | 825,0 | 875,0 |
| Werkverkehr[4)5] | 1 480,5 | 1 454,6 | 1 360,4 | 1 269,9 | 1 302,7 | 1 335,5 | 1 289,1 | 1 358,6 | 1 361,0 | 1 438,8 |
| Werkfernverkehr[4] | 95,5 | 99,6 | 100,4 | 99,9 | 107,7 | 115,5 | 119,1 | 123,6 | 126,0 | 133,8 |
| Werknahverkehr[5] | 1 385,0 | 1 355,0 | 1 260,0 | 1 170,0 | 1 195,0 | 1 220,0 | 1 170,0 | 1 235,0 | 1 235,0 | 1 305,0 |
| Ausländische Lastkraftfahrzeuge[7] | 75,1 | 76,9 | 76,5 | 75,8 | 81,7 | 84,8 | 89,1 | 93,6 | 98,9 | 107,5 |
| Rohrfernleitungen[8] | 96,2 | 84,0 | 71,1 | 66,7 | 67,1 | 68,3 | 69,2 | 70,5 | 67,5 | 68,8 |
| Luftverkehr[9] (in1 000t) | 885,1 | 861,1 | 858,9 | 846,7 | 898,1 | 983,6 | 1 069,2 | 1 147,0 | 1 247,5 | 1 321,0 |
| **Binnenländischer Verkehr** | 3 313,0 | 3 247,0 | 3 054,0 | 2 865,3 | 2 917,1 | 3 006,0 | 2 935,6 | 3 041,9 | 3 031,3 | 3 198,4 |
| ohne Nahverkehr dt. Lastkraftfahrzeuge | 1 013,0 | 992,0 | 954,0 | 910,3 | 922,1 | 966,0 | 970,6 | 976,9 | 971,3 | 1 018,4 |
| Seeschiffahrt[10] | 161,5 | 154,0 | 142,1 | 137,0 | 126,3 | 132,3 | 139,0 | 136,1 | 134,3 | 140,5 |
| Schiffe der Bundesrepublik | 28,7 | 28,2 | 25,7 | 24,4 | 23,3 | 23,1 | 23,2 | 24,0 | 22,0 | 21,2 |
| Ausländische Schiffe | 132,8 | 125,8 | 116,4 | 112,6 | 103,0 | 109,2 | 115,8 | 112,1 | 112,3 | 119,3 |
| nachrichtlich: | | | | | | | | | | |
| Dienstgutverkehr der Eisenbahnen | 14,2 | 14,7 | 11,5 | 10,7 | 10,8 | 11,0 | 10,6 | 10,4 | 8,6 | 8,3 |

[1] Ohne Güterkraftverkehr und Dienstgutverkehr. - [2] Einschl. Seeverkehr der Binnenhäfen mit Häfen außerhalb des Bundesgebietes.- [3] Siehe Anmerkungen Seite 222.- [4] Bis 1990 ohne Transporte der im Werkfernverkehr eingesetzten Lastkraftwagen bis einschl. 4 t Nutzlast und Zugmaschinen bis einschl. 40 kW Motorleistung. Ab 1991 ohne Transporte deutscher Lastkraftfahrzeuge bis 6 t zulässiges Gesamtgewicht oder 3,5 t Nutzlast.- [5] Bis 1990 ohne grenzüberschreitenden Nahverkehr deutscher Lastkraftfahrzeuge (1990: 20 Mio. t.) und ohne freigestellten Nahverkehr nach § 4 des Güterkraftverkehrsgesetzes (GüKG) oder der hierzu erlassenen Freistellungsverordnung. Bis 1993 Berechnungen des DIW.- Weitere Anmerkungen siehe folgende Seite.

## Güterverkehr - Verkehrsaufkommen - in Mio. t

| | 1989 | 1990 | 1991 | 1992 | 1993 | 1994 | 1995 | 1996 | 1997 | 1998* |
|---|---|---|---|---|---|---|---|---|---|---|
| Eisenbahnen[1)] | 307,0 | 303,7 | 401,2 | 361,2 | 316,3 | 324,0 | 320,2 | 309,3 | 316,7 | 305,7 |
| Wagenladungsverkehr | 303,8 | 300,6 | 398,3 | 358,7 | 314,1 | 321,8 | 318,2 | 307,8 | 316,0 | 305,7 |
| Stückgut- und Expreßgutverkehr | 3,2 | 3,1 | 2,9 | 2,5 | 2,2 | 2,2 | 2,0 | 1,5 | 0,6 | 0,0 |
| Binnenschiffahrt[2)] | 234,8 | 231,6 | 230,0 | 229,9 | 218,5 | 235,0 | 237,9 | 227,0 | 233,5 | 236,4 |
| Schiffe der Bundesrepublik | 105,3 | 102,7 | 104,5 | 102,9 | 96,3 | 101,6 | 99,9 | 92,7 | 94,1 | 95,7 |
| Ausländische Schiffe | 129,5 | 128,9 | 125,5 | 127,0 | 122,2 | 133,4 | 138,0 | 134,3 | 139,4 | 140,6 |
| Straßengüterverkehr[3)4)5)7)] | 2 739,2 | 2 876,7 | 2 918,7 | 2 999,5 | 3 107,4 | 3 360,2 | 3 347,0 | 3 189,2 | 3 196,0 | 3 196,8 |
| Deutsche Lastkraftfahrzeuge[4)5)6)] | 2 617,7 | 2 742,9 | 2 768,0 | 2 841,0 | 2 944,0 | 3 184,2 | 3 165,3 | 3 008,2 | 2 975,0 | 2 960,3 |
| Gewerblicher Verkehr[5)] | 1 098,4 | 1 151,5 | 1 318,0 | 1 389,0 | 1 464,0 | 1 604,2 | 1 646,4 | 1 595,2 | 1 540,8 | 1 506,3 |
| Gewerblicher Fernverkehr[6)] | 178,4 | 186,5 | 290,0 | 303,0 | 302,0 | 326,7 | 345,7 | 362,2 | 401,9 | . |
| Gewerblicher Nahverkehr[5)6)] | 920,0 | 965,0 | 1 028,0 | 1 086,0 | 1 162,0 | 1 277,5 | 1 300,8 | 1 233,0 | 1 138,8 | . |
| Werkverkehr[4)5)] | 1 519,3 | 1 591,4 | 1 450,0 | 1 452,0 | 1 480,0 | 1 580,0 | 1 518,8 | 1 413,1 | 1 434,2 | 1 454,0 |
| Werkfernverkehr[4)6)] | 139,3 | 146,4 | 293,0 | 297,0 | 284,0 | 300,2 | 283,1 | 268,2 | 257,9 | . |
| Werknahverkehr[5)6)] | 1 380,0 | 1 445,0 | 1 157,0 | 1 155,0 | 1 196,0 | 1 279,8 | 1 235,7 | 1 144,9 | 1 176,3 | . |
| Ausländische Lastkraftfahrzeuge[7)] | 121,5 | 133,8 | 150,7 | 158,5 | 163,4 | 175,9 | 181,7 | 181,0 | 221,0 | 236,6 |
| Rohrfernleitungen[8)] | 67,8 | 74,1 | 90,7 | 92,6 | 94,7 | 98,7 | 98,4 | 89,4 | 87,4 | 90,7 |
| Luftverkehr[9)] (in1 000t) | 1 530,5 | 1 578,5 | 1 560,8 | 1 599,8 | 1 680,6 | 1 878,4 | 1 992,7 | 2 067,4 | 2 184,7 | 2 090,6 |
| **Binnenländischer Verkehr** | 3 350,3 | 3 487,7 | 3 642,1 | 3 684,8 | 3 738,5 | 4 019,8 | 4 005,4 | 3 816,9 | 3 835,6 | 3 831,7 |
| ohne Nahverkehr dt. Lastkraftfahrzeuge | 1 050,3 | 1 077,7 | 1 457,1 | 1 443,8 | 1 380,5 | 1 462,5 | 1 468,9 | 1 439,0 | 1 520,5 | . |
| Seeschiffahrt[10)] | 141,0 | 143,8 | 161,1 | 178,1 | 180,6 | 193,3 | 201,0 | 202,5 | 209,5 | 214,0 |
| Schiffe der Bundesrepublik | 20,2 | 22,4 | 26,3 | 27,4 | 26,8 | 29,4 | 27,1 | 25,5 | 25,8 | 24,9 |
| Ausländische Schiffe | 120,8 | 121,4 | 134,8 | 150,7 | 153,8 | 163,9 | 173,9 | 177,0 | 183,8 | 189,1 |
| nachrichtlich: | | | | | | | | | | |
| Dienstgutverkehr der Eisenbahnen | 8,8 | 7,0 | 13,0 | 17,0 | 12,9 | 12,8 | 13,0 | 10,1 | 4,9 | 2,9 |

Beginn der Anmerkungen siehe vorherige Seite.- [6)] Ab 1998 entfällt die institutionelle Aufteilung zwischen Nah- und Fernverkehr.- [7)] Bis 1990 einschl. Kabotage (1990: 0,6 Mio. t).- [8)] Rohöl und Mineralölproduktenleitungen über 40 km Länge. Ab 1996 nur Rohöl.- [9)] Fracht und Luftpost einschl. Doppelzählungen im Umladeverkehr (1992: 0,2 Mio. t).- [10)] Seeverkehr der Häfen des Bundesgebietes, ohne Eigengewichte der Reise- und Transportfahrzeuge, Container, Trailer, Trägerschiffsleichter. Seeverkehr der Binnenhäfen mit Häfen außerhalb der Bundesrepublik.- * Vorläufige Werte.

## Güterverkehr - Anteile der Verkehrsbereiche am Verkehrsaufkommen[1] (t) - in vH

| | 1979 | 1980 | 1981 | 1982 | 1983 | 1984 | 1985 | 1986 | 1987 | 1988 |
|---|---|---|---|---|---|---|---|---|---|---|
| Binnenländischer Verkehr[2] - einschl. Straßengüternahverkehr - | 100 | 100 | 100 | 100 | 100 | 100 | 100 | 100 | 100 | 100 |
| Eisenbahnen | 10,8 | 10,8 | 11,0 | 10,7 | 10,3 | 10,6 | 11,1 | 10,1 | 9,9 | 9,5 |
| Binnenschiffahrt | 7,4 | 7,4 | 7,6 | 7,7 | 7,7 | 7,9 | 7,6 | 7,5 | 7,3 | 7,3 |
| Straßenverkehr | 78,9 | 79,2 | 79,1 | 79,2 | 79,7 | 79,2 | 79,0 | 80,0 | 80,6 | 81,1 |
| Deutsche Lastkraftfahrzeuge | 76,6 | 76,9 | 76,6 | 76,5 | 77,0 | 76,4 | 76,0 | 77,0 | 77,4 | 77,7 |
| Gewerblicher Verkehr | 31,9 | 32,1 | 32,1 | 32,2 | 32,3 | 32,0 | 32,1 | 32,4 | 32,5 | 32,7 |
| Gewerblicher Fernverkehr | 4,3 | 4,3 | 4,6 | 4,8 | 4,9 | 4,7 | 5,0 | 5,1 | 5,3 | 5,4 |
| Gewerblicher Nahverkehr | 27,6 | 27,7 | 27,5 | 27,4 | 27,4 | 27,3 | 27,1 | 27,3 | 27,2 | 27,4 |
| Werkverkehr | 44,7 | 44,8 | 44,6 | 44,3 | 44,7 | 44,4 | 43,9 | 44,7 | 44,9 | 45,0 |
| Werkfernverkehr | 2,9 | 3,1 | 3,3 | 3,5 | 3,7 | 3,8 | 4,1 | 4,1 | 4,2 | 4,2 |
| Werknahverkehr | 41,8 | 41,7 | 41,3 | 40,8 | 41,0 | 40,6 | 39,9 | 40,6 | 40,8 | 40,8 |
| Ausländische Lastkraftfahrzeuge | 2,3 | 2,4 | 2,5 | 2,6 | 2,8 | 2,8 | 3,0 | 3,1 | 3,3 | 3,4 |
| Rohrfernleitungen | 2,9 | 2,6 | 2,3 | 2,3 | 2,3 | 2,3 | 2,4 | 2,3 | 2,2 | 2,2 |
| Binnenländischer Verkehr - ohne Straßengüternahverkehr dt. Lkw - | 100 | 100 | 100 | 100 | 100 | 100 | 100 | 100 | 100 | 100 |
| Eisenbahnen | 35,4 | 35,3 | 35,1 | 33,8 | 32,5 | 33,1 | 33,5 | 31,4 | 30,8 | 29,7 |
| Binnenschiffahrt | 24,4 | 24,3 | 24,3 | 24,4 | 24,3 | 24,5 | 22,9 | 23,5 | 22,8 | 22,9 |
| Straßengüterfernverkehr dt. Lkw | 23,5 | 24,3 | 25,1 | 26,1 | 27,1 | 26,6 | 27,4 | 28,4 | 29,5 | 30,0 |
| Gewerblicher Fernverkehr | 14,1 | 14,2 | 14,6 | 15,1 | 15,4 | 14,7 | 15,1 | 15,8 | 16,5 | 16,9 |
| Werkfernverkehr | 9,4 | 10,0 | 10,5 | 11,0 | 11,7 | 12,0 | 12,3 | 12,7 | 13,0 | 13,2 |
| Ausländische Lastkraftfahrzeuge | 7,4 | 7,8 | 8,0 | 8,3 | 8,9 | 8,8 | 9,2 | 9,6 | 10,2 | 10,6 |
| Rohrfernleitungen | 9,5 | 8,5 | 7,5 | 7,3 | 7,3 | 7,1 | 7,1 | 7,2 | 7,0 | 6,8 |

[1] Ohne Luftverkehr, Seeverkehr, Dienstgutverkehr der Eisenbahnen und ohne Transportleistung der im Werkfernverkehr eingesetzten Lastkraftkraftfahrzeuge bis einschl. 4 t Nutzlast und Zugmaschinen bis einschl. 40 kW Motorleistung.- [2] Ohne grenzüberschreitenden Nahverkehr deutscher Lastkraftfahrzeuge.- Weitere Anmerkungen siehe Seite 224/225.

## Güterverkehr - Anteile der Verkehrsbereiche am Verkehrsaufkommen[1] (t) - in vH

| | 1989 | 1990 | 1991 | 1992 | 1993 | 1994 | 1995 | 1996 | 1997 | 1998 |
|---|---|---|---|---|---|---|---|---|---|---|
| Binnenländischer Verkehr[2] | | | | | | | | | | |
| - einschl. Straßengüternahverkehr - | 100,0 | 100,0 | 100,0 | 100,0 | 100,0 | 100,0 | 100,0 | 100,0 | 100,0 | 100,0 |
| Eisenbahnen | 9,2 | 8,7 | 11,0 | 9,8 | 8,5 | 8,1 | 8,0 | 8,1 | 8,3 | 8,0 |
| Binnenschiffahrt | 7,0 | 6,6 | 6,3 | 6,2 | 5,8 | 5,8 | 5,9 | 6,0 | 6,1 | 6,2 |
| Straßenverkehr | 81,8 | 82,5 | 80,2 | 81,4 | 83,2 | 83,6 | 83,6 | 83,6 | 83,4 | 83,5 |
| Deutsche Lastkraftfahrzeuge | 78,2 | 78,7 | 76,0 | 77,1 | 78,8 | 79,3 | 79,1 | 78,9 | 77,6 | 77,3 |
| Gewerblicher Verkehr | 32,8 | 33,0 | 36,2 | 37,7 | 39,2 | 39,9 | 41,1 | 41,8 | 40,2 | 39,3 |
| Gewerblicher Fernverkehr | 5,3 | 5,3 | 8,0 | 8,2 | 8,1 | 8,1 | 8,6 | 9,5 | 10,5 | . |
| Gewerblicher Nahverkehr | 27,5 | 27,7 | 28,2 | 29,5 | 31,1 | 31,8 | 32,5 | 32,3 | 29,7 | . |
| Werkverkehr | 45,4 | 45,6 | 39,8 | 39,4 | 39,6 | 39,3 | 37,9 | 37,0 | 37,4 | 38,0 |
| Werkfernverkehr | 4,2 | 4,2 | 8,0 | 8,1 | 7,6 | 7,5 | 7,1 | 7,0 | 6,7 | . |
| Werknahverkehr | 41,2 | 41,4 | 31,8 | 31,4 | 32,0 | 31,9 | 30,9 | 30,0 | 30,7 | . |
| Ausländische Lastkraftfahrzeuge | 3,6 | 3,8 | 4,1 | 4,3 | 4,4 | 4,4 | 4,5 | 4,7 | 5,8 | 6,2 |
| Rohrfernleitungen | 2,0 | 2,1 | 2,5 | 2,5 | 2,5 | 2,5 | 2,5 | 2,3 | 2,3 | 2,4 |
| Binnenländischer Verkehr | | | | | | | | | | |
| - ohne Straßengüternahverkehr dt. Lkw - | 100 | 100 | 100 | 100 | 100 | 100 | 100 | 100 | 100 | . |
| Eisenbahnen | 29,3 | 28,2 | 27,6 | 25,0 | 22,9 | 22,2 | 21,8 | 21,5 | 20,9 | . |
| Binnenschiffahrt | 22,4 | 21,5 | 15,8 | 15,9 | 15,8 | 16,1 | 16,2 | 15,8 | 15,4 | . |
| Straßengüterfernverkehr dt. Lkw | 30,3 | 30,9 | 40,1 | 41,6 | 42,5 | 42,9 | 42,9 | 43,9 | 43,5 | . |
| Gewerblicher Fernverkehr | 17,0 | 17,3 | 19,9 | 21,0 | 21,9 | 22,4 | 23,6 | 25,2 | 26,5 | . |
| Werkfernverkehr | 13,3 | 13,6 | 20,1 | 20,6 | 20,6 | 20,6 | 19,3 | 18,7 | 17,0 | . |
| Ausländische Lastkraftfahrzeuge | 11,6 | 12,4 | 10,4 | 11,0 | 11,9 | 12,0 | 12,4 | 12,6 | 14,6 | . |
| Rohrfernleitungen | 6,5 | 6,9 | 6,2 | 6,4 | 6,9 | 6,8 | 6,7 | 6,2 | 5,8 | . |

[1] Ohne Luftverkehr, Seeverkehr, Dienstgutverkehr der Eisenbahnen und bis 1990 ohne Transportleistung der im Werkfernverkehr eingesetzten Lastkraftfahrzeuge bis einschl. 4 t Nutzlast und Zugmaschinen bis einschl. 40 kW Motorleistung. Ab 1991 ohne Transporte deutscher Lastkraftfahrzeuge bis 6 t zulässiges Gesamtgewicht oder 3,5 t Nutzlast.- [2] Bis 1990 ohne grenzüberschreitenden Straßengüternahverkehr deutscher Lastkraftfahrzeuge.- Weitere Anmerkungen siehe S. 224/225.

## Güterverkehr - Verkehrsleistung[1] - in Mrd. tkm

| | 1979 | 1980 | 1981 | 1982 | 1983 | 1984 | 1985 | 1986 | 1987 | 1988 |
|---|---|---|---|---|---|---|---|---|---|---|
| Eisenbahnen[2] | 66,3 | 64,9 | 62,0 | 57,4 | 56,0 | 60,0 | 64,0 | 60,6 | 59,1 | 60,0 |
| Wagenladungsverkehr | 65,1 | 63,6 | 60,9 | 56,4 | 55,0 | 59,0 | 63,0 | 59,6 | 58,1 | 58,9 |
| Stückgut- und Expreßgutverkehr | 1,2 | 1,3 | 1,1 | 1,0 | 1,0 | 1,0 | 1,0 | 1,0 | 1,0 | 1,1 |
| Binnenschiffahrt | 51,0 | 51,4 | 50,0 | 49,4 | 49,1 | 52,0 | 48,2 | 52,2 | 49,7 | 52,9 |
| dar. auf dem Rhein | 35,7 | 35,2 | 34,4 | 34,2 | 34,1 | 36,2 | 33,6 | 37,1 | 35,7 | 37,0 |
| Schiffe der Bundesrepublik | 27,5 | 27,7 | 26,8 | 25,8 | 24,7 | 25,7 | 23,5 | 25,0 | 23,7 | 24,8 |
| Ausländische Schiffe | 23,5 | 23,7 | 23,2 | 23,6 | 24,4 | 26,3 | 24,7 | 27,2 | 26,0 | 28,1 |
| Straßengüterverkehr[3)4)5)6] | 124,8 | 125,4 | 122,6 | 120,6 | 126,2 | 130,3 | 133,2 | 139,7 | 143,6 | 152,4 |
| Deutsche Lastkraftfahrzeuge[4)5] | 103,0 | 103,0 | 100,0 | 97,5 | 101,2 | 104,0 | 105,4 | 110,2 | 112,4 | 119,0 |
| Gewerblicher Verkehr[5] | 62,7 | 62,4 | 60,8 | 59,4 | 61,2 | 62,2 | 63,4 | 66,1 | 67,7 | 71,7 |
| Gewerblicher Fernverkehr | 41,0 | 41,1 | 40,8 | 40,4 | 41,9 | 42,3 | 43,8 | 45,6 | 47,2 | 50,1 |
| Gewerblicher Nahverkehr[5] | 21,7 | 21,3 | 20,0 | 19,0 | 19,3 | 19,9 | 19,6 | 20,5 | 20,5 | 21,6 |
| Werkverkehr[4)5] | 40,3 | 40,6 | 39,2 | 38,1 | 40,0 | 41,8 | 42,0 | 44,1 | 44,7 | 47,3 |
| Werkfernverkehr[4] | 16,8 | 17,5 | 17,7 | 17,7 | 19,1 | 20,4 | 21,0 | 22,0 | 22,4 | 23,8 |
| Werknahverkehr[5] | 23,5 | 23,1 | 21,5 | 20,4 | 20,9 | 21,4 | 21,0 | 22,1 | 22,3 | 23,5 |
| Ausländische Lastkraftfahrzeuge[6] | 21,8 | 22,4 | 22,6 | 23,1 | 25,0 | 26,3 | 27,8 | 29,5 | 31,2 | 33,4 |
| Rohrfernleitungen[7] | 17,4 | 14,3 | 12,6 | 10,5 | 10,6 | 9,8 | 10,5 | 9,7 | 10,1 | 9,0 |
| Luftverkehr[8] (in Mio. tkm) | 251,1 | 251,1 | 253,3 | 250,9 | 266,1 | 290,0 | 314,3 | 340,9 | 367,7 | 385,6 |
| **Binnenländischer Verkehr** | 259,8 | 256,2 | 247,4 | 238,1 | 242,2 | 252,4 | 256,2 | 262,5 | 262,9 | 274,7 |
| ohne Nahverkehr dt. Lastkraftfahrzeuge | 214,6 | 211,8 | 205,9 | 198,7 | 202,0 | 211,1 | 215,6 | 219,9 | 220,1 | 229,6 |
| Seeschiffahrt[9] | 1 083,1 | 1 066,8 | 951,2 | 793,5 | 739,3 | 769,6 | 787,4 | 754,7 | 725,8 | 759,2 |
| Schiffe der Bundesrepublik | 101,1 | 94,8 | 83,8 | 70,0 | 55,2 | 57,2 | 54,5 | 58,5 | 54,6 | 49,6 |
| Ausländische Schiffe | 982,0 | 972,0 | 867,4 | 723,5 | 684,1 | 712,5 | 732,9 | 696,2 | 671,2 | 709,6 |
| nachrichtlich: | | | | | | | | | | |
| Dienstgutverkehr der Eisenbahnen | 2,0 | 2,1 | 1,6 | 1,5 | 1,5 | 1,6 | 1,6 | 1,6 | 1,3 | 1,3 |

[1] Verkehrsleistung (außer in der Seeschiffahrt) im Bundesgebiet sowie (bis 1990) von und nach Berlin-West. - [2] Ohne Güterkraftverkehr und Dienstgutverkehr.- [3] Siehe Anmerkungen Seite 222.- [4] Bis 1990 ohne Transporte der im Werkfernverkehr eingesetzten Lastkraftwagen bis einschl. 4 t Nutzlast und Zugmaschinen bis einschl. 40 kW Motorleistung. Ab 1991 ohne Transporte deutscher Lastkraftfahrzeuge bis 6 t zulässiges Gesamtgewicht oder 3,5 t Nutzlast.-
Weitere Anmerkungen siehe folgende Seite.

## Güterverkehr - Verkehrsleistung[1] - in Mrd. tkm

| | 1989 | 1990 | 1991 | 1992 | 1993 | 1994 | 1995 | 1996 | 1997 | 1998* |
|---|---|---|---|---|---|---|---|---|---|---|
| Eisenbahnen[2] | 62,1 | 61,9 | 80,2 | 69,8 | 64,9 | 69,9 | 68,8 | 67,7 | 72,9 | 73,6 |
| Wagenladungsverkehr | 61,0 | 60,8 | 79,2 | 69,0 | 64,1 | 69,1 | 68,0 | 67,2 | 72,7 | 73,6 |
| Stückgut- und Expreßgutverkehr | 1,1 | 1,1 | 1,0 | 0,8 | 0,8 | 0,8 | 0,7 | 0,5 | 0,2 | 0,0 |
| Binnenschiffahrt | 54,0 | 54,8 | 56,0 | 57,2 | 57,6 | 61,8 | 64,0 | 61,3 | 62,2 | 64,3 |
| dar. auf dem Rhein | 37,6 | 38,2 | 37,8 | 38,4 | 37,5 | 39,8 | 40,6 | 40,2 | 41,4 | 42,6 |
| Schiffe der Bundesrepublik | 25,3 | 24,7 | 24,8 | 24,7 | 23,7 | 24,8 | 25,1 | 23,1 | 23,1 | 24,0 |
| Ausländische Schiffe | 28,7 | 30,1 | 31,2 | 32,5 | 33,8 | 37,0 | 38,9 | 38,2 | 39,0 | 40,3 |
| Straßengüterverkehr [3) 4) 5) 7)] | 161,5 | 169,9 | 245,7 | 252,3 | 251,5 | 272,5 | 279,7 | 280,7 | 301,8 | 315,9 |
| Deutsche Lastkraftfahrzeuge [4) 5) 6)] | 124,3 | 131,0 | 196,0 | 200,1 | 199,1 | 213,0 | 217,2 | 216,2 | 223,2 | 230,6 |
| Gewerblicher Verkehr[5] | 75,0 | 79,1 | 121,8 | 126,4 | 127,2 | 137,7 | 145,1 | 146,0 | 151,3 | 160,2 |
| Gewerblicher Fernverkehr[6] | 52,6 | 55,5 | 86,2 | 89,6 | 89,0 | 96,3 | 102,8 | 106,0 | 114,0 | . |
| Gewerblicher Nahverkehr [5) 6)] | 22,4 | 23,6 | 35,6 | 36,8 | 38,2 | 41,4 | 42,3 | 40,0 | 37,3 | . |
| Werkverkehr [4) 5)] | 49,3 | 51,9 | 74,2 | 73,6 | 71,9 | 75,2 | 72,1 | 70,1 | 71,8 | 70,4 |
| Werkfernverkehr [4) 6)] | 24,8 | 26,1 | 44,7 | 44,8 | 42,8 | 44,6 | 42,6 | 41,9 | 42,7 | . |
| Werknahverkehr [5) 6)] | 24,5 | 25,8 | 29,5 | 28,8 | 29,1 | 30,6 | 29,5 | 28,2 | 29,2 | . |
| Ausländische Lastkraftfahrzeuge[7] | 37,2 | 38,9 | 49,7 | 52,3 | 52,4 | 59,6 | 62,5 | 64,6 | 78,6 | 85,3 |
| Rohrfernleitungen[8] | 11,2 | 13,3 | 15,7 | 15,7 | 16,1 | 16,8 | 16,6 | 14,5 | 13,2 | 14,8 |
| Luftverkehr[9] (in Mio. tkm) | 430,7 | 439,5 | 428,8 | 435,9 | 459,2 | 503,3 | 522,4 | 544,5 | 565,0 | 657,7 |
| Binnenländischer Verkehr | 289,2 | 300,3 | 398,0 | 395,5 | 390,5 | 421,5 | 429,6 | 424,8 | 450,6 | 469,2 |
| ohne Nahverkehr dt. Lastkraftfahrzeuge | 242,3 | 250,9 | 332,9 | 329,8 | 323,1 | 349,4 | 357,8 | 356,5 | 384,1 | . |
| Seeschiffahrt[10] | 767,9 | 785,8 | 845,0 | 852,8 | 855,4 | 926,9 | 958,2 | 945,6 | 1 000,2 | 1 006,8 |
| Schiffe der Bundesrepublik | 50,1 | 55,9 | . | . | . | . | . | . | . | . |
| Ausländische Schiffe | 718,8 | 729,9 | . | . | . | . | . | . | . | . |
| nachrichtlich: | | | | | | | | | | |
| Dienstgutverkehr der Eisenbahnen | 1,4 | 1,2 | 2,0 | 2,6 | 1,8 | 1,9 | 2,1 | 2,0 | 1,1 | 0,5 |

Beginn der Anmerkungen siehe vorherige Seite.- Bis 1990 ohne grenzüberschreitenden Nahverkehr deutscher Lastkraftfahrzeuge und ohne freigestellten Nahverkehr nach § 4 des Güterkraftverkehrsgesetzes (GüKG) oder der hierzu erlassenen Freistellungsverordnung. Bis 1993 Berechnungen des DIW.- [6] Ab 1998 entfällt die institutionelle Abgrenzung zwischen Nah- und Fernverkehr.- [7] Bis 1990 einschl. Kabotage (1990: 0,2 Mrd. tkm).- [8] Rohöl- und Mineralölproduktenleitungen über 40 km Länge. Ab 1996 nur Rohöl.- [9] Fracht und Luftpost. Ab 1998 neue Kilometrierung im Luftverkehr.- [10] Leistung zwischen Häfen der Bundesrepublik sowie von und nach ausländischen Häfen.- * Vorläufige Werte.

## Güterverkehr - Anteile der Verkehrsbereiche an der Verkehrsleistung[1] (tkm) - in vH

| | 1979 | 1980 | 1981 | 1982 | 1983 | 1984 | 1985 | 1986 | 1987 | 1988 |
|---|---|---|---|---|---|---|---|---|---|---|
| Binnenländischer Verkehr[2] | | | | | | | | | | |
| - einschl. Straßengüternahverkehr - | 100 | 100 | 100 | 100 | 100 | 100 | 100 | 100 | 100 | 100 |
| Eisenbahnen | 25,5 | 25,4 | 25,1 | 24,1 | 23,1 | 23,8 | 25,0 | 23,1 | 22,5 | 21,9 |
| Binnenschiffahrt | 19,7 | 20,1 | 20,2 | 20,8 | 20,3 | 20,6 | 18,8 | 19,9 | 18,9 | 19,3 |
| Straßenverkehr | 48,1 | 49,0 | 49,6 | 50,7 | 52,2 | 51,7 | 52,0 | 53,3 | 54,7 | 55,6 |
| Deutsche Lastkraftfahrzeuge | 39,7 | 40,2 | 40,5 | 41,0 | 41,8 | 41,3 | 41,2 | 42,0 | 42,8 | 43,4 |
| Fernverkehr | 22,3 | 22,9 | 23,7 | 24,4 | 25,2 | 24,9 | 25,3 | 25,8 | 26,5 | 26,9 |
| Gewerblicher Fernverkehr | 15,8 | 16,1 | 16,5 | 17,0 | 17,3 | 16,8 | 17,1 | 17,4 | 18,0 | 18,3 |
| Werkfernverkehr | 6,5 | 6,8 | 7,2 | 7,4 | 7,9 | 8,1 | 8,2 | 8,4 | 8,5 | 8,7 |
| Nahverkehr | 17,4 | 17,3 | 16,8 | 16,6 | 16,6 | 16,4 | 15,9 | 16,2 | 16,3 | 16,4 |
| Gewerblicher Nahverkehr | 8,4 | 8,3 | 8,1 | 8,0 | 8,0 | 7,9 | 7,7 | 7,8 | 7,8 | 7,9 |
| Werknahverkehr | 9,1 | 9,0 | 8,7 | 8,6 | 8,6 | 8,5 | 8,2 | 8,4 | 8,5 | 8,6 |
| Ausländische Lastkraftfahrzeuge | 8,4 | 8,7 | 9,1 | 9,7 | 10,3 | 10,4 | 10,9 | 11,2 | 11,9 | 12,2 |
| Rohrfernleitungen | 6,7 | 5,6 | 5,1 | 4,4 | 4,4 | 3,9 | 4,1 | 3,7 | 3,8 | 3,3 |
| Binnenländischer Verkehr | | | | | | | | | | |
| - ohne Straßengüternahverkehr dt. Lkw - | 100 | 100 | 100 | 100 | 100 | 100 | 100 | 100 | 100 | 100 |
| Eisenbahnen | 30,9 | 30,7 | 30,1 | 28,9 | 27,8 | 28,5 | 29,7 | 27,6 | 26,9 | 26,2 |
| Binnenschiffahrt | 23,8 | 24,3 | 24,3 | 24,9 | 24,3 | 24,7 | 22,4 | 23,8 | 22,6 | 23,1 |
| Straßengüterfernverkehr | 37,2 | 38,3 | 39,4 | 40,9 | 42,6 | 42,2 | 43,0 | 44,2 | 45,9 | 46,8 |
| Deutsche Lastkraftfahrzeuge | 27,0 | 27,7 | 28,4 | 29,3 | 30,2 | 29,7 | 30,1 | 30,8 | 31,7 | 32,2 |
| Gewerblicher Fernverkehr | 19,1 | 19,4 | 19,8 | 20,4 | 20,8 | 20,1 | 20,3 | 20,8 | 21,5 | 21,9 |
| Werkfernverkehr | 7,8 | 8,3 | 8,6 | 8,9 | 9,5 | 9,7 | 9,8 | 10,0 | 10,2 | 10,4 |
| Ausländische Lastkraftfahrzeuge | 10,2 | 10,6 | 11,0 | 11,6 | 12,4 | 12,5 | 12,9 | 13,4 | 14,2 | 14,6 |
| Rohrfernleitungen | 8,1 | 6,8 | 6,1 | 5,3 | 5,3 | 4,6 | 4,9 | 4,4 | 4,6 | 3,9 |

[1] Ohne Luftverkehr, Seeverkehr, Dienstgutverkehr der Eisenbahnen und 1978 bis 1990 ohne Transportleistung der im Werkfernverkehr eingesetzten fahrzeuge bis einschl. 4 t Nutzlast und Zugmaschinen bis einschl. 40 kW Motorleistung.- [2] Bis 1990 ohne grenzüberschreitenden Nahverkehr deutscher Lastkraftfahrzeuge.- Weitere Anmerkungen siehe Seite 228/229.

## Güterverkehr - Anteile der Verkehrsbereiche an der Verkehrsleistung[1] (tkm) - in vH

| | 1989 | 1990 | 1991 | 1992 | 1993 | 1994 | 1995 | 1996 | 1997 | 1998* |
|---|---|---|---|---|---|---|---|---|---|---|
| Binnenländischer Verkehr[2] | | | | | | | | | | |
| - einschl. Straßengüternahverkehr - | 100 | 100 | 100 | 100 | 100 | 100 | 100 | 100 | 100 | 100 |
| Eisenbahnen | 21,5 | 20,6 | 20,2 | 17,7 | 16,6 | 16,6 | 16,0 | 16,0 | 16,2 | 15,7 |
| Binnenschiffahrt | 18,7 | 18,3 | 14,1 | 14,5 | 14,8 | 14,7 | 14,9 | 14,4 | 13,8 | 13,7 |
| Straßenverkehr | 55,9 | 56,7 | 61,8 | 63,9 | 64,5 | 64,7 | 65,2 | 66,2 | 67,1 | 67,4 |
| Deutsche Lastkraftfahrzeuge | 43,0 | 43,7 | 49,3 | 50,6 | 51,0 | 50,6 | 50,6 | 50,9 | 49,6 | 49,2 |
| Fernverkehr | 26,8 | 27,2 | 30,6 | 32,0 | 32,6 | 32,7 | 33,8 | 34,4 | 33,6 | 34,2 |
| Gewerblicher Fernverkehr | 18,2 | 18,5 | 21,7 | 22,7 | 22,8 | 22,9 | 24,0 | 25,0 | 25,3 | . |
| Werkfernverkehr | 8,6 | 8,7 | 9,0 | 9,3 | 9,8 | 9,8 | 9,9 | 9,4 | 8,3 | . |
| Nahverkehr | 16,2 | 16,5 | 18,7 | 18,6 | 18,4 | 17,9 | 16,8 | 16,5 | 16,0 | 15,0 |
| Gewerblicher Nahverkehr | 7,8 | 7,9 | 11,2 | 11,3 | 11,0 | 10,6 | 9,9 | 9,9 | 9,5 | . |
| Werknahverkehr | 8,5 | 8,6 | 7,4 | 7,3 | 7,5 | 7,3 | 6,9 | 6,7 | 6,5 | . |
| Ausländische Lastkraftfahrzeuge | 12,9 | 13,0 | 12,5 | 13,2 | 13,4 | 14,2 | 14,6 | 15,2 | 17,5 | 18,2 |
| Rohrfernleitungen | 3,9 | 4,4 | 3,9 | 4,0 | 4,1 | 4,0 | 3,9 | 3,4 | 2,9 | 3,2 |
| Binnenländischer Verkehr | | | | | | | | | | |
| - ohne Straßengüternahverkehr dt. Lkw - | 100 | 100 | 100 | 100 | 100 | 100 | 100 | 100 | 100 | . |
| Eisenbahnen | 25,7 | 24,7 | 24,1 | 21,2 | 20,1 | 20,0 | 19,3 | 19,0 | 19,0 | . |
| Binnenschiffahrt | 22,3 | 21,9 | 16,8 | 17,4 | 17,8 | 17,7 | 17,9 | 17,2 | 16,2 | . |
| Straßengüterfernverkehr | 47,4 | 48,1 | 54,3 | 56,7 | 57,1 | 57,5 | 58,2 | 59,7 | 61,4 | . |
| Deutsche Lastkraftfahrzeuge | 32,0 | 32,6 | 39,4 | 40,8 | 40,8 | 40,4 | 40,7 | 41,5 | 40,9 | . |
| Gewerblicher Fernverkehr | 21,7 | 22,2 | 25,9 | 27,2 | 27,6 | 27,6 | 28,8 | 29,8 | 29,7 | . |
| Werkfernverkehr | 10,3 | 10,4 | 13,4 | 13,6 | 13,3 | 12,8 | 11,9 | 11,8 | 11,1 | . |
| Ausländische Lastkraftfahrzeuge | 15,4 | 15,5 | 14,9 | 15,9 | 16,2 | 17,1 | 17,5 | 18,1 | 20,5 | . |
| Rohrfernleitungen | 4,6 | 5,3 | 4,7 | 4,8 | 5,0 | 4,8 | 4,6 | 4,1 | 3,4 | . |

[1] Ohne Luftverkehr, Seeverkehr, Dienstgutverkehr der Eisenbahnen und 1978 bis 1990 ohne Transportleistung der im Werkfernverkehr eingesetzten Lastkraftfahrzeuge bis einschl. 4 t Nutzlast und Zugmaschinen bis einschl. 40 kW Motorleistung. Ab 1991 ohne Transporte deutscher Lastkraftfahrzeuge bis 6 t zulässiges Gesamtgewicht oder 3,5 t Nutzlast.- [2] Bis 1990 ohne grenzüberschreitenden Straßengüternahverkehr deutscher Lastkraftfahrzeuge.- Weitere Anmerkungen siehe Seite 228/229.

## Güterverkehr - Verkehrsaufkommen ausgewählter Gütergruppen - Eisenbahnen[1]

| Gütergruppen | 1988 | 1989 | 1990 | 1991 | 1992 | 1993 | 1994 | 1995 | 1996 | 1997 | 1998 |
|---|---|---|---|---|---|---|---|---|---|---|---|
| | | | | | | in Mio t. | | | | | |
| Land- und forstwitschaftliche Erzeugnisse | 10,1 | 10,6 | 10,5 | 11,9 | 9,3 | 7,3 | 7,5 | 8,0 | 7,0 | 6,6 | 7,1 |
| Nahrungs- und Futtermittel | 5,8 | 5,8 | 5,9 | 5,9 | 5,0 | 4,5 | 4,6 | 4,7 | 4,1 | 3,9 | 4,0 |
| Kohle | 75,6 | 76,4 | 74,2 | 118,8 | 95,8 | 84,8 | 77,9 | 75,2 | 70,1 | 64,8 | 60,5 |
| Rohes Erdöl | 1,4 | 1,4 | 1,4 | 1,4 | 1,3 | 1,3 | 1,3 | 1,2 | 0,9 | 0,9 | 0,8 |
| Mineralölerzeugnisse | 21,5 | 21,5 | 22,3 | 33,8 | 31,0 | 28,4 | 26,3 | 25,2 | 26,6 | 25,6 | 24,8 |
| Erze und Metallabfälle | 38,3 | 38,3 | 35,4 | 39,3 | 37,0 | 33,3 | 33,5 | 34,2 | 31,3 | 33,9 | 33,2 |
| Eisen, Stahl und NE-Metalle | 56,1 | 56,1 | 56,3 | 60,2 | 55,2 | 49,2 | 54,9 | 57,9 | 51,7 | 58,2 | 54,7 |
| Steine und Erden | 26,4 | 26,4 | 26,4 | 42,7 | 44,2 | 39,1 | 45,6 | 40,8 | 43,0 | 42,9 | 39,5 |
| Düngemittel | 8,1 | 8,1 | 7,1 | 11,0 | 9,5 | 7,5 | 7,5 | 7,4 | 7,7 | 7,9 | 8,0 |
| Chemische Erzeugnisse | 20,8 | 20,8 | 20,0 | 21,1 | 19,3 | 17,5 | 19,9 | 20,6 | 20,1 | 20,9 | 21,5 |
| Fahrzeuge, Maschinen, Halb- und Fertigwaren[2] | 38,1 | 38,3 | 44,2 | 55,1 | 53,8 | 43,2 | 45,0 | 44,9 | 46,9 | 51,1 | 51,7 |
| Insgesamt | 302,2 | 303,7 | 303,7 | 401,2 | 361,2 | 316,3 | 324,0 | 320,2 | 309,3 | 316,7 | 305,7 |
| | | | | | | in vH | | | | | |
| Land- und forstwitschaftliche Erzeugnisse | 3,3 | 3,5 | 3,5 | 3,0 | 2,6 | 2,3 | 2,3 | 2,5 | 2,3 | 2,1 | 2,3 |
| Nahrungs- und Futtermittel | 1,9 | 1,9 | 1,9 | 1,5 | 1,4 | 1,4 | 1,4 | 1,5 | 1,3 | 1,2 | 1,3 |
| Kohle | 25,0 | 25,2 | 24,4 | 29,6 | 26,5 | 26,8 | 24,1 | 23,5 | 22,7 | 20,5 | 19,8 |
| Rohes Erdöl | 0,5 | 0,5 | 0,5 | 0,3 | 0,4 | 0,4 | 0,4 | 0,4 | 0,3 | 0,3 | 0,3 |
| Mineralölerzeugnisse | 7,1 | 7,1 | 7,3 | 8,4 | 8,6 | 9,0 | 8,1 | 7,9 | 8,6 | 8,1 | 8,1 |
| Erze und Metallabfälle | 12,7 | 12,6 | 11,7 | 9,8 | 10,2 | 10,5 | 10,3 | 10,7 | 10,1 | 10,7 | 10,9 |
| Eisen, Stahl und NE-Metalle | 18,6 | 18,5 | 18,5 | 15,0 | 15,3 | 15,6 | 17,0 | 18,1 | 16,7 | 18,4 | 17,9 |
| Steine und Erden | 8,7 | 8,7 | 8,7 | 10,6 | 12,2 | 12,4 | 14,1 | 12,8 | 13,9 | 13,6 | 12,9 |
| Düngemittel | 2,7 | 2,7 | 2,3 | 2,7 | 2,6 | 2,4 | 2,3 | 2,3 | 2,5 | 2,5 | 2,6 |
| Chemische Erzeugnisse | 6,9 | 6,9 | 6,6 | 5,3 | 5,3 | 5,5 | 6,1 | 6,4 | 6,5 | 6,6 | 7,0 |
| Fahrzeuge, Maschinen, Halb- und Fertigwaren[2] | 12,6 | 12,6 | 14,5 | 13,7 | 14,9 | 13,7 | 13,9 | 14,0 | 15,2 | 16,1 | 16,9 |
| Insgesamt | 100 | 100 | 100 | 100 | 100 | 100 | 100 | 100 | 100 | 100 | 100 |

[1] Frachtpflichtiger Verkehr.- [2] Einschl. besondere Transportgüter, Stückgut und Expreßgut.

## Güterverkehr - Verkehrsleistung[1], mittlere Transportweite[1] der Hauptgütergruppen

### Eisenbahnen[2]

| Gütergruppen | 1988 | 1989 | 1990 | 1991 | 1992 | 1993 | 1994 | 1995 | 1996 | 1997 | 1998 |
|---|---|---|---|---|---|---|---|---|---|---|---|
| | | | | | | Tonnenkilometer - in Mrd. | | | | | |
| Land- und forstwitschaftliche Erzeugnisse | 2,7 | 3,0 | 3,0 | 3,5 | 2,6 | 2,2 | 2,7 | 2,9 | 2,9 | 2,7 | 3,1 |
| Nahrungs- und Futtermittel | 2,0 | 1,9 | 2,0 | 2,0 | 1,6 | 1,5 | 1,6 | 1,6 | 1,6 | 1,5 | 1,6 |
| Kohle | 7,7 | 7,5 | 7,3 | 12,0 | 9,4 | 8,5 | 8,1 | 7,4 | 6,9 | 7,1 | 7,2 |
| Erdöl und Mineralölerzeugnisse | 3,9 | 3,8 | 4,0 | 6,3 | 5,5 | 5,9 | 5,7 | 5,4 | 5,8 | 6,1 | 5,3 |
| Erze und Metallabfälle | 5,7 | 5,7 | 5,1 | 6,2 | 5,3 | 5,4 | 5,6 | 5,5 | 5,0 | 5,6 | 6,0 |
| Eisen, Stahl und NE-Metalle | 9,1 | 9,4 | 9,2 | 9,9 | 8,4 | 8,4 | 10,0 | 10,3 | 10,1 | 11,8 | 11,8 |
| Steine und Erden | 3,8 | 4,1 | 4,0 | 6,6 | 6,2 | 6,2 | 7,2 | 6,6 | 6,4 | 6,7 | 6,5 |
| Düngemittel | 2,2 | 2,0 | 1,9 | 2,9 | 2,4 | 2,0 | 2,1 | 2,0 | 2,0 | 2,2 | 2,0 |
| Chemische Erzeugnisse | 6,7 | 6,8 | 6,5 | 6,8 | 6,0 | 5,7 | 6,6 | 6,7 | 6,2 | 6,5 | 6,9 |
| Fahrzeuge, Maschinen, Halb- und Fertigwaren[3] | 15,1 | 16,8 | 17,9 | 23,0 | 21,6 | 18,3 | 19,6 | 19,4 | 20,5 | 22,6 | 23,3 |
| Insgesamt | 58,9 | 61,0 | 60,8 | 79,2 | 69,0 | 64,1 | 69,1 | 68,0 | 67,2 | 72,7 | 73,6 |
| | | | | | | Mittlere Transportweite - in km | | | | | |
| Land- und forstwitschaftliche Erzeugnisse | 269 | 282 | 282 | 295 | 281 | 306 | 358 | 367 | 409 | 409 | 432 |
| Nahrungs- und Futtermittel | 339 | 331 | 331 | 335 | 318 | 321 | 342 | 345 | 380 | 386 | 390 |
| Kohle | 102 | 98 | 99 | 101 | 98 | 100 | 104 | 99 | 99 | 110 | 119 |
| Erdöl und Mineralölerzeugnisse | 168 | 171 | 169 | 178 | 170 | 199 | 206 | 206 | 211 | 230 | 205 |
| Erze und Metallabfälle | 149 | 152 | 143 | 158 | 143 | 162 | 167 | 162 | 159 | 166 | 181 |
| Eisen, Stahl und NE-Metalle | 162 | 162 | 163 | 165 | 153 | 171 | 182 | 178 | 196 | 202 | 216 |
| Steine und Erden | 146 | 153 | 153 | 154 | 141 | 159 | 158 | 163 | 148 | 155 | 163 |
| Düngemittel | 269 | 263 | 264 | 268 | 251 | 272 | 275 | 275 | 262 | 275 | 255 |
| Chemische Erzeugnisse | 323 | 326 | 324 | 321 | 312 | 324 | 332 | 325 | 307 | 311 | 320 |
| Fahrzeuge, Maschinen, Halb- und Fertigwaren[3] | 433 | 443 | 435 | 441 | 421 | 446 | 458 | 452 | 451 | 447 | 451 |
| Insgesamt | 197 | 201 | 202 | 199 | 192 | 204 | 215 | 214 | 218 | 230 | 241 |

[1] Im Bundesgebiet.- [2] Wagenladungsverkehr.- [3] Einschl. besondere Transportgüter.

## Güterverkehr - Verkehrsaufkommen ausgewählter Gütergruppen - Binnenschiffahrt

| Gütergruppen | 1988 | 1989 | 1990 | 1991 | 1992 | 1993 | 1994 | 1995 | 1996 | 1997 | 1998 |
|---|---|---|---|---|---|---|---|---|---|---|---|
| | | | | | | in Mio t. | | | | | |
| Land- und forstwitschaftliche Erzeugnisse | 7,4 | 7,5 | 7,5 | 7,9 | 8,8 | 8,5 | 8,7 | 10,2 | 8,8 | 8,5 | 9,0 |
| Nahrungs- und Futtermittel | 13,3 | 12,7 | 12,9 | 12,3 | 12,2 | 12,4 | 13,3 | 14,0 | 12,6 | 13,0 | 14,3 |
| Kohle | 22,6 | 21,4 | 23,6 | 26,8 | 26,4 | 24,1 | 25,8 | 26,4 | 26,2 | 27,3 | 31,7 |
| Rohes Erdöl | 0,1 | 0,1 | 0,1 | 0,1 | 0,1 | 0,1 | 0,0 | 0,1 | 0,1 | 0,1 | 0,3 |
| Mineralölerzeugnisse | 41,5 | 39,6 | 40,3 | 41,9 | 43,6 | 43,1 | 43,6 | 43,2 | 43,7 | 44,4 | 42,1 |
| Erze und Metallabfälle | 43,0 | 44,7 | 41,9 | 41,8 | 40,3 | 37,9 | 41,9 | 41,0 | 38,4 | 42,0 | 39,7 |
| Eisen, Stahl und NE-Metalle | 14,2 | 14,2 | 13,3 | 13,1 | 12,5 | 12,9 | 13,2 | 13,5 | 11,9 | 12,9 | 13,2 |
| Steine und Erden | 63,0 | 66,5 | 64,6 | 60,2 | 60,3 | 54,4 | 58,8 | 59,3 | 54,8 | 52,7 | 52,0 |
| Düngemittel | 6,8 | 6,7 | 7,3 | 6,3 | 6,6 | 6,8 | 8,0 | 8,1 | 7,4 | 7,2 | 7,5 |
| Chemische Erzeugnisse | 17,4 | 17,4 | 16,1 | 15,5 | 15,0 | 13,2 | 15,1 | 15,2 | 15,5 | 16,5 | 16,9 |
| Fahrzeuge, Maschinen, Halb- und Fertigwaren[1] | 4,1 | 3,9 | 4,0 | 4,1 | 4,3 | 5,2 | 6,6 | 6,9 | 7,7 | 8,9 | 9,6 |
| Insgesamt | 233,3 | 234,8 | 231,6 | 230,0 | 229,9 | 218,5 | 235,0 | 237,9 | 227,0 | 233,5 | 236,4 |
| | | | | | | in vH | | | | | |
| Land- und forstwitschaftliche Erzeugnisse | 3,2 | 3,2 | 3,2 | 3,4 | 3,8 | 3,9 | 3,7 | 4,3 | 3,9 | 3,6 | 3,8 |
| Nahrungs- und Futtermittel | 5,7 | 5,4 | 5,6 | 5,3 | 5,3 | 5,7 | 5,6 | 5,9 | 5,6 | 5,6 | 6,1 |
| Kohle | 9,7 | 9,1 | 10,2 | 11,7 | 11,5 | 11,0 | 11,0 | 11,1 | 11,5 | 11,7 | 13,4 |
| Rohes Erdöl | 0,0 | 0,0 | 0,0 | 0,0 | 0,0 | 0,0 | 0,0 | 0,0 | 0,0 | 0,0 | 0,1 |
| Mineralölerzeugnisse | 17,8 | 16,9 | 17,4 | 18,2 | 19,0 | 19,7 | 18,6 | 18,2 | 19,2 | 19,0 | 17,8 |
| Erze und Metallabfälle | 18,4 | 19,1 | 18,1 | 18,2 | 17,5 | 17,3 | 17,8 | 17,2 | 16,9 | 18,0 | 16,8 |
| Eisen, Stahl und NE-Metalle | 6,1 | 6,0 | 5,8 | 5,7 | 5,4 | 5,9 | 5,6 | 5,7 | 5,3 | 5,5 | 5,6 |
| Steine und Erden | 27,0 | 28,3 | 27,9 | 26,2 | 26,2 | 24,9 | 25,0 | 24,9 | 24,1 | 22,6 | 22,0 |
| Düngemittel | 2,9 | 2,9 | 3,1 | 2,7 | 2,9 | 3,1 | 3,4 | 3,4 | 3,3 | 3,1 | 3,2 |
| Chemische Erzeugnisse | 7,5 | 7,4 | 7,0 | 6,7 | 6,5 | 6,0 | 6,4 | 6,4 | 6,8 | 7,1 | 7,1 |
| Fahrzeuge, Maschinen, Halb- und Fertigwaren[1] | 1,7 | 1,7 | 1,7 | 1,8 | 1,8 | 2,4 | 2,8 | 2,9 | 3,4 | 3,8 | 4,1 |
| Insgesamt | 100 | 100 | 100 | 100 | 100 | 100 | 100 | 100 | 100 | 100 | 100 |

[1] Einschl. besondere Transportgüter.

## Güterverkehr - Verkehrsleistung[1], mittlere Transportweite[1] der Hauptgütergruppen

### Binnenschiffahrt

| | 1988 | 1989 | 1990 | 1991 | 1992 | 1993 | 1994 | 1995 | 1996 | 1997 | 1998 |
|---|---|---|---|---|---|---|---|---|---|---|---|
| | Tonnenkilometer - in Mrd. | | | | | | | | | | |
| Land- und forstwitschaftliche Erzeugnisse | 2,6 | 2,9 | 2,8 | 3,1 | 3,5 | 3,7 | 3,8 | 4,4 | 3,8 | 3,9 | 4,4 |
| Nahrungs- und Futtermittel | 3,7 | 3,6 | 3,7 | 3,8 | 3,7 | 4,1 | 4,4 | 5,0 | 4,6 | 4,5 | 5,2 |
| Kohle | 7,0 | 6,3 | 7,3 | 8,2 | 8,3 | 7,7 | 8,2 | 8,5 | 8,1 | 8,1 | 9,0 |
| Erdöl und Mineralölerzeugnisse | 10,3 | 10,3 | 10,6 | 10,8 | 11,2 | 11,6 | 11,6 | 11,8 | 12,4 | 12,8 | 12,3 |
| Erze und Metallabfälle | 6,1 | 7,0 | 6,5 | 7,0 | 7,1 | 7,6 | 7,9 | 8,1 | 7,4 | 7,7 | 7,3 |
| Eisen, Stahl und NE-Metalle | 3,8 | 4,0 | 3,7 | 4,0 | 3,8 | 4,0 | 4,1 | 4,3 | 3,7 | 3,9 | 4,2 |
| Steine und Erden | 12,0 | 12,4 | 12,6 | 11,8 | 12,1 | 11,2 | 12,6 | 12,6 | 11,9 | 11,3 | 11,6 |
| Düngemittel | 2,3 | 2,3 | 2,5 | 2,3 | 2,4 | 2,6 | 3,2 | 3,3 | 2,9 | 2,9 | 3,1 |
| Chemische Erzeugnisse | 3,9 | 4,0 | 3,8 | 3,7 | 3,7 | 3,0 | 3,6 | 3,6 | 3,7 | 3,9 | 4,0 |
| Fahrzeuge, Maschinen, Halb- und Fertigwaren[2] | 1,2 | 1,2 | 1,3 | 1,3 | 1,4 | 2,0 | 2,5 | 2,5 | 2,7 | 3,0 | 5,9 |
| Insgesamt | 52,9 | 54,0 | 54,8 | 56,0 | 57,2 | 57,6 | 61,8 | 64,0 | 61,3 | 62,2 | 66,8 |
| | Mittlere Transportweite - in km | | | | | | | | | | |
| Land- und forstwitschaftliche Erzeugnisse | 352 | 382 | 372 | 396 | 403 | 434 | 429 | 426 | 435 | 463 | 483 |
| Nahrungs- und Futtermittel | 278 | 281 | 291 | 309 | 307 | 328 | 334 | 358 | 368 | 344 | 363 |
| Kohle | 308 | 296 | 310 | 305 | 317 | 319 | 319 | 321 | 310 | 298 | 283 |
| Erdöl und Mineralölerzeugnisse | 247 | 259 | 262 | 257 | 255 | 269 | 265 | 273 | 284 | 289 | 291 |
| Erze und Metallabfälle | 141 | 158 | 156 | 167 | 175 | 202 | 188 | 198 | 192 | 183 | 183 |
| Eisen, Stahl und NE-Metalle | 270 | 282 | 280 | 308 | 305 | 311 | 312 | 316 | 308 | 304 | 318 |
| Steine und Erden | 190 | 187 | 195 | 196 | 201 | 205 | 214 | 212 | 217 | 214 | 223 |
| Düngemittel | 340 | 337 | 342 | 360 | 365 | 385 | 394 | 405 | 397 | 402 | 407 |
| Chemische Erzeugnisse | 226 | 229 | 234 | 240 | 245 | 229 | 235 | 237 | 240 | 239 | 235 |
| Fahrzeuge, Maschinen, Halb- und Fertigwaren[2] | 296 | 315 | 324 | 327 | 330 | 397 | 384 | 363 | 348 | 341 | 614 |
| Insgesamt | 227 | 230 | 237 | 243 | 249 | 263 | 263 | 269 | 270 | 266 | 283 |

[1] Im Bundesgebiet.- [2] Einschl. Besondere Transportgüter.

## Güterverkehr - Verkehrsaufkommen ausgewählter Gütergruppen

### Straßengüterverkehr deutscher Lastkraftfahrzeuge[1)]

| Gütergruppen | Insgesamt 1995 | 1996 | 1997 | 1998* | Gewerblicher Verkehr 1995 | 1996 | 1997 | 1998* | Werkverkehr 1995 | 1996 | 1997 | 1998* |
|---|---|---|---|---|---|---|---|---|---|---|---|---|
| | | | | | | Mio. t | | | | | | |
| Land- und forstwitschaftliche Erzeugnisse | 132,6 | 132,2 | 134,8 | 138,7 | 71,5 | 73,4 | 71,8 | 74,3 | 61,0 | 58,8 | 63,0 | 64,4 |
| Nahrungs- und Futtermittel | 261,1 | 265,8 | 269,7 | 266,2 | 121,0 | 121,7 | 125,5 | 121,7 | 140,1 | 144,1 | 144,2 | 144,5 |
| Kohle | 23,1 | 23,0 | 18,3 | 22,4 | 17,0 | 16,9 | 12,4 | 14,6 | 6,1 | 6,1 | 5,9 | 7,8 |
| Rohes Erdöl | 0,7 | 0,7 | 1,7 | 1,2 | 0,6 | 0,6 | 1,6 | 1,2 | 0,2 | 0,1 | 0,2 | 0,1 |
| Mineralölerzeugnisse | 135,9 | 135,1 | 141,2 | 127,8 | 75,8 | 73,0 | 77,5 | 67,4 | 60,1 | 62,1 | 63,7 | 60,4 |
| Erze und Metallabfälle | 40,0 | 39,8 | 40,1 | 39,3 | 15,6 | 16,2 | 13,8 | 14,2 | 24,4 | 23,6 | 26,3 | 25,0 |
| Eisen, Stahl und NE-Metalle | 77,7 | 70,6 | 73,2 | 81,7 | 62,8 | 58,4 | 59,9 | 64,9 | 14,8 | 12,1 | 13,3 | 16,8 |
| Steine und Erden | 1 892,0 | 1 760,9 | 1 710,5 | 1 678,2 | 917,6 | 873,4 | 813,7 | 775,1 | 974,4 | 887,5 | 896,8 | 903,1 |
| Düngemittel | 15,9 | 14,5 | 15,2 | 15,6 | 9,4 | 8,8 | 8,3 | 8,1 | 6,5 | 5,7 | 6,9 | 7,5 |
| Chemische Erzeugnisse | 236,7 | 223,9 | 216,9 | 218,3 | 126,6 | 120,2 | 115,8 | 114,0 | 110,2 | 103,7 | 101,1 | 104,3 |
| Fahrzeuge, Maschinen, Halb- und Fertigwaren[2)] | 349,6 | 341,9 | 353,3 | 370,9 | 228,5 | 232,6 | 240,5 | 250,7 | 121,1 | 109,3 | 112,8 | 120,2 |
| Insgesamt | 3 165,3 | 3 008,2 | 2 975,0 | 2 960,3 | 1 646,4 | 1 595,2 | 1 540,8 | 1 506,3 | 1 518,8 | 1 413,1 | 1 434,2 | 1 454,0 |
| | | | | | | vH | | | | | | |
| Land- und forstwitschaftliche Erzeugnisse | 4,2 | 4,4 | 4,5 | 4,7 | 4,3 | 4,6 | 4,7 | 4,9 | 4,0 | 4,2 | 4,4 | 4,4 |
| Nahrungs- und Futtermittel | 8,2 | 8,8 | 9,1 | 9,0 | 7,3 | 7,6 | 8,1 | 8,1 | 9,2 | 10,2 | 10,1 | 9,9 |
| Kohle | 0,7 | 0,8 | 0,6 | 0,8 | 1,0 | 1,1 | 0,8 | 1,0 | 0,4 | 0,4 | 0,4 | 0,5 |
| Rohes Erdöl | 0,0 | 0,0 | 0,1 | 0,0 | 0,0 | 0,0 | 0,1 | 0,1 | 0,0 | 0,0 | 0,0 | 0,0 |
| Mineralölerzeugnisse | 4,3 | 4,5 | 4,7 | 4,3 | 4,6 | 4,6 | 5,0 | 4,5 | 4,0 | 4,4 | 4,4 | 4,2 |
| Erze und Metallabfälle | 1,3 | 1,3 | 1,3 | 1,3 | 0,9 | 1,0 | 0,9 | 0,9 | 1,6 | 1,7 | 1,8 | 1,7 |
| Eisen, Stahl und NE-Metalle | 2,5 | 2,3 | 2,5 | 2,8 | 3,8 | 3,7 | 3,9 | 4,3 | 1,0 | 0,9 | 0,9 | 1,2 |
| Steine und Erden | 59,8 | 58,5 | 57,5 | 56,7 | 55,7 | 54,8 | 52,8 | 51,5 | 64,2 | 62,8 | 62,5 | 62,1 |
| Düngemittel | 0,5 | 0,5 | 0,5 | 0,5 | 0,6 | 0,6 | 0,5 | 0,5 | 0,4 | 0,4 | 0,5 | 0,5 |
| Chemische Erzeugnisse | 7,5 | 7,4 | 7,3 | 7,4 | 7,7 | 7,5 | 7,5 | 7,6 | 7,3 | 7,3 | 7,0 | 7,2 |
| Fahrzeuge, Maschinen, Halb- und Fertigwaren[2)] | 11,0 | 11,4 | 11,9 | 12,5 | 13,9 | 14,6 | 15,6 | 16,6 | 8,0 | 7,7 | 7,9 | 8,3 |
| Insgesamt | 100 | 100 | 100 | 100 | 100 | 100 | 100 | 100 | 100 | 100 | 100 | 100 |

[1)] Ohne Lastkraftwagen und Sattelzugmaschinen bis 3,5 t Nutzlast bzw. 6 t zulässiges Gesamtgewicht.- [2)] Einschl. besondere Transportgüter und Leergut.-

* Vorläufige Werte.

## Güterverkehr - Verkehrsleistung[1], mittlere Transportweite[1] ausgewählter Gütergruppen

### Straßengüterverkehr deutscher Lastkraftfahrzeuge[2]

| Gütergruppen | Insgesamt 1995 | Insgesamt 1996 | Insgesamt 1997 | Insgesamt 1998* | Gewerblicher Verkehr 1995 | Gewerblicher Verkehr 1996 | Gewerblicher Verkehr 1997 | Gewerblicher Verkehr 1998* | Werkverkehr 1995 | Werkverkehr 1996 | Werkverkehr 1997 | Werkverkehr 1998* |
|---|---|---|---|---|---|---|---|---|---|---|---|---|
| **Verkehrsleistung - in Mrd. tkm** | | | | | | | | | | | | |
| Land- und forstwitschaftliche Erzeugnisse | 15,3 | 16,7 | 16,5 | 17,5 | 9,0 | 10,4 | 9,9 | 11,0 | 6,3 | 6,3 | 6,6 | 6,5 |
| Nahrungs- und Futtermittel | 38,9 | 39,3 | 40,8 | 41,2 | 22,2 | 22,4 | 23,6 | 24,2 | 16,7 | 17,0 | 17,2 | 17,0 |
| Kohle | 1,8 | 1,7 | 1,4 | 1,4 | 1,2 | 1,3 | 1,1 | 1,1 | 0,6 | 0,5 | 0,3 | 0,3 |
| Erdöl und Mineralölerzeugnisse | 10,7 | 10,5 | 11,4 | 10,7 | 6,1 | 5,8 | 6,5 | 6,0 | 4,7 | 4,7 | 5,0 | 4,7 |
| Erze und Metallabfälle | 3,0 | 3,1 | 2,9 | 2,8 | 1,6 | 1,7 | 1,4 | 1,4 | 1,4 | 1,5 | 1,5 | 1,4 |
| Eisen, Stahl und NE-Metalle | 12,8 | 12,1 | 13,2 | 14,1 | 11,3 | 10,5 | 11,6 | 12,4 | 1,5 | 1,6 | 1,6 | 1,7 |
| Steine und Erden | 55,6 | 53,5 | 54,0 | 54,5 | 31,5 | 30,7 | 30,7 | 32,3 | 24,1 | 22,8 | 23,4 | 22,2 |
| Düngemittel | 1,4 | 1,5 | 1,6 | 1,6 | 0,9 | 1,1 | 1,1 | 1,1 | 0,4 | 0,4 | 0,5 | 0,5 |
| Chemische Erzeugnisse | 19,9 | 18,5 | 18,5 | 19,4 | 15,5 | 14,5 | 14,4 | 15,4 | 4,4 | 4,1 | 4,1 | 4,0 |
| Fahrzeuge, Maschinen, Halb- und Fertigwaren[3] | 57,8 | 59,2 | 62,8 | 67,2 | 45,8 | 47,8 | 51,2 | 55,2 | 12,0 | 11,4 | 11,7 | 12,0 |
| Insgesamt | 217,2 | 216,2 | 223,2 | 230,6 | 145,1 | 146,0 | 151,3 | 160,2 | 72,1 | 70,1 | 71,8 | 70,4 |
| **Mittlere Transportweite - in km** | | | | | | | | | | | | |
| Land- und forstwitschaftliche Erzeugnisse | 115,3 | 126,3 | 122,1 | 126,5 | 126,1 | 141,7 | 137,3 | 148,7 | 102,7 | 107,1 | 104,8 | 101,0 |
| Nahrungs- und Futtermittel | 148,9 | 147,9 | 151,3 | 154,6 | 183,7 | 183,6 | 188,1 | 198,5 | 118,9 | 117,7 | 119,2 | 117,7 |
| Kohle | 78,1 | 75,1 | 78,6 | 63,5 | 72,2 | 74,5 | 88,6 | 75,4 | 94,4 | 76,6 | 57,8 | 41,3 |
| Erdöl und Mineralölerzeugnisse | 78,6 | 77,5 | 80,0 | 83,1 | 79,5 | 78,9 | 81,8 | 88,1 | 77,5 | 75,8 | 77,7 | 77,5 |
| Erze und Metallabfälle | 75,5 | 79,0 | 72,1 | 72,2 | 101,6 | 103,3 | 101,1 | 97,6 | 58,8 | 62,4 | 56,9 | 57,9 |
| Eisen, Stahl und NE-Metalle | 164,8 | 171,5 | 180,1 | 173,0 | 179,5 | 180,1 | 193,4 | 191,0 | 102,4 | 130,4 | 120,2 | 103,7 |
| Steine und Erden | 29,4 | 30,4 | 31,6 | 32,5 | 34,3 | 35,1 | 37,7 | 41,6 | 24,7 | 25,7 | 26,1 | 24,6 |
| Düngemittel | 86,2 | 102,9 | 103,8 | 105,1 | 98,4 | 126,3 | 132,4 | 141,8 | 68,3 | 66,7 | 69,3 | 65,6 |
| Chemische Erzeugnisse | 84,1 | 82,8 | 85,2 | 89,1 | 122,4 | 120,4 | 124,2 | 135,5 | 40,1 | 39,1 | 40,6 | 38,4 |
| Fahrzeuge, Maschinen, Halb- und Fertigwaren[3] | 165,2 | 173,0 | 178 | 181 | 200,2 | 205,4 | 212,7 | 220,3 | 99,2 | 104,1 | 103,6 | 99,8 |
| Insgesamt | 68,6 | 71,9 | 75,0 | 77,9 | 88,1 | 91,5 | 98,2 | 106,4 | 47,4 | 49,6 | 50,1 | 48,4 |

[1] Im Bundesgebiet.- [2] Ohne Lastkraftwagen und Sattelzugmaschinen bis 3,5 t Nutzlast bzw. 6 t zulässiges Gesamtgewicht.- [3] Einschl. besondere Transportgüter und Leergut.- * Vorläufige Werte.

## Güterverkehr - Straßengüterverkehr dt. Lastkraftfahrzeuge[1)]

### nach Entfernungsstufen - 1998

| Entfernungsstufen in km | Insgesamt | Werk-verkehr | Gewerblicher Verkehr | Insgesamt | Werk-verkehr | Gewerblicher Verkehr |
|---|---|---|---|---|---|---|
| | Aufkommen - in Mio. t | | | Leistung - in Mrd. tkm | | |
| bis 50 | 1 996,2 | 892,6 | 1 103,6 | 30,0 | 14,0 | 16,0 |
| 51 bis 100 | 344,3 | 185,4 | 159,0 | 25,1 | 13,6 | 11,5 |
| 101 bis 150 | 177,1 | 101,5 | 75,6 | 21,9 | 12,6 | 9,3 |
| bis 150 | 2 517,7 | 1 179,5 | 1 338,2 | 77,0 | 40,1 | 36,8 |
| 151 bis 200 | 110,4 | 68,6 | 41,9 | 19,2 | 12,0 | 7,3 |
| 201 bis 250 | 72,8 | 48,8 | 23,9 | 16,4 | 11,0 | 5,4 |
| 251 bis 300 | 55,7 | 40,6 | 15,1 | 15,3 | 11,2 | 4,1 |
| 301 bis 350 | 43,3 | 33,4 | 9,9 | 14,0 | 10,8 | 3,2 |
| 351 bis 400 | 32,5 | 25,9 | 6,6 | 12,2 | 9,7 | 2,5 |
| 401 bis 451 | 25,9 | 21,4 | 4,5 | 11,0 | 9,1 | 1,9 |
| 451 bis 500 | 22,3 | 18,9 | 3,4 | 10,6 | 9,0 | 1,6 |
| 151 bis 500 | 362,9 | 257,6 | 105,3 | 98,8 | 72,8 | 26,0 |
| 501 bis 600 | 33,9 | 29,3 | 4,6 | 18,6 | 16,1 | 2,5 |
| 601 bis 700 | 21,0 | 18,5 | 2,6 | 13,6 | 11,9 | 1,7 |
| 701 bis 800 | 11,4 | 10,0 | 1,3 | 8,4 | 7,4 | 1,0 |
| 801 bis 900 | 6,0 | 5,3 | 0,7 | 5,1 | 4,5 | 0,6 |
| 901 bis 1000 | 2,6 | 2,1 | 0,4 | 2,4 | 2,0 | 0,4 |
| 1001 und mehr | 4,8 | 3,9 | 0,9 | 6,7 | 5,3 | 1,4 |
| 501 und mehr | 79,7 | 69,2 | 10,5 | 54,8 | 47,3 | 7,6 |
| insgesamt | 2 960,3 | 1 506,3 | 1 454,0 | 230,6 | 160,2 | 70,4 |

[1)] Ohne Lastkraftfahrzeuge und Sattelzugmaschinen bis 3,5 t Nutzlast bzw. 6 t zulässigem Gesamtgewicht.

## Güterverkehr[1) ] - Verkehrsaufkommen ausgewählter Gütergruppen - Seeschiffahrt

| Gütergruppen | 1988 | 1989 | 1990 | 1991 | 1992 | 1993 | 1994 | 1995 | 1996 | 1997 | 1998 |
|---|---|---|---|---|---|---|---|---|---|---|---|
| | | | | | | in Mio t. | | | | | |
| Land- und forstwitschaftliche Erzeugnisse | . | . | 9,8 | 11,1 | 14,2 | 10,9 | 13,7 | 15,8 | 13,5 | 11,3 | 13,1 |
| Nahrungs- und Futtermittel | . | . | 16,5 | 18,0 | 17,8 | 17,1 | 16,6 | 16,1 | 15,7 | 17,2 | 17,3 |
| Kohle | . | . | 5,5 | 6,1 | 5,4 | 5,2 | 6,0 | 6,5 | 6,9 | 7,6 | 8,2 |
| Rohes Erdöl | . | . | 20,4 | 24,9 | 32,2 | 32,8 | 34,9 | 33,9 | 37,1 | 39,3 | 46,1 |
| Mineralölerzeugnisse | . | . | 15,9 | 17,2 | 21,0 | 21,4 | 19,7 | 19,1 | 20,5 | 19,9 | 17,9 |
| Erze und Metallabfälle | . | . | 15,0 | 14,4 | 14,3 | 15,3 | 17,1 | 18,8 | 16,8 | 19,2 | 18,0 |
| Eisen, Stahl und NE-Metalle | . | . | 8,2 | 8,8 | 8,3 | 7,5 | 7,9 | 7,2 | 7,9 | 7,6 | 7,1 |
| Steine und Erden | . | . | 6,5 | 10,5 | 11,9 | 11,4 | 13,7 | 13,4 | 12,9 | 14,0 | 13,0 |
| Düngemittel | . | . | 4,1 | 5,3 | 6,1 | 5,7 | 6,0 | 6,3 | 5,9 | 5,9 | 5,8 |
| Chemische Erzeugnisse | . | . | 13,3 | 13,6 | 14,0 | 13,9 | 14,4 | 14,3 | 14,0 | 14,7 | 14,7 |
| Fahrzeuge, Maschinen, Halb- und Fertigwaren[2)] | . | . | 28,4 | 31,4 | 33,1 | 39,4 | 43,2 | 49,8 | 51,3 | 53,0 | 52,8 |
| Insgesamt | 140,5 | 141,0 | 143,8 | 161,1 | 178,1 | 180,6 | 193,3 | 201,0 | 202,5 | 209,6 | 214,0 |
| | | | | | | in vH | | | | | |
| Land- und forstwitschaftliche Erzeugnisse | . | . | 6,8 | 6,9 | 7,9 | 6,0 | 7,1 | 7,8 | 6,6 | 5,4 | 6,1 |
| Nahrungs- und Futtermittel | . | . | 11,5 | 11,1 | 10,0 | 9,4 | 8,6 | 8,0 | 7,8 | 8,2 | 8,1 |
| Kohle | . | . | 3,8 | 3,8 | 3,0 | 2,9 | 3,1 | 3,2 | 3,4 | 3,6 | 3,8 |
| Rohes Erdöl | . | . | 14,2 | 15,4 | 18,1 | 18,2 | 18,1 | 16,9 | 18,3 | 18,7 | 21,6 |
| Mineralölerzeugnisse | . | . | 11,1 | 10,7 | 11,8 | 11,8 | 10,2 | 9,5 | 10,1 | 9,5 | 8,4 |
| Erze und Metallabfälle | . | . | 10,4 | 8,9 | 8,0 | 8,5 | 8,8 | 9,4 | 8,3 | 9,2 | 8,4 |
| Eisen, Stahl und NE-Metalle | . | . | 5,7 | 5,5 | 4,6 | 4,2 | 4,1 | 3,6 | 3,9 | 3,6 | 3,3 |
| Steine und Erden | . | . | 4,5 | 6,5 | 6,7 | 6,3 | 7,1 | 6,6 | 6,4 | 6,7 | 6,1 |
| Düngemittel | . | . | 2,9 | 3,3 | 3,5 | 3,2 | 3,1 | 3,1 | 2,9 | 2,8 | 2,7 |
| Chemische Erzeugnisse | . | . | 9,3 | 8,4 | 7,8 | 7,7 | 7,4 | 7,1 | 6,9 | 7,0 | 6,9 |
| Fahrzeuge, Maschinen, Halb- und Fertigwaren[2)] | . | . | 19,7 | 19,5 | 18,6 | 21,8 | 22,4 | 24,8 | 25,3 | 25,3 | 24,7 |
| Insgesamt | 100 | 100 | 100 | 100 | 100 | 100 | 100 | 100 | 100 | 100 | 100 |

[1)] Ohne Eigengewichte der Reise- und Transportfahrzeuge, Container, Trailer, Trägerschiffsleichter.- [2)] Einschl. besondere Transportgüter.- Ab 1987 wird Stückgut einschl. in Containern verladenes Gut vollständig der Gütergruppe 'Fahrzeuge, Maschinen, Halb- und Fertigwaren' zugeordnet.

## Güterverkehrsaufkommen 1998

### nach zehn Hauptgütergruppen in Mio.t

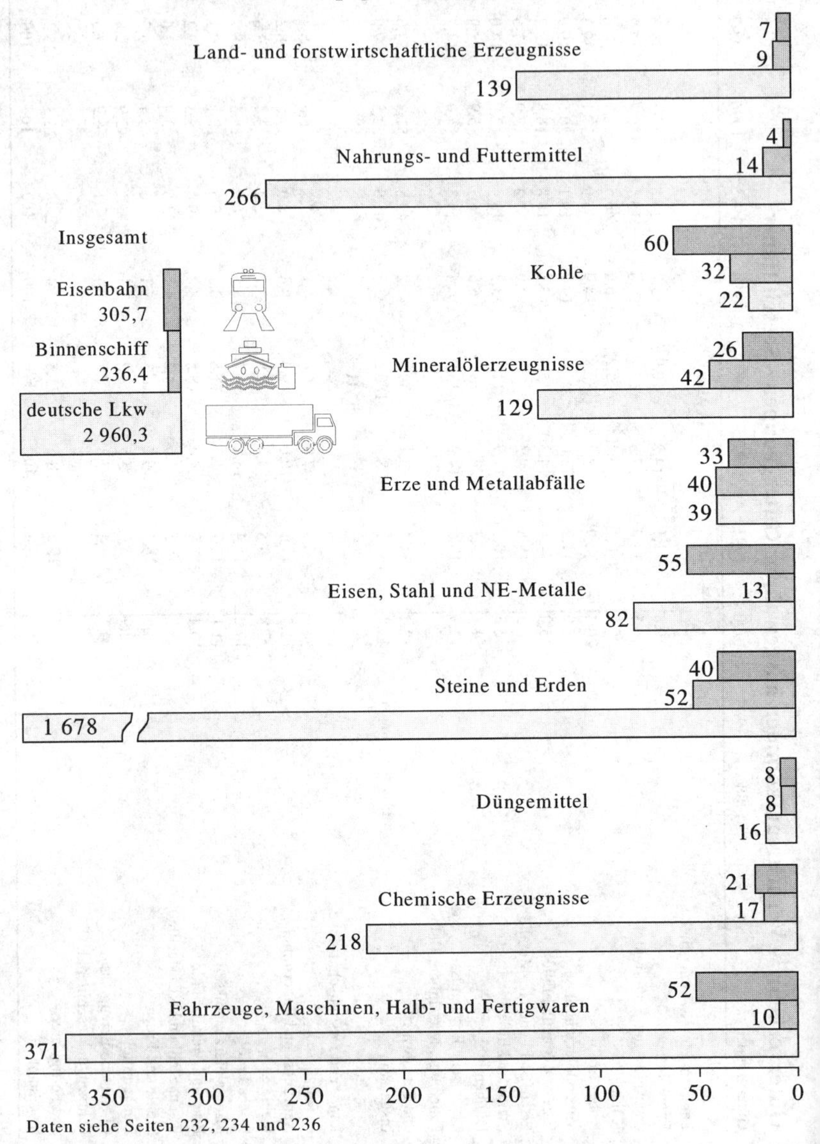


Daten siehe Seiten 232, 234 und 236

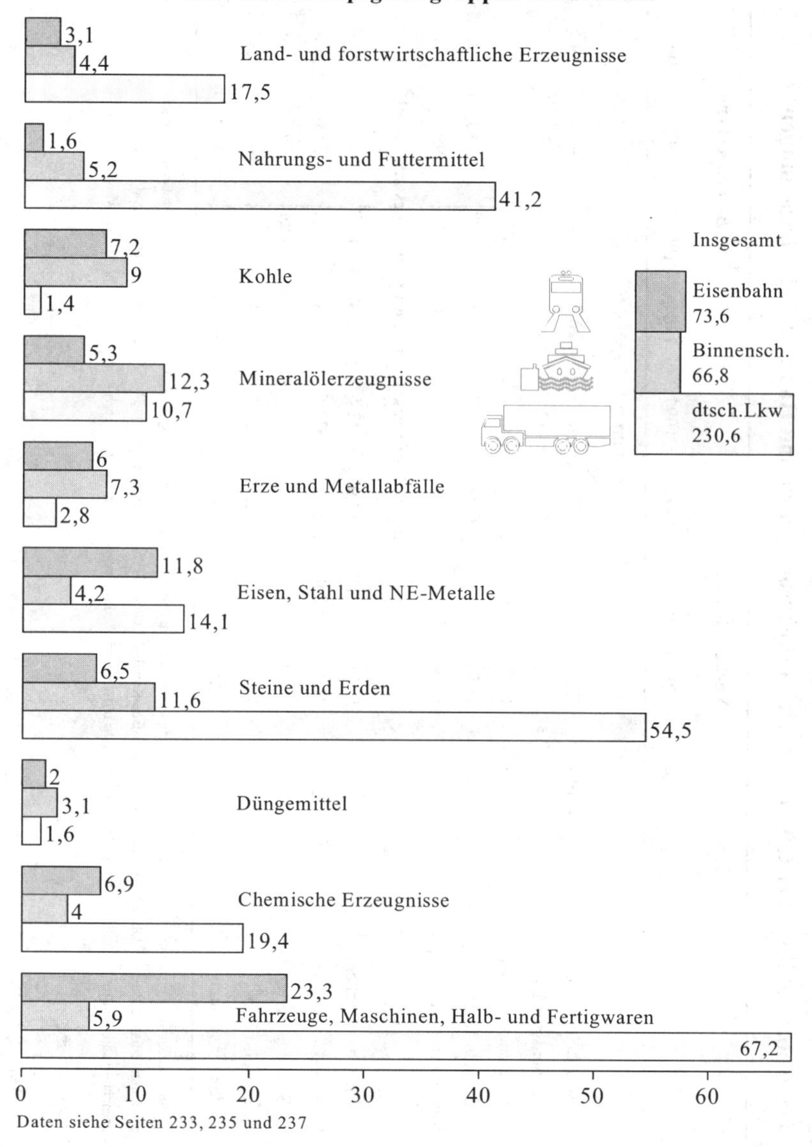
Güterverkehrsleistung 1998
nach zehn Hauptgütergruppen in Mrd.tkm
3,1
4,4
17,5
Land- und forstwirtschaftliche Erzeugnisse
1,6
5,2
41,2
Nahrungs- und Futtermittel
7,2
9
1,4
Kohle
5,3
12,3
10,7
Mineralölerzeugnisse
6
7,3
2,8
Erze und Metallabfälle
11,8
4,2
14,1
Eisen, Stahl und NE-Metalle
6,5
11,6
54,5
Steine und Erden
2
3,1
1,6
Düngemittel
6,9
4
19,4
Chemische Erzeugnisse
23,3
5,9
67,2
Fahrzeuge, Maschinen, Halb- und Fertigwaren
Insgesamt
Eisenbahn
73,6
Binnensch.
66,8
dtsch.Lkw
230,6
0
10
20
30
40
50
60
Daten siehe Seiten 233, 235 und 237

B 6

## Transport gefährlicher Güter[1] - nach Verkehrsbereichen und Hauptverkehrsbeziehungen

| | Verkehr insgesamt | | | | | Binnenverkehr | | | | |
|---|---|---|---|---|---|---|---|---|---|---|
| | 1984 | 1990* | 1992* | 1996 | 1997 | 1984 | 1990* | 1992* | 1996 | 1997 |
| **Gefahrgut - in Mio. t** | | | | | | | | | | |
| Eisenbahnverkehr[2] | 39,7 | 42,8 | 51,5 | 42,7 | 42,7 | 26,3 | 29,1 | 42,0 | 34,5 | 33,9 |
| Binnenschiffahrt | 53,2 | 50,1 | 52,7 | 51,1 | 52,8 | 18,5 | 17,1 | 18,0 | 17,7 | 17,5 |
| Straßengüterfernverkehr[3] | 35,3 | 45,7 | 50,6 | . | . | 22,9 | 31,7 | 36,0 | . | . |
| Seeschiffahrt[4] | 44,5 | 43,9 | 61,5 | 64,4 | 64,9 | 2,2 | 0,8 | 3,1 | 2,3 | 2,5 |
| Verkehr insgesamt[5] | 172,7 | 182,4 | 216,3 | . | . | 70,0 | 78,7 | 99,1 | . | . |
| **Anteil der Gefahrgüter am Verkehrsaufkommen insgesamt - in vH** | | | | | | | | | | |
| Eisenbahnverkehr[2] | 12,0 | 13,8 | 14,4 | 13,9 | 13,5 | 10,4 | 12,8 | 15,2 | 15,4 | 15,0 |
| Binnenschiffahrt | 22,5 | 21,6 | 22,9 | 22,5 | 22,6 | 26,4 | 27,3 | 25,6 | 26,6 | 26,9 |
| Straßengüterfernverkehr[3] | 9,8 | 9,3 | 8,4 | . | . | 10,2 | 11,2 | 9,7 | . | . |
| Seeschiffahrt[4] | 33,6 | 30,5 | 34,5 | 31,8 | 31,0 | 60,1 | 39,1 | 66,7 | 58,2 | 58,9 |
| Verkehr insgesamt[5] | 16,3 | 15,5 | 15,8 | . | . | 12,7 | 13,7 | 13,7 | . | . |

[1] Ohne radioaktive Stoffe und Gefahrgüter der Klasse 9.- [2] Bis 1990 einschl. Dienstgut-, Stückgut- und Expreßgutverkehr.- [3] Einschl. grenzüberschreitender Straßengüternahverkehr.- [4] Ohne Verkehr auf dem Nord-Ostsee-Kanal.- [5] Ohne Straßengüternahverkehr und Luftverkehr (1992 Versand und Empfang im grenzüberschreitenden Verkehr 54 700 t).- *Mit dem Vorjahr teilweise nur bedingt vergleichbar, da das Berechnungsverfahren modifiziert wurde.

## Transport gefährlicher Güter[1] - nach Verkehrsbereichen und Hauptverkehrsbeziehungen

| | Grenzüberschreitender Verkehr[6] | | | | | | | | | | Durchgangsverkehr | | | | |
|---|---|---|---|---|---|---|---|---|---|---|---|---|---|---|---|
| | Versand | | | | | Empfang | | | | | | | | | |
| | 1984 | 1990* | 1992* | 1996 | 1997 | 1984 | 1990* | 1992* | 1996 | 1997 | 1984 | 1990* | 1992* | 1996 | 1997 |
| **Gefahrgut - in Mio. t** | | | | | | | | | | | | | | | |
| Eisenbahnverkehr[2] | 3,6 | 5,2 | 5,1 | 4,4 | 4,7 | 8,7 | 7,6 | 3,9 | 3,2 | 3,3 | 1,1 | 0,8 | 0,6 | 0,6 | 0,8 |
| Binnenschiffahrt | 6,8 | 7,3 | 8,0 | 6,4 | 6,1 | 24,4 | 22,6 | 23,6 | 23,0 | 24,8 | 3,5 | 3,0 | 3,1 | 3,9 | 4,4 |
| Straßengüterfernverkehr[3] | 6,5 | 6,4 | 6,7 | . | . | 4,6 | 6,2 | 6,7 | . | . | 1,2 | 1,4 | 1,2 | . | . |
| Seeschiffahrt[4] | 8,7 | 6,9 | 11,2 | 14,8 | 14,3 | 33,6 | 36,2 | 47,1 | 47,3 | 48,2 | - | - | - | - | - |
| Verkehr insgesamt[5] | 25,6 | 25,9 | 31,1 | . | . | 71,3 | 72,7 | 81,3 | . | . | 5,8 | 5,2 | 4,8 | . | . |
| **Anteil der Gefahrgüter am Verkehrsaufkommen insgesamt - in vH** | | | | | | | | | | | | | | | |
| Eisenbahnverkehr[2] | 10,8 | 13,8 | 14,0 | 13,1 | 12,3 | 22,9 | 20,6 | 9,8 | 7,8 | 7,6 | 15,2 | 9,7 | 7,8 | 6,4 | 8,8 |
| Binnenschiffahrt | 12,6 | 13,5 | 17,0 | 14,6 | 13,7 | 24,4 | 22,9 | 24,3 | 23,4 | 23,7 | 28,2 | 19,1 | 20,2 | 21,5 | 22,8 |
| Straßengüterfernverkehr[3] | 11,0 | 6,9 | 6,7 | . | . | 7,4 | 6,7 | 6,2 | . | . | 8,8 | 6,2 | 5,3 | . | . |
| Seeschiffahrt[4] | 19,9 | 15,5 | 20,2 | 21,4 | 20,7 | 39,6 | 37,2 | 40,0 | 36,5 | 35,3 | - | - | - | - | - |
| Verkehr insgesamt[5] | 13,4 | 11,3 | 13,0 | . | . | 25,0 | 22,3 | 22,5 | . | . | 17,4 | 11,3 | 10,8 | . | . |

[1] Ohne radioaktive Stoffe und Gefahrgüter der Klasse 9.- [2] Bis 1990 einschl. Dienstgut-, Stückgut- und Expreßgutverkehr.- [3] Einschl. grenzüberschreitender Straßengüternahverkehr.- [4] Ohne Verkehr auf dem Nord-Ostsee-Kanal.- [5] Ohne Straßengüternahverkehr und Luftverkehr (1992 Versand und Empfang im grenzüberschreitenden Verkehr 54 700 t).- [6] Bis 1990 einschl. Verkehr mit der DDR. - *Mit dem Vorjahr teilweise nur bedingt vergleichbar, da das Berechnungsverfahren modifiziert wurde.

B 6

## Transport gefährlicher Güter[1] - nach Gefahrklassen - in Mio. t

| | | Verkehr insgesamt[1] | | | Eisenbahnverkehr[2] | | | Binnenschiffahrt | | |
|---|---|---|---|---|---|---|---|---|---|---|
| | | 1984 | 1990* | 1992* | 1984 | 1990* | 1992* | 1984 | 1990* | 1992* |
| **Gefahrgut insgesamt** | | 176,9 | 182,5 | 216,3 | 39,7 | 42,8 | 51,5 | 53,2 | 50,1 | 52,7 |
| nach Gefahrklassen: | Nr. | | | | | | | | | |
| Explosive Stoffe und Gegenstände mit Explosivstoff | 1 | 0,4 | 0,7 | 0,7 | 0,4 | 0,5 | 0,4 | 0,0 | 0,1 | - |
| Verdichtete, verflüssigte oder unter Druck gelöste Gase | 2 | 16,4 | 10,2 | 12,0 | 5,2 | 4,9 | 5,1 | 3,8 | 1,9 | 2,3 |
| Entzündbare flüssige Stoffe | 3 | 129,0 | 130,2 | 159,2 | 25,0 | 24,9 | 32,9 | 43,7 | 41,6 | 44,1 |
| Entzündbare feste Stoffe | 4.1 | 6,2 | 11,7 | 13,0 | 1,9 | 4,5 | 5,2 | 0,6 | 1,5 | 1,3 |
| Selbstentzündliche Stoffe | 4.2 | 0,3 | 3,4 | 3,8 | 0,1 | 0,8 | 1,2 | 0,1 | 0,6 | 0,6 |
| Stoffe, die mit Wasser entzündliche Gase entwickeln | 4.3 | 0,9 | 1,0 | 1,0 | 0,5 | 0,4 | 0,4 | 0,0 | 0,3 | 0,2 |
| Entzündend (oxydierend) wirkende Stoffe | 5.1 | 4,1 | 1,8 | 2,3 | 1,7 | 0,7 | 0,9 | 1,2 | 0,4 | 0,6 |
| Organische Peroxide | 5.2 | 0,0 | 0,0 | 0,0 | 0,0 | 0,0 | 0,0 | - | - | - |
| Giftige Stoffe | 6.1 | 4,8 | 11,1 | 11,2 | 1,0 | 2,7 | 2,5 | 0,6 | 0,8 | 0,8 |
| Ekelerregende oder ansteckungsgefährliche Stoffe | 6.2 | 0,5 | 0,4 | 0,4 | 0,1 | 0,0 | 0,0 | 0,0 | 0,0 | 0,0 |
| Ätzende Stoffe | 8 | 14,3 | 12,0 | 12,5 | 3,8 | 3,3 | 3,0 | 3,3 | 2,8 | 2,7 |

[1] Ohne Straßengüternahverkehr und Luftverkehr (1992 = 54,7 Tsd. Tonnen). Ohne radioaktive Stoffe (Gefahrenklasse Nr. 7) und Gefahrgüter der Klasse 9.-

[2] Bis 1990 einschl. Dienstgut-, Stückgut- und Expreßgutverkehr. - * Mit den Vorjahren teilweise nur bedingt vergleichbar, da das Berechnungsverfahren modifiziert wurde.

## Transport gefährlicher Güter[1) ]- nach Gefahrklassen - in Mio. t

| | | Straßengüterfernverkehr[2)] | | | Seeschiffahrt | | | Verkehr insgesamt[1)] | | |
|---|---|---|---|---|---|---|---|---|---|---|
| | | 1984 | 1990* | 1992* | 1984 | 1990* | 1992* | 1984 | 1990* | 1992* |
| **Gefahrgut insgesamt** | | 35,3 | 45,7 | 50,6 | 48,8 | 43,9 | 61,5 | 176,9 | 182,5 | 216,3 |
| nach Gefahrklassen: | Nr. | | | | | | | | | |
| Explosive Stoffe und Gegenstände mit Explosivstoff | 1 | 0,0 | 0,1 | 0,1 | 0,0 | 0,1 | 0,3 | 0,4 | 0,7 | 0,7 |
| Verdichtete, verflüssigte oder unter Druck gelöste Gase | 2 | 4,7 | 1,8 | 2,6 | 2,7 | 1,6 | 2,1 | 16,4 | 10,2 | 12,0 |
| Entzündbare flüssige Stoffe | 3 | 19,3 | 26,2 | 28,4 | 41,1 | 37,4 | 53,8 | 129,0 | 130,2 | 159,2 |
| Entzündbare feste Stoffe | 4.1 | 3,3 | 5,0 | 5,6 | 0,4 | 0,8 | 0,9 | 6,2 | 11,7 | 13,0 |
| Selbstentzündliche Stoffe | 4.2 | 0,1 | 1,4 | 1,3 | 0,1 | 0,7 | 0,7 | 0,3 | 3,4 | 3,8 |
| Stoffe, die mit Wasser entzündliche Gase entwickeln | 4.3 | 0,1 | 0,2 | 0,3 | 0,2 | 0,1 | 0,1 | 0,9 | 1,0 | 1,0 |
| Entzündend (oxydierend) wirkende Stoffe | 5.1 | 0,4 | 0,2 | 0,3 | 0,7 | 0,4 | 0,5 | 4,1 | 1,8 | 2,3 |
| Organische Peroxide | 5.2 | 0,0 | 0,0 | 0,0 | 0,0 | 0,0 | 0,0 | 0,0 | 0,0 | 0,0 |
| Giftige Stoffe | 6.1 | 2,6 | 6,5 | 6,7 | 0,6 | 1,1 | 1,2 | 4,8 | 11,1 | 11,2 |
| Ekelerregende oder ansteckungsgefährliche Stoffe | 6.2 | 0,4 | 0,3 | 0,3 | 0,1 | 0,0 | 0,1 | 0,5 | 0,4 | 0,4 |
| Ätzende Stoffe | 8 | 4,3 | 4,1 | 4,9 | 2,8 | 1,8 | 1,9 | 14,3 | 12,0 | 12,5 |

1) Ohne Straßengüternahverkehr und Luftverkehr (1992 = 54,7 Tsd. Tonnen). Ohne radioaktive Stoffe (Gefahrenklasse Nr. 7) und Gefahrgüter der Klasse 9.-

2) Bis 1990 einschl. Dienstgut-, Stückgut- und Expreßgutverkehr. - * Mit den Vorjahren teilweise nur bedingt vergleichbar, da das Berechnungsverfahren modifiziert wurde.

## Transport gefährlicher Güter[1] - nach Verkehrsbereichen, Hauptverkehrsbeziehungen und ausgewählten Gefahrgutklassen - in Mio. t

| | Gefahrgut-klasse | Insgesamt | | Binnenverkehr | | Grenzüberschreitender Verkehr[3] Versand | | Grenzüberschreitender Verkehr[3] Empfang | |
|---|---|---|---|---|---|---|---|---|---|
| | | 1996 | 1997 | 1996 | 1997 | 1996 | 1997 | 1996 | 1997 |
| **Eisenbahn[2]** | | | | | | | | | |
| Verkehrsaufkommen insgesamt | | 307,8 | 316,0 | 223,9 | 225,7 | 33,8 | 38,1 | 41,2 | 43,0 |
| dar. Gefahrgut | | 42,7 | 42,7 | 34,5 | 33,9 | 4,4 | 4,7 | 3,2 | 3,3 |
| davon Verdichtete, verflüssigte oder unter Druck gelöste Gase | 2 | 4,8 | 4,3 | 2,9 | 2,6 | 0,8 | 0,6 | 0,9 | 0,9 |
| Entzündbare flüssige Stoffe | 3 | 27,9 | 28,6 | 24,2 | 24,4 | 2,1 | 2,5 | 1,4 | 1,3 |
| Entzündbare feste Stoffe | 4.1. | 3,9 | 3,5 | 3,2 | 2,8 | 0,5 | 0,4 | 0,3 | 0,2 |
| Giftige Stoffe | 6.1. | 1,8 | 2,3 | 1,1 | 1,4 | 0,3 | 0,4 | 0,3 | 0,4 |
| Ätzende Stoffe | 8 | 3,6 | 3,2 | 2,7 | 2,2 | 0,6 | 0,5 | 0,3 | 0,4 |
| Übrige | | 0,7 | 0,7 | 0,5 | 0,5 | 0,1 | 0,1 | 0,1 | 0,1 |
| **Binnenschiffahrt** | | | | | | | | | |
| Verkehrsaufkommen insgesamt | | 227,0 | 233,5 | 66,7 | 65,0 | 43,8 | 44,7 | 98,3 | 104,4 |
| dar. Gefahrgut | | 51,1 | 52,8 | 17,7 | 17,5 | 6,4 | 6,1 | 23,0 | 24,8 |
| davon Verdichtete, verflüssigte oder unter Druck gelöste Gase | 2 | 1,5 | 1,9 | 0,6 | 0,7 | 0,1 | 0,1 | 0,9 | 1,0 |
| Entzündbare flüssige Stoffe | 3 | 43,3 | 44,5 | 15,3 | 14,8 | 4,3 | 3,9 | 20,4 | 22,2 |
| Entzündbare feste Stoffe | 4.1. | 1,2 | 1,3 | 0,5 | 0,5 | 0,1 | 0,1 | 0,4 | 0,4 |
| Giftige Stoffe | 6.1. | 0,8 | 0,7 | 0,2 | 0,2 | 0,1 | 0,1 | 0,4 | 0,4 |
| Ätzende Stoffe | 8 | 3,5 | 3,8 | 1,0 | 1,1 | 1,5 | 1,9 | 0,7 | 0,6 |
| Übrige | | 0,7 | 0,7 | 0,2 | 0,2 | 0,3 | 0,0 | 0,2 | 0,2 |

[1] Ohne radioaktive Stoffe und Gefahrgüter der Klasse 9.- [2] Ohne Dienstgut, Stückgut- und Expressgutverkehr.- [3] Ohne Durchgangsverkehr.

## Transport gefährlicher Güter[1] - nach Verkehrsbereichen, Hauptverkehrsbeziehungen und ausgewählten Gefahrgutklassen - in Mio. t

| | Gefahrgut-klasse | Insgesamt | | Binnenverkehr | | Grenzüberschreitender Verkehr Versand | | Grenzüberschreitender Verkehr Empfang | |
|---|---|---|---|---|---|---|---|---|---|
| | | 1996 | 1997 | 1996 | 1997 | 1996 | 1997 | 1996 | 1997 |
| **Seeschiffahrt[2]** | | | | | | | | | |
| Verkehrsaufkommen insgesamt | | 202,5 | 209,6 | 3,9 | 4,2 | 69,1 | 69,1 | 129,5 | 136,2 |
| dar. Gefahrgut | | 64,4 | 64,9 | 2,3 | 2,5 | 14,8 | 14,3 | 47,3 | 48,2 |
| davon Explosive Stoffe und Gegenstände mit Explosivstoffen | 1 | 0,5 | 0,7 | 0,0 | 0,0 | 0,3 | 0,3 | 0,2 | 1,0 |
| Verdichtete, verflüssigte oder unter Druck gelöste Gase | 2 | 2,0 | 1,8 | 0,0 | 0,0 | 1,0 | 0,8 | 1,0 | 0,4 |
| Entzündbare flüssige Stoffe | 3 | 57,1 | 58,8 | 2,2 | 2,4 | 10,2 | 10,4 | 44,8 | 45,9 |
| Entzündbare feste Stoffe | 4.1. | 0,8 | 1,1 | 0,0 | 0,0 | 0,6 | 0,9 | 0,2 | 0,2 |
| Entzündend wirkende Stoffe | 5.1. | 0,8 | 0,4 | 0,0 | 0,0 | 0,6 | 0,3 | 0,1 | 0,1 |
| Giftige Stoffe | 6.1. | 0,8 | 0,3 | 0,0 | 0,0 | 0,6 | 0,2 | 0,3 | 0,1 |
| Ätzende Stoffe | 8 | 1,9 | 1,6 | 0,0 | 0,0 | 1,4 | 1,3 | 0,4 | 0,3 |
| Übrige | | 0,5 | 0,3 | 0,0 | 0,0 | 0,2 | 0,1 | 0,4 | 0,2 |
| **Straßengüterverkehr deutscher Lastkraftfahrzeuge[3]** | | | | | | | | | |
| Verkehrsaufkommen insgesamt | | 3 014,9 | 2 980,9 | . | . | . | . | . | . |
| dar. Gefahrgut | | 137,1 | 143,3 | . | . | . | . | . | . |
| Verdichtete, verflüssigte oder unter Druck gelöste Gase | 2 | 11,9 | 13,2 | . | . | . | . | . | . |
| Entzündbare flüssige Stoffe | 3 | 108,6 | 113,8 | . | . | . | . | . | . |
| Ätzende Stoffe | 8 | 8,0 | 7,6 | . | . | . | . | . | . |
| Übrige | | 8,7 | 8,7 | . | . | . | . | . | . |

[1] Ohne radioaktive Stoffe und Gefahrgüter der Klasse 9.- [2] Ohne Verkehr auf dem Nord-Ostsee-Kanal.- [3] Ohne Lastkraftfahrzeuge bis 6 t zulässiges Gesamtgewicht oder 3,5 t Nutzlast. Einschl. Kabotage und Dreiländerverkehr im Ausland.

## Außenhandel der Bundesrepublik - Gewicht der Güter

### Einfuhr im Generalhandel nach Verkehrsbereichen[1]

| Jahr | Insgesamt[2] | Eisenbahnen | Straßenverkehr | Binnenschiffahrt | Rohrfernleitungen | Luftverkehr | Seeschiffahrt |
|---|---|---|---|---|---|---|---|
| | | | | in Mio. t | | | |
| 1980 | 383,9 | 28,8 | 51,2 | 87,4 | 105,8 | 0,2 | 108,7 |
| 1981 | 348,3 | 27,1 | 52,4 | 83,0 | 94,2 | 0,2 | 89,9 |
| 1982 | 331,6 | 23,9 | 52,0 | 80,7 | 90,6 | 0,2 | 82,7 |
| 1983 | 327,5 | 22,5 | 55,8 | 82,8 | 89,6 | 0,2 | 75,2 |
| 1984 | 341,0 | 24,0 | 59,2 | 87,8 | 89,5 | 0,2 | 78,7 |
| 1985 | 348,3 | 22,2 | 60,1 | 90,9 | 90,6 | 0,2 | 82,7 |
| 1986 | 349,2 | 21,5 | 62,9 | 92,0 | 85,4 | 0,2 | 85,6 |
| 1987 | 341,5 | 22,0 | 65,0 | 85,9 | 88,0 | 0,3 | 78,7 |
| 1988 | 355,1 | 22,1 | 68,3 | 91,4 | 89,7 | 0,3 | 82,2 |
| 1989 | 357,8 | 21,4 | 73,4 | 92,5 | 89,8 | 0,3 | 79,4 |
| 1990 | 377,9 | 21,8 | 80,9 | 93,0 | 96,1 | 0,5 | 84,6 |
| 1991 | 436,6 | 30,0 | 93,8 | 94,1 | 118,6 | 0,5 | 97,9 |
| 1992 | 458,3 | 30,7 | 106,6 | 94,6 | 119,3 | 0,5 | 104,5 |
| 1993 | 425,0 | 25,6 | 96,6 | 77,6 | 122,4 | 0,4 | 100,6 |
| 1994 | 464,6 | 30,1 | 109,5 | 87,8 | 129,0 | 0,4 | 105,9 |
| 1995 | 464,6 | 29,8 | 116,2 | 91,9 | 129,2 | 0,5 | 95,4 |
| 1996 | 476,1 | 27,8 | 114,7 | 88,8 | 144,4 | 0,5 | 98,0 |
| 1997 | 483,6 | 27,7 | 131,8 | 82,8 | 141,9 | 0,6 | 97,0 |
| 1998* | 495,4 | 27,2 | 132,7 | 84,0 | 134,7 | 0,5 | 113,7 |
| | | | | in vH | | | |
| 1980 | 100 | 7,5 | 13,3 | 22,8 | 27,6 | 0,1 | 28,3 |
| 1981 | 100 | 7,8 | 15,1 | 23,8 | 27,1 | 0,1 | 25,8 |
| 1982 | 100 | 7,2 | 15,7 | 24,3 | 27,3 | 0,1 | 24,9 |
| 1983 | 100 | 6,9 | 17,0 | 25,3 | 27,4 | 0,1 | 23,0 |
| 1984 | 100 | 7,1 | 17,3 | 25,8 | 26,2 | 0,1 | 23,1 |
| 1985 | 100 | 6,4 | 17,2 | 26,1 | 26,0 | 0,1 | 23,8 |
| 1986 | 100 | 6,2 | 18,0 | 26,4 | 24,5 | 0,1 | 24,5 |
| 1987 | 100 | 6,5 | 19,0 | 25,2 | 25,8 | 0,1 | 23,1 |
| 1988 | 100 | 6,2 | 19,2 | 25,7 | 25,3 | 0,1 | 23,2 |
| 1989 | 100 | 6,0 | 20,5 | 25,9 | 25,1 | 0,1 | 22,2 |
| 1990 | 100 | 5,8 | 21,4 | 24,6 | 25,4 | 0,1 | 22,4 |
| 1991 | 100 | 6,9 | 21,5 | 21,6 | 27,2 | 0,1 | 22,4 |
| 1992 | 100 | 6,7 | 23,3 | 20,6 | 26,0 | 0,1 | 22,8 |
| 1993 | 100 | 6,0 | 22,7 | 18,3 | 28,8 | 0,1 | 23,7 |
| 1994 | 100 | 6,5 | 23,6 | 18,9 | 27,8 | 0,1 | 22,8 |
| 1995 | 100 | 6,4 | 25,0 | 19,8 | 27,8 | 0,1 | 20,5 |
| 1996 | 100 | 5,8 | 24,1 | 18,7 | 30,3 | 0,1 | 20,6 |
| 1997 | 100 | 5,7 | 27,3 | 17,1 | 29,3 | 0,1 | 20,1 |
| 1998* | 100 | 5,5 | 26,8 | 17,0 | 27,2 | 0,1 | 23,0 |

[1] Nachgewiesen im Zeitpunkt des Grenzüberganges.- [2] Einschl. Warenverkehrsvorgängen, die einem bestimmten Verkehrsbereich nicht zugeordnet werden können.- * Vorläufige Werte.

## Außenhandel der Bundesrepublik - Wert der Güter

### Einfuhr im Generalhandel nach Verkehrsbereichen[1]

| Jahr | Insgesamt[2] | Eisenbahnen | Straßenverkehr | Binnenschiffahrt | Rohrfernleitungen | Luftverkehr | Seeschiffahrt |
|---|---|---|---|---|---|---|---|
| | | | | in Mrd. DM | | | |
| 1980 | 350,6 | 29,0 | 138,2 | 26,5 | 41,3 | 25,1 | 79,9 |
| 1981 | 379,5 | 28,1 | 146,2 | 29,7 | 50,6 | 27,6 | 86,1 |
| 1982 | 385,6 | 27,0 | 151,8 | 31,0 | 50,6 | 32,5 | 79,8 |
| 1983 | 398,6 | 28,5 | 166,3 | 32,2 | 47,8 | 34,4 | 76,7 |
| 1984 | 445,2 | 29,6 | 187,2 | 36,3 | 50,5 | 40,6 | 87,5 |
| 1985 | 475,2 | 30,7 | 206,1 | 36,4 | 53,1 | 42,8 | 91,6 |
| 1986 | 424,0 | 29,5 | 211,4 | 25,9 | 26,4 | 39,8 | 76,6 |
| 1987 | 419,1 | 28,3 | 218,7 | 21,2 | 21,3 | 39,5 | 75,4 |
| 1988 | 449,5 | 28,1 | 240,4 | 22,9 | 18,1 | 40,7 | 78,4 |
| 1989 | 518,9 | 29,7 | 276,3 | 28,2 | 20,8 | 49,0 | 88,7 |
| 1990 | 562,1 | 33,3 | 309,4 | 25,7 | 25,0 | 51,5 | 91,5 |
| 1991 | 656,7 | 41,0 | 359,2 | 25,1 | 30,6 | 59,8 | 110,7 |
| 1992 | 647,7 | 34,1 | 370,0 | 24,4 | 26,4 | 58,5 | 105,9 |
| 1993 | 576,1 | 21,8 | 311,7 | 18,6 | 25,8 | 58,4 | 100,8 |
| 1994 | 625,3 | 24,4 | 356,6 | 19,9 | 25,2 | 63,9 | 104,1 |
| 1995 | 674,2 | 25,5 | 396,1 | 21,4 | 24,4 | 69,1 | 92,2 |
| 1996 | 698,8 | 28,4 | 400,9 | 20,4 | 30,8 | 73,4 | 99,8 |
| 1997 | 783,7 | 27,7 | 440,9 | 21,5 | 34,0 | 84,3 | 112,4 |
| 1998* | 821,2 | 28,0 | 457,5 | 18,4 | 24,9 | 89,1 | 116,1 |
| | | | | in vH | | | |
| 1980 | 100 | 8,3 | 39,4 | 7,5 | 11,8 | 7,2 | 22,8 |
| 1981 | 100 | 7,4 | 38,5 | 7,8 | 13,3 | 7,3 | 22,7 |
| 1982 | 100 | 7,0 | 39,4 | 8,0 | 13,1 | 8,4 | 20,7 |
| 1983 | 100 | 7,2 | 41,7 | 8,1 | 12,0 | 8,6 | 19,2 |
| 1984 | 100 | 6,7 | 42,0 | 8,1 | 11,3 | 9,1 | 19,6 |
| 1985 | 100 | 6,5 | 43,4 | 7,7 | 11,2 | 9,0 | 19,3 |
| 1986 | 100 | 7,0 | 49,9 | 6,1 | 6,2 | 9,4 | 18,1 |
| 1987 | 100 | 6,8 | 52,2 | 5,1 | 5,1 | 9,4 | 18,0 |
| 1988 | 100 | 6,3 | 53,5 | 5,1 | 4,0 | 9,1 | 17,4 |
| 1989 | 100 | 5,7 | 53,2 | 5,4 | 4,0 | 9,4 | 17,1 |
| 1990 | 100 | 5,9 | 55,0 | 4,6 | 4,5 | 9,2 | 16,3 |
| 1991 | 100 | 6,2 | 54,7 | 3,8 | 4,7 | 9,1 | 16,9 |
| 1992 | 100 | 5,3 | 57,1 | 3,8 | 4,1 | 9,0 | 16,4 |
| 1993 | 100 | 3,8 | 54,1 | 3,2 | 4,5 | 10,1 | 17,5 |
| 1994 | 100 | 3,9 | 57,0 | 3,2 | 4,0 | 10,2 | 16,6 |
| 1995 | 100 | 3,9 | 59,2 | 3,2 | 3,7 | 10,6 | 14,4 |
| 1996 | 100 | 4,1 | 57,4 | 2,9 | 4,4 | 10,5 | 14,3 |
| 1997 | 100 | 3,5 | 56,3 | 2,7 | 4,3 | 10,8 | 14,3 |
| 1998* | 100 | 3,4 | 55,7 | 2,2 | 3,0 | 10,8 | 14,1 |

[1] Nachgewiesen im Zeitpunkt des Grenzüberganges.- [2] Einschl. Warenverkehrsvorgängen, die einem bestimmten Verkehrsbereich nicht zugeordnet werden können.- * Vorläufige Werte.

B 6

## Kundensätze im Spediteursammelgutverkehr[1)]

**DM je Sendung**

| Jahr | Sendungen mit einem frachtpflichtigen Gewicht von | | | | | |
|---|---|---|---|---|---|---|
| | 91-100 kg | 241-260 kg | 701-750 kg | 91-100 kg | 241-260 kg | 701-750 kg |
| | **Bei einer Entfernung von** | | | | | |
| | 141-160 km | | | 341-360 km | | |
| 1980 | 30,71 | 60,73 | 137,45 | 41,04 | 85,52 | 192,20 |
| 1981 | 33,36 | 66,22 | 149,65 | 44,15 | 91,98 | 206,42 |
| 1982 | 35,96 | 71,36 | 161,44 | 46,99 | 97,89 | 219,73 |
| 1983 | 37,14 | 74,27 | 168,48 | 48,59 | 101,61 | 228,43 |
| 1984 | 38,65 | 77,50 | 175,79 | 49,97 | 104,57 | 235,34 |
| 1985 | 39,73 | 79,78 | 180,98 | 51,28 | 107,22 | 241,26 |
| 1986 | 40,85 | 81,85 | 185,76 | 52,65 | 110,04 | 247,67 |
| 1987 | 41,15 | 82,42 | 187,07 | 53,01 | 110,81 | 249,43 |
| 1988 | 42,10 | 84,41 | 191,46 | 54,26 | 113,52 | 255,39 |
| 1989 | 42,58 | 85,44 | 193,86 | 54,89 | 114,91 | 258,55 |
| 1990 | 43,89 | 88,18 | 200,01 | 56,37 | 118,05 | 265,56 |
| 1991 | 46,34 | 93,14 | 211,24 | 59,34 | 124,20 | 279,30 |
| 1992 | 49,25 | 99,58 | 224,01 | 63,04 | 132,81 | 296,23 |
| 1993 | 51,75 | 105,34 | 235,00 | 66,24 | 140,42 | 310,79 |
| 1994 | 52,44 | 106,84 | 238,28 | 67,16 | 142,37 | 315,10 |
| | **Bei einer Entfernung von** | | | | | |
| | 151-200 km | | | 351-400 km | | |
| 1995 | 57,39 | 117,99 | 262,55 | 71,42 | 151,80 | 335,46 |
| 1996 | 59,23 | 121,79 | 271,06 | 73,72 | 156,75 | 346,27 |
| 1997 | 60,28 | 123,89 | 275,69 | 74,98 | 159,38 | 352,28 |
| 1998 | 62,27 | 127,96 | 284,75 | 77,49 | 164,65 | 363,86 |

[1)] Mit Eisenbahn und Kraftwagen; Jahresdurchschnitt, einschl. Beförderungs- bzw. Mehrwertsteuer. Kundensatzregelung für die Transportleistung im Spediteursammelgutverkehr ab Haus des Versenders bis zum Bestimmungsort (frei Ankunftsschuppen der Sammelladung) gemäß den unverbindlichen Preisempfehlungen des Bundesverbandes Spedition und Lagerei e. V., Kundensatztafel I.

## Frachtraten im Luftverkehr[1)]

| Jahr | von Frankfurt/Main nach Berlin | London | Paris | Rom | Moskau | New York | Johannis-burg | Sydney |
|---|---|---|---|---|---|---|---|---|
| | | | | DM je kg | | | | |
| 1985 | 2,57 | 5,05 | 2,80 | 5,44 | 10,05 | 15,01 | 28,65 | 56,60 |
| 1986 | 2,60 | 5,05 | 2,80 | 5,44 | 10,05 | 15,01 | 28,65 | 56,60 |
| 1987 | 2,60 | 5,05 | 2,80 | 5,44 | 10,05 | 15,01 | 28,65 | 56,60 |
| 1988 | 2,60 | 4,99 | 2,58 | 5,41 | 10,05 | 15,01 | 28,65 | 56,60 |
| 1989 | 2,60 | 4,80 | 2,50 | 5,40 | 9,64 | 14,51 | 28,65 | 49,55 |
| 1990 | 2,68 | 4,89 | 2,55 | 5,50 | 8,55 | 7,48 | 26,86 | 28,92 |
| 1991 | 2,69 | 5,24 | 2,78 | 5,88 | 9,09 | 5,71 | 21,75 | 30,91 |
| 1992 | 2,69 | 5,24 | 2,78 | 5,88 | 9,10 | 5,71 | 21,75 | 30,79 |
| 1993 | 2,69 | 5,24 | 2,78 | 5,88 | 9,10 | 5,71 | 20,95 | 30,79 |
| 1994 | 2,69 | 5,24 | 2,78 | 5,88 | 7,37 | 5,71 | 18,58 | 30,79 |
| 1995 | 2,69 | 5,24 | 2,78 | 5,88 | 6,80 | 5,91 | 18,69 | 30,79 |
| 1996 | 2,69 | 5,24 | 2,78 | 5,88 | 6,80 | 5,91 | 18,69 | 30,79 |
| 1997 | 2,69 | 4,19 | 2,41 | 4,94 | 6,80 | 5,91 | 18,69 | 30,79 |
| 1998 | 2,69 | 2,72 | 1,9 | 3,63 | 6,8 | 5,91 | 18,69 | 30,79 |
| | | | | 1995 = 100 | | | | |
| 1985 | 96 | 96 | 101 | 93 | 148 | 254 | 153 | 184 |
| 1986 | 97 | 96 | 101 | 93 | 148 | 254 | 153 | 184 |
| 1987 | 97 | 96 | 101 | 93 | 148 | 254 | 153 | 184 |
| 1988 | 97 | 95 | 93 | 92 | 148 | 254 | 153 | 184 |
| 1989 | 97 | 92 | 90 | 92 | 142 | 246 | 153 | 161 |
| 1990 | 100 | 93 | 92 | 94 | 126 | 127 | 144 | 94 |
| 1991 | 100 | 100 | 100 | 100 | 134 | 97 | 116 | 100 |
| 1992 | 100 | 100 | 100 | 100 | 134 | 97 | 116 | 100 |
| 1993 | 100 | 100 | 100 | 100 | 134 | 97 | 112 | 100 |
| 1994 | 100 | 100 | 100 | 100 | 108 | 97 | 99 | 100 |
| 1995 | 100 | 100 | 100 | 100 | 100 | 100 | 100 | 100 |
| 1996 | 100 | 100 | 100 | 100 | 100 | 100 | 100 | 100 |
| 1997 | 100 | 80 | 87 | 84 | 100 | 100 | 100 | 100 |
| 1998 | 100 | 52 | 68 | 62 | 100 | 100 | 100 | 100 |

[1)] Ohne Mehrwertsteuer. Aufgrund von IATA (International Airtransport Association)-Beschlüssen anwendbare maßgebende Frachtraten im Linienverkehr für die Beförderung von Sendungen mit einem Gewicht von unter 45 kg.

## Frachtraten[1)] in der Seeschiffahrt - 1991 = 100*

| Jahr | **Linienfahrt** insgesamt | Stückgut | | | Massengut | **Tramp-trocken-fahrt**[2)] | **Tramp-tanker-fahrt**[3)] |
|---|---|---|---|---|---|---|---|
| | | | beladene Container | anderes Stückgut | | | |
| 1991 | 100 | 100 | 100 | 100 | 100 | 100 | 100 |
| 1992 | 96 | 96 | 95 | 98 | 97 | 72 | 74 |
| 1993 | 98 | 98 | 97 | 100 | 100 | 90 | 79 |
| 1994 | 97 | 97 | 96 | 99 | 98 | 88 | 74 |
| 1995 | 94 | 94 | 93 | 95 | 94 | 104 | 81 |
| 1996 | 93 | 93 | 91 | 96 | 98 | 73 | 99 |
| 1997 | 97 | 96 | 91 | 102 | 108 | 84 | 109 |
| 1998 | 93 | 92 | 86 | 99 | 103 | 62 | 82 |

1) Jahresdurchschnitt.- 2) Zeitcharter.- 3) Reisecharter. DM-Äquivalente der Worldscale-Meßzahlen. Worldscale = New Worldwide Tanker Nominal Freight Scale. Das Frachtratenschema wird jährlich zum 1.1. an aktuelle Bunkeröl- und Hafenkosten angepaßt, daher ist ein Vergleich mit dem Vorjahr nur bedingt möglich.- * Indizes bis 1989 auf Basis 1985 (für die alten Bundesländer) vgl. Verkehr in Zahlen 1995.

# Beförderungssätze[1] im Eisenbahn- und Luftverkehr

| Jahr | in DM | | | | 1995 = 100 | | | |
|---|---|---|---|---|---|---|---|---|
| | Eisenbahnverkehr (DB) | | | Luftverkehr | Eisenbahnverkehr (DB) | | | Luftverkehr |
| | Einfache Fahrt[2] 50 km 2. Klasse | Hin- u. Rückfahrt[3] 2. Kl. Hamburg-Frankfurt | Hin- u. Rückfahrt[3] 1. Kl. Hamburg-Frankfurt | Hin- u. Rückflug[4] Hamburg-Frankfurt | Einfache Fahrt[2] 50 km 2. Klasse | Hin- u. Rückfahrt[3] 2. Kl. Hamburg-Frankfurt | Hin- u. Rückfahrt[3] 1. Kl. Hamburg-Frankfurt | Hin- u. Rückflug[4] Hamburg-Frankfurt |
| 1975 | 5,15 | 124,- | 187,- | 298,- | 46 | 47 | 47 | 42 |
| 1976 | 5,20 | 125,- | 211,- | 322,- | 47 | 47 | 52 | 45 |
| 1977 | 5,35 | 125,- | 211,- | 340,- | 48 | 47 | 52 | 48 |
| 1978 | 5,75 | 133,- | 214,- | 355,- | 52 | 50 | 53 | 50 |
| 1979 | 5,95 | 138,- | 214,- | 376,- | 53 | 52 | 53 | 53 |
| 1980 | 6,17 | 144,- | 215,- | 417,- | 55 | 54 | 53 | 58 |
| 1981 | 7,09 | 167,- | 239,- | 445,- | 63 | 62 | 59 | 62 |
| 1982 | 8,15 | 189,- | 262,- | 477,- | 73 | 71 | 65 | 67 |
| 1983 | 8,40 | 196,- | 272,- | 482,- | 75 | 73 | 68 | 67 |
| 1984 | 8,80 | 202,- | 280,- | 494,- | 79 | 75 | 69 | 69 |
| 1985 | 9,00 | 207,- | 286,- | 498,- | 81 | 77 | 71 | 70 |
| 1986 | 9,20 | 213,- | 296,- | 498,- | 82 | 80 | 73 | 70 |
| 1987 | 9,20 | 214,- | 317,- | 507,- | 82 | 80 | 79 | 71 |
| 1988 | 9,35 | 218,- | 328,- | 518,- | 84 | 82 | 81 | 72 |
| 1989 | 9,59 | 225,- | 337,- | 520,- | 86 | 84 | 84 | 73 |
| 1990 | 10,00 | 230,- | 346,- | 546,- | 90 | 86 | 86 | 76 |
| 1991 | 10,20* | 236,- | 354,- | 577,- | 91 | 88 | 88 | 81 |
| 1992 | 10,80* | 247,- | 371,- | 606,- | 97 | 92 | 92 | 85 |
| 1993 | 10,80* | 257,- | 386,- | 669,- | 97 | 96 | 96 | 94 |
| 1994 | 10,80* | 257,- | 386,- | 710,- | 97 | 96 | 96 | 99 |
| 1995 | 11,17* | 267,- | 403,- | 715,- | 100 | 100 | 100 | 100 |
| 1996 | 11,60* | 275,- | 416,- | 743,- | 104 | 103 | 103 | 104 |
| 1997 | 11,75* | 278,- | 418,- | 780,- | 105 | 104 | 104 | 109 |
| 1998 | 11,95* | 285,- | 428,- | 796,- | 107 | 107 | 106 | 111 |

[1] Jahresdurchschnitt, einschl. Beförderungs- bzw. Mehrwertsteuer.- [2] Ohne Zuschlag in Schnellzügen, TEE- und Intercity-Zügen.- [3] Normaltarif einschl. Schnellzug-Zuschlag, jedoch ohne Zuschlag in Intercity-Zügen (1. und 2. Klasse Hin- und Rückfahrt 1991 bis 1997 = 12,- DM, 1998 = 13,50 DM). Beim Kauf einer 'Zuschlagskarte für Intercity-Züge wird ein Sitzplatz unentgeltlich reserviert.- [4] Normaltarif für die Economy- bzw. Touristenklasse.-
* Alte Bundesländer (neue Bundesländer: 1991 = 6,- DM, 1992 = 6,40 DM, 1993 = 6,80 DM, 1994 = 7,28 DM, 1995 = 8,89 DM, 1996 = 10,39 DM, 1997 = 10,85 DM, 1998 = 11,30 DM).

## Transporteinnahmen - DPf je Kilometer

| Jahr | Personenverkehr: Deutsche Bahn AG[1)] Schienenverkehr gesamt[2)] | Verkehr ohne S-Bahn[3)] | S-Bahnverkehr[3)] | Straßenpersonenverkehr[4)] | Güterverkehr[5)]: Deutsche Bahn AG[1)6)] | Straßengüterfernverkehr[7)] | Binnenschiffahrt[8)] |
|---|---|---|---|---|---|---|---|
| | DPf je Personenkilometer | | | | DPf je Tonnenkilometer | | |
| 1975 | 14,8 | 9,0 | 5,5 | 11,9 | 12,2 | 17,9 | 2,8 |
| 1976 | 15,2 | 9,1 | 6,2 | 13,2 | 12,1 | 18,3 | 3,3 |
| 1977 | 16,2 | 9,4 | 6,8 | 13,9 | 12,1 | 18,5 | 2,9 |
| 1978 | 17,1 | 9,8 | 7,3 | 14,5 | 12,2 | 19,1 | 3,0 |
| 1979 | 17,3 | 10,2 | 7,7 | 15,4 | 11,8 | 19,8 | 3,4 |
| 1980 | 17,8 | 10,8 | 8,9 | 15,3 | 12,5 | 21,1 | 3,7 |
| 1981 | 18,8 | 11,3 | 8,8 | 16,8 | 13,0 | 22,2 | 3,9 |
| 1982 | 19,9 | 12,4 | 8,7 | 18,0 | 13,6 | 23,2 | 3,9 |
| 1983 | 20,6 | 12,6 | 9,3 | 18,6 | 13,8 | 24,1 | 4,0 |
| 1984 | 20,2 | 12,7 | 8,3 | 19,7 | 13,3 | 24,4 | 3,9 |
| 1985 | 19,4 | 11,9 | 8,2 | 20,3 | 12,8 | 24,4 | 4,0 |
| 1986 | 20,0 | 12,0 | 8,9 | 20,5 | 12,8 | 24,7 | 3,8 |
| 1987 | 21,2 | 13,3 | 9,0 | 20,6 | 12,6 | 23,7 | 3,4 |
| 1988 | 20,5 | 12,3 | 9,2 | 21,7 | 12,5 | 23,3 | 3,3 |
| 1989 | 21,5 | 12,8 | 9,4 | 21,6 | 12,3 | 23,3 | 3,8 |
| 1990 | 21,7 | 13,3 | 10,2 | 20,2 | 12,3 | 23,5 | 3,8 |
| 1991 | 24,4 | 13,4 | 8,1 | 18,8 | 12,8 | 24,3 | 4,3 |
| 1992 | 25,8 | 14,7 | 8,5 | 19,8 | 12,0 | 25,5 | 4,3 |
| 1993 | 27,1 | 15,1 | 9,2 | 20,9 | 11,3 | 25,6 | 4,3 |
| 1994 | 24,0 | . | . | 21,6 | 11,6 | . | 3,6 |
| 1995 | 23,9 | . | . | 22,8 | 11,2 | . | 3,8 |
| 1996 | 24,3 | . | . | 23,4 | 9,9 | . | 3,9 |
| 1997 | 28,9 | . | . | 24,3 | 9,6 | . | 4,2 |
| 1998* | 29,4 | . | . | 25,9 | 9,0 | . | 4,2 |

1) Bis 1993 Deutsche Bundesbahn bzw. Deutsche Bundesbahn und Deutsche Reichsbahn. Ab 1985 ohne S-Bahn Berlin (West), 1991 bis 1993 einschl. S-Bahn Berlin (Ost). Ab 1994 wurden verschiedene Gesellschaften aus der Deutschen Bahn AG ausgegliedert.- 2) Tarifeinnahmen, einschl. Ausgleichszahlungen des Bundes für Belastungen im Personennahverkehr sowie im Personenfernverkehr zu Sozialtarifen.- 3) Ohne Sonderzüge, Sonderwagen und Militärverkehr. Tarifeinnahmen ohne Ausgleichszahlungen des Bundes.- 4) Tarifeinnahmen, einschl. tariflicher Abgeltungsmaßnahmen. Stadtschnellbahn (U-Bahn)-, Straßenbahn-, Obus- und Kraftomnibusunternehmen des Verbandes Deutscher Verkehrsunternehmen (VDV, vormals VÖV und BDE).- 5) Ohne Beförderungs- bzw. Mehrwertsteuer.- 6) Frachtpflichtiger Schienenverkehr.- 7) Gewerblicher Binnengüterfernverkehr (ohne Umzugsverkehr).- 8) Gewerblicher Verkehr der Binnenflotte der Bundesrepublik.- * Vorläufige Werte.

## Kostenentwicklung - Lohn- und Betriebskosten[1)]

**1995 = 100**

| Jahr | Löhne und Gehälter[2)] | Bereifung für Kfz[3)] | Benzin[4)] (Normal) | Dieselkraftstoff[5)] einschl. Steuerbelastung[6)] | Dieselkraftstoff[5)] ohne Steuerbelastung[6)] | Elektrischer Strom[7)] Hochspannung | Elektrischer Strom[7)] Niederspannung |
|---|---|---|---|---|---|---|---|
| 1975 | . | 74,0 | 55,7 | 78,7 | 103,2 | 61,7 | 67,8 |
| 1976 | . | 74,5 | 59,9 | 80,8 | 109,3 | 64,5 | 71,0 |
| 1977 | . | 75,6 | 58,1 | 79,1 | 104,5 | 64,9 | 71,3 |
| 1978 | . | 72,7 | 59,9 | 79,9 | 104,5 | 67,6 | 73,4 |
| 1979 | . | 75,8 | 65,6 | 91,5 | 134,0 | 69,7 | 75,7 |
| 1980 | . | 84,2 | 77,0 | 105,8 | 172,7 | 72,9 | 76,9 |
| 1981 | . | 91,8 | 92,7 | 117,9 | 198,7 | 81,3 | 84,2 |
| 1982 | . | 96,1 | 89,1 | 120,1 | 202,8 | 88,7 | 90,7 |
| 1983 | . | 95,2 | 88,1 | 116,0 | 190,5 | 91,0 | 93,2 |
| 1984 | . | 95,1 | 88,8 | 118,9 | 197,1 | 93,3 | 95,6 |
| 1985 | . | 99,5 | 91,0 | 121,3 | 203,8 | 95,4 | 97,9 |
| 1986 | . | 100,4 | 68,1 | 89,1 | 116,0 | 98,6 | 100,5 |
| 1987 | . | 98,8 | 65,6 | 83,5 | 100,8 | 101,5 | 103,2 |
| 1988 | . | 99,6 | 62,1 | 80,9 | 93,6 | 102,4 | 103,8 |
| 1989 | . | 103,5 | 74,0 | 87,2 | 110,5 | 103,8 | 105,1 |
| 1990 | . | 104,0 | 76,4 | 92,6 | 125,3 | 101,5 | 102,9 |
| 1991 | 80,2 | 103,3* | 85,7 | 97,7 | 125,0 | 100,0* | 101,0* |
| 1992 | 89,6 | 108,6* | 90,6 | 97,2 | 107,2 | 99,8* | 100,7* |
| 1993 | 95,1 | 100,2* | 90,7 | 98,7 | 110,4 | 99,7* | 101,0* |
| 1994 | 97,1 | 100,2* | 101,3 | 103,5 | 103,7 | 100,2* | 100,6* |
| 1995 | 100 | 100 | 100 | 100 | 100 | 100 | 100 |
| 1996 | 102,5 | 98,8 | 104,3 | 108,0 | 122,0 | 96,6 | 86,5 |
| 1997 | 102,7 | 96,3 | 107,5 | 109,6 | 126,6 | 85,7 | 85,8 |
| 1998 | . | 98,1 | 102,0 | 100,9 | 100,6 | 84,8 | 85,5 |

[1)] Jahresdurchschnitt, einschl. Umsatz- bzw. Mehrwertsteuer.- [2)] Durchschnittseinkommen der Beschäftigten im Verkehr einschl. Nachrichtenübermittlung.- [3)] Index gewerblicher Produkte.- [4)] Durchschnittlicher Tankstellenabgabepreis einschl. Mineralölsteuer und Umsatz- bzw. Mehrwertsteuer. Bis 1983 Bedienungstanken, ab 1984 Sebstbedienung. Bis 1987: verbleites Normalbenzin; ab 1988 bleifreies Normalbenzin.- [5)] Durchschnittlicher Tankstellenabgabepreis. Bis 1983 Bedienungstanken, ab 1984 Selbstbedienung.- [6)] Steuerbelastung auf Basis Inlandsware: Mineralölsteuer und Mehrwertsteuer sowie ab 1.12.1978 einschl. Erdölbevorratungs-Beitrag. - [7)] Bei Abgabe an Sondervertragsabnehmer.- * Alte Bundesländer.

B 7

## Kostenentwicklung - Investitionsgüter[1] - 1995 = 100

| Jahr | Hochbau[2] | Tiefbau | Straßenbau[3] | Straßenfahrzeuge | Schienenfahrzeuge | Schiffbau (Stahlbau) | Maschinen und Ausrüstungen |
|---|---|---|---|---|---|---|---|
| | | | **Gebiet der Bundesrepublik Deutschland vor dem 3. 10. 1990** | | | | |
| 1980 | 60,5 | 71,5 | 72,6 | . | . | . | 67,3 |
| 1981 | 64,2 | 73,2 | 74,9 | . | . | . | 70,3 |
| 1982 | 66,7 | 71,5 | 73,8 | . | . | . | 74,4 |
| 1983 | 68,3 | 71,3 | 73,5 | . | . | . | 76,6 |
| 1984 | 69,9 | 72,2 | 74,5 | . | . | . | 78,6 |
| 1985 | 70,4 | 72,5 | 75,6 | . | . | . | 80,7 |
| 1986 | 71,9 | 74,1 | 77,2 | . | . | . | 82,8 |
| 1987 | 73,4 | 75,3 | 78,1 | . | . | . | 84,7 |
| 1988 | 75,0 | 76,6 | 79,0 | . | . | . | 86,4 |
| 1989 | 77,7 | 78,8 | 81,0 | . | . | . | 88,6 |
| 1990 | 82,5 | 83,9 | 86,0 | . | . | . | 91,2 |
| 1991 | 87,6 | 89,8 | 91,6 | . | . | . | 94,2 |
| 1992 | 92,2 | 94,7 | 96,0 | . | . | . | 96,9 |
| 1993 | 96,0 | 97,8 | 98,6 | . | . | . | 98,4 |
| 1994 | 97,7 | 99,0 | 99,0 | . | . | . | 98,7 |
| 1995 | 100 | 100 | 100 | 100 | 100 | 100 | 100 |
| 1996 | 100,4 | 98,9 | 99,1 | . | . | . | . |
| 1997 | 100,2 | 97,2 | 97,5 | . | . | . | . |
| | | | **Gebiet der Bundesrepublik Deutschland nach dem 3. 10. 1990** | | | | |
| 1991 | 86,6 | 88,7 | 91,3 | . | . | . | . |
| 1992 | 91,9 | 94,3 | 96,0 | . | . | . | . |
| 1993 | 95,8 | 97,6 | 98,4 | . | . | . | . |
| 1994 | 97,7 | 99,1 | 99,0 | . | . | . | . |
| 1995 | 100 | 100 | 100 | 100 | 100 | 100 | 100 |
| 1996 | 100,4 | 98,7 | 98,3 | 100,9 | 100,7 | 100,8 | 101,1 |
| 1997 | 99,8 | 99,3 | 97,0 | 101,6 | 101,1 | 100,6 | 101,8 |
| 1998 | 99,8 | 99,3 | 96,1 | 102,6 | 102,4 | 102,5 | 102,7 |

[1] Index der Erzeugerpreise (Inlandsabsatz) und Index für Bauleistungspreise. Jahresdurchschnitt, einschl. Umsatz- bzw. Mehrwertsteuer. Beim Index der Erzeugerpreise wurden die Abgrenzungen geändert, so daß auf Preisbasis 1995 z.T. keine Werte vor 1995 vorliegen und die Indexreihen nicht den in "Verkehr in Zahlen 1998" veröffentlichten (auf Preisbasis 1991) entsprechen.- [2] Gewerbliche Betriebsgebäude.- [3] Einschl. Brücken im Straßenbau.

## Kostenentwicklung - Individualverkehr - Kraftfahrzeug-Anschaffung und - Unterhaltung[1)]

**1995 = 100**

| Jahr | Insgesamt | Personenkraftwagen[2)] | Krafträder | Kraftstoffe | Ersatzteile und Zubehör[3)] | Inspektion, Reparaturen[4)] | Garagenmiete | Fahrschule[5)] | Kraftfahrzeugvers. | Kraftfahrzeugsteuer |
|---|---|---|---|---|---|---|---|---|---|---|
| | | | | | **Alte Bundesländer** | | | | | |
| 1992 | 91,3 | 95,1 | 90,2 | 90,0 | 94,6 | 86,8 | 91,2 | 87,9 | 80,8 | 76,1 |
| 1993 | 95,4 | 99,5 | 93,2 | 90,6 | 97,2 | 93,3 | 94,8 | 92,7 | 87,1 | 86,5 |
| 1994 | 99,0 | 99,3 | 98,6 | 100,5 | 98,9 | 97,4 | 98,0 | 98,3 | 95,4 | 98,2 |
| 1995 | 100 | 100 | 100 | 100 | 100 | 100 | 100 | 100 | 100 | 100 |
| 1996 | 101,5 | 100,5 | 100,6 | 104,6 | 100,7 | 102,3 | 101,9 | 101,1 | 90,2 | 100,0 |
| 1997 | 102,3 | 99,8 | 100,1 | 107,4 | 101,0 | 104,1 | 104,0 | 102,0 | 91,7 | 102,0 |
| 1998 | 101,9 | 101,2 | 101,0 | 101,9 | 101,6 | 105,8 | 105,1 | 103,9 | 86,0 | 99,3 |
| | | | | | **Neue Bundesländer** | | | | | |
| 1992 | 92,3 | 95,2 | 90,4 | 94,2 | 96,2 | 86,8 | 80,0 | 97,6 | 64,8 | 76,1 |
| 1993 | 96,9 | 100,0 | 93,5 | 94,1 | 98,2 | 93,3 | 94,3 | 97,9 | 82,6 | 86,5 |
| 1994 | 99,7 | 99,6 | 98,6 | 101,7 | 98,9 | 97,3 | 97,4 | 100,1 | 96,5 | 98,2 |
| 1995 | 100 | 100 | 100 | 100 | 100 | 100 | 100 | 100 | 100 | 100 |
| 1996 | 101,0 | 100,5 | 100,6 | 103,3 | 100,6 | 102,3 | 100,8 | 99,8 | 90,3 | 100,0 |
| 1997 | 101,5 | 99,5 | 100,1 | 106,9 | 100,6 | 104,2 | 101,4 | 99,5 | 91,7 | 102,0 |
| 1998 | 101,0 | 100,4 | 101,0 | 101,3 | 99,9 | 106,0 | 103,3 | 100,0 | 88,8 | 100,6 |

1) Kraftfahrer-Preisindex. Sonderrechnung aus dem Preisindex für die Lebenshaltung aller privaten Haushalte. - 2) Einschl. Kombinationskraftwagen.- 3) Einschl. Autopflegemittel. - 4) Einschl. Wagenwäsche. - 5) Einschl. Führerscheingebühr.

## Kostenentwicklung - Individualverkehr

### Kraftfahrzeug-Unterhaltung - Laufende monatliche Aufwendungen ausgewählter privater Haushalte[1] - in DM

| Jahr | Insgesamt | Kraftstoffe | Sonstige Gebrauchs- und Verbrauchsgüter | Garagenmieten | Sonstige Dienst-Leistungen, fremde Reparaturen | Kraftfahrzeugsteuer | Kraftfahrzeugversicherung |
|---|---|---|---|---|---|---|---|
| | **4-Personen-Arbeitnehmerhaushalte mit mittlerem Einkommen - Haushaltstyp 2 -** | | | | | | |
| 1975 | 180,- | 74,- | 21,- | 16,- | 22,- | 16,- | 31,- |
| 1976 | 192,- | 82,- | 20,- | 17,- | 26,- | 16,- | 32,- |
| 1977 | 210,- | 85,- | 24,- | 17,- | 31,- | 17,- | 36,- |
| 1978 | 211,- | 87,- | 23,- | 18,- | 30,- | 18,- | 35,- |
| 1979 | 231,- | 93,- | 24,- | 19,- | 34,- | 21,- | 41,- |
| 1980 | 246,- | 109,- | 23,- | 23,- | 35,- | 17,- | 39,- |
| 1981 | 261,- | 120,- | 28,- | 23,- | 32,- | 18,- | 40,- |
| 1982 | 261,- | 120,- | 28,- | 23,- | 32,- | 18,- | 40,- |
| 1983 | 275,- | 125,- | 29,- | 24,- | 34,- | 20,- | 43,- |
| 1984 | 270,- | 124,- | 27,- | 24,- | 32,- | 20,- | 43,- |
| 1985 | 283,- | 125,- | 29,- | 26,- | 35,- | 20,- | 49,- |
| 1986 | 273,- | 100,- | 26,- | 29,- | 43,- | 26,- | 49,- |
| 1987 | 270,- | 95,- | 25,- | 30,- | 46,- | 23,- | 51,- |
| 1988 | 282,- | 101,- | 25,- | 32,- | 51,- | 20,- | 54,- |
| 1989 | 302,- | 114,- | 27,- | 33,- | 47,- | 21,- | 60,- |
| 1990 | 301,- | 119,- | 25,- | 35,- | 45,- | 21,- | 56,- |
| | **Alte Bundesländer** | | | | | | |
| 1991 | 328,- | 131,- | 28,- | 36,- | 50,- | 22,- | 60,- |
| 1992 | 343,- | 136,- | 32,- | 36,- | 49,- | 25,- | 65,- |
| 1993 | 355,- | 136,- | 29,- | 36,- | 59,- | 25,- | 69,- |
| 1994 | 374,- | 146,- | 23,- | 37,- | 59,- | 28,- | 81,- |
| 1995 | 397,- | 153,- | 29,- | 40,- | 64,- | 28,- | 83,- |
| 1996 | 408,- | 158,- | 31,- | 43,- | 64,- | 30,- | 81,- |
| 1997 | 423,- | 170,- | 29,- | 44,- | 64,- | 33,- | 82,- |
| 1998 | 410,- | 164,- | 31,- | 47,- | 58,- | 33,- | 77,- |
| | **Neue Bundesländer** | | | | | | |
| 1991 | 274,- | 124,- | 28,- | 10,- | 56,- | 16,- | 40,- |
| 1992 | 314,- | 133,- | 27,- | 13,- | 66,- | 19,- | 56,- |
| 1993 | 350,- | 138,- | 28,- | 25,- | 66,- | 16,- | 76,- |
| 1994 | 389,- | 143,- | 21,- | 28,- | 78,- | 22,- | 97,- |
| 1995 | 395,- | 137,- | 25,- | 29,- | 75,- | 24,- | 105,- |
| 1996 | 399,- | 144,- | 22,- | 32,- | 75,- | 23,- | 103,- |
| 1997 | 409,- | 150,- | 22,- | 35,- | 76,- | 26,- | 102,- |
| 1998 | 404,- | 150,- | 21,- | 37,- | 58,- | 24,- | 96,- |

[1] Je Haushalt mit Kraftfahrzeugen, ohne Anschaffungskosten bzw. Abschreibung.

## Kostenentwicklung - Individualverkehr

### Kraftfahrzeug-Unterhaltung - Laufende monatliche Aufwendungen ausgewählter privater Haushalte[1] - in DM

| Jahr | Insgesamt | Kraftstoffe | Sonstige Gebrauchs- und Verbrauchsgüter | Garagenmieten | Sonstige Dienst-Leistungen, fremde Reparaturen | Kraftfahrzeugsteuer | Kraftfahrzeugversicherung |
|---|---|---|---|---|---|---|---|
| | | | **4-Personen-Haushalte von Beamten und Angestellten mit höherem Einkommen - Haushaltstyp 3 -** | | | | |
| 1975 | 252,- | 102,- | 28,- | 23,- | 46,- | 19,- | 35,- |
| 1976 | 275,- | 113,- | 29,- | 25,- | 52,- | 21,- | 36,- |
| 1977 | 283,- | 114,- | 27,- | 26,- | 55,- | 22,- | 40,- |
| 1978 | 298,- | 122,- | 29,- | 26,- | 56,- | 22,- | 43,- |
| 1979 | 323,- | 130,- | 31,- | 28,- | 62,- | 26,- | 47,- |
| 1980 | 339,- | 151,- | 31,- | 30,- | 61,- | 21,- | 45,- |
| 1981 | 363,- | 171,- | 34,- | 30,- | 59,- | 23,- | 47,- |
| 1982 | 373,- | 168,- | 36,- | 32,- | 68,- | 23,- | 46,- |
| 1983 | 377,- | 170,- | 37,- | 33,- | 65,- | 24,- | 49,- |
| 1984 | 372,- | 169,- | 35,- | 34,- | 59,- | 23,- | 52,- |
| 1985 | 379,- | 166,- | 36,- | 35,- | 63,- | 23,- | 57,- |
| 1986 | 360,- | 130,- | 31,- | 37,- | 76,- | 29,- | 56,- |
| 1987 | 374,- | 126,- | 37,- | 40,- | 90,- | 23,- | 58,- |
| 1988 | 374,- | 129,- | 31,- | 41,- | 90,- | 22,- | 61,- |
| 1989 | 398,- | 148,- | 31,- | 40,- | 88,- | 25,- | 67,- |
| 1990 | 406,- | 154,- | 35,- | 40,- | 84,- | 23,- | 71,- |
| | | | **Alte Bundesländer** | | | | |
| 1991 | 423,- | 162,- | 35,- | 43,- | 84,- | 25,- | 73,- |
| 1992 | 453,- | 175,- | 36,- | 44,- | 97,- | 29,- | 73,- |
| 1993 | 468,- | 176,- | 34,- | 46,- | 104,- | 30,- | 78,- |
| 1994 | 501,- | 187,- | 31,- | 49,- | 107,- | 36,- | 93,- |
| 1995 | 508,- | 185,- | 33,- | 51,- | 108,- | 35,- | 97,- |
| 1996 | 532,- | 197,- | 39,- | 51,- | 123,- | 35,- | 87,- |
| 1997 | 531,- | 208,- | 36,- | 53,- | 112,- | 38,- | 85,- |
| 1998 | 515,- | 202,- | 33,- | 55,- | 79,- | 33,- | 77,- |
| | | | **Neue Bundesländer** | | | | |
| 1991 | 315,- | 150,- | 34,- | 12,- | 67,- | 15,- | 38,- |
| 1992 | 350,- | 149,- | 32,- | 13,- | 82,- | 16,- | 57,- |
| 1993 | 390,- | 150,- | 29,- | 24,- | 81,- | 18,- | 88,- |
| 1994 | 434,- | 156,- | 26,- | 29,- | 84,- | 25,- | 113,- |
| 1995 | 454,- | 161,- | 27,- | 33,- | 88,- | 27,- | 118,- |
| 1996 | 468,- | 174,- | 30,- | 35,- | 84,- | 26,- | 119,- |
| 1997 | 472,- | 181,- | 29,- | 39,- | 90,- | 27,- | 107,- |
| 1998 | 457,- | 176,- | 27,- | 41,- | 66,- | 25,- | 100,- |

[1] Je Haushalt mit Kraftfahrzeugen, ohne Anschaffungskosten bzw. Abschreibung.

## Kostenentwicklung - Individualverkehr - Monatliche Belastung eines 4-Personen-Haushaltes[1]

| | 1987 | 1988 | 1989 | 1990 | 1991 ABL | 1991 NBL | 1992 ABL | 1992 NBL | 1993 ABL | 1993 NBL |
|---|---|---|---|---|---|---|---|---|---|---|
| | | | | | **DM je Monat** | | | | | |
| **Haushaltstyp 2** | | | | | | | | | | |
| Ausgabefähiges Einkommen | 3 985 | 4 143 | 4 246 | 4 586 | 4 905 | 3 110 | 5 143 | 3 616 | 5 197 | 4 059 |
| Kosten für die Anschaffung und | | | | | | | | | | |
| Unterhaltung eigener Kraftfahrzeuge[2] | 433 | 455 | 478 | 485 | 515 | 430 | 531 | 472 | 554 | 512 |
| dar. Pkw-Anschaffung[3] | 163 | 172 | 176 | 184 | 188 | 156 | 188 | 158 | 199 | 162 |
| Kraftstoffe | 95 | 101 | 114 | 119 | 131 | 124 | 136 | 133 | 136 | 138 |
| Kosten für die Wohnung[4] | 797 | 854 | 875 | 927 | 994 | 228 | 1 040 | 425 | 1 070 | 605 |
| dar. Elektrizität, Gas, Brennstoffe | 192 | 188 | 179 | 183 | 203 | 103 | 208 | 182 | 201 | 198 |
| **Haushaltstyp 3** | | | | | | | | | | |
| Ausgabefähiges Einkommen | 6 637 | 6 879 | 7 058 | 7 603 | 7 828 | 4 199 | 8 335 | 4 788 | 8 459 | 5 305 |
| Kosten für die Anschaffung und | | | | | | | | | | |
| Unterhaltung eigener Kraftfahrzeuge[2] | 578 | 581 | 606 | 624 | 645 | 489 | 683 | 535 | 698 | 581 |
| dar. Pkw-Anschaffung[3] | 204 | 207 | 208 | 217 | 222 | 174 | 230 | 185 | 230 | 192 |
| Kraftstoffe | 126 | 129 | 146 | 153 | 162 | 150 | 175 | 149 | 176 | 150 |
| Kosten für die Wohnung[4] | 1 113 | 1 172 | 1 202 | 1 242 | 1 306 | 277 | 1 375 | 460 | 1 423 | 640 |
| dar. Elektrizität, Gas, Brennstoffe | 231 | 228 | 223 | 233 | 246 | 125 | 250 | 201 | 246 | 215 |
| | | | | | **Anteil der Belastung am ausgabefähigen Einkommen - in vH** | | | | | |
| **Haushaltstyp 2** | | | | | | | | | | |
| Kosten für die Anschaffung und | | | | | | | | | | |
| Unterhaltung eigener Kraftfahrzeuge[2] | 10,9 | 11,0 | 11,3 | 10,6 | 10,5 | 13,8 | 10,3 | 13,1 | 10,7 | 12,6 |
| dar. Pkw-Anschaffung[3] | 4,1 | 4,2 | 4,1 | 4,0 | 3,8 | 5,0 | 3,6 | 4,4 | 3,8 | 4,0 |
| Kraftstoffe | 2,4 | 2,4 | 2,7 | 2,6 | 2,7 | 4,0 | 2,6 | 3,7 | 2,6 | 3,4 |
| Kosten für die Wohnung[4] | 20,0 | 20,6 | 20,6 | 20,2 | 20,3 | 7,3 | 20,2 | 11,7 | 20,6 | 14,9 |
| dar. Elektrizität, Gas, Brennstoffe | 4,8 | 4,6 | 4,2 | 4,0 | 4,1 | 3,3 | 4,0 | 5,0 | 3,9 | 4,9 |
| **Haushaltstyp 3** | | | | | | | | | | |
| Kosten für die Anschaffung und | | | | | | | | | | |
| Unterhaltung eigener Kraftfahrzeuge[2] | 8,7 | 8,4 | 8,6 | 8,2 | 8,2 | 11,6 | 8,2 | 11,2 | 8,3 | 11,0 |
| dar. Pkw-Anschaffung[3] | 3,1 | 3,0 | 2,9 | 2,9 | 2,8 | 4,1 | 2,8 | 3,9 | 2,7 | 3,6 |
| Kraftstoffe | 1,9 | 1,9 | 2,1 | 2,0 | 2,1 | 3,6 | 2,1 | 3,1 | 2,1 | 2,8 |
| Kosten für die Wohnung[4] | 16,8 | 17,0 | 17,0 | 16,3 | 16,7 | 6,6 | 16,5 | 9,6 | 16,8 | 12,1 |
| dar. Elektrizität, Gas, Brennstoffe | 3,5 | 3,3 | 3,2 | 3,1 | 3,1 | 3,0 | 3,0 | 4,2 | 2,9 | 4,0 |

[1] Ehepaar mit 2 Kindern (darunter eines unter 15 Jahren) in Gemeinden mit mehr als 20 000 Einwohnern. Haushaltstyp 2: Ein Ehepartner soll als Angestellter oder Arbeiter tätig und der alleinige Bezieher eines mittleren Einkommens sein.- Weitere Anmerkungen siehe folgende Seite.

## Kostenentwicklung - Individualverkehr - Monatliche Belastung eines 4-Personen-Haushaltes[1]

| | 1994 | | 1995 | | 1996 | | 1997 | | 1998 | |
|---|---|---|---|---|---|---|---|---|---|---|
| | ABL | NBL | ABL | NBL | ABL | NBL | ABL | NBL | ABL | NBL |
| | | | | | **DM je Monat** | | | | | |
| **Haushaltstyp 2** | | | | | | | | | | |
| Ausgabefähiges Einkommen | 5 214 | 4 263 | 5 349 | 4 349 | 5 626 | 4 673 | 5 725 | 4 819 | 5 862 | 4 955 |
| Kosten für die Anschaffung und Unterhaltung eigener Kraftfahrzeuge[2] | 578 | 560 | 612 | 571 | 625 | 577 | 643 | 595 | 631 | 607 |
| dar. Pkw-Anschaffung[3] | 204 | 171 | 215 | 176 | 217 | 178 | 220 | 186 | 221 | 203 |
| Kraftstoffe | 147 | 143 | 143 | 137 | 158 | 144 | 170 | 150 | 164 | 150 |
| Kosten für die Wohnung[4] | 1 139 | 665 | 1 188 | 722 | 1 228 | 820 | 1 263 | 881 | 1 318 | 896 |
| dar. Elektrizität, Gas, Brennstoffe | 218 | 195 | 206 | 185 | 209 | 204 | 210 | 204 | 201 | 191 |
| **Haushaltstyp 3** | | | | | | | | | | |
| Ausgabefähiges Einkommen | 8 395 | 5 541 | 8 615 | 5 794 | 8 880 | 6 047 | 9 006 | 6 275 | 9 292 | 6 455 |
| Kosten für die Anschaffung und Unterhaltung eigener Kraftfahrzeuge[2] | 738 | 633 | 761 | 653 | 800 | 676 | 812 | 687 | 801 | 679 |
| dar. Pkw-Anschaffung[3] | 236 | 199 | 253 | 199 | 268 | 208 | 281 | 215 | 286 | 222 |
| Kraftstoffe | 187 | 156 | 185 | 161 | 197 | 174 | 208 | 181 | 202 | 176 |
| Kosten für die Wohnung[4] | 1 465 | 702 | 1 495 | 787 | 1 565 | 875 | 1 615 | 949 | 1 661 | 990 |
| dar. Elektrizität, Gas, Brennstoffe | 244 | 200 | 235 | 197 | 243 | 224 | 244 | 216 | 232 | 207 |
| | | | | | **Anteil der Belastung am ausgabefähigen Einkommen - in vH** | | | | | |
| **Haushaltstyp 2** | | | | | | | | | | |
| Kosten für die Anschaffung und Unterhaltung eigener Kraftfahrzeuge[2] | 11,1 | 13,1 | 11,4 | 13,1 | 11,1 | 12,3 | 11,2 | 12,3 | 10,8 | 12,2 |
| dar. Pkw-Anschaffung[3] | 3,9 | 4,0 | 4,0 | 4,1 | 3,9 | 3,8 | 3,8 | 3,9 | 3,8 | 4,1 |
| Kraftstoffe | 2,8 | 3,4 | 2,7 | 3,1 | 2,8 | 3,1 | 3,0 | 3,1 | 2,8 | 3,0 |
| Kosten für die Wohnung[4] | 21,8 | 15,6 | 22,2 | 16,6 | 21,8 | 17,6 | 22,1 | 18,3 | 22,5 | 18,1 |
| dar. Elektrizität, Gas, Brennstoffe | 4,2 | 4,6 | 3,9 | 4,3 | 3,7 | 4,4 | 3,7 | 4,2 | 3,4 | 3,9 |
| **Haushaltstyp 3** | | | | | | | | | | |
| Kosten für die Anschaffung und Unterhaltung eigener Kraftfahrzeuge[2] | 8,8 | 11,4 | 8,8 | 11,3 | 9,0 | 11,2 | 9,0 | 11,0 | 8,6 | 10,5 |
| dar. Pkw-Anschaffung[3] | 2,8 | 3,6 | 2,9 | 3,4 | 3,0 | 3,4 | 3,1 | 3,4 | 3,1 | 3,4 |
| Kraftstoffe | 2,2 | 2,8 | 2,1 | 2,8 | 2,2 | 2,9 | 2,3 | 2,9 | 2,2 | 2,7 |
| Kosten für die Wohnung[4] | 17,5 | 12,7 | 17,4 | 13,6 | 17,6 | 14,5 | 17,9 | 15,1 | 17,9 | 15,3 |
| dar. Elektrizität, Gas, Brennstoffe | 2,9 | 3,6 | 2,7 | 3,4 | 2,7 | 3,7 | 2,7 | 3,4 | 2,5 | 3,2 |

[1] Ehepaar mit 2 Kindern (darunter eines unter 15 Jahren) in Gemeinden mit mehr als 20 000 Einwohnern. Haushaltstyp 2: Ein Ehepartner soll als Angestellter oder Arbeiter tätig und Familieneinkommens sein. Die Abgrenzungen beziehen sich auf die alten Bundesländer. Für die neuen Bundesländer wurden, soweit möglich, ähnliche Abgrenzungen gewählt. - [2] Je Haushalt mit Kraftfahrzeugen.- [3] Über die durchschnittliche Nutzungsdauer errechnete Abschreibung. Neue Bundesländer teilweise geschätzt.- [4] Einschl. Elektrizität, Gas, Brennstoffe.

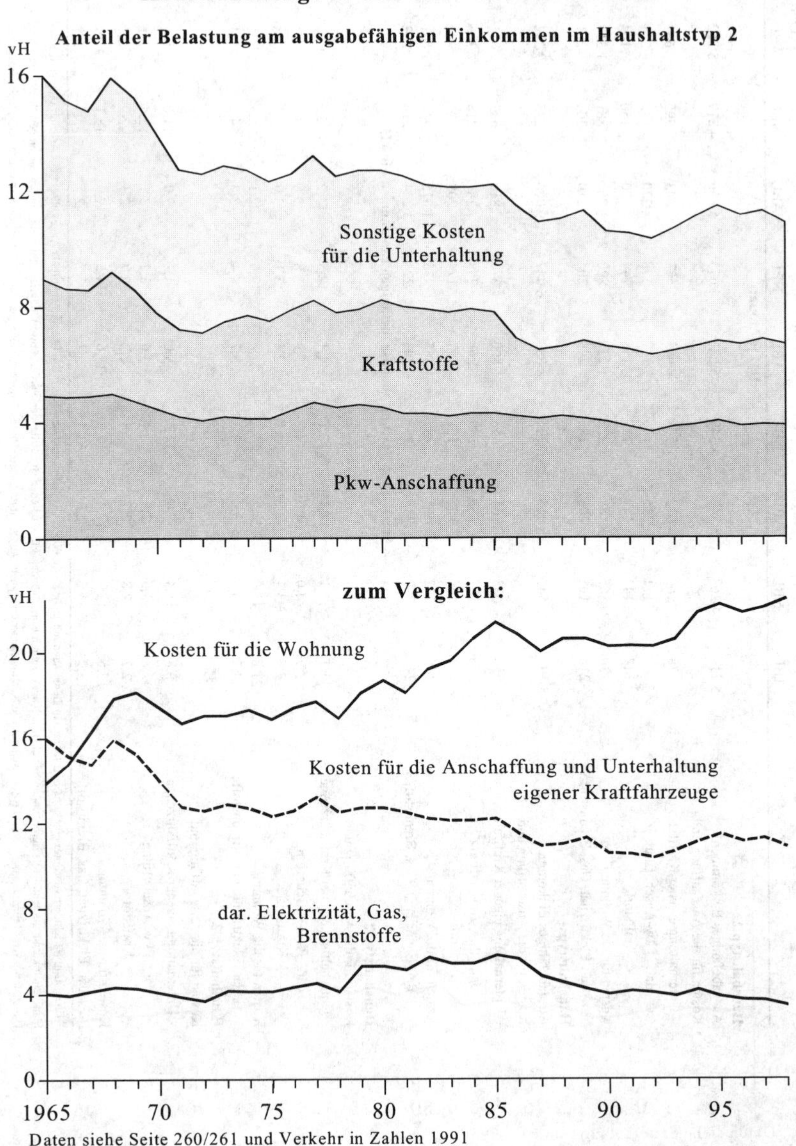

Daten siehe Seite 260/261 und Verkehr in Zahlen 1991

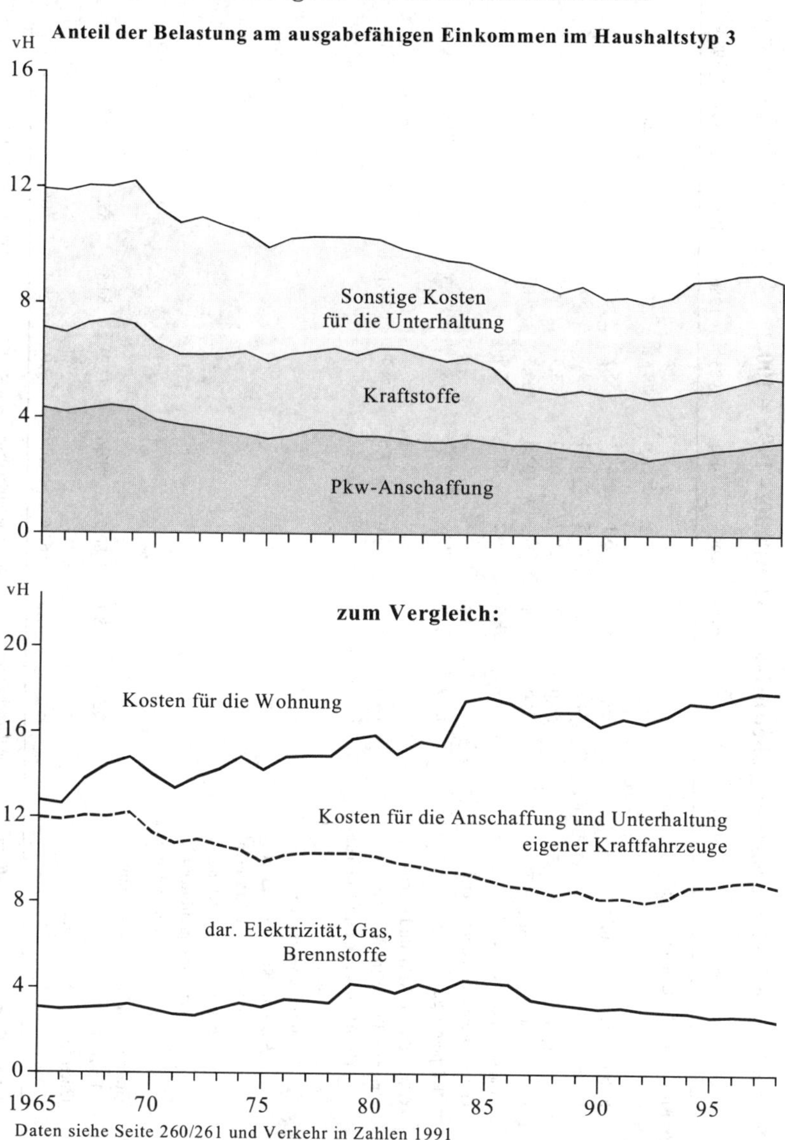


Daten siehe Seite 260/261 und Verkehr in Zahlen 1991

B 7

## Preisindex für die Lebenshaltung aller privaten Haushalte - 1995 = 100

| | 1981 | 1982 | 1983 | 1984 | 1985 | 1986 | 1987 | 1988 | 1989 | 1990 |
|---|---|---|---|---|---|---|---|---|---|---|
| **Preisindex für die Lebenshaltung insgesamt** | 69,1 | 72,7 | 75,2 | 76,9 | 78,6 | 78,4 | 78,7 | 79,6 | 81,9 | 84,1 |
| Nahrungs- und Genußmittel | 76,3 | 81,0 | 83,1 | 84,3 | 85,1 | 85,6 | 85,1 | 85,3 | 87,3 | 89,9 |
| Kleidung, Schuhe | 74,8 | 78,2 | 80,5 | 82,4 | 84,3 | 86,0 | 87,0 | 88,1 | 89,3 | 90,6 |
| Wohnungsmieten | 54,0 | 56,7 | 59,7 | 62,0 | 63,9 | 65,1 | 66,0 | 67,5 | 69,6 | 71,9 |
| Energie - ohne Kraftstoffe | 92,9 | 100,4 | 99,5 | 103,0 | 106,8 | 94,5 | 85,7 | 83,3 | 87,5 | 91,2 |
| Möbel, Haushaltsgeräte[1] | 74,7 | 78,0 | 80,2 | 81,7 | 82,9 | 83,8 | 84,7 | 85,6 | 87,0 | 88,9 |
| Güter für die Gesundheits- und Körperpflege | 68,9 | 72,8 | 75,8 | 77,3 | 78,3 | 79,3 | 80,7 | 81,9 | 85,0 | 86,3 |
| **Güter für Verkehr und Nachrichtenübermittlung** | 69,6 | 72,1 | 75,0 | 77,0 | 78,9 | 76,1 | 76,8 | 78,0 | 81,5 | 83,8 |
| **Kraftfahrzeuge und Fahrräder** | . | . | . | . | . | . | . | . | . | . |
| **Kraftstoffe** | . | . | . | . | . | . | . | . | . | . |
| **Fremde Reparaturen an Kfz und Kfz-Anhängern** | . | . | . | . | . | . | . | . | . | . |
| **Fremde Verkehrsleistungen[2]** | . | . | . | . | . | . | . | . | . | . |
| **Nachrichtenübermittlung** | . | . | . | . | . | . | . | . | . | . |
| **Fernsprechgebühren** | . | . | . | . | . | . | . | . | . | . |
| **Brief- u. Paketbeförderung[3]** | . | . | . | . | . | . | . | . | . | . |
| Güter für Bildung, Unterhaltung, Freizeit[4] | 75,0 | 78,1 | 80,5 | 82,6 | 83,9 | 84,6 | 85,2 | 86,2 | 87,1 | 89,0 |
| Güter für die persönliche Ausstattung[5] | 57,5 | 61,0 | 63,6 | 64,8 | 67,0 | 69,4 | 71,0 | 73,7 | 75,8 | 77,3 |

[1] Und andere Güter für die Haushaltsführung.- [2] Ohne Pauschalreisen.- [3] Durch die Bundespost.- [4] Ohne Dienstleistungen des Gastgewerbes.-
[5] Einschl. Dienstleistungen des Beherbergungsgewerbes sowie Güter sonstiger Art.

## Preisindex für die Lebenshaltung aller privaten Haushalte - 1995 = 100

| | 1991 | 1992 | 1993 | 1994 | 1995 | 1996 | 1997 | 1998 | 1998 ABL | 1998 NBL |
|---|---|---|---|---|---|---|---|---|---|---|
| **Preisindex für die Lebenshaltung insgesamt** | 87,1 | 91,6 | 95,6 | 98,3 | 100 | 101,5 | 103,3 | 104,3 | 104,1 | 105,5 |
| Nahrungs- und Genußmittel | 92,3 | 95,2 | 97,0 | 98,6 | 100 | 100,7 | 102,4 | 103,8 | 103,8 | 104,3 |
| Kleidung, Schuhe | 92,9 | 95,4 | 98,0 | 99,2 | 100 | 100,7 | 101,2 | 101,6 | 101,8 | 100,8 |
| Wohnungsmieten | 75,0 | 82,7 | 91,2 | 96,0 | 100 | 103,4 | 106,1 | 108,0 | 107,5 | 111,6 |
| Energie - ohne Kraftstoffe | 95,3 | 99,6 | 101,1 | 100,7 | 100 | 98,5 | 100,2 | 98,3 | 98,1 | 100,1 |
| Möbel, Haushaltsgeräte[1] | 91,5 | 94,3 | 96,9 | 98,6 | 100 | 100,8 | 101,4 | 102,2 | 102,5 | 101,0 |
| Güter für die Gesundheits- und Körperpflege | 88,7 | 92,4 | 95,5 | 98,3 | 100 | 102,0 | 105,7 | 109,0 | 108,1 | 116,8 |
| **Güter für Verkehr und Nachrichtenübermittlung** | . | . | . | . | . | . | . | . | 102,7 | 103,5 |
| **Kraftfahrzeuge und Fahrräder** | . | . | . | . | . | . | . | . | 101,2 | 100,4 |
| **Kraftstoffe** | . | . | . | . | . | . | . | . | 101,9 | 101,3 |
| **Fremde Reparaturen an Kfz und Kfz-Anhängern** | . | . | . | . | . | . | . | . | 105,6 | 105,0 |
| **Fremde Verkehrsleistungen[2]** | . | . | . | . | . | . | . | . | 107,9 | 123,0 |
| **Nachrichtenübermittlung** | . | . | . | . | . | . | . | . | 101,3 | 102,3 |
| **Fernsprechgebühren** | . | . | . | . | . | . | . | . | 100,4 | 97,3 |
| **Brief- u. Paketbeförderung[3]** | . | . | . | . | . | . | . | . | 108,8 | 108,6 |
| Güter für Bildung, Unterhaltung, Freizeit[4] | 90,5 | 94,0 | 96,7 | 98,6 | 100 | 101,2 | 103,4 | 104,3 | 103,8 | 107,3 |
| Güter für die persönliche Ausstattung[5] | 81,6 | 87,0 | 93,4 | 97,4 | 100 | 100,7 | 102,8 | 103,6 | 103,5 | 103,9 |

[1] Und andere Güter für die Haushaltsführung.- [2] Ohne Pauschalreisen.- [3] Durch die Bundespost.- [4] Ohne Dienstleistungen des Gastgewerbes.- [5] Einschl. Dienstleistungen des Beherbergungsgewerbes sowie Güter sonstiger Art.

## Käufe der privaten Haushalte
**von Gütern für Verkehrszwecke - in Mrd. DM**

| Jahr | insgesamt | Kraftfahrzeuge[1] | Kraftstoffe | Übrige Kfz-Ausgaben[2] | Verkehrsdienstleistungen | Nachrichtl: Kfz-Steuer |
|---|---|---|---|---|---|---|
| 1975 | 69,26 | 20,77 | 16,44 | 20,39 | 11,66 | 2,81 |
| 1976 | 78,10 | 25,33 | 18,68 | 21,77 | 12,32 | 2,98 |
| 1977 | 87,12 | 30,94 | 19,16 | 24,15 | 12,87 | 3,14 |
| 1978 | 94,25 | 33,14 | 20,88 | 26,68 | 13,55 | 3,33 |
| 1979 | 100,46 | 33,88 | 23,82 | 28,35 | 14,41 | 4,01 |
| 1980 | 103,70 | 31,38 | 28,84 | 28,08 | 15,40 | 3,49 |
| 1981 | 109,76 | 31,69 | 32,55 | 29,07 | 16,45 | 3,49 |
| 1982 | 112,57 | 32,90 | 32,86 | 29,75 | 17,06 | 3,55 |
| 1983 | 122,11 | 39,68 | 33,73 | 31,16 | 17,54 | 3,70 |
| 1984 | 128,29 | 40,95 | 34,68 | 34,44 | 18,22 | 3,86 |
| 1985 | 133,26 | 43,32 | 35,25 | 36,27 | 18,42 | 3,90 |
| 1986 | 138,46 | 57,67 | 28,46 | 34,14 | 18,19 | 4,96 |
| 1987 | 147,46 | 63,57 | 28,78 | 36,58 | 18,53 | 4,43 |
| 1988 | 155,23 | 64,45 | 29,87 | 40,72 | 20,19 | 4,33 |
| 1989 | 170,98 | 66,89 | 36,16 | 46,47 | 21,46 | 4,86 |
| 1990 | 194,47 | 75,50 | 39,40 | 56,52 | 23,05 | 4,41 |
| 1991* | 249,22 | 109,08 | 50,19 | 56,46 | 33,49 | 5,05 |
| 1992 | 267,56 | 113,84 | 53,38 | 61,50 | 38,84 | 6,02 |
| 1993 | 253,62 | 99,11 | 54,10 | 62,55 | 37,86 | 6,31 |
| 1994 | 264,00 | 100,77 | 57,05 | 65,74 | 40,44 | 6,36 |
| 1995 | 272,45 | 104,92 | 67,48 | 58,24 | 41,81 | 7,32 |
| 1996 | 286,17 | 112,83 | 59,71 | 70,73 | 42,90 | 7,28 |
| 1997** | 295,04 | 115,77 | 61,49 | 73,78 | 44,00 | 7,64 |
| 1998** | 308,85 | 124,88 | 59,41 | 80,04 | 44,52 | 8,04 |

[1] Ab 1991 "Kauf von Fahrzeugen".- [2] Bis 1990 einschließlich Ausgaben für Fahrräder.- * Ab 1991 hat sich die Abgrenzung der Volkswirtschaftlichen Gesamtrechnung verändert.- ** Vorläufige Werte.

## Ausgaben privater Haushalte für Kraftstoffe - in Mio. DM

| Jahr | Ausgaben | | | darunter | | | |
|---|---|---|---|---|---|---|---|
| | Insgesamt | VK | DK | Mehrwertsteuer | | Mineralölsteuer | |
| | | | | VK | DK | VK | DK |
| 1975 | 16 440 | 15 674 | 766 | 1 553 | 76 | 8 309 | 365 |
| 1976 | 18 680 | 17 856 | 824 | 1 770 | 82 | 8 828 | 387 |
| 1977 | 19 160 | 18 299 | 861 | 1 813 | 85 | 9 255 | 411 |
| 1978 | 20 880 | 19 918 | 962 | 2 153 | 104 | 9 847 | 454 |
| 1979 | 23 820 | 22 550 | 1 270 | 2 539 | 143 | 10 124 | 532 |
| 1980 | 28 840 | 27 139 | 1 701 | 3 178 | 199 | 10 250 | 605 |
| 1981 | 32 550 | 30 465 | 2 085 | 3 568 | 244 | 10 625 | 702 |
| 1982 | 32 860 | 30 263 | 2 597 | 3 544 | 304 | 11 605 | 869 |
| 1983 | 33 730 | 30 931 | 2 799 | 3 762 | 340 | 11 711 | 957 |
| 1984 | 34 680 | 31 607 | 3 073 | 3 986 | 388 | 12 221 | 1 055 |
| 1985 | 35 250 | 31 767 | 3 483 | 4 007 | 439 | 12 282 | 1 164 |
| 1986 | 28 460 | 25 282 | 3 178 | 3 189 | 401 | 12 641 | 1 429 |
| 1987 | 28 780 | 25 306 | 3 474 | 3 192 | 448 | 13 319 | 1 688 |
| 1988 | 29 870 | 26 162 | 3 708 | 3 330 | 468 | 13 609 | 1 862 |
| 1989 | 36 160 | 31 920 | 4 240 | 4 026 | 535 | 17 115 | 1 980 |
| 1990 | 39 400 | 34 609 | 4 791 | 4 365 | 604 | 17 756 | 2 090 |
| 1991 | 50 190 | 44 916 | 5 274 | 5 859 | 688 | 25 678 | 2 462 |
| 1992 | 53 380 | 47 712 | 5 668 | 6 223 | 739 | 29 668 | 2 941 |
| 1993 | 54 100 | 47 948 | 6 152 | 6 254 | 802 | 29 573 | 3 116 |
| 1994 | 57 050 | 50 740 | 6 310 | 6 618 | 823 | 33 163 | 3 417 |
| 1995 | 57 480 | 51 047 | 6 433 | 6 658 | 839 | 33 474 | 3 530 |
| 1996 | 59 710 | 52 776 | 6 934 | 6 884 | 904 | 33 107 | 3 524 |
| 1997* | 61 490 | 54 525 | 6 965 | 7 112 | 908 | 33 088 | 3 485 |
| 1998* | 59 410 | 52 984 | 6 426 | 7 210 | 874 | 33 901 | 3 495 |

VK = Vergaserkraftstoff, DK = Dieselkraftstoff.- * Vorläufige Werte.

## Steuerbelastung des Kraftfahrzeugverkehrs

| Jahr | Insgesamt | Kraftfahrzeugsteuer[1)] | Mineralölsteuer | je Liter Vergaserkraftstoff[2)] | je Liter Dieselkraftstoff[2)] | Mineralölzoll |
|---|---|---|---|---|---|---|
| | Mio. DM | Mio. DM | Mio. DM | DM | DM | Mio. DM |
| 1975 | 20 098 | 5 303 | 14 777 | 0,44 | 0,42 | 18 |
| 1976 | 21 105 | 5 629 | 15 784 | 0,44 | 0,42 | 26 |
| 1977 | 22 597 | 5 929 | 16 650 | 0,44 | 0,42 | 18 |
| 1978 | 24 011 | 6 282 | 17 713 | 0,44 | 0,42 | 16 |
| 1979 | 25 778 | 7 576 | 18 179 | 0,44 | 0,42 | 23 |
| 1980 | 25 297 | 6 585 | 18 688 | 0,44 | 0,42 | 24 |
| 1981 | 26 023 | 6 593 | 19 395 | 0,49 | 0,44 | 35 |
| 1982 | 27 155 | 6 689 | 20 435 | 0,51 | 0,45 | 31 |
| 1983 | 28 093 | 6 984 | 21 078 | 0,51 | 0,45 | 31 |
| 1984 | 29 614 | 7 284 | 22 297 | 0,51 | 0,45 | 33 |
| 1985 | 29 135 | 7 350 | 21 753 | 0,50* | 0,45 | 32 |
| 1986 | 32 274 | 9 356 | 22 898 | 0,46 | 0,45 | 20 |
| 1987 | 31 886 | 8 365 | 23 487 | 0,47 | 0,45 | 34 |
| 1988 | 32 433 | 8 169 | 24 232 | 0,47 | 0,45 | 32 |
| 1989 | 37 343 | 9 167 | 28 155 | 0,57 | 0,45 | 21 |
| 1990 | 37 239 | 8 314 | 28 903 | 0,57 | 0,45 | 22 |
| 1991 | 51 898 | 11 011 | 40 862 | 0,71 | 0,50 | 25 |
| 1992 | 60 797 | 13 317 | 47 471 | 0,82 | 0,55 | 10 |
| 1993 | 62 398 | 14 058 | 48 340 | 0,82 | 0,55 | - |
| 1994 | 69 081 | 14 169 | 54 912 | 0,98 | 0,62 | - |
| 1995 | 69 657 | 13 805 | 55 851 | 0,98 | 0,62 | - |
| 1996 | 69 657 | 13 743 | 55 914 | 0,98 | 0,62 | - |
| 1997 | 70 463 | 14 418 | 56 045 | 0,98 | 0,62 | - |
| 1998 | 71 857 | 15 171 | 56 686 | 0,98 | 0,62 | - |

[1)] Die Jahressteuer für Personen- und Kombinationskraftwagen betrug bis 30.6.1985 14,40 DM je 100 Kubikzentimeter Hubraum. Seit 1.7.1985 gelten nach Abgaswerten und Zulassungsjahren differenzierte fahrzeugspezifische Steuersätze.- [2)] Jahresdurchschnitt.

* Seit 1.4.1985 gelten getrennte Steuersätze für unverbleiten und verbleiten Vergaserkraftstoff. Ausgewiesen ist bleifreier Kraftstoff.

Verbleiter Vergaserkraftstoff: 1. 4. 1985 bis 31. 12. 1988 = 0,53 DM/l,
1. 1. 1989 bis 31. 12. 1990 = 0,65 DM/l,
1. 1. 1991 bis 30. 6. 1991 = 0,67 DM/l,
1. 7. 1991 bis 31. 12. 1993 = 0,92 DM/l,
Seit 1. 1. 1994 = 1,08 DM/l.

## Mineralölsteueraufkommen der Personenkraftwagen[1]
**in Mio. DM**

| Jahr | Gesamtaufkommen | | | darunter: Private Haushalte[2] | | |
|---|---|---|---|---|---|---|
| | insgesamt | VK | DK | insgesamt | VK | DK |
| 1975 | 11 336 | 10 792 | 544 | 8 675 | 8 309 | 365 |
| 1976 | 11 928 | 11 352 | 575 | 9 215 | 8 828 | 387 |
| 1977 | 12 535 | 11 918 | 617 | 9 665 | 9 255 | 411 |
| 1978 | 13 262 | 12 581 | 681 | 10 301 | 9 847 | 454 |
| 1979 | 13 587 | 12 797 | 790 | 10 656 | 10 124 | 532 |
| 1980 | 13 892 | 12 990 | 902 | 10 855 | 10 250 | 605 |
| 1981 | 14 588 | 13 537 | 1 051 | 11 326 | 10 625 | 702 |
| 1982 | 15 712 | 14 438 | 1 274 | 12 474 | 11 605 | 869 |
| 1983 | 16 195 | 14 767 | 1 428 | 12 668 | 11 711 | 957 |
| 1984 | 16 650 | 15 108 | 1 541 | 13 275 | 12 221 | 1 055 |
| 1985 | 16 823 | 15 129 | 1 694 | 13 445 | 12 282 | 1 164 |
| 1986 | 17 676 | 15 613 | 2 063 | 14 069 | 12 641 | 1 429 |
| 1987 | 18 252 | 15 909 | 2 343 | 15 007 | 13 319 | 1 688 |
| 1988 | 18 781 | 16 238 | 2 544 | 15 471 | 13 609 | 1 862 |
| 1989 | 22 576 | 19 964 | 2 611 | 19 095 | 17 115 | 1 980 |
| 1990 | 23 009 | 20 332 | 2 677 | 19 846 | 17 756 | 2 090 |
| 1991 | 31 922 | 28 872 | 3 050 | 28 731 | 25 678 | 2 462 |
| 1992 | 37 031 | 33 322 | 3 709 | 32 983 | 29 668 | 2 941 |
| 1993 | 37 401 | 33 239 | 3 939 | 33 085 | 29 573 | 3 116 |
| 1994 | 42 434 | 38 009 | 4 425 | 36 579 | 33 163 | 3 417 |
| 1995 | 42 755 | 38 270 | 4 485 | 37 004 | 33 474 | 3 530 |
| 1996 | 42 609 | 38 108 | 4 501 | 36 630 | 33 107 | 3 524 |
| 1997* | 42 456 | 38 008 | 4 449 | 36 573 | 33 088 | 3 485 |
| 1998* | 42 382 | 38 021 | 4 360 | 37 396 | 33 901 | 3 495 |

[1] Einschl. Kombinationskraftwagen.- [2] Mineralölsteueraufkommen insgesamt.- * Zum Teil vorläufige Werte.- VK = Vergaserkraftstoff, DK = Dieselkraftstoff.

## Energieverbrauch in der Bundesrepublik - in Petajoule[1)]

| Jahr | Primär-Energieverbrauch | | End-Energieverbrauch | | Anteil des Verkehrs am End-Energieverbrauch[2)] | | nachrichtl.: Bunkerungen seegehender Schiffe[3)] |
|---|---|---|---|---|---|---|---|
| | | Mineralölanteil | | Mineralölanteil | insgesamt | bei Mineralöl | |
| | insgesamt | in vH | insgesamt | in vH | in vH | in vH | |
| 1975 | 10 190 | 52,1 | 6 859 | 57,9 | 19,8 | 33,0 | 116 |
| 1976 | 10 853 | 52,9 | 7 291 | 57,8 | 19,5 | 32,7 | 112 |
| 1977 | 10 912 | 52,1 | 7 306 | 57,3 | 20,5 | 35,0 | 120 |
| 1978 | 11 401 | 52,3 | 7 605 | 57,8 | 20,9 | 35,2 | 116 |
| 1979 | 11 964 | 50,7 | 7 892 | 56,1 | 20,8 | 36,1 | 120 |
| 1980 | 11 436 | 47,6 | 7 529 | 53,4 | 22,1 | 40,3 | 119 |
| 1981 | 10 964 | 44,8 | 7 221 | 51,0 | 22,3 | 42,4 | 129 |
| 1982 | 10 596 | 44,2 | 6 888 | 50,9 | 23,5 | 45,0 | 113 |
| 1983 | 10 689 | 43,5 | 6 916 | 50,5 | 23,9 | 46,1 | 103 |
| 1984 | 11 022 | 42,0 | 7 194 | 49,2 | 23,7 | 47,0 | 94 |
| 1985 | 11 284 | 41,4 | 7 389 | 48,9 | 23,2 | 46,2 | 120 |
| 1986 | 11 338 | 43,3 | 7 535 | 51,4 | 24,0 | 45,5 | 163 |
| 1987 | 11 373 | 42,1 | 7 524 | 49,8 | 24,8 | 48,8 | 120 |
| 1988 | 11 425 | 42,0 | 7 438 | 49,9 | 26,2 | 51,5 | 95 |
| 1989 | 11 219 | 40,0 | 7 223 | 47,5 | 27,5 | 56,8 | 79 |
| 1990 | 11 495 | 41,0 | 7 429 | 48,8 | 28,1 | 56,6 | 84 |
| 1991 | 14 610 | 38,0 | 9 316 | 45,5 | 26,4 | 56,8 | 87 |
| 1992 | 14 314 | 39,3 | 9 074 | 47,2 | 27,8 | 57,6 | 73 |
| 1993 | 14 305 | 40,2 | 9 177 | 48,0 | 28,3 | 57,7 | 92 |
| 1994 | 14 182 | 40,1 | 9 035 | 47,6 | 28,3 | 58,1 | 85 |
| 1995* | 14 267 | 39,8 | 9 291 | 46,3 | 28,1 | 59,4 | 85 |
| 1996* | 14 739 | 39,4 | 9 707 | 45,7 | 27,0 | 57,7 | 84 |
| 1997* | 14 507 | 39,6 | 9 469 | 46,1 | 27,9 | 59,2 | 90 |
| 1998* | 14 417 | 39,9 | 9 464 | 45,9 | 28,3 | 61,6 | 74 |

[1)] 1 Mio. t SKE = 29,308 Petajoule.- [2)] Ab 1982 wird der Energieverbrauch der stationären Anlagen nicht mehr vollständig dem Verkehrsbereich zugeordnet.- [3)] Ab 1986 einschl. Transitware für internationale Bunker (1986 = 52, 1990 = 15 Petajoule). Ohne Schmierstoffe (1998: 1,6 Petajoule).
* Vorläufige Werte.

## End-Energieverbrauch[1] - nach Wirtschafts- und Verkehrsbereichen - in Petajoule[2]

| Jahr | insgesamt | nach Wirtschaftsbereichen | | | | | | | | | | | nachrichtl. |
|---|---|---|---|---|---|---|---|---|---|---|---|---|---|
| | | Industrie | Haushalte[3] | Verkehr[4] | davon | | | | | | | | Bunkerungen seegehender Schiffe[12] |
| | | | | | Schienenverkehr[4)5)] | Straßenverkehr[6] | davon | | | | Luftverkehr[10] | Binnenschiffahrt[11] | |
| | | | | | | | Personenverkehr | davon | | Güterverkehr[9] | | | |
| | | | | | | | | Individualverkehr[7] | Öffentl. Verkehr[8] | | | | |
| 1980 | 7 529 | 2 581 | 3 282 | 1 666 | 74 | 1 447 | 1 087 | 1 051 | 36 | 360 | 109 | 36 | 122 |
| 1981 | 7 221 | 2 482 | 3 130 | 1 610 | 72 | 1 392 | 1 041 | 1 003 | 38 | 352 | 110 | 36 | 131 |
| 1982 | 6 888 | 2 253 | 3 017 | 1 618 | 58 | 1 421 | 1 083 | 1 044 | 39 | 338 | 105 | 34 | 113 |
| 1983 | 6 916 | 2 221 | 3 045 | 1 650 | 58 | 1 454 | 1 110 | 1 072 | 38 | 344 | 106 | 32 | 105 |
| 1984 | 7 194 | 2 285 | 3 207 | 1 702 | 58 | 1 498 | 1 142 | 1 107 | 36 | 356 | 113 | 33 | 96 |
| 1985 | 7 389 | 2 287 | 3 390 | 1 712 | 60 | 1 497 | 1 138 | 1 102 | 37 | 359 | 124 | 30 | 122 |
| 1986 | 7 535 | 2 201 | 3 529 | 1 805 | 60 | 1 582 | 1 213 | 1 177 | 36 | 368 | 134 | 29 | 165 |
| 1987 | 7 524 | 2 199 | 3 456 | 1 869 | 58 | 1 645 | 1 275 | 1 239 | 36 | 369 | 139 | 26 | 122 |
| 1988 | 7 438 | 2 244 | 3 245 | 1 949 | 57 | 1 711 | 1 331 | 1 296 | 36 | 380 | 156 | 24 | 97 |
| 1989 | 7 223 | 2 284 | 2 950 | 1 989 | 58 | 1 735 | 1 344 | 1 307 | 37 | 391 | 171 | 25 | 81 |
| 1990 | 7 429 | 2 252 | 3 086 | 2 091 | 59 | 1 818 | 1 390 | 1 353 | 37 | 428 | 187 | 27 | 86 |
| 1991 | 9 316 | 2 694 | 4 162 | 2 460 | 91 | 2 150 | 1 572 | 1 516 | 55 | 578 | 192 | 28 | 87 |
| 1992 | 9 074 | 2 560 | 3 992 | 2 522 | 88 | 2 198 | 1 613 | 1 559 | 54 | 565 | 206 | 30 | 73 |
| 1993 | 9 177 | 2 434 | 4 148 | 2 596 | 84 | 2 265 | 1 647 | 1 594 | 53 | 618 | 217 | 30 | 92 |
| 1994 | 9 035 | 2 463 | 4 017 | 2 555 | 90 | 2 209 | 1 544 | 1 503 | 41 | 665 | 226 | 30 | 85 |
| 1995* | 9 291 | 2 468 | 4 209 | 2 614 | 89 | 2 266 | 1 592 | 1 551 | 41 | 674 | 235 | 24 | 85 |
| 1996* | 9 707 | 2 418 | 4 671 | 2 618 | 89 | 2 261 | 1 579 | 1 538 | 41 | 682 | 246 | 22 | 84 |
| 1997* | 9 469 | 2 456 | 4 375 | 2 639 | 84 | 2 283 | 1 582 | 1 541 | 41 | 701 | 255 | 17 | 90 |
| 1998* | 9 464 | 2 392 | 4 393 | 2 679 | 78 | 2 323 | 1 582 | 1 541 | 41 | 741 | 262 | 16 | 74 |

[1] Ohne Bunkerungen seegehender Schiffe.- [2] 1 Mio. t SKE = 29,3076 Petajoule.- [3] Einschl.gewerbl. Kleinverbraucher, Landwirtschaft und militärischer Dienststellen.- [4] Ab 1982 wird der Energieverbrauch der stationären Anlagen nicht mehr vollständig dem Verkehrsbereich zugeordnet.- [5] Eisenbahn, U-Bahn, Straßenbahn.- [6] Ohne Ackerschlepper in der Landwirtschaft.- [7] Pkw und Kombi, Krafträder, Mopeds, Mofas, Mokicks.- [8] Kraftomnibusse.- [9] Lastkraftwagen, Sattelzüge und Zugmaschinen, einschl. der Kfz nicht zur Lastenbeförderung.- [10] Inlandsabsatz.- [11] Einschl. Hafen- und Küstenschiffahrt.- [12] Ab 1986 einschl. Transitware für internationale Bunker (1990 = 15 Petajoule). Ohne Schmierstoffe (1998 = 1,6 Petajoule).- * Vorläufige Werte.

## End-Energieverbrauch des Verkehrs[1] - nach Energieträgern - in Petajoule[2]

| Jahr | Insgesamt[1] | Nach Energieträgern Mineralöl | davon Vergaser-kraftstoff | darunter bleifrei | Diesel-kraftstoff[3] | Flug-kraftstoffe | Elektrischer Strom | Sonstige Energie-träger[4] | nachrichtl. Bunkerungen seegehender Schiffe[5] |
|---|---|---|---|---|---|---|---|---|---|
| 1980 | 1 666 | 1 622 | 1 025 | - | 488 | 109 | 38 | 6 | 119 |
| 1981 | 1 610 | 1 565 | 961 | - | 493 | 110 | 39 | 6 | 129 |
| 1982* | 1 618 | 1 580 | 981 | - | 494 | 105 | 37 | 1 | 113 |
| 1983 | 1 650 | 1 612 | 995 | - | 511 | 106 | 37 | 1 | 103 |
| 1984 | 1 702 | 1 663 | 1 021 | - | 529 | 113 | 38 | 1 | 94 |
| 1985 | 1 712 | 1 670 | 999 | 10 | 547 | 124 | 40 | 1 | 120 |
| 1986 | 1 805 | 1 764 | 1 044 | 114 | 586 | 134 | 40 | 1 | 163 |
| 1987 | 1 869 | 1 829 | 1 082 | 278 | 608 | 139 | 49 | 0 | 120 |
| 1988 | 1 949 | 1 909 | 1 125 | 500 | 628 | 156 | 39 | 0 | 95 |
| 1989 | 1 989 | 1 949 | 1 122 | 657 | 656 | 171 | 40 | 0 | 79 |
| 1990 | 2 091 | 2 050 | 1 160 | 800 | 703 | 187 | 41 | 0 | 84 |
| 1991 | 2 460 | 2 404 | 1 339 | 1 044 | 873 | 192 | 55 | 1 | 87 |
| 1992 | 2 522 | 2 466 | 1 344 | 1 142 | 917 | 204 | 54 | 1 | 73 |
| 1993 | 2 596 | 2 541 | 1 351 | 1 196 | 972 | 218 | 53 | 1 | 92 |
| 1994 | 2 555 | 2 498 | 1 277 | 1 178 | 994 | 227 | 55 | 2 | 85 |
| 1995** | 2 614 | 2 553 | 1 301 | 1 226 | 1 019 | 233 | 58 | 2 | 85 |
| 1996** | 2 618 | 2 560 | 1 299 | 1 269 | 1 017 | 243 | 59 | 1 | 84 |
| 1997** | 2 639 | 2 582 | 1 298 | 1 294 | 1 029 | 255 | 56 | 1 | 90 |
| 1998** | 2 679 | 2 626 | 1 301 | 1 300 | 1 064 | 261 | 52 | 1 | 74 |

[1] Ohne Bunkerungen seegehender Schiffe.- [2] 1 Mio. t SKE = 29,3076 Petajoule.- [3] Einschl. Heizöl (1975 = 10 Petajoule, ab 1982 = unter 1 Petajoule) und Petroleum (unter 0,1 Petajoule).- [4] Steinkohle (1991 = 0,7 Petajoule), Steinkohlenkoks (bis 1981), Braunkohlenbriketts (bis 1981) und Gase ( unter 1 Petajoule).- [5] Ab 1986 einschl. Transitware für internationale Bunker (1986 = 52, 1990 = 15 Petajoule). Ohne Schmierstoffe (1998 = 1,6 Petajoule). Ab 1982 wird der Energieverbrauch der stationären Anlagen nicht mehr vollständig dem Verkehrsbereich zugeordnet.-
**Vorläufige Werte.

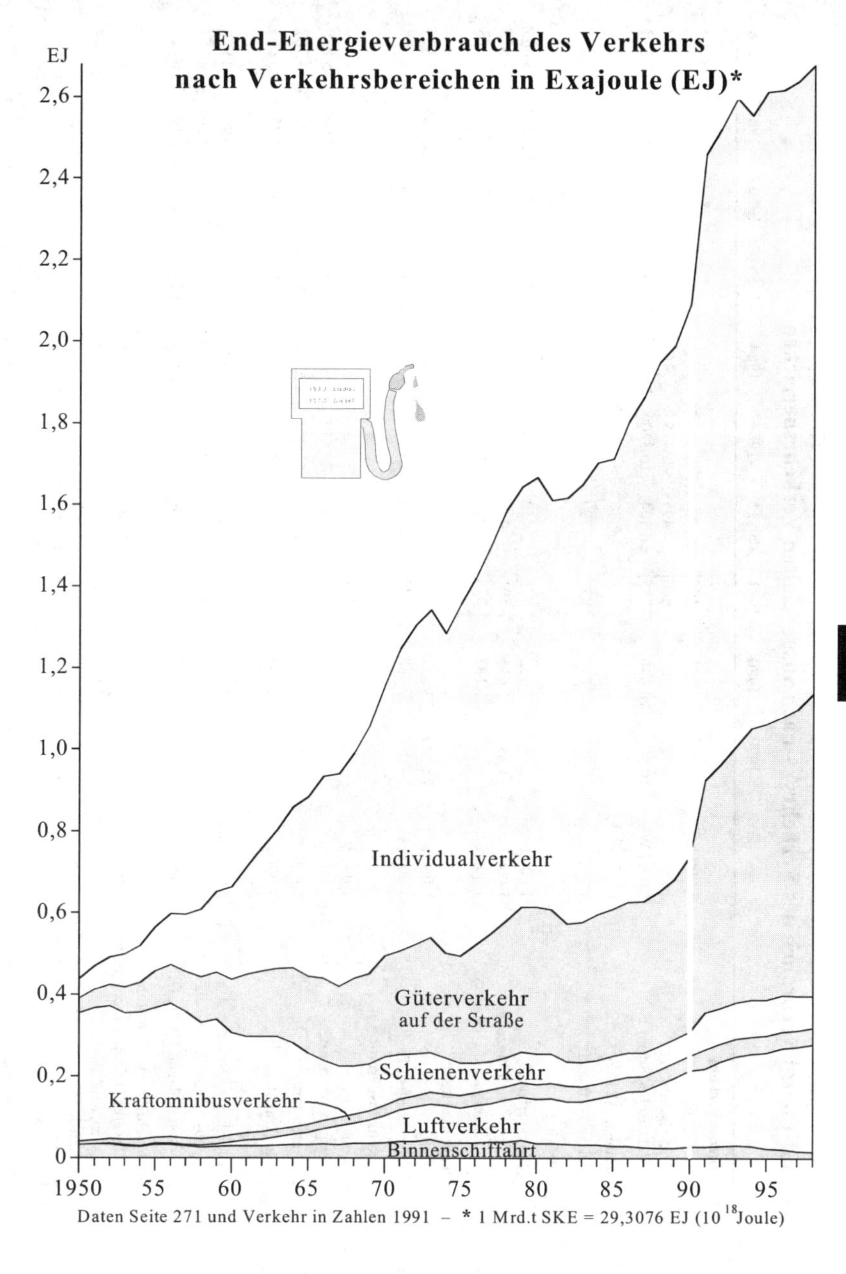
End-Energieverbrauch des Verkehrs
nach Verkehrsbereichen in Exajoule (EJ)*
EJ
2,6
2,4
2,2
2,0
1,8
1,6
1,4
1,2
1,0
0,8
0,6
0,4
0,2
0
Individualverkehr
Güterverkehr
auf der Straße
Schienenverkehr
Kraftomnibusverkehr
Luftverkehr
Binnenschiffahrt
1950
55
60
65
70
75
80
85
90
95
Daten Seite 271 und Verkehr in Zahlen 1991 – * 1 Mrd.t SKE = 29,3076 EJ ($10^{18}$ Joule)
B
7

## End-Energieverbrauch des Verkehrs[1] - nach ausgewählten Verkehrsbereichen

| | | 1979 | 1980 | 1981 | 1982* | 1983 | 1984 | 1985 | 1986 | 1987 | 1988 |
|---|---|---|---|---|---|---|---|---|---|---|---|
| **Schienenverkehr** | | | | | | | | | | | |
| Lokomotivkohle | 1 000 t | 125 | 111 | 104 | - | - | - | - | - | - | - |
| Dieselkraftstoff[2] | 1 000 t | 725 | 701 | 646 | 495 | 475 | 467 | 470 | 428 | 440 | 410 |
| Elektrischer Strom | Mio. kWh | 10 501 | 10 646 | 10 765 | 10 304 | 10 320 | 10 587 | 11 161 | 11 173 | 10 961 | 10 878 |
| **Binnenschiffahrt[3]** | | | | | | | | | | | |
| Dieselkraftstoff[2] | 1 000 t | 1 007 | 847 | 837 | 799 | 759 | 769 | 699 | 679 | 606 | 571 |
| **Luftfahrt[4]** | | | | | | | | | | | |
| Flugkraftstoffe[5] | 1 000 t | 2 496 | 2 552 | 2 575 | 2 452 | 2 488 | 2 651 | 2 913 | 3 136 | 3 260 | 3 663 |
| deutsche Flugzeuge | 1 000 t | 1 397 | 1 415 | 1 501 | 1 432 | 1 478 | 1 624 | 1 667 | 1 833 | 1 862 | 2 075 |
| ausländische Flugzeuge | 1 000 t | 1 099 | 1 137 | 1 074 | 1 020 | 1 010 | 1 027 | 1 246 | 1 303 | 1 398 | 1 588 |
| **Straßenverkehr[6]** | | | | | | | | | | | |
| Vergaserkraftstoff | 1 000 t | 23 117 | 23 531 | 22 079 | 22 540 | 22 849 | 23 451 | 22 941 | 23 973 | 24 845 | 25 829 |
| Dieselkraftstoff | 1 000 t | 9 650 | 9 880 | 10 070 | 10 270 | 10 730 | 11 140 | 11 645 | 12 594 | 13 186 | 13 726 |
| **Verkehr insgesamt** | | | | | | | | | | | |
| Kohle[7] | 1 000 t | 126 | 111 | 104 | - | - | - | - | - | - | - |
| Vergaserkraftstoff | 1 000 t | 23 117 | 23 531 | 22 079 | 22 540 | 22 849 | 23 451 | 22 941 | 23 973 | 24 845 | 25 829 |
| Dieselkraftstoff[2] | 1 000 t | 11 382 | 11 428 | 11 553 | 11 557 | 11 964 | 12 376 | 12 906 | 13 731 | 14 232 | 14 707 |
| Flugkraftstoffe[5] | 1 000 t | 2 497 | 2 553 | 2 576 | 2 453 | 2 489 | 2 652 | 2 913 | 3 137 | 3 262 | 3 665 |
| Gase | Mio. $m^3$ | 93 | 93 | 104 | 24 | 20 | 18 | 18 | 11 | 9 | 7 |
| Elektrischer Strom | Mio. kWh | 10 501 | 10 646 | 10 765 | 10 294 | 10 320 | 10 587 | 11 161 | 11 173 | 10 961 | 10 878 |
| aus öffentlichem Netz | Mio. kWh | 4 287 | 4 399 | 4 515 | 4 385 | 4 503 | 4 704 | 4 935 | 5 048 | 4 801 | 4 857 |
| von Anlagen für die DB[8] | Mio. kWh | 6 214 | 6 247 | 6 250 | 5 909 | 5 817 | 5 883 | 6 226 | 6 125 | 6 160 | 6 021 |
| **nachrichtlich: Seeschiffahrt[9]** | | | | | | | | | | | |
| schweres Heizöl/Dieselkraftstoff | 1 000 t | 2 900 | 2 886 | 3 119 | 2 741 | 2 495 | 2 276 | 2 887 | 3 940 | 2 912 | 2 290 |
| deutsche Schiffe | 1 000 t | 812 | 808 | 862 | 810 | 862 | 788 | 938 | 1 045 | 658 | 756 |
| ausländische Schiffe | 1 000 t | 2 088 | 2 078 | 2 257 | 1 931 | 1 633 | 1 488 | 1 949 | 2 895 | 2 254 | 1 534 |

[1] Ohne den Verbrauch militärischer Dienststellen.- [2] Einschl. Heizöl.- [3] Einschl. Hafen- und Küstenschiffahrt.- [4] Lieferungen an die Luftfahrt. -
[5] Flugbenzin, Flugturbinenkraftstoff und Petroleum (ohne Schmieröle und -fette, 1991 = 0,7 Tsd. t).- [6] Ohne Ackerschlepper in der Landwirtschaft.-
[7] Steinkohle, Steinkohlenkoks und Braunkohlenbriketts.- Weiter Anmerkungen siehe folgende Seite.

## End-Energieverbrauch des Verkehrs[1] - nach ausgewählten Verkehrsbereichen

| | | 1989 | 1990 | 1991 | 1992 | 1993 | 1994 | 1995** | 1996** | 1997** | 1998** |
|---|---|---|---|---|---|---|---|---|---|---|---|
| **Schienenverkehr** | | | | | | | | | | | |
| Lokomotivkohle | 1 000 t | - | - | 23 | 20 | 11 | 8 | 4 | 3 | . | . |
| Dieselkraftstoff[2] | 1 000 t | 419 | 426 | 810 | 797 | 796 | 742 | 723 | 688 | 647 | 615 |
| Elektrischer Strom | Mio. kWh | 11 058 | 11 312 | 15 317 | 14 895 | 14 997 | 15 406 | 16 191 | 16 545 | 16 859 | 14 810 |
| **Binnenschiffahrt[3]** | | | | | | | | | | | |
| Dieselkraftstoff[2] | 1 000 t | 588 | 631 | 655 | 699 | 710 | 694 | 548 | 504 | 398 | 365 |
| **Luftfahrt[4]** | | | | | | | | | | | |
| Flugkraftstoffe[5] | 1 000 t | 4 001 | 4 379 | 4 495 | 4 825 | 5 064 | 5 263 | 5 455 | 5 711 | 5 930 | 6 098 |
| deutsche Flugzeuge | 1 000 t | 2 279 | 2 570 | 2 670 | 2 959 | . | . | . | . | . | . |
| ausländische Flugzeuge | 1 000 t | 1 722 | 1 809 | 1 825 | 1 867 | . | . | . | . | . | . |
| **Straßenverkehr[6]** | | | | | | | | | | | |
| Vergaserkraftstoff | 1 000 t | 25 776 | 26 639 | 30 762 | 30 864 | 31 018 | 29 716 | 29 856 | 29 853 | 29 798 | 29 866 |
| dar. bleifrei | 1 000 t | 15 091 | 18 363 | 23 828 | 26 230 | 27 982 | 27 406 | 28 425 | 29 288 | 29 786 | 29 865 |
| Dieselkraftstoff | 1 000 t | 14 348 | 15 395 | 18 386 | 19 986 | 21 131 | 21 661 | 22 328 | 22 453 | 22 802 | 23 750 |
| **Verkehr insgesamt** | | | | | | | | | | | |
| Kohle[7] | 1 000 t | - | - | 23 | 20 | 11 | 8 | 4 | 3 | . | . |
| Vergaserkraftstoff | 1 000 t | 25 776 | 26 639 | 30 762 | 30 864 | 31 018 | 29 716 | 29 856 | 29 853 | 29 798 | 29 866 |
| Dieselkraftstoff[2] | 1 000 t | 15 356 | 16 450 | 19 851 | 21 482 | 22 637 | 23 097 | 23 599 | 23 645 | 23 847 | 24 730 |
| Flugkraftstoffe[5] | 1 000 t | 4 003 | 4 379 | 4 495 | 4 825 | 5 064 | 5 263 | 5 455 | 5 711 | 5 930 | 6 098 |
| Gase | Mio. $m^3$ | 8 | 5 | 6 | 10 | 8 | 4 | 3 | 2 | 2 | 2 |
| Elektrischer Strom | Mio. kWh | 11 058 | 11 312 | 15 317 | 14 895 | 14 997 | 15 406 | 16 191 | 16 545 | 16 859 | 14 810 |
| aus öffentlichem Netz | Mio. kWh | 5 856 | 5 926 | 9 454 | . | . | . | . | . | . | . |
| von Anlagen für die DB[8] | Mio. kWh | 5 202 | 5 386 | 5 863 | . | . | . | . | . | . | . |
| **nachrichtlich: Seeschiffahrt[9]** | | | | | | | | | | | |
| schweres Heizöl/Dieselkraftstoff | 1 000 t | 1 913 | 2 065 | 2 110 | 1 760 | 2 216 | 2 045 | 2 062 | 2 044 | 2 169 | 2 057 |
| deutsche Schiffe | 1 000 t | 610 | 816 | 752 | 625 | 754 | 597 | 544 | 325 | 385 | 446 |
| ausländische Schiffe | 1 000 t | 1 303 | 1 249 | 1 358 | 1 135 | 1 462 | 1 448 | 1 518 | 1 719 | 1 784 | 1 611 |

Beginn der Anmerkungen siehe vorige Seite.- [8] Von Stromerzeugungsanlagen für die Deutsche Bundesbahn. Ohne Eigenverbrauch der Stromerzeugungsanlagen.- [9] Bunkerungen seegehender Schiffe. Ab 1986 einschl. Transitware für internationale Bunker (1986: 1 232 Tsd. t, 1990: 365 Tsd. t). Ohne Schmieröle und -fette (1998: 40 Tsd. t).- *Ab 1982 wird der Energieverbrauch der stationären Anlagen nicht mehr vollständig dem Verkehrsbereich zugeordnet.-
** Zum Teil vorläufige Werte.

# Kraftstoffverbrauch, Kraftstoffpreise, Fahrleistungen im Straßenverkehr

| | | 1979 | 1980 | 1981 | 1982 | 1983 | 1984 | 1985 | 1986 | 1987 | 1988 |
|---|---|---|---|---|---|---|---|---|---|---|---|
| | | **Kraftstoffverbrauch und Fahrleistungen der Personen- und Kombinationskraftwagen** [1] | | | | | | | | | |
| **Pkw und Kombi insgesamt** | | | | | | | | | | | |
| Durchschnittsverbrauch | l/100 km | 10,0 | 10,1 | 10,0 | 10,0 | 10,0 | 9,9 | 9,9 | 9,8 | 9,7 | 9,6 |
| Durchschnittliche Motorleistung | kW | 51 | 53 | 53 | 54 | 55 | 56 | 57 | 57 | 58 | 58 |
| **mit Otto-Motor** | | | | | | | | | | | |
| Durchschnittsverbrauch | l/100 km | 10,1 | 10,2 | 10,2 | 10,2 | 10,2 | 10,2 | 10,2 | 10,2 | 10,1 | 10,0 |
| Gesamtverbrauch | Mio. l | 29 084 | 29 523 | 27 626 | 28 309 | 28 954 | 29 624 | 29 095 | 30 614 | 31 818 | 33 138 |
| Durchschnittliche Fahrleistung [2] | 1 000 km | 13,4 | 13,2 | 12,1 | 12,4 | 12,5 | 12,6 | 12,2 | 12,6 | 12,9 | 13,3 |
| Gesamtfahrleistung | Mio. km | 288 631 | 290 300 | 271 652 | 278 367 | 284 709 | 291 297 | 286 099 | 301 030 | 315 772 | 331 938 |
| **mit Diesel-Motor** | | | | | | | | | | | |
| Durchschnittsverbrauch | l/100 km | 9,0 | 9,1 | 8,8 | 8,5 | 8,5 | 8,4 | 8,2 | 7,9 | 7,7 | 7,7 |
| Gesamtverbrauch | Mio. l | 1 903 | 2 173 | 2 402 | 2 863 | 3 209 | 3 464 | 3 806 | 4 636 | 5 265 | 5 716 |
| Durchschnittliche Fahrleistung [2] | 1 000 km | 21,4 | 21,1 | 20,8 | 20,8 | 20,6 | 20,3 | 19,8 | 19,7 | 19,4 | 19,2 |
| Gesamtfahrleistung | Mio. km | 21 242 | 24 014 | 27 389 | 33 717 | 37 798 | 41 258 | 46 352 | 58 463 | 67 992 | 73 809 |
| | | **Kraftstoffverbrauch im Straßenverkehr** [3] | | | | | | | | | |
| **Verkehr insgesamt** | Mio. l | 41 948 | 43 144 | 40 800 | 41 534 | 42 897 | 44 326 | 44 103 | 46 781 | 48 687 | 50 979 |
| Personenverkehr | Mio. l | 32 227 | 32 995 | 31 347 | 32 533 | 33 543 | 34 428 | 34 256 | 36 591 | 38 419 | 40 184 |
| Pkw und Kombi | Mio. l | 30 986 | 31 696 | 30 028 | 31 172 | 32 163 | 33 089 | 32 901 | 35 250 | 37 084 | 38 853 |
| Krafträder, Mopeds, Mofas | Mio. l | 269 | 292 | 296 | 324 | 344 | 349 | 349 | 339 | 322 | 316 |
| Kraftomnibusse | Mio. l | 972 | 1 008 | 1 023 | 1 037 | 1 037 | 990 | 1 007 | 1 002 | 1 013 | 1 015 |
| Güterverkehr [4] | Mio. l | 9 721 | 10 149 | 9 453 | 9 001 | 9 354 | 9 898 | 9 847 | 10 190 | 10 268 | 10 795 |
| | | **Kraftstoffpreise** [5] | | | | | | | | | |
| **Benzin** [6] (Normal) | DM/l | 0,98 | 1,17 | 1,41 | 1,36 | 1,35 | 1,32 | 1,35 | 1,02 | 0,95 | 0,92 |
| **Diesel** | DM/l | 0,99 | 1,12 | 1,30 | 1,33 | 1,30 | 1,30 | 1,33 | 0,99 | 0,92 | 0,89 |

[1] Nicht enthalten sind der Kraftstoffverbrauch und die Fahrleistungen der Kraftfahrzeuge der Bundeswehr, des Bundesgrenzschutzes und ausländischer Streitkräfte.- [2] Bezogen auf den Fahrzeugbestand einschl. der vorübergehend abgemeldeten Fahrzeuge.- [3] Ohne Ackerschlepper in der Landwirtschaft sowie Kraftfahrzeuge der Bundeswehr, des Bundesgrenzschutzes und ausländischer Streitkräfte.- [4] Mit Lastkraftwagen (Normal- und Spezialaufbau), Sattelzügen, Zugmaschinen sowie übrigen Kraftfahrzeugen.- Weitere Anmerkungen siehe folgende Seite.

## Kraftstoffverbrauch, Kraftstoffpreise, Fahrleistungen im Straßenverkehr

| | | 1989 | 1990 | 1991 | 1992 | 1993 | 1994 | 1995 | 1996 | 1997* | 1998* |
|---|---|---|---|---|---|---|---|---|---|---|---|
| | | **Kraftstoffverbrauch und Fahrleistungen der Personen- und Kombinationskraftwagen[1)]** | | | | | | | | | |
| **Pkw und Kombi insgesamt** | | | | | | | | | | | |
| Durchschnittsverbrauch | l/100 km | 9,4 | 9,4 | 9,2 | 9,1 | 9,1 | 9,0 | 8,9 | 8,8 | 8,8 | 8,7 |
| Durchschnittliche Motorleistung | kW | 59 | 60 | | 61 | 61 | 62 | 63 | 64 | 65 | 66 |
| **mit Otto-Motor** | | | | | | | | | | | |
| Durchschnittsverbrauch | l/100 km | 9,8 | 9,7 | 9,5 | 9,4 | 9,4 | 9,3 | 9,2 | 9,1 | 9,0 | 8,9 |
| Gesamtverbrauch | Mio. l | 33 274 | 34 461 | 39 610 | 39 902 | 39 980 | 38 488 | 38 855 | 38 792 | 38 782 | 38 797 |
| Durchschnittliche Fahrleistung[2)] | 1 000 km | 13,2 | 13,3 | 12,8 | 12,8 | 12,6 | 12,0 | 12,0 | 12,0 | 12,0 | 12,7 |
| Gesamtfahrleistung | Mio. km | 339 650 | 354 371 | 416 323 | 423 650 | 426 205 | 413 666 | 420 054 | 423 956 | 430 434 | 434 727 |
| **mit Diesel-Motor** | | | | | | | | | | | |
| Durchschnittsverbrauch | l/100 km | 7,7 | 7,8 | 7,7 | 7,8 | 7,8 | 7,6 | 7,6 | 7,6 | 7,6 | 7,5 |
| Gesamtverbrauch | Mio. l | 5 868 | 6 015 | 6 161 | 6 694 | 7 112 | 7 137 | 7 234 | 7 260 | 7 175 | 7 033 |
| Durchschnittliche Fahrleistung[2)] | 1 000 km | 18,9 | 18,7 | 18,5 | 18,2 | 18,0 | 17,4 | 17,1 | 16,9 | 16,9 | 17,0 |
| Gesamtfahrleistung | Mio. km | 75 777 | 77 117 | 80 086 | 86 309 | 91 618 | 93 381 | 94 812 | 95 156 | 94 412 | 93 278 |
| | | **Kraftstoffverbrauch im Straßenverkehr[3)]** | | | | | | | | | |
| **Verkehr insgesamt** | Mio. l | 51 280 | 53 363 | 62 935 | 64 569 | 65 321 | 65 153 | 66 465 | 66 769 | 67 137 | 68 156 |
| Personenverkehr | Mio. l | 40 484 | 41 832 | 47 474 | 48 226 | 48 687 | 47 235 | 47 735 | 47 702 | 47 663 | 47 585 |
| Pkw und Kombi | Mio. l | 39 142 | 40 476 | 45 732 | 46 571 | 47 092 | 45 625 | 46 089 | 46 052 | 45 957 | 45 831 |
| Krafträder, Mopeds, Mofas | Mio. l | 310 | 318 | 488 | 445 | 415 | 450 | 484 | 517 | 552 | 605 |
| Kraftomnibusse | Mio. l | 1 032 | 1 037 | 1 255 | 1 210 | 1 180 | 1 160 | 1 162 | 1 133 | 1 154 | 1 149 |
| Güterverkehr[4)] | Mio. l | 10 796 | 11 531 | 15 460 | 16 344 | 16 634 | 17 918 | 18 730 | 19 067 | 19 474 | 20 571 |
| | | **Kraftstoffpreise[5)]** | | | | | | | | | |
| **Benzin**[6)] (Normal) | DM/l | 1,10 | 1,14 | 1,28 | 1,34 | 1,35 | 1,51 | 1,50 | 1,57 | 1,62 | 1,53 |
| **Diesel** | DM/l | 0,95 | 1,02 | 1,07 | 1,06 | 1,09 | 1,15 | 1,13 | 1,22 | 1,24 | 1,14 |

Beginn der Anmerkungen siehe vorige Seite.- [5)] Durchschnittlicher Tankstellenabgabepreis. Bis 1983 Bedienungstanken, ab 1984 Selbstbedienung. Steuerbelastung auf Basis Inlandsware, d.h. einschl. Mineralölsteuer, Mehrwertsteuer und Erdölbevorratungs-Beitrag.- [6)] Die Kraftstoffpreise gelten bis 1987 für verbleites Normalbenzin; ab 1988 für bleifreies Normalbenzin..- * Zum Teil vorläufige Werte.

# Umweltbelastung - Luftverunreinigung

Grundlagen der Ermittlungen sind Emissionsmessungen und Brennstoffanalysen in Verbindung mit Angaben zum Energieverbrauch und zu bestimmten Produktionsgütern.

Die **Kohlenmonoxidbelastung** resultiert im wesentlichen aus dem Kraftfahrzeugverkehr mit Verbrennungsmotoren. Die Konzentration der Kohlenmonoxidbildung schwankt dabei stark nach dem Grad der Kraftstoffverbrennung und ist bei vollständiger Verbrennung am geringsten.

**Kohlendioxid** entsteht bei der Verbrennung fossiler Energieträger. Neben der Höhe des Energieeinsatzes ist auch dessen Struktur nach Energieträgern für die Emissionen von Bedeutung. Die höchsten Emissionen, bezogen auf eine Energieeinheit, verursacht die Verbrennung von Braun- und Steinkohle. Die niedrigsten Emissionen entstehen bei der Verbrennung von Naturgasen. Mineralöle nehmen eine Mittelstellung ein.

**Schwefeldioxid** resultiert überwiegend aus der Verbrennung schwefelhaltiger fossiler Energieträger in den Kraftwerken.

**Stickstoffoxide** entstehen bei der Verbrennung durch den Stickstoffgehalt der Luft. Durch den zunehmenden Kraftfahrzeugverkehr, die Ausstattung der Fahrzeuge mit höher verdichtenden Otto-Motoren und durch motorische Maßnahmen zur Senkung von Kraftstoffverbrauch und Kohlenmonoxidausstoß war diese Belastung lange ansteigend.

Bei der Belastung durch **flüchtige organische Verbindungen (VOC)**, handelt es sich u. a. um unverbrannte Brennstoffreste und Reaktionsprodukte aus Herstellungsprozessen oder um Materialverluste durch Lagerung und Verbrauch organischer Produkte wie Farben, Lacke und Verdünnungen.

Die **Staubemissionen** resultieren aufgrund des natürlichen Aschegehaltes vor allem der Kohle aus Feuerungsanlagen, aus der produktionsbedingten Herstellung von Eisen und Stahl und aus dem Umschlag von Schüttgütern.

# Umweltbelastung - Luftverunreinigung[1] - nach Art der Emissionen und Emittentengruppen

| | Einheit | 1975 | 1977 | 1979 | 1981 | 1983 | 1985 | 1987 | 1989 | 1991 | 1993 | 1995* | 1997* |
|---|---|---|---|---|---|---|---|---|---|---|---|---|---|
| **Kohlenmonoxid (CO)** | kt | **12 959** | **11 951** | **11 506** | **10 031** | **9 122** | **8 975** | **8 612** | **7 876** | **9 514** | **7 703** | **6 886** | **6 374** |
| Straßenverkehr | vH | 67,3 | 70,3 | 68,7 | 67,3 | 70,9 | 68,5 | 71,5 | 70,1 | 61,1 | 61,0 | 56,1 | 52,2 |
| Übriger Verkehr[2] | vH | 3,1 | 2,8 | 2,6 | 2,8 | 2,8 | 2,7 | 2,5 | 2,5 | 2,2 | 2,4 | 2,5 | 2,7 |
| Haushalte | vH | 9,5 | 8,2 | 8,6 | 9,0 | 8,3 | 9,8 | 8,9 | 7,5 | 18,6 | 17,5 | 19,0 | 21,7 |
| Kleinverbraucher[3] | vH | 1,6 | 1,5 | 1,5 | 1,5 | 1,4 | 1,5 | 1,5 | 1,4 | 1,5 | 1,4 | 1,4 | 1,4 |
| Industrieprozesse[4] | vH | 6,1 | 5,9 | 7,0 | 7,3 | 7,0 | 7,4 | 7,0 | 8,2 | 6,9 | 7,3 | 9,0 | 9,4 |
| Industriefeuerungen[5] | vH | 12,1 | 11,0 | 11,1 | 11,7 | 9,0 | 9,6 | 8,0 | 9,7 | 8,0 | 8,5 | 10,3 | 10,8 |
| Kraft- und Fernheizwerke[6] | vH | 0,3 | 0,3 | 0,4 | 0,4 | 0,5 | 0,5 | 0,5 | 0,6 | 1,5 | 1,6 | 1,7 | 1,8 |
| Gew. und Vert. von Brennst. | vH | 0,0 | 0,0 | 0,0 | 0,0 | 0,0 | 0,0 | 0,0 | 0,0 | 0,2 | 0,1 | 0,0 | 0,0 |
| **Stickstoffoxide ($NO_x$ als $NO_2$)** | kt | **2 247** | **2 440** | **2 655** | **2 542** | **2 571** | **2 539** | **2 426** | **2 145** | **2 501** | **2 198** | **2 007** | **1 803** |
| Straßenverkehr | vH | 36,0 | 38,9 | 40,8 | 40,9 | 43,0 | 44,9 | 48,6 | 51,7 | 49,0 | 51,9 | 51,3 | 46,9 |
| Übriger Verkehr[2] | vH | 9,6 | 8,6 | 8,0 | 8,3 | 8,4 | 8,0 | 7,9 | 9,3 | 9,7 | 10,6 | 12,0 | 13,3 |
| Haushalte | vH | 3,6 | 3,5 | 3,5 | 3,2 | 3,0 | 3,5 | 3,7 | 3,2 | 4,1 | 4,7 | 5,1 | 6,0 |
| Kleinverbraucher[3] | vH | 2,4 | 2,1 | 2,2 | 1,8 | 1,8 | 1,9 | 1,8 | 1,7 | 2,4 | 2,2 | 2,0 | 2,3 |
| Industrieprozesse[4] | vH | 1,8 | 1,6 | 1,6 | 1,5 | 1,1 | 1,0 | 0,9 | 0,9 | 0,9 | 0,7 | 0,7 | 0,7 |
| Industriefeuerungen[5] | vH | 17,3 | 15,7 | 13,9 | 12,8 | 11,1 | 10,7 | 9,8 | 10,6 | 12,8 | 11,7 | 11,9 | 12,5 |
| Kraft- und Fernheizwerke[6] | vH | 29,2 | 29,6 | 30,0 | 31,5 | 31,6 | 30,0 | 27,2 | 22,6 | 20,9 | 18,2 | 17,0 | 18,3 |
| **Schwefeldioxid ($SO_2$)** | kt | **3 307** | **3 366** | **3 358** | **3 008** | **2 664** | **2 367** | **1 904** | **942** | **3 996** | **2 945** | **2 118** | **1 468** |
| Straßenverkehr | vH | 2,2 | 2,4 | 2,3 | 2,2 | 2,4 | 2,2 | 2,9 | 5,1 | 1,5 | 2,3 | 3,3 | 2,2 |
| Übriger Verkehr[2] | vH | 1,2 | 0,9 | 0,7 | 0,7 | 0,7 | 0,6 | 0,6 | 1,2 | 0,3 | 0,4 | 0,6 | 0,8 |
| Haushalte | vH | 9,2 | 8,6 | 7,5 | 5,6 | 5,3 | 5,6 | 6,3 | 8,5 | 7,7 | 7,3 | 9,3 | 14,4 |
| Kleinverbraucher[3] | vH | 6,2 | 5,1 | 5,1 | 3,7 | 3,8 | 4,2 | 3,9 | 5,9 | 7,2 | 4,8 | 3,3 | 3,8 |
| Industrieprozesse[4] | vH | 2,8 | 3,3 | 3,4 | 3,6 | 3,3 | 4,1 | 4,9 | 9,6 | 2,3 | 2,7 | 3,8 | 5,1 |
| Industriefeuerungen[5] | vH | 25,2 | 24,7 | 23,2 | 22,7 | 21,5 | 19,7 | 20,8 | 34,3 | 21,9 | 17,6 | 16,3 | 18,9 |
| Kraft- und Fernheizwerke[6] | vH | 53,1 | 55,0 | 57,8 | 61,7 | 63,0 | 63,6 | 60,6 | 35,5 | 59,1 | 64,8 | 63,4 | 54,7 |

[1] Ohne natürliche Quellen.- [2] Land-, Forst- und Bauwirtschaft, Militär-, Schienen und Luftverkehr, Binnen- und Küstenschiffahrt, Hochseebunkerungen.- [3] Einschl. militärische Dienststellen.- [4] Ohne energiebedingte Emissionen.- [5] Übriger Umwandlungsbereich, Verarbeitendes Gewerbe und sonstiger Bergbau. Bei Industriekraftwerken nur Wärmeerzeugung.- [6] Bei Industriekraftwerken nur Stromerzeugung.- [7] Aus Energieverbrauch und Industrieprozessen mit Klimarelevanz.- Weitere Anmerkungen siehe folgende Seiten.

Quelle: Umweltbundesamt

## Umweltbelastung - Luftverunreinigung[1] - nach Art der Emissionen und Emittentengruppen

| | Einheit | 1975 | 1977 | 1979 | 1981 | 1983 | 1985 | 1987 | 1989 | 1991 | 1993 | 1995* | 1997* |
|---|---|---|---|---|---|---|---|---|---|---|---|---|---|
| **Kohlendioxid ($CO_2$)[7]** | Mio. | **728** | **759** | **823** | **756** | **722** | **723** | **716** | **692** | **977** | **917** | **904** | **894** |
| Straßenverkehr | vH | 11,5 | 12,4 | 12,5 | 13,4 | 14,7 | 15,1 | 16,8 | 18,2 | 15,8 | 17,9 | 18,3 | 18,3 |
| Übriger Verkehr[2] | vH | 2,2 | 2,0 | 1,9 | 2,1 | 2,2 | 2,1 | 2,1 | 2,3 | 2,0 | 2,0 | 2,0 | 2,1 |
| Haushalte | vH | 15,4 | 15,5 | 15,7 | 14,3 | 14,1 | 15,9 | 16,1 | 12,7 | 13,4 | 14,6 | 14,3 | 15,5 |
| Kleinverbraucher[3] | vH | 9,2 | 8,6 | 8,7 | 7,3 | 6,8 | 7,6 | 7,5 | 6,5 | 7,6 | 6,8 | 6,4 | 6,3 |
| Industrieprozesse[4] | vH | 3,7 | 3,3 | 3,3 | 3,2 | 3,0 | 2,8 | 2,7 | 3,2 | 2,6 | 2,7 | 2,9 | 2,8 |
| Industriefeuerungen[5] | vH | 25,7 | 25,2 | 24,4 | 24,1 | 22,2 | 22,1 | 20,5 | 21,4 | 18,8 | 17,2 | 17,5 | 17,1 |
| Kraft- und Fernheizwerke[6] | vH | 32,3 | 33,1 | 33,4 | 35,7 | 37,0 | 34,4 | 34,4 | 35,7 | 39,8 | 38,8 | 38,7 | 37,8 |
| **Organische Verbindungen[8]** | kt | **2 528** | **2 492** | **2 517** | **2 450** | **2 458** | **2 447** | **2 427** | **2 297** | **2 798** | **2 327** | **1 986** | **1 807** |
| Straßenverkehr | vH | 33,8 | 35,4 | 36,8 | 36,4 | 37,6 | 38,1 | 39,2 | 37,4 | 40,9 | 35,7 | 31,1 | 26,5 |
| Übriger Verkehr[2] | vH | 2,7 | 2,5 | 2,4 | 2,4 | 2,5 | 2,4 | 2,1 | 2,2 | 2,3 | 2,5 | 2,6 | 2,9 |
| Haushalte | vH | 1,5 | 1,2 | 1,3 | 1,4 | 1,2 | 1,6 | 1,4 | 1,2 | 3,5 | 3,4 | 3,8 | 4,3 |
| Kleinverbraucher[3] | vH | 0,3 | 0,3 | 0,3 | 0,2 | 0,2 | 0,2 | 0,2 | 0,2 | 0,3 | 0,2 | 0,3 | 0,3 |
| Industrieprozesse[4] | vH | 10,2 | 8,8 | 7,3 | 5,4 | 4,6 | 4,6 | 4,4 | 4,8 | 4,8 | 5,6 | 6,5 | 7,0 |
| Industriefeuerungen[5] | vH | 0,5 | 0,5 | 0,5 | 0,5 | 0,4 | 0,4 | 0,4 | 0,4 | 0,4 | 0,4 | 0,4 | 0,4 |
| Kraft- und Fernheizwerke[6] | vH | 0,3 | 0,3 | 0,4 | 0,4 | 0,3 | 0,3 | 0,2 | 0,3 | 0,3 | 0,3 | 0,4 | 0,4 |
| Gew. und Vert. von Brennst. | vH | 5,8 | 6,5 | 6,8 | 6,7 | 6,9 | 7,0 | 7,6 | 7,8 | 7,1 | 5,2 | 2,2 | 2,3 |
| Lösemittelverwendung[10] | vH | 44,9 | 44,5 | 44,3 | 46,5 | 46,2 | 45,4 | 44,3 | 45,7 | 40,5 | 46,8 | 52,9 | 55,9 |
| **Staub** | kt | **793** | **714** | **703** | **634** | **556** | **538** | **466** | **416** | **1 134** | **600** | **497** | **480** |
| Straßenverkehr | vH | 3,0 | 3,6 | 4,4 | 4,6 | 5,8 | 6,3 | 7,9 | 8,7 | 3,8 | 7,8 | 9,1 | 9,2 |
| Übriger Verkehr[2] | vH | 2,6 | 2,2 | 2,3 | 2,5 | 2,9 | 2,6 | 3,0 | 3,4 | 2,2 | 3,6 | 3,0 | 3,1 |
| Haushalte | vH | 10,0 | 7,0 | 7,3 | 7,1 | 6,5 | 7,6 | 7,3 | 6,7 | 9,1 | 11,4 | 12,5 | 14,0 |
| Kleinverbraucher[3] | vH | 2,1 | 2,0 | 2,1 | 1,9 | 2,0 | 1,7 | 1,5 | 1,4 | 7,2 | 5,2 | 2,6 | 2,1 |
| Industrieprozesse[4] | vH | 35,4 | 34,2 | 33,7 | 31,7 | 27,9 | 29,0 | 27,9 | 32,0 | 13,3 | 19,1 | 22,1 | 20,8 |
| Industriefeuerungen[5] | vH | 6,1 | 6,9 | 6,0 | 5,7 | 6,1 | 5,8 | 6,0 | 3,6 | 14,5 | 6,0 | 2,8 | 2,9 |
| Kraft- und Fernheizwerke[6] | vH | 19,9 | 21,0 | 19,5 | 18,8 | 19,1 | 16,5 | 11,8 | 5,5 | 27,0 | 13,5 | 7,6 | 6,3 |
| Schüttgutumschlag[11] | vH | 20,8 | 23,1 | 24,8 | 27,8 | 29,9 | 30,5 | 34,5 | 38,7 | 23,0 | 33,3 | 40,3 | 41,7 |

Anmerkungen 1 bis 7 siehe vorherige Seite.- [8] Flüchtige organische Verbindungen ohne Methan.- [9] Verteilung von Otto-Kraftstoff.- [10] In Industrie, Gewerbe und Haushalten.- [11] Grobabschätzung.- [12] Düngemitteleinsatz, Verwendung tierischer Abfälle. Anlagen zur Abwasserstickstoffeliminierung noch nicht erfaßt.- [13] Anwendung von Lachgas als Narkosemittel.- Weitere Anmerkungen siehe folgende Seite.

Quelle: Umweltbundesamt

# Umweltbelastung - Luftverunreinigung[1] - nach Art der Emissionen und Emittentengruppen

| | Einheit | 1975 | 1977 | 1979 | 1981 | 1983 | 1985 | 1987 | 1989 | 1991 | 1993 | 1995* | 1997* |
|---|---|---|---|---|---|---|---|---|---|---|---|---|---|
| **Distickstoffoxid ($N_2O$)** | kt | **151** | **160** | **175** | **168** | **175** | **186** | **185** | **192** | **218** | **214** | **217** | **216** |
| Verkehr[2)14)] | vH | 1,3 | 1,3 | 1,1 | 1,8 | 1,7 | 2,1 | 2,4 | 3,1 | 5,8 | 7,6 | 8,3 | 9,3 |
| Haushalte | vH | 2,0 | 1,9 | 1,7 | 1,8 | 1,7 | 1,6 | 1,6 | 1,0 | 1,7 | 1,7 | 1,8 | 1,9 |
| Kleinverbraucher[3)] | vH | 1,3 | 1,3 | 1,1 | 1,2 | 0,6 | 1,1 | 0,5 | 0,5 | 0,9 | 0,7 | 0,5 | 0,5 |
| Industrieprozesse[4)] | vH | 37,0 | 38,1 | 40,0 | 39,8 | 41,7 | 42,4 | 41,6 | 45,8 | 38,2 | 39,3 | 37,8 | 37,0 |
| Industriefeuerungen[5)] | vH | 3,3 | 3,1 | 2,9 | 3,0 | 2,3 | 2,1 | 2,2 | 2,1 | 2,3 | 2,0 | 1,8 | 1,9 |
| Kraft- und Fernheizwerke[6)] | vH | 6,0 | 5,6 | 5,7 | 5,9 | 5,7 | 4,8 | 4,9 | 4,7 | 6,4 | 6,0 | 6,0 | 6,0 |
| Land- und Abfallwirtschaft[12)] | vH | 45,8 | 45,6 | 44,6 | 43,6 | 43,4 | 43,1 | 44,0 | 40,2 | 41,8 | 39,7 | 41,0 | 40,7 |
| Produktverwendung[13)] | vH | 3,3 | 3,1 | 2,9 | 3,0 | 2,9 | 2,7 | 2,7 | 2,6 | 2,8 | 2,9 | 2,8 | 2,8 |
| **Methan ($CH_4$)** | kt | **4 991** | **4 863** | **4 949** | **4 802** | **4 598** | **4 605** | **4 451** | **4 334** | **5 013** | **4 267** | **3 901** | **3 560** |
| Straßenverkehr | vH | 0,7 | 0,8 | 0,8 | 0,7 | 0,8 | 0,8 | 0,9 | 0,8 | 1,0 | 0,9 | 0,8 | 0,7 |
| Übriger Verkehr[2)] | vH | 0,0 | 0,0 | 0,0 | 0,0 | 0,0 | 0,0 | 0,0 | 0,0 | 0,0 | 0,0 | 0,1 | 0,1 |
| Haushalte | vH | 1,1 | 0,9 | 0,9 | 0,9 | 0,7 | 0,8 | 0,8 | 0,6 | 1,8 | 1,6 | 1,7 | 1,9 |
| Kleinverbraucher[3)] | vH | 0,2 | 0,2 | 0,2 | 0,1 | 0,1 | 0,1 | 0,1 | 0,1 | 0,1 | 0,1 | 0,1 | 0,1 |
| Industrieprozesse[4)] | vH | 0,6 | 0,5 | 0,4 | 0,4 | 0,3 | 0,3 | 0,2 | 0,2 | 0,2 | 0,2 | 0,1 | 0,1 |
| Industriefeuerungen[5)] | vH | 0,3 | 0,3 | 0,3 | 0,3 | 0,3 | 0,3 | 0,3 | 0,3 | 0,3 | 0,2 | 0,2 | 0,2 |
| Kraft- und Fernheizwerke[6)] | vH | 0,2 | 0,2 | 0,2 | 0,2 | 0,2 | 0,2 | 0,2 | 0,2 | 0,2 | 0,2 | 0,2 | 0,2 |
| Gew. u. Vert. von Brennst.[15)] | vH | 37,9 | 35,5 | 35,1 | 35,8 | 35,1 | 35,1 | 34,3 | 33,7 | 29,2 | 31,5 | 30,5 | 30,8 |
| Landwirtschaft[16)] | vH | 29,0 | 30,1 | 30,5 | 29,2 | 27,3 | 27,1 | 28,4 | 29,1 | 33,5 | 36,9 | 40,0 | 43,5 |
| Abfallwirtschaft[17)] | vH | 30,0 | 31,5 | 31,6 | 32,4 | 35,1 | 35,2 | 34,8 | 34,9 | 33,8 | 28,5 | 26,4 | 22,2 |
| **Ammoniak ($NH_3$)** | kt | **530** | **549** | **567** | **557** | **576** | **588** | **572** | **559** | **671** | **635** | **632** | **631** |
| Industrieprozesse[4)] | vH | 1,7 | 1,5 | 1,6 | 1,5 | 1,2 | 1,3 | 1,3 | 1,1 | 1,8 | 1,3 | 1,3 | 1,3 |
| Tierhaltung[18)] | vH | 88,4 | 88,2 | 87,4 | 88,3 | 88,6 | 87,7 | 86,7 | 86,3 | 83,9 | 84,9 | 84,3 | 84,0 |
| Düngeranwendung[19)] | vH | 9,3 | 9,6 | 10,4 | 9,5 | 9,6 | 10,3 | 11,2 | 10,7 | 11,9 | 10,9 | 11,2 | 11,1 |
| Sonstige Quellen[20)] | vH | 0,6 | 0,6 | 0,7 | 0,7 | 0,7 | 0,7 | 0,9 | 2,0 | 2,4 | 2,8 | 3,2 | 3,6 |
| **FCKW und Halone** | kt | **64,0** | **63,0** | **63,0** | **62,0** | **62,0** | **61,0** | **56,0** | **36,0** | **32,0** | **13,0** | **8,0** | **8,0** |

Anmerkung 1 bis 13 siehe vorherige Seiten.- [14)] Einschl. Straßenverkehr.- [15)] Bergbau, lokale Gasverteilungsnetze, Erdöl- und Erdgasförderung.- [16)] Fermentation, tierische Abfälle.- [17)] Deponien, Abwasserbehandlung, Klärschlammverwertung.- [18)] Stallemissionen, Lagerung und Ausbringung von Betriebsdünger.- [19)] Anwendung stickstoffhaltiger Mineraldünger.- [20)] Straßenverkehr, Feuerungsanlagen DENOX-Anlagen in Kraftwerken.- *Vorläufige Werte.

Quelle: Umweltbundesamt

## Luftverunreinigung

**Emission von Schwermetallen - in Tonnen pro Jahr**

| Bezeichnung | | 1985 | 1990 | 1995* |
|---|---|---|---|---|
| Antimon | Sb | 9 | 5 | 5 |
| Arsen | As | 87 | 20 | 33 |
| Beryllium | Be | 12 | 2 | 2 |
| Blei | Pb | 3 800 | 1 465 | 624 |
| darunter: im Verkehr | | 3 020 | 1 120 | 240 |
| Cadmium | Cd | 20 | 9 | 11 |
| Chrom | Cr | 123 | 63 | 115 |
| Kobalt | Co | 25 | 8 | 12 |
| Kupfer | Cu | 95 | 47 | 79 |
| Mangan | Mn | 345 | 215 | 342 |
| Molybdän | Mo | 46 | 25 | 28 |
| Nickel | Ni | 269 | 143 | 159 |
| Palladium | Pd | 1 | 1 | 2 |
| Platin | Pt | 1 | 1 | 1 |
| Quecksilber | Hg | 52 | 32 | 31 |
| Rhodium | Rh | 2 | 2 | 4 |
| Selen | Se | 87 | 13 | 25 |
| Tellur | Te | 1 | 1 | 1 |
| Thallium | Tl | 9 | 4 | 8 |
| Zink | Zn | 883 | 421 | 452 |
| Zinn | Sn | 9 | 5 | 4 |

*Vorläufige Werte.- Quelle: Umweltbundesamt.

## Internationale Kennziffern - Europäische Union (EU)

| | 1993 | 1994 | 1995 | 1996 | 1997 | 1998 |
|---|---|---|---|---|---|---|
| | | | **Bevölkerung - in 1 000** | | | |
| **EU** | **341 819** | **342 938** | **370 608** | **372 654** | **373 687** | **374 566** |
| A[1] | . | 8 030 | 8 040 | 8 055 | 8 068 | 8 075 |
| B | 10 018 | 10 073 | 10 131 | 10 143 | 10 170 | 10 192 |
| D | 80 110 | 80 390 | 80 570 | 81 818 | 82 012 | 82 060 |
| DK | 5 134 | 5 149 | 5 216 | 5 251 | 5 275 | 5 295 |
| E | 38 705 | 38 662 | 39 177 | 39 242 | 39 299 | 39 348 |
| F | 55 817 | 56 088 | 58 020 | 58 256 | 58 494 | 58 723 |
| FIN[1] | . | 5 090 | 5 099 | 5 117 | 5 132 | 5 147 |
| GR | 10 118 | 10 206 | 10 443 | 10 465 | 10 487 | 10 508 |
| I | 56 115 | 56 301 | 57 269 | 57 333 | 57 461 | 57 563 |
| IRL | 3 469 | 3 469 | 3 580 | 3 616 | 3 652 | 3 693 |
| L | 391 | 397 | 407 | 413 | 418 | 424 |
| NL | 14 971 | 15 080 | 15 424 | 15 494 | 15 567 | 15 650 |
| P | 9 801 | 9 796 | 9 912 | 9 921 | 9 934 | 9 957 |
| S[1] | . | 8 780 | 8 816 | 8 838 | 8 845 | 8 848 |
| UK | 57 169 | 57 327 | 58 504 | 58 694 | 58 873 | 59 084 |
| | | | **Erwerbstätige - in 1 000[2]** | | | |
| **EU** | **137 779** | **137 239** | **148 080** | **149 149** | **150 126** | . |
| A[1] | 3 566 | 3 698 | 3 675 | 3 617 | 3 685 | . |
| B | 3 744 | 3 748 | 3 793 | 3 791 | 3 719 | . |
| D | 36 111 | 35 840 | 35 782 | 35 634 | 35 351 | . |
| DK | 2 556 | 2 525 | 2 596 | 2 623 | 2 648 | . |
| E | 11 868 | 11 728 | 12 027 | 12 342 | 12 761 | . |
| F | 21 876 | 21 709 | 22 045 | 22 195 | 22 016 | . |
| FIN[1] | 2 065 | 2 046 | 2 016 | 2 064 | 2 163 | . |
| GR | 3 715 | 3 786 | 3 821 | 3 868 | 3 876 | . |
| I | 20 321 | 20 024 | 19 943 | 20 014 | 20 038 | . |
| IRL | 1 151 | 1 202 | 1 262 | 1 308 | 1 371 | . |
| L | 164 | 164 | 161 | 165 | 227 | . |
| NL | 6 487 | 6 563 | 6 593 | 6 932 | 7 206 | . |
| P | 4 464 | 4 440 | 4 417 | 4 431 | 4 579 | . |
| S[1] | 3 964 | 3 926 | 4 134 | 3 988 | 3 922 | . |
| UK | 25 322 | 25 511 | 25 815 | 26 177 | 26 564 | . |

A = Österreich, B = Belgien, DK = Dänemark, D = Bundesrepublik Deutschland, E = Spanien, F = Frankreich, FIN = Finnland, GR = Griechenland, I = Italien, IRL = Irland, L = Luxemburg, NL = Niederlande, P = Portugal, S = Schweden, UK = Großbritannien.

[1] EU-Mitgliedschaft seit 1995. - [2] Zivile Erwerbstätige.

# Internationale Kennziffern - Europäische Union (EU)

| | 1992 | 1993 | 1994 | 1995 | 1996 | 1997 | 1998* |
|---|---|---|---|---|---|---|---|
| | | | **Streckenlänge der Eisenbahnen[2)]** | | | | |
| | | | **Betriebslänge insgesamt - in 1 000 km** | | | | |
| **EU** | **135,8** | **134,6** | **135,1** | **156,2** | **156,6** | **154,3** | **154,1** |
| A[1)] | 5,6 | 5,6 | 5,6 | 5,7 | 5,7 | 5,7 | 5,6 |
| B | 3,4 | 3,4 | 3,4 | 3,4 | 3,4 | 3,4 | 3,4 |
| D | 40,8 | 40,3 | 41,4 | 41,7 | 40,8 | 38,5 | 38,5 |
| DK | 2,3 | 2,3 | 2,3 | 2,3 | 2,3 | 2,2 | 2,2 |
| E | 13,0 | 12,6 | 12,6 | 12,3 | 12,3 | 12,3 | 12,3 |
| F | 32,7 | 32,6 | 32,3 | 31,9 | 31,9 | 31,8 | 31,7 |
| FIN[1)] | 5,9 | 5,9 | 5,9 | 5,9 | 5,9 | 5,9 | 5,9 |
| GR | 2,5 | 2,5 | 2,5 | 2,5 | 2,5 | 2,5 | 2,5 |
| I | 16,1 | 15,9 | 16,0 | 16,0 | 16,0 | 16,0 | 16,0 |
| IRL | 1,9 | 1,9 | 1,9 | 2,0 | 2,0 | 1,9 | 1,9 |
| L | 0,3 | 0,3 | 0,3 | 0,3 | 0,3 | 0,3 | 0,3 |
| NL | 2,8 | 2,8 | 2,8 | 2,7 | 2,7 | 2,8 | 2,8 |
| P | 3,1 | 3,1 | 2,7 | 2,9 | 2,9 | 2,9 | 2,9 |
| S[1)] | 9,8 | 9,8 | 9,7 | 9,8 | 10,9 | 11,2 | 11,2 |
| UK | 16,9 | 16,9 | 16,9 | 16,9 | 17,2 | 17,0 | 16,8 |
| | | | **darunter: elektrifizierte Strecken** | | | | |
| **EU** | **56,8** | **57,7** | **59,6** | **73,0** | **73,8** | **74,8** | **74,9** |
| A[1)] | 3,2 | 3,3 | 3,3 | 3,4 | 3,4 | 3,4 | 3,4 |
| B | 2,3 | 2,4 | 2,4 | 2,4 | 2,5 | 2,5 | 2,5 |
| D | 16,8 | 16,8 | 18,1 | 18,6 | 18,5 | 18,7 | 18,7 |
| DK | 0,3 | 0,3 | 0,4 | 0,4 | 0,4 | 0,6 | 0,6 |
| E | 6,9 | 6,9 | 7,0 | 6,9 | 6,9 | 6,9 | 6,9 |
| F | 13,0 | 13,6 | 13,7 | 13,8 | 14,2 | 14,2 | 14,3 |
| FIN[1)] | 1,7 | 1,7 | 2,0 | 2,1 | 2,1 | 2,1 | 2,1 |
| GR | - | - | - | - | - | - | - |
| I | 9,9 | 10,0 | 10,1 | 10,2 | 10,3 | 10,4 | 10,4 |
| IRL | 0,0 | 0,0 | 0,0 | 0,0 | 0,0 | 0,0 | 0,0 |
| L | 0,2 | 0,3 | 0,3 | 0,3 | 0,3 | 0,3 | 0,3 |
| NL | 2,0 | 2,0 | 2,0 | 2,0 | 2,0 | 2,1 | 2,1 |
| P | 0,5 | 0,5 | 0,5 | 0,5 | 0,6 | 0,9 | 0,9 |
| S[1)] | 7,3 | 7,3 | 7,2 | 7,3 | 7,4 | 7,6 | 7,6 |
| UK | 4,9 | 5,0 | 5,1 | 5,1 | 5,2 | 5,2 | 5,2 |

[1)] EU-Mitgliedschaft seit 1995. - [2)] Nur Mitgliedsbahnen der UIC. - * Zum Teil vorläufige Werte. - Abkürzungen siehe Seite 283. - Quelle: UIC.

## Internationale Kennziffern - Europäische Union (EU)

| | 1991 | 1992 | 1993 | 1994 | 1995 | 1996 |
|---|---|---|---|---|---|---|
| | | | **Streckenlänge der Eisenbahnen darunter: zwei- und mehrspurige Strecken[2] - in 1 000 km** | | | |
| **EU** | **41,8** | **42,7** | **43,7** | **44,6** | **48,8** | **49,7** |
| A[1] | 1,7 | 1,7 | 1,7 | 1,7 | 1,8 | 1,8 |
| B | 2,1 | 2,1 | 2,2 | 2,2 | 2,2 | 2,3 |
| D | 13,1 | 13,2 | 13,4 | 13,9 | 14,3 | 14,6 |
| DK | 0,2 | 0,3 | 0,3 | 0,3 | 0,4 | 0,4 |
| E | 2,6 | 3,1 | 3,2 | 3,3 | 3,3 | 3,3 |
| F | 11,0 | 11,2 | 11,7 | 11,9 | 11,9 | 12,2 |
| FIN[1] | 0,4 | 0,5 | 0,5 | 0,5 | 0,5 | 0,5 |
| GR | - | - | - | - | - | - |
| I | 5,7 | 5,8 | 5,8 | 5,9 | 5,9 | 6,0 |
| IRL | 0,0 | 0,0 | 0,0 | 0,0 | 0,0 | 0,0 |
| L | 0,1 | 0,1 | 0,1 | 0,1 | 0,1 | 0,1 |
| NL | 1,7 | 1,7 | 1,7 | 1,7 | 1,7 | 1,7 |
| P | 0,4 | 0,4 | 0,4 | 0,4 | 0,4 | 0,4 |
| S[1] | 1,3 | 1,3 | 1,3 | 1,3 | 1,4 | 1,5 |
| UK | 4,7 | 4,8 | 4,8 | 4,9 | 4,9 | 4,9 |
| | | | **Länge der Binnenwasserstraßen - in km** | | | |
| **EU** | **23 607** | **23 623** | **23 921** | **23 832** | **30 316** | **30 046** |
| A[1] | 351 | 351 | 351 | 351 | 351 | 351 |
| B | 1 513 | 1 513 | 1 513 | 1 513 | 1 513 | 1 531 |
| D | 7 341 | 7 341 | 7 681 | 7 681 | 7 343 | 7 339 |
| DK | - | - | - | - | - | - |
| E | - | - | - | - | - | - |
| F | 5 951 | 5 867 | 5 825 | 5 736 | 5 962 | 5 678 |
| FIN[1] | 6 245 | 6 245 | 6 245 | 6 245 | 6 245 | 6 245 |
| GR | - | - | - | - | - | - |
| I | 1 366 | 1 466 | 1 466 | 1 466 | 1 466 | 1 466 |
| IRL | - | - | - | - | - | - |
| L | 37 | 37 | 37 | 37 | 37 | 37 |
| NL | 5 046 | 5 046 | 5 046 | 5 046 | 5 046 | 5 046 |
| P | - | - | - | - | - | - |
| S[1] | - | - | - | - | - | - |
| UK | 2 353 | 2 353 | 2 353 | 2 353 | 2 353 | 2 353 |

[1] EU-Mitgliedschaft seit 1995.- [2] Elektrifizierte Strecken.- Abkürzungen siehe Seite 283.

## Internationale Kennziffern - Europäische Union (EU)

| | 1992 | 1993 | 1994 | 1995 | 1996 | 1997 |
|---|---|---|---|---|---|---|
| | | | **Straßennetz** | | | |
| | | | **Autobahnen - in km** | | | |
| **EU** | **40 617** | **42 582** | **44 869** | **49 321** | **50 744** | **.** |
| A[1] | 1 554 | 1 554 | 1 589 | 1 596 | 1 607 | 1 613 |
| B | 1 667 | 1 658 | 1 665 | 1 666 | 1 674 | . |
| D | 11 013 | 11 080 | 11 143 | 11 190 | 11 246 | 11 309 |
| DK | 706 | 747 | 786 | 830 | 880 | . |
| E | 6 400 | 7 085 | 7 572 | 7 747 | 7 747 | 9 063 |
| F | 7 700 | 8 100 | 9 000 | 9 140 | 9 500 | 9 900 |
| FIN[1] | 318 | 334 | 388 | 394 | 431 | 444 |
| GR | 280 | 330 | 380 | 420 | 470 | . |
| I | 6 940 | 7 580 | 8 220 | 8 860 | 9 500 | . |
| IRL | 32 | 50 | 60 | 70 | 80 | . |
| L | 95 | 100 | 121 | 123 | 115 | 118 |
| NL | 2 118 | 2 134 | 2 167 | 2 178 | 2 208 | 2 225 |
| P | 519 | 579 | 587 | 687 | 710 | 797 |
| S[1] | 1 005 | 1 044 | 1 141 | 1 231 | 1 350 | 1 428 |
| UK | 3 147 | 3 139 | 3 168 | 3 189 | 3 226 | 3 294 |
| | | | **übrige Straßen - in 1 000 km** | | | |
| **EU** | **3 106,8** | **.** | **.** | **.** | **.** | **.** |
| A[1] | 107,5 | 127,9 | 127,7 | 128,4 | 127,4 | 127,8 |
| B | 139,2 | 139,1 | 139,9 | 141,5 | 142,4 | . |
| D | 639,8 | . | . | . | . | . |
| DK | 70,3 | 70,4 | 70,5 | 70,7 | 70,7 | . |
| E | 329,6 | 331,6 | 333,7 | 335,5 | 337,1 | 337,8 |
| F | 883,5 | 883,5 | 883,5 | 883,6 | 883,0 | 883,0 |
| FIN[1] | 76,4 | 77,2 | 77,3 | 77,3 | 77,4 | 77,4 |
| GR | 115,9 | 116,7 | 116,6 | 116,6 | 116,5 | . |
| I | 302,1 | 311,0 | 313,0 | 306,1 | 307,7 | . |
| IRL | 92,3 | 92,3 | 92,4 | 92,4 | 92,4 | . |
| L | 5,0 | 5,0 | 5,0 | 5,0 | 5,0 | 5,1 |
| NL | 102,7 | 103,7 | 116,0 | 118,6 | 122,3 | 122,3 |
| P | 67,2 | 68,3 | 66,9 | 68,0 | . | . |
| S[1] | 134,8 | 134,9 | 135,1 | 135,0 | 209,4 | 209,3 |
| UK | 359,2 | 361,1 | 361,7 | 363,8 | 365,0 | 366,6 |

[1] EU-Mitgliedschaft seit 1995.- Abkürzungen siehe Seite 283.

## Internationale Kennziffern - Europäische Union (EU)

| | 1992 | 1993 | 1994 | 1995 | 1996 | 1997* |
|---|---|---|---|---|---|---|
| | | | **Bestand an Kraftfahrzeugen[2)3)] insgesamt in 1 000** | | | |
| **EU** | **159 317** | **161 877** | **167 540** | **180 682** | **185 281** | . |
| A[1)] | 3 524 | 3 653 | 3 772 | 3 894 | 3 994 | 4 093 |
| B | 4 435 | 4 521 | 4 607 | 4 686 | 4 768 | 4 865 |
| D | 39 885 | 41 001 | 41 968 | 42 706 | 43 346 | 43 771 |
| DK | 1 920 | 1 947 | 1 942 | 2 018 | 2 040 | . |
| E | 16 000 | 16 000 | 17 000 | 17 196 | 17 860 | 18 553 |
| F | 28 827 | 29 055 | 29 859 | 30 105 | 30 558 | 31 039 |
| FIN[1)] | 2 208 | 2 134 | 2 130 | 2 181 | 2 210 | 2 224 |
| GR | 2 650 | 2 807 | 2 947 | 3 113 | 3 279 | . |
| I | 33 209 | 33 456 | 35 358 | 36 828 | 38 585 | . |
| IRL | 1 009 | 1 033 | 1 060 | 1 083 | 1 109 | . |
| L | 214 | 223 | 233 | 245 | 248 | 254 |
| NL | 6 276 | 6 408 | 6 546 | 6 223 | 6 348 | 6 430 |
| P | 2 716 | 2 969 | 3 243 | 3 374 | 3 563 | 3 818 |
| S[1)] | 3 908 | 3 882 | 3 912 | 3 953 | 3 981 | 4 039 |
| UK | 22 175 | 22 456 | 22 778 | 23 077 | 23 392 | 24 491 |
| | | | **darunter: Personenkraftwagen[2)]** | | | |
| **EU** | **140 052** | **142 994** | **147 350** | **158 902** | **162 411** | **165 711** |
| A[1)] | 3 245 | 3 368 | 3 480 | 3 594 | 3 691 | 3 783 |
| B | 4 021 | 4 099 | 4 175 | 4 239 | 4 308 | 4 415 |
| D | 37 947 | 38 892 | 39 765 | 40 404 | 40 988 | 41 372 |
| DK | 1 661 | 1 679 | 1 662 | 1 729 | 1 741 | 1 800 |
| E | 12 537 | 13 102 | 14 000 | 14 212 | 14 754 | 15 297 |
| F | 24 020 | 24 385 | 24 900 | 25 100 | 25 500 | 25 900 |
| FIN[1)] | 1 936 | 1 873 | 1 873 | 1 901 | 1 943 | 1 948 |
| GR | 1 829 | 1 959 | 2 074 | 2 205 | 2 339 | 2 400 |
| I | 29 430 | 29 652 | 30 870 | 31 700 | 32 789 | 33 200 |
| IRL | 858 | 891 | 923 | 955 | 987 | 1 100 |
| L | 201 | 209 | 218 | 229 | 232 | 237 |
| NL | 5 658 | 5 755 | 5 884 | 5 663 | 5 636 | 5 810 |
| P | 2 020 | 2 210 | 2 400 | 2 560 | 2 750 | 2 865 |
| S[1)] | 3 589 | 3 566 | 3 594 | 3 631 | 3 662 | 3 703 |
| UK | 19 870 | 20 162 | 20 479 | 20 780 | 21 092 | 21 881 |

[1)] EU-Mitgliedschaft seit 1995.- [2)] Stand 1.7.- [3)] Ohne Krafträder und ohne Zugmaschinen.-
* Zum Teil vorläufige Werte.- Abkürzungen siehe S. 283.

## Internationale Kennziffern - Europäische Union (EU)

| | 1992 | 1993 | 1994 | 1995 | 1996 | 1997* |
|---|---|---|---|---|---|---|
| | | | Personenkraftwagen je 1 000 Einwohner | | | |
| **EU** | **412** | **418** | **430** | **428** | **436** | **443** |
| A[1] | 393 | 406 | 433 | 447 | 458 | 469 |
| B | 404 | 409 | 414 | 418 | 425 | 434 |
| D | 478 | 485 | 495 | 501 | 501 | 504 |
| DK | 325 | 327 | 323 | 332 | 332 | 341 |
| E | 325 | 339 | 362 | 363 | 376 | 389 |
| F | 433 | 437 | 444 | 433 | 438 | 443 |
| FIN[1] | 380 | 381 | 368 | 373 | 380 | 380 |
| GR | 184 | 194 | 203 | 211 | 224 | 229 |
| I | 525 | 528 | 548 | 554 | 572 | 578 |
| IRL | 246 | 257 | 266 | 267 | 273 | 301 |
| L | 526 | 534 | 549 | 563 | 561 | 566 |
| NL | 382 | 384 | 390 | 367 | 370 | 373 |
| P | 207 | 225 | 245 | 258 | 269 | 288 |
| S[1] | 418 | 413 | 409 | 412 | 414 | 419 |
| UK | 349 | 353 | 357 | 350 | 361 | 372 |
| | | | Neuzulassungen von Personenkraftwagen - in 1 000 | | | |
| **EU** | **12 597** | **10 938** | **11 618** | **12 207** | **13 056** | **13 005** |
| A[1] | 320 | 285 | 274 | 280 | 308 | 275 |
| B | 466 | 375 | 387 | 359 | 397 | 396 |
| D | 3 930 | 3 194 | 3 209 | 3 314 | 3 496 | 3 528 |
| DK | 84 | 82 | 139 | 135 | 173 | 152 |
| E | 983 | 745 | 939 | 870 | 978 | 1 016 |
| F | 2 106 | 1 721 | 1 973 | 1 931 | 2 132 | 1 713 |
| FIN[1] | 69 | 56 | 67 | 80 | 96 | 105 |
| GR | 207 | 156 | 118 | 134 | 142 | 160 |
| I | 2 441 | 2 240 | 2 280 | 2 230 | 2 240 | 2 404 |
| IRL | 85 | 61 | 50 | 30 | 16 | 137 |
| L | 17 | 29 | 36 | 37 | 43 | 31 |
| NL | 471 | 392 | 434 | 458 | 495 | 478 |
| P | 280 | 248 | 243 | 229 | 268 | 214 |
| S[1] | 157 | 128 | 160 | 175 | 202 | 225 |
| UK | 1 528 | 1 695 | 1 809 | 1 945 | 2 070 | 2 171 |

[1] EU-Mitgliedschaft seit 1995.- * Zum Teil vorläufige Werte.- Abkürzungen siehe Seite 283.

# Internationale Kennziffern - Europäische Union (EU)

| | 1992 | 1993 | 1994 | 1995 | 1996 | 1997 |
|---|---|---|---|---|---|---|
| | | | **Straßenverkehrsunfälle mit Personenschaden** | | | |
| **EU** | **1 222 817** | **1 173 575** | **1 194 043** | **1 268 847** | . | . |
| A[1)] | 44 730 | 41 791 | 42 015 | 38 956 | 38 253 | 39 695 |
| B | 55 438 | 54 933 | 53 018 | 50 744 | 48 750 | 50 078 |
| D | 395 462 | 385 384 | 392 754 | 388 003 | 373 082 | 380 835 |
| DK | 8 965 | 8 513 | 8 279 | 8 373 | 8 080 | 8 004 |
| E | 87 293 | 79 925 | 78 474 | 83 586 | 85 588 | 86 067 |
| F | 143 362 | 137 500 | 132 726 | 132 949 | 125 406 | 125 202 |
| FIN[1)] | 7 882 | 6 147 | 6 245 | 7 812 | 7 274 | 6 980 |
| GR | 22 006 | 22 165 | 22 222 | 22 798 | 23 602 | 24 319 |
| I | 170 814 | 153 393 | 170 679 | 182 761 | 190 068 | 190 031 |
| IRL | 6 677 | 6 376 | 6 610 | 8 117 | 8 686 | 8 496 |
| L | 1 223 | 1 141 | 1 176 | 974 | . | . |
| NL | 41 051 | 40 218 | 41 391 | 42 641 | 41 041 | 41 036 |
| P | 50 851 | 48 645 | 45 830 | 48 339 | 49 265 | . |
| S[1)] | 15 599 | 14 959 | 15 888 | 15 626 | 15 321 | 15 752 |
| UK | 239 675 | 235 382 | 240 884 | 237 168 | 243 032 | 247 238 |
| | | | **darunter: innerhalb geschlossener Ortschaften** | | | |
| **EU** | . | . | . | . | . | . |
| A[1)] | 27 185 | 24 950 | 25 082 | 23 237 | 22 290 | 23 795 |
| B | 31 563 | 30 733 | 28 894 | 27 509 | 26 384 | 26 713 |
| D | 254 844 | 270 312 | 248 995 | 246 617 | 236 009 | 243 171 |
| DK | 5 631 | 5 206 | 5 097 | 5 140 | 4 921 | . |
| E | 48 172 | 44 111 | 44 120 | 46 369 | 48 154 | 49 516 |
| F | 100 001 | 93 737 | 90 694 | 91 088 | 85 125 | 84 118 |
| FIN[1)] | 4 483 | 3 446 | 3 699 | 4 639 | 4 361 | 4 071 |
| GR | 16 004 | 16 200 | 15 966 | . | . | . |
| I | 124 579 | 111 644 | 124 965 | 133 851 | 139 821 | 141 733 |
| IRL | 3 699 | 3 522 | 3 681 | 4 818 | 5 363 | 5 053 |
| L | . | . | . | . | . | . |
| NL | 28 560 | 27 743 | 28 233 | 29 034 | 27 891 | 27 767 |
| P | 35 330 | 33 482 | 31 886 | 33 161 | 32 281 | . |
| S[1)] | 8 990 | 8 746 | 9 446 | 9 015 | 8 809 | 9 015 |
| UK | 176 631 | 172 662 | 177 016 | 173 996 | 177 254 | 179 085 |

[1)] EU-Mitgliedschaft seit 1995. - Abkürzungen siehe Seite 283. - Quelle: IRTAD-Datenbank - Bundesanstalt für Straßenwesen.

# Internationale Kennziffern - Europäische Union (EU)

| | 1992 | 1993 | 1994 | 1995 | 1996 | 1997 |
|---|---|---|---|---|---|---|
| | | | **Getötete im Straßenverkehr** | | | |
| **EU** | **49 966** | **45 811** | **44 072** | **46 047** | . | . |
| A[1] | 1 403 | 1 283 | 1 338 | 1 210 | 1 027 | 1 105 |
| B | 1 672 | 1 660 | 1 692 | 1 449 | 1 356 | 1 364 |
| D | 10 631 | 9 949 | 9 814 | 9 454 | 8 758 | 8 549 |
| DK | 577 | 559 | 546 | 582 | 514 | 489 |
| E | 7 818 | 6 378 | 5 615 | 5 751 | 5 483 | 5 604 |
| F | 9 900 | 9 568 | 9 019 | 8 891 | 8 541 | 8 444 |
| FIN[1] | 601 | 484 | 480 | 441 | 404 | 438 |
| GR | 2 103 | 2 104 | 2 195 | 2 349 | 2 063 | 2 199 |
| I | 8 029 | 7 177 | 7 104 | 7 033 | 6 688 | 6 724 |
| IRL | 415 | 431 | 404 | 437 | 453 | 472 |
| L | 73 | 76 | 74 | 68 | . | . |
| NL | 1 285 | 1 252 | 1 298 | 1 334 | 1 180 | 1 163 |
| P | 3 084 | 2 700 | 2 504 | 2 711 | 2 730 | . |
| S[1] | 759 | 632 | 589 | 572 | 537 | 541 |
| UK | 4 379 | 3 957 | 3 807 | 3 765 | 3 740 | 3 743 |
| | | | **darunter: innerhalb geschlossener Ortschaften** | | | |
| **EU** | **16 837** | **15 326** | **15 122** | . | . | . |
| A[1] | 355 | 358 | 298 | 304 | 238 | 249 |
| B | 569 | 482 | 470 | 410 | 368 | 408 |
| D | 229 | 196 | 188 | 2 435 | 2 131 | 2 064 |
| DK | 3 109 | 2 832 | 2 594 | 202 | 184 | . |
| E | 1 271 | 1 142 | 1 101 | 1 038 | 1 019 | 1 132 |
| F | 3 358 | 3 182 | 2 893 | 2 901 | 2 691 | 2 667 |
| FIN[1] | 174 | 132 | 131 | 140 | 105 | 127 |
| GR | 909 | 952 | 931 | 2 349 | . | . |
| I | 3 376 | 2 977 | 2 930 | 2 866 | 2 743 | 2 799 |
| IRL | 136 | 136 | 137 | 128 | 143 | 164 |
| L | 24 | 27 | 23 | . | . | . |
| NL | 442 | 418 | 455 | 566 | 394 | 388 |
| P | 1 427 | 1 210 | 1 136 | 1 234 | 1 128 | . |
| S[1] | 248 | 198 | 173 | 181 | 142 | 154 |
| UK | 1 987 | 1 772 | 1 662 | 1 545 | 1 574 | 1 514 |

[1] EU-Mitgliedschaft seit 1995. - Abkürzungen siehe Seite 283. - Quelle: IRTAD-Datenbank - Bundesanstalt für Straßenwesen.

## Internationale Kennziffern - Europäische Union (EU)

| | 1992 | 1993 | 1994 | 1995 | 1996 | 1997 |
|---|---|---|---|---|---|---|
| | | | **Unfälle mit Personenschaden pro 100 000 Einwohner** | | | |
| **EU** | **353** | **338** | **343** | **341** | . | . |
| A[1] | 562 | 528 | 524 | 484 | 474 | 492 |
| B | 553 | 545 | 524 | 500 | 480 | 492 |
| D | 492 | 475 | 482 | 475 | 456 | 464 |
| DK | 173 | 164 | 159 | 160 | 153 | 151 |
| E | 223 | 204 | 200 | 213 | 218 | 219 |
| F | 250 | 239 | 229 | 229 | 215 | 214 |
| FIN[1] | 152 | 121 | 123 | 153 | 141 | 135 |
| GR | 210 | 213 | 213 | 218 | 226 | 231 |
| I | 300 | 269 | 298 | 319 | 320 | 330 |
| IRL | 188 | 178 | 186 | 224 | 237 | 229 |
| L | 313 | 288 | 293 | 239 | . | . |
| NL | 271 | 263 | 269 | 276 | 264 | 263 |
| P | 542 | 517 | 515 | 513 | 522 | . |
| S[1] | 180 | 172 | 181 | 177 | 173 | 178 |
| UK | 413 | 404 | 412 | 404 | 413 | 418 |
| | | | **Getötete im Straßenverkehr pro 100 000 Einwohner** | | | |
| **EU** | **14,4** | **13,2** | **12,6** | **12,4** | . | . |
| A[1] | 17,6 | 16,2 | 16,7 | 15,0 | 12,7 | 13,7 |
| B | 16,7 | 16,5 | 16,8 | 14,3 | 13,4 | 13,4 |
| D | 13,2 | 12,3 | 12,1 | 11,6 | 10,7 | 10,4 |
| DK | 11,1 | 10,8 | 10,5 | 11,2 | 9,8 | 9,3 |
| E | 20,0 | 16,3 | 14,4 | 14,7 | 14,0 | 14,3 |
| F | 17,3 | 16,6 | 15,6 | 15,3 | 14,7 | 14,4 |
| FIN[1] | 11,6 | 9,6 | 9,5 | 8,6 | 7,9 | 8,5 |
| GR | 20,1 | 20,3 | 21,1 | 22,5 | 19,7 | 20,9 |
| I | 14,1 | 12,6 | 12,4 | 12,3 | 11,7 | 11,7 |
| IRL | 11,7 | 12,1 | 11,4 | 12,1 | 12,4 | 12,8 |
| L | 18,7 | 19,2 | 18,5 | 16,7 | . | . |
| NL | 8,5 | 8,2 | 8,5 | 8,6 | 7,6 | 7,5 |
| P | 32,9 | 28,7 | 28,1 | 28,8 | 28,9 | . |
| S[1] | 8,8 | 7,3 | 6,7 | 6,5 | 6,1 | 6,1 |
| UK | 7,5 | 6,8 | 6,5 | 6,4 | 6,4 | 6,3 |

[1] EU-Mitgliedschaft seit 1995. - Abkürzungen siehe Seite 283. - Quelle: IRTAD-Datenbank - Bundesanstalt für Straßenwesen.

## Internationale Kennziffern - Europäische Union (EU)

| | 1993 | 1994 | 1995 | 1996 | 1997 | 1998 |
|---|---|---|---|---|---|---|
| | | | **Eisenbahnverkehr** [1] | | | |
| | | | **Beförderte Personen - in Mio.** | | | |
| **EU** | **4 759** | **4 764** | **5 110** | **5 297** | . | . |
| A [2] | 181 | 190 | 194 | 190 | 184 | . |
| B | 145 | 143 | 144 | 142 | 144 | 146 |
| D | 1 579 | 1 596 | 1 666 | 1 740 | 1 861 | 1 804 |
| DK | 140 | 142 | 140 | 139 | 144 | 149 |
| E | 339 | 352 | 366 | 378 | 395 | 410 |
| F | 822 | 806 | 731 | 778 | 807 | 823 |
| FIN [2] | 44 | 44 | 44 | 44 | 50 | 51 |
| GR | 12 | 11 | 11 | 13 | 13 | 13 |
| I | 438 | 455 | 463 | 468 | 461 | 441 |
| IRL | 26 | 26 | 27 | 28 | 30 | 25 |
| L | 11 | 11 | 11 | 11 | . | . |
| NL | 320 | 312 | 305 | 307 | 316 | 319 |
| P | 209 | 201 | 184 | 177 | 178 | 178 |
| S [2] | 93 | 94 | 98 | 99 | 107 | 111 |
| UK | 719 | 708 | 725 | 783 | 832 | 878 |
| | | | **Personenkilometer - Mrd.** | | | |
| **EU** | **249,6** | **251,8** | **270,8** | **279,3** | . | . |
| A [2] | 9,3 | 9,6 | 9,6 | 9,7 | 8,1 | . |
| B | 6,7 | 6,6 | 6,8 | 6,8 | 7,0 | 7,1 |
| D | 58,7 | 66,4 | 69,0 | 69,2 | 67,9 | 66,5 |
| DK | 4,7 | 4,9 | 4,8 | 4,7 | 5,0 | 5,4 |
| E | 15,5 | 14,9 | 15,3 | 15,6 | 16,6 | 17,5 |
| F | 58,6 | 58,9 | 55,3 | 59,5 | 61,8 | 64,6 |
| FIN [2] | 3,0 | 3,0 | 3,2 | 3,3 | 3,4 | 3,4 |
| GR | 1,7 | 1,4 | 1,6 | 1,7 | 1,9 | 1,8 |
| I | 51,4 | 48,9 | 49,6 | 50,3 | 49,5 | 47,3 |
| IRL | 1,3 | 1,1 | 1,2 | 1,3 | 1,4 | 1,6 |
| L | 0,3 | 0,3 | 0,3 | 0,3 | . | . |
| NL | 14,8 | 14,4 | 14,0 | 14,1 | 14,4 | 14,8 |
| P | 5,4 | 5,1 | 4,8 | 4,5 | 4,6 | 4,6 |
| S [2] | 5,8 | 5,9 | 6,2 | 6,2 | 6,8 | 7,0 |
| UK | 30,5 | 28,9 | 29,2 | 32,2 | 33,8 | 35,1 |

[1] Bis auf Deutschland nur Mitgliedsbahnen der UIC (Union Internationale des Chemins de fer).-

[2] EU-Mitgliedschaft seit 1995.- Abkürzungen siehe Seite 283.

## Internationale Kennziffern - Europäische Union (EU)

| | 1993 | 1994 | 1995 | 1996 | 1997 | 1998 |
|---|---|---|---|---|---|---|
| | | | **Eisenbahnverkehr [1]** | | | |
| | | | **Beförderte Tonnen- in Mio.** | | | |
| **EU** | **729,0** | **750,5** | **906,2** | **901,8** | **942,5** | . |
| A[2] | 57,0 | 62,5 | 64,9 | 69,9 | 74,3 | 76,5 |
| B | 57,7 | 63,4 | 59,7 | 57,1 | 58,8 | 60,7 |
| D | 314,1 | 321,8 | 318,2 | 307,8 | 316,0 | 305,7 |
| DK | 8,0 | 9,0 | 8,5 | 8,1 | 8,3 | 7,9 |
| E | 18,9 | 20,8 | 24,3 | 24,1 | 25,0 | 25,0 |
| F | 116,7 | 123,9 | 119,9 | 126,4 | 134,9 | 136,7 |
| FIN[2] | 36,1 | 38,4 | 39,4 | 37,7 | 40,3 | 40,7 |
| GR | 3,3 | 1,3 | 1,3 | 2,1 | 2,2 | 2,2 |
| I | 58,9 | 67,0 | 73,5 | 68,4 | 74,4 | 75,6 |
| IRL | 3,1 | 3,0 | 3,1 | 3,1 | 2,9 | 2,4 |
| L | 16,2 | 17,9 | 15,4 | 15,1 | 16,1 | 16,6 |
| NL | 16,7 | 17,8 | 20,9 | 19,6 | 21,4 | 23,8 |
| P | 7,2 | 7,1 | 8,4 | 7,9 | 9,3 | 9,0 |
| S[2] | 50,4 | 54,0 | 54,6 | 52,8 | 53,8 | . |
| UK | 108,2 | 97,3 | 94,0 | 101,7 | 104,8 | 105,2 |
| | | | **Tonnenkilometer - in Mrd.** | | | |
| **EU** | **158,1** | **176,4** | **217,4** | **218,7** | **236,0** | . |
| A[2] | 12,3 | 12,4 | 13,2 | 13,3 | 14,8 | 15,3 |
| B | 6,8 | 8,1 | 7,3 | 7,2 | 7,5 | 7,6 |
| D | 64,1 | 69,1 | 68,0 | 67,2 | 72,7 | 73,6 |
| DK | 1,8 | 1,9 | 1,8 | 1,8 | 1,6 | 1,6 |
| E | 7,1 | 8,7 | 9,7 | 9,8 | 11,0 | 11,2 |
| F | 40,4 | 47,2 | 46,6 | 49,5 | 53,9 | 54,0 |
| FIN[2] | 9,3 | 9,9 | 9,3 | 8,8 | 9,9 | 9,9 |
| GR | 0,5 | 0,3 | 0,3 | 0,3 | 0,3 | 0,3 |
| I | 18,1 | 22,6 | 24,0 | 23,3 | 22,9 | 22,4 |
| IRL | 0,6 | 0,6 | 0,6 | 0,6 | 0,5 | 0,4 |
| L | 0,6 | 0,6 | 0,5 | 0,5 | 0,6 | 0,6 |
| NL | 2,7 | 2,8 | 3,1 | 3,1 | 3,4 | 3,8 |
| P | 1,7 | 1,6 | 2,0 | 1,9 | 2,2 | 2,0 |
| S[2] | 18,1 | 18,6 | 18,5 | 18,0 | 18,1 | . |
| UK | 13,8 | 13,0 | 12,5 | 13,3 | 16,6 | 17,7 |

[1] Bis auf Deutschland nur Mitgliedsbahnen der UIC (Union Internationale des Chemins de fer).-
[2] EU-Mitgliedschaft seit 1995.- [3] Wagenladungsverkehr.- Abkürzungen siehe Seite 283.

C 1

## Internationale Kennziffern - Europäische Union (EU)

| | 1990 | 1991 | 1992 | 1993 | 1994 | 1995 |
|---|---|---|---|---|---|---|
| | | | **Straßengüterverkehr Beförderte Tonnen- in Mio.** | | | |
| **EU** | **.** | **9 487,1** | **9 627,9** | **9 890,3** | **.** | **.** |
| A[1] | . | 29,8 | 29,8 | 32,7 | 32,6 | . |
| B | 329,5 | 355,2 | 339,0 | 343,1 | 390,6 | . |
| D[2] | 2776,9 | 3 294,3 | 3 562,0 | 3 553,0 | . | . |
| DK | 205,1 | 190,0 | 202,2 | 188,0 | 191,0 | . |
| E | 987,2 | 700,2 | 688,5 | 576,1 | 614,3 | . |
| F | 1456,7 | 1 444,6 | 1 378,2 | 1 272,3 | 1 349,9 | . |
| FIN[1] | . | . | . | 446,6 | . | 404,8 |
| GR | 177,8 | 188,6 | 160,2 | 175,0 | . | . |
| I | 911,8 | 923,2 | 944,7 | 924,3 | 958,4 | . |
| IRL | 81,1 | 79,9 | 83,7 | 87,0 | . | . |
| L | . | 24,3 | 29,4 | 34,1 | 35,0 | . |
| NL | 461,5 | 457,8 | 485,0 | 474,4 | 476,3 | . |
| P | 241,1 | 271,7 | 239,0 | 230,3 | 285,1 | . |
| S[1] | . | . | . | . | . | . |
| UK | 1696,4 | 1 557,3 | 1 516,0 | 1 586,1 | 1 654,4 | . |
| | | | **Tonnenkilometer[3] - in Mrd.** | | | |
| **EU** | **.** | **987,5** | **999,1** | **1 006,4** | **1 071,1** | **1 111,0** |
| A[1] | . | 13,6 | 13,7 | 14,2 | 15,2 | 15,7 |
| B | 31,3 | 34,1 | 33,0 | 36,0 | 41,6 | 42,6 |
| D[2] | . | 245,7 | 252,3 | 251,5 | 272,5 | 279,7 |
| DK | . | 9,0 | 9,4 | 8,8 | 9,5 | 9,3 |
| E | . | 157,2 | 160,6 | 164,2 | 172,3 | 180,0 |
| F | . | 117,2 | 120,0 | 115,3 | 122,1 | 132,0 |
| FIN[1] | . | 23,8 | 22,9 | 24,1 | 24,8 | 22,4 |
| GR[4] | . | 11,9 | 12,5 | 14,0 | 15,1 | 15,5 |
| I | . | 182,8 | 184,9 | 179,4 | 187,2 | 193,7 |
| IRL | 4,9 | 5,1 | 5,2 | 5,1 | 5,3 | 5,4 |
| L | . | 0,4 | 0,5 | 0,5 | 0,5 | 0,5 |
| NL | . | 23,3 | 25,6 | 26,0 | 25,7 | 27,1 |
| P | . | 10,8 | 10,6 | 10,0 | 11,2 | 11,1 |
| S[1] | . | 25,4 | 24,3 | 25,9 | 27,5 | 29,3 |
| UK | . | 127,2 | 123,6 | 131,4 | 140,6 | 146,7 |

[1] EU-Mitgliedschaft seit 1995.- [2] Die Werte für Deutschland entsprechen aufgrund unterschiedlicher Abgrenzung nicht den für die Verkehrsbereiche ausgewiesenen Zahlen in den Kapiteln A2 und B5.- [3] Verkehrsleistung im Inland.- [4] Ohne ausländische Fahrzeuge.- Abkürzungen siehe Seite 283.

# Internationale Kennziffern - Europäische Union (EU)

| | 1992 | 1993 | 1994 | 1995 | 1996 | 1997 |
|---|---|---|---|---|---|---|
| | | | **Binnenschiffahrt** | | | |
| | | | **Beförderte Tonnen - in Mio.** | | | |
| **EU** | **662,3** | **635,7** | **643,3** | . | . | . |
| A[1] | 6,7 | 6,5 | 7,7 | 8,8 | 9,3 | . |
| B | 88,9 | 89,0 | 90,0 | . | . | . |
| D | 229,9 | 218,5 | 235,0 | 237,9 | 227,0 | 233,5 |
| DK | - | - | - | - | - | - |
| E | - | - | - | - | - | - |
| F | 70,9 | 64,9 | 62,5 | 66,1 | 60,9 | . |
| FIN[1] | 1,7 | 1,6 | 1,9 | 2,0 | 1,9 | . |
| GR | - | - | - | - | - | - |
| I | 0,5 | 0,6 | 0,6 | - | - | - |
| IRL | - | - | - | - | - | - |
| L | 10,9 | 10,2 | 10,1 | . | . | . |
| NL | 261,1 | 252,5 | 245,0 | . | . | . |
| P | - | - | - | - | - | - |
| S[1] | - | - | - | - | - | - |
| UK | - | - | - | - | - | - |
| | | | **Tonnenkilometer - in Mrd.** | | | |
| **EU** | **104,8** | **105,4** | **109,3** | **116,0** | **114,4** | **121,3** |
| A[1] | 1,5 | 1,5 | 1,8 | 2,0 | 2,1 | 2,1 |
| B | 5,1 | 5,1 | 5,6 | 5,6 | 5,5 | 6,1 |
| D | 57,2 | 57,6 | 61,8 | 64,0 | 61,3 | 62,2 |
| DK | - | - | - | - | - | - |
| E | - | - | - | - | - | - |
| F | 8,6 | 6,0 | 5,6 | 5,9 | 5,7 | 6,0 |
| FIN[1] | . | 3,4 | 3,7 | 3,6 | 4,0 | 3,7 |
| GR | - | - | - | - | - | - |
| I | - | - | - | - | - | - |
| IRL | - | - | - | - | - | - |
| L | 0,3 | 0,3 | 0,3 | 0,3 | 0,3 | 0,3 |
| NL | 33,6 | 33,0 | 36,0 | 34,5 | 35,5 | 41,0 |
| P | - | - | - | - | - | - |
| S[1] | - | - | - | - | - | - |
| UK | - | - | - | - | - | - |

[1] EU-Mitgliedschaft seit 1995. - Abkürzungen siehe Seite 283.

## Internationale Kennziffern - Europäische Union (EU)

| | 1992 | 1993 | 1994 | 1995 | 1996 | 1997 |
|---|---|---|---|---|---|---|
| | | | **Rohrfernleitungen** | | | |
| | | | **Beförderte Tonnen - in Mio.** | | | |
| **EU** | **425,9** | **434,9** | **443,0** | . | . | . |
| A[1] | 36,2 | 36,3 | 37,4 | 36,4 | 37,4 | . |
| B | 26,0 | 27,0 | 27,0 | . | . | . |
| D[2] | 81,5 | 83,4 | 87,4 | 87,2 | 89,4 | 87,4 |
| DK | 8,6 | 9,1 | 10,0 | . | . | . |
| E | 20,9 | 23,1 | 24,2 | 25,3 | 26,6 | . |
| F | 71,5 | 73,4 | 74,0 | 73,7 | 75,8 | . |
| FIN[1] | - | - | - | - | - | - |
| GR | - | - | - | - | - | - |
| I | 100,3 | 99,6 | 98,5 | . | . | . |
| IRL | - | - | - | - | - | - |
| L | - | - | - | - | - | - |
| NL | 47,1 | 47,0 | 47,5 | . | . | . |
| P | - | - | - | - | - | - |
| S[1] | - | - | - | - | - | - |
| UK | 70,0 | 72,3 | 74,4 | . | . | . |
| | | | **Tonnenkilometer . in Mrd.** | | | |
| **EU** | **74,9** | **76,1** | **77,8** | **76,4** | **77,7** | **74,9** |
| A[1] | 6,7 | 6,7 | 7,0 | 6,8 | 7,1 | 8,0 |
| B | 1,2 | 1,3 | 1,4 | 1,4 | 1,5 | 1,5 |
| D[2] | 13,9 | 14,3 | 15,1 | 14,8 | 14,5 | 13,2 |
| DK | 2,4 | 2,5 | 2,9 | 2,9 | 3,5 | 3,8 |
| E | 5,4 | 5,4 | 5,5 | 5,9 | 6,1 | 6,5 |
| F | 23,3 | 23,3 | 22,8 | 22,2 | 21,9 | 22,1 |
| FIN[1] | - | - | - | - | - | - |
| GR | - | - | - | - | - | - |
| I | 12,2 | 12,2 | 12,5 | 12,8 | 12,6 | 13,2 |
| IRL | - | - | - | - | - | - |
| L | - | - | - | - | - | - |
| NL | 5,5 | 5,5 | 5,6 | 5,3 | 6,0 | 6,0 |
| P | - | - | - | - | - | - |
| S[1] | - | - | - | - | - | - |
| UK | 11,0 | 11,6 | 12,0 | 11,1 | 11,6 | 11,2 |

[1] EU-Mitgliedschaft seit 1995.- [2] Transport von rohem Erdöl.- Abkürzungen siehe Seite 283.

## Internationale Kennziffern - Europäische Union (EU)

### Grenzüberschreitender Güterverkehr[1] - Eisenbahn[2] 1992* - in 1000 t

| Herkunftsland | Zielland | | | | | | | | | | | | |
|---|---|---|---|---|---|---|---|---|---|---|---|---|---|
| | B | D | DK | GR | E | F | IRL[3] | I | L | NL | P | UK[3] | EU insg. |
| B | | 3 175 | 34 | 3 | 242 | 4 614 | - | 2 296 | 4 334 | 2 578 | - | - | 17 276 |
| D | 2 568 | | 594 | 113 | 448 | 3 422 | - | 8 298 | 1 214 | 1 129 | 30 | 112 | 17 928 |
| DK | - | 573 | | 1 | 2 | 32 | - | 284 | 0 | 8 | 0 | - | 904 |
| GR | 0 | 5 | - | | - | 0 | - | 0 | - | 0 | - | - | 6 |
| E | 123 | 391 | 2 | - | | 262 | - | 75 | - | 21 | 288 | - | 1 162 |
| F | 5 414 | 3 526 | 135 | 10 | 383 | | - | 6 484 | 273 | 393 | 8 | 225 | 16 851 |
| IRL[3] | - | - | - | - | - | - | | - | - | - | - | - | 0 |
| I | 1 153 | 3 741 | 231 | 6 | 46 | 1 337 | - | | 7 | 449 | 8 | 292 | 7 270 |
| L | 1 491 | 783 | 3 | 0 | 31 | 485 | - | 144 | | 54 | - | 6 | 2 998 |
| NL | 768 | 3 344 | 10 | 5 | 20 | 1 640 | - | 759 | 7 | | 0 | 40 | 6 593 |
| P | 1 | 13 | - | - | 268 | 1 | - | 0 | - | - | | - | 283 |
| UK[3] | 40 | 123 | 0 | - | - | 98 | - | 128 | 4 | 4 | - | | 396 |
| EU insg. | 11 561 | 15 914 | 1 008 | 153 | 1 423 | 12 981 | - | 18 024 | 5 739 | 4 243 | 334 | 680 | 72 062 |

[1] Versand aus dem Herkunfts- in das Zielland.- [2] Frachtpflichtiger Verkehr.- [3] Ohne den grenzüberschreitenden Verkehr zwischen Irland und Nordirland.- Verwendete Abkürzungen siehe S. 283.- *Daten für 1990 siehe Verkehr in Zahlen 1995. Weiterführende Daten lagen bei Redaktionsschluß nicht vollständig vor.- Quelle: eurostat.

## Internationale Kennziffern - Europäische Union (EU)

### Grenzüberschreitender Güterverkehr - Straße[1] 1991* - in 1 000 t

| Herkunftsland | Zielland | | | | | | | | | | | | |
|---|---|---|---|---|---|---|---|---|---|---|---|---|---|
| | B[2] | D | DK | GR | E | F | IRL[3] | I | L[2] | NL | P | UK[3] | EU insg. |
| B | | 9 060 | 127 | 10 | 528 | 13 322 | . | 1 148 | 1 252 | 6 262 | 44 | 234 | 31 987 |
| D | 3 796 | | 951 | 161 | 662 | 6 756 | 7 | 3 612 | 1 342 | 28 286 | 382 | 1 538 | 47 493 |
| DK[2] | 140 | 4 373 | | . | 144 | 502 | . | 298 | 11 | 335 | 33 | 88 | 5 924 |
| GR | 13 | 398 | 12 | | 2 | 63 | 0 | 56 | 0 | 65 | 0 | 23 | 632 |
| E | 780 | 1 890 | 75 | 8 | | 4 714 | 10 | 1 251 | - | 560 | 1 684 | 804 | 11 776 |
| F | 12 370 | 15 828 | 370 | 104 | 6 301 | | 48 | 7 165 | 192 | 3 746 | 720 | 2 993 | 49 837 |
| IRL[3] | - | 46 | 5 | - | 5 | 86 | | 12 | - | 32 | 5 | 775 | 966 |
| I | 1 431 | 8 333 | 161 | 88 | 1 543 | 5 472 | 39 | | - | 1 261 | 422 | 1 126 | 19 876 |
| L | 476 | 1 437 | - | 0 | - | 240 | - | - | | 80 | - | 7 | 2 240 |
| NL | 14 306 | 26 634 | 848 | 74 | 866 | 5 951 | 57 | 2 909 | 117 | | 121 | 1 170 | 53 053 |
| P | 89 | 443 | 34 | 1 | 2 026 | 691 | 3 | 449 | - | 99 | | 104 | 3 939 |
| UK[3] | 1 160 | 14 698 | 84 | 31 | 592 | 2 200 | 941 | 909 | 5 | 742 | 87 | | 21 449 |
| EU insg. | 34 561 | 83 140 | 2 667 | 477 | 12 669 | 39 997 | 1 105 | 17 809 | 2 919 | 41 468 | 3 498 | 8 862 | 249 172 |

[1] Versand aus dem Herkunfts- in das Zielland. Ohne Verkehr mit Fahrzeugen zugelassen in Drittländern. Ohne Nutzfahrzeuge, deren Gewicht oder Abmessungen die normalerweise zulässigen Grenzen überschreiten, landwirtschaftliche Nutzfahrzeuge, Militärfahrzeuge und Fahrzeuge der öffentlichen Verwaltung und der öffentlichen Dienste, aber inklusive Fahrzeugen der Bahnverwaltungen. Außerdem können Fahrzeuge, die unter 3,5 t Nutzlast oder 6 t zulässigem Gesamtgewicht liegen, ausgenommen sein.- [2] Für in Dänemark zugelassene Fahrzeuge wird der Verkehr mit Belgien und Luxemburg zusammengefaßt und unter Belgien aufgeführt.- [3] Ohne den grenzüberschreitenden Verkehr zwischen Irland und Nordirland.- *Daten für 1990 siehe Verkehr in Zahlen 1993. Weiterführende Daten lagen bei Redaktionsschluß nicht vollständig vor.- Verwendete Abkürzungen siehe S. 283.- Quelle: eurostat.

# Internationale Kennziffern - Europäische Union (EU)

## Grenzüberschreitender Güterverkehr - Binnenschiffahrt[1)] 1993* - in 1 000 t

| Herkunftsland | Zielland | | | | | | | | | | | | |
|---|---|---|---|---|---|---|---|---|---|---|---|---|---|
| | B | D[2)] | DK | GR | E | F | IRL | I | L | NL | P | UK | EU insg. |
| B | | . | . | . | . | . | . | . | . | . | . | . | . |
| D[2)] | 11 144 | | 83 | - | 65 | 2 072 | 31 | 4 | 288 | 26 380 | 3 | 850 | 40 920 |
| DK | - | - | | - | - | - | - | - | - | - | - | - | - |
| GR | - | - | - | | - | - | - | - | - | - | - | - | - |
| E | - | - | - | - | | - | - | - | - | - | - | - | - |
| F | 2 782 | 8 691 | - | - | - | | - | - | 74 | 4 344 | - | - | 15 891 |
| IRL | - | - | - | - | - | - | | - | - | - | - | - | - |
| I | - | - | - | - | - | - | - | - | - | - | - | - | - |
| L | 144 | 663 | - | - | - | 2 | - | - | | 58 | - | - | 867 |
| NL | 32 364 | 59 750 | - | - | - | 3 718 | - | - | 246 | | - | 9 | 96 087 |
| P | - | - | - | - | - | - | - | - | - | - | - | - | - |
| UK | - | - | - | - | - | - | - | - | - | - | - | - | - |
| EU insg. | 47 955 | . | . | . | . | . | . | . | . | . | . | . | . |

[1)] Versand aus dem Herkunfts- in das Zielland. Ohne Schiffe unter 50 t Tragfähigkeit und solche, die nicht für den Güterverkehr eingesetzt werden. Mitgliedsländer, deren gesamter grenzüberschreitender Güter- oder Durchgangsverkehr auf Binnenwasserstraßen 1 Mill. t pro Jahr nicht übersteigt sind der Meldepflicht enthoben (DK, GR, E, I, IRL, P, UK).- [2)] Bestimmte Transporte auf Seeschiffen sind in den Daten enthalten (weniger als 1 vH des Gesamtvolumens).- Verwendete Abkürzungen siehe S. 283.- *Daten für 1990 siehe Verkehr in Zahlen 1995, für 1992 Verkehr in Zahlen 1996. Weiterführende Daten lagen bei Redaktionsschluß nicht vollständig vor.- Quelle: eurostat.

## Internationale Kennziffern - Niederländische Seehäfen - Güterumschlag in Mio. t

| | 1990 | 1991 | 1992 | 1993 | 1994 | 1995 | 1996 | 1997 | 1998 |
|---|---|---|---|---|---|---|---|---|---|
| **Güterumschlag insgesamt**[1)] | 373,1 | 377,2 | 378,2 | 365,5 | 295,1 | 380,0 | 378,1 | 401,5 | 404,8 |
| Versand | 91,8 | 90,5 | 89,0 | 88,5 | 88,1 | 84,1 | 84,8 | 88,7 | 85,1 |
| Empfang | 281,3 | 286,7 | 289,2 | 277,0 | 207,0 | 296,0 | 293,3 | 312,9 | 319,7 |
| darunter: | | | | | | | | | |
| **Rotterdam - insgesamt** | 287,7 | 290,8 | 291,6 | 278,8 | 293,4 | 291,2 | 284,4 | 303,3 | 306,9 |
| dar. Erdöl | 87,6 | 94,7 | 100,5 | 98,2 | 95,6 | 96,9 | 99,7 | 98,4 | 100,6 |
| Mineralölprodukte | 33,5 | 31,8 | 26,0 | 24,4 | 22,9 | 20,3 | 18,1 | 22,4 | 23,1 |
| Stückgut | 59,2 | 61,3 | 65,2 | 65,0 | 72,5 | 71,3 | 71,0 | 78,9 | 80,7 |
| Versand | 64,4 | 62,8 | 63,3 | 62,4 | 64,8 | 61,6 | 60,5 | 64,0 | 61,8 |
| dar. Erdöl | 5,0 | 5,2 | 5,4 | 4,8 | 2,8 | 2,4 | 1,0 | 0,4 | 0,5 |
| Mineralölprodukte | 11,9 | 11,4 | 9,7 | 8,7 | 8,2 | 7,8 | 6,7 | 7,0 | 6,7 |
| Stückgut | 29,4 | 30,0 | 32,3 | 33,1 | 37,1 | 35,6 | 35,7 | 40,3 | 40,2 |
| Empfang | 223,3 | 228,0 | 228,3 | 216,4 | 228,7 | 229,6 | 223,9 | 239,3 | 245,1 |
| dar. Erdöl | 82,7 | 89,5 | 95,1 | 93,4 | 92,9 | 94,5 | 98,7 | 98,0 | 100,1 |
| Mineralölprodukte | 21,6 | 20,4 | 16,3 | 15,7 | 14,7 | 12,5 | 11,4 | 15,4 | 16,4 |
| Stückgut | 29,8 | 31,3 | 32,9 | 31,9 | 35,4 | 35,8 | 35,3 | 38,6 | 40,5 |
| **Amsterdam - insgesamt** | 30,8 | 31,2 | 32,4 | 30,2 | 29,3 | 31,4 | 36,6 | 37,0 | 35,2 |
| dar. Stückgut | 2,8 | 3,2 | 3,0 | 3,5 | 5,3 | 7,8 | 4,0 | 3,8 | 2,5 |
| Versand | 9,2 | 9,5 | 7,8 | 7,8 | 7,2 | 7,3 | 7,5 | 7,7 | 6,2 |
| dar. Stückgut | 0,8 | 0,9 | 0,8 | 1,0 | 0,9 | 1,6 | 1,0 | 1,5 | 0,3 |
| Empfang | 21,7 | 21,7 | 24,6 | 22,4 | 22,2 | 24,1 | 29,1 | 29,2 | 29,0 |
| dar. Stückgut | 2,0 | 2,3 | 2,2 | 2,5 | 4,4 | 6,2 | 3,0 | 2,3 | 2,0 |

[1)] Einschl. Eigengewichte der Reise- und Transportfahrzeuge, Container, Trailer, Trägerschiffsleichter.- Quelle: Centraal Bureau voor de Statistiek, Heerlen.

## Internationale Kennziffern - Belgische Seehäfen - Güterumschlag in Mio. t

| | 1990 | 1991 | 1992 | 1993 | 1994 | 1995 | 1996 | 1997 | 1998 |
|---|---|---|---|---|---|---|---|---|---|
| **Güterumschlag insgesamt** | 161,3 | 162,2 | 164,8 | 160,4 | 171,1 | 164,8 | 160,5 | 171,6 | 181,0 |
| dar. Stückgut | 102,1 | 102,0 | 106,3 | 109,1 | 116,8 | 111,8 | 113,3 | 87,0 | 99,5 |
| Versand | 58,8 | 59,8 | 60,5 | 66,4 | 63,3 | 62,5 | 63,2 | 68,0 | 71,8 |
| dar. Stückgut | 46,9 | 46,7 | 47,9 | 51,7 | 53,8 | 49,0 | 54,7 | 47,6 | 52,5 |
| Empfang | 104,7 | 104,7 | 106,5 | 98,9 | 107,8 | 107,3 | 97,3 | 103,5 | 109,1 |
| dar. Stückgut | 55,2 | 55,3 | 58,5 | 57,5 | 63,0 | 62,8 | 58,6 | 39,4 | 47,0 |
| darunter: | | | | | | | | | |
| **Antwerpen** | 102,0 | 101,3 | 103,6 | 101,8 | 109,5 | 108,1 | 106,5 | 111,9 | 119,8 |
| dar. Stückgut | 43,5 | 45,4 | 45,3 | 46,8 | 49,7 | 50,7 | 52,3 | 56,4 | 60,2 |
| Versand | 39,7 | 40,7 | 41,5 | 44,2 | 46,6 | 43,0 | 46,6 | 48,8 | 48,0 |
| dar. Stückgut | 25,3 | 26,8 | 25,9 | 29,0 | 30,4 | 28,9 | 30,7 | 32,9 | 32,6 |
| Empfang | 62,3 | 60,6 | 62,1 | 57,6 | 62,9 | 65,1 | 59,9 | 63,1 | 71,8 |
| dar. Stückgut | 18,2 | 18,6 | 19,4 | 17,8 | 19,3 | 21,7 | 21,6 | 23,5 | 27,6 |
| **Gent** | 24,4 | 25,5 | 22,8 | 22,0 | 23,8 | 21,6 | 21,0 | 23,0 | 23,6 |
| dar. Stückgut | 3,7 | 3,3 | 3,1 | 3,3 | 3,3 | 3,1 | 3,1 | 3,2 | 6,2 |
| Versand | 5,4 | 4,9 | 4,7 | 4,7 | 4,5 | 3,3 | 3,5 | 3,7 | 3,8 |
| dar. Stückgut | 2,4 | 2,0 | 1,9 | 2,2 | 2,2 | 1,6 | 1,9 | 1,7 | 2,1 |
| Empfang | 19,1 | 20,5 | 18,1 | 17,3 | 19,4 | 18,3 | 17,5 | 19,3 | 19,8 |
| dar. Stückgut | 1,2 | 1,3 | 1,2 | 1,1 | 1,1 | 1,5 | 2,4 | 1,6 | 4,1 |
| **Brügge - Zeebrügge** | 30,4 | 30,9 | 33,4 | 31,4 | 32,9 | 30,6 | 28,5 | 32,4 | 33,3 |
| dar. Stückgut | 16,9 | 16,3 | 19,1 | 19,6 | 22,4 | 21,2 | 20,3 | 23,1 | 28,9 |
| Versand | 10,9 | 11,2 | 11,9 | 12,8 | 12,8 | 11,9 | 11,3 | 13,9 | 18,4 |
| dar. Stückgut | 9,1 | 8,4 | 10,2 | 10,5 | 11,8 | 11,0 | 10,5 | 12,6 | 17,5 |
| Empfang | 19,5 | 19,7 | 21,5 | 18,6 | 20,1 | 18,7 | 17,2 | 18,5 | 14,9 |
| dar. Stückgut | 7,9 | 7,9 | 9,0 | 9,1 | 10,6 | 10,2 | 13,9 | 10,5 | 11,4 |

Quelle: Vlaamse Havencommissie, Brussel.

# Internationale Kennziffern - Containerumschlag niederländischer und belgischer Häfen

| | 1990 | 1991 | 1992 | 1993 | 1994 | 1995 | 1996 | 1997 | 1998 |
|---|---|---|---|---|---|---|---|---|---|
| | | | | **Beladene und leere Container[1] - in 1 000** | | | | | |
| **Rotterdam** | 2 400,5 | 2 428,0 | 2 651,6 | 2 694,7 | 2 892,2 | 3 026,1 | 3 181,3 | 3 605,4 | 3 840,7 |
| Versand | 1 196,5 | 1 207,3 | 1 327,4 | 1 380,0 | 1 438,7 | 1 503,8 | 1 565,3 | 1 737,0 | 1 879,0 |
| Empfang | 1 204,0 | 1 220,7 | 1 324,2 | 1 314,7 | 1 453,6 | 1 522,2 | 1 616,0 | 1 868,4 | 1 961,7 |
| **Amsterdam** | 48,9 | 42,0 | 44,1 | 61,0 | 58,7 | 52,4 | 107,0 | 54,0 | 31,1 |
| Versand | 22,1 | 17,0 | 18,4 | 24,3 | 24,7 | 20,0 | 40,8 | 19,7 | 11,3 |
| Empfang | 26,8 | 25,0 | 25,7 | 36,7 | 34,0 | 32,4 | 66,2 | 34,3 | 19,7 |
| **Antwerpen** | 1 145,3 | 1 291,0 | 1 338,1 | 1 360,4 | 1 597,3 | 1 679,5 | 1 886,9 | 2 105,0 | 2 274,1 |
| Versand | 582,1 | 665,9 | 684,1 | 696,9 | 830,2 | 855,3 | 972,2 | 1 076,7 | 1 143,3 |
| Empfang | 563,3 | 625,2 | 654,1 | 663,5 | 767,1 | 824,2 | 914,7 | 1 028,2 | 1 130,8 |
| **Zeebrügge** | 251,8 | 233,1 | 394,1 | 373,2 | 456,6 | 391,0 | 398,6 | 452,8 | 530,3 |
| Versand | 121,1 | 115,2 | 195,0 | 186,7 | 227,7 | 197,3 | 200,5 | 229,6 | 264,3 |
| Empfang | 130,6 | 117,9 | 199,1 | 186,5 | 228,9 | 193,7 | 198,2 | 223,2 | 266,0 |
| | | | | **Beladene Container - Gewicht der Ladung in 1 000 t** | | | | | |
| **Rotterdam** | 30 450 | 30 960 | 34 364 | 35 711 | 38 606 | 38 870 | 41 018 | 46 336 | 47 519 |
| Versand | 16 896 | 16 861 | 19 254 | 20 685 | 21 973 | 21 744 | 22 932 | 26 173 | 26 135 |
| Empfang | 13 554 | 14 099 | 15 110 | 15 026 | 16 633 | 17 125 | 18 086 | 20 164 | 21 384 |
| **Amsterdam** | 536 | 493 | 558 | 768 | 766 | 789 | 1 326 | 653 | 354 |
| Versand | 263 | 204 | 256 | 335 | 345 | 336 | 485 | 289 | 147 |
| Empfang | 274 | 289 | 302 | 433 | 422 | 453 | 842 | 364 | 207 |
| **Antwerpen** | 16 553 | 18 933 | 19 657 | 20 330 | 24 336 | 25 796 | 29 460 | 33 427 | 35 376 |
| Versand | 9 263 | 10 655 | 11 338 | 12 105 | 14 756 | 15 122 | 14 520 | 19 622 | 19 941 |
| Empfang | 7 291 | 8 279 | 8 319 | 8 225 | 9 580 | 10 673 | 14 940 | 13 805 | 15 435 |
| **Zeebrügge** | 3 946 | 3 790 | 6 440 | 6 132 | 7 397 | 6 355 | 6 262 | 7 636 | 9 148 |
| Versand | 2 102 | 2 002 | 3 381 | 3 348 | 4 069 | 3 512 | 3 507 | 4 345 | 5 129 |
| Empfang | 1 844 | 1 788 | 3 059 | 2 784 | 3 328 | 2 843 | 2 755 | 3 291 | 4 019 |

[1] Container von 20 Fuß und mehr.- Quellen: Centraal Bureau voor de Statistiek, Heerlen; Vlaamse Havencommissie, Brussel.

## Internationale Kennziffern - Transitgüterverkehr Österreichs

**Versand aus der Bundesrepublik Deutschland nach Verkehrsarten und Zielländern**

| | 1985 | 1986 | 1987 | 1988 | 1989* | 1990 | 1991 | 1992 | 1993 | 1994** |
|---|---|---|---|---|---|---|---|---|---|---|
| **Versand nach:** | | | | | | | | | | |
| **Straße: Zahl der Fahrzeuge - in 1000** | | | | | | | | | | |
| Italien | 323,0 | 335,0 | 360,9 | 380,5 | . | 347,5 | 357,4 | 395,0 | 399,1 | 457,6 |
| Schweiz | 23,2 | 28,3 | 28,9 | 37,5 | . | 34,8 | 37,9 | 30,8 | 18,3 | 23,4 |
| Jugoslawien[1] | 26,8 | 29,6 | 28,9 | 31,0 | . | 53,3 | 48,4 | 26,7 | 31,9 | 40,1 |
| Sonstige | 51,7 | 48,9 | 45,0 | 47,9 | . | 51,6 | 48,1 | 66,8 | 72,7 | 103,3 |
| Insgesamt | 424,6 | 441,8 | 463,6 | 497,0 | . | 487,2 | 491,8 | 519,3 | 522,0 | 624,4 |
| **Straße: Beförderte Güter - in 1000 t** | | | | | | | | | | |
| Italien | 6 203,4 | 6 485,7 | 6 907,5 | 7 095,6 | . | 6 414,6 | 6 629,4 | 7 536,6 | 7 946,0 | 9 044,9 |
| Schweiz | 397,0 | 510,0 | 529,8 | 667,6 | . | 665,1 | 738,4 | 548,5 | 238,5 | 350,3 |
| Jugoslawien[1] | 312,1 | 359,4 | 324,1 | 378,8 | . | 660,3 | 580,1 | 325,3 | 387,5 | 492,8 |
| Sonstige | 791,6 | 751,5 | 691,5 | 720,9 | . | 737,3 | 639,1 | 817,5 | 881,6 | 1 176,0 |
| Insgesamt | 7 704,2 | 8 106,7 | 8 453,0 | 8 863,1 | . | 8 477,2 | 8 587,1 | 9 227,9 | 9 453,6 | 11 063,9 |
| **Schiene: Beförderte Güter - in 1000 t** | | | | | | | | | | |
| Italien | 2 499,3 | 2 251,2 | 2 267,4 | 2 324,0 | . | 3 108,6 | 3 755,6 | 3 484,1 | 3 068,6 | 3 687,6 |
| Schweiz | 16,4 | 6,6 | 7,4 | 8,3 | . | 7,2 | 22,2 | 52,3 | 19,9 | 27,4 |
| Jugoslawien[1] | 581,2 | 527,2 | 382,9 | 408,3 | . | 652,1 | 560,6 | 129,8 | 250,4 | 316,7 |
| Sonstige | 613,6 | 402,9 | 312,6 | 231,0 | . | 217,2 | 374,7 | 531,5 | 360,0 | 529,6 |
| Insgesamt | 3 710,5 | 3 187,9 | 2 970,3 | 2 971,5 | . | 3 985,0 | 4 713,1 | 4 197,7 | 3 698,9 | 4 561,2 |
| **Anteil des Transitverkehrs von/nach Deutschland am gesamten Transitverkehr - in vH** | | | | | | | | | | |
| Straße - Fahrzeuge | 38,8 | 38,7 | 38,3 | 38,0 | . | 40,2 | 41,2 | 41,8 | 42,1 | 42,2 |
| Beförderte Güter | 38,8 | 38,7 | 38,4 | 38,1 | . | 40,2 | 41,6 | 42,6 | 43,3 | 43,2 |
| Schiene - Fahrzeuge | 27,0 | 27,0 | 26,0 | 27,2 | . | 30,2 | 32,9 | 32,2 | 30,8 | 31,7 |

[1] Ab 1992: Slowenien. Übriges ehem. Jugoslawien unter Sonstige.- *Ergebnisse der Erhebung 1989 lagen nicht vor.- **Weiterführende Daten liegen aufgrund der Umstellung der Verkehrsstatistik nicht vor.- Quelle: Österreichisches Statistisches Zentralamt.

## Internationale Kennziffern - Transitgüterverkehr Österreichs

**Empfang in der Bundesrepublik Deutschland nach Verkehrsarten und Herkunftsländern**

| | 1985 | 1986 | 1987 | 1988 | 1989* | 1990 | 1991 | 1992 | 1993 | 1994** |
|---|---|---|---|---|---|---|---|---|---|---|
| **Empfang aus:** | | | | | | | | | | |
| | **Straße: Zahl der Fahrzeuge - in 1 000** | | | | | | | | | |
| Italien | 328,2 | 351,7 | 387,0 | 406,4 | . | 352,1 | 390,7 | 413,3 | 455,6 | 556,7 |
| Schweiz | 8,3 | 9,8 | . | 9,8 | . | 10,2 | 11,0 | 12,1 | 11,4 | 17,0 |
| Jugoslawien[1)] | 35,3 | 37,0 | 42,3 | 46,5 | . | 62,3 | 58,0 | 36,1 | 40,8 | 46,4 |
| Sonstige | 52,9 | 53,5 | 65,1 | 64,9 | . | 62,9 | 62,5 | 66,0 | 63,3 | 71,3 |
| Insgesamt | 424,7 | 452,1 | 494,4 | 527,6 | . | 487,5 | 522,1 | 527,4 | 571,1 | 691,3 |
| | **Straße: Beförderte Güter - in 1 000 t** | | | | | | | | | |
| Italien | 5 600,6 | 6 019,6 | 6 571,0 | 6 808,0 | . | 5 837,4 | 6 381,6 | 6 912,4 | 7 654,5 | 9 305,1 |
| Schweiz | 95,7 | 116,6 | . | 114,4 | . | 110,1 | 122,9 | 134,3 | 122,7 | 191,7 |
| Jugoslawien[1)] | 471,6 | 492,7 | 567,3 | 600,1 | . | 777,9 | 693,2 | 400,9 | 425,9 | 493,7 |
| Sonstige | 878,8 | 873,9 | 997,2 | 1 013,0 | . | 958,6 | 913,8 | 868,8 | 785,9 | 872,3 |
| Insgesamt | 7 046,8 | 7 502,7 | 8 135,5 | 8 535,4 | . | 7 684,1 | 8 111,5 | 8 316,4 | 8 989,0 | 10 862,9 |
| | **Schiene: Beförderte Güter - in 1 000** | | | | | | | | | |
| Italien | 1 122,9 | 1 161,6 | 1 138,4 | 1 178,9 | . | 1 686,0 | 1 887,1 | 1 796,1 | 1 645,6 | 2 116,7 |
| Schweiz | . | . | . | . | . | . | . | . | . | . |
| Jugoslawien[1)] | 364,9 | 356,8 | 357,0 | 408,8 | . | 568,4 | 558,6 | 141,0 | 262,7 | 289,3 |
| Sonstige | 715,2 | 678,7 | 574,9 | 527,2 | . | 508,7 | 420,8 | 499,6 | 302,7 | 431,1 |
| Insgesamt | 2 202,9 | 2 197,1 | 2 070,4 | 2 114,8 | . | 2 763,1 | 2 866,5 | 2 436,7 | 2 211,0 | 2 837,2 |
| | **Anteil des Transitverkehrs von/nach Deutschland am gesamten Transitverkehr - in vH** | | | | | | | | | |
| Straße - Fahrzeuge | 38,8 | 38,7 | 38,3 | 38,0 | . | 40,2 | 41,2 | 41,8 | 42,1 | 42,2 |
| Beförderte Güter | 38,8 | 38,7 | 38,4 | 38,1 | . | 40,2 | 41,6 | 42,6 | 43,3 | 43,2 |
| Schiene - Fahrzeuge | 27,0 | 27,0 | 26,0 | 27,2 | . | 30,2 | 32,9 | 32,2 | 30,8 | 31,7 |

[1)] Ab 1992: Slowenien. Übriges ehem. Jugoslawien unter Sonstige.- *Ergebnisse der Erhebung 1989 lagen nicht vor.- **Weiterführende Daten liegen aufgrund der Umstellung der Verkehrsstatistik nicht vor.- Quelle: Österreichisches Statistisches Zentralamt.

## Internationale Kennziffern - Transalpiner Güterverkehr der Schweiz

| | 1989 | 1990 | 1991 | 1992 | 1993 | 1994 | 1995 | 1996 | 1997 | 1998 |
|---|---|---|---|---|---|---|---|---|---|---|
| | **Straße: Gesamtverkehr - Zahl der Fahrzeuge - in 1 000** | | | | | | | | | |
| San Bernadino | 82 | 94 | 101 | 109 | 109 | 119 | 115 | 124 | 119 | 129 |
| dar. ausländische Fahrzeuge | 30 | 40 | 42 | 49 | 48 | 57 | 55 | 62 | 59 | 67 |
| St. Gotthard | 538 | 547 | 603 | 659 | 736 | 807 | 871 | 935 | 964 | 1 035 |
| dar. ausländische Fahrzeuge | 301 | 312 | 350 | 389 | 456 | 516 | 576 | 621 | 623 | 694 |
| Simplon | 21 | 27 | 28 | 20 | 11 | 19 | 21 | 24 | 25 | 27 |
| dar. ausländische Fahrzeuge | 14 | 15 | 17 | 11 | 6 | 11 | 12 | 14 | 15 | 16 |
| Gr. St. Bernhard | 58 | 64 | 67 | 59 | 50 | 41 | 40 | 39 | 36 | 44 |
| dar. ausländische Fahrzeuge | 40 | 42 | 48 | 41 | 32 | 24 | 23 | 24 | 19 | 27 |
| **Insgesamt** | 699 | 732 | 799 | 847 | 906 | 985 | 1 046 | 1 121 | 1 145 | 1 235 |
| dar. ausländische Fahrzeuge | 385 | 410 | 457 | 490 | 542 | 608 | 665 | 721 | 716 | 803 |
| dar. aus der Bundesrepublik Deutschland | 98 | . | . | . | . | 142 | . | . | . | . |
| | **Straße: Zahl der Fahrzeuge im Transit - in 1 000** | | | | | | | | | |
| San Bernadino | 14 | 21 | 23 | 28 | 28 | 32 | 36 | 41 | 40 | 46 |
| St. Gotthard | 235 | 237 | 276 | 312 | 368 | 424 | 483 | 522 | 515 | 585 |
| Simplon | 3 | 2 | 2 | 2 | 2 | 2 | 2 | 2 | 2 | 2 |
| Gr. St. Bernhard | 22 | 29 | 29 | 23 | 17 | 10 | 10 | 10 | 8 | 12 |
| **Insgesamt** | 274 | 289 | 331 | 365 | 414 | 468 | 530 | 575 | 565 | 645 |
| dar. aus der Bundesrepublik Deutschland | 85 | . | . | . | . | 127 | . | . | . | . |
| | **Beförderte Güter - in Mio. t** | | | | | | | | | |
| Straße | 4,0 | 4,3 | 4,7 | 5,1 | 5,6 | 6,2 | 6,5 | 7,0 | 7,1 | 7,7 |
| Schiene[1)] | 17,6 | 17,9 | 17,9 | 17,4 | 16,0 | 17,8 | 18,1 | 15,7 | 18,0 | 19,3 |
| dar. Kombinierter Verkehr | 5,3 | 5,6 | 6,0 | 6,1 | 6,2 | 7,3 | 7,7 | 7,1 | 8,6 | 9,5 |
| dar. Wagenladungsverkehr | 12,4 | 12,2 | 11,8 | 11,2 | 9,8 | 10,5 | 10,4 | 8,6 | 9,4 | 9,7 |

[1)] Wagenladungen einschl. Container und Huckepack. - Quelle: Eidgenössisches Verkehrs- und Energiewirtschaftdepartement; Berechnungen des DIW.

# Internationale Kennziffern - Ausgewählte europäische Flughäfen

| | 1985 | 1986 | 1987 | 1988 | 1989 | 1990 | 1991 | 1992 | 1993 | 1994 | 1995 | 1996 | 1997* | 1998* |
|---|---|---|---|---|---|---|---|---|---|---|---|---|---|---|
| | Gestartete und gelandete Luftfahrzeuge - in 1 000 | | | | | | | | | | | | | |
| London-Heathrow | 283 | 289 | 304 | 327 | 345 | 367 | 361 | 406 | 411 | 427 | 437 | 427 | 441 | 451 |
| -Gatwick | 147 | 155 | 171 | 180 | 189 | 188 | 163 | 186 | 185 | 192 | 203 | 204 | 239 | 251 |
| Paris-Charles de Gaulle | 140 | 145 | 155 | 179 | 204 | 233 | 252 | 296 | 310 | 319 | 326 | 361 | 403 | 428 |
| -Orly | 155 | 164 | 171 | 184 | 194 | 191 | 193 | 215 | 212 | 217 | 241 | 245 | 242 | 246 |
| Frankfurt-Rhein/Main | 223 | 235 | 262 | 282 | 301 | 311 | 304 | 328 | 336 | 353 | 370 | 377 | 386 | 406 |
| Rom-Fiumicino | 138 | 138 | 141 | 148 | 162 | 174 | 169 | 189 | 194 | 200 | 209 | 231 | 246 | 258 |
| Amsterdam-Schiphol | 151 | 159 | 175 | 187 | 192 | 202 | 206 | 268 | 288 | 304 | 322 | 322 | 349 | 393 |
| Kopenhagen-Kastrup | 149 | 157 | 168 | 182 | 199 | 200 | 198 | 213 | 222 | 229 | 342 | 271 | 284 | 281 |
| Zürich-Kloten | 128 | 139 | 145 | 160 | 164 | 182 | 175 | 233 | 234 | 242 | 248 | 224 | 276 | 288 |
| Stockholm-Arlanda | 162 | 188 | 202 | 225 | 249 | 253 | 219 | 225 | 226 | 231 | 225 | 238 | 258 | 268 |
| Madrid-Barajas | 114 | 113 | 114 | 129 | 147 | 158 | 164 | 202 | 204 | 212 | 239 | 243 | 262 | 269 |
| Palma de Mallorca | 70 | 75 | 82 | 89 | 88 | 87 | 87 | 104 | 105 | 116 | 121 | 127 | 145 | 154 |
| Athen-Hellinikon | 116 | 110 | 113 | 113 | 113 | 113 | 100 | 113 | 119 | 126 | 126 | 127 | 134 | . |
| | Fluggäste - in 1 000 | | | | | | | | | | | | | |
| London-Heathrow | 31 289 | 31 315 | 34 742 | 37 525 | 39 611 | 42 964 | 40 248 | 45 176 | 47 851 | 51 718 | 54 459 | 55 758 | 57 975 | 60 660 |
| -Gatwick | 14 883 | 16 309 | 19 373 | 20 761 | 21 183 | 21 185 | 18 690 | 19 969 | 20 169 | 21 212 | 22 548 | 24 106 | 26 961 | 29 173 |
| Paris-Charles de Gaulle | 14 642 | 14 427 | 16 041 | 17 887 | 20 275 | 22 516 | 21 975 | 25 198 | 26 106 | 28 680 | 28 365 | 31 724 | 35 294 | 38 629 |
| -Orly | 17 671 | 18 544 | 20 427 | 22 206 | 24 118 | 24 342 | 23 320 | 25 170 | 25 372 | 26 618 | 26 645 | 27 365 | 25 059 | 24 952 |
| Frankfurt-Rhein/Main | 20 225 | 20 420 | 23 255 | 25 115 | 26 568 | 29 368 | 27 872 | 30 634 | 32 328 | 34 978 | 38 413 | 38 621 | 40 142 | 40 063 |
| Rom-Fiumicino | 12 864 | 12 581 | 14 140 | 14 346 | 15 564 | 17 714 | 16 492 | 19 010 | 19 300 | 20 316 | 21 129 | 23 850 | 25 004 | 25 255 |
| Amsterdam-Schiphol | 11 385 | 11 685 | 13 298 | 14 582 | 15 338 | 16 470 | 16 542 | 19 145 | 21 270 | 23 551 | 25 341 | 27 795 | 31 570 | 34 420 |
| Kopenhagen-Kastrup | 9 400 | 9 971 | 10 754 | 11 262 | 11 498 | 12 128 | 11 949 | 12 167 | 12 349 | 14 118 | 15 036 | 15 897 | 16 837 | 16 671 |
| Zürich-Kloten | 9 102 | 9 251 | 10 114 | 10 825 | 10 989 | 12 770 | 12 150 | 13 051 | 13 508 | 14 507 | 15 334 | 16 226 | 18 269 | 19 301 |
| Stockholm-Arlanda | 9 088 | 10 593 | 11 884 | 13 145 | 13 875 | 13 979 | 12 868 | 12 948 | 12 600 | 14 155 | 14 013 | 14 159 | 15 194 | 16 410 |
| Madrid-Barajas | 10 644 | 10 843 | 11 794 | 13 243 | 14 246 | 16 226 | 16 464 | 18 440 | 17 500 | 18 427 | 19 956 | 21 857 | 23 633 | 25 254 |
| Palma de Mallorca | 8 821 | 9 917 | 11 258 | 11 712 | 11 516 | 11 319 | 11 755 | 11 942 | 12 515 | 14 142 | 14 736 | 15 383 | 16 562 | 17 660 |
| Athen-Hellinikon | 11 004 | 9 600 | 10 247 | 10 183 | 10 514 | 10 077 | 8 486 | 9 419 | 9 608 | 9 574 | 9 545 | 10 391 | 10 962 | . |

[1] Gewerbliche Flugbewegungen.- *Vorläufige Werte.- Quellen: ADV, ICAO, ACI.

## Internationale Kennziffern - Mineralölabsatz[1)] pro Kopf der Bevölkerung - in Kilogramm

| | 1985 | 1986 | 1987 | 1988 | 1989 | 1990 | 1991 | 1992 | 1993 | 1994 | 1995 | 1996 | 1997* | 1998* |
|---|---|---|---|---|---|---|---|---|---|---|---|---|---|---|
| **EU-Länder insgesamt** | 1 414 | 1 353 | 1 358 | 1 378 | 1 389 | 1 388 | 1 430 | 1 446 | 1 432 | 1 427 | 1 441 | 1 459 | 1 456 | 1 470 |
| Bundesrepublik | 1 737 | 1 821 | 1 763 | 1 767 | 1 645 | 1 723 | 1 564 | 1 558 | 1 567 | 1 548 | 1 542 | 1 567 | 1 552 | 1 552 |
| Belgien | 1 575 | 1 811 | 1 741 | 1 792 | 1 733 | 1 718 | 1 860 | 1 914 | 1 857 | 1 903 | 1 861 | 2 093 | 2 135 | 2 130 |
| Dänemark | 1 977 | 1 957 | 1 849 | 1 718 | 1 621 | 1 578 | 1 605 | 1 569 | 1 544 | 1 644 | 1 725 | 1 868 | 1 817 | 1 740 |
| Finnland[2)] | 1 840 | 2 025 | 2 076 | 2 073 | 2 037 | 2 002 | 1 945 | 1 871 | 1 782 | 1 858 | 1 628 | 1 503 | 1 693 | 1 763 |
| Frankreich | 1 344 | 1 386 | 1 396 | 1 387 | 1 430 | 1 413 | 1 475 | 1 452 | 1 429 | 1 389 | 1 420 | 1 442 | 1 434 | 1 464 |
| Griechenland | 1 052 | 991 | 1 068 | 1 121 | 1 170 | 1 169 | 1 231 | 1 255 | 1 226 | 1 256 | 1 268 | 1 356 | 1 378 | 1 388 |
| Großbritannien | 1 317 | 1 216 | 1 183 | 1 257 | 1 278 | 1 302 | 1 289 | 1 289 | 1 281 | 1 283 | 1 252 | 1 267 | 1 332 | 1 226 |
| Irland | 1 042 | 1 298 | 1 091 | 1 037 | 1 045 | 1 186 | 1 254 | 1 356 | 1 322 | 1 442 | 1 467 | 1 504 | 1 638 | 1 789 |
| Italien | 1 281 | 1 313 | 1 424 | 1 388 | 1 465 | 1 413 | 1 443 | 1 534 | 1 477 | 1 474 | 1 520 | 1 506 | 1 491 | 1 481 |
| Luxemburg | 2 839 | 3 027 | 3 512 | 3 654 | 3 975 | 4 308 | 4 792 | 4 758 | 4 783 | 4 658 | 4 246 | 4 341 | 4 500 | 4 619 |
| Niederlande | 1 218 | 1 324 | 1 307 | 1 358 | 1 324 | 1 361 | 1 384 | 1 389 | 1 331 | 1 353 | 1 411 | 1 359 | 1 429 | 1 436 |
| Österreich[2)] | 1 245 | 1 301 | 1 338 | 1 291 | 1 306 | 1 316 | 1 400 | 1 331 | 1 356 | 1 339 | 1 296 | 1 349 | 1 388 | 1 419 |
| Portugal | 739 | 793 | 839 | 862 | 1 082 | 1 065 | 1 144 | 1 260 | 1 203 | 1 181 | 1 273 | 1 192 | 1 268 | 1 395 |
| Schweden[2)] | 1 894 | 1 947 | 1 915 | 1 906 | 1 780 | 1 727 | 1 629 | 1 686 | 1 630 | 1 724 | 1 736 | 2 004 | 1 664 | 1 621 |
| Spanien | 877 | 871 | 899 | 974 | 1 035 | 1 030 | 1 044 | 1 072 | 1 140 | 1 226 | 1 286 | 1 255 | 1 311 | 1 377 |
| **Westeuropa** | 1 198 | 1 396 | 1 400 | 1 414 | 1 419 | 1 421 | 1 430 | 1 446 | 1 432 | 1 438 | 1 449 | 1 467 | 1 451 | . |
| Island | 2 092 | 2 220 | 2 472 | 2 403 | 2 152 | 2 109 | 2 190 | 2 141 | 2 730 | 2 741 | 2 728 | 2 807 | 3 007 | 3 074 |
| Norwegen | 1 834 | 1 991 | 2 150 | 1 886 | 1 851 | 1 847 | 1 771 | 1 729 | 1 806 | 1 800 | 1 763 | 1 911 | 1 909 | 2 009 |
| Schweiz | 1 836 | 2 045 | 1 862 | 1 868 | 1 759 | 1 926 | 1 873 | 1 887 | 1 753 | 1 768 | 1 645 | 1 694 | 1 774 | 1 797 |
| nachrichtlich: | | | | | | | | | | | | | | |
| Japan | 1 560 | 1 569 | 1 587 | 1 699 | 1 767 | 1 851 | 1 906 | 1 923 | 1 869 | 1 976 | 1 981 | 2 006 | 1 982 | 1 884 |
| USA | 2 752 | 2 793 | 2 819 | 2 893 | 2 887 | 2 769 | 2 641 | 2 654 | 2 675 | 2 740 | 2 690 | 2 750 | 2 780 | 2 797 |

[1)] Inlandsabsatz einschließlich Militär. - [2)] EU-Mitgliedschaft ab 1995. - * Zum Teil vorläufige Zahlen.

C 1

# Alphabetisches Sachregister

Seite

Seite

Seite

# Quellennachweis

| Herausgeber | Titel |
| --- | --- |
| **Der Bundesminister für Verkehr, Bau- und Wohnungswesen, Bonn**<br>Tel.: 0228 / 300-0<br>030 / 2097-0<br>Fax: 0228 / 300-3428<br>Internet: http://www.bmv.de/ | Statistische Daten |
| **Statistisches Bundesamt, Wiesbaden**<br>Tel.: 0611 / 75-2405<br>Fax: 0611 / 75-3330<br>Internet: http://www.statis-bund.de/ | Statistisches Jahrbuch<br>Wirtschaft und Statistik, Fachserien |
| **Umweltbundesamt, Berlin**<br>Tel.: 030 / 8903-0<br>Fax: 030 / 8903-2285<br>Internet: http://www.umweltbundesamt.de/ | Daten zur Umwelt |
| **Kraftfahrt-Bundesamt, Flensburg**<br>Tel.: 0461 / 316-0<br>Fax: 0461 / 316 - 1366<br>Internet: http://www.kba.de | Statistische Mitteilungen |
| **Bundesamt für Güterverkehr, Köln**<br>Tel.: 0221 / 5776-0<br>Fax: 0221 / 5776-444 | Der Fernverkehr mit Lastkraftfahrzeugen<br>Der Fernverkehr deutscher Lastkraftfahrzeuge<br>Der grenzüberschreitende Fernverkehr ausländischer Lastkraftfahrzeuge<br>Struktur der Unternehmen des gewerblichen Straßengüterverkehrs und des Werkfernverkehrs |

| Herausgeber | Titel |
|---|---|
| **Bundesanstalt für Straßenwesen, Bergisch Gladbach**<br>Tel.: 02204 / 43-0<br>Fax: 02204 / 43-674<br>Internet: http://www.bast.de/ | Schriftenreihe<br>Straßenverkehrszählungen<br>Unfall- und Sicherheitsforschung Straßenverkehr |
| **Statistisches Amt der Europäischen Union (EU)**<br>Informationsbüro Luxemburg<br>Tel.: (00352) 43 / 0134567<br>Fax: (00352) 43 / 6404<br>Internet: http://europa.eu.int/eurostat.html/ | Statistisches Jahrbuch<br>Güterverkehr-Eisenbahn<br>Güterverkehr-Binnenwasserstraßen<br>Güterverkehr-Straße<br>Statistik kurzgefaßt<br>Transport in Figures |
| **Internationaler Eisenbahnverband (UIC), Paris**<br>Tel.: (0033) 1 / 14449-2280<br>Fax: (0033) 1 / 14449-2039<br>Internet: http:/www.uic.asso.fr | Internationale Eisenbahnstatistik |
| **Centraal Bureau voor de Statistiek (CBS), Heerlen (Niederlande)**<br>Tel: (0031) 45-70640<br>Internet: http://www.cbs.nl/ | Statistisches Taschenbuch |
| **Port of Rotterdam** | Rotterdam Port Statistics |
| **Vlaamse Havencommissie, Brussel**<br>Tel.: (0032) 2 / 2170745<br>Fax: (0032) 2 / 2707008 | Jaarverslag |
| **Deutsche Bundesbank, Frankfurt/Main**<br>Tel.: 069 / 95661<br>Fax: 069 / 5601071<br>Internet: http://www.bundesbank.de/ | Monatsberichte einschl. Statistische Beihefte |
| **Deutsche Lufthansa, Köln**<br>Tel.: 0221 / 8262653<br>Fax: 0221 / 8263886<br>Internet: http://www.lufthansa.com/ | Geschäftsbericht<br>Weltluftverkehr |

| Herausgeber | Titel |
|---|---|
| **Deutsche Bahn AG Frankfurt/Main**<br>Tel.: 069 / 97336204<br>Fax: 069 / 97337570<br>Internet: http://www.db.de | Monatsberichte<br>Statistische Daten |
| **Bundesverband Deutscher Eisenbahnen, Köln** | Mitgliederhandbuch<br>Statistische Zahlen |
| **Verband öffentlicher Verkehrsbetriebe** | Statistik |
| **Verband Deutscher Verkehrsunternehmen (VDV), Köln**<br>Tel.: 0221 / 579790<br>Fax: 0221 / 514272<br>Internet: http://www.vdv.de | Statistische Übersichten<br>Jahresbericht |
| **Verband Deutscher Reeder, Hamburg**<br>Tel.: 040 / 350970<br>Fax: 040 / 35097211 | Daten der deutschen Seeschiffahrt |
| **Bundesverband Öffentlicher Binnenhäfen, Neuss**<br>Tel.: 02131 / 908239<br>Fax: 02131 / 908282 | Übersicht über die Hafenverkehrszahlen |
| **Verband der Automobilindustrie e.V. (VDA), Frankfurt/Main**<br>Tel.: 069 / 75700<br>Fax: 069 / 7570261<br>Internet: http://www.vda.de | Tatsachen und Zahlen aus der Kraftverkehrswirtschaft<br>Das Auto International |

| **Herausgeber** | **Titel** |
|---|---|
| **Mineralölwirtschaftsverband e.V., Hamburg**<br>Tel.: 040 / 248490<br>Fax: 040 / 24849253<br>Internet: http://www.mwv.de | Jahresbericht<br>Mineralöl-Zahlen |
| **ARAL Aktiengesellschaft, Bochum**<br>Tel.: 0234 / 3150<br>Fax: 0234 / 3153838<br>Internet: http://www.aral.de | ARAL-Verkehrstaschenbuch |
| **Arbeitsgemeinschaft Deutscher Verkehrsflughäfen, Stuttgart**<br>Tel.: 0711 / 9480<br>Fax: 0711 / 9484746 | Die Verkehrsleistungen der deutschen Verkehrsflughäfen<br>Pressemitteilungen |
| **Arbeitsgemeinschaft Energiebilanzen**<br>c/o DIW<br>Tel.: 030 / 897890<br>Fax: 030 / 89789200<br>Internet: http://www.diw-berlin.de/ | Energiebilanz der Bundesrepublik Deutschland |
| **Institut für Seeverkehrswirtschaft und -logistik, Bremen**<br>Tel.: 0421 / 220960<br>Fax: 0421 / 2209655<br>Internet: http://www.isl.uni-bremen.de | Statistik der Schiffahrt<br>Shipping Statistics |
| **Eidgenössisches Verkehrs- und Energiewirtschaftsdepartement, Bern**<br>Tel.: 004131 / 3222111 | Alpenquerender Güterverkehr |

| Herausgeber | Titel |
|---|---|
| **Österreichisches Statistisches Zentralamt, Wien**<br>Tel.: 0043 1 / 711280<br>Internet: http://www.oestat.gv.at/ | Statistische Tabellen |
| **Bundesverband der Deutschen Binnenschiffahrt e.V., Duisburg**<br>Tel.: 0203 / 800060<br>Fax: 0203 / 8000621 | Geschäftsbericht<br>Binnenschiffahrt in Zahlen |
| **Verein für europ. Binnenschiffahrt und Wasserstraßen e.V., Duisburg**<br>Tel.: 0203 / 8000627<br>Fax: 0203 / 8000628 | Binnenschiffahrt in Zahlen |
| **OECD, Paris**<br>Bonn Centre:<br>Tel.: 0228 / 959120<br>Fax: 0228 / 9591217<br>Internet: http://www.oecd.org/bonn/index.html | Maritime Transport |
| **Luftfahrt-Bundesamt, Braunschweig**<br>Tel.: 0531 / 23550<br>Fax: 0531 / 2355254<br>Internet: http://www.lba.de | Jahresbericht |
| **Wasser- und Schiffahrtsdirektion Nord, Kiel**<br>Tel.: 0431 / 33940<br>Fax: 0431 / 3394348 | Jahresbericht Nord-Ostseekanal |
| **International Road Federation, Genf**<br>Tel.: 0041 / 227317150<br>Fax: 0041 / 227317158<br>Internet: http://web.eunet.ch/irf | World Road Statistics |

Berechnungen des Deutschen Instituts
für Wirtschaftsforschung (DIW), Berlin
Tel.: 030 / 897890
Fax: 030 / 89789103
Internet: http://www.diw-berlin.de/
e-mail: sradke@diw-berlin.de

Bundesministerium
für Verkehr, Bau- und
Wohungswesen

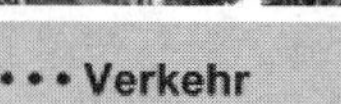

http://www.bmv.de

- • • • Verkehr
- • • • Bauwesen
- • • • Presseinformationen
- • • • Publikationen
- • • • Organisation
- • • • Berlin-Bonn
- • • • Zeitreise Spreebogen

Eigenheimförderung Autobahnbaustellen